D1696940

Anwalt ohne Recht

Simone Ladwig-Winters
Rechtsanwaltskammer Berlin (Hg.)

Anwalt ohne Recht

Das Schicksal jüdischer
Rechtsanwälte
in Berlin nach 1933

be.bra verlag

Herausgegeben von der Rechtsanwaltskammer Berlin

Bibliografische Information der Deutschen Bibliothek
Die Deutsche Bibliothek verzeichnet diese Publikation in der Deutschen
Nationalbibliografie; detaillierte bibliografische Daten sind im Internet über
http://dnb.d-nb.de abrufbar.

2., ergänzte und erweiterte Auflage
© be.bra verlag GmbH
Berlin-Brandenburg, 2007
KulturBrauerei Haus S
Schönhauser Allee 37, 10435 Berlin
post@bebraverlag.de
Lektorat: Gabriele Dietz, Berlin
Gesamtgestaltung: Hauke Sturm Design, Berlin
Schrift: Novarese 10,5p
Druck und Bindung: Elbe Druckerei Wittenberg

Alle Rechte vorbehalten.
Dieses Werk, einschließlich aller seiner Teile, ist urheberrechtlich geschützt.
Jede Verwertung außerhalb der engen Grenzen des Urheberrechtsgesetzes ist
ohne Zustimmung des Verlages unzulässig und strafbar. Das gilt insbesondere für Vervielfältigungen, Übersetzungen, Mikroverfilmungen, Verfilmungen
und die Einspeicherung und Verarbeitung auf DVDs, CD-ROMs, CDs, Videos,
in weiteren elektronischen Systemen sowie für Internet-Plattformen.

ISBN 978-3-89809-075-9

www.bebraverlag.de

Inhalt

Ein Buch als Zeichen der Hoffnung – Vorwort zur zweiten Auflage ... 7
Scham, Freude und Hoffnung – Vorwort zur ersten Auflage ... 9
Zur zweiten Auflage ... 10
Anwalt ohne Recht – Dokumentation einer Ausgrenzung ... 13
Methoden der Recherche ... 15
Ein einzigartiges Dokument: Das Album von Willy Naatz ... 17

Jurisprudenz in der Weimarer Republik ... 21

Die Ausgrenzung nach der Machtübernahme ... 35
Die erste Welle der Ausgrenzung: Terroristische Übergriffe
gegen jüdische Rechtsanwälte ... 36
Die zweite Welle der Ausgrenzung: Gesetzliche und
bürokratische Maßnahmen ... 42
Das Verfahren zur Wiederzulassung ... 49
Berufsverbot für junge Anwälte ... 57
Berufsverbot für Frauen ... 58
Die Verhältnisse bis Oktober 1933 ... 60
Die dritte Welle der Ausgrenzung: Entzug der ökonomischen Basis ... 62
Die Verschärfung der Situation 1935 ... 65
Die letzte Welle der Ausgrenzung: Das allgemeine Berufsverbot 1938 ... 68
Die Tätigkeit der „Konsulenten" ... 71
Das Beispiel Alexander Copers ... 74
Die Sonderstellung der „Mischlinge" ... 75

Das weitere Schicksal der jüdischen Anwälte ... 79
„Ums Leben gekommen" ... 80
Deportation und Tod ... 81
Suizid ... 85
„Natürlicher" Tod und Tod durch allgemeine Kriegsumstände ... 86
Überleben in Deutschland oder im Lager ... 87
Emigration und Flucht ... 90
Emigration innerhalb Europas ... 92
Emigration in die USA ... 94
Emigration nach Palästina ... 96

Fluchtpunkte Südamerika und Shanghai	97
Die Schicksale in Zahlen	99
Fazit	99
Nach 1945	101

**Biografisches Verzeichnis
der Berliner Rechtsanwälte jüdischer Herkunft**   **103**

Anhang
Abkürzungsverzeichnis	290
Anmerkungen	293
Quellenverzeichnis	303
Literaturverzeichnis	305
Abbildungsverzeichnis	308

Ein Buch als Zeichen der Hoffnung – Vorwort zur zweiten Auflage

Scham, Freude und Hoffnung bewegten den Präsidenten der Rechtsanwaltskammer Berlin, Dr. Bernhard Dombek, als er 1998 die erste Auflage dieses Buches präsentierte. Inzwischen ist der Band, der die traurige Geschichte des Schicksals unserer jüdischen Kollegen und (wenigen) Kolleginnen aus Berlin nachzeichnet, selbst zum Katalysator der Geschichtsaufarbeitung geworden. Dem Buch folgte eine viel beachtete Ausstellung, die unter anderem in Israel, New York, Los Angeles, Kanada und Mexiko gezeigt wurde. Diese Ausstellung wiederum initiierte eine Reihe von Veröffentlichungen, in denen das Schicksal der jüdischen Kollegen in verschiedenen Städten Deutschlands beleuchtet wird.

Die Wellen, die die erste Veröffentlichung auslöste, spülten auch weitere und neue Erkenntnisse aus aller Welt nach Berlin zurück. So konnte das biografische Verzeichnis der Berliner Rechtsanwälte jüdischer Herkunft, das nach wie vor das Herzstück des Buches ist, um 175 Namen und Schicksale erweitert werden. Den Schicksalen der ausgegrenzten und verfolgten Kollegen ein Andenken zu setzen, war und bleibt unser Anliegen.

Auch die einführenden Kapitel, die diese Einzelschicksale in die Systematik der nationalsozialistischen Ausgrenzung einordnen, sind erweitert und überarbeitet worden. Hier sei nur auf die Ausführungen über die Tätigkeit der „Konsulenten" hingewiesen. Seit Oktober 1938 konnten sich jüdische Anwälte, die aus der Anwaltschaft mit Berufsverbot ausgeschlossen worden waren, nach Offenbarung ihrer Vermögensverhältnisse und Darlegung ihrer politischen Einstellung um Zulassung als „Konsulent" bewerben. Für das Buch wurden die Schicksale von 91 „Konsulenten" recherchiert – 91 von ehemals 1.835 Anwälten jüdischer Herkunft.

Als erste Präsidentin der Rechtsanwaltskammer Berlin habe ich mit besonderem Interesse das Kapitel über das Berufsverbot für die jüdischen Rechtsanwältinnen gelesen. Frauen durften überhaupt erst ab 1922 einen Abschluss als Juristin erwerben. Anfang 1933 waren 19 Frauen jüdischer Herkunft als Rechtsanwältinnen in Berlin zugelassen. Mit dem Berufsverbot im selben Jahr verloren sie alle – bis auf eine Ausnahme – ihre Zulassung.

Bewegt hat mich auch die Frage, warum die Berliner Anwaltschaft die systematische Ausgrenzung ihrer jüdischen Kollegen offenbar widerstandslos hingenommen hat.

Vom 9. bis 13. Januar 1933 – also noch vor der „Machtergreifung" Hitlers – fanden turnusmäßig Kammerwahlen für 16 frei werdende Vorstandsämter statt. Erstmals spielte die Politik bei einer solchen Wahl eine Rolle, weil die NSDAP mit einer eigenen Liste antrat. 1.292 Kammermitglieder gaben ihre Stimme ab. Acht jüdische Kollegen wurden im ersten Wahlgang mit absoluter Mehrheit gewählt, darunter der Vorsitzende Ernst Wolff mit über 1.000 Stimmen. Der nationalsozialistische Bewerber Reinhard Neubert hatte mit 324 Stimmen keine Chance. Bei der Nachwahl am 11. Februar 1933 – also schon unter Hitler – erhielt der jüdische Kollege Stern 306 Stimmen, während die nationalsozialistischen Bewerber mit 26 beziehungsweise 21

Stimmen erneut eine deutliche Niederlage hinnehmen mussten.

Erst nach Beginn des Naziterrors, der zum vollständigen Rücktritt des Kammervorstands „mit Rücksicht auf die politische Entwicklung" führte, konnten die Nationalsozialisten den Kammervorstand okkupieren. Dass sie sich der Berliner Anwaltschaft nicht sicher sein konnten, zeigt die Art der Durchführung der Wahl. Aufgrund einer Rundverfügung des Ministers Kerrl fand die „Wahl" am 22. April 1933 „ohne Aussprache in einem Wahlgang durch Zuruf" statt und sollte „in öffentlicher Sitzung" erfolgen. Diese „Öffentlichkeit" stellten 300 Mitglieder der SA und der NSDAP dar, die in geschlossenen Reihen zwischen den etwa 700 anwesenden Anwälten Platz nahmen. Der im Januar gescheiterte Reinhard Neubert erschien in Parteiuniform und wurde nun offiziell zum Vorsitzenden gekürt. Innerhalb einer halben Stunde wurden 33 Vorstandsmitglieder durch Zuruf „gewählt" – und zwar ohne Aussprache mit zwei Gegenstimmen. Ab diesem Zeitpunkt war der Vorstand der Berliner Rechtsanwaltskammer nationalsozialistisch dominiert.

Bis 1935 wurden die Anwaltskammern in Deutschland von Vorsitzenden geführt. Mit der Neufassung der Reichsrechtsanwaltsordnung vom 13.12.1935 verloren die Rechtsanwaltskammern ihre Rechtsfähigkeit. Die Vorsitzenden wurden den Weisungen des Präsidenten der Reichsrechtsanwaltskammer unterstellt und erhielten die Amtsbezeichnung „Präsident". Es ist wohl bezeichnend für die Stimmung in der Nachkriegszeit, dass es offenbar keine Selbstverständlichkeit war, diese Bezeichnung mit Einführung der Bundesrechtsanwaltsordnung wieder rückgängig zu machen. Vielleicht kann dieses Buch dazu anregen, darüber heute noch einmal nachzudenken.

Die Resonanz auf das Buch in den vergangenen Jahren ist ein ermutigendes Zeichen der Hoffnung, dass es Anwältinnen und Anwälte ohne Recht in diesem Land nie wieder geben möge.

Dr. Margarete von Galen
Präsidentin der Rechtsanwaltskammer Berlin
Juni 2007

Scham, Freude und Hoffnung – Vorwort zur ersten Auflage

Eine Liste sollte es sein, nichts weiter als eine Liste. Das wünschte der Vorstand der Rechtsanwaltskammer Tel Aviv, nachdem er bei seinem Besuch der Rechtsanwaltskammer Berlin im Jahre 1995 den Vortrag von Gerhard Jungfer über die Vertreibung der jüdischen Rechtsanwälte aus der Berliner Anwaltschaft gehört hatte. Eine Liste der ausgeschlossenen Anwälte, mit ihren Namen, vielleicht, wenn bekannt, ihren letzten Anschriften, Hinweisen auf ihr individuelles Schicksal – als ein Zeichen dafür, dass sie und das, was sie erlitten haben, nicht vergessen wird.

Beschämend sei es, so die Reaktion des Vorstands der Rechtsanwaltskammer Berlin, dass fast 60 Jahre nach Vertreibung der letzten jüdischen Anwälte diese Liste noch nicht existierte. Warum hatte kein früherer Vorstand sie erstellt? Warum musste der Vorstand des Jahres 1995 dazu von der Rechtsanwaltskammer Tel Aviv ermutigt werden?

Der Wunsch der Kammer Tel Aviv sei nicht zu verwirklichen, sagten uns die, die sich mit dem Thema bereits wissenschaftlich beschäftigt hatten. Die Akten der Rechtsanwaltskammer Berlin sind verbrannt, die Liste werde zu große Lücken aufweisen. Man könne nur einzelnen Schicksalen nachgehen, und das sei durch Berliner Rechtsanwälte eindrucksvoll geschehen. Und im November 1988 habe es eine viel beachtete Gedenkveranstaltung der Rechtsanwaltskammer Berlin zum Gedenken an die Vertreibung der jüdischen Juristen gegeben.

Gegen diese Bedenken setzte sich die Zuversicht durch und der Wunsch, die Scham über das eigene Versagen zu überwinden. Die Zuversicht war berechtigt, weil wir Simone Ladwig-Winters fanden. Sie hat sich mit großem Engagement und hoher Sachkunde unseres Auftrags angenommen. Immer wieder bei uns aufkommende Skepsis über das Gelingen unseres und ihres Projektes hat sie zu unserer großen Freude eindrucksvoll widerlegt. Die Liste der nach 1933 antisemitisch verfolgten Rechtsanwälte ist nahezu vollständig. Das lässt unsere Scham darüber, dass sie so spät erstellt wurde, geringer werden. Und es ist nicht bei der Liste geblieben. Sie wird begleitet von einer umfangreichen Dokumentation darüber, wie es zu der Vertreibung kam. Simone Ladwig-Winters hat die Ausgrenzung der Rechtsanwälte jüdischer Herkunft nach 1933 und viele Einzelschicksale wissenschaftlich nüchtern und dennoch bewegend dargestellt.

Betroffenheit und Trauer über das menschliche Leid, das aus dieser Dokumentation spricht, sind jedoch nicht genug. Auch die Wut auf unsere Kollegen nicht-jüdischer Abstammung, von denen uns kein Wort des Protestes angesichts des Schicksals der jüdischen Kollegen überliefert ist, reicht nicht aus. Wir brauchen die Hoffnung, besser: die Gewissheit, dass deutsche Rechtsanwältinnen und Rechtsanwälte aufmerksam darauf achten werden, dass Menschenrechte überall geachtet werden. Anwälte ohne Recht darf es nie wieder geben.

Dr. Bernhard Dombek
Präsident der Rechtsanwaltskammer Berlin
September 1998

Zur zweiten Auflage

Als 1998 die erste Auflage von „Anwalt ohne Recht" erschien, jährte sich das allgemeine Berufsverbot für jüdische Anwälte zum 60. Mal. Im Jahr 1938 hielt der nationalsozialistische Staat – noch vor dem Pogrom im November – den Zeitpunkt für gekommen, an dem auf die Zugehörigkeit der jüdischen Kollegen zur Anwaltschaft verzichtet werden konnte. Vorangegangen war die stufenweise Ausgrenzung mit terroristischen Übergriffen auf einzelne Personen in den ersten Monaten nach der Machtübernahme der Nationalsozialisten, das Berufsverbot 1933, das damals noch Ausnahmen gewährte, und die wirtschaftliche Unterminierung. 1938 machte der NS-Staat den zweiten Schnitt nach 1933, der nochmals ein massenhaftes Berufsverbot bedeutete. Danach waren nur noch wenige Juristen jüdischer Herkunft als „Konsulenten", als Rechtsberater und -vertreter minderen Rechts, zugelassen.

Die Darstellung 1998 war die erste, die systematisch die Ausgrenzung aus dem gewachsenen Berufsstand dokumentierte und die den Focus auf die Opfer legte. Begleitend zum Buch wurde eine Ausstellung konzipiert, die, finanziert von der Rechtsanwaltskammer Berlin und einzelnen Sponsoren, im November 1998 in der Stiftung „Neue Synagoge – Centrum Judaicum" eröffnet wurde. Mittlerweile hat sich das ursprünglich aus Berlin kommende Projekt weiter entwickelt. Auf der Basis der Ausstellung von 1998 wurde von der Autorin im Auftrag der Bundesrechtsanwaltskammer ein Konzept für eine Ausstellung erarbeitet, die in Zusammenarbeit mit dem Deutschen Juristentag e.V. in verschiedenen Städten und Regionen gezeigt und jeweils um regionale Forschungsergebnisse und Biografien ergänzt wird. Die Wanderausstellung wurde mittlerweile in mehr als 35 Städten präsentiert.[1] In englischer Übersetzung war die Ausstellung auch in Israel, hier in Jerusalem, Tel Aviv und Haifa, in den USA, hier in New York und Los Angeles, in Mexiko und Kanada (zugleich in französischer Sprache), hier in Montreal, Toronto und Ontario zu sehen.

Im Juni 1999 fand eine Konferenz der „International Association of Jewish Lawyers and Jurists" in Berlin zum Thema der jüdischen Anwälte statt. Hier ergab sich die Gelegenheit, mit Teilnehmern aus aller Welt über ihren persönlichen Bezug zu Berlin zu sprechen.[2]

Diese breite Präsentation hat eine interessierte Öffentlichkeit wie auch Angehörige von früheren Anwälten angesprochen. Informationen über die weiteren Lebenswege, die gerade für die aus Deutschland geflohenen Anwälte kaum vorhanden waren, konnten mit ihrer Hilfe ergänzt werden. Auch das Buch *Anwalt ohne Recht* hat seinen Weg in die Welt gemacht. Bei der Autorin meldeten sich Menschen aus Norwegen und Tasmanien, Chile und Südafrika, Königs Wusterhausen, Berlin-Wilmersdorf und Schöneberg, um zur Vervollständigung der Porträts im biografischen Verzeichnis beizutragen. Viele Hinterbliebene sind dankbar dafür, dass ihre Väter, Großväter oder Tanten nicht ganz vergessen sind. Sie bemühten sich, mit Dokumenten und Materialien die Einzelbiografien abzurunden. Andere kritisierten, dass die Darstellung nicht tief genug ginge, falsche Akzente setze oder unzutreffende Informationen enthielte. Die Kritik war im Einzelfall oftmals berechtigt, war doch eine Fülle an Material und Daten auszuwerten, die nicht in jedem Fall kritisch genug überprüft werden konnte. Dies wird nun in dieser zweiten Auflage berücksichtigt.

Anwalt ohne Recht war und ist als „work in progress", als eine wissenschaftliche Untersuchung angelegt, die zum einen die Namen

Die polizeiliche Abmeldung nach New York von Hannah Katz vom 6. Juni 1941

und – soweit möglich – die Schicksale der ausgegrenzten und verfolgten Rechtsanwälte und -anwältinnen ermittelt, zum anderen die Maßnahmen, mit denen diese konfrontiert waren, darstellt und die Ergebnisse analysiert. Die Kriterien für die Aufnahme in die Dokumentation sind klar umrissen:

Aufgenommen werden Personen, die 1933 als Anwalt oder Anwältin arbeiteten, in Berlin niedergelassen waren und nach den Kriterien der Nationalsozialisten als jüdisch galten. Diese Kriterien wurden streng eingehalten. Dies hat dazu geführt, dass im Vergleich zur ersten Auflage zahlreiche Personen nicht mehr in der Dokumentation enthalten sind, weil sie, wie die akribische Überprüfung der Quellen jetzt ergeben hat, eines der drei Kriterien nicht erfüllten.[3] Zumeist hat sich herausgestellt, dass sie zwar Juristen, 1933 aber nicht als Anwalt zugelassen waren.

In der ersten Auflage des Buches gibt die Dokumentation zum Beispiel noch Auskunft über so prominente Persönlichkeiten wie den Juristen und Fotografen Erich Salomon, der ein bitteres Schicksal der Verfolgung erleiden musste. Durch eingehende Forschung ist mittlerweile jedoch bekannt, dass er 1933 kein niedergelassener Anwalt mehr war.[4] Insgesamt sind durch die nochmalige Überprüfung für die Neuauflage rund 50 Personen aus dem Verzeichnis herausgefallen. Demgegenüber konnten rund 175 Personen zusätzlich aufgenommen werden.

Das Schwergewicht der Dokumentation liegt auf den berufsbezogenen Ausgrenzungsmaßnahmen. Zugleich ist, soweit dies möglich war, auch der weitere Lebensweg der Betroffenen mit dargestellt; hierbei wurden die neueren Ergebnisse der Forschung berücksichtigt.[5] Da die Dokumentation nicht auf eine geschlossene überlieferte Liste zurückgreifen konnte, mussten sorgsam für jede Person aus verschiedenen Quellen Informationen zusammengetragen werden. Auf eine der Schwierigkeiten bei den Recherchen sei hier exemplarisch hingewiesen: die Namensgleichheit zweier Rechtsanwälte, die eine Zuordnung von Informationen nicht immer leicht, manchmal sogar unmöglich gemacht hat. So gab es jeweils zwei Anwälte die Paul Casper, Siegfried Bergmann, Julian Jacobsohn, Willy Landsberg, Fritz Kalischer und Arthur Levy hießen, und sogar drei namens Fritz Strauß (von denen einer nicht jüdischer Herkunft war). Da in einigen Quellen die Personen ohne Vornamen angeführt sind und die Geburtsdaten fast immer fehlen, war bei den Namensvettern oftmals nur durch die kritische Gegenüberstellung verschiedener Quellen eine verlässliche Identifizierung möglich. Dennoch ist nicht ausgeschlossen, dass in diesen oder anderen Kurzbiografien dennoch Ungenauigkeiten oder Fehler unterlaufen sind. Für korrigierende Hinweise und Ergänzungen ist die Autorin den Leserinnen und Lesern dankbar.

Erwähnt werden muss auch, dass sich die Untersuchung schwierig gestaltete, weil wichtiges Material nicht mehr existiert. In einer Stadt, in der so viel gesammelt und aufbewahrt wird, gibt es kein einziges Schild eines früheren „Konsulenten", keinen Stempel eines ausgesonderten Notars, klaffen allenthalben riesige Lücken in der Überlieferung. Nur eine einzige komplette Handakte eines Anwalts, der viele entscheidende Dokumente zu entnehmen sind, wurde bisher aufgefunden – eine einzige, obwohl Akten von über 1.800 Personen vorhanden sein müssten. Nur zufällig hat diese eine Akte die Zeit überstanden, nämlich weil sie auf verschlungenem Weg nach Norwegen gelangt ist. Der Fund dieses Konvoluts ist einzigartig; die Radikalität, mit der die Existenz der jüdischen Anwälte versucht wurde auszulöschen, zeigt sich in den fehlenden Dokumenten. Es muss davon ausgegangen werden, dass auch noch nach Kriegsende Unterlagen „verschwanden" oder gezielt vernichtet worden sind. Dennoch ist es den damals agierenden Bürokraten und Berufskollegen nicht gelungen, alle Zeugnisse zu beseitigen. Das gesicherte und konservierte Material gewährt uns heute wichtige Erkenntnisse. Hierauf basiert auch diese Dokumentation.

Es geht nicht um verloren gegangene Akten. Es verschwanden nicht nur Unterlagen, sondern Menschen. Für viele Ermordete lässt sich auch heute mit Bestimmtheit nur der Tag der Deportation angeben. Insbesondere dem Andenken dieser verschleppten und ermordeten Rechtsanwälte und Rechtsanwältinnen ist dieses Buch gewidmet.

Anwalt ohne Recht – Dokumentation einer Ausgrenzung

Unmittelbar nach der Machtübernahme, eher eine Machtübergabe an die Nationalsozialisten, entfaltete sich mit ganzer Wucht die antisemitisch aufgeheizte Stimmung gegen jüdische Rechtsanwälte. Sie waren neben Ärzten, Geschäftsinhabern und Warenhausbesitzern als Zielobjekt auserkoren, aus einem gewachsenen Berufsstand ausgegrenzt zu werden. 1933 beabsichtigten die radikalen Nationalsozialisten, ein schnelles Berufsverbot für jüdische Anwälte durchzusetzen. Doch anders als von den Initiatoren erwartet, führte die Dividierung in jüdische und nicht-jüdische Rechtsanwälte 1933 noch nicht zur umgehenden, vollständigen Aussonderung. Diese Maßnahme erfolgte fünf Jahre später, 1938.

Mit 3.400 Anwälten stellte Berlin mit weitem Abstand die größte Anwaltschaft im ganzen Reich; im Bezirk des Kammergerichts, der weit über die Grenzen Berlins hinausging, waren es sogar 3.890 Anwälte.[6] Dieser Umstand war der Tatsache geschuldet, dass in der Stadt viele Reichs- und preußische Behörden, die Großbanken sowie nahezu alle wichtigen Verbände ihren Sitz hatten. Aber längst nicht alle Anwälte galten als niedergelassen, viele arbeiteten als Syndikus in großen Unternehmen oder Verbänden.[7] Der Anteil der Rechtsanwälte jüdischer Herkunft soll in Berlin bei 1.835 gelegen haben.[8] Bei insgesamt 3.400 Rechtsanwälten, die am 31. Dezember 1932 der Anwaltskammer in Berlin angehörten[9], wäre das ein Anteil von 54% an Mitgliedern jüdischer Herkunft. Mit diesem hohen Anteil von Kollegen jüdischer Herkunft unterschied sich Berlin deutlich von anderen Städten.[10]

1933 war Berlin nicht nur Reichshauptstadt, sondern auch die Stadt Deutschlands mit der größten jüdischen Gemeinde; sie hatte 160.565 Mitglieder. Rund ein Drittel aller deutschen Juden lebte hier.[11] Besonders stark waren die jüdischen Berliner in der Kaufmannschaft und in den freien und künstlerischen Berufen vertreten. Diese spezifische Berufswahl reichte weit zurück. Jahrhundertelang war die jüdische Minderheit diskriminiert worden und von der Produktion materieller Güter ausgeschlossen gewesen, damit verbunden auch vom Landbesitz (bis zum Beginn des 19. Jahrhunderts). Zugleich war ihr der Zugang zum Staatsdienst verschlossen geblieben.[12] Erst im Laufe des 19. Jahrhunderts wurden diese Beschränkungen schrittweise aufgehoben und die Juden konnten in ihnen bislang nicht zugängliche Bereiche vordringen. Mit der Öffnung der Universitäten wandten sich viele einem Rechtsstudium zu. Die Neigung, sich mit juristischen Fragen auseinanderzusetzen, lag allen an Bildung Interessierten nahe; so hatte zum Beispiel auch Heinrich Heine Rechtswissenschaften studiert. Die Jurisprudenz war von ihren Ordnungsstrukturen und philosophischen Grundlagen her vielen Studenten aus traditionellen jüdischen Disputationen vertraut. Die anwaltliche Tätigkeit wurde deshalb zu einem Hauptbetätigungsfeld der jüdischen Juristen, weil ihnen noch über lange Jahre hinweg der Zugang zu Beamtenstellungen in der Verwaltung oder als Richter, aber auch an den Universitäten, verwehrt blieb. De jure waren sie zwar ab 1869 den übrigen deutschen Staatsbürgern gleichgestellt, was auch durch das Gleichstellungsgesetz von 1871 nach der Reichsgründung bestätigt worden war, de facto wurden sie jedoch bei der Ernennung zu Beamten oder bei Beförderungen zurückgesetzt.[13] Informelle Regelungen führten

HAKENKREUZOTTERN

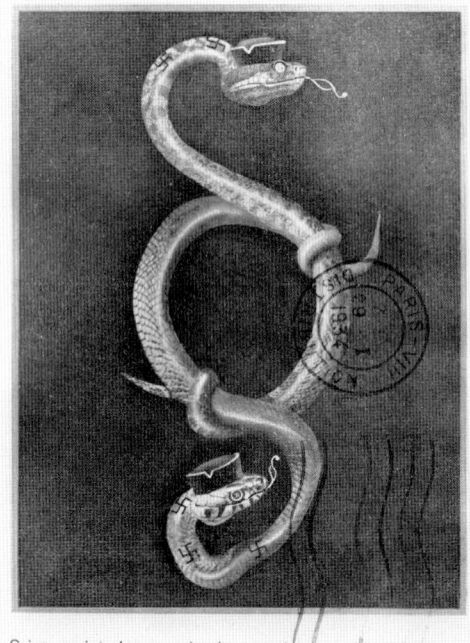

Sie winden sich und drehen sich
und nennen sich deutsche Richter

Agitationspostkarte von John Heartfield, 1933 nach dem Reichstagsbrand-Prozess veröffentlicht

zu einer subtilen, fortdauernden Ausgrenzung aus dem öffentlichen Dienst. Die zeitlich nicht befristete Assessorenzeit[14] sorgte für eine zusätzliche soziale Selektion der Richteranwärter, denn die Anwartstellung auf ein Richteramt blieb unvergütet.[15]

Die freie Advokatur bildete sich 1878/79 heraus, untrennbar verknüpft mit der Entwicklung der bürgerlichen Gesellschaft. Wer sich nicht taufen lassen und dennoch als Jurist arbeiten wollte, war darauf angewiesen, sich als Anwalt niederzulassen.[16] Viele Juden zogen daher die Unsicherheit des freien Berufs der unsicheren Perspektive eines womöglich nie zu erreichenden Richteramtes vor.

Schon vor dem Ende der Kaiserzeit war der Anteil von Juden an der Berliner Anwaltschaft aus diesem Grund erheblich. Mit der Übernahme der Kanzleien durch die Söhne (erst ab den 1920er Jahren auch durch die Töchter) verstärkte sich diese Entwicklung noch. Unwägbarkeiten hinsichtlich der Altersversorgung oder des Einkommens standen Chancen in materieller Hinsicht gegenüber, die beispielsweise ein Amtsrichter nicht hatte. Der Amtsrichter wusste, welche Aufstiegsmöglichkeiten er besaß und was er am Ende seines Berufslebens zu erwarten hatte, gleichgültig, ob er ein guter oder nur ein mittelmäßiger Jurist war. Das wusste der Anwalt nicht, doch wenn er Glück hatte und bereit war, sich seiner Fälle mit hohem Engagement anzunehmen, konnte er zu einem komfortablen Lebensstandard gelangen, verbunden mit beträchtlicher gesellschaftlicher Anerkennung.

Der Machtwechsel im Januar 1933 änderte diese Situation vollkommen. Die Nationalsozialisten, unterstützt von ihren Koalitionspartnern aus der deutschnationalen bürgerlichen Rechten, setzten ihre antisemitische Programmatik sofort in politische Maßnahmen um. Die rassistische Kategorie des „Juden" oder „Nichtariers" (letztere ging über den Kreis der „Juden" hinaus) wurde alsbald in rechtliche Strukturen umgeformt, die eine andere Realität schufen.

Die neuen Regelungen trafen eine völlig unvorbereitete, politisch und religiös in keiner Weise homogene Gruppe. Innerhalb des Anwaltsstandes wurde in wenigen Jahren die antisemitische Ausgrenzung umgesetzt. Die strukturelle, aber auch individuelle Tragweite lässt sich an der Berliner Anwaltschaft wie in einem Brennglas für das gesamte Reich untersuchen.[17]

Methoden der Recherche

Die erste Ausgrenzungswelle und das endgültige Berufsverbot liegen nun Jahrzehnte zurück. Mit der vorliegenden Dokumentation möchte die Rechtsanwaltskammer Berlin die Vorgänge und das Schicksal der ausgegrenzten Anwälte in das allgemeine Bewusstsein zurückrufen.

Ziel war es, ein Verzeichnis derjenigen zu erstellen, die der antisemitisch begründeten Diskriminierung durch die nationalsozialistische Politik ausgesetzt waren. Die Kriterien, nach denen Personen in die vorliegende Dokumentation aufgenommen wurden, waren:
- 1933 als Anwalt zugelassen,
- im Sinne der Nationalsozialisten als jüdisch bzw. „nicht arisch" geltend,
- in Berlin, das heißt in der Stadtgemeinde Berlin ansässig.[18]

Wer als „nicht arisch"[19] galt, definierte die 1. Verordnung zur Durchführung des Gesetzes zur Wiederherstellung des Berufsbeamtentums vom 11.4.1933[20]:

„Als nicht arisch gilt, wer von nicht arischen, insbesondere jüdischen Eltern oder Großeltern abstammt. Es genügt, wenn ein Elternteil oder ein Großelternteil nicht arisch ist. Dies ist insbesondere dann anzunehmen, wenn ein Elternteil oder ein Großelternteil der jüdischen Religion angehört hat."

Die Definition legte nicht die aktuelle Religionszugehörigkeit zugrunde, sondern die Abstammung in Bezug auf die Großeltern. Damit ging der Kreis der Betroffenen weit über die Angehörigen der Jüdischen Gemeinden hinaus. Er umfasste alle Menschen, unabhängig von ihrer religiösen oder weltanschaulichen Überzeugung, die ein Großelternteil hatten, das einmal einer Jüdischen Gemeinde angehört hatte. Sie schloss also auch eine Gruppe von Menschen ein, die nun als „jüdische Mischlinge" galten, ebenso wie alle Dissidenten, die aus den Jüdischen Gemeinden ausgetreten waren, oder die zum Christentum übergetretenen Juden.

Für die Erstellung eines Verzeichnisses, wer 1933 und später zugelassen war und wer nicht, stand kein eigenes Material der Berliner Rechtsanwaltskammer aus der damaligen Zeit zur Verfügung.[21] Daher mussten systematisch die vorhandenen gedruckten Primärquellen, Archivbestände und einschlägige Sekundärliteratur ausgewertet werden. Dies waren insbesondere: Justizquellen[22], wie die Karteikarten und die Personalakten des Reichsjustizministeriums, die im Bundesarchiv gesichert sind[23], der „Terminkalender für preußische Justizbeamte 1933" und das „Justiz-Ministerialblatt für die preußische Gesetzgebung und Rechtspflege" (JMBl.), die periodisch erschienen, sowie einzelne aufgefundene Listen mit Vertretungsverboten[24], die mittlerweile sorgsam im Berliner Landesarchiv verwahrt werden. Außer den gedruckten Quellen ist keiner dieser Bestände vollständig. Bei den Karteikarten, insgesamt eine Sammlung von rund 55.000 Karten, fehlen zahlreiche, ebenso bei den Personalakten. Dennoch sind diese Quellen von unschätzbarem Wert, weil sie umfangreiche Informationen bereithalten.[25] Auch der Terminkalender für preußische Justizbeamte ist unverzichtbar, wenngleich in der Handhabung etwas beschwerlich, weil die Aufstellung der Namen nach Zulassung an den jeweiligen Gerichten erfolgte, in der Regel ohne Nennung des Vornamens.[26] Daneben wurde auf allgemein öffentlich zugängliche Verzeichnisse wie Adressbücher, Branchenverzeichnisse und Telefonbücher zurückgegriffen. Bei einem Teil der ermittelten Personen wurden auch die Unterlagen der Volkszählung 1939 herangezogen, bei der jeder seine „rassische" Abstammung bis zurück zu den Großeltern angegeben musste. Hier finden sich Kürzel wie „JJJJ" (vier jüdische Großelternteile) oder „JJNN" (zwei jüdische Großeltern, zwei nicht-jüdische Großeltern), die Aufschluss über die Einordnung nach den NS-Kriterien geben. Ergänzt wurde die Untersuchung darüber hinaus mit biografischen Angaben, die ein Forschungsprojekt zu Reichsfluchtsteuer und Steuersteckbriefen ermittelt hat.[27]

Durch die kombinierte Auswertung von Primär- und Sekundärquellen konnten schließlich 1.807 Namen von in Berlin niedergelassenen Anwälten ermittelt werden, die nach der Machtübergabe im Januar 1933 als Juden definiert wurden.

Um den weiteren Lebensweg dieser Personen zu ermitteln, wurden die Namen mit in neuerer Zeit erstellten Datensammlungen abgeglichen. Im Wesentlichen waren dies die Gesamtdatei des Berliner Gedenkbuches[28] sowie das Theresienstädter Gedenkbuch, das Buch der Erinnerung für die Opfer der Deportationen ins Baltikum und die zweite Auflage des umfassenden Gedenkbuchs „Opfer der Verfolgung der Juden unter der nationalsozialistischen Gewaltherrschaft in Deutschland 1933-1945", herausgegeben vom Bundesarchiv.

Daneben wurde den einzelnen Schicksalen in der Emigration besondere Beachtung geschenkt. Zu diesem Zweck wurden die im Leo Baeck Institute, New York, vorhandenen Memoiren ausgewertet.[29] Eine weitere wichtige Quelle stellten die Anträge von Immigranten vor dem American Committee for the Guidance of the Professional Personnel dar, einer Institution, die über die Vergabe von Stipendien für American Law Schools entschied. In den Anträgen mussten die Betreffenden Angaben zu ihrem bisherigen Lebensweg machen. Von den etwa 500 Antragstellern kam ein nicht unerheblicher Teil aus Berlin und wurde auch bei der Stipendienvergabe berücksichtigt.

Über die Situation derjenigen Anwälte, die in Berlin überlebt haben beziehungsweise die nach 1945 wieder hierher zurückgekehrt sind und ihre Wiederzulassung beantragten, konnten die wenigen Personalakten der Rechtsanwaltskammer aus dieser Zeit Auskunft geben, die mittlerweile in den Bestand des Landesarchivs Berlin eingefügt worden sind.

Zeitzeugen, die auf der Grundlage von „Oral History" einen subjektiven Beitrag zur Untersuchung hätten liefern können, standen nur noch ganz vereinzelt zur Verfügung. Häufig stieß die Autorin bei der Recherche auf den Hinweis: „Da sind Sie leider etwas zu spät gekommen."[30] Sehr hilfreich waren die Gespräche, die die Autorin mehrfach mit Werner Wolff, der 1933 ein junger Anwalt gewesen war, führen konnte. Seine Erinnerungen waren sehr präzise, und sie vermittelten einen plastischen Eindruck von den Strukturen, die die Arbeit eines Anwalts in den frühen 1930er Jahren prägten, davon, wie ältere mit jungen Anwälten umgingen oder wer wegen seiner juristischen oder seiner menschlichen Größe geschätzt wurde. In ähnlicher Weise konnte der inzwischen verstorbene und 2003 noch praktizierende Ehemann von Rechtsanwältin Käthe Loewy, Rechtsanwalt Fritz Manasse, mit wichtigen Informationen das Bild ergänzen. Beiden gilt an dieser Stelle mein ausdrücklicher Dank.

Das biografische Verzeichnis, das auf diese Weise entstanden ist, geht, sofern entsprechende Informationen ermittelt werden konnten, über Angaben zur Betätigung als Rechtsanwalt und das berufliche Schicksal hinaus. Die kurzen, manchmal längeren Angaben zur Person führen die individuelle Dimension der Ausgrenzung und Verfolgung vor Augen. Ergänzend hierzu soll die statistische Gesamtauswertung einen Einblick in die quantitativen Dimensionen der Ausgrenzung geben.

Ein einzigartiges Dokument: Das Album von Willy Naatz

Die Rechtsanwaltskammer Berlin verfügt über keine eigenen Dokumente aus der NS-Zeit. Es muss dahingestellt bleiben, ob dies vollständig auf Kriegseinwirkungen oder spätere gezielte Zerstörung zurückzuführen ist. Auch hier werden personelle Kontinuitäten dazu beigetragen haben, dass nach 1945 kein Drang zur näheren Aufklärung der Vorgänge bestand. Es ist nichts überliefert, und so gerät das Album des Anwaltsbeamten des Anwaltszimmers vom Landgericht Willy Naatz, der rund siebzig Fotos von jüdischen Anwälten aufbewahrt hat, zu einem einzigartigen Dokument.[31] Willy Naatz (16.3.1879 Berlin - 30.12.1955 Berlin), der als einfacher Angestellter im Alter von 14 Jahren seine Tätigkeit für die Rechtsanwaltskammer begann, fungierte als zentrale Informations- und Kommunikationsbörse innerhalb des Landgerichts.

Naatz sorgte dafür, dass Anwälte, die gleichzeitig an zwei Gerichten Termine hatten, eine entsprechende Vertretung gestellt bekamen, verschaffte ihnen eine Robe, wenn sie ihre eigene vergessen hatten, versorgte die Anwälte mit belegten Brötchen und bewegte schon einmal zwei, die kurz darauf als Prozessgegner auftreten sollten, zu einem Schachspiel (was von zufällig vorbeikommenden Mandanten mit einem gewissen Befremden aufgenommen wurde).[32] Naatz trat auch bei Aufführungen des Musikvereins, den es im Umfeld des Gerichts gab, mit großem Erfolg auf. In seiner mehr als sechzigjährigen Diensttätigkeit im Anwaltszimmer erwarb er sich die Anerkennung, Freundschaft und das Vertrauen vieler Anwälte. Während des Nationalsozialismus übernahmen es Naatz und andere Anwaltsbeamte, die politische Haltung eines unbekannten Anwalts zu prüfen: Dieser „wurde in unauffällige Gespräche verwickelt, in die alsbald Witze eingeflochten wurden. Vermittels solcher Witze, die vorsichtig andeutende, aber auch stark politische Akzente haben konnten, wurde der Neuling vorsichtig abgetastet. Je nach seiner Reaktion erfuhren wir von diesen im echten Wortsinne ‚gewitzten' Anwaltsdienern ihr Urteil; was sie an Bewertung vertraulich weitergaben, war anerkannt und maßgebend. Man wusste sogleich, ob es sich bei dem Neuen um einen ‚Heißen', ‚Lauwarmen' oder ‚Kalten' handelte, wie Signale wurden die Warnungen oder Beruhigungen weitergegeben."[33] Naatz bewahrte Haltung, er unterschied nicht zwischen jüdischen und nichtjüdischen Anwälten. Das zeigen auch die innigen Glückwünsche, die einige Überlebende ihm zu Ehrentagen (50- und 60-jähriges Dienstjubiläum sowie 70., 75. und 76. Geburtstag) schickten.

Willy Naatz an seinem Arbeitsplatz im Anwaltszimmer des Landgerichts Berlin am 16.3.1955, seinem 76. Geburtstag

In seinem Album, in dem Naatz die zahlreichen Glückwunschschreiben aufbewahrt hat, findet sich auch eine abgegriffene Karte. Ort und Datum sind vermerkt: „Theresienstadt, 28.8.44". Es ist die Karte eines Deportierten, Justizrat Dr. Siegmann, zu dem Naatz offensichtlich weiterhin den Kontakt aufrechterhalten hatte. Siegmann wurde kurze Zeit nach Absenden der Karte von Theresienstadt nach Auschwitz verschleppt und dort ermordet. Seine Postkarte an Naatz ist vermutlich sein letztes Lebenszeichen; es ist das einzige Schreiben dieser Form von 299 umgekommenen Berliner Anwälten, das überliefert ist. Sicher wird es mehr gegeben haben – niemand hat sie aufbewahrt. In einem Berufsstand, der über das formalisierte Verfahren hinaus ein durchaus lebendiges gesellschaftliches Leben seiner Mitglieder und eine, wenn auch noch junge Tradition entwickelt hatte, gab es offensichtlich nur wenig Raum für „Sentimentalitäten", wie sie Naatz gepflegt hat. Die maßgeblichen Funktionen in der Kammer waren mit Nationalsozialisten besetzt. Angesichts der „Aussonderung" der jüdischen Kollegen regte sich kein Widerstand, wehmütige Gefühle an sie und die vergangene Zeit, für die sie standen, konnten diejenigen, die ungehindert weiterarbeiten durften, vermutlich nicht zulassen. Auch nach dem Ende der nationalsozialistischen Ära scheint sich diese Haltung nur langsam verändert zu haben. Und so musste zumindest ein Generationswechsel vollzogen sein, um sich bestimmten Fragestellungen überhaupt nähern zu können.

Fehlendes Aktenmaterial und der Mangel an Zeitzeugen können dazu geführt haben, dass die Ergebnisse der Recherche zu den einzelnen Kurzbiografien nicht in jedem Fall zufriedenstellen. Kritik kann sich auch an verwendeten Begrifflichkeiten festmachen. Beispielsweise war der Terminus „Berufsverbot" keine damals übliche Bezeichnung für die Tatsache, dass durch Vertretungsverbote (1933) beziehungsweise Zulassungsentzug (1933, 1938) die Berufsausübung unterbunden wurde. Doch umschreibt der Begriff die Gegebenheiten am treffendsten. Gleichwohl hätte kaum einer der Betroffenen einen derart drastischen Begriff benutzt. Es lassen sich viele Beispiele dieser Art finden, die Gegenstand für weitere Forschungen werden dürften. Überhaupt ist die Sprache das Feld, auf dem sich die Verletztheiten, Tabuisierungen, aber auch Entwicklungen am deutlichsten ablesen lassen. Wenn im Folgenden immer wieder Begriffe wie zum Beispiel „Mischling" oder „arisch" auftauchen, so handelt es sich nicht um eine bedenkenlose Adaption nazistischer Termini, sondern um die definitorische Zuordnung, die absolute Gültigkeit im Nationalsozialismus beanspruchen konnte und damit Ausdruck der Diskriminierung war.

Wie stark die Sprache von dieser Unterdrückung geprägt worden ist, davon legen die nach 1945 entstandenen Personalakten derjenigen, die sich um ihre Wiederzulassung als Anwälte bemühten, Zeugnis ab. Einzelne, die „untergetaucht" gelebt hatten, schildern das in äußerst reduzierter Form. Teilweise wird der Begriff „illegal überlebt" verwendet – als könnte Überleben illegal sein. Schon 1947 machte Victor Klemperer mit seinem Buch LTI, *lingua tertii imperii*[34], auf die Folgen aufmerksam, die sich aus der durch die NS-Gewaltverhältnisse mutierten Sprache ergeben haben. Diese Folgen wirken fort.

An dieser Stelle sei noch darauf hingewiesen, dass es keine Missachtung des Beitrags von Frauen innerhalb der Anwaltschaft darstellt, wenn in dieser Dokumentation nicht generell auch die weibliche Form „Rechtsanwältin" verwendet wird. Wenn auch nur in geringer Anzahl, so waren 19 der 1.807 ermittelten Personen Frauen. Die grundsätzliche Verwendung der geschlechtsbezogenen Begriffe würde den Text jedoch schwerfällig machen.

Die Dokumentation des Schicksals der Berliner Anwälte jüdischer Herkunft ist nicht allein eine Auseinandersetzung mit der Vergangenheit. Ein Gesprächspartner beharrte darauf, von seiner namentlichen Nennung abzusehen, da er fürchtete, nach der Veröffentlichung als „Judenlümmel" bezeichnet zu werden. Ein Angehöriger mehrerer jüdischer Anwälte meinte, dass alles sei so lange her, man solle den „alten Kram" nicht schon wieder aufführen, und führte ergänzend an, er wisse, was mit „seinen Leuten" geschehen sei, wolle aber nicht darüber sprechen, „... denn sonst wäre das Leben hier kaum erträglich."[35]

In der Psychoanalyse existiert das Prinzip der Triade „Erinnern, Wiederholen, Durcharbeiten", das zumindest mit dem Gebot des Erinnerns einen Kernpunkt der jüdischen Überlieferung aufgreift: „Zachor! – Erinnere Dich!"[36] Beschäftigt man sich mit den einzelnen Schicksalen, so wird der Verlust an intellektueller Größe, sprachlicher Brillanz und menschlicher Vielfalt spürbar, den die gewaltsame Absonderung, Zersplitterung, Vertreibung und Vernichtung der Minderheit bewirkt hat. Bezogen auf die verbliebene Mehrheitsgesellschaft hat Wolf Jobst Siedler noch in den 1990er Jahren formuliert: „In Auschwitz haben die Eichmanns die Juden physisch gemordet und die Deutschen psychisch."[37] So fragwürdig schon die Selbststilisierung zum Opfer ist, noch problematischer erscheint die plakative Polarisierung in „die Deutschen" und „die Juden": Max Alsberg, Erich Frey, ebenso andere prominente Persönlichkeiten wie zum Beispiel Alfred Kerr oder eben Victor Klemperer hätten sich immer der ersten Gruppe zugehörig gefühlt und dann erst, wenn überhaupt, der zweiten. Zudem beschränkt sich ein solches Bedauern auf den Verlust geistiger Größe. Doch auch Verfolgung oder Vertreibung eines einfachen Rechtsanwalts, behaftet mit allen menschlichen Stärken und Schwächen, bedeutet eine grundlegende Menschenrechtsverletzung. Daher versucht die Dokumentation, das Schicksal aller Berliner Anwälte jüdischer Herkunft nachzuzeichnen, nicht nur das der Koryphäen. Mit der Ausgrenzung der jüdischen Rechtsanwälte wurde der Berufsstand insgesamt strukturell gewandelt. Starke Verfechter einer Rechtskultur gingen verloren, die sich für die Einhaltung von Menschen- und Grundrechten wie die Unverletzlichkeit der privaten Sphäre einsetzten, aber auch für andere zentrale Rechtsdogmen wie die Unschuldsvermutung. Sie traten mit Leidenschaft für die Rationalität des Rechts ein. Viele von ihnen waren mit ihrer Arbeit Verfechter demokratischer Prinzipien.

Die Erkenntnis über die enormen Kapazitäten und geistigen Fähigkeiten, die verloren gegangen sind, stellt den „Positivabdruck" dar, wenn man das Bild eines Druckstocks benutzen will. Den „Negativabdruck" bilden die Belastungen der Verfolgung, denen die Betroffenen, gleichgültig, ob prominent oder weniger bekannt, ausgesetzt waren.

Jurisprudenz in der Weimarer Republik

Die Republik hatte ihre Verfassung in Weimar erhalten. Die zentralen Schaltstellen, sei es in der Bürokratie, sei es in den Unternehmen und Verbänden, befanden sich in Berlin – wie auch der Reichstag. Nicht allein als Hauptstadt Preußens, des nach 1945 untergegangenen Staates, sondern als Hauptstadt und Regierungssitz des ganzen Reiches[38] hatte Berlin eine zentrale Position. Die Stadt bot verschiedene Superlative: die größte Bevölkerung, die dunkelsten Mietskasernen, die attraktivsten Warenhäuser, den rasantesten Verkehr, die edelsten Villen, die heftigsten sozialen Konflikte, die elegantesten Cafés, die bizarrsten Cabarets. Musik, bildende Kunst, Theater, Literatur – wer groß herauskommen wollte, musste nach Berlin. Dabei war, gerade auf dem Gebiet der Kunst, ein ständiger Wandel zu verzeichnen, doch viele der Werke, die damals entstanden, besitzen auch heute noch Ausstrahlungskraft: Bert Brecht, Käthe Kollwitz, Max Liebermann, Otto Nagel, Lesser Ury, Alfred Döblin schufen ihre Hauptwerke zu Beginn des Jahrhunderts in Berlin. Einer, der sich damals bescheidenen Ruhms erfreuen konnte, war Rideamus. Das Libretto zur Operette *Der Vetter aus Dingsda* stammte maßgeblich von ihm, auch viele heitere, mit Karikaturen versehene, in Versen gehaltene Geschichten. Hinter dem Künstlernamen Rideamus („Lasst uns lachen") verbarg sich der schelmische, etwas kurzsichtig blinzelnde Rechtsanwalt Fritz Oliven. In die Fremde gedrängt, weil er Jude war, ist er heute nur noch wenigen Antiquaren ein Begriff.[39]

Fritz Oliven, 1931

Die Jurisprudenz stand angesichts der nervösen Atmosphäre dieser Stadt und der neuen Bedingungen der Republik vor einer besonderen Herausforderung. Zeitgenössische Veröffentlichungen, die sich vorrangig mit Strafprozessen beschäftigt haben, vermitteln den Eindruck, als hätten sich alle wesentlichen Gerichtsverfahren in Berlin abgespielt, obwohl doch das Reichsgericht, das höchste deutsche Gericht, seinen Sitz in Leipzig hatte. Begünstigt durch die starke Aufmerksamkeit der Presse, kam es zu regelrechten Sensationsprozessen, an denen die Öffentlichkeit starken Anteil nahm. Vor dem Kriminalgericht Moabit versammelten sich bei diesen Gelegenheiten unzählige Schaulustige, angezogen von der Aussicht, ein Stück des Privatlebens anderer Menschen unmittelbar präsentiert zu bekommen. Zahlreiche politische Prozesse ließen den Eindruck entstehen, dass die Justiz „Milde gegen rechts, Härte gegen links"[40] walten ließ. In der Folge der zahlreichen Anschläge gegen republikanische Politiker, für die unter anderem die „Organisation Consul" verantwortlich zeichnete, kam es tatsächlich zum Teil zu sehr halbherzigen beziehungsweise keinen Bestrafungen.[41] Die berüchtigte „Brigade Ehrhardt" beispielsweise hatte beim Kapp-Putsch (13.-16.3.1920) eine maßgebliche Rolle gespielt. Damals floh die Reichsregierung aus Berlin, die Demokratie wurde wesentlich durch den Generalstreik gerettet. Die Mitglieder der „Brigade Ehrhardt" tauchten anschließend in die „Organisation Consul" ab.[42]

Politische Morde [43] begangen von	Rechtsstehenden	Linksstehenden
ungesühnte Morde	326	4
teilweise gesühnte Morde	27	1
gesühnte Morde	1	1
Gesamtzahl der Morde	354	22

Lediglich wenn das Opfer prominent war, wurde ohne tolerierendes Wohlwollen gegen die Täter vorgegangen. Doch selbst in den Fällen, in denen eine Strafe verkündet worden war, bedeutete das nicht, dass die Täter sie verbüßen mussten. Insgesamt 25 Sammelamnestien und zahlreiche Einzelamnestien sorgten für den Eindruck, dass bei politischen Straftaten nicht wirklich Verantwortung für strafbare Handlungen übernommen werden sollte.

Ein solcher Anschlag von „rechts" war das Blausäureattentat auf den SPD-Politiker und damaligen Oberbürgermeister in Kassel, Philipp Scheidemann. Scheidemann ging am 4. Juni 1922, zu Pfingsten, mit seiner Tochter und seiner Enkelin im Wald spazieren, als ihm ein junger Mann dreimal Blausäure, die er in einem Gummiball bei sich getragen hatte, ins Gesicht spritzte. Bevor Scheidemann ohnmächtig wurde, konnte er zwei Schüsse auf den Flüchtenden[44] abgeben. Nur weil es gerade sehr windig war und sich die Säure schnell verflüchtigte, verlief der Anschlag nicht tödlich. Besonders perfide war die spätere Verkehrung des Opfers zum Täter in Pressedarstellungen, weil Scheidemann auf Anraten der Polizei bewaffnet gewesen war und die Waffe auch gegen den Täter eingesetzt hatte.

Nur drei Wochen später, am 24. Juni 1922, wurde Außenminister Walther Rathenau auf seinem morgendlichen Weg ins Ministerium in der Königsallee in Berlin-Grunewald in seinem Wagen erschossen. Die Täter waren in beiden Fällen sehr junge Männer, die teilweise im bürgerlichen Milieu groß geworden waren. Sie wurden als Einzeltäter bestraft. Es war aber offensichtlich, jedoch nicht beweisbar, dass die einflussreiche und von finanzkräftigen Personen gestützte „Organisation Consul" im Hintergrund stand und mit Taten wie diesen die Republik bekämpfen wollte. Rathenau stand für eine Politik des Ausgleichs mit den früheren Kriegsgegnern, verächtlich als „Erfüllungspolitik" beschimpft. In den entsprechenden Blättern wurde gegen Rathenau gehetzt, es ging der Spruch um: „Knallt ab den Walther Rathenau, die gottverdammte Judensau!" Damit wurde der Boden für einen Angriff auf sein Leben vorbereitet. Rathenau war sich der Bedrohung durchaus bewusst, was ihn aber nicht davon abhielt, sich für die Interessen Deutschlands einzusetzen. Er unternahm jedoch keine übermäßigen Anstrengungen, sich zu schützen, vermutlich, weil der Scheidemann-Anschlag gezeigt hatte, von wie vielen Zufällen das Überleben abhing. Aufgrund seiner politischen Haltung hatte sich Rathenau die Feindschaft so einflussreicher Personen wie des Deutschnationalen Helfferich zugezogen.

Karl Helfferich, 1872 in eine Pfälzer Industriellenfamilie geboren, entwickelte nach einer Karriere im Auswärtigen Amt (ab 1901) und seiner Ernennung zu einem Direktor der Deutschen Bank (1908) verstärkt Ambitionen für ein wichtiges Amt im nationalökonomischen Bereich. Während des Ersten Weltkrieges wurde er Staatssekretär im Reichsschatzamt. Ab 1918 pflegte er auch eine innige Feindschaft[45] zum Reichsfinanzminister Matthias Erzberger (Zentrum). Als sich Erzberger gegen Attacken Helfferichs in einem Beleidigungsverfahren zur Wehr setzen wollte, standen sich verschiedene prominente Anwälte als Vertreter gegenüber: Helfferich hatte den allseits gerühmten Prof. Dr. Max Alsberg mit dem Mandat betraut, Erzberger hatte unter anderem die Unterstützung von Dr. Eugen Friedlaender gesucht. Erzberger siegte in dem Verfahren, doch war die Strafe, die Helfferich auferlegt wurde, so lächerlich niedrig, dass der Sieg einen schalen Beigeschmack bekam. Die laufende Berichterstattung hatte Erzbergers Ansehen mehr geschadet als genützt. Am letzten Tag des Prozesses stürmte ein junger Mann mit gezückter Waffe auf ihn zu und wollte ihn erschießen. Der kriegserfahrene Friedlaender ging beherzt dazwischen und verhinderte das Schlimmste. Ein Jahr später, am 26. August 1921, wurde Erzberger von zwei Mitgliedern der „Brigade Ehrhardt" durch ein Attentat getötet. Die Täter gelangten mit offizieller Hilfe ins Ausland und entzogen sich damit der Strafverfolgung. Die Anwälte im Helfferich-Prozess, Alsberg und Friedlaender, wurden nach 1933 beide als jüdische Anwälte ihrer Zulassung beraubt.[46] Wie die oben angeführte Zahl von 354 von rechtsgerichteten Tätern begangenen Morden eindrucksvoll belegt, wurden diese Akte, womöglich auch ein Relikt der Kriegsjahre, als durchaus gängiges Mittel der Politik angesehen. Helfferich förderte als Vorsitzender der DNVP mit polemischen Ausfällen diese Tendenz. Er verunglückte am 3. April 1924 bei Bellinzona.[47]

Die Bewertung der Justiz an das Moment der Sühne zu knüpfen, ist schwierig, siegt das Recht doch oft gerade dann, wenn eine Tat ungesühnt bleibt, beispielsweise weil die Unschuldsvermutung auch dem vermeintlich Schuldigen zugestanden werden muss. Die hier aufgeführten Beispiele werfen jedoch Schlaglichter auf die Entwicklung der Justiz und ihre Haltung in der Weimarer Republik.

Auch in den scheinbar „unpolitischen" Verfahren spiegelte sich der gesellschaftliche Wandel wider. Außergewöhnliche kriminelle Aktionen und exponierte Prozessbeteiligte rückten in den Mittelpunkt der Beachtung. Besonderer Aufmerksamkeit konnte sich das Vorstandsmitglied des Anwaltsvereins, Dr. Dr. Erich Frey, erfreuen. Schon durch sein Äußeres – exquisit gekleidet, diabolischer Blick, verstärkt durch ein Monokel – stilisierte er sich zu einer Sehenswürdigkeit. Auch sein Leben war schillernd. Wenn er nach einer turbulenten Nacht am Morgen im Frack direkt ins Gericht jagte, musste ihm der Anwaltsbeamte Naatz, der Büroleiter des Anwaltszimmers im Gericht, schnell zu einem angemessenen Erscheinungsbild verhelfen.[48] In seinen Erinnerungen[49] schenkt Frey dem sogenannten Schülermord-Prozess gegen den Oberschüler Krantz besondere Aufmerksamkeit. Dieser Prozess bot denn auch alles, wonach die Öffentlichkeit gierte: schlüpfrige Details, sanfter Schauder angesichts der ungebändigten Jugendlichen, deren scheinbare Freizügigkeit für zwei von ihnen im Tod endete. Auch „abgebrühte" Prozessbeobachter wie der bekannte Sling (Paul Schlesinger), der für die *Vossische Zeitung* berichtete, waren fasziniert.[50]

In Steglitz waren 1927 zwei 19-jährige junge Männer, Günther und Hans, erschossen in einer Wohnung aufgefunden worden. Der Mitschüler des einen, eben Paul Krantz, 18 Jahre alt, der aus einfachen Verhältnissen stammte, wurde der Tat beschuldigt. Nach den Ermittlungen hatte sich Krantz in der elterlichen Wohnung von Günther aufgehalten, ebenso wie dessen 16-jährige Schwester Hilde. Hildes und Günthers Eltern lebten in bescheidenem Wohlstand und befanden sich zur Tatzeit auf Reisen. Offensichtlich hatte Hilde zuvor die Nacht mit dem später getöteten Hans verbracht. Ihrem Bruder Günther wurde homosexuelles Interesse an Hans nachgesagt. Der angeklagte Krantz hatte sich in der betreffenden Nacht mit der Rolle des schwärmerischen, abgewiesenen Liebhabers zufriedengeben müssen, wobei er einen Tag vor dem Drama selbst noch mit Hilde geschlafen hatte. Für ihn kam Eifersucht als Motiv in Betracht. Frey ging mit Verve an die Verteidigung von Paul Krantz: Kühl und überlegt, gleichzeitig mit theatralischen Effekten taktierend, indem er zeitweilig die Verteidigung niederlegte, bemühte er sich um einen Freispruch. Zu Krantz baute er in dieser Zeit ein enges väterliches Verhältnis auf; deshalb erfüllte ihn der später verkündete Freispruch in dem wesentlichen Anklagepunkt mit besonderer Erleichterung und Freude. Das Gutachten eines der zahlreichen Sachverständigen besagte, dass höchstwahrscheinlich Günther erst Hans und dann sich selbst mit der Waffe von Krantz erschossen hatte.[51]

Ein anderer großer Prozess war der gegen den berüchtigten Ringverein „Immertreu" (Hauptverhandlung 4.–9. Februar 1928), die einzige Zusammenarbeit zwischen Frey und Max Alsberg, dem ebenso berühmten Strafverteidiger der damaligen Zeit. In diesem Prozess ging es um den Tod eines Zimmermanns nach einer Schlägerei zwischen den mit Frack und Zylinder von einer Beerdigung kommenden Mitgliedern des Ringvereins „Immertreu" und einer in einem Zunftlokal versammelten Gruppe von Zimmerleuten. Die miteinander in Verbindung stehenden „Sport- und Geselligkeitsvereine", zu denen „Immertreu" gehörte, boten laut Satzung ihren meist vorbestraften Mitgliedern Unterstützung bei der Arbeitssuche und Gelegenheit zu Sport und zu geselligem Beisammensein. Tatsächlich handelte es sich um Zusammenschlüsse von Mitgliedern der Berliner Unterwelt. In 80 Vereinen, die so anheimelnde Namen wie „Heimatklänge", „Hand in Hand" oder „Deutsche Kraft" trugen, hatten sich rund 1.000 Mitglieder organisiert, wobei es ein offenes Geheimnis war, dass sie sich teilweise durch Schutzgelderpressungen finanzierten.

Gleichzeitig befolgten die Mitglieder einen strengen Ehrenkodex; sie waren die Vorlage für Fritz Langs berühmten Film M – *eine Stadt sucht einen Mörder* (1931). Bert Brecht hatte sich mit seiner *Dreigroschenoper* (1928) ebenfalls an ihrem Erscheinungsbild orientiert. In dem realen Prozess spielte Frey, weit stärker als Alsberg, mit der öffentlichen Meinung, indem er gezielt die Presse informierte und so das Bild des „netten Kriminellen" oder „schweren Jungen" zeichnete, der auf Spitz- oder Kosenamen wie „Muskel-Adolf", „Klamotten-Ede" oder „Mollen-Albert" hörte, im Grunde aber, so Frey, ein natürliches Rechtsgefühl besaß. Als Zuhälter lebte dieser ehrenwerte Verbrecher denn auch von einer ihm treu ergebenen Prostituierten, die wiederum mit einem so liebevollen Namen wie „Aktien-Mieze" tituliert wurde. Das Gericht verurteilte den Hauptangeklagten Adolf Leib („Muskel-Adolf") zu 10 Monaten Gefängnis, die übrigen Angeklagten wurden freigesprochen.

Erich Frey (rechts) 1928 im „Schülermord-Prozeß" mit dem Angeklagten Paul Krantz (Mitte)

Im Schülermord-Prozess ging es um Sittenverfall, im Immertreu-Prozess stand dubioses Schiebertum im Mittelpunkt – beide drehten sich um den Wandel oder Verlust gesellschaftlicher Werte, wobei die Presse die Meinungen formte und personalisierte. Frey selbst genoss das öffentliche Ansehen, besser: Aufsehen. Er sonnte sich in Charakterisierungen, wie „charmant"[52], verfolgte aber immer konsequent das eigentliche Ziel – den Prozesserfolg. Wenn nötig, konnte er eine Stunde frei sprechen und musste dabei nur einmal zum Zitieren einer Entscheidung des Reichsgerichts auf seinen Notizzettel schauen. „Sonst habe ich Richter und Geschworene nicht aus den Augen gelassen."[53] Frey, der getauft war, verließ im Oktober 1933 Deutschland und ging nach Chile. Er galt als „Nichtarier" und war vor seiner drohenden Verhaftung gewarnt worden; er selbst bezeichnete sich als „politisch unerwünscht".

Der vom Auftreten her wesentlich zurückhaltendere Alsberg erlitt ein ähnliches Schicksal. Auch er war durch seine exponierte Stellung nach dem Januar 1933 sehr bald gefährdet. Alsberg hatte mit seiner „sophisticated" Art den Typus des eleganten, sprachlich brillierenden und rationalen Intellektuellen geprägt.[54] Seine Mandanten umfassten ein breites Spektrum, sie kamen vor allem aus der wirtschaftlichen und politischen Elite. Zu ihnen gehörte auch der Großindustrielle Hugo Stinnes. Alsbergs konkurrierender Kollege Frey kam nicht umhin, ihm Beifall zu zollen: „Sein Plädoyer [im „Immertreu"-Prozess] hätte jeder Akademie zur Ehre gereicht."[55]

Alsberg arbeitete in einer großen Sozietät mit drei (nicht jüdischen) Kollegen, Dr. Kurt Poschke, Dr. Kurt Gollnick, Dr. Lothar Welt, am Nollendorfplatz 1. Neben seiner anwaltlichen Tätigkeit veröffentlichte er viele Beiträge zu ganz unterschiedlichen juristischen Fragestellungen; er war auch Honorarprofessor an der Handelshochschule in Berlin.[56] Die Sprache benutzte er nicht nur im Prozess als Instrument, er übertrug seine sprachliche Kompetenz auf die künstlerische Ebene und brachte 1930 das Stück *Die Voruntersuchung* heraus, das im Berliner Renaissance-Theater Premiere hatte (und später auch verfilmt wurde). Das 1933 fertiggestellte Drama *Konflikt* ist in Deutschland nicht mehr aufgeführt worden. Noch 1931 war Alsberg, dessen Qualitäten in der Analyse, der Konzeption, aber auch der Rhetorik geradezu hymnisch gelobt wurden, von einem anderen bekannten Strafverteidiger, Alfred Apfel, in der *Weltbühne* dafür kritisiert worden, dass er sich nicht als explizit politischer Anwalt verstand.[57] Tatsächlich zeugte seine Einschätzung im Vorfeld des *Weltbühnen*-Prozesses von einer gewissen politischen Naivität. In diesem Prozess war Alsberg neben Rudolf Olden, Kurt Rosenfeld und Alfred Apfel einer der Verteidiger Ossietzkys. Auf der Fahrt zur Hauptverhandlung vor dem Reichsgericht in Leipzig war Alsberg voller Vertrauen in die Überzeugungskraft seiner Argumente. Bitter nahm er die Stimmung auf, die ihm als Verteidiger eines „Exponenten der Linken"[58] entgegenschlug. Eine derartige Form von politischer Justiz war Alsberg nicht gewohnt.

Im *Weltbühnen*-Prozess wurde Ossietzky im November 1931 vom Reichsgericht nach (bis auf die Urteilsverkündung) nicht öffentlicher Verhandlung für schuldig befunden, als Redakteur der *Weltbühne* verantwortlich für die Publizierung militärischer Geheimnisse gewesen zu sein. Der Artikel von Walter Kreiser (Pseudonym: Heinz Jäger) unter dem Titel „Windiges aus der deutschen Luftfahrt" nahm Bezug auf eine mysteriöse Abteilung „M" und eine „Erprobungsabteilung Albatros". „*Beide Abteilungen besitzen je etwa dreißig bis vierzig Flugzeuge, manchmal auch mehr. Aber nicht alle Flugzeuge sind immer in Deutschland.*"[59]

Dieser scheinbar harmlose Schlusssatz deutete auf eine geheime militärische Zusammenarbeit der deutschen Reichswehr und der Sowjetunion hin, die den Versailler Friedensvertrag hintertrieben hätte. Das Gericht befand Ossietzky des Landesverrats schuldig und verurteilte ihn zu einem Jahr und sechs Monaten Gefängnis. Im Mai 1932 begleiteten ihn drei seiner Verteidiger zum Tor der Strafanstalt Tegel.

Alsberg war nicht dabei. Ihm war vermutlich das Klima der „Linken" fremd geblieben, entsprach es doch so wenig dem seiner bis dahin gewohnten Klientel, die eher deutsch-national bis konservativ eingestellt gewesen war. Doch darf nicht übersehen werden, dass Alsberg mit seinem unbedingten Eintreten für eine Rechtsordnung, die von Gleichheit und Freiheit getragen war und die Machtmissbrauch und Willkür ausschloss, bereits politisch Stellung bezog. Er war allerdings kein Sozialist, geschweige denn Kommunist. Alsberg flüchtete im Frühjahr 1933 in die Schweiz, wo er sich im Herbst des Jahres erschoss.

In einem anderen explizit politischen Verfahren, im sogenannten „Eden-Tanzpalast"-Prozess, hatte der junge Anwalt Hans Litten 1931 Adolf Hitler in den Zeugenstand rufen lassen. Geklärt werden sollten die Vorgänge um den SA-Überfall auf eine Versammlung des Arbeiter-Wandervereins „Falke", der im November 1930 im Tanzpalast Eden zusammengekommen war. „Stief und Genossen" wurden wegen versuchten Totschlags in drei Fällen, Landfriedensbruch und Körperverletzung angeklagt. Litten wollte im Prozess erfahren, ob der „Sturm 33" ein sogenanntes Rollkommando war und sein Einsatz auch die Tötung von Menschen mit einschloss. Er stellte Hitler äußerst unbequeme Fragen zum Verhältnis der NSDAP zur Gewalt[60]:

„Litten: Ist Ihnen bekannt, daß in den Kreisen der SA von einer besonderen ‚Rollkluft' gesprochen wird?
Hitler: Von einer Rollkluft habe ich nichts gehört. (...)
Litten: Sie sagten, daß von seiten der nationalsozialistischen Partei keine Gewalttaten unternommen werden. Hat nicht Goebbels die Parole ausgegeben: Man müsse den Gegner zu Brei zerstampfen?
Hitler: Das ist so aufzufassen, daß man die gegnerischen Organisationen erledigen und vernichten muß. (...)

Der Vorsitzende Richter verliest eine von Litten formulierte Frage:
War Hitler, als er Goebbels zum Reichspropagandaleiter machte, die Stelle aus dessen Buch bekannt, wo Goebbels erklärt, daß vor dem Umsturz nicht zurückgeschreckt werden dürfe, das Parlament gesprengt und die Regierung zum Teufel gejagt werden sollte und wo der Aufruf zur Revolution im Sperrdruck gegeben wurde?
Hitler: Ich kann heute nicht mehr unter Eid aussagen, ob ich das Goebbelssche Buch damals gekannt habe. Die These ... ist gänzlich ohne Parteiwert, denn die Broschüre trägt nicht das Parteiabzeichen und ist auch nicht parteiamtlich sanktioniert. (...)
Litten: Muß es an dem Beispiel Goebbels gemessen nicht in der Partei die Auffassung erwecken, daß es mit dem Programm der Legalität nicht weit her ist, wenn Sie einen Mann wie Goebbels nicht rügten oder ausschlossen, sondern gerade zum Reichspropagandaleiter machten?
Hitler: Die ganze Partei steht auf legalem Boden und Goebbels ... ebenfalls ... Er ist in Berlin und kann jederzeit hergerufen werden.
Litten: Ist Herrn Goebbels die Weiterverbreitung seiner Schrift untersagt worden?
Hitler: Das weiß ich nicht."

Am Nachmittag des Verhandlungstags kam Litten noch einmal auf dieses Thema zurück:

„Litten: Ist es richtig, daß die revolutionäre Zeitschrift Goebbels' ‚Das Bekenntnis zur Illegalität' jetzt von dem Parteiverlag übernommen ist und eine Auflage von 120.000 erreicht hat? (...) Ich habe nämlich festgestellt, daß die Broschüre von der Partei sanktioniert ist.
Vorsitzender: Herr Hitler, Sie haben tatsächlich in der Vormittagsverhandlung ausgesagt, daß Goebbels' Schrift nicht parteioffiziös sei.

> *Hitler:* Das ist sie auch nicht. Parteiamtlich ist eine Schrift dadurch, daß sie das Hoheitszeichen der Partei trägt. Im übrigen müßte über diese Dinge der Propagandachef gehört werden und vor allem [Hitler brüllt mit hochrotem Kopf] – Wie kommen Sie dazu, Herr Rechtsanwalt, zu sagen, das ist eine Aufforderung zur Illegalität? Das ist eine durch nichts zu beweisende Erklärung!
> *Litten:* Wie ist es möglich, daß der Parteiverlag die Schrift übernimmt, die im klaren Gegensatz zur Parteirichtung steht?
> *Vorsitzender:* Das hat mit dem Prozeß nichts zu tun."

Hitler hatte keine gute Figur abgegeben und seine Bemühungen, den Aktionen der NS-Partei einen legalen Anstrich zu geben, waren gescheitert. Er war in aller Öffentlichkeit aus der Fassung geraten. Dabei hatte er sich nicht kalkuliert in Rage geredet wie bei späteren öffentlichen Auftritten, bei denen mit ganzem Körpereinsatz und kippender Stimme Leidenschaft und volles Engagement demonstriert wurden, sondern er war von Litten „vorgeführt" worden. Das war bislang nur Rechtsanwalt Kurt Rosenfeld 1932 im „Meineid-Prozess Abel"[61] gelungen. Rosenfeld, ebenfalls prominenter Verteidiger, Sozialdemokrat und Jude, hatte sich mit der Zeugenvernahme wie Litten den persönlichen Hass Hitlers zugezogen.

Es ließe sich eine Vielzahl von wichtigen Prozessen anführen, in denen sich die gesellschaftlichen Konflikte der Weimarer Republik offenbaren. Von besonderer Bedeutung war sicherlich der gegen den Künstler George Grosz und seinen Verleger Wieland Herzfelde, den Bruder von John Heartfield. Beide wurden nach Veröffentlichung einer Grafik wegen „Gotteslästerung" angeklagt. Das inkriminierte Blatt zeigte Jesus Christus am Kreuz, eine Gasmaske tragend, der Untertitel lautete: „Maul halten und weiterdienen". Berichterstatter im Amte eines Richters der Großen Strafkammer für Berufungsverfahren in Moabit war der erst 26-jährige Assessor Adolf Arndt.

Arndt war zuvor als Assessor in der Kanzlei von Alsberg tätig gewesen und dann in das Richteramt gewechselt. Im „Gotteslästerungs"-Prozess hatte Alfred Apfel die Verteidigung von Grosz und Herzfelde übernommen. Apfel, ein vierschrötiger Mann, der vitale Energie ausstrahlte, hatte sich auf den Vorsitzenden Siegert „eingeschossen". Im Berufungsverfahren erklärte sich Siegert denn auch selbst für befangen. Am Tag der mündlichen Verhandlung drängte sich die gesellschaftliche Prominenz im Gerichtssaal: Vertreter beider Kirchen, Reichskunstwart Redslob und der renommierte pazifistische Kunstmäzen Harry Graf Kessler sagten aus.[62] In einer vorläufigen Bewertung Arndts wurde die Absicht Grosz', mit seinem Bild den Krieg bekämpfen zu wollen, als lauter eingeschätzt. Damit erfüllte er subjektiv nicht den Tatbestand der Gotteslästerung und wurde freigesprochen. In der folgenden Revision musste auch das Reichsgericht dieses Urteil bestätigen, es verfügte allerdings die Vernichtung der Druckplatten, da sie objektiv den Tatbestand der Gotteslästerung erfüllen würden.[63] In der *Vossischen Zeitung* wurde der Freispruch begeistert aufgenommen und als ein „Zeichen [gewertet], wie inmitten einer gärenden und strudelnden Zeit die bessere Zukunft von ein paar mutigen Menschen vorbereitet worden ist."[64] Arndt schied 1933 als christlicher „Nichtarier" aus dem Richteramt aus; ihm gelang es, vorläufig noch als Anwalt zugelassen zu werden.

Diese Entwicklung hin zu Ausgrenzung und Verfolgung war Anfang der 1930er Jahre noch nicht vorherzusehen. Die exemplarischen Fälle zeigen, dass sich die gesellschaftlichen Veränderungen auch in den prozessualen Verfahren niederschlugen. In der Weimarer Republik war die Ablösung der alten, im Kaiserreich herrschenden Strukturen im Gange. Diese Entwicklung vollzog

Anlass für den politisch bedeutsamen „Gotteslästerungs-Prozess": George Grosz Christus-Grafik „Maul halten und weiterdienen"

sich sukzessiv; restaurative Kräfte prallten auf jene jungen, die die Republik bejahten. Doch der Wunsch insbesondere der alten Eliten nach autoritären Strukturen zur leichteren Steuerung gesellschaftlicher Entwicklungen wurde nicht aufgegeben. Zahlreiche Anwälte, die jüdischer Herkunft waren und sich einer demokratischen Entwicklung verpflichtet fühlten, arbeiteten dem entgegen.

Die strukturellen Veränderungen spürten auch diejenigen, die sich in der juristischen Ausbildung befanden. Mit dem Ende des Obrigkeitsstaates hatten sich die inhaltlichen Schwerpunkte gewandelt, zugleich gab es in der Lehre immer noch exponierte Vertreter, die die Republik ablehnten und in ihren Lehrkonzepten auf die blinde Anerkennung der Autorität pochten. Unabhängig von den Inhalten orientierte sich die juristische Sozialisation nach wie vor an der scheinbar objektiven Beachtung des Regelungswerks und ließ dabei wenig Raum zur Entfaltung eigenständiger Persönlichkeiten. Diese Tendenz wurde verstärkt durch strenge Repetitoren, die ebenfalls keine eigenständigen Erkenntnisprozesse förderten, sondern allein die schmale Rezeption rechtlicher Normen „paukten". Von daher legten viele deutsche Anwälte eher eine harte Haltung gegen gesellschaftskritische Personen oder Phänomene an den Tag. Dennoch wäre es zu kurz gegriffen zu behaupten, dass sich die Macht der alten Eliten kontinuierlich fortgesetzt hätte und letztendlich in den Nationalsozialismus mündete.

Die bekannten Anwälte jüdischer Herkunft hatten in der Weimarer Republik ihr Renommee erworben und manchem Verfahren Glanz gegeben. Sie traten in das Rampenlicht der Öffentlichkeit, offenkundig ohne Sorge vor „Risches" (jiddischer Begriff für antisemitische Reaktionen), wobei die Hetze gegen sozialdemokratische und kommunistische Anwälte, so es zutraf, von den politischen Gegnern massiv mit antisemitischen Elementen versehen wurde (zum Beispiel gegen Kurt Rosenfeld). Der Antisemitismus war weiterhin lebendig, ja bedrohlicher sogar als im Kaiserreich. Denn während „der Antisemitismus durch die autoritäre Oberschicht vor 1914 zwar zugelassen und als salonfähig erachtet wurde, wurden brutale Auswüchse, wie Mordaufrufe und blutige Exzesse, nicht geduldet. (...) In der Weimarer Republik befand sich das deutsche Judentum zwar auf dem Gipfel seiner Erfolge, war aber gleichzeitig mehr gefährdet als je zuvor."[65]

Schon 1920 ging Sammy Gronemann, selbst niedergelassener Anwalt und überzeugter Zionist, in seinem Buch *Tohuwabohu* auf die hohe Anzahl von Cohns und Kahns am Landgericht ein, und er ätzte über die oftmals vorgenommenen Namensänderungen: „Siegmund Kahn? – den gibt's gar nicht mehr! – Dem ist doch durch allerhöchsten Erlaß im Wege der Gnade die weitere Verbüßung des Namens erlassen worden ..."[67]

Die breite Schicht der jüdischen Anwälte fürchtete keine Diskriminierung; viele glaubten sich zum Beispiel mit ihrem Einsatz im Ersten Weltkrieg ausreichend als deutsche Patrioten zu erkennen gegeben zu haben. Allein durch berufliche Aufgabe und Stellung fühlte man sich dem bürgerlichen Mittelstand am nächsten. Viele Anwälte waren zugleich als Notar zugelassen, sodass sich auch über die Beurkundung von Eigentum und testamentarischen Verfügungen dauerhafte gesellschaftliche Kontakte ergaben. Die in Berlin zum Problem stilisierten „Ostjuden", die durch ihre Kleidung, Sprache und soziale Stellung deutlich erkennbar waren und meist nicht die deutsche Staatsbürgerschaft besaßen, spielten für die Berliner Anwaltschaft, egal ob jüdisch oder nicht, nicht einmal als Klientel eine Rolle.[68] Die Anwälte selbst waren Teil des Mittelstandes geworden und hatten sich mit der Wahl ihres Berufes eindeutig für eine dauerhafte Zukunft in Deutschland entschieden, denn der Anwaltsberuf war an die Gegebenheiten eines Staatswesens gebunden.

So schien die Integration in die berufsständischen Gremien geeignet, die Unsinnigkeit von alten Vorurteilen abzubauen. Anwälte, die Juden waren, wurden von ihren Kollegen in die verschiedenen Gremien gewählt. Durch eine sachliche und gewissenhafte Arbeit wollten sie das Ansehen des Anwaltstandes erhöhen. Dem Vorstand der Rechtsanwaltskammer – entsprechend auch den Ehrengerichten – gehörten Anwälte an, die von ihrer Religion oder Herkunft her jüdisch waren. Dabei riskierten diese, dass ein Jurist, der durch die Entscheidung eines Ehrengerichts seine Anwaltszulassung verloren hat, mit antisemitischen Gefühlen ganz persönlich reagierte.[66]

Manch weniger exponierter Anwalt jüdischer Herkunft wollte dem Stigma, das sich oftmals schon am Namen festmachte, entgehen.

Der Drang in den Anwaltsberuf hatte sich während der Weimarer Republik verstärkt. Das

Vorstandsmitglied der Berliner Anwaltskammer Rudolf Dix, der kein Jude war, äußerte 1927 auf dem Anwaltstag seine Besorgnis zur Entwicklung des Standes[69]: Die Zunahme an Kollegen, verbunden mit einem sich verschärfenden Konkurrenzdruck, ließ seine Vorstellung vom Anwalt als „einem Manne von breiter, behaglicher Lebensführung"[70] ins Wanken geraten. Die Beschränkung des Zugangs mit einem Numerus clausus war nach seiner Vorstellung eine sinnvolle Maßnahme gegen „Proletarisierung und Untergang" der Anwaltschaft. Heftige Reaktionen entzündeten sich an dieser Position. Gleichwohl beschloss die Abgeordnetenversammlung des Deutschen Anwaltsvereins (DAV) 1928 Zulassungsbeschränkungen, allerdings ohne nähere Festlegungen. Der Schriftleiter der Juristischen Wochenschrift (JW), der Berliner Justizrat Julius Magnus, fürchtete denn auch klammheimliche Beschränkungen des Zugangs für jüdische Juristen.[71]

Erich Frey (Dritter von rechts) als juristischer Berater bei einem Preisausschreiben

Die Gefahr war, wie auch die Berufspraxis zum Richteramt in der Wilhelminischen Ära gezeigt hatte, durchaus real. Antisemitische Diskriminierung musste auch gerade wegen der verstärkten Agitation im politischen Bereich gefürchtet werden. Kritiker des Vorschlags eines Numerus clausus wie Ernst Fraenkel, der mit analytischer Präzision politische Vorgänge sezierte, sahen das Risiko eines an die Zulassungsbeschränkung geknüpften Ausleseprinzips, wobei Fraenkel die Auswahl nicht dem Staat übertragen, aber auch nicht durch die Anwaltschaft selbst ausgeübt wissen wollte.[72] Bis 1933 blieb die Diskussion um einen Numerus clausus aktuell. Die weitere Debatte wurde durch die politischen Ereignisse hinfällig.

Mit der Machtübergabe an die Nationalsozialisten wurde eine Entwicklung abgebrochen, in der die Mehrheitsgesellschaft und die jüdische Minderheit in immer stärkerem Maße miteinander verschmolzen. Die jüdische Minderheit war bis dahin allgemein gesellschaftlich nicht mehr ausgegrenzt worden und grenzte sich selbst nur noch sektoral ab. Bei manchem war während des Studiums der Wunsch entstanden, einer bestimmten, zumeist schlagenden Verbindung anzugehören. Es gab aber nur eine jüdische Studentenverbindung, die auch schlagende Traditionen pflegte. Für einen jungen Mann, der sich einerseits körperlich messen und andererseits ein Netzwerk konventioneller Beziehungen aufbauen wollte, zog das in der Regel die Konversion nach sich. Immer stärker war für die meisten das Gefühl geworden, zum deutschen Gemeinwesen zu gehören. Das Bewusstsein, Jude zu sein, war weiter in den Hintergrund getreten. Nach den nationalsozialistischen Kriterien wurde unter dem Begriff „jüdischer Anwalt" eine Gruppe gebildet, die in vielen Bereichen nicht homogen war.

Von den Anforderungen der Ausbildung einheitlich, unterschieden sich die Ergebnisse der Staatsexamina naturgemäß deutlich. Es erscheint banal, darauf hinzuweisen, dass es sowohl sehr gute als auch nur mittelmäßige bis schlechte Juristen gab, das galt (und gilt) für Juden wie für Nichtjuden.[73] Auffallend viele der ermittelten Rechtsanwälte jüdischer Herkunft wiesen durch eine Promotion eine zusätzliche Qualifikation nach. 1.187 Anwälte jüdischer Herkunft hatten einen Doktortitel (manche sogar mehrere). Verdienten Anwälten war der Ehrentitel eines Justizrats verliehen worden; 203 der jüdischen Anwälte durften diesen Titel führen.[74]

Durch die einschränkenden Zulassungsbestimmungen hatten Frauen erst in den 1920er Jahren ihr Staatsexamen ablegen können, entsprechend gering war ihr Anteil an der Anwaltschaft. Durch offenere und bildungsorientiertere Familienstrukturen gelang es jüdischen Frauen eher, sich im Anwaltsberuf zu behaupten. Dennoch war ihr Anteil mit 19 von 1.807 sehr niedrig[75], sorgte aber dafür, dass diese Frauen unabhängig waren und selbst für ihren Lebensunterhalt aufkommen konnten.

In der Regel hing das Einkommen nicht allein davon ab, in welchem Sachgebiet ein Anwalt tätig, sondern auch davon, wie lange jemand bereits niedergelassen war. Daher konnten Frauen nicht so hohe Einnahmen verzeichnen wie ältere, schon länger etablierte Kollegen, doch auch bei diesen waren nicht immer die Honorare die Grundlage ihres Lebensunterhalts. Bei einigen sorgte eher das Vermögen der Frau für den Wohlstand. So bei Justizrat Sandberg, der sich in aller Muße auch unvermögenden Mandanten widmen und manchmal sogar auf das Honorar verzichten konnte.[76] Die allgemein angespannte wirtschaftliche Lage machte sich in allen Lebensbereichen bemerkbar – auch bei den Honoraren. Zum Beispiel hatte Manek Riegelhaupt, erst seit Anfang der 1930er Jahre zugelassen, insgesamt so schwere Zeiten durchzustehen, dass er gezwungen war, die Rote Hilfe, für die er ein Mandat wahrgenommen hatte, zu mahnen.[77] Materielle Nöte kannten viele Anwälte. Demgegenüber waren die großen Kanzleien, wie sie Max Alsberg und Erich Frey führten, oder jene, die feste Mandate für große Firmen übernommen hatten, wirtschaftlich sehr erfolgreich. Die Spanne war groß, sie reichte von wenigen Tausend Reichsmark im Jahr bis zu über 50.000 Reichsmark. Selbstverständlich waren die Kosten für den Betrieb einer großen Kanzlei wesentlich höher als für eine bescheidenere. Die erhaltenen Unterlagen geben Aufschluss, dass in nahezu allen ein Büroleiter (in den meisten bekannt gewordenen Fällen ein Mann) und mindestens eine Sekretärin den Betrieb intern organisierten. Mangels technischer Übertragungsmöglichkeiten mussten viele Unterlagen per Boten transportiert werden. Oftmals schlossen sich mehrere Kanzleien, die räumlich in der Nähe lagen, zusammen, um diese Leistungen gemeinsam zu tragen.

Parallel zu der wachsenden gesellschaftlichen Anerkennung der Juden in Deutschland hatte sich der Prozess der Assimilierung[78] weiter beschleunigt. Man konnte inzwischen selbstbewusst darauf verweisen, dass schon seit Generationen die Vorfahren preußische Juden waren.[79] Selbstverständlich war das Gros der Anwälte jüdischer Herkunft auch jüdischer Religion. Innerhalb der Berliner Jüdischen Gemeinde waren Anwälte wie Alfred Klee und Julius Seligsohn engagiert. Stärker liberal, und damit im ständigen Gegensatz zur Hauptgemeinde, war die Jüdische Reformgemeinde zu Berlin, in deren Vorstand der Anwalt Moritz Galliner tätig war. Ein weiteres Mitglied dieser Gemeinde war Rechtsanwalt Max Naumann, der jedoch eher durch seine deutsch-nationalen Aktivitäten von sich reden machte.[80] Auch Anhänger orthodoxer Gemeinden waren als Anwalt niedergelassen, einer von ihnen war Dr. Marcus Birnbaum, welcher der Gemeinde Adass Jisroel angehörte. Daneben gab es eine kleine Anzahl von Anwälten, die Anhänger des Zionismus waren. Für die meisten war der Zionismus aber ein eher ideelles Projekt; die wenigsten hatten für sich jemals in Erwägung gezogen, sich dauerhaft in Palästina niederzulassen. Einige hatten aus eigener Anschauung die Verhältnisse kennengelernt und waren wieder nach Berlin zurückgekehrt, so Rechtsanwalt Hermann Jalowicz, der Anfang der 1930er Jahre an einer Makkabiade (Sporttreffen der Makkabi World Union, erstmals 1932 in Palästina, dann im dreijährigen Turnus veranstaltet) teilgenommen hatte.[81] Doch zumeist stand das preußische Judentum dem Zionismus skeptisch gegenüber: „Eher wurde ein Sohn, der das Judentum zugunsten des Zionismus verließ, aus der Familie ausgeschlossen, als der, der sich für den Kommunismus entschied."[82]

Viele Rechtsanwälte jüdischer Herkunft hatten den Wechsel vom jüdischen Glauben zum christlichen, in Berlin vorwiegend zum Protestantismus, vollzogen. Es kam zu Ehen zwischen jüdischen und christlichen Partnern, kommunales Engagement legte die Zugehörigkeit zu einer Kirchengemeinde nahe. Insgesamt ist für 80 Anwälte jüdischer Herkunft bekannt, dass sie 1933 evangelischer Religion waren, und für 12 Anwälte, dass sie katholischer Religion waren. Einige von ihnen gehörten wenig später dem Reichsverband nichtarischer Christen an.

Mindestens zwölf Anwälte hatten sich ganz von der Religion gelöst und galten als Dissidenten. Oftmals ging diese Haltung mit einer sozialistischen oder kommunistischen Einstellung einher. Die Religion war für sie Ballast auf dem Weg zu einer gerechteren Gesellschaft, ein Gott war dabei nicht nötig.

Doch diese Ansicht vertraten nur wenige; ansonsten gab es in der Gruppe der Anwälte jüdischer Herkunft viele politische Orientierungen. Diejenigen, die sich offen zum Kommunismus bekannten, waren in der Minderheit. Das Spektrum reichte von Linksliberalen, wie Alfred Apfel und Rudolf Olden, bis hin zu einem Deutschnationalen, wie Max Naumann, Mitbegründer und Vorsitzender des Verbandes nationaldeutscher Juden. Die Mehrheit scheint nach heutigen Erkenntnissen liberal eingestellt gewesen zu sein.

Die Ausgrenzung nach der Machtübernahme

Die erste Welle der Ausgrenzung: Terroristische Übergriffe gegen jüdische Rechtsanwälte

Nach der Ernennung Hitlers zum Reichskanzler und der Bildung der Koalitionsregierung unter Einschluss der deutschnationalen Kräfte verstärkten die Nationalsozialisten den politischen Terror. Der Reichstagsbrand in der Nacht zum 28. Februar 1933 wurde zum Fanal. Er war der Anlass, mehr als 5.000 politische Gegner, vor allem kommunistische Funktionäre und Reichstagsabgeordnete, aber auch Sozialdemokraten und andere Nazi-Gegner, zu verhaften. Der am Tatort festgenommen holländische Kommunist Marinus van der Lubbe wurde später zum Tode verurteilt und hingerichtet. Dafür wurde am 29. März 1933 – nachträglich – ein eigenes, strafverschärfendes Gesetz erlassen, denn Brandstiftung war bis dahin maximal mit Zuchthausstrafe bewehrt. Die weiteren vier Angeklagten, drei bulgarische Kommunisten (unter ihnen der bekannte Georgi Dimitroff) und ein deutscher Kommunist, Ernst Torgler, wurden vor dem Reichsgericht in Leipzig freigesprochen.

Noch am Tag des Reichstagsbrands unterzeichnete Reichspräsident von Hindenburg die Notverordnung „Zum Schutz von Volk und Staat". Mit dieser sogenannten Reichstagsbrandverordnung wurden zentrale Grundrechte außer Kraft gesetzt: Freiheit der Person, Meinungs-, Presse-, Vereins- und Versammlungsfreiheit, Post- und Fernsprechgeheimnis, Unverletzlichkeit von Eigentum und Wohnung. Bereits Anfang Februar war in einer anderen Notverordnung die „Schutzhaft" legalisiert worden; sie wurde jetzt als willkürliches Terrorinstrument eingesetzt. In Berlin wurden im Zuge der Verhaftungswelle

Carl von Ossietzky 1932 mit seinen Verteidigern Rudolf Olden (links) und Alfred Apfel (rechts)

nach dem Reichstagsbrand die Anwälte Alfred Apfel, Ludwig Barbasch und Hans Litten festgenommen. Apfel kam nach elf Tagen frei, Barbasch nach sechs Monaten. Litten blieb bis zu seinem Suizid 1938 in Haft.[83]

Alfred Apfel flüchtete nach seiner Freilassung nach Frankreich. Sein Bild wurde im Juli 1933 mit vielen anderen unter der Überschrift „Volksverräter" auf einem Plakat veröffentlicht. Gleichzeitig wurde ihm die deutsche Staatsangehörigkeit aberkannt. Apfel starb 1940 unter nicht näher bekannten Umständen im Alter von 58 Jahren in Marseille.

Ein weiterer Anwalt, der nach dem Reichstagsbrand inhaftiert wurde, war der eher unauffällige Anwalt Fritz Ball, der nicht in großen Prozessen hervorgetreten war. Dennoch wurde er Ende März 1933 verhaftet. Seine Erlebnisse und Eindrücke hat er in einem eindringlichen Bericht festgehalten. Fritz Ball berichtet:

„Furchtbare Gerüchte über Greuelkeller tauchen auf (…) Immer häufiger hört man von diesen Dingen. Kollegen, die veschwunden sind, werden gesucht, manche lebend, manche tot gefunden. Wer sich politisch gegen die Nazis betätigt hat und wer kann, flieht."[84]

Fritz Ball wurde am 30. März 1933 in seiner gemeinsam mit seinem Bruder betriebenen Kanzlei am Viktoria-Luise-Platz in Schöneberg festgenommen. Um vier Uhr, während der Sprechstunde, kamen die SA-Männer. Als Ball Lärm hörte, trat er aus seinem Sprechzimmer:

„‚Herr Doktor ist verhaftet', flüstern meine Bürodamen gleich. Mein Bruder ist Mitglied des Vorstandes der Anwaltskammer;

Illustrierter Beobachter, Beilage des Völkischen Beobachter 1933, Folge 3b, S. 1176
In der zweiten Reihe die Berliner Anwälte Bernhard Weiß, Johannes Werthauer und Alfred Apfel

er ist insofern mehr exponiert als ich. Ich betrete den Korridor, auch er ist voll von SA. Ein Sturmführer, erkentlich an seiner Uniform, spricht gerade zu meinem Bruder. ‚Ziehen Sie sich an, kommen Sie mit', sagt er zu meinem Bruder. ‚Haben Sie einen Haftbefehl?' fragt mein Bruder. ‚Mund halten, Mantel anziehen', kommandiert der Braune barsch. Mein Bruder nimmt Mantel, Hut. Da sage ich zu ihm: ‚Wir sind hier zwei Rechtsanwälte Ball, Kurt und Fritz Ball. Wen wünschen Sie?' Er stutzt, zieht einen ganz winzigen Zettel aus der Tasche, dann sagt er: ‚Fritz.' Ich ergreife Mantel und Hut. ‚Das bin ich', sage ich. Hinter mir höre ich das Schluchzen meiner Bürodamen. Ein Mandant erscheint gerade, entsetzt sich beim Anblick der SA und der weinenden Damen.*

Meine Frau kommt aus der Privatwohnung. Ich küsse sie zum Abschied, wir sprechen kein Wort (...) Noch in der Tür rufe ich meiner Bürovorsteherin zu: ‚Telefonieren Sie sofort Minister Hugenberg, daß ich verhaftet bin.' Vor dem Hause wartet ein offener Wagen, wie sie von der SA zum Transport von Gefangenen verwendet werden."

Ball wird in eines der „wilden KZ" in einen Keller in der Kaserne an der General-Pape-Straße gebracht.

„Sofort bin ich von einem Dutzend ganz junger SA-Leute umringt, werde ausgefragt, wie ich heiße, wo ich wohne, welcher politischen Partei ich angehöre, wie ich bei den Wahlen gewählt habe. Von allen Seiten schwirren die Fragen. ‚Was haben Sie dagegen getan, daß nach dem letzten Krieg so viele Ostjuden nach Deutschland gekommen sind?' Diese Frage stellt der, der hier in diesem Büro offenbar der Oberste ist. ‚Sind Sie Jude?' – ‚Ja.' – ‚Ihr Beruf?' – ‚Rechtsanwalt am Kammergericht und Notar.' – ‚Das seid ihr zum längsten gewesen', schreit einer hinter mir aus der Menge. ‚Morgen werdet ihr Judenschweine alle aus den Gerichten gejagt. Ihr habt es nur unserm Führer zu verdanken, daß ihr heute noch lebt.' ‚Sagen wir', meint einer hinter mir, ‚daß er bis heute noch gelebt hat', – mit sehr ernster Stimme. ‚Wir hätten euch längst umgelegt.' Dann geht es weiter Frage über Frage, eine halbe Stunde lang. Wirre, unzusammenhängende, ganz unsinnige Fragen. Ich antworte, so gut es geht."

Ball wird in einen tiefer liegenden Kellerraum gestoßen. *„Eine Holztür klappt hinter mir zu. Es ist schwarze Nacht um mich. Ich taste mich langsam vorwärts, fühle eine Bank. Da kommen von links hinten vier kleine glühende Lichter auf mich zu. Wie Glühwürmchen sehen sie aus. Ich bin plötzlich ganz ruhig, habe nur einen Gedanken: Mögen sie mir gleich die Pistole auf die Brust setzen, und mich nicht lange quälen. Es ist merkwürdig, wie ruhig ich in dieser unheimlichen Lage bin. Da sagt eine Menschenstimme: ‚Erschrecken Sie nicht. Wir sind hier vier Offiziere der Ehrhardt-Garde.*[85] *Wir sitzen hier drinnen seit 36 Stunden. Ich habe Streichhölzer bei mir, ich zünde Ihnen zunächst eines an, damit Sie sich orientieren können' (...) Auf der Bank ist Raum für drei Leute. Man zwingt mich zum Sitzen, reicht mir Wasser. Dann fragen sie mich, erzählen selber. Ich sage ihnen, was ich schon zehnmal im Büro oben gesagt habe, daß ich mich niemals politisch betätigt habe, daß ich Rechtsanwalt und Notar sei und meine Mußestunden mit guter Kunst verbringe. Ich sage ihnen, daß ich keine Ahnung habe, warum ich verhaftet sei und daß ein Irrtum vorliegen müßte."*

Die vier vertrauen Ball später die Adressen ihrer Angehörigen an. Bei einem erneuten Verhör wird Ball nach seinem Auto befragt, da er jedoch kein Auto besaß und sich auch seine Kanzlei nicht, wie angenommen, in der Bendlerstraße befand, wird nun offenkundig, dass er mit einer anderen Person gleichen Namens verwechselt worden war. Man gibt ihm zu verstehen, dass er am nächsten Tag entlassen werden soll. Er kommt wieder in die dunkle Kellerzelle und versucht, im Sitzen zu schlafen. Fritz Ball fährt fort:

„Und es gelingt mir wirklich, ein wenig einzunicken. Ich schrecke empor. Im Korridor wird es lauter. Offenbar sind die Offiziere fort, die Mannschaften sich selbst überlassen. Da wird die Tür aufgerissen. SA stürmt in unseren Verschlag. Der Korridor ist plötzlich hell erleuchtet. Sie fallen über mich her, ziehen mich

heraus. Krachend schlägt die Tür des Verschlages hinter mir zu. Sie schleppen mich in eine Ecke, ich sehe eine große Nilpferdpeitsche, sie beugen mich über, aber sie schlagen nicht zu, sie heben mich nur hoch und lassen mich auf einen Stuhl fallen. Sie binden mir die Arme hinter dem Rücken zusammen. Sie johlen und heulen wie schwer Betrunkene. Es sind viele intelligente Gesichter unter ihnen. Manche glaube ich sogar zu kennen. Alle sind junge Burschen zwischen achtzehn und fünfundzwanzig Jahren. Sie rufen auf mich ein, stellen Fragen, reißen Witze, überschreien mich. Dann stellt sich einer vor mich hin und sagt: ‚Um 6 Uhr wirst Du erschossen.' Ich antworte: ‚Ich glaube das nicht. Ich weiß, daß ich morgen früh entlassen werde. Sie werden keinen Unschuldigen erschießen.' ‚Was hat der Junge für einen schönen Anzug.' Sie betasten den Stoff meines Jacketts, meine Hose. Einer versucht, mich unzüchtig zu berühren. ‚Biste auch schwule', fragt er. ‚Nein, ich bin verheiratet, habe Frau und drei Kinder', antworte ich. Und ich denke, aber die meisten von euch Bestien sind es. Plötzlich ein Hallo. Eine Riesenschere wird gebracht. Und nun geht es los. Sie zerren und schneiden an meinen ziemlich langen Haaren. Sie versuchen, ein Hakenkreuz auf meinem Kopf zu schneiden. Sie verletzen mich, ich blute. Sie stoßen und schubsen sich gegenseitig, um besser sehen zu können. Der Lärm, das Gejohle wird immer ärger ... ‚Er muß sich im Spiegel sehen.' Sie halten mir einen Spiegel vor. Ich sehe meine verstümmelten Haare und sage, obwohl ich kaum mehr sprechen kann nach dieser Indianerszene: ‚Ich danke Ihnen, meine Herren, daß Sie mir umsonst die Haare geschnitten haben, ich muß sonst beim Friseur wegen meines üppigen Haarwuchses immer doppelte Preise bezahlen.'"

Dann wird wieder von Ball abgelassen. Irgendwann kommt ein SA-Mann, der ihm mit einer Nilpferdpeitsche droht. Ein Mann, blutend, mit ausgeschlagenen Zähnen, wird in die Zelle geschafft. In einer Nebenzelle knallt ein Schuss – und immer wieder Schreie; einmal meint Ball, eine Frauenstimme zu erkennen. Später erzählt ihm ein SA-Posten vom Tod des Rechtsanwalts Günther Joachim. Der Sozialdemokrat, Verteidiger der Roten Hilfe und Jude, wurde in einem anderen SA-Gefängnis (in der Jüdenstraße) so lange gefoltert und malträtiert, bis er an den Verletzungen starb.[86] Fritz Ball erinnert sich weiter:

„Da wird plötzlich irgendwo auf dem Gelände Musik gemacht. Sie spielen Choräle auf Schifferklavieren und Ziehharmonikas. Die Musik klingt nur leise in unseren verschlossenen Keller, aber ich kann jeden Ton deutlich hören ... Eine unheimlich gespannte Stimmung herrscht in unserem Raum. Alle lauschen mit entsetzten Gesichtern. Mein junger Nachbar und ich wissen allein noch nicht, was vor sich geht. Bald werden wir aufgeklärt. ‚Wenn sie oben einen Mann zu Tode prügeln, machen sie dazu Kirchenmusik, um seine Schreie zu übertönen.'"

Ball verliert das Zeitgefühl, nur am Licht, das in die Zelle fällt, merkt er, dass der Morgen naht.

„Endlich werde ich gerufen. Einer der beiden Offiziere, die mich nachts im Korridor wegen meines Autos und wegen vieler anderer Fragen vernommen haben, steht vor mir ..., Ich kann Sie also entlassen, Herr Rechtsanwalt', sagt er nicht unfreundlich. ‚Sie müssen aber bis etwa elf Uhr warten, bis der Obersturmführer hier ist. Sie haben uns schön zu schaffen gemacht. Sechs Autos haben Ihretwegen bis spät in der Nacht vor der Tür gewartet. Das Telefon hat nicht stillgestanden. Meine Jungens haben wohl ein bißchen Spaß mit Ihnen gemacht. Das machen Sie hier mit allen so, wenn wir fort sind. Ich freue mich, daß Sie den Humor behalten haben. Die Bemerkung mit dem Friseur hat mir großartig gefallen.' ... Endlich, es hat längst elf Uhr geschlagen, werde ich gerufen. Der Obersturmführer steht vor mir. ‚Ich habe mit unzähligen Stellen Ihretwegen telefoniert. Ich habe noch niemals über einen Menschen von allen Seiten so gleichlautende Antworten erhalten. Ich habe von allen Seiten gehört, daß Sie sich niemals politisch betätigt haben und ein anständiger Mensch sind. Es ist hier kein Hotel Adlon, aber Sie werden es hoffentlich nicht allzu schlecht gehabt haben.'"

Tatsächlich wurde Ball, nachdem ihm noch drei Goldstücke, die er bei seinen Wertsachen gehabt hatte, abgenommen worden waren, entlassen. Zu Hause musste er feststellen, dass eine seiner Stenotypistinnen ebenfalls verhaftet worden war. Sie hatte sich sehr über die Verhaftung ihres Chefs aufgeregt, was wiederum das 16-jährige Lehrmädchen veranlasst hatte, sie sofort anzuzeigen. Derselbe SA-Trupp, der Ball festgenommen hatte, kam wenig später noch einmal, um sie abzuholen. Es waren ihre Schreie gewesen, die er in der Nacht gehört hatte.

Ball verlor im April 1933 seine Zulassung als Anwalt und Notar. Um den Lebensunterhalt für seine Familie zu bestreiten, übernahm er eine Seifenvertretung. Kurz vor Kriegsbeginn flüchtete er nach Großbritannien und ging später in die USA. Sein Bruder Kurt gelangte nach Palästina. Er baute nach Gründung des Staates Israel unter dem Namen Kurt-Jacob Ball-Kaduri die nationale Gedenkstätte Yad Vashem mit auf.

Dr. Kurt Ball, 1931

Wie Joachim, Apfel, Barbasch und Litten wurde auch der Anwalt Arthur Brandt 1933 verhaftet. Sie alle waren in erster Linie politische Gegner des Nationalsozialismus, dass sie auch Juden waren, wurde vor allem von der Propaganda in den Vordergrund gerückt. Diese Anwälte hatten sich persönliche Feinde gemacht, die nun grausam ihre neu errungene Macht erprobten. Und sie sollten als Akteure einer organisierten Opposition ausgeschaltet werden.

„Richter und Justitia", zeitgenössische Grafik

Auch der junge Anwalt Hans Litten wurde Opfer solch „persönlicher Abrechnung". Hitler war nachtragend und reagierte in der Folge der Vorladung im Eden-Prozess schon auf die Nennung des Namens Litten cholerisch. Litten, Sohn einer christlichen Mutter, wurde als „Halbjude" klassifiziert. Die Wut richtete sich nicht allein gegen ihn als Anwalt, sondern gegen ihn als „jüdischen Anwalt". Allgemein hatte sich die Propaganda schon vor der Machtübergabe auf diese Formulierung festgelegt. 1933 wurde die Hetze maßlos und schreckte nicht davor zurück, sich auf primitivste Ebenen zu begeben. So wurde Kurt Rosenfeld unterstellt, dass er die deutsche Justiz verhöhnt hätte, weil Ende März in seinem Empfangszimmer eine Grafik gehangen haben soll, auf der ein Richter abgebildet war, der Justitia vergewaltigt. Rosenfeld entging seiner Verhaftung durch die Flucht nach Prag, später floh er in die USA, wo er 1943 starb.

Einer, der ebenfalls nur knapp seiner Verhaftung entging, war Rudolf Olden. Anders als Litten, der eher franziskanischer Asket und menschenscheu war, liebte Olden die Menschen und suchte Gesellschaft. Für ihn war der Kampf um soziale Gerechtigkeit auch immer verbunden mit dem empathischen Empfinden, in einer Gruppe Gleichdenkender aufgehoben zu sein. Wo bei Litten der Einsatz für eine Idee von schwerem Ernst getragen war, entfaltete sich bei Olden eine spielerische Leichtigkeit, wobei er dennoch das Ziel nicht aus den Augen verlor. Humor und Charme begleiteten Oldens gleichwohl aufrichtigen und stetigen Einsatz in politischer Hinsicht. So war er einer der Organisatoren der Versammlung von 900 Politikern und Intellektuellen unter dem Titel „Das freie Wort", die am 19. Februar 1933, also nur wenige Tage vor dem Reichstagsbrand, in der Kroll-Oper stattfand und nach drei Stunden von der Polizei aufgelöst wurde. Eben die Kroll-Oper sollte schon wenig später als Ersatzbau für den ausgebrannten Reichstag fungieren.

Olden wurde vor seiner Verhaftung gewarnt und konnte mit Skiern über die tschechoslowakische Grenze flüchten. Nach einem zeitweiligen Aufenthalt in Paris gelangte er nach Großbritannien. 1936 wurde er (auf einer Liste mit Thomas Mann) aus Deutschland ausgebürgert.[87] Nach Kriegsbeginn erklärte ihn die britische Regierung als Staatenlosen zum „feindlichen Ausländer" und ließ ihn internieren. Ohne Einkommen und ohne Staatsangehörigkeit nahm er eher widerstrebend einen Ruf der New School of Social Research in New York an – er wäre lieber in England geblieben. Auf der Überfahrt nach Nordamerika wurde das Schiff 1940 von einem deutschen U-Boot torpediert, Olden und seine Frau Ika kamen dabei mit vielen anderen ums Leben.

Rudolf Olden (rechts) im Gespräch mit Rechtsanwalt Gerhard Wilk, 1931

Die zweite Welle der Ausgrenzung: Gesetzliche und bürokratische Maßnahmen

In den ersten Wochen nach der Machtübernahme 1933 wurde gegen Rechtsanwälte jüdischer Herkunft mit Einzelaktionen individueller Terror ausgeübt. So brutal die Gewalt im konkreten Fall war, so wenig effektiv war sie doch aus nationalsozialistischer Sicht im Hinblick auf die intendierte umfassende Ausgrenzung von Juden aus der Anwaltschaft und der ganzen Gesellschaft.

Nach den Reichstagswahlen vom 5. März 1933, die bereits im Ausnahmezustand nach dem Reichstagsbrand stattgefunden hatten, verschärften die Nationalsozialisten den Druck. Das Wahlergebnis war für die NSDAP enttäuschend ausgefallen. Zwar wurde sie mit knapp 44 Prozent der Stimmen stärkste Fraktion im Reichstag, aber eine parlamentarische Mehrheit konnte sie nur zusammen mit ihrem Koalitionspartner, der Deutsch-Nationalen Volkspartei (DNVP) unter Alfred Hugenberg, erreichen. Der Versuch der Nationalsozialisten, auf quasi legalem Wege eine Mehrheit zu erringen, war gescheitert. Hitler und seine Partei griffen nun auf eine Doppelstrategie zurück: Sie verstärkten den „Terror von unten", um die Durchsetzung ihrer politischen Interessen „von oben" voranzutreiben. Mit inszenierten „spontanen Aktionen des Volkswillens", die offene Gewalt einschlossen, wurden scheinbar unumgängliche Tatsachen geschaffen, denen Staat und Politik „zur Aufrechterhaltung von Recht und Ordnung" Rechnung zu tragen hatten.

Eine Zielscheibe dieser Angriffe war das Gerichtswesen. Beginnend mit einem Überfall auf das Görlitzer Landgericht am 9. März, rollte eine Welle der Gewalt durch Preußen und die anderen Länder des Reiches. Das Vorgehen war an allen Orten vergleichbar. SA-Männer und andere „erzürnte Volksgenossen" drangen in Gerichtsgebäude ein, zwangen die anwesenden Beamten und Rechtsanwälte jüdischer Herkunft (und wen sie dafür hielten) unter Androhung und Ausübung von Gewalt zum Verlassen des Hauses, demütigten sie und misshandelten sie oftmals und nahmen einzelne Juristen „in Schutzhaft". Zugleich drohten sie wiederzukommen, falls „die Juden" an die Gerichte zurückkehren würden.

Die Stimmung wurde durch den von der NSDAP für den 1. April angeordneten Boykott jüdischer Geschäfte, Unternehmen, Arztpraxen und Anwaltskanzleien weiter angeheizt. Am Vortag des Boykotts, am 31. März, drangen die Nazi-Horden in die Berliner Gerichte ein. Von dem Überfall auf das Landgericht I und das Amtsgericht Mitte, beide in der Neuen Friedrichstraße (heute Littenstraße) nahe dem Alexanderplatz gelegen, liegt ein eindringlicher Bericht eines Rechtsanwalts vor.

James Yaakov Rosenthal erinnert sich:

„Am Vortage des Boykott-Schabbats, das heißt am 31. März 1933, war ich als junger Anwalt in dem Zentral-Zivilgerichtsgebäude [Landgericht] in der Nähe des Bahnhofs Alexanderplatz [heute Littenstraße], und jagte von einem Termin zum andern. Für mich selbst einige wenige natürlich, und für Kollegen, die mich um Terminvertretung gebeten hatten. Mit einem Mal, 10 Uhr 15, und das war ‚von der Maas bis an die Memel, von der Etsch bis an den Belt', schlagartig auf dieselbe Minute abgestellt von höherer Stelle, kamen Scharen von frisch eingekleideten SA-Leuten ins Haus und riefen: ‚Juden und Judenstämmlinge in den Lichthof!' Da versammelten wir uns. Und bei man-

chem wunderte man sich. Aber die Nazi-Herrschaften hatten sich nie geirrt in ihrer Listenzusammenstellung; sie wussten ganz genau, wo die Großmutter oder der Großvater einen Haken hatte. So sahen wir uns versammelt zu löblichem Warten mit dem Präsidenten des Landgerichts I Berlin, Herrn Soelling, geborener Seligsohn, dessen Vater ein führendes Mitglied der jüdischen Gemeinde in Bromberg gewesen war. Sein Bruder Seligsohn fungierte als Rechtsanwalt in Berlin; er selbst gehörte dem Stahlhelmbund der Frontsoldaten an und gebärdete sich als ganz großer Nationalsozialist und, sagen wir, Negation von Judenfreund. Aber das half alles nichts, sie wussten Bescheid, und wir versammelten uns. Manche Sekretärin vom Gericht, Richter, Anwälte, Referendare, Assessoren, alle Rangstufen und Berufszweige der Rechtspflege waren dort versammelt zu Hunderten. Manche von uns, muss ich offen sagen, verloren die Nerven. Es gab sehr, sehr traurige Szenen. Für mich und für Kollegen. Nach einer Weile erschienen SA-Leute im Lichthof und sagten: ‚Wer jetzt reibungslos diesen Gebäudekomplex verlässt und verspricht, ihn nie wieder zu betreten, dem passiert gar nichts. Wir warnen vor irgendeinem Einspruch oder Widerstand.' So las es sich am gleichen Tage im Berliner „8-Uhr-Abendblatt": ‚Heute Vormittag drang eine große Menschmenge in das Amtsgericht Berlin-Mitte und in das Landgericht I ein und verlangte stürmisch die sofortige Absetzung der jüdischen Richter. Zugleich wurden die jüdischen Rechtsanwälte zum Verlassen der Gerichte aufgefordert. Es wurde daraufhin bei den Gerichten Sonntagsdienst anberaumt. Für das Amtsgericht Berlin-Mitte wurden anstelle der jüdischen Richter andere Richter eingesetzt, und für das Landgericht I wurde angeordnet, dass Assessoren vorläufig anstelle der jüdischen Richter amtieren sollen. Die jüdischen Richter und Rechtsanwälte verließen darauf die Gerichtsgebäude, darunter auch der Präsident des Landgerichts, Soelling. – Man wußte schon gerüchteweise von den Kellern des Polizeipräsidiums und von SA-Kellern in anderen Stadtteilen und was dort geschehen war, und ich hatte eigentlich schon mit meinem Leben abgeschlossen. Aber als ich auf die Straße kam und im Rücken immer noch kein einziger Schuss fiel, sagte ich mir, und das war rein instinktiv, ich spreche da nicht von einem moralischen Hochstand, sondern es war reiner Instinkt: Es ist zu Ende. Und wenn ich gesund nach Hause komme, zu meiner Mutter, beginnen wir nach dem morgigen Tage mit der Vorbereitung zur Auswanderung."

Auf dem Heimweg kam Rosenthal an Häusern mit Anwaltsschildern vorbei.

„Manche von den Anwälten kannte ich, manche waren mir persönlich fremd. Ich sprang schnell hinauf in die Büros. ‚Wo ist der Chef?' Meistens, die wußten ja noch nichts, sagten sie: ‚Der ist im Gericht.' ‚Benachrichtigen Sie ihn sofort, er hat nicht mehr aufs Gericht zu gehen, wenn ihm sein Leben lieb ist. Ich kann es bestätigen und bescheinigen!' Sie sahen mich an, als ob ich übergeschnappt wäre. Ich kam gesund nach Hause. Natürlich war ich in einer Verfassung, die ich keinem wünsche. Und meine Mutter, zitternd und weinend, hatte schon als Gerücht gehört, was sich auf dem Gericht abgespielt hatte, und gab mich gewissermaßen schon verloren. Wir stellten fest, dass in dem

1. April 1933: Wie hier vor einem Geschäft wurden auch Plakate an „jüdischen" Anwaltskanzleien angebracht. Allein das Überkleben des Kanzleischildes mit dem Aufdruck „Jude" stellte eine erste Kennzeichnung dar.

Augenblick, als sie die Gerüchte gehört hatte, sie sich instinktiv gesagt hatte: Wir sind hier verwurzelt. Wir haben diesem Staat nicht nur keinen Schaden gestiftet, sondern unsere Familien gehörten zu den treusten Söhnen und Bürgern dieses Staates und dieser Stadt. Aber das hat aufgehört. Wir gehen nach Jerusalem."[88]

Am selben Tag in den Abendstunden erging von dem kommissarischen Leiter des Preußischen Justizministeriums, Hanns Kerrl[89], ein folgenschwerer Erlass. Kerrl war erst wenige Tage zuvor, am 27. März, an die Spitze des Ministeriums berufen worden. Er hatte kein juristisches Studium absolviert, war aber als Justizrentmeister preußischer Justizbeamter. Die Leitung des Ministeriums – am 20. April sollte er offiziell zum Preußischen Justizminister ernannt werden – war Kerrl wegen seiner langjährigen Zugehörigkeit zur NSDAP zugefallen. Sohn eines evangelischen Rektors und Leutnant im Ersten Weltkrieg, war er bereits 1923 in die NSDAP eingetreten. Von 1929 bis 1933 war er Mitglied des Preußischen Landtages gewesen. Ihm zur Seite im Preußischen Justizministerium stand als neu ernannter Ministerialdirektor der Kasseler Rechtsanwalt Roland Freisler. Der „Kerrl'sche Erlass" vom 31. März, gerichtet an den Kammergerichtspräsidenten, die Oberlandesgerichtspräsidenten, die Generalstaatsanwälte und die Präsidenten der Strafvollzugsbehörden, dekretierte:

„Die Erregung des Volkes über das anmaßende Auftreten amtierender jüdischer Rechtsanwälte und jüdischer Ärzte hat Ausmaße erreicht, die dazu zwingen, mit der Möglichkeit zu rechnen, daß besonders in der Zeit des berechtigten Abwehrkampfes des deutschen Volkes gegen die alljüdische Greuelpropaganda das Volk zur Selbsthilfe schreitet. Das würde eine Gefahr für die Aufrechterhaltung der Autorität der Rechtspflege darstellen ... Ich ersuche umgehend, allen amtierenden jüdischen Richtern nahezulegen, sofort ihr Urlaubsgesuch einzureichen und diesem sofort stattzugeben ... Besondere Erregung hat das anmaßende Auftreten jüdischer Anwälte hervorgerufen; ich ersuche deshalb, mit den Anwaltskammern oder örtlichen Anwaltsvereinen oder sonstigen geeigneten Stellen noch heute zu vereinbaren, daß ab morgen früh 10.00 Uhr nur noch bestimmte jüdische Rechtsanwälte, und zwar in

Schöneberger Ufer Anfang April 1933. In einer Schlange bewegen sich die wartenden Anwälte zur Nr. 36, dem Sitz der Berliner Anwaltskammer, um die weitere Zulassung zu beantragen. Das Gebäude, dessen Anschrift schon ab 1936 Großadmiral-von-Köster-Ufer 67 lautete, ist heute nicht mehr erhalten. Die Einfahrt führt zu dem im Blockinneren befindlichen Elisabeth-Krankenhaus. SA-Posten regulieren das Aufrücken.

einer Verhältniszahl, die dem Verhältnis der jüdischen Bevölkerung zur sonstigen Bevölkerung in etwa entspricht, auftreten. Den Gesamtrücktritt des Vorstandes der Anwaltskammer ersuche ich durch entsprechende Verhandlungen herbeizuführen."⁹⁰

Unnachahmlich in der Sprache, inhaltlich unmissverständlich, bedeutete das ein Hausverbot für jüdische Juristen. Dieser Erlass stellte den ersten gezielten Eingriff der Nationalsozialisten „von oben" in das preußische Justizwesen dar. Er nahm die mit den Überfällen auf die Gerichte selbst geschaffenen Bedingungen „von unten" als Vorwand und entbehrte jeder rechtlichen Grundlage. Dennoch wurde er von den Gerichtspräsidenten geflissentlich umgesetzt.

Für die Rechtsanwälte stand am nächsten Tag, dem 1. April, einem Samstag, damals noch ein gewöhnlicher Arbeitstag, eine andere Sorge im Vordergrund. Der inszenierte Boykott richtete sich ausdrücklich auch gegen die Kanzleien jüdischer Anwälte. Wie würde der Boykott verlaufen? Würde es zu gewalttätigen Übergriffen kommen? Yaakov Rosenthal beschreibt seine Erlebnisse:

„Am 1. April, frühmorgens, einigermaßen nichtsahnend, ging ich wie üblich morgens sechs Uhr dreißig in die benachbarte kleine Synagoge einer Talmudgemeinde zur Andacht. Ich sehe: Vor unserer Haustür steht ein SA-Mann in Uniform. Und ich sehe auch mein kleines Anwaltsschild am Hauseingang, siehe da, es ist braun beschmiert, gekennzeichnet mit einem großen Hakenkreuz. Wie mir dabei wurde ... Ich sah den Untergang der Generationen einer alten Welt.

*Als ich zurückkehrte nach anderthalb Stunden, war der SA-Mann immer noch auf demselben Platz, wie ein Bildsäule, als ob er im Schilderhäuschen wartete, daß er vor dem Kaiser präsentieren kann. Ich ging hinauf zu meiner Mutter und berichtete ihr. Nach dem kleinen Imbiß, gut zubereitet, aber nicht wohlschmeckend, wie man sich vorstellen kann, sagte meine Mutter: ‚Nun machen wir unseren üblichen Schabbatspaziergang.' Ich sagte: ‚Wo denkst du hin! Heute willst du spazierengehen?' ‚Bist du dir irgendeiner Schuld bewusst?' fragte sie. Sie war eine echte preußisch-puritanische Frau. ‚Wenn nicht, dann zeige, daß du ein Mann bist! Du ziehst dir wieder deinen guten Rock an! Heute haben wir Juden unseren Schabbat. Den lassen wir uns nicht verderben!' Und wir gingen spazieren. Unter den Linden, am Hackeschen Markt, Rosenthaler Straße, zum Bahnhof Börse, all diese Gegenden, die ja besät waren mit jüdischen Anwälten, Ärzten, Kleinhandelsläden, Großgeschäften. Überall dasselbe Bild. Das Plakat: Kauft nicht bei Juden! Vor jedem Bürohaus SA-Männer. Die Schilder der Firmen, Anwälte, Ärzte, alle beschmiert mit dem Hakenkreuz."*⁹¹

Ein anderer Anwalt, Bruno Blau, erinnert sich in den 1950er Jahren an die Situation in den Gerichten am Tag nach dem „Kerrl'schen Erlass":

„Von dem genannten Erlass war den Beteiligten naturgemäß in den wenigen Nachtstunden, die zur Verfügung standen, nichts bekannt geworden; es war technisch gar nicht möglich, die von dem Minister verlangten Maßnahmen in dieser Zeit durchzuführen. Dies war auch gar nicht beabsichtigt; vielmehr wurden am Morgen des 1. April eine große Anzahl von SA-Leuten mit und ohne Uniform nach den Gerichten beordert, welche das ‚Volk' repräsentierten und dessen angebliche Wünsche durchsetzen sollten. Sie wurden auf alle Räume, in denen Verhandlungen stattfanden, verteilt und forderten die anwesenden jüdischen Richter und Rechtsanwälte auf, sofort ihre Tätigkeit zu unterbrechen und das Gerichtsgebäude zu verlassen. In fast allen Fällen beugte man sich der Gewalt. Einzelne Richter, die sich unter Berufung auf ihre Amts- und Dienstpflicht weigerten, der Aufforderung zu folgen, wurden tatsächlich unter Anwendung körperlicher Gewalt von dem Gericht entfernt, so z.B. in Berlin ein Richter, der im I. Weltkrieg schwer verwundet und dadurch verkrüppelt war.

Auch in dem den Rechtsanwälten zum Aufenthalt angewiesenen Raum erschienen die braunen Gesellen, um von dort die jüdischen Anwälte zu entfernen. Dabei richteten sie in Berlin an den dort anwesenden Dr. Wilhelm Liebknecht, einen Bruder des mit Rosa Luxemburg ermordeten Dr. Karl Liebknecht, die Frage, ob er

Jude sei; er erwiderte: ‚Nein, aber in diesem Augenblick bedauere ich, daß ich ein Deutscher bin.'"⁹²

Eine breite Öffentlichkeit wurde von der Presse über die neuen Entwicklungen informiert. Die Vossische Zeitung meldete in ihrer Morgenausgabe vom 1. April 1933:

„Heute wieder voller Gerichtsbetrieb. ... Auf Anordnung des Preußischen Justizministers wird heute Mittag 12 Uhr der Geschäftsbetrieb in sämtlichen Gerichten wieder aufgenommen ... Jüdischen Richtern, die sich weigern, ihr Urlaubsgesuch einzureichen, ist kraft Hausrechts das Betreten des Gerichtsgebäudes untersagt ... jüdische Beamte im Strafvollzug sind umgehend zu beurlauben. Mit den Anwaltskammern ... soll vereinbart werden, daß ab Sonnabend früh [also am gleichen Tag, d.A.] 10 Uhr nur noch bestimmte jüdische Rechtsanwälte ... auftreten. Diese Anwälte sollen im Einvernehmen mit dem Gau-Rechtsstellenleiter der N.S.D.A.P. oder dem Vorsitzenden der Gaugruppe des Bundes nationalsozialistischer deutscher Juristen ausgewählt werden. Wenn eine Vereinbarung infolge Obstruktion nicht zu erzielen ist, soll den jüdischen Anwälten das Betreten des Gerichtsgebäudes verboten werden."

Binnen zweier Tage hatte sich die Situation grundlegend gewandelt. Auf einen Schlag war ein Hausverbot verhängt worden und mit einem Mal war es ungewiss für die jüdischen Anwälte, ob sie ihren Beruf noch würden ausüben können.

Um doch weiter tätig sein zu können, reagierten die betroffenen Anwälte prompt und beantragten ihre weitere Zulassung. Das Preußische Justizministerium war von dem Ansturm überrascht. Am 6. April schickte Kerrl eine inhaltliche Ergänzung zur Bearbeitung an den Kammergerichtspräsidenten, der die Anweisung vom 31. März übernahm. Im Originalton: *„In steigendem Masse stellen jüdische Rechtsanwälte und Notare unmittelbar an das Justizministerium Anträge auf Wiederzulassung zur Anwaltschaft und zum Notariat. Ich weise darauf hin, dass solche Anträge aus Gründen der Gleichheitlichkeit der Staatsführung nicht örtlich entschieden werden können. Andererseits verkenne ich nicht, dass es besonders gelagerte Fälle gibt, die einer Sonderbearbeitung und Sonderentscheidung bedürfen. Voraussetzung der Bearbeitung derartiger Gesuche durch mich muss jedoch die einwandfreie und vorbehaltlose Anerkennung des Gesuchstellers sein, dass die auf Grund der bekannten Vereinbarung geschaffene jetzt bestehende Lage von dem einzelnen Gesuchsteller als für sich rechtsverbindlich anerkannt wird. Die Regierung der nationalen Erhebung in Preussen und ich als Reichskommissar dieser Regierung für die Justiz in Preussen kann nur dann Einzelgesuche in Bearbeitung nehmen, wenn die Loyalität des Gesuchstellers gegenüber der Regierung der nationalen Erhebung durch ein solches Anerkenntnis erwiesen und bestätigt ist.*

*Ich ersuche deshalb, noch am Tage des Empfanges dieses Schreibens unter Angabe des Wortlautes dieses Schreibens von dessen Inhalt sämtlichen jüdischen nicht mehr zugelassenen, bezw. nicht mehr tätigen Rechtsanwälten und Notaren anheim zu stellen, neue Zulassungsgesuche, die dem oben angegebenen Erfordernis entsprechen, durch die Herren Oberlandesgerichtspräsidenten an mich gelangen zu lassen ... Sämtliche Gesuche müssen spätestens bis Dienstag, den 11.4., mit der Frühpost in meiner Hand sein ..."*⁹³

Auf der Basis dieser Anweisung gaben der Präsident des Kammergerichts und seine Kollegen von den anderen preußischen Oberlandesgerichten eine Rundverfügung[94] heraus, dass alle jüdischen Anwälte einen Antrag auf Zulassung zu stellen hätten, verbunden mit einem Bekenntnis zur Regierung. Durch diesen Trick standen die jüdischen Anwälte unter Zugzwang: Beriefen sie sich darauf, dass diese Vorgabe illegitim und illegal sei, und stellten keinen Antrag, würden sie nicht weiter zugelassen werden. Gaben sie die Erklärung ab, so akzeptierten sie die rechtliche Situation und machten einen Kotau vor der sie diskriminierenden Regierung. Sie hatten keine Wahl. Die Personalakten des Reichsjustizministeriums, so sie überliefert sind, weisen in den meisten Fällen die geforderte Erklärung auf.

Beispielsweise schrieb Bruno Mendelsohn, Rechtsanwalt am Kammergericht seit 1919, 45 Jahre alt, am 8. April 1933:

„Auf Grund der dortigen Verfügung vom 6. April 1933 bitte ich um meine neue Zulassung als Rechtsanwalt & Notar (...) Politisch habe ich mich nicht betätigt und habe auch niemals einer marxistischen Partei angehört. Ich erkenne einwandfrei und vorbehaltslos die auf Grund der bekannten Vereinbarung geschaffene, jetzt bestehende Lage für mich als rechtsverbindlich an. Sollte durch Reichsgesetz meine Zulassung geregelt werden, so stütze ich mein vorstehendes Gesuch auch auf die Bestimmungen des Reichsgesetzes."[95]

Bruno Blau über die unübersichtliche Situation: „[Es]... wurde dann bekannt, daß in Berlin nur etwa 30 Anwälte zum Auftreten vor Gericht zugelassen werden sollten und Anträge dafür am Nachmittag in den Geschäftsräumen der Anwaltskammer persönlich eingereicht werden müßten. Obwohl die Anzahl so sehr begrenzt war, und nur die wenigsten Aussicht hatten, berücksichtigt zu werden, glaubte ein Jeder, nichts versäumen zu dürfen, und begab sich zur Anwaltskammer – die meisten lange vor der festgesetzten Zeit, damit sie ihren Antrag so früh als möglich abgeben konnten.

In der Anwaltskammer wurden Anfang April 1933 die Anträge der jüdischen Rechtsanwälte auf weitere Ausübung des Berufs entgegengenommen.

Wir mußten stundenlang vor dem Gebäude warten, und zwar im Regen und unter Aufsicht junger SA-Burschen, bis wir einzeln in das Haus eingelassen wurden. Dieser Vorgang war für uns in höchstem Maße entwürdigend und sollte es auch sein, obwohl man wußte, daß sich unter uns eine ganze Anzahl hochbetagter und solcher Herren befanden, die einen anerkannten wissenschaftlichen Ruf besaßen und bis dahin allgemeines Ansehen genossen.

Nachdem dann einige Tage später die für würdig Befundenen ausgesucht worden waren, wurde den anderen die Berufsausübung so gut wie unmöglich gemacht; denn sie mußten für die Gerichtsverhandlung die Vertretung der Parteien anderen Anwälten übertragen, die nicht hinreichend über die Sache informiert waren und auch nicht das Vertrauen der Klienten hatten; oft war es auch gar nicht möglich, einen nur einigermaßen geeigneten Vertreter zu finden, so daß nichts übrig blieb, als die Verhandlung zu vertagen."[96]

Im Justizministerium wurde derweil eine gesetzliche Regelung vorbereitet. Am Vormittag des 7. April 1933 trafen sich die – zum Teil noch kommissarisch eingesetzten – Landesjustizminister mit dem Reichsjustizminister Franz Gürtner und seinem Staatssekretär Schlegelberger im Reichsjustizministerium zu einer Besprechung.[97] Es wurde ausführlich über die Zulassungsbeschränkung jüdischer Anwälte gesprochen. Aus Breslau, Berlin und Bayern wurde berichtet, dass in der Folge des Kerrl'schen Erlasses (für Bayern war ein ähnlicher Erlass ergangen) alle jüdischen Anwälte von der „Ausübung der Praxis (...) ferngehalten worden [seien]."[98] In der Sitzung wurden eigenmächtige Aktionen („auf eigene Faust") der SA angedroht, sofern keine deutlichen Betätigungsbeschränkungen für Anwälte ergehen würden.[99] Es wurden eindeutige Zeichen gefordert, die staatliches Handeln demonstrieren sollten. Indem den ungesetzlichen Maßnahmen nun ein scheinbar legaler Charakter verliehen wurde, ließ sich einerseits etwaiger Widerstand gegen die Ausgrenzung argumentativ abwehren, andererseits konnten die radikalisierten Parteigruppierungen gemäßigt werden. Beabsichtigt war, der Öffentlichkeit mit klaren Schritten die Autorität staatlichen Handelns vorzuführen und zugleich die radikalen NS-Gruppierungen von unkontrollierten Exzessen abzuhalten.

Nach emsiger Wochenendarbeit veröffentlichte das Reichsjustizministerium am Montag, den 10. April, das „Gesetz über die Zulassung zur Rechtsanwaltschaft", das auf den 7. April rückdatiert wurde. Es beinhaltete, analog zum „Gesetz zur Wiederherstellung des Berufsbeamtentums" vom 7. April für die Beamtenschaft, ein Berufsverbot für alle „nicht arischen" Anwälte. Zwei generelle Ausnahmen sollten, ebenfalls analog zum „Berufsbeamtengesetz", gelten: Anwälte, die bereits vor dem 1. August 1914 zugelassen gewesen waren („Altanwälte") und – auf Intervention von Reichspräsident von Hindenburg[100] – „Frontkämpfer" oder direkte Angehörige von Gefallenen des Ersten Weltkriegs sollten wieder zur Anwaltschaft zugelassen werden. Ein wesentlicher inhaltlicher Unterschied zwischen den Gesetzen lag darin, dass die Ausschlussregelung für Beamte (die auch für die Anwaltsnotare galt) eine „Muss"-Vorschrift war, die für die Anwälte eine „Kann"-Vorschrift. Doch dieser Ermessensspielraum zu Gunsten der Anwälte wurde nach den vorliegenden Unterlagen faktisch fast nie genutzt.

Mit der Verabschiedung der Gesetze blieb dennoch eine Frage ungeklärt. Wer sollte nun als „nicht arisch" gelten? Dies wurde wenige Tage später, am 11. April, mit der „1. Verordnung zur Durchführung des Gesetzes zur Wiederherstellung des Berufsbeamtentums" geregelt. Dort wurde festgelegt:

„Als nicht arisch gilt, wer von nicht arischen, insbesondere jüdischen Eltern oder Großeltern abstammt. Es genügt, wenn ein Elternteil oder ein Großelternteil jüdisch ist. Dies ist insbesondere dann anzunehmen, wenn ein Elternteil oder ein Großelternteil der jüdischen Religion angehört hat."[101]

Damit hatte sich eine völkisch-rassistische Definition durchgesetzt. Sie erlangte absolute Geltung als NS-Doktrin und wurde auch für die Anwaltschaft und in allen gesellschaftlichen Bereichen herangezogen. Der Kreis der Auszugrenzenden war dadurch sehr weit gefasst. Er bezog alle Personen ein, die jüdischen Glaubens waren oder, unabhängig vom religiösen Bekenntnis, Eltern oder Großeltern hatten, die einmal Mitglied der Jüdischen Gemeinden gewesen waren.

Das Verfahren zur Wiederzulassung

Die zuständigen Stellen im Justizministerium arbeiteten fleißig. Dazu Staatssekretär Freisler: *„Die vorläufige Prüfung hat ergeben, daß die im Reichsgesetz vorgesehenen Maßnahmen teilweise bedeutend weitergehen als die von mir vorläufig getroffenen Anordnungen.*

Die Vorarbeiten, die zur Durchführung des Gesetzes erforderlich sind, sind ausserordentlich umfangreich und schwierig. Sie erfordern erhebliche Vorarbeiten, die von mir mit Beschleunigung, aber auch mit der erforderlichen Ruhe durchgeführt werden. Die Prüfung der in die Tausende gehenden Einzelfälle wird in der 1. Woche nach Ostern nach Möglichkeit beendet werden.

Ich erwarte von allen Rechtsanwälten, insbesondere von allen jüdischen Rechtsanwälten, einerlei ob diese heute als zugelassen oder nichtzugelassen anzusehen sind, daß sie die Einordnungsfähigkeit beweisen, die erforderlich ist, um die wichtige Frage der Zulassung oder Nichtzulassung des einzelnen Rechtsanwalts sachgemäß zu prüfen. Zu dieser Erwartung glaube ich berechtigt zu sein, zumal in meiner Behörde Anerkenntniserklärungen jüdischer Rechtsanwälte im Gewicht von Zentnern eingegangen sind.

Von der Zurückhaltung der jüdischen Anwälte in den nächsten 2 Wochen und der tatsächlichen Weiterdurchführung des durch die letzten Maßnahmen bis heute geschaffenen Zustandes während dieser Zeit der Prüfung wird es abhängen, ob die endgültige Regelung früher oder später beendet sein kann …"[102]

Ungewöhnlich erscheint es, den Aufwand derartiger Verwaltungsarbeit in Zentnern anzugeben. Dass es hier für die betroffenen Anwälte um ihre weitere Existenz ging, fiel dabei für Freisler nicht ins Gewicht.

Bei der Umsetzung des Gesetzes wurden für die Wiederzulassung eines einzelnen Anwalts folgende Ausnahmetatbestände von der Verhängung eines Berufsverbots zugestanden: Zulassung vor dem 1. August 1914 oder „Frontkämpfer" im Ersten Weltkrieg oder direkter Angehöriger eines Gefallenen. In den Prüfverfahren lassen sich in den Akten zum Teil sehr routinemäßige Bearbeitungen feststellen: Immer wurden dieselben Buntstiftfarben zur Markierung verwendet – „grün" für Frontkämpfer; wenn ein Eisernes Kreuz verliehen worden war, mit grünem Kreuz; „rot" als Markierung für „nicht arisch", „blau" für Altanwalt und in einigen Fällen „braun" für „Mischling". Die roten Striche häuften sich, zugleich die grünen und die blauen.

Einer, der bei der Formulierung der geforderten Erklärungen keine devote Haltung gegenüber den rechtswidrigen, scheinlegalen Maßnahmen einnehmen wollte, war Ernst Fraenkel, Rechtsanwalt am Kammergericht, 35 Jahre alt. In seinem Gesuch vom 8. April 1933 heißt es: *„Ich werde, falls ich zur Anwaltschaft auch in Zukunft zugelassen werden sollte, getreu meinem Anwaltseid meine Pflichten als Rechtsanwalt nach Maßgabe der jeweils gültigen Gesetze gewissenhaft erfüllen. Eine Erklärung dahingehend, daß ich die Vereinbarungen, die meine zeitweise Behinderung als Anwalt begründen, als rechtswirksam anerkenne, lehne ich ab, da ich diese Vereinbarung nicht kenne."*[103]

Diese Erklärung wurde denn auch mit Buntstift als „ungenügende Erklg." markiert. Fraenkel galt als „Nichtarier", zusätzlich wurde ihm kommunistische Betätigung unterstellt. Das Prüfverfahren zog sich geraume Zeit hin, der frühere „Frontkämpfer" wurde dann aber doch weiter zugelassen.

Faktisch wurde in der Anwendung der gesetzlichen Regelungen auch bei den Anwälten kein Spielraum eingeräumt, sondern grundsätzlich ein Berufsverbot erteilt.[104] Die genannten Ausnahmen galten aber – vermutlich anders, als die NS-Bürokraten erwartet hatten – für eine hohe Zahl von Anwälten.

Der Antrag auf Wiederzulassung musste strengen Kriterien genügen. Die Prüfverfahren waren im Gang, als am 25. April 1933 für Preußen die allgemeine Grundlage für Vertretungsverbote erlassen wurde, vermutlich um das Verfahren zu formalisieren: die Ausführungsvorschrift (AV) des Reichsgesetzes über die Zulassung zur Rechtsanwaltschaft[105]:

§ 1.

Die OLGPräs. reichen bis zum 5.5.1933 eine Liste derjenigen Rechtsanwälte ihres OLGBezirks ein, bei denen nach Ansicht des OLG-Präs. selbst oder eines LGPräs. oder aufsichtsführenden Amtsrichters oder nach Ansicht des Vorsitzenden des Anwaltskammervorstandes oder nach Ansicht des Gauobmannes des in Frage kommenden Gaues des Bundes NSDJ. oder nach Ansicht anderer nach Meinung des OLGPräs. in Frage kommenden Stellen eine Prüfung erforderlich ist, ob eine Zurücknahme der Zulassung zur RA. nach dem RG. v. 7.4.1933 in Frage kommt. In diesem Sammelbericht ist bei dem aufgeführten RA. zu vermerken
a) ob er am 1.8.1914 zugelassen war,
b) ob die Zulassung seitdem jemals unterbrochen gewesen ist,
c) ob seit dem 1.8.1914 das Gericht der Zulassung sich geändert hat,
d) ob der RA. während der Zeit der Zulassung den Anwaltsberuf dauernd ausgeübt hat, wobei zu vermerken ist, ob er sich zeitweise ausschließlich oder hauptsächlich als Syndikus bestimmter Firmen oder in ähnlichen Stellen betätigt hat, oder wobei andererseits Unterbrechung der Anwaltstätigkeit durch Frontdienst oder Krankheit nicht als Unterbrechung aufzuführen ist.

§ 2.

Diejenigen Rechtsanwälte nichtarischer Abstammung, die für sich die Voraussetzungen des § 1 Abs. 2 des RG. über die Zulassung zur Rechtsanwaltschaft in Anspruch nehmen, haben dies unter Angabe der zur Begründung von ihnen vorzubringenden Tatsachen und Beifügung der Belege schriftlich in dreifacher Ausfertigung dem für sie zuständigen OLGPräs. darzulegen. Diese Darlegungen müssen bis zum 4.5.1933 im Besitz des zuständigen OLGPräs. sein.

Der zuständige OLGPräs. reicht diese Darlegungen nebst etwaigen Anlagen gesammelt bis spätestens zum 6.5. dem Justizministerium ein.

§ 3.

Die OLGPräs. erlassen bis spätestens zum 1.5.1933 an
a) die in Betracht kommenden Polizeibehörden und Staatsanwaltschaften,
b) die Anwaltskammervorstände,
c) die Gauobleute des für ihren Bezirk zuständigen Gaues des BNSDJ.,
d) andere ihnen geeignet erscheinende Organisationen das Ersuchen um schriftliche Mitteilung, welche Rechtsanwälte nach Ansicht der ersuchten Stellen sich in der Vergangenheit in kommunistischem Sinne betätigt haben.

Die ersuchten Stellen haben die Tatsachen anzugeben, und soweit möglich die von den ersuchten Stellen vertretene Ansicht zu belegen.

Der zuständige OLGPräs. reicht diese Mitteilungen gesammelt nebst etwaigen Anlagen bis spätestens zum 20.5.1933 dem Justizministerium ein.

Das Justizministerium behält sich vor, selbst in geeigneter Weise Material zur Prüfung und Entscheidung der Frage, welche Rechtsanwälte sich in kommunistischem Sinne betätigt habe, auch auf anderem Wege zu sammeln.

§ 4.

In Fällen, in denen das beigebrachte Material eine ausreichende Grundlage für eine Prüfung der Frage, ob der betr. Rechtsanwalt sich in kommunistischem Sinne betätigt hat, bietet, wird dem Rechtsanwalt unter Mitteilung der gegen ihn vorgebrachten Tatsachen Gelegenheit zur Äußerung und etwaigen Beibringung von entkräftenden Beweisen mit einwöchiger Fristsetzung gesetzt werden.

§ 5.

Im Rahmen des § 4 des RG. über die Zulassung zur Rechtsanwaltschaft werde ich in jedem Einzelfalle Ver-

tretungsverbot erlassen. Die Vertretungsverbote werden nicht vor dem 3.5.1933 von mir erlassen werden.

Derjenige Rechtsanwalt, der glaubt, daß gegen ihn ein Vertretungsverbot mit Rücksicht auf § 4 Abs. 2. des RG. über die Zulassung zur Rechtsanwaltschaft nicht zulässig sei, mag diese seine Rechtsansicht schriftlich in dreifacher Ausfertigung rechtzeitig unter Beifügung je einer Unbedenklichkeitsbescheinigung
a) des zuständigen OLGPräs.,
b) des zuständigen GStA.,
c) des Vorstandes der zuständigen Anwaltskammer dem Ministerium einreichen.

In Fällen, in denen alle drei Unbedenklichkeitsbescheinigungen beigebracht werden, werde ich, falls nicht andere Gründe entgegenstehen, bei meiner Entscheidung über den Erlaß eines Vertretungsverbotes die Nichtzulässigkeit annehmen. Die Zustellung der etwa von mir erlassenen Vertretungsverbote erfolgt durch den zuständigen OLGPräs. auf mein Ersuchen.

§ 6.
Die endgültige Entscheidung über künftige Nichtzulassung bisher zugelassen gewesener Rechtsanwälte auf Grund des RG. v. 7.4.1933 behalte ich mir in allen Fällen vor. Ich werde die Herbeiführung der Entscheidung unter Vorbehalt der Genauigkeit und Gewissenhaftigkeit der Nachprüfung beschleunigt treffen.

§ 7.
Bis zum 8.5.1933 ist der jetzt überall bestehende tatsächliche Zustand aufrecht zu erhalten, da ich auch bei größter Beschleunigung diese Zeit zur Prüfung der vom Vertretungsverbot auszunehmenden Fälle benötige.

§ 8.
Bisherige in Sachen des Reichsges. vom 7.4.1933 an irgendeine Stelle gerichetete Gesuche gelten nicht als Eingaben dieser Ausf. Best., sondern sind als durch die Ausf. Best. überholt anzusehen."

Diese Ausführungsvorschrift, datiert auf den 25. April, einen Dienstag, wurde per Sondernummer des Justiz-Ministerial-Blattes veröffentlicht. Alle bereits eingereichten Anträge waren damit hinfällig.

Die betroffenen Anwälte informierten sich gegenseitig über die beizubringenden Erklärungen, wie die Abschrift einer vertraulichen telefonischen Mitteilung „des Herrn Justizrats Meschelsohn" zeigt: *„Herr Justizrat M. hat ein Zirkular mit der Bitte um vertrauliche Weiterverbreitung folgenden Inhalts erhalten: Die Erteilung von Unbedenklichkeits-Erklärungen habe nur dann Aussicht auf Erfolg, wenn eine Bescheinigung darüber beigebracht wird, dass sich der betreffende Anwalt niemals kommunistisch betätigt habe, insbesondere auch nicht kommunistische Organisationen, Verbände und Bestrebungen unterstützt und sich auch nicht zur freiwilligen Übernahme von Verteidigungen von Kommunisten erboten habe. Eine derartige Bescheinigung wird zweckmässigerweise von einem Regimentsverein, von einer deutschnationalen Persönlichkeit oder von anderen geeigneten Persönlichkeiten auszustellen sein.*
Berlin, den 29. April 1933"[106]

Nun mussten die Betroffenen, wenn sie ein Interesse an ihrer weiteren Zulassung hatten, drei Unbedenklichkeitsbescheinigungen einholen. Die Fristen waren eng gesteckt, gerade sieben Werktage waren eingeräumt worden, um alles beizubringen. Bis Samstag, 6. Mai, sollte der Kammergerichtspräsident die entsprechenden Anträge an das Justizministerium weiterleiten. Parallel dazu wurden Ermittlungen über eine etwaige kommunistische Betätigung eingeleitet. Der weite Kreis von Institutionen und Personen, die nun Beschuldigungen vorbringen konnte, leistete ungesicherten Denunziationen Vorschub.

Nach dem 8. Mai 1933 wurde gegen mindestens 619 Anwälte „nichtarischer" Herkunft[107] ein Vertretungsverbot ausgesprochen. In der Praxis war ein derartiges Vertretungsverbot nicht allein eine Hinderung, vor Gericht zu erscheinen, es reduzierte überhaupt die Möglichkeit, Mandate zu übernehmen, da die Verlässlichkeit gegenüber den Mandanten für einen unbefristeten Zeitraum nicht mehr gewährleistet war.

In ihren Anträgen auf Wiederzulassung, die nun auf „legaler" Grundlage erfolgten, wiesen die Betroffenen detailliert nach, inwiefern für sie die Ausnahmeregelungen galten. Meist wurde auf den Kampfeinsatz für Deutschland im Ersten Weltkrieg verwiesen. Diejenigen, die am Ersten Weltkrieg teilgenommen hatten, legten ihren Militärpass vor. Doch der Begriff „Frontsoldat" wurde außerordentlich eng ausgelegt. Wer nur in den Versorgungslinien zum Einsatz gekommen war, wurde nicht anerkannt. Das schockierte die Betroffenen besonders. Schwierig war die Situation für diejenigen, die trotz patriotischer Einstellung damals nicht für tauglich befunden worden waren.

Die überlieferten Personalakten des Reichsjustizministeriums spiegeln das ganze Drama wider. In

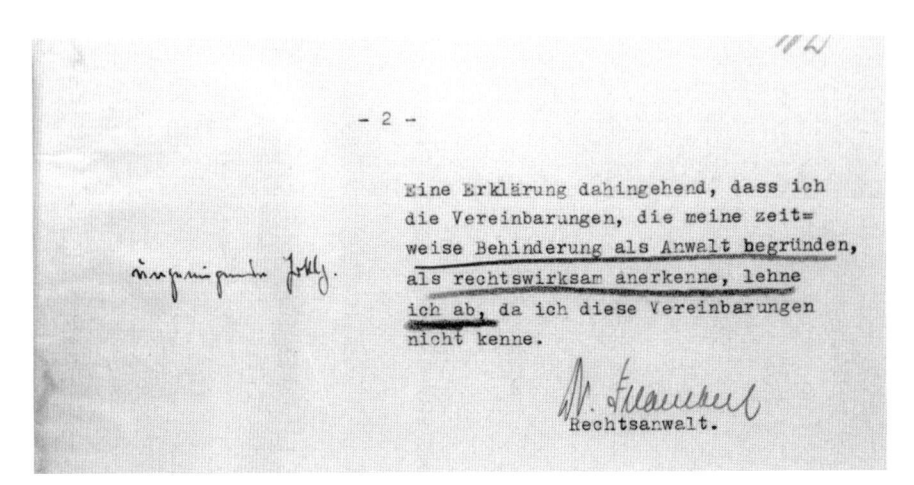

> Eine Erklärung dahingehend, dass ich die Vereinbarungen, die meine zeit=weise Behinderung als Anwalt begründen, als rechtswirksam anerkenne, lehne ich ab, da ich diese Vereinbarungen nicht kenne.
>
> *[Unterschrift]* Rechtsanwalt.

den Anlagen der erhaltenen der über 1.700 Anträge (allein für Berlin) finden sich zahlreiche Schreiben von zufriedenen Mandanten, die sich für die weitere Zulassung „ihrer" Anwälte aussprachen. Wie gefordert, waren darunter auch zahlreiche Schreiben von NSDAP-Mitgliedern. Frühere Kameraden aus dem Ersten Weltkrieg lobten die patriotische und tapfere Haltung. Mandanten betonten teilweise nachdrücklich die nationalistische Gesinnung der Betreffenden. Sie wollten nicht einsehen, dass Juden, wenn sie ihr Leben für Deutschland riskiert hatten, nun nicht mehr arbeiten durften, ohne dass sie sich etwas hätten zuschulden kommen lassen, akzeptierten nicht, dass es der antisemitischen NS-Politik um eine grundsätzliche Ausgrenzung von Juden ging und Einzelfällen keine Bedeutung beigemessen werden sollte. Vereinzelt aber wurde auch die Gelegenheit genutzt, es dem Anwalt, der ein Verfahren nicht mit dem erwarteten Ergebnis abgeschlossen hatte, heimzuzahlen. Im Ton völlig maßlos, in der Sache teilweise verworren, wurden auch die bösesten Unterstellungen von ehemaligen Mandanten formuliert.[108]

Diejenigen, die mit einem Vertretungsverbot belegt wurden, waren meist jung. Betroffen waren auch die Frauen jüdischer Herkunft. Zu einem geringen Teil wurden diese Verbote bis Oktober 1933 wieder aufgehoben. In der Regel jedoch war das Vertretungsverbot der erste amtliche Schritt zum Berufsverbot. Die wieder zugelassenen Anwälte jüdischer Herkunft erhielten einen gesonderten Ausweis, der sie zum Betreten der Gerichte berechtigte.[109]

Im Mai 1933, so geben offizielle Quellen an, soll von 1.761 Anwälten, die als „nicht arisch" galten, ein Antrag auf Wiederzulassung vorgelegen haben.[110] Ausgehend von einer Zahl von 1.835 insgesamt Betroffenen, beantragten also nur 74 nicht mehr ihre weitere Zulassung.[111] Einige waren tot oder inhaftiert oder angesichts der politischen Verfolgung geflüchtet. Vielen Antragstellern wird klar gewesen sein, dass sie im Grunde keine Chance auf Wiederzulassung hatten.

Einer derjenigen, die nach dem April 1933 die Zulassung als Anwalt und Notar verloren, war Dr. Ludwig Bendix.[112] Bendix wurde, nachdem er wegen der Verteidigung eines Mitglieds der KPD aufgefallen war, am 2. Juni 1933 verhaftet und im Oktober wieder freigelassen. Dabei war ihm mehrfach deutlich gemacht worden, „daß man ihm eine Lehre hatte erteilen wollen"[113]; dennoch dachte er nicht daran, Deutschland zu verlassen, „denn Deutschland war seine Heimat, und er wäre sich wie ein Verräter vorgekommen, wenn er nun das Land verlassen hätte."[114] An seine Mandanten schickte Bendix folgenden Rundbrief, nachdem ihm von der Gestapo zugestanden worden war, sich „Rechtsberater" zu nennen:

„... An meine Klientel, meine Tätigkeit als Anwalt und Notar habe ich aufgeben müssen. – Ich fühle mich aber durch eine lebenslange praktische und theoretische Beschäftigung mit dem deutschen Recht so eng verbun-

den, daß ich schon aus diesem inneren, ideellen Grunde meine Tätigkeit in dem Rahmen fortsetzen muß, der mir nach den jetzt geltenden Gesetzen geblieben ist."[115]

Als Rechtsberater versuchte er unter anderem mit der Beratung von Ausreisewilligen sein Auskommen zu finden. Viele Menschen erfuhren durch den Rundbrief von seiner schwierigen Situation. Bei manchen regte sich nicht Mitleid, sondern sie versuchten, die missliche Lage auszunutzen, indem sie ihn zur Rückzahlung entrichteter Anwaltsgebühren pressen wollten. Bendix bemühte sich dennoch um Haltung:

"Trotz aller Mißerfolge und Verschüchterungen ließ ich mich nicht unterkriegen. (...) Man mag mich töricht nennen, ich stand auf einem anderen Standpunkt. Ich kämpfte um jeden Zoll Bodens und hielt mit allen Fasern meines Wesens an ihm fest. Ich wollte mich nicht entwurzeln lassen (...) Mein unverwüstliches Streben nach Wiedergewinnung meines, mir entzogenen Lebensraumes führte innerlich notwendig dahin, trotz aller Differenzierungen und Diskriminationen eine Gemeinsamkeit mit den Machthabern über Land und Volk zu bejahen und es ihnen in persönlichen Auseinandersetzungen zu überlassen, in den einzelnen Fällen die Schranke zu ziehen. Zur Aufrechterhaltung der Würde meiner Persönlichkeit hielt ich es geradezu für meine Pflicht gegen mich selbst, die durch die geltenden Gesetze gegebenen Möglichkeiten bis zum Letzten in Anspruch zu nehmen. Ich hatte jedenfalls wiederholt den Eindruck gewonnen, daß diese Haltung der bedingungslosen Zusammengehörigkeit ihre starke Wirkung nicht verfehlte (...) So kam es denn, daß ich, bildlich gesprochen, tausend Wege ging, von denen ich wußte, daß sie in die Wüste führen. Aber dieses Wissen konnte mich nicht abhalten, die Wege zu gehen. Ich wollte die Ergebnislosigkeit, vielfach schwarz auf weiß, bei meinen Akten haben."[116]

Nachdem Bendix 1933 zum ersten Mal in „Schutzhaft" genommen worden war, wurde er 1935 erneut verhaftet. Von Juli 1935 bis Mai 1937 war er im KZ Dachau inhaftiert. Diese 22 Monate KZ haben ihn und die Beziehung zu seiner Familie in ganz starkem Maße verändert. Er kam frei unter der Bedingung, in ein außereuropäisches Land zu gehen. Bendix emigrierte nach Palästina, 1947 folgte er seinem Sohn, der ein angesehener Soziologe werden sollte, in die USA. Ludwig Bendix konnte sein Leben retten, doch man hatte seine Wurzeln gekappt. Er starb 1954 im Alter von 76 Jahren in Oakland, Kalifornien.

Ludwig Bendix 1933 und 1937

Räumte das Anwaltsgesetz noch die Möglichkeit ein, weiter als Anwalt zugelassen zu sein, weil eine der Ausnahmen geltend gemacht werden konnte, so wurde bei einer großen Zahl von Anwälten doch das Gesetz zur Wiederherstellung des Berufsbeamtentums angewendet, da sie zugleich Notare waren. Als Notar waren sie Beamte, und diese wurden besonders strikt überprüft. Wer als Anwalt wieder zugelassen wurde, weil er „Frontkämpfer" war, konnte längst nicht darauf vertrauen, auch weiter als Notar zugelassen zu sein. Von einem Beamten wurde ein besonderes Vertrauensverhältnis zum Staat verlangt – umgekehrt brachte aber nun der Staat seinen Beamten kein Vertrauen mehr entgegen, wenn sie jüdischer Herkunft waren.

Anfang 1933 waren 1.149 Anwälte jüdischer Herkunft zugleich als Notare zugelassen, fast zwei Drittel dieser Gruppe. Nach den Überprüfungen 1933 wurde 524 Personen das Notariat entzogen. Der Einschnitt erwies sich für die Betroffenen als gravierend, war doch das Notariat in vielen Kanzleien die materielle Basis der Tätigkeit. Es lässt sich nachweisen, dass der Entzug des Notariats für viele Anwälte der Anlass war, ihre Tätigkeit insgesamt aufzugeben und auch die Zulassung als Anwalt zurückzugeben. Auf diesem Weg kamen die politisch Verantwortlichen ihrem Ziel einen Schritt näher – der „entjudeten Anwaltschaft".

Während die Unterlagen noch geprüft wurden, war schnell absehbar, dass der größte Teil der Antragsteller hätte wieder zugelassen werden müssen, weil einer der Ausnahmegründe zutraf. Im Frühsommer scheint es dann zu einer Radikalisierung des Verfahrens gekommen zu sein. In einzelnen Akten lässt sich nachweisen, dass die Betroffenen formal einen der Ausnahmegründe für sich hätten geltend machen können. Doch nun wurde nach anderen Möglichkeiten gesucht, die Zulassung zu verweigern. Einer der Gründe, die gefunden wurden, war die im Herbst 1933 vorgenommene Zusammenlegung der drei Berliner Landgerichte. Wie bei einigen Richtern und Staatsanwälten wurde dies als Hilfsmittel benutzt, um die weitere Zulassung zu versagen. Diese Möglichkeit des Ausschlusses wurde auch noch Anfang 1934 genutzt, wie die Akten verschiedener Anwälte belegen: so zum Beispiel bei Georg Gerson, Jahrgang 1887, Rechtsanwalt seit 1913, oder Karl Hirschland, Jahrgang 1881, Rechtsanwalt seit 1914, oder Arnold Kurtzig, Jahrgang 1898, „Frontkämpfer". Ihnen wurde die Zulassung, obwohl nach 1933 zugestanden, 1934 mit der Zusammenlegung der Landgerichte wieder entzogen.

Die Ausführungsverordnung vom 25. April 1933 hatte die Möglichkeit eingeräumt, dass Erkenntnisse anderer Dienststellen über eine „kommunistische" Betätigung in der Vergangenheit herangezogen werden sollten. Gegen diesen Ausschlussgrund gab es keine Rechtsmittel. Im Falle von Rechtsanwalt Heinrich Benda beispielsweise ist nachweisbar, dass er, der im Ersten Weltkrieg ein Auge verloren hatte, unstrittig als „Frontkämpfer" hätte anerkannt werden müssen. Doch soll er vor der Wahl im März 1933 gemeinsam mit einem Studenten handgeschriebene Zettel geklebt haben mit der Aufschrift: „Weg mit Hitler. Kämpft für die Diktatur des Proletariats." Das Verfahren war eingestellt worden, doch nun reichte der Vorgang, um ihm die Wiederzulassung als Anwalt zu verweigern.

Eine weitere Methode war die über die Rechtsanwaltskammer eingeholte Auskunft der Meldestellen. So wurden jene erfasst, die sich, aus welchen Gründen auch immer, im Ausland aufhielten. Im Fall von Rechtsanwalt Dr. Werner Steinitz wurde dies als Begründung angeführt, ihn nicht wieder zuzulassen.[117]

Rigoros wurde die anwaltliche Tätigkeit bei denen unterbunden, für die die Ausnahmeregelungen nicht galten. Ein großer Teil der Konkurrenz war damit „vom Markt" gedrängt, die verbliebenen Anwälte, vorrangig die nicht-jüdischen, profitierten objektiv davon, egal ob sie im Einzelfall die Maßnahmen missbilligten. So gravierende Folgen die Aussonderung eines erheblichen Teils der Anwälte nicht nur für die Betroffenen, sondern auch für die Rechtspflege hatte, so machte sich doch ihr Ausscheiden umgehend positiv materiell für die Verbleibenden bemerkbar. Über diese spürbare Einnahmeverbesserung versprach man sich eine zunehmende Anerkennung der Parteipolitik durch die „arischen" Anwälte. Verdienste für die Jurisprudenz oder den deutschen Staat waren belanglos geworden, allein die „rassischen" Zuordnungen relevant. Ziel war es, die Einzelnen per Definition aus der Gesellschaft herauszulösen. Die Definition war der erste Schritt der Ausgrenzung, die Folgen, die sich hieraus ergeben sollten, wurden erst später sichtbar.

Verschärft wurde die Situation durch den erzwungenen Rücktritt des Kammervorstandes. Wie auch in anderen Branchen, so zum Beispiel im Einzelhandel, wurde gezielt die Spitze des jeweiligen Verbandsorgans angegriffen, um eine Neubesetzung, meist mit Nationalsozialisten oder zumindest Sympathisanten, durchzusetzen. In Berlin trat am 28. März 1933 der gerade wenige Wochen zuvor gewählte 33-köpfige Vorstand der Anwaltskammer zurück. Bei der Wahl (9.– 13. Januar sowie 11. Februar 1933) hatten von 3.400 Kammermitgliedern 1.292 über die 16 frei werdenden Posten abgestimmt. Die erste Liste, auf der auch der bisherige Vorsitzende Ernst Wolff kandidierte, hatte der Berliner Anwaltsverein zusammengestellt, die zweite bestand aus Landgerichtsanwälten, die sich vor allem für die gleichzeitige Zulassung am Kammergericht einsetzten, die dritte war explizit politisch orientiert und bestand ausschließlich aus nationalsozialistischen Anwälten. Bestätigt wurde der bisherige Vorstand, er hatte sich um die Standespolitik verdient gemacht und war glaubwürdig. Dass 19 der Vorstandsmitglieder jüdischer Herkunft waren[118], entsprach der demografischen Zusammensetzung der Anwaltschaft. Die einzelnen Personen hatten sich als Standespolitiker bewährt, sie standen nicht für eine eindeutige politische Ansicht. Die Spitzenkandidaten der nationalsozialistischen Liste, Reinhard Neubert (324 Stimmen) und Rechtsanwalt Richard Frost (283), hatten die schlechtesten Ergebnisse erzielt.[119]

Dieser Vorstand hatte empört auf die Verhaftung der Anwälte Apfel, Barbasch und Litten reagiert. Der Vorsitzende Ernst Wolff schrieb am 3. März 1933 an das Preußische Innenministerium und bat um Mitteilung, wann die Betreffenden wieder freikämen.[120] Doch dann überstürzten sich die Ereignisse. Am 28. März 1933 trat der Vorstand der Berliner Anwaltskammer geschlossen zurück. In welcher Form die Vorstandsmitglieder zu diesem Schritt bewegt worden sind, ist unbekannt, ebenso die Motive.

Bereits am 31. März 1933, also drei Tage nach dem Rücktritt des regulären Vorstandes, wurde der im Januar so kläglich gescheiterte Rechtsanwalt Neubert kommissarisch mit der Wahrnehmung der Aufgaben des Kammervorstands betraut.

Am 11. April wurde die Neuwahl per Rundverfügung angeordnet. Die „Wahl" am 22. April 1933 musste „ohne Aussprache in einem Wahlgang durch Zuruf" und „in öffentlicher Sitzung" stattfinden. Die „Öffentlichkeit" bestand vorwiegend aus Abordnungen der SA: Nach Erinnerung eines Augenzeugen war jede zweite Stuhlreihe mit Uniformierten besetzt.[121] Der „Wahlgang" für 33 Vorstandsmitglieder dauerte eine halbe Stunde und hatte folgendes Ergebnis: „24 NSDAP-Mitglieder, 6 Stahlhelmer oder DNVP, 3, die als allgemein rechtsstehend gelten können."[122] Neubert wurde Vorsitzender, später Präsident der Reichs-Rechtsanwaltskammer.

Nun gab es für jüdische Kollegen keinen wirklichen Interessenvertreter innerhalb der Kammerführung mehr. Ob, ähnlich wie beim Rücktritt des Kammervorstands, Druck auf Mandanten ausgeübt worden ist, oder ob jüdische Anwälte gezwungen worden sind, Mandate abzugeben, ist nicht bekannt. Allerdings war das auch nur bedingt nötig. Eine Zeitzeugin berichtete, dass ihr Vater, Dr. Georg Cohn-Lempert, bis 1933 eine feste Terminvertretung im Amtsgericht Tempelhof erfüllte, mit einer eigenen Tafel im Anwaltszimmer, der zu entnehmen war, in welchem Raum er sich gerade aufhielt. Nach dem April 1933 saß nun ein jüngerer Anwalt im Anwaltszimmer und hielt sich für Terminvertretungen bereit. Dieser Kollege galt als „arisch"; auf einmal wurde er eingesetzt, wo sonst Dr. Cohn-Lempert eingesprungen war. Stillschweigend profitierten die nicht-jüdischen Anwälte von der sukzessiven wirtschaftlichen und gesellschaftlichen Diskriminierung ihrer jüdischen Kollegen. Es wurde kaum Kritik an der Ausgrenzung artikuliert.[123]

Rechtsanwalt Tillmann Krach, der sich Anfang der 1990er Jahre mit den Ereignissen intensiv befasst hat, glaubt weder „Sympathisieren mit den neuen Machthabern noch egoistisches Gewinnstreben" erkennen zu können. Mit Walter Oppenhoff, einem Kölner Anwalt, sieht er schlichtes „Mitmachen"[124] – im Gegensatz zum „Nein-Sagen" – als Versuch des verantwortungsbewussten Teils der Kollegenschaft, der noch in den herkömmlichen Denk- und Verhaltensweisen des Berufes und eines gesitteten Staatswesens befangen war, Einfluss zu nehmen: Im falsch verstandenen Sinne positivistisch denkend, Gesetze als Recht aufnehmend, meinten die Anwälte, die im System verblieben, dass sie noch negative Maßnahmen mildern könnten. Um das zu erreichen, wäre jedoch ein organisiertes oder ein äußerst heldenhaftes Vorgehen notwendig gewesen. Auch später, als die Ausgrenzung immer weiter getrieben wurde, wurde nicht im spürbaren Maße Einfluss genommen. Daher regen sich Zweifel an Krachs und Oppenhoffs Einschätzung. Adolf Arndt hat nach 1945 davon gesprochen, dass es Leute gab, die sich „anständig" benommen haben.[125] Damit meinte er keine Heldentaten, sondern beispielsweise eine Fortsetzung des persönlichen, respektvollen Umgangs miteinander, das Grüßen, wenn man sich begegnete, die Andeutung von Mitleid, eventuell konkrete Unterstützung bei der Terminwahrnehmung. Solches Verhalten war nicht von Strafe bedroht, erforderte aber in der jeweiligen Situation Rückgrat. Einfacher war es, auf die bestehenden Regelungen zu verweisen und den materiellen Vorteil als gegeben hinzunehmen. Und genau das war eine der Absichten der Initiatoren der Maßnahmen.

Die Prüfung der 1.761 Anträge (allein in Berlin) auf Wiederzulassung zog sich bis September hin. Am 15. Oktober 1933 wurde eine Liste mit allen zugelassenen Anwälten veröffentlicht. Sie enthielt auch 1.168 Anwälte, die als jüdisch galten. Insgesamt war nach den vorliegenden Erkenntnissen die Zulassung von 588 Anwälten gelöscht worden. Damit war schon 1933 rund ein Drittel der jüdischen Anwälte dauerhaft aus dem Beruf gedrängt worden.

Noch aber übten rund zwei Drittel der ursprünglichen Zahl von 1.835 Anwälten ihren Beruf aus.

Berufsverbot für junge Anwälte

Wer am Ersten Weltkrieg nicht hatte teilnehmen können, weil er zu diesem Zeitpunkt noch ein Kind oder als untauglich ausgemustert worden war, für den galt keine Ausnahmeregelung als Grund für die Wiederzulassung. In der Regel wurden somit alle jüngeren Anwälte, das heißt der Jahrgang 1902 und jünger, ausgeschlossen.

Einer, den das betraf, war Dr. Ludwig Elkeles. Seine Personalakte enthält das Schreiben seiner Mutter, die sich an den Reichspräsidenten Hindenburg wandte und die überzeugte Haltung des Sohnes für Deutschland zum Ausdruck brachte.[126] Sie führte die ökonomische Not der Familie an, denn auch ihr anderer Sohn war arbeitslos geworden, weil er als Jude nicht mehr als Arzt in einem Krankenhaus arbeiten durfte. Schon die Finanzierung des Studiums hatte für die Familie eine große Belastung bedeutet, nun sollte auch dem zweiten Sohn die Möglichkeit zur Berufsausübung genommen werden. Damit gerieten die Elkeles in eine verzweifelte ökonomische Lage. Wie diese Mutter schilderten viele Betroffene der Justizbehörde ihre existenzielle Not durch fehlende Einkünfte. Etliche hatten das Studium nur unter Entbehrungen durchgehalten, die Kanzleien waren noch nicht etabliert, und dennoch waren häufig mehrere Angehörige von den Einnahmen abhängig. In keinem der Schreiben wird auf die unzureichende rechtliche Grundlage des Berufsverbots hingewiesen, wie man es von Juristen hätte erwarten können;

offensichtlich hatten die meisten sehr schnell eingesehen, dass durch Macht das Recht in jede Richtung gestaltet werden konnte. So beschränkten sie sich darauf zu versuchen, für sich eine Ausnahme zu erreichen, standen sie sonst doch abrupt vor dem Nichts.

Im Fall von Oswald Ahrweiler, der katholisch war, schrieb sogar der Bischof von Osnabrück an den Justizminister. Die Antwort war unmissverständlich: „ ... *Infolge der außerordentlich starken jüdischen Überfremdung der Pr. RAschaft konnten Ausnahmen so gut wie überhaupt nicht gemacht werden. Auch heute noch gibt es im Kammergerichtsbezirk (Berlin) etwa 1500 jüdische gegenüber etwa 1800 deutschen Anwälten. Verständlicherweise hat auch die Anwaltschaft, und zwar insbesondere die Berliner Anwaltschaft, energisch gegen eine Wiederzulassung von Anwälten jüdischer Abstammung Stellung genommen. Sie beruft sich darauf, daß derartige Juristen auf Grund des Berufsbeamtengesetzes nicht mehr Beamte sein dürften, bei ihrer Zulassung zweifellos der Eindruck hervorgerufen würde, als ob an die Anwaltschaft geringere qualitative Anforderungen gestellt würden als an die Beamten, wodurch eine Minderbewertung der Anwaltschaft eintreten müsse.*"[127]

Es waren Regeln geschaffen worden, anschließend wurde mit diesen Regeln argumentiert. Für die Betroffenen ein undurchdringlicher Kreis. Nicht nur, dass sich nun keine jüdischen Juristen mehr niederlassen durften und damit der gesamte Nachwuchs nur aus nicht-jüdischen Bewerbern bestand. Für die teilweise noch im März 1933 zugelassenen jungen Anwälte, aber auch die noch nicht zugelassenen Referendare und Assessoren bedeutete das Berufsverbot einen tiefen Einschnitt: Das Studium war absolviert, gegebenenfalls das Referendariat, dann plötzlich das Aus – keine weitere Perspektive. Viele entschieden sich in dieser Situation der beruflichen Aussichtslosigkeit, Deutschland zu verlassen. Sie waren zumeist ungebunden und brachten den nötigen Mut für einen Neuanfang auf. Teilweise wurden sie von ihren Familien ins Ausland geschickt, um die Bedingungen zu klären und den Nachzug der restlichen Familie vorzubereiten.

Einer der wenigen (soweit bekannt nur zwei), die als Juristen jüdischer Herkunft in dieser Phase noch als Anwälte zugelassen wurden, war der bereits erwähnte Adolf Arndt. Er konnte, nachdem er als Richter ausgeschieden war, noch Anwalt werden. Vermutlich war bei ihm ausschlaggebend, dass er vor 1933 schon einmal als Anwalt tätig gewesen war.

Berufsverbot für Frauen

Anfang 1933 waren 19 Frauen jüdischer Herkunft als Rechtsanwältinnen in Berlin zugelassen, ihr Anteil machte damit knapp 1% aus. Dieser Umstand war im Wesentlichen der Tatsache geschuldet, dass Frauen überhaupt erst ab 1922 einen Abschluss als Juristinnen machen durften.

Die Älteste von ihnen war Edith Speer, geborene Klausner, Jahrgang 1879.[128] Sie muss bei ihrem Abschluss schon deutlich älter gewesen sein als ihre männlichen Kollegen, war aber nicht die erste Frau, die in Preußen als Anwältin zugelassen wurde. Dieser Titel kam Margarete Berent, Jahrgang 1887, zu; auch sie erhielt 1925 im vergleichsweise hohen Alter von 38 Jahren erstmals ihre Zulassung als Anwältin. 1928 war es noch eine Meldung in der *Frankfurter Zeitung* wert, als Ella Auerbach als erste Frau als Anwältin am Kammergericht zugelassen wurde.

Die jüngste der 1933 vom Berufsverbot Bedrohten war Hilde Kirchheimer, geb. Rosenfeld, spätere Neumann, mit 28 Jahren. Sie war 1933 gerade seit einem Jahr als Anwältin tätig.

Bis auf zwei Ausnahmen waren alle diese Anwältinnen in Großstädten geboren worden. Hier boten sich bessere Möglichkeiten hinsichtlich einer qualifizierten Schulbildung für Mädchen, hier wurde es eher toleriert, sich „frauenuntypischen" Berufen zuzuwenden. Einige der Betroffenen, wie eben Hilde Kirchheimer, stammten aus Familien, in denen schon der Vater Rechtsanwalt war. Ihnen war die Arbeit eines Anwalts vertraut und es bot sich eine spätere Übernahme der Kanzlei an. Andere wiederum hatten Kollegen geheiratet und die Gemeinschaft als Soziien auf die berufliche Ebene ausgedehnt, so zum Beispiel Ella Auerbach, geborene Levi. Dennoch waren die absoluten Zahlen von Frauen in den Rechtswissenschaften immer noch verschwindend gering. Die spätere Anwältin Erna Proskauer berichtete, dass Frauen damals regelrechte „Exoten" an der Universität waren: „Ich glaub', ich kenn' da alle, die so mein Jahrgang ungefähr sind."[129]

Mit dem Berufsverbot vom Frühjahr 1933 stand für die Frauen die berufliche Existenz ganz grundsätzlich auf dem Spiel. Sie waren keine „Frontkämpfer", sie konnten ihre Zulassung nicht vor 1914 erworben haben, da sie ab 1922 überhaupt erst den Abschluss machen durften. Die Personalakten spiegeln das Unglück, das das Berufsverbot im jeweiligen Einzelfall bedeutete. Trotz intensivster Bemühungen, individuell eine Ausnahmeregelung zu erlangen, wurde das Berufsverbot gegen jüdische Rechtsanwältinnen grundsätzlich durchgesetzt – bis auf eine Ausnahme. Eine Frau wurde ohne Erfüllung der Ausnahmebedingungen weiter zugelassen: Hanna Katz.

Im Falle Hanna Katz war Rücksichtnahme auf internationales Ansehen das maßgebliche Kriterium für die weitere Zulassung, denn sie besaß als einzige deutsche Vertreterin einen Sitz im Vorstand der International Law Association, hier im Trade Mark Committee. Neben ihrer anwaltlichen Tätigkeit war Hanna Katz Dolmetscherin, was ihr das internationale Engagement erleichterte, wenn nicht gar sie erst dafür qualifizierte. Weil aber ihre Funktion in dem Verband an die Bedingung geknüpft war, dass sie ihren Beruf als Anwältin ausübte, und die britische Delegation bereits Interesse an der Übernahme ihres Mandats angemeldet hatte, behielt sie ihre Zulassung, denn es sollte in jedem Fall verhindert werden, dass ein englischer Vertreter an ihre Stelle rückte. Man traute Hanna Katz augenscheinlich immer noch eine an den deutschen Interessen orientierte Verbandspolitik zu. Diese Einstellung teilten aber nicht alle Dienststellen, so hatte Hanna Katz zum Beispiel große Schwierigkeiten, 1936 an einem Kongress im Ausland teilzunehmen, weil man ihr nicht die entsprechenden Reisepapiere erteilen wollte. Aus außenpolitischen Gründen wurde sie 1938 als einzige jüdische Frau als „Konsulentin" zugelassen. 1941 konnte Hanna Katz noch in die USA emigrieren.

Die Hälfte der jüdischen Rechtsanwältinnen, zu denen nähere Angaben vorliegen, war alleinstehend. Die Verheirateten waren oftmals mit den Ehemännern assoziiert, wie Ella Auerbach. Sie hatte mit ihrem Mann Richard in der Burgstraße eine Kanzlei. Teilweise konnten die Männer, wie auch Richard Auerbach, weiter tätig sein, weil sie als „Frontkämpfer" anerkannt worden waren. Während jüngere Anwälte, die nicht mehr in Deutschland arbeiten durften, häufig ins Ausland gingen, knüpften die verheirateten Anwältinnen ihr Bleiben in Deutschland in der Regel an die Perspektive des Ehemannes. Es kann als sicher gelten, dass sie ihre Ehemänner, nachdem sie selbst die Zulassung verloren hatten, bei der Arbeit unterstützten, wobei sie natürlich nicht vor Gericht auftreten durften. Ella und Richard Auerbach emigrierten 1939 in die USA, nachdem Richard Auerbach noch vor 1937 mit einem Ehrengerichtsverfahren überzogen worden war und 1938 endgültig auch die Zulassung als Anwalt verloren hatte.

Durch das Berufsverbot waren nach 1933 nur noch 15 Frauen, bis auf die Ausnahme Hanna Katz keine jüdischen, in Berlin als Rechtsanwältinnen tätig. Von der antisemitischen Prämisse ausgehend, war damit auch ein anderes Ziel der Nationalsozialisten erreicht worden, nämlich Frauen aus einem ursprünglich Männern vorbehaltenen Beruf zu drängen.

Die Verhältnisse bis Oktober 1933

Das Ergebnis der ersten beiden Aussonderungswellen – der terroristischen und der bürokratischen – wurde am 15. Oktober 1933 offenkundig, als eine Liste der zugelassenen Anwälte publik gemacht wurde, die in drei Versionen erschien. Zum einen wurde eine Gesamtliste vom Vorstand der Anwaltskammer zu Berlin herausgegeben, die alle im Bezirk der Kammer zugelassenen Rechtsanwälte umfasste. Diese Liste erschien in gleicher Drucktype am gleichen Tag mit dem Vermerk „nur für Behörden". In ihr wurden, ohne dass es in einer Legende vermerkt worden wäre, alle jüdischen Rechtsanwälte mit einem kleinen Stern vor dem Namen gekennzeichnet.[130] Daneben wurde eine weitere Liste veröffentlicht, vom Bund nationalsozialistischer Deutscher Juristen (BNSDJ) herausgegeben, die nur die „arischen" Anwälte umfasste. Die Existenz der Stern-Liste (*li), die es in dieser Form nur in Berlin gegeben hat, ist ein interessantes Phänomen, das in der Literatur bislang kaum gewürdigt worden ist. Nachdem in den ersten Monaten eine massive Agitation, Hetze und persönliche Verfolgung eingesetzt hatte, war es zum Herbst 1933 vermeintlich so ruhig geworden, dass es den zuständigen Stellen nicht opportun erschien, die Diskriminierung öffentlich vorzunehmen. Das deckt sich auch mit dem Vorgehen in anderen Bereichen, beispielsweise dem Einzelhandel. Nachdem gerade die Warenhäuser anfänglich stark angegriffen worden waren, ließ zur Mitte des Jahres 1933 die Propaganda nach, als sich abzeichnete, dass bei Umsetzung der politischen Ziele spürbare volkswirtschaftliche Folgen eingetreten wären.[131]

Ausgehend von einer Zahl von 1.835 Rechtsanwälten jüdischer Herkunft in Berlin Anfang 1933, übten laut der Stern-Liste im Oktober 1933 immerhin noch 1.168 Personen (das sind 63,7%), weiterhin den Beruf aus. Offensichtlich musste dem Aspekt der reibungslosen Ausübung der Rechtspflege durch die politischen Instanzen in weit höherem Maße Rechnung getragen werden als im Frühjahr 1933 absehbar und gewünscht. Gleichwohl bedeutete das für immerhin ein Drittel der als jüdisch definierten Anwälte, dass sie ein Dreivierteljahr nach der Machtübergabe an die Nationalsozialisten ihren Beruf aus antisemitischen Gründen nicht mehr ausüben durften.

Mittlerweile war versucht worden, eine zweite Ebene der Justiz zu installieren.[132] Neben das formal beibehaltene Gesetzgebungsverfahren war der „Führerwille" getreten[133], Parteiinstitutionen wurden mit obrigkeitsstaatlichen Befugnissen ausgestattet, die Gestapo durfte willkürlich sanktionieren. In den ersten Jahren konnten dennoch die wirtschaftlichen Interessen Vorrang gegenüber der grundsätzlichen Aussonderungspolitik gegen Juden beanspruchen. Die Fortführung der Tätigkeit von über 1.000 jüdischen Anwälten in Berlin war aus verschiedenen Gründen noch unverzichtbar:
– Eine nicht zu unterschätzende Rolle spielten außenpolitische Erwägungen: Viele ausländische Firmen unterwarfen sich nicht selbstverständlich dem Gebot, „arische" Anwälte mit ihren Angelegenheiten zu betrauen.
– Die jüdischen Anwälte hatten zum größten Teil nicht-jüdische Angestellte. Mit der Auflösung einer Kanzlei war immer der Verlust der Arbeitsplätze verbunden. Da aber die Arbeitslosigkeit nicht weiter erhöht werden sollte, wurde auf den Erhalt dieser Arbeitsplätze Rücksicht genommen.

- Durch die Agitation gegen Juden wurden viele privatrechtliche Vorgänge in Gang gesetzt, für die zumindest eine Beratung, wenn nicht eine urkundliche Beglaubigung notwendig war, so zum Beispiel bei der Übertragung von Unternehmen, die nun als jüdisch galten, sowie von Grundstücken an nicht-jüdische Erwerber; güterrechtliche Trennungen von Eheleuten, Regelungen von Nachlässen.
- Es fanden vermehrt Arbeitsgerichtsverfahren statt, da auch hier die formale Überprüfung von antisemitisch begründeten Kündigungen nicht eingeschränkt worden war. Ab Ende 1933 kam es verstärkt wieder zu arbeitsrechtlichen Entscheidungen, die nicht mehr grundsätzlich die „Rassezugehörigkeit" als Kündigungsgrund akzeptierten.[134]
- Strafrechtsverfahren gewannen eine völlig neue Dimension, da politische Denunziationen, aber auch tatsächliche Gegnerschaften gegen das System eine prozessuale Vertretung notwendig machten, auf die in den ersten Jahren des NS-Regimes noch nicht verzichtet werden sollte.

Grundsätzlich hatte die Aufteilung in „jüdisch" und „nicht-jüdisch" ein eigenes Feld von Streitigkeiten geschaffen, das sich im Laufe der Zeit noch vergrößern sollte. Bis in den privaten Bereich hinein reichte die Neubewertung von Konflikten, die auf einmal unter „Rassekriterien" völlig neu gewürdigt wurden, so zwischen verfeindeten Hausparteien, Geschäftsleuten und unzufriedenen Kunden oder zerstrittenen Ehepartnern. Auf diese Weise nahm die Zahl der Streitfälle zu. Auch in einem Staatswesen, in dem die Willkür immer alltäglicher wurde, suchte man noch Klärungen juristisch herbeizuführen. Durch die von der Propaganda hochgepeitschte Stimmung wurden jüdische Anwälte zunehmend dem Wohlwollen ihrer Mandanten ausgeliefert. Manche Mandanten übten Druck aus, um Rechnungen zu reduzieren, wenn der Anwalt keine Anzeige riskieren wollte. Vorwürfe nach verlorenen Prozessen führten zu einer Zunahme von Ehrengerichtsverfahren.[135] Ehrengerichte traten zusammen, wenn einem Anwalt ein Verstoß gegen das Standesrecht vorgeworfen wurde. Mit den ausgrenzenden antisemitischen Regelungen entstanden unzählige neue Sachverhalte, so beispielsweise der Irrtum über die eigene („arische") Abstammung oder simple Meinungsäußerungen, die, von einem Juden getätigt, sofort als ahndungswürdig bewertet wurden.[136] In den Ehrengerichten wird sich die allgemeine Entwicklung widergespiegelt haben mit der Folge, dass zahlreiche Verfahren mit einem Widerruf der Zulassung endeten. So im Fall von Arthur Aron Lenk wegen „Bestechlichkeit".[137]

Der Sachverhalt: Frau Mellis (jüdischer Herkunft, „arischer" Ehemann) schimpft während der Radioübertragung einer „Führerrede" vor sich hin: „Christenhunde". Sie wird angezeigt; das Gaupropagandaamt, Abt. Konzentration, fordert sie per 8. November 1934 zur Stellungnahme auf. Das Ehepaar Mellis lässt sich von einem Freund beraten, anschließend beauftragt es Rechtsanwalt Lenk mit der Vertretung. Das Verfahren gegen Frau Mellis wird eingestellt. Lenk nimmt für sich in Anspruch, das erreicht zu haben, und fordert mindestens 400 bis 500 Reichsmark. Es ist nicht exakt rekonstruierbar, ob Lenk auf die Einstellung des Verfahrens gegen Frau Mellis eingewirkt hatte. Seine Honorarforderung wird nun auf Betreiben von Frau Mellis hin als Bestechlichkeit interpretiert. Lenk wird die Zulassung nach der Reichsrechtsanwaltsordnung entzogen, die Berufung wird 1936 verworfen.

Auch wenn nicht jedes Verfahren mit einem Berufsverbot für den beschuldigten Anwalt endete, wurden die Attacken immer heftiger. Meist schaltete sich eine der zahlreichen NS-Dienststellen ein, unter anderem die Reichsstelle für Wirtschaftsmoral, wie im Verfahren gegen die Anwälte Richard Auerbach und Wilhelm Goldberg.¹³⁸ In der NS-Publikation *Der Angriff* vom 28. November 1936 (Spätausgabe) war das Verhalten Goldbergs vor Gericht unter den Überschriften „Frech wie ehedem" und „Unerhörter Ton eines jüdischen Rechtsanwalts" angegriffen worden. Gegen Goldberg wurde allein wegen seines Auftretens vor Gericht ein Ehrengerichtsverfahren angestrengt, aber nicht nur gegen ihn, sondern auch gegen seinen ebenfalls jüdischen Sozius. Rund ein Jahr später kam es zur Hauptverhandlung vor dem Ehrengericht. Die Anwürfe waren offenkundig so wenig stichhaltig, dass Auerbach freigesprochen werden musste, während Goldberg einen Verweis erhielt.

Für die verbliebenen jüdischen Rechtsanwälte, die die Klippen des Zulassungsverfahrens umschifft hatten, scheint sich ein Gefühl der Ruhe eingestellt zu haben. Sie waren vermutlich durch die Anstrengung, die finanziellen Einbußen durch verstärkte Übernahme von Fällen auszugleichen, so sie sich boten, hinreichend beschäftigt. Doch diese Phase der vermeintlichen Ruhe vermittelte nur eine trügerische Sicherheit.

Dass nicht alle diesem Schein aufsaßen, bringt die Einschätzung des lyrisch ambitionierten Berliner Anwalts Friedrich Solon zum Ausdruck¹³⁹:

> 1933
> Soll ich duldsam und geduldet
> Mich bedauern, mich beklagen?
> Was das Leben mir verschuldet,
> Hat es längst nicht abgetragen.
> Schlimmes Schicksal droht dem Schwachen,
> Der den Kampf nicht will verstehen,
> Was die Zeiten aus ihm machen,
> Lässt er über sich ergehen.
> Will ich leben, muss ich streiten,
> Fordernd, handelnd, niemals leidend.
> Und: wie meist're i c h die Zeiten? -
> Ist und bleibt allein entscheidend."

Die dritte Welle der Ausgrenzung: Entzug der ökonomischen Basis

Die Ausgrenzung beschränkte sich im juristischen Bereich nicht allein auf Anwälte; mit ihr einher ging eine gezielte „Aussonderung" und Versetzung von jüdischen Richtern und Staatsanwälten.¹⁴⁰ Es ist anzunehmen, dass hinter diesem Vorgehen durchaus Kalkül steckte. Durch eine entsprechende Besetzung der Kammern wurde zum einen die Kriminalisierung der nationalsozialistischen Gewalttäter verhindert, zum anderen die gerichtliche Überprüfung von ausgrenzenden Maßnahmen in einzelnen Betrieben behindert. Zugleich wurde im verstärkten Maße auf die Ausbildung junger Juristen im Sinne der NS-Ideologie Einfluss genommen.¹⁴¹ Renommierte Persönlichkeiten interpretierten ihre eigenen Lehren neu, so der Staatsrechtler Carl Schmitt: *„Das gesamte heutige deutsche Recht ... muß ausschließlich und allein vom Geist des Nationalsozialismus beherrscht sein (...) Jede Auslegung muß eine Auslegung im nationalsozialistischen Sinne sein."* Und ergänzend: *„.... denn wir suchen eine Bindung, die zuverlässiger, lebendiger und tiefer ist als die trügerische Bindung an die verdrehbaren Buchstaben von tausend Paragraphen."*¹⁴²

Neben bekannten Persönlichkeiten, die mit ihrem Namen und ihren Ideen dem Nationalsozialismus Glanz und Anerkennung verschafften, verbreitete eine gezielte Berufungspraxis von jungen NS-Anhängern die ideologisch geprägte Lehre an den Universitäten. Zu ihnen gehörten, um nur einige der bekanntesten zu nennen, der gerade 30-jährige Karl Larenz und der nur ein Jahr ältere Ernst Forsthoff, ein Schüler Carl Schmitts. Larenz' Schwerpunkt lag schon damals im Zivilrecht, während Forsthoff sich stärker dem Verwaltungsrecht widmete. Beide vertraten ihre Lehre überzeugend und arbeiteten die nationalsozialistischen Ideen in ihre Arbeitsfelder ein. Auf diese Weise wurde die bis dahin eher dürftige nationalsozialistische Rechtslehre vermeintlich wissenschaftlich untermauert. So klassifizierte Forsthoff die Juden als „Fremdlinge" im gleichen Staat.[143] Bei einer ansonsten absolut von der Ratio durchdrungenen Persönlichkeit fällt es schwer, in derartigen Äußerungen lediglich eine „jugendlich-idealistische Einstellung", einen „Irrtum" zu entdecken, wie es eine Biografie unterstellt.[144] Forsthoff geriet zwar später in Dissens mit den verantwortlichen Dienststellen, was ihm 1941-43 ein Lehrverbot einbrachte, konnte schließlich aber weiter lehren. Larenz' und Forsthoffs Ansehen in der Bundesrepublik war nur wenig gebrochen. Ihre Verdienste um die Rechtsentwicklung nach 1945 sollen nicht geschmälert werden, gleichwohl fehlt es immer noch an einer öffentlichen und wissenschaftlichen Auseinandersetzung mit dem jeweiligen Beitrag zur Stützung des Nationalsozialismus.[145] In seiner zeitgenössischen Wirkung war der Beitrag von intelligenten Rechtswissenschaftlern nicht zu unterschätzen. Er trug dazu bei, die dumpfen, nur auf Emotionen zielenden Tendenzen des Nationalsozialismus um eine scheinbar sachliche Facette anzureichern. Die war nötig, um Aktionen wie die des Preußischen Justizministers Kerrl zu flankieren, der sich unter einem Galgen, an dem ein Paragraf hing, ablichten ließ. Durch die Theoretiker wurde die wissenschaftliche Systematik für die Entrechtlichung des Rechts geliefert.

Auch innerhalb der Berliner Anwaltschaft wurde das Auseinanderdividieren von jüdischen und nicht-jüdischen Anwälten weiter vorangetrieben. Am 23. Mai 1933 wurde verfügt, dass Sozietäten von Partnern, die nach den rassistischen Kriterien als „unterschiedlich" angesehen wurden, aufzulösen seien.[146] Was das im konkreten Fall bedeutete, beschrieb Bruno Blau[147]:

Der Preußische Justizminister Kerrl (unter dem Galgen) in einem Ausbildungslager von Rechtsreferendaren im August 1933 in Jüterbog

„Ich hatte seit einer Reihe von Jahren mein Office gemeinsam mit einem nichtjüdischen Kollegen, indem wir die allgemeinen Unkosten des Betriebes zu gleichen Teilen trugen. Zwischen uns herrschte die beste Harmonie, und wir hatten beide nicht die Absicht, an dem bestehenden Zustand etwas zu ändern. ... Mein Kollege mietete deshalb ein anderes Office, und da die ganzen Räume für mich zu groß waren, war ich ebenfalls genötigt, andere zu suchen. Und zwar blieb mir, da ich in meiner alten Gegend passende Räume nicht finden konnte, nichts anderes übrig, als nach einer anderen Gegend zu ziehen. Durch den Umzug hatte ich beträchtliche Unkosten und war auch dadurch geschädigt, daß ich meinen ganzen Betrieb umstellen und in einer neuen Gegend zum Teil wieder von vorn anfangen mußte. Im Zusammenhang mit dieser Umstellung war ich auch genötigt, einen Prozeß zu führen, dessen Einzelheiten interessieren. Ich hatte mit einer Privattelefongesellschaft einen Vertrag geschlossen, der eine Telefonanlage betraf, die für mich und meinen Bürosozius gemeinsam bestimmt war; nachdem ich die Gemeinschaft auf behördliche Anordnung hin hatte auflösen müssen, war die Anlage für mich allein gegenstandslos geworden und ich konnte sie in meinem neuen, viel kleineren Office überhaupt nicht verwenden. Ich liess daher die zu der Anlage gehörenden 5 Apparate von der Firma abholen. Diese verlangte von mir trotzdem für die ganze Dauer des Vertrages – es waren dies noch mehrere Jahre – die vollen Gebühren für die Anlage. Ich verweigerte die Zahlung mit der Begründung, dass infolge behördlicher Anordnung, die ich nicht verschuldet hatte, die Grundlage für das Geschäft fortgefallen sei und der Vertrag deshalb nicht mehr erfüllt zu werden brauche. Dieser Standpunkt ist später von den Gerichten auch als zutreffend anerkannt worden. Zu jener Zeit aber lagen noch keine diesbezüglichen Entscheidungen vor: da ich meiner Sache gewiss zu sein glaubte, liess ich es auf einen Prozess ankommen. Hierbei hatte ich das Unglück, dass die Sache vor eine Kammer kam, in der ein jüdischer Richter Beisitzer war; und zwar war dies ein früherer Senatspräsident des Kammergerichts, der infolge des erwähnten ‚Gesetzes zur Wiederherstellung des Berufsbeamtentums' in die viel niedrigere Stelle eines Beisitzers beim Landgericht versetzt worden war. Der Richter war Referent für meinen Fall, und von ihm hing die Entscheidung zum großen Teil ab. Ich musste nun am eigenen Leibe erfahren, was ich aus meiner früheren Praxis zur Genüge kannte, dass die jüdischen Richter gewissermaßen aus einer übertriebenen Objektivität einen Standpunkt einnahmen, der sich gegen die jüdische Partei richtete. Mit anderen Worten: Sie wollten auch nur jeden Schein vermeiden, als ob sie als Juden zu unrecht für eine jüdische Partei entschieden. So verlor ich den Prozess; ich bin überzeugt, dass ich ihn gewonnen hätte, wenn ein nichtjüdischer Richter das maßgebende Wort zu sprechen gehabt hätte, falls dieser nicht gerade ein ausgesprochener Nazi war."

In der Phase der Überprüfung der Zulassung konnte ein großer Teil der Anwälte ganz praktisch nicht vor Gericht auftreten, was sich natürlich materiell bemerkbar machte. Dazu hatte der Entzug der Notariate die Kanzleien empfindlich getroffen. Viele Mandanten waren durch das Vertretungsverbot gegen „ihre" Anwälte verunsichert und suchten sich andere Rechtsvertreter. Oft folgten sie bei einer Trennung der Sozietät nicht dem jüdischen Anwalt, sondern seinem nichtjüdischen Kollegen. Das darf nicht zur voreiligen

Völkischer Beobachter, 29. März 1933

Unterstellung antisemitischer Ressentiments der Klientel veranlassen. Ein Anwalt wurde zur besseren Interessenwahrnehmung eingeschaltet, mit seiner Wahl sollte kaum ein politisches Bekenntnis abgegeben werden, sondern man strebte eine verlässliche und dauerhafte Vertretung an. Und genau das konnten die jüdischen Anwälte nicht gewährleisten. Entsprechend reduzierten sich die Einnahmen der jüdischen Kanzleien weiter. Hinzu kam, dass jüdische Anwälte nicht mehr die Vertretung in Armenrechtsprozessen übernehmen durften. Siegfried Neumann, ein Anwalt, der unweit Berlins seine Kanzlei hatte, vermutete einen Geheimerlass als Ursache dieser grundsätzlichen Maßnahmen. Obendrein beauftragten die Gerichte für Stellungnahmen oder Gutachten nur noch nicht-jüdische Anwälte.

Als wäre das nicht genug, kündigten auch die großen Wirtschaftsverbände und zahlreiche Unternehmen umgehend die Verträge mit jüdischen Anwälten, die als Berater fungierten. Dies waren ganz „unpolitische" Maßnahmen, die angeblich dazu dienten, Schaden von den jeweiligen Organisationen abzuwenden. Anhand der Biografien der Berliner Anwälte jüdischer Herkunft lässt sich die Wirkung der Eingriffe nicht quantifizieren, doch Tatsache war, dass sich die Einnahmen der jüdischen Anwaltschaft fortlaufend reduzierten. Demgegenüber blieben in der Regel die Ausgaben gleich. Zwar konnte auf einzelne Mitarbeiter verzichtet werden, doch die Einschnitte wurden immer stärker spürbar. Der bereits erwähnte Siegfried Neumann formulierte sarkastisch: „Die Rassenfrage hatte sich als Kassenfrage entpuppt."[149]

Verschiedene Lebensberichte legen Zeugnis davon ab, dass es dennoch zahlreiche Mandanten, auch Nationalsozialisten, gab, die ihren Rechtsvertretern treu blieben, obwohl ganz allgemein die weitere Vertretung ungewiss war. Gleichwohl war dies selten ein adäquater Ausgleich für die diversen verloren gegangenen, insbesondere großen Mandate. Die ökonomische Verschlechterung war gleichbedeutend mit einer weiteren Welle der Ausgrenzung.

Die Verschärfung der Situation 1935

Auf allen Ebenen vollzog sich der gesellschaftliche Wandel: Die Gewerkschaften waren im Mai 1933 verboten worden, ebenso alle Parteien. Neben den staatlichen Verwaltungen wurden Parteidienststellen eingerichtet, die, ohne klare Hierarchie angelegt, ein Kompetenzchaos entstehen ließen, das weiterhin die Hoffnung nährte, dass sich unter diesen Bedingungen keine grundlegende Politik gegen Juden entfalten könnte. Hinzu kam, dass die massiven Machtrangeleien innerhalb der NSDAP und ihrer Gliederungen sich weiter zuspitzten. Auf dem Höhepunkt dieser internen Auseinandersetzung kam es zu der blutigen Klärung Ende Juni, Anfang Juli 1934, in dessen Verlauf der SA-Stabschef Ernst Röhm und rund 85 andere Nazis von Gestapo und SS verhaftet und getötet wurden. Auf diese Weise setzten Hitler und seine Führungsspitze ihren Machtanspruch gegenüber der SA, aber auch konservativen Gegnern durch.[150] In dieser Zeit verminderte sich der Druck der Parteiinstanzen sowohl auf die Wirtschaft als auf die Justiz.

Doch diese Phase sollte nicht lange anhalten. Spätestens ab dem Jahr 1935 verstärkten sich die Repressionen gegen Juden wieder. Die Gewalttätigkeiten nahmen so sehr zu, dass sie einer Kanalisierung bedurften. Für den Parteitag im September 1935 in Nürnberg war eine generelle Regelung der rechtlichen Situation von Juden angekündigt worden. Am 20. August noch hatten intensive Verhandlungen zwischen Kreisen der Hochfinanz und ranghohen Regierungs- und Parteivertretern stattgefunden.[151] Die unmittelbare Folge dieser Besprechung war ein Erlass des Preußischen und Reichsinnenministers Frick, in dem dieser alle Einzelaktionen gegen Juden von Mitgliedern der NSDAP und ihren Gliederungen untersagte.[152] Die von Seiten der Wirtschaft unter anderem aus Gründen der Planbarkeit angemahnte Regelung der „Judenfrage" blieb weiter in der Schwebe, derweil verschlechterte sich die wirtschaftliche Situation der Betroffenen laufend. Auf diese Weise waren sie verstärkt dem vermeintlich wohlwollenden Zugriff von gut informierten Personen, sei es aus dem Kreis der Banken oder der Wirtschaftsprüfungsgesellschaften oder der Kollegenschaft, ausgesetzt. Die „Ausschaltung der Juden aus dem Wirtschaftsleben" wurde per Einzelfall vollzogen.

Der Parteitag in Nürnberg (10.-16. September 1935) begann ohne ausformulierten Entwurf von Regelungen gegen Juden. In hektischen Beratungen zwischen Innenminister Frick, den Staatssekretären Stuckart und Pfundtner und den Ministerialräten Medicus, Seel, Sommer und Lösener sowie verschiedenen Vertretern der örtlichen Polizei und Reichsärzteführer Wagner wurden verschiedene Entwürfe erstellt.[153] Für die letztendliche Definition des Terminus „jüdisch" im verabschiedeten Entwurf zeichnete Lösener verantwortlich.[154] Am 15. September 1935 wurde mit dem „Gesetz zum Schutze des deutschen Blutes und der deutschen Ehre" (RGBl I, 1146) eine begriffliche Regelung vorgelegt, wer von nun an als Jude gelten sollte. Als Oberbegriff wurde der „Nichtarier" gesetzt, mit den Untergruppen „Jude" (mit drei jüdischen Großeltern) und „Mischling", wobei diese Gruppe noch einmal in „Mischling 1. Grades" (mit zwei jüdischen Großeltern) und „Mischling 2. Grades" (mit einem jüdischen Großelternteil) unterschieden wurde.[155] Ausschlaggebend für die Abstammung war der religiöse Status der Großeltern. Über systematische Mängel der Logik wurde hinweggesehen.[156] Die sogenannten Nürnberger Gesetze wurden per Akklamation erlassen. Hitler hatte das Wort in Umlauf gebracht: „Die Partei befiehlt dem Staat."[157]

Auf juristischem Sektor kam es daraufhin zu diversen Eingriffen. War schon seit 1933 allgemein die Stellung des Anwalts in der Diskussion, so wurde nun das Prinzip der Rechtsberatungsfreiheit aufgehoben. An die Stelle des Anwalts als Interessenvertreter des Mandanten trat der „Diener am Recht", festgelegt durch das „Gesetz zur Verhütung von Missbräuchen auf dem Gebiete der Rechtsberatung" (13.12.1935, RGBl I, S. 1475). Mit diesem Gesetz boten sich weitere Eingriffsmöglichkeiten, nun konnte auch gegen die Rechtsberatung durch die bereits mit Berufsverbot ausgegrenzten Anwälte vorgegangen werden, aber auch gegen Steuerberater und andere Berufsgruppen, die mit rechtlichen Fragen in Berührung kamen.[158] *„Wer jetzt noch Rechtsbeistand sein wollte, brauchte eine Erlaubnis, die wiederum voraussetzte, daß er Mitglied im NS-Rechtswahrerbund war, nicht bereits eine ‚ausreichende' Anzahl von Anwälten am Ort zugelassen war und er neben fachlicher Eignung auch die politische Eignung im Sinne des NS-Staates besaß ..."*[159]

Das Gesetz richtete sich nicht gegen die (noch) zugelassenen jüdischen Anwälte, sondern vorrangig gegen die „ehemaligen", die ihrer Zulassung beraubt worden waren. Zugleich wurde der Kreis derjenigen „arischen" Anwälte, die Mandate von Personen annehmen durften, die „weniger als 75% arischen Blutes haben", also „Nichtarier" waren, weiter beschränkt. Ein Mitglied des Bundes Nationalsozialistischer Deutscher Juristen (BNSDJ) durfte demnach kein Mandat eines Nichtariers gegen „einen deutschen Volksgenossen oder eine deutsche Firma" übernehmen.[160] Ende 1934 gehörten dem BNSDJ 9.147 Rechtsanwälte in Deutschland an, der gesamten deutschen „Rechtsfront" rund 140.000 Personen.[161] Mit dem Verbot, Mandate von Juden zu übernehmen, sollte sukzessiv die Separierung in jüdische und nicht-jüdische Mandate vorgenommen und letztendlich die rechtliche Stellung von Juden gemindert werden.

In eine ähnliche Richtung zielte das Vorgehen der Berliner Anwaltskammer, die 1935 den bereits erwähnten Ludwig Bendix aufgrund seines zitierten Rundschreibens an die Mandanten wegen unlauteren Wettbewerbs anzeigte.[162] Die außerprozessuale Beratungs- und Vertretungstätigkeit von ehemaligen Anwälten wurde von der Standesorganisation als störend und einnahmemindernd für die „arischen" Kollegen empfunden. Es liegt die Vermutung nahe, dass hier Handlungseifer an den Tag gelegt werden sollte, die Betroffenen selbst aber auf diesem Feld kaum große Einnahmen zu verzeichnen hatten, somit den „arischen" Anwälten kaum etwas entging. Tatsächlich wurde mit solchen Maßnahmen jüdischen Ratsuchenden der Sachwalter genommen. Bendix wurde in dem sich anschließenden Prozess (in dem er übrigens von Justizrat Aronsohn, dem Vater der bis in die 1980er Jahre noch tätigen Rechtsanwältin Erna Proskauer, der in Theresienstadt ums Leben gekommen ist, verteidigt wurde) freigesprochen, obwohl der Vorsitzende Richter nur wenig wohlwollend eingestellt war.[163]

Der BNSDJ, bereits seit 1934 eine Untergliederung in der NSDAP, wurde 1936 im Übrigen in „Nationalsozialistischer Rechtswahrerbund" (NSRB) umbenannt. Als „Rechtswahrer" waren die deutschen Juristen, nun schon namentlich erkennbar, ihrer Verpflichtung gegenüber einer freien Rechtsentfaltung entbunden und auf die Wahrung des NS-Systems eingeschworen.[164]

War dem größten Teil der jüdischen Notare bereits 1933 unter Berufung auf das „Gesetz zur Wiederherstellung des Berufsbeamtentums" die Zulassung als Notar entzogen worden, so wurde nun 1935 nach den auf dem Nürnberger Parteitag verabschiedeten Gesetzen dem noch verbliebenen Rest die Ausübung untersagt.[165] Bruno Blau notierte dazu in seinen Erinnerungen[166]:

„...[demnach] wurde den jüdischen Notaren 1935, ohne vorherige Ankündigung und ohne eine gesetzliche Grundlage, die Ausübung ihres Amts von dem Minister untersagt. Wir wurden aufgefordert, unsere Siegel, Register und sonstigen amtlichen Schriftstücke sofort abzuliefern. Ein Notar – Dr. Hans Kaufmann – weigerte sich, der nach seiner Ansicht ungesetzlichen Aufforderung Folge zu leisten: es war dies ein Mann, der im Ersten Weltkrieg schwer verwundet und zum Oberleutnant befördert worden war. Schließlich blieb ihm aber doch nichts übrig, als sich dem Befehl der vorgesetzten Behörde zu fügen."

Im biografischen Verzeichnis ist der Entzug der Zulassung als Notar per 31. Dezember 1935 vermerkt.[167] Rechtsanwalt Berthold Haase gab nach Erlass der Gesetze seine Anwaltszulassung zurück. Er schrieb dazu in seinen Erinnerungen: „Damit endet in meinem 62. Lebensjahr meine Laufbahn, in der ich mich mit Ernst und Freude der Pflege des Rechts gewidmet, und in der ich meine besten Kräfte für die Erhaltung und Stärkung des Deutschtums eingesetzt hatte."[168]

Die antisemitische Stimmung dominierte in allen Verbänden; zugleich gab es Auseinandersetzungen darüber, ob der nationalsozialistische Staat überhaupt Anwälte benötigte. Deshalb wurde das von einzelnen Nazis gewünschte Tragen von Rangzeichen an der Robe abgelehnt, hätte es doch die Stellung des Anwalts insgesamt aufgewertet.[169] Immer noch wurde den jüdischen Anwälten weiterhin nicht grundsätzlich die Berufstätigkeit untersagt. Noch wurden sie gebraucht, um unzählige vertraute Mandanten, die sich angesichts der sich verschärfenden Lage in Deutschland auf ihre Auswanderung vorbereiteten, bei Eigentumsübertragungen zu beraten, wenn auch die „arischen" Kollegen, die weiterhin als Notare tätig sein durften, an den Übertragungen verdienten. Faktisch befanden sich die noch tätigen Anwälte in einem Zwiespalt: Sie waren vertrauenswürdig, ihnen glaubten die Ratsuchenden, wenn sie zu einem Verkauf gedrängt werden sollten, dass ihnen keine wirkungsvollen Rechtsmittel der Abwehr zur Verfügung standen. So machten die verbliebenen jüdischen Anwälte in vielen Fällen die reibungslose Abwicklung der Geschäfte, der „Arisierung" möglich und nutzten damit ungewollt dem NS-System.

Die letzte Welle der Ausgrenzung: Das allgemeine Berufsverbot 1938

Die materielle Lage der jüdischen Anwälte hatte sich soweit verschlechtert, dass viele der noch Tätigen 1938 ihre Kanzleien in ihre Privatwohnungen verlegt hatten. Einer von ihnen war Kurt Liepmann – sein Büro in zentraler Lage, in unmittelbarer Nähe des Alexanderplatzes, gab er auf und praktizierte in seiner Wohnung in Wilmersdorf. 1939 emigrierte Liepmann nach Belgien, das aber schon 1940 von deutschen Truppen besetzt wurde. Aus seinen letzten Lebenszeichen ist zu schließen, dass Rechtsanwalt Kurt Liepmann vor Mai 1942 im Internierungslager Camp de la Plage in Argelès sur Mer in Frankreich, nahe der spanischen Grenze, zu Tode gekommen ist.

Häufig klammerte sich innerhalb der Familien der Mann noch an das traditionelle Rollenverständnis: Er wollte für den Unterhalt der Familie sorgen. Aus verschiedenen Familien gibt es Berichte, die die desolate ökonomische Lage widerspiegeln. So wurden die Enkelkinder des Justizrats Sandmann immer zu einem bestimmten Bäcker geschickt, der Sandmann aus verschiedenen Gründen dankbar war. Sie mussten sich an der Backstube melden und bekamen kostenlos in einen bestimmten Sack Brot und Backwaren gefüllt.[170] In einer anderen Familie entbrannte ein Streit, weil die Ehefrau ihren wertvollen Pelzmantel weggegeben hatte. Der Ehemann bestand darauf, dass es so schlimm noch nicht um die Familie stünde; die Frau musste ihren Mantel zurückholen.[171]

Auch ohne verschärftes Verbot waren unzählige Kanzleien aufgegeben worden. Bruno Blau merkt dazu an: „... *wenn auch die von mir befürchtete vollständige Entziehung des Berufs vorerst noch nicht gesetzlich sanktioniert war, so hatte man doch ‚auf kaltem Wege' das Ziel beinahe erreicht, wenigstens bei mir und vielen anderen meiner Kollegen. Auch die jüdischen Klienten beschäftigten, so lange es ihnen erlaubt war, nichtjüdische Anwälte, ja sogar solche, die der Nazipartei angehörten und als Judengegner bekannt waren. Später wurde dies zunächst den Parteimitgliedern und dann allen nichtjüdischen Anwälten verboten.*"[172]

Für die Betroffenen war der Widerspruch, dass sie sich immer noch als Organ der Rechtspflege verstanden, immer noch auf rechtsstaatliche Prinzipien vertrauten, individuell aber längst zum Opfer geworden waren, kaum in Einklang zu bringen. Nicht für alle offenkundig, hatten sie als Juden längst den „bürgerlichen Tod" erlitten, wie es 1936 das Reichsgericht in schonungsloser Offenheit formulierte: „*Die frühere (liberale) Vorstellung vom Rechtsinhalte der Persönlichkeit machte keine grundsätzlichen Wertunterschiede nach der Gleichheit oder Verschiedenheit des Blutes (...) Der nationalsozialistischen Weltanschauung dagegen entspricht es, im Deutschen Reiche nur Deutschstämmige (und gesetzlich ihnen Gleichgestellte) als rechtlich vollgültig zu behandeln. Damit werden grundsätzlich Abgrenzungen des früheren Fremdenrechts erneuert und Gedanken wiederaufgenommen, die vormals durch die Unterscheidung zwischen voll Rechtsfähigen und Personen minderen Rechts anerkannt waren. Den Grad völliger Rechtlosigkeit stellte man ehedem, weil die rechtliche Persönlichkeit ganz zerstört sei, dem leiblichen Tode gleich; die Gebilde des ‚bürgerlichen Todes' und des ‚Klostertodes' empfingen ihre Namen aus dieser Vergleichung.*"[173]

Zu den Olympischen Spielen 1936 in Berlin suchte man diese Verhältnisse atmosphärisch noch zu kaschieren; es wurde der Anschein eines offenen, zu internationalen Beziehungen fähigen Gemeinwesens erweckt. In diesem Jahr wurde erstmals wieder der Stand der Industrieproduktion von 1929 erreicht, wobei Rüstungsgerät und -bauten mit einbezogen sind.[174] Die kurzfristige Belebung der Wirtschaft war ganz wesentlich der Kriegsvorbereitung geschuldet. 27,5 Milliarden Reichsmark zusätzliche Mittel waren zur Wirtschaftsförderung bereitgestellt worden, davon waren allein 21 Milliarden in die Aufrüstung geflossen. Die Vierjahresplanbehörde unter Hermann Göring, die außerhalb des Ministeriengeflechts eingerichtet wurde, verfolgte dasselbe Ziel: die Wirtschaft kriegsbereit zu machen.[175] Vor diesem Hintergrund wurden weitere Maßnahmen gegen Juden entwickelt. Die Umverteilung von Eigentum und Besitz verbesserte individuell die Lage derjenigen, die nicht als Juden galten. Ab 1937 wurden verstärkt die organisatorischen Rahmenbedingungen für eine vollständige „Entjudung" aller Lebensbereiche geschaffen.

1938, in einer Zeit der beschleunigten Aufrüstung, war die Aussonderung bereits so weit fortgeschritten, dass auf Juden als Wirtschaftssubjekte verzichtet werden konnte. Der mittlerweile zum Präsidenten der Reichsrechtsanwaltskammer avancierte Reinhard Neubert mahnte denn auch immer wieder eine „durchgreifende Lösung der Judenfrage" an.[176] Die 5. Verordnung zum Reichsbürgergesetz vom 27. September 1938 (RGBl. I, 1403) kam dem nach: Alle Juden verloren per 30. November 1938 ihre Zulassung als Rechtsanwalt.

Damit wurde in Berlin mindestens 674 noch praktizierenden jüdischen Anwälten[177] die Ausübung des Berufs untersagt. Einer, der seine Erfahrungen 1939 niedergeschrieben hat, der bereits zitierte Siegfried Neumann, vermerkt dazu: „*Merkwürdig, daß das aus einer Zeit vor dem Münchener Abkommen [29.9.1938] datierte Gesetz über die endgültige Ausmerzung der jüdischen Anwälte erst nach dem Vertrag von München im Reichsgesetzblatt publiziert wurde.*"[178] Tatsächlich scheint diese offen ausgrenzende Maßnahme innerhalb eines ganzen Berufsstandes nicht in das traute Klima auf der international so wichtigen Konferenz von München, auf der die Abtretung des Sudetengebietes an Deutschland beschlossen wurde, gepasst zu haben. Welche Gründe die Veröffentlichung verzögerten, muss offen bleiben. In jedem Fall gehörte die Verordnung gegen die jüdischen Anwälte zu einem ganzen Kanon von Maßnahmen, mit denen die „Ministerialbürokratie die noch verbliebenen Strukturen jüdischer Geschäftätigkeit und Selbständigkeit vernichtete."[179] Den vorläufigen Gipfel dieser Entwicklung bildete das inszenierte Pogrom am 9./10. November 1938.

Vorangegangen war die Aktion vom Oktober 1938, bei der 15.000 bis 17.000 in Deutschland lebende Juden, die nicht die deutsche Staatsangehörigkeit besaßen, an die polnische Grenze abgeschoben worden waren.[180] Zu ihnen gehörten auch die Eltern von Herschel Grynszpan, dessen Mordanschlag auf den Legationsrat vom Rath in Paris Anfang November als Begründung für das Novemberpogrom benutzt wurde. Doch dieser Personenkreis deckte sich nicht mit der hier untersuchten Gruppe, die Berliner Anwälte besaßen fast ausschließlich die deutsche Staatsangehörigkeit.

Viele der noch in Deutschland lebenden Juden hatten nach dem Pogrom den Eindruck gewonnen hatten, dass es schlimmer nicht mehr kommen könne: „*91 Ermordete, zahlreiche Verletzte, Mißhandelte und Vergewaltigte, 191 durch Brandstiftung zerstörte Synagogen; rund 7.500 zerstörte (und geplünderte) jüdische Geschäfte; Verwüstung vieler jüdischer Wohnungen und fast aller Friedhöfe. Sachschaden mindestens 25 Mill. RM. 30.000 Juden werden in Haft genommen. Am 12. November wird den deutschen Juden eine Sondersteuer über 1,12 Mrd. RM auferlegt. Außerdem beschlagnahmt der Staat die Versicherungsleistungen für die Schäden.*"[181]

Diese Bilanz mit der zynischen Folge, den Geschädigten durch eine „Sühneleistung" noch das letzte Geld abzupressen, wurde auf einer Besprechung im Reichsluftfahrtministerium am 12. November 1938 gezogen.[182] Heutige Bewertungen kommen zu dem Ergebnis: „*Mit Recht ist das Judenpogrom vom November 1938 als ein Einschnitt gewertet worden, der aus den juristischen Erniedrigungsritualen ein ‚öffentliches', die Identität der deutschen Juden zerstörendes Erniedrigungsritual gemacht habe.*"[183]

Auch die Rechtsanwälte, deren Schilder beschmiert, deren Kanzleien verwüstet oder die verhaftet wurden, wie zum Beispiel Rechtsanwalt Alfred Traube oder Dr. Erich Nelson, wurden zur Zahlung der Sühneleistung herangezogen. Nach dem Pogrom wurden zigtausend Männer zwischen 18 und 65 Jahren verhaftet; die in Berlin Festgenommenen kamen in der Regel ins Konzentrationslager Sachsenhausen. Ein großer Teil von ihnen wurde wieder freigelassen, nachdem sie sich schriftlich zur Emigration verpflichtet hatten; so auch die Genannten. Etliche fielen den unsäglichen Torturen zum Opfer.

Es sei an dieser Stelle auf einzelne Anwälte hingewiesen, die in der vorliegenden Untersuchung nicht erfasst sind, die aber gleichfalls unter Repressionen zu leiden hatten: die mit jüdischen Frauen verheirateten Männer. 1936 musste jeder zugelassene Anwalt eine Erklärung abgeben, dass er „nicht mit einer Jüdin im Sinne der Verordnung vom 14. November 1935 RGBl. S. 1333 verheiratet" war.[184] Zwei Jahre später, 1938, wurden die Regelungen zur Scheidung aus „Rassegründen" erleichtert und den Betreffenden oftmals von Institutionen oder radikalisierten Einzelpersonen „nahegelegt", sich zu trennen.[185] Viele hielten dennoch zu ihren Frauen. Einer dieser Anwälte war Alfred Puhlmann.[186] Nachdem seine Frau verhaftet worden war, demonstrierte er (vermutlich 1943) mit einer Gruppe von christlichen Ehemännern so lange vor dem Sammellager in der Levetzowstraße – ähnlich wie 1943 Frauen in der Rosenstraße, die für ihre Männer kämpften[187] – bis die Frauen wieder freikamen.[188]

Die Tätigkeit der „Konsulenten"

Schikanen gegen die Ehepartner von Juden waren üblich, dennoch durften die Betroffenen meist weiter arbeiten. Noch erforderte die Abwicklung der „Entjudung" des deutschen Wirtschafts- und Gemeinwesens fachkundige Beratung und Vertretung; die Ausplünderung von Juden sollte geschmeidig vollzogen werden. Zu diesem Zweck wurde ein neuer Beruf etabliert, der des „Konsulenten". Der „Konsulent" war der jüdische Rechtsvertreter von Juden. Dabei wurde ein bereits früher existierender Begriff benutzt, der in juristischen Kreisen einen pejorativen Anklang hatte, wie etwa „Kurpfuscher" als Bezeichnung für einen Arzt.[189]

Um als „Konsulent" zugelassen zu werden, musste der Bewerber jüdisch im Sinne der „Nürnberger Gesetze" und bis zum Zulassungsgesuch als Anwalt tätig gewesen sein. Es sollten vor allem schwer kriegsbeschädigte „Frontkämpfer" berücksichtigt werden.[189] Die Bestimmung über die Einsetzung von Konsulenten wurde am 17. Oktober 1938 bekannt gemacht, innerhalb eines Monats musste ein Gesuch um die Zulassung beim Kammergerichtspräsidenten eingereicht werden. Nach Rücksprache mit dem Präsidenten der Rechtsanwaltskammer und der Staatspolizeistelle erstellte der Kammergerichtspräsident eine Vorschlagsliste. Im Antrag mussten die individuellen Vermögensverhältnisse und die politische Einstellung offenbart werden, Angaben zur eigenen und zur Abstammung der Ehefrau durften ebenfalls nicht fehlen.[191] Der Status als „Frontkämpfer" war bereits 1933 geprüft worden, musste aber nochmals erläutert werden, mit Angabe von Verletzungen und Auszeichnungen.

Anders als für Hamburg[192], wo sich die Vorgänge der Auswahl genau nachvollziehen lassen, kann für Berlin lediglich gesagt werden, dass 1938/39 sich 282 Personen um die Zulassung als „Konsulent" beworben hatten, davon gelangten 40 im Februar 1939 auf die engere Vorschlagsliste. 137 der Bewerber waren „Frontkämpfer" und wurden dennoch nicht aufgenommen, 105 hatten sich als „Nichtfrontkämpfer" beworben.[193]

Nach der Zulassung wurde der „Konsulent" in seine Pflichten eingewiesen. Auf jedem Schreiben hatte der Zusatz zu erscheinen: „Zugelassen nur zur rechtlichen Beratung und Vertretung von Juden"[194], auch auf dem Kanzleischild musste dies angegeben sein.[195] Es war immer der volle Vor- und Zuname zu nennen, also auch der Zwangsname[196], der inzwischen für Juden eingeführt worden war. Die meisten hatten es bei dem allgemein üblichen Namen „Israel" (für Frauen „Sara") belassen, Dr. Alexander Coper hatte es vorgezogen, sich nun Berl zu nennen. Neben dem Namen musste außerdem die Nummer der Kennkarte, die ein Jude immer bei sich zu führen hatte, angegeben werden. Nach außen wurde deutlich dokumentiert, dass der „Konsulent" nur nachrangiger Jurist war; im Gericht durfte er keine Robe tragen und das Anwaltszimmer nicht betreten.[197] Jede Abwesenheit von mehr als einer Woche musste dem Aufsicht führenden Landgerichtspräsidenten mitgeteilt werden. Für alles war eine Genehmigung erforderlich, die zusätzliche Gebühren verursachte. Einen wesentlichen Eingriff in die Tätigkeit der „Konsulenten" stellte der Umstand dar, dass sie einen erheblichen Teil ihres Honorars an die Reichsrechtsanwaltskammer abzuführen hatten.

Bei der Reichsrechtsanwaltskammer wurde eine sogenannte Ausgleichsstelle eingerichtet, die für die Verwaltung der von den „Konsulenten" abzuführenden Beträge zuständig war. Diese Gelder ermittelten sich nach den Einnahmen; für Beträge bis 300,- RM verblieben 90%, für Beträge von 300–500,- RM 70%, für Beträge von 500-1000,- RM 50% und für Beträge über 1000,- RM 30% beim „Konsulenten". Kosten für Auslagen wie Schreibgebühren und ein Paulschalbetrag für Kanzleikosten wurden berücksichtigt.[198] Die Staffelung der Abgabebeträge machte bei einer Vergütungssumme von beispielsweise 400,- RM ein Honorar von 280,- RM für den bearbeitenden „Konsulenten" aus, während er bei einem Honorar von 1.100,- RM, bei dem zumeist auch mehr Aufwand anfiel, 330,- RM für sich behalten durfte. Den Rest musste er jeweils an die „Ausgleichsstelle" abführen. Eine gewisse Grundsicherung wurde zugestanden, zugleich sollte es dem „Konsulenten" mit größeren Mandaten nicht besser gehen – ganz im Gegenteil. Welche Einnahmen eine „Konsulentenpraxis" real zu verzeichnen hatte, lässt sich heute kaum verlässlich angeben.[199]

An die Ausgleichsstelle konnten sich jene mit der Bitte um Unterstützung wenden, die 1935 als Notar und 1938 als Anwalt mit Berufsverbot belegt worden waren.[200] Nach Prüfung der „Bedürftigkeit und Würdigkeit" durch den Präsidenten der Rechtsanwaltskammer konnte ein Zuschuss für Ledige bis zur Höhe von 200 Reichsmark monatlich und bei Verheirateten, Witwern und Geschiedenen bis zu 250,- RM gewährt werden, pro Kind (unter 16 Jahren) konnte ein Zuschuss von zusätzlich 10,- RM beantragt werden. Die Ausgleichsstelle war eine Einrichtung, deren Kosten vermutlich auch aus den abgeführten Beträgen gedeckt wurden. Die noch verbliebenen, als „Konsulenten" zugelassenen ehemaligen Anwälte sicherten damit eine soziale Minimalversorgung ihrer bereits endgültig ausgesonderten Kollegen.

Im Kammergerichtsbezirk Berlin sollten 40 „Konsulenten" zugelassen werden. Für eine Übergangszeit war die Einsetzung einer doppelt so hohen Zahl möglich, also 80. Nach den Recherchen zu dieser Studie lässt sich für 91 Personen belegen, dass sie als „Konsulent" tätig geworden sind, teilweise nur kurzzeitig befristet. Mit gerade noch 91 „Konsulenten" (von ehemals 1.835 Anwälten) war die Zahl von 80 zwar überschritten, doch war man dem Ziel von 1933, nur 35 jüdischen Anwälten in Berlin noch die Berufstätigkeit zuzugestehen, deutlich näher gerückt. Tatsächlich handelte es sich überwiegend um ehemalige „Frontkämpfer", ansonsten um „Altanwälte". Als einzige Frau war Hanna Katz darunter.[201] Bis zum März 1939, also in einem Zeitraum von fünf Monaten, war die Zahl der „endgültig" zugelassenen „Konsulenten" auf 40 für das Berliner Stadtgebiet, sechs für Berlin und angrenzende Bezirke sowie Hanna Katz (mit Sonderstatus) beschränkt worden.[202]

Die ehemaligen Anwälte, nun „Konsulenten", ließen sich zwangsläufig auf die neuen Gegebenheiten ein. Ihr Rechtsvertrauen war deutlich geschwunden, doch mussten sie ihren Lebensunterhalt bestreiten. Einer derjenigen, die ab 1938 als „Konsulent" arbeiteten, war Dr. Georg Hamburger. Bis 1932 war er noch Vorstandsmitglied der Rechtsanwaltskammer gewesen; er war evangelischen Glaubens. Sein Foto findet sich in dem Album des Anwaltsbeamten Naatz. Hamburger verfolgte mit gewissenhafter Sorgfalt die Angelegenheiten seiner Mandanten, die zum großen Teil bereits emigriert waren.[203] Schon seit August 1938 führte er ergänzend zu seinem Namen den Zusatz „Israel". Seit 1941 „verschwanden" viele der ehemaligen Kollegen, sie wurden deportiert. Hamburger erledigte die anstehenden Fälle, bis er selbst am 21. Juni 1943 seine Vermögenserklärung unterschreiben musste. Er wurde in das Sammellager Große Hamburger Straße 26 eingewiesen. Am 30. Juni 1943 wurde er mit dem 93. Alterstransport nach Theresienstadt deportiert, dort ist er ein Jahr später an Tuberkulose gestorben.

Wie Hamburger erging es weit mehr als einem Drittel aller „Konsulenten": Sie arbeiteten bis zum letzten Moment und wurden dann „abgeholt", kamen erst in ein Sammellager in Berlin, anschließend in ein Konzentrationslager. Manche starben an Entkräftung oder einer Krankheit, die sie der geschwächten Konstitution wegen nicht überstanden, andere kamen in den Gaskammern um.

Von den 91 als „Konsulenten" ermittelten Personen gibt es für 7 keine Informationen zum weiteren Schicksal, für 83 liegen nähere Angaben vor. Demnach sind 33 (40%) ermordet worden. Zwei „Konsulenten", Dr. Walter Grau und Dr. Richard Kann, begingen Suizid. Richard Kann entschloss sich Anfang Dezember 1942 zu diesem Schritt gemeinsam mit seiner Frau Susanne. So entgingen sie wahrscheinlich dem nächsten Transport, der am 9. Dezember 1942 mit 994 Personen Berlin verließ; er führte nach Auschwitz.

Einer, Dr. Max May, starb eines natürlichen Todes. 15 „Konsulenten" (12,5%) haben in Deutschland überlebt, teilweise im Lager, teilweise „untergetaucht", teilweise auch geschützt durch ihre Ehefrauen, die nicht jüdisch waren. In den Anträgen, die die Überlebenden nach 1945 zur Wiederzulassung bei der Anwaltskammer stellen mussten, finden sich oft nur sehr zurückhaltende Informationen über die tatsächlichen Lebensumstände. Wie die Lagersituation muss man sich die Bedingungen des „Untertauchens" in den schlimmsten Farben ausmalen.

Fünf „Konsulenten" (6%) emigrierten und kehrten nach 1945 wieder nach Deutschland zurück; 27 (32,5%) sind in den Ländern geblieben, in die sie emigrieren oder fliehen konnten. Somit haben mehr als zwei Fünftel der „Konsulenten" aufgrund der Verfolgung den Tod gefunden.

Nicht unerwähnt bleiben soll in diesem Zusammenhang eine, die keine Rechtsanwältin war, dennoch mit ihrer Arbeit der Rechtspflege gedient hat: die „Konsulentenangestellte" Dorothea Schram, geb. Klar (geb. 24. Juli 1902 Berlin). Sie war Jüdin, wurde deportiert und am 2. März 1943 in Auschwitz umgebracht.

Immerhin einem guten Drittel, nämlich 32 der als „Konsulenten" Zugelassenen, gelang es noch bis 1942, aus Deutschland zu fliehen. Einer der bekanntesten von ihnen war Dr. Julius Fliess. Er konnte im September 1942 durch die geheime Rettungsaktion „Unternehmen Sieben" in die Schweiz geschleust werden. Dieser Fall war eine Ausnahme, in der Regel betätigten sich diejenigen, die noch ins Ausland gelangen konnten, nur kurzzeitig als „Konsulent" und hatten zum Beispiel als Verhaftete des November-Pogroms 1938 eine Erklärung unterzeichnet, mit der sie sich zur Auswanderung verpflichteten. So der bereits erwähnte Dr. Erich Nelson, der mit dieser Verpflichtungserklärung freikam und anschließend nach Großbritannien ging. Auch die anderen Emigranten hatten meist mit kurzfristiger Perspektive noch den Antrag auf Zulassung als „Konsulent" gestellt, derweil sie nur auf die Einreisegenehmigung in ein Zufluchtland warteten.

Einige „Konsulenten" beschäftigten angesichts des anfänglich noch hohen Arbeitsaufkommens wiederum andere ehemalige Anwälte als „Konsulenten-Hilfsarbeiter". Auch diese Beschäftigung war nur nach Genehmigung durch den Landgerichtspräsidenten möglich.[204] Für die eingesetzten „Hilfsarbeiter" war es oftmals die einzige Möglichkeit, noch eine bezahlte Arbeit zu finden. Für diese Anwälte, die selbst nicht als „Konsulent" zugelassen worden waren, muss der Abstieg sozial und psychisch belastend gewesen sein: bis zum allgemeinen Berufsverbot 1938 niedergelassener Anwalt, nun juristischer Hilfsarbeiter. Doch die nackte Not veranlasste die Betroffenen zu dieser Arbeit. Hier wurden sie immerhin noch bezahlt. Einige, die diese Aufgabe übernahmen, waren: Herbert Fuchs, Bruno Marwitz, Felix Rosenthal und Dr. Paul Schidwigowski, der zeitweilig selbst als „Konsulent" zugelassen gewesen ist.[205] Schidwigowski hatte noch die Angelegenheiten seiner Kollegin Hanna Katz geregelt; 1943 wurde er deportiert und wenig später in Auschwitz ermordet. Ebenso erging es auch den meisten anderen Genannten. Bei allen spielte die Religionszugehörigkeit keine Rolle. Dr. Herbert Fuchs beispielsweise war evangelischen Glaubens.

Allgemein gilt für die „Konsulenten", dass sie die Anwälte jüdischer Herkunft waren, die sich mit ihrer Tätigkeit am weitesten vom NS-System einbinden ließen. Sie waren in der Regel älter, hatten am Ersten Weltkrieg teilgenommen, von ihrer inneren Einstellung her waren sie im positiven Sinne preußisch-pflichtbewusst. Sie waren in ihren Bürgerrechten immer weiter reduziert worden, versuchten durch ihre Tätigkeit den eigenen Lebensunterhalt zu sichern und stützten damit zugleich in ihrer Funktion das System. Den nachfolgenden Generationen kommt es nicht zu, hier eine negative Bewertung vorzunehmen, waren es doch andere Organisationen und Institutionen, die die Bedingungen geschaffen hatten, die die Betreffenden in eine so schwierige Lage hatten geraten lassen.[206]

Das Beispiel Alexander Copers

Einer, der das Lager überlebte, war Rechtsanwalt Dr. Alexander Coper, 42 Jahre alt, als die Nationalsozialisten an die Macht kamen. Seine Frau war evangelisch und galt nach den NS-Rassekriterien als „arisch"; die Ehe wurde als „privilegiert" eingestuft, da ihr zwei Kinder entstammten. In der Kanzlei gingen nach 1933 die Mandate rapide zurück, doch sie sollte nicht aufgegeben werden. Nach 1938 nahm Coper den Namen „Berl" an, als Dr. Berl Coper wurde er 1938 nach dem allgemeinen Berufsverbot als „Konsulent" zugelassen. Die Einnahmen gingen weiter zurück, „denn die jüdischen Mandanten hatten ja auch nichts"[207]; zudem musste von den Einnahmen noch ein wesentlicher Teil abgeführt werden. Die Ehefrau war bei einem Verlag kriegsverpflichtet. So gut (oder schlecht) es ging, versuchte sich die Familie durchzuschlagen. Die Kinder mussten die Schule verlassen und wurden ebenfalls zwangsverpflichtet, allerdings in restriktiverem Maße als die Mutter, galten sie doch als „Mischlinge". Im November 1943 wurde Coper unter der Beschuldigung, Lebensmittel-

Dr. Alexander Coper

karten gefälscht zu haben, verhaftet. Der Sohn geht von einer böswilligen Anschuldigung aus: „Wer ihn kannte, weiß, dass das nicht stimmen konnte."[208] Coper blieb von November 1943 bis zum Frühjahr 1944 in Haft; für die Familie völlig unerwartet, kam er am 21. April 1944 wieder frei. Es war die Zeit der heftigen Bombenangriffe auf Berlin; bei einem kam Frau Coper ums Leben. So tragisch die Tatsache an sich schon war, sie hatte Konsequenzen: Es entfiel die Schutzwirkung der „privilegierten Ehe". Im Oktober 1944 wurde der verwitwete Coper, der im Ersten Weltkrieg ein Bein verloren hatte, verhaftet und nach Theresienstadt deportiert. Seine Erfahrungen in Theresienstadt hat er versucht, in einem Gedicht der Nachwelt zu übermitteln. Zitiert seien hier nur vier Strophen:

15.-21. III. (vermutlich 1945)

Die Mutter tot, im kühlen Grab.
Und ich nur noch die Kinder hab.
Und grade darum zur Belohnung
wurd' fortgeschafft ich ohne Schonung.

Mein armes, trauriges Berlin,
auch ich muß jetzt von dannen zieh'n.
Du bist zerzaust und ganz zerschunden
und blutest aus viel Tausend Wunden.

Und doch und doch und dennoch doch,
ich lieb' dich, seltsam, immer noch.
Sah' ich die letzte Spur von dir,
wie schwer war's um mein Herze mir.

Du hast mir soviel Leid getan,
doch Rache ficht mich jetzt nicht an.
Vom Ganzen zwar ein Teil bist du,
doch vorderhand ich schweig' dazu.

Coper überlebte die Lagerzeit. Auch seine Kinder, 19- und 20-jährig, überstanden den Zwangseinsatz für die Organisation Todt (OT) mit Glück. Im Frühsommer 1945 kehrte Coper aus Theresienstadt nach Berlin zurück. In der Nähe des Rüdesheimer Platzes, wo die Familie gelebt hatte, trafen sich die Familienmitglieder in den Ruinen wieder. Bald darauf brachte Coper ein Schild an einem der Häuser an, mit dem er seine Tätigkeit als Anwalt bekannt machte. Das war in den ersten Jahren nach dem Krieg nicht besonders lukrativ, doch ab 1952 kamen mehr Beauftragungen. 1958 ging Coper 67-jährig in den Ruhestand, er starb kurze Zeit später.[209]

Die Sonderstellung der „Mischlinge"

Die andere Gruppe von Anwälten jüdischer Herkunft, die nach dem allgemeinen Berufsverbot 1938 weiter arbeiten durfte, waren die sogenannten „Mischlinge".[210] Sie unterlagen nach 1938 nicht denselben Restriktionen wie die „Konsulenten". Wie erwähnt, spielte die religiöse Orientierung bei der Einordnung in die Gruppe der „Nichtarier" keine Rolle. Sie wurde aber als Anhaltspunkt für die Klassifizierung der „Abstammung" herangezogen, wobei die NS-Kategorien nicht konsistent waren, weil sie „blutsmäßige" Abstammung und Religionszugehörigkeit miteinander vermengten. Entscheidend war die Konfession der Eltern und der Großeltern. Spätestens mit der Volkszählung 1939 wurden diese Angaben erfasst. Für den Status als „Arier" waren vier als nichtjüdisch geltende Großelternteile nachzuweisen (erfasst: NNNN). Die Untergruppen der „Nichtarier" gliederten sich grob in: „Mischling 1. Grades" – selbst nicht jüdischen Glaubens und zwei Großelternteile, die als Juden galten; „Mischling 2. Grades" – ebenfalls nicht jüdischen Glaubens und ein jüdisches Großelternteil. Wenn jedoch ein „Mischling" mit einer „Volljüdin" verheiratet war, wandelte sich sein Status wieder in den eines „Volljuden".

73 Berliner Anwälte galten nachweislich als „Mischling". 1936 waren noch 69 von ihnen tätig und mit ihrem besonderen Status erfasst worden.[211] Vier Anwälte hatten bereits 1933 ihre Zulassung verloren oder aufgegeben: Dr. Fritz Faß

Dr. Ferdinand Bang

und Hans Frankfurter waren 1933 mit Berufsverbot belegt worden. Dr. Willy Landsberg war das Notariat entzogen worden, woraufhin er seine Kanzlei auflöste, und Dr. Werner Steinitz soll sich angeblich länger nicht in Berlin aufgehalten haben und wurde deshalb „abgemeldet", das heißt seine Zulassung als Anwalt gelöscht. Diese Vorgänge zeigen, dass 1933 „Mischlinge" wie die sogenannten „Volljuden" als „Nichtarier" behandelt wurden und denselben Aussonderungsmaßnahmen unterworfen waren. Sie mussten ihre Zulassung wieder beantragen und für die Fortsetzung ihrer Tätigkeit als Anwalt eine der Ausnahmen geltend machen. Wer aber im Jahr 1933 wieder zugelassen worden war, konnte mindestens in den folgenden sieben Jahren deutlich unbehelligter agieren als die „Volljuden".

Bei einigen der Betroffenen war die „Abstammung" erst im Laufe der Zeit herausgekommen beziehungsweise ließen sich die entsprechenden Angaben nicht weiter zurückhalten. Das traf beispielsweise für Edgar von Fragstein und Niemsdorff zu. In seinem Fall war 1933 unbekannt geblieben, dass zwei seiner Großelternteile als jüdisch galten. Von den 69 im Jahr 1936 erfassten „Mischlingen" galten 51 als „Mischlinge 1. Grades" (zwei jüdische Großeltern), 18 als „Mischlinge 2. Grades" (ein jüdisches Großelternteil). Kein einziger aus der gesamten Gruppe war jüdischer Religion, vier Personen waren Dissidenten, der Rest war zum überwiegenden Teil evangelisch (56), sieben waren katholisch, einer gehörte der französisch-reformierten Kirche an, zu einer Person liegen keine Angaben vor. Aus dieser Gruppe war ein erheblicher Anteil mit nicht-jüdischen Frauen verheiratet. Die Auswirkung auf die inneren Familienstrukturen war weitreichend. In den Personalakten finden sich Schreiben von Müttern oder Vätern der betroffenen Anwälte, die den Eindruck vermitteln, als schämten sich die Eltern für die Probleme, die ihren Kindern durch die „Herkunftsfragen" entstanden.

Mit der Erfassung durch eine eigene Liste 1936 war die potenzielle Gefährdung der „Mischlinge" dokumentiert. Diese Gefährdung einer weitergehenden Verfolgung ist den Betreffenden teilweise nicht in der vollen Tragweite bewusst geworden. Im Jahr 1939 lebten insgesamt 18.145 „Mischlinge 1. Grades" und 8.971 „Mischlinge 2. Grades" in Berlin.[212] Die zu dieser Personengruppe gehörenden Anwälte waren teilweise bis in den Krieg hinein tätig.[213] So durften sie beispielsweise auch nach 1941 einen Telefonanschluss haben, während Juden diesen im August 1940 abgeben mussten.[214]

Auf der Wannsee-Konferenz am 20. Januar 1942 wurde auch über „Mischlinge" gesprochen; erörtert wurde die Frage, ob sie in die Deportationen mit einbezogen oder stattdessen sterilisiert werden sollten.[215] Es kam zu keiner abschließenden Präzisierung des weiteren Verfahrens; vermutlich ist die Annahme Hilbergs zutreffend: „Die Mischlinge wurden gerettet, weil sie mehr deutsch als jüdisch waren."[216] Die betroffenen Anwälte konnten noch eine längere Zeit scheinbar ungehindert praktizieren, weil spätestens seit Kriegsbeginn ein erheblicher Mangel an Juristen herrschte. Offensichtlich war es nicht gelungen, im ausreichenden Maße für entsprechenden nicht-jüdischen Nachwuchs zu sorgen beziehungsweise wurden diese jungen Anwälte zum Kriegsdienst herangezogen.

Wie „deutsch" sich einzelne der „Mischlinge" fühlten, belegt der Umstand, dass zwei von ihnen (die Rechtsanwälte Bang und Broecker) die Funktion eines „Blockwarts" übernommen hatten.[217] Einer der beiden war zusätzlich Mitglied der NSV (Nationalsozialistischen Volkswohlfahrt e.V.), die über monatliche Sammlungen unter anderem ihre Einrichtungen der Gesundheitsfürsorge finanzierte. Welche Gründe die Betreffenden zum Eintritt bewegt hatten, muss offen bleiben. Ein anderer Anwalt war bis zum Verbot Mitglied des Stahlhelms und später Mitglied der NSDAP, die er jedoch wieder verlassen musste. Im Entnazifizierungsverfahren nach 1945 wurde er als „nomineller Nazi" eingestuft.

Aus der Gruppe der „Mischlinge" wurden einige von der Gestapo festgenommen und der Organisation Todt überstellt. Diese Organisation war nach ihrem Initiator Fritz Todt (4.9.1891-8.2.1942)[218] benannt, der im Juni 1933 von Hitler zum Verantwortlichen für das deutsche Straßenwesen ernannt wurde. Im Hinblick auf die Kriegsvorbereitung trieb Todt den Bau der Reichsautobahnen maßgeblich voran. Ab 1938 war er unter anderem für die Errichtung des sogenannten Westwalls zuständig. Um dieses Vorhaben in möglichst kurzer Zeit zu vollenden, bildete er straff organisierte Trupps von Arbeitskräften, die sich vor allem aus „Fremdarbeitern" (ausländischen Zivilarbeitern), KZ-Häftlingen und eben noch nicht inhaftierten „Nichtariern" zusammensetzten. Die Zwangsarbeiter wurden in Arbeitslagern außerhalb von Berlin untergebracht. In einem anderen Projekt der Organisation Todt, auf dem Sonderbaulager Flugplatz Zerbst, wurde unter anderem der ehemalige Anwalt Georg Graul eingesetzt. Graul, der bei den letzten freien Wahlen deutschnational gewählt hatte, war als Freimaurer aktiv gewesen. Sein einziger Sohn war schon 1939 gefallen. Graul sah sich gezwungen „unterzutauchen"[219], er überlebte und wurde nach 1945 wieder als Anwalt zugelassen.

Noch vier weitere Anwälte waren ab Ende Oktober 1944 von der Organisation Todt zu Enttrümmerungsarbeiten herangezogen worden. Adolf Arndt musste für die Organisation Todt in Paris bei der Auflösung des Gestapo-Hauptquartiers mitwirken. Der körperlich nicht besonders kräftige Mann stieß bald an seine Grenzen. „Andere Mitgefangene schoben ihn zur Seite, laß uns das 'mal machen, Adolf! Und dann wurden die ‚Gemäldekisten' runtergetragen. Wenn eine zu Boden fiel – dann floß der Cognac auf die Straße."[220]

Bis zur letzten Phase des Krieges wurde auf allen Ebenen zwischen Partei, Justiz und Verwaltung kooperiert. So meldete Mitte 1943 der Präsident des Kammergerichts alle, die nicht Mitglied des NS-Rechtswahrerbundes waren, dem mittlerweile fast alle Anwälte angehörten, dem Arbeitsamt als „nicht kriegswichtig". „Nichtarier" konnten dem NS-Rechtswahrerbund nicht beitreten und wurden entsprechend gemeldet. Rechtsanwalt Hermann Gustav Scheer scheint es mit der ihm in der Folge zugewiesenen Stelle als Syndikus der Speditionsfirma Hertling noch gut getroffen zu haben.[221] Ein anderer, Hans Richter, der am Ersten Weltkrieg teilgenommen hatte, war bis kurz vor Kriegsende als Anwalt tätig, zuletzt wurde ihm nach eigenen Angaben aber doch „aus rassischen Gründen" die Zulassung entzogen. Für ihn waren seit 1942, „als Hitlers Rückzug begann", wieder mehr Mandate zu verzeichnen gewesen, da augenscheinlich die offene antisemitische Hetze nachgelassen hatte. Welch Widerspruch angesichts der Tatsache, dass gleichzeitig die Deportationen im vollen Gange waren.

Adolf Arndt

Das weitere Schicksal der jüdischen Anwälte

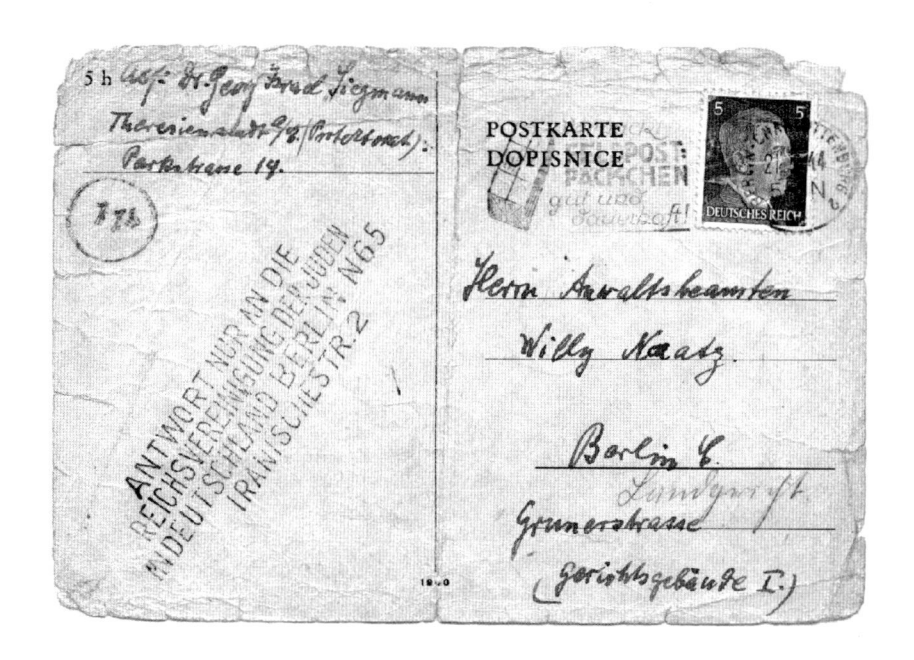

Nach dem Pogrom und dem generellen Berufsverbot 1938 hatte sich die Situation für die Anwälte jüdischer Herkunft weiter zugespitzt. Die Differenzierung in Juden und Nichtjuden war weitgehend abgeschlossen. Die Zwangsnamen und die Kennkarten identifizierten die Betreffenden auf dem Papier als Juden, 1941 wurde das äußerliche Kennzeichen, der gelbe Stern, eingeführt, der deutlich sichtbar an der Kleidung getragen werden musste. Wertsachen und Rundfunkgeräte mussten abgegeben, Telefone abgemeldet und Haustiere abgeschafft werden. Bis ins Privateste hinein reichten die antijüdischen Maßnahmen.[222]

Das biografische Verzeichnis dieses Buches gibt Aufschluss über die Einzelschicksale Berliner Rechtsanwälte jüdischer Herkunft. Nachfolgend wurden für eine zusammenfassende Darstellung die Schicksale in vier Gruppen unterteilt:

– „Ums Leben gekommen" – hierunter werden auch diejenigen gefasst, die der Bedrohung, umgebracht zu werden, mit Suizid begegnet sind. Vorrangig finden sich in dieser Gruppe die Menschen, die nach der Deportation den Tod gefunden haben.
– Tod ohne Gewalteinwirkung oder durch allgemeine Kriegsumstände
– Überleben in Deutschland oder im Lager
– Emigration und Flucht; hier wurde eine Unterteilung nach den verschiedenen Fluchtländern vorgenommen.

Insgesamt konnte der weitere Lebensweg von 1.404 Anwälten jüdischer Herkunft nachgezeichnet werden.

„Ums Leben gekommen"

Schon im März 1933 fand Rechtsanwalt Günther Joachim den gewaltsamen Tod; er wurde in einem SA-Lager erschlagen. Joachim galt damals als eine Ausnahme. Dass nur wenige Jahre später Menschen, darunter zahlreiche Anwälte, massenhaft getötet werden würden, hätte 1933 niemand für möglich gehalten.

Acht jüdische Anwälte sind nachweislich durch gewaltsame Einzelübergriffe in Berlin im Zusammenhang mit der nationalsozialistischen Verfolgung zu Tode gekommen. Einer von ihnen war Julius Blumenthal. Er war schon im April 1933 mit Berufsverbot belegt worden, anschließend betätigte er sich aktiv in der Jüdischen Gemeinde und war ab 1939 Leiter der Rechtsabteilung der Gemeinde und juristischer Mitarbeiter des *Jüdischen Nachrichtenblattes*. 1942 sollte die Gemeinde eine Gruppe von Mitarbeitern für die Deportation benennen. Diejenigen, die dafür vorgesehen waren, konnten fliehen. Als Vergeltung wurde Blumenthal mit sieben anderen als Geisel genommen. Die Geiseln wurden nach dem Bericht einer Zeugin im Repräsentantensaal der Synagoge in der Oranienburger Straße, dem heutigen Centrum Judaicum, ausgewählt. Alle Geiseln wurden wenig später, im Dezember 1942, erschossen.

Insgesamt sind 299 Berliner Anwälte[223] durch die nationalsozialistische Verfolgung ums Leben gekommen. Zu 162 Personen liegen keine exakten Todesdaten vor, 118 Menschen fanden den Tod in einem KZ, Lager oder Ghetto. Elf wurden in ihrem Emigrationsland in Europa verhaftet und kamen anschließend in einem Lager oder KZ zu Tode.

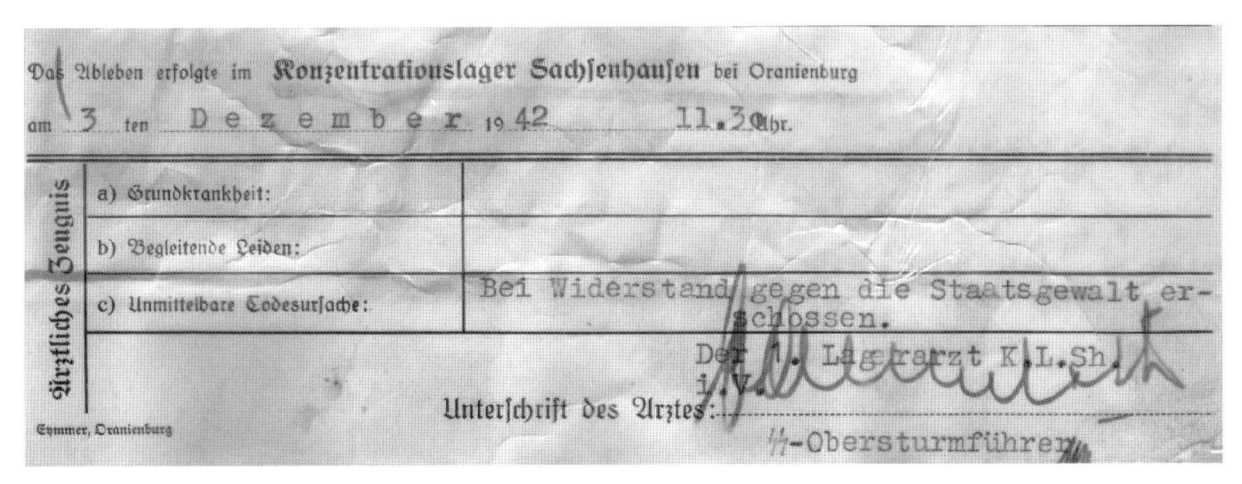

„Das Ableben erfolgte im Konzentrationslager Sachsenhausen am 3. Dezember 1942." und „Bei Widerstand gegen die Staatsgewalt erschossen" heißt es in der Todesurkunde von Julius Blumenthal vom 3. Dezember 1942.

Deportation und Tod

Am 18. Oktober 1941 verließ der erste Eisenbahnzug mit 1.013 Personen den Bahnhof Grunewald in Richtung Litzmannstadt/Lodz. Unter den Deportierten befanden sich sieben Anwälte, auch Bernhard Goldschmidt und Julius Grau, Rechtsanwälte beim Kammergericht. Der 40-jährige Goldschmidt, deutlich jünger als Grau, hatte schon 1933 seine Zulassung verloren, weil er Jude war. Grau war noch 1938/39 als „Konsulent" zugelassen worden. Niemand weiß, ob sie sich kannten, vielleicht im Gericht begegnet waren, der Jüngere einmal einen Termin Graus vertreten hat. Noch weniger ist bekannt, ob sie sich am Ziel ihrer Reise begegnet sind. Litzmannstadt oder Lodz war für beide der Ort, an dem sie umgekommen sind. Das ist das Einzige, was näher zu bestimmen ist. Es gibt kein Todesdatum, keine Todesursache.

Der Terminus „umgekommen" ist eher eine Annäherungsformel als ein wissenschaftlichen Erfordernissen entsprechender Begriff. Bei den im biografischen Verzeichnis aufgeführten, in den Konzentrationslagern, Vernichtungslagern oder Ghettos zu Tode gekommenen Anwälten ist nur für 118 ein genaues Todesdatum bekannt.[224] 162 Menschen wurden deportiert und haben ihr Leben verloren, aber für sie gibt es kein exaktes Todesdatum. Weitergehende Forschungen zu Theresienstadt und zum Baltikum[225] lassen zumindest für einige von ihnen inzwischen angeben, in welche Lager oder Ghettos sie deportiert worden sind. Bis vor einigen Jahren lautete die Angabe noch allgemein „nach Osten". In den nachfolgenden Kurzbiografien wird zur Kenntlichmachung des Schicksals dieser Menschen die Angabe genannt, die den abschließenden Bruch mit dem Leben in ihrer Heimatstadt Berlin bedeutete – das Datum der Deportation.[226] Von diesen Deportierten weiß man lediglich, wann sie Berlin verlassen haben und mit welchem Ziel. Was mit ihnen nach der Ankunft an ihrem Zielort geschehen ist oder ob sie schon auf dem Weg den Tod gefunden haben, ob sie im Konzentrationslager oder durch mobile Einsatzkommandos ermordet worden sind, ob sie vergast oder erschossen wurden, ob sie verhungert oder an

Flecktyphus, durch Drangsalierung von Wachen oder Entkräftung durch Zwangsarbeit („Tod durch Arbeit") gestorben sind, ist unbekannt. Die menschliche Entwürdigung, Demütigung und psychische Zerstörung, die dem vorangegangen ist, bleibt nur zu ahnen.

Ohne eine Klassifizierung der Opfer vornehmen zu wollen, gerade die (Berliner) Rechtsanwälte gehörten von ihrem Alter, ihrem Gesundheitszustand, ihrer sozialen Stellung her zu denjenigen, die am stärksten vom Tod bedroht waren: Die 1941 noch in Deutschland Verbliebenen waren oftmals alt, häufig krank oder kriegsversehrt. Sie gehörten dem bürgerlichen Mittelstand an und waren durch ihre berufliche Tätigkeit kaum an körperliche Belastung gewöhnt. Schon aus diesem Grund überlebten nur sehr wenige von ihnen das Lager.

Fritz und Erna Hammerschmidt

Bei den biografischen Angaben ist häufig das Datum der Vermögenserklärung angegeben. In der ersten Zeit der Deportationen wurden diese Formulare den Betreffenden einige Tage bevor sie sich im Sammellager zu melden hatten zugestellt. Die Aufforderung, das Formular auszufüllen, wurde als erste Maßnahme der „behördlich angeordneten Abwanderung ins Protektorat" deklariert.[226] Später mussten die Betroffenen die Vermögenserklärungen ausfüllen und unterzeichnen, wenn sie „abgeholt" wurden. Die Vermögenserklärung erfasste das gesamte mobile Hab und Gut, vom Kragen bis zum Schuhlöffel, hier wurden alle noch bekannten Außenstände, sei es beim Zahnarzt oder beim Klempner, aufgeführt. In einigen Fällen ist die Vermögenserklärung das letzte persönliche Lebenszeichen der Deportierten.[227]

Die Deportationen begannen im Oktober 1941, also vor der Wannsee-Konferenz, auf der eben nicht, wie häufig angenommen, die Entscheidung zur „Endlösung" gefallen ist. Bis zum letzten Transport im April 1945 gingen über 180 Transporte aus Berlin zu den verschiedenen Zielorten.

Exemplarisch hier die Angaben zu sieben ermordeten Berliner Rechtsanwälten:

Dr. Jacques Abraham war ein äußerst beliebter Anwalt und Notar, bis 1933 auch Schriftleiter der *Zeitschrift für das Beamtenrecht*. Ihm wurde im Herbst 1933 die weitere Zulassung als Anwalt bestätigt, allerdings wurde ihm das Notariat entzogen. Als Anwalt konnte er noch bis zum Berufsverbot 1938 tätig sein. Danach soll er als Hilfsarbeiter gearbeitet haben, vermutlich zwangsweise. Währenddessen bemühte er sich um ein Visum für Südamerika, das er jedoch nicht erhielt. Offensichtlich versuchte er noch zu fliehen, er wurde bei einem Fluchtversuch an der holländischen Grenze festgenommen. Am 14. Oktober 1942 unterschrieb er seine Vermögenserklärung. Fünf Tage später, am 19. Oktober 1942, wurde er mit dem 21. Transport nach Riga deportiert. Danach gibt es kein Lebenszeichen mehr von ihm. Sein Todestag wurde für den 31. Dezember 1942 amtlich festgelegt; Dr. Jacques Abraham war 62 Jahre alt.

Fritz Hammerschmidt war als Rechtsanwalt am Kammergericht zugelassen und mit seinem Bruder Walter assoziiert, die Kanzlei befand sich in der Kantstraße 19 in Charlottenburg. Im April 1933 wurde auch gegen Fritz Hammerschmidt ein Vertretungsverbot verhängt, das aber aufgehoben wurde, denn im Herbst 1933 war er wieder zugelassen. Er übte seinen Beruf bis zum allgemeinen Berufsverbot 1938 aus. Um

1935/1936 wurde Fritz Hammerschmidt Vater eines Sohnes. Ansonsten ist lediglich bekannt, dass er noch als Arbeiter tätig war. Am 29. Februar 1944 unterzeichnete Fritz Hammerschmidt seine Vermögenserklärung, anschließend wurde er in das Sammellager in der Schulstraße 78 eingewiesen. Wenige Tage später, am 9. März 1944, wurde er mit dem 50. Transport nach Auschwitz deportiert, mit ihm seine Ehefrau Erna, deren Mutter Martha Frischmann und der inzwischen achtjährige Sohn Anselm. Der genaue Todestag von Hammerschmidt ist nicht zu bestimmen; er war etwa 52 Jahre alt. Als Einzige überlebte Erna Hammerschmidt. Sie war ins KZ Ravensbrück überstellt worden, wo sie von alliierten Truppen befreit wurde.[229]

Walter Hammerschmidt, der Bruder und Sozius von Fritz Hammerschmidt, war schon 1933 mit Berufsverbot belegt worden und wurde in der Folge des November-Pogroms 1938 verhaftet. Er kam ins KZ Sachsenhausen, wurde Ende Dezember „als schwerkranker Mann" entlassen und starb kurz darauf an einer Sepsis.[230] Professor Sauerbruch empfahl der Witwe, die Leiche obduzieren zu lassen, die Gestapo gab sie jedoch nicht frei. Der Witwe wurde eine Urne mit der Asche zugeschickt. Sie und ihr zweiter Mann wurden später nach Auschwitz deportiert und ermordet.[231] Nicht nur die Hammerschmidts, auch die Familie Selten und einige andere Anwaltsfamilien wurden durch die Verfolgung ausgelöscht.

Justizrat Dr. Georg Siegmann ist auf einem der kleinen Passbilder zu sehen, die der Anwaltsbeamte im Anwaltszimmer des Landgerichts, Willy Naatz, aufbewahrt hat. Es zeigt einen jovialen, das Leben genießenden Mann – doch das war ein anderes Leben, eine andere Zeit, als er noch eine Kanzlei in der Lindenstraße, ganz in der Nähe des Belle-Alliance-Platzes (heutiger Mehringplatz) hatte und Anwalt und Notar war. Das änderte sich mit der Machtübernahme der Nationalsozialisten: 1933 wurde ihm das Notariat entzogen; als „Altanwalt" war er zwar noch bis zum allgemeinen Berufsverbot 1938 zugelassen, doch die Kanzlei erlitt einen ständigen Niedergang. Siegmann, Jahrgang 1869, wurde in Berlin „abgeholt", er unterzeichnete seine Vermögenserklärung am 2. Juli 1942. Zwei Wochen später wurde er nach Theresienstadt deportiert.

Am 28. August 1944 schickte er noch eine Postkarte an Willy Naatz[232]:

Georg Siegmann

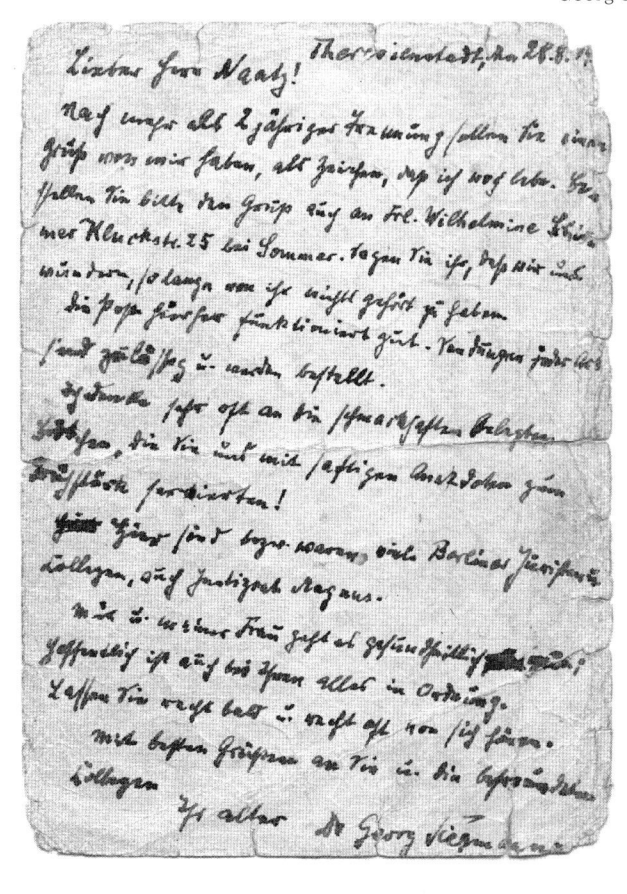

Theresienstadt, den 28.8.44
Lieber Herr Naatz!

Nach mehr als 2jähriger Trennung sollen Sie einen Gruß von mir haben, als Zeichen, daß ich noch lebe. Bestellen Sie bitte den Gruß auch an Frl. Wilhelmine Schickmer [?], Kluckstr. 25 bei Sommer. Sagen Sie ihr, daß wir uns wundern, so lange von ihr nichts gehört zu haben.

Die Post hierher funktioniert gut. Sendungen jeder Art sind zulässig u. werden bestellt.

Ich denke sehr oft an die schmackhaften belegten Brötchen, die Sie uns mit saftigen Anekdoten zum Frühstück servierten!

Hier sind bzw. waren viele Berliner Juristen u. Kollegen, auch Justizrat Magnus.

Mir u. meiner Frau geht es gesundheitlich gut; hoffentlich ist auch bei Ihnen alles in Ordnung.

Lassen Sie recht bald u. oft von sich hören.

Mit besten Grüßen an Sie u. die befreundeten Kollegen

Ihr alter Dr. Georg Siegmann

Julius Magnus

Naatz war offenkundig Mittler von Informationen, er sollte sich nach dem Verbleib von Fräulein Wilhelmine Sch. erkundigen und die interessierten Anwälte vom Tod des angesehenen Julius Magnus in Kenntnis setzen, der am 15. Mai 1944 in Theresienstadt umgekommen war. Siegmann wurde im Oktober 1944 nach Auschwitz verschleppt, wo sich seine Spur verliert. Er war zu diesem Zeitpunkt 75 Jahre alt.[232]

Justizrat Dr. Julius Magnus, Jahrgang 1867, war als Anwalt Spezialist für Urheber- und Patentrecht, daneben auch Notar. Besondere Anerkennung hat er sich durch sein Amt als Schriftleiter und Herausgeber der *Juristischen Wochenschrift* erworben, das er von 1915 bis 1933 innehatte. Magnus war bis zum Berufsverbot 1938 als Anwalt tätig, die Zulassung als Notar war ihm schon 1933 entzogen worden. Er floh am 25. August 1939 in die Niederlande. Dort holten ihn die deutschen Truppen ein und verschleppten ihn in das KZ Westerbork. Anfang 1944 ist er über Bergen-Belsen nach Theresienstadt deportiert worden, dort ist er verhungert.[234]

Dr. Ernst Wachsner wurde im April 1933 mit einem Berufsverbot als Anwalt und Notar belegt; wovon er anschließend seinen Lebensunterhalt bestritten hat, ist unbekannt. Später war er als Arbeiter zwangsweise verpflichtet. Am 25. Juni 1943 wurde er verhaftet, von diesem Tag datiert auch seine Vermögenserklärung. Er wurde in das Sammellager Große Hamburger Straße 26 gebracht, drei Tage später wurde er mit dem 39. Transport nach Auschwitz verschleppt. Damit verliert sich seine Spur. Er war 55 Jahre alt.

Dr. Kurt Zarinzansky war Anwalt und Notar, seine Kanzlei und Wohnung befanden sich in der Ansbacher Straße 10 a im Bayerischen Viertel. Das Notariat durfte er bis zum allgemeinen Berufsverbot für jüdische Notare 1935 ausüben, Anwalt war er bis zum allgemeinen Berufsverbot 1938. Zarinzansky war katholischer Religion. Nach dem Berufsverbot betätigte er sich als Testamentsvollstrecker. Im März 1943 füllte er seine Vermögenserklärung aus. Zwei Tage später wurde er nach Auschwitz deportiert. Offensichtlich war der zu diesem Zeitpunkt 53-Jährige kräftig genug, bis 1945 zu überleben. Am 11. März, zwei Jahre nach dem Abtransport aus Berlin, kurz vor Kriegsende, fand er in Mauthausen den Tod.[234]

Suizid

Wie schon am Beispiel der „Konsulenten" dargestellt, zogen angesichts der sich zuspitzenden Verhältnisse einzelne Anwälte die Konsequenz aus der aussichtslosen Lage und nahmen sich das Leben (28 Personen, 2%).

Auf das Schicksal des politisch gegen die Nationalsozialisten engagierten Anwalts Hans Litten ist bereits eingegangen worden. Schon 1940 bemühte sich seine Mutter, seine letzten Lebensjahre mit dem Buch *Eine Mutter kämpft* der Öffentlichkeit nahezubringen. Im Vorwort schrieb Rudolf Olden: „Kann man einen Unbequemen nicht um deswillen beseitigen, was ihn unbequem macht, so sucht man nach Nebensächlichem, womit man ihm eine Falle stellen kann."[235] Littens Leben und Tod ist in mancher Hinsicht markant: Die Mutter war Christin, der Vater konvertierte ebenfalls zum Christentum. Litten wirkte jugendlich und gleichzeitig streng. Er beschränkte sich hinsichtlich seines Äußeren, aber auch im Umgang mit anderen Menschen auf das Wesentliche. Dabei ließ ihn die Arbeit, weit über das übliche Maß hinaus, zu „einem Kämpfer ums Recht" (Olden) werden. Mit diesem Pathos versuchte Olden die spröde Persönlichkeit zu beschreiben, die so klar und nüchtern, dabei absolut hingebungsvoll und humorlos die Dinge analysierte. Litten war durchdrungen von der Suche nach der Wahrheit, sei es im Recht, sei es in der Kunst. Mit seinem klassischen, unerbittlichen Wertekanon stellte er für die Nazis, die sich als Hüter von Werten gerierten, eine Provokation dar. Indem sich Litten auf den Inhalt konzentrierte, demaskierte er schon durch sein Auftreten die Propaganda der Nazis. An ihm wurde bittere Vergeltung geübt; er wurde malträtiert und konnte das Leiden nicht mehr ertragen. Seine Briefe und die Vorträge, die er im KZ beispielsweise zur Kunst gehalten hat, legen jedoch Zeugnis davon ab, dass er, trotz allem, was man ihm angetan hat, nicht gebrochen werden konnte. Hans Litten nahm sich im Februar 1938 im KZ Dachau das Leben.[237]

Zahlreiche Menschen vollzogen angesichts der massiven Welle von Übergriffen schon 1933/1934 den Schritt zum Suizid, so auch der bekannte Verteidiger Prof. Dr. Max Alsberg. Doch die meisten gingen erst in den Freitod, als die Deportation unmittelbar bevorstand – im Jahr 1942. Das Wort „Freitod" scheint in diesem Zusammenhang unangemessen, gleichwohl gibt es keine adäquate Bezeichnung für die Wahl eines selbst gewählten Zeitpunkts und vielleicht geringerer Leiden im Verhältnis zu der Bedrohung, die eine Deportation darstellte.

Die religiöse Dimension fasste schon das *Philo-Lexikon*, das Handbuch des jüdischen Wissens, 1936 in schlichte Worte: „Selbstmord, im Judentum verboten; Gottes Mahnung an die Noachiden: ‚Euer eigen Blut will ich von euch einfordern' (Genesis 9,5) gilt als Wurzel des Verbots." Historische Fälle können, wenn es sich um Heldentod handelt, milder beurteilt werden. Niemand schied leichtfertig aus dem Leben, mit der Möglichkeit des Suizids beschäftigten sich viele. Der schon erwähnte „Konsulent" Georg Hamburger, evangelischer Religion und Mitglied der Bekennenden Kirche, berichtete am 29. September 1941, nachdem alle Fluchtversuche gescheitert waren, dem evangelischen Theologen Helmut Gollwitzer von seiner Bitterkeit: „…[da] ich keinen Verwandten oder mir nahestehenden Menschen habe, der das mit mir trägt, da ich wirklich ganz allein hier zurückgeblieben bin …" 1942 wurden immer mehr Menschen abgeholt, die Zahl der Suizide nahm zu. Hamburger suchte Gollwitzers Rat, ob man sich dieser Deportierung „in den Osten" durch den Freitod entziehen dürfe, er hielt den Schritt in einer Ausnahmesituation für gerechtfertigt. Gollwitzer versuchte ihm theologisch Halt zu geben und lehnte den Freitod generell ab.[238] Im Oktober 1942 entging Hamburger der ersten Deportierung. Am 21. Juni 1943 unterzeichnete er seine Vermögenserklärung, die seinen gesamten noch verbliebenen Besitz umfasste, unter den überlieferten Unterlagen findet sich noch eine Gasrechnung in geringer Höhe. Anschließend wurde er ins Sammellager Große Hamburger Straße 26 in Berlin-Mitte gebracht. Hamburger wurde am 30. Juni 1943 nach Theresienstadt deportiert, wo er Anfang 1944 an Tuberkulose starb.

Viele wollten sich nicht ausliefern, es seien hier exemplarisch genannt: Dr. Fritz Dalen, Dr. Hans Michaelis, Dr. Julius Schoenfeld. Justizrat Hermann Kolsen nahm sich im August 1942 im Alter von 83 Jahren das Leben. Im Dezember des gleichen Jahres beging Dr. Richard Kann gemeinsam mit seiner Frau Selbstmord.

Im Übrigen kann die hier ermittelte Zahl derer, die durch eigene Hand aus dem Leben schieden, als eindeutig zu gering gelten. Oftmals wollten die Hinterbliebenen als Todesursache nicht „Suizid" vermerkt wissen. Gerade 1933 ist eine erhebliche Anzahl von Männern unter 60 Jahren gestorben.

„Natürlicher" Tod und Tod durch allgemeine Kriegsumstände

Wer 1933 als Anwalt zugelassen war, musste älter als 26 Jahre sein; ein jahrelanges Studium, bestandene Examina und entsprechende Vorbereitungszeiten waren die Voraussetzung für die Eintragung in die Rolle. Das Durchschnittsalter der zugelassenen Anwälte war relativ hoch. Entsprechend ist auch aus dem Kreis der als jüdisch geltenden Anwälte ein großer Teil nach 1933 eines natürlichen Todes gestorben (206 Personen oder 14,7%). Diese Gruppe kann eventuell kleiner sein, als hier angegeben, angesichts der Zweifel, ob es sich bei manchem Todesfall nicht in Wahrheit um einen Suizid gehandelt hat. Für den größten Teil muss jedoch davon ausgegangen werden, dass Alter oder eine unheilbare Krankheit die Todesursache war, ihr Tod also nur bedingt im direkten Zusammenhang mit der nationalsozialistischen Verfolgung gestanden hat. So berichtet zum Beispiel Erna Proskauer[238] von einem Bekannten, Justizrat Leopold Silberstein, der zwar sehr darunter litt, dass er seinen Beruf nicht mehr ausüben durfte, weil er Jude war, gleichwohl ohne äußere Einwirkung starb. Ihn verband ein inniges Verhältnis mit seiner Frau, die Tochter seiner früheren Zimmerwirtin; sie hatte während seines Studiums seine Examensarbeit mit der Hand abgeschrieben. Beide heirateten erst, nachdem seine Praxis ausreichende Sicherheit für den gemeinsamen Lebensunterhalt bot, was bedeutete, dass sie 19 Jahre auf ihn gewartet hatte. Beide machten 1934 gemeinsam einige Besorgungen; während Frau Silberstein in ein Geschäft ging, wartete ihr Mann auf einer Bank in der Nähe. Als sie zurückkam, war der 64-jährige Silberstein tot. Nüchtern kamen in späteren Jahren oftmals die Nachkommen zu dem Schluss, wie ihn der Enkel von Justizrat Gustav Sandberg, Prof. Grenville[239], angesichts des Todes seines Großvaters im Jüdischen Krankenhaus in der Iranischen Straße kommentierte: „Er ist gerade noch rechtzeitig gestorben." Über den siebzigjährigen Bruno Marwitz dagegen heißt es, dass er 1940 „an gebrochenem Herzen" gestorben sei.[241] Er wird nicht der Einzige gewesen sein.

Fünf Personen (0,4%) sind durch unmittelbare Kriegseinwirkungen umgekommen.

Überleben in Deutschland oder im Lager

Die Gruppe der Überlebenden, also derjenigen, die in Berlin oder in einem Lager die Verfolgung überstanden haben, umfasst 107 Personen (7,6%). Einzelne von ihnen wurden bereits genannt, so Dr. Alexander Coper, der aus Theresienstadt zurückkam. Über diese Gruppe bieten im Wesentlichen die Anträge auf Neuzulassung nach 1945 bei der Rechtsanwaltskammer erhellendes Material. Die zu den Anträgen gehörigen Fotos zeigen nicht nur völlig abgemagerte Menschen, deren Gewicht teilweise bei einer Größe zwischen 1,75 und 1,85 Metern um die sechzig Kilo betrug, sondern auch die Schmisse, die die Zugehörigkeit zu einer schlagenden Verbindung vor langer Zeit erkennen lassen.

Ein erheblicher Teil derjenigen, denen es in Berlin gelang zu überleben, war mit nichtjüdischen Frauen verheiratet. Die Verfolgung war eine harte Prüfung für jede Beziehung, es war nicht selbstverständlich, dass die Ehepartner auch in dieser Zeit zueinander standen. Julius Tasse war einer derjenigen, die von ihren Frauen unterstützt wurden, als sie in der Rosenstraße inhaftiert waren. Der hartnäckige Einsatz seiner und anderer Frauen in gleicher Lage war mit dafür verantwortlich, dass die Inhaftierten freikamen.[242] In einer „Mischehe" zu leben, bot spätestens ab 1943 keine Sicherheit mehr. Zwar gab es in dem auf Willkür beruhenden System ohnehin keine Sicherheiten mehr, doch für die nach den Rassegesetzen als Juden geltenden Menschen wurde die Situation nun noch bedrohlicher.[242]

In Berlin waren die Chancen, „untertauchen" zu können, größer als in Kleinstädten. Das löste individuell jedoch nicht das Problem, an ausreichend Nahrung zu gelangen, denn auf die erforderlichen Lebensmittelkarten konnte man in der Illegalität nicht zurückgreifen. Zudem war die Versorgung der Bevölkerung ohnehin schon rationiert, sodass selbst bei gutem Willen und Risikobereitschaft kaum Unterstützer gefunden werden konnten. In den Personalakten der Anwaltskammer finden sich in den Anträgen nach 1945 einige Darstellungen von Schicksalen „Untergetauchter", zurückhaltende Hinweise deuten auf die tatsächliche Not in dieser Zeit hin. Nur ganz vereinzelt werden Namen von nichtjüdischen Kollegen und Bekannten erwähnt, die den Verfolgten aktiv halfen. In manchen Fällen wurde die Lage noch dadurch erschwert, dass ein Kollege gegen einen anderen, jüdischen, ein Ehrengerichtsverfahren anstrengte, wie im Fall von Dr. Max Lustig. Ihm wurde auf diesem Wege 1935 sowohl die Zulassung als Notar als auch als Anwalt entzogen. Die Anwaltskammer scheint aktiv an der Ausgrenzung beteiligt gewesen zu sein, so wurde von ihrer Seite Dr. Werner Windscheid angezeigt.[244] Er wurde daraufhin wegen „Wehrkraftzersetzung und Feindbegünstigung" angeklagt und verurteilt, konnte jedoch später „untertauchen".

Dr. Georg Cohn-Lempert konnte sich auf die Unterstützung seiner Frau verlassen. Gleich 1933 hatte das Paar Gütertrennung vereinbart und Frau Cohn-Lempert, die als „arisch" galt, kaufte ein Haus im Riesengebirge, in Krummhübel. Dort hatte auch die Autorin der bekannten „Nesthäkchen"-Bände, Else Ury, ein Haus besessen. Sie wurde später in Auschwitz umgebracht. Frau Cohn-Lempert sorgte dafür, dass das Haus ausgebaut wurde. Nachdem die Berliner Wohnung am 22. November 1943 ausgebombt worden war, zog die Familie mit den beiden erwachsenen Töchtern und einem Enkelkind ganz nach Krummhübel.

1940 hatte sich Cohn-Lempert von einem Mitabiturienten, der Pfarrer geworden war, tau-

Dr. Georg Cohn-Lempert Anfang der dreißiger Jahre

fen lassen. Das war nicht mehr zulässig, doch Cohn-Lempert hoffte, damit seinen Töchtern helfen zu können. In den 1940ern, noch in Berlin, wurde er für die Firma Kranol, die Feldflaschen herstellte, dienstverpflichtet. In den Wirren des Krieges gelang es Georg Cohn-Lempert, Frau und Töchtern nach Krummhübel zu folgen. Dort lebte die Familie unbehelligt, Georg Cohn-Lempert wurde nur „der Herr Professor" genannt. Durch die offizielle Bestätigung, dass die Familie ausgebombt war, brauchte sie keine Papiere vorzulegen, sie schien in Vergessenheit geraten zu sein. Ab 1943 hatte Georg Cohn-Lempert eine monatliche Unterstützung von 100,- RM von der Reichsrechtsanwaltskammer erhalten. Die Tochter nimmt an, dass sich maßgeblich die Mutter um dieses Geld bemüht hatte.[245] Erst in den 1950er Jahren konnte Georg Cohn-Lempert mit seiner Frau wieder nach Berlin gelangen. Nach Angaben seiner Tochter bedauerte er immer wieder, dass sich niemand für sein Schicksal oder das der anderen Zurückgekehrten interessierte. Besonders staunte er bei seiner Rückkehr über die Besetzung in den Ministerien: „Globke? Was, der? Der existiert noch? Der hat uns doch alle rausgeschmissen."[246]

Eine der wenigen Frauen, die „untertauchten", um der Deportation zu entgehen, war Anita Eisner. Bis zu den massiven Verfolgungsmaßnahmen hatte sie durch Vermögens- und Hausverwaltungen noch gewisse Einnahmen. Im Rahmen dieser Tätigkeit stand sie laufend in Kontakt mit den NS-Behörden. Sie schreibt dazu:

„Z.B. erinnere ich mich ..., daß ich in einer einzigen Woche 5 Vorladungen vor die Zollfahndung und Gestapo hatte, Vorladungen, bei denen man damals niemals wußte, ob man frei heraus kommt oder ohne jeden Grund dabehalten wurde. (...) Nicht nur, daß meine sämtlichen Verwandten, darunter meine fast 80jährige Mutter und meine einzige Schwester, ferner meine in Deutschland verbliebenen Freunde evakuiert und restlos von den Nazis umgebracht worden sind, ich habe auch miterleben müssen, wie Dutzende meiner Mandanten und die mir von Freunden und Mandanten anvertrauten Angehörigen den Weg ins Nichts antreten mußten. (...) Von März 1943 bis zur Einnahme von Berlin, also über 2 Jahre lang, habe ich illegal leben müssen, keine Lebensmittelkarten bezogen und meist nicht gewußt, wovon ich leben und wo ich die nächste Nacht zubringen sollte."[247]

Anita Eisner

Briefe, die sie über Mittelsleute an eine Freundin ins Elsass geschickt hat[248], belegen, wie sich Anita Eisner mit philosophischen Schriften mental zu stärken versuchte. Sie sollte die Einzige der engeren Familie sein, die überlebte. Die Folgen eines solchen Schicksals waren oft nicht zu stillende Gefühle der Trauer und gravierende psychische Probleme, weil der oder die Betreffende keine Erklärung dafür fand, warum er oder sie überlebt hatte und die anderen nicht.

Ob auch Rechtsanwalt Dr. Alfred Köhler von derartigen Gefühlen geplagt wurde, ist nicht bekannt. Gesichert sind nur die dürren Fakten, dass er sich 1942 zur Deportation in einem Sammellager hatte einfinden müssen. Ohne weitere Erklärung kam er wieder frei – seine Mutter und seine Schwestern wurden in einem Konzentrationslager ermordet.

Konnten einzelne ihr Leben retten, indem sie „untertauchten", also in einer nicht öffentlichen Sphäre lebten, bemühten sich andere, ihr bisheriges Leben fortzusetzen und dabei Teile der Familiengeschichte, die sie der Verfolgung preisgegeben hätten, zu kaschieren oder zu verheimlichen. Diese Camouflage war auf Dauer nur schwer durchzuhalten. Doch wird es mehrere Fälle gegeben haben, in denen das über die gesamte NS-Zeit hinweg gelungen ist.

Häufiger werden jedoch Schicksale wie das von Dr. Walter Schindler gewesen sein, dem es gelang, unter falschem Namen zu überleben. Dr. Ernst Schindler – vermutlich der Bruder – glückte dies ebenfalls. Er befand sich bis zum 22. April 1945 in einem normalen Gefängnis in Haft und kam zum Kriegsende frei.

Ein anderer bemerkenswerter Fall war der von Rechtsanwalt Pollack, der durch den persönlichen Einsatz seiner Frau, einer renommierten Opern- und Operettensängerin, der Verfolgung entkam. Seine Frau musste das mit einem Auftrittsverbot büßen. Ein anderer Ehemann einer prominenten Schauspielerin war Dr. Hermann

Rechtsanwalt Hermann Eisner mit seiner Frau Camilla Spira 1932 in Bad Gastein

Eisner, verheiratet mit der beliebten Camilla Spira, die besonders durch ihre Rolle der Wirtin im *Weißen Rössl* bekannt geworden war. Eisner, bis 1934 Vorstandsmitglied des Engelhardt-Konzerns, und seine Familie emigrierten in die Niederlande und wurden dort, wie so viele, nach der deutschen Besetzung von den Verfolgern eingeholt. Eisner kam in das KZ Westerbork und überlebte. Nach der Befreiung kehrte das Paar zurück nach Berlin. Dr. Eisner sollte noch einige Jahre erneut als Anwalt praktizieren.

Emigration und Flucht

Dem größten Teil der Berliner Anwälte jüdischer Herkunft gelang es noch rechtzeitig, Deutschland zu verlassen. Insgesamt 759 gingen ins Ausland, davon sind immerhin 56 (4% von 1.404) wieder nach Deutschland zurückgekehrt, die übrigen 703 (50%) sind, zumeist mit ihren Angehörigen, im Ausland geblieben.

Nach 1933 hatte sich einem Drittel aller Berliner Anwälte jüdischer Herkunft wegen des Berufsverbots keine Perspektive mehr in Deutschland geboten. Gerade die hochmotivierten und gut ausgebildeten jungen Menschen, denen Deutschland die gleichberechtigte Teilhabe am gesellschaftlichen Leben verweigerte, suchten anderswo eine bessere Zukunft. Nach Beginn der diskriminierenden Maßnahmen bemühte sich auch die Jüdische Gemeinde, mit verschiedenen Untersuchungen über geeignete Bedingungen zur Emigration, Auswandererberatung und gezielte Schulungsprogramme die Auswanderung zu unterstützen.[249] Als entscheidendes Ziel wurde dabei eine angemessene Berufstätigkeit im Auswanderungsland angesehen. Doch für die meisten stellte sich nicht die Frage, wo sie günstige Bedingungen für eine Niederlassung finden könnten, sondern wo es überhaupt eine Zuflucht gab.

Zahlreiche Emigranten scheiterten, anderen gelang eine glänzende Karriere. Wie sich die Einzelnen in ihr Leben geschickt haben, um diesen altmodischen Begriff zu verwenden, lässt sich anhand der vorliegenden Daten nur begrenzt rekonstruieren.

Bis zum Kriegsbeginn 1939 beschleunigte sich der Auszug aus Deutschland. Bruno Blau kam später in seinen Lebenserinnerungen zu der Ansicht, dass diejenigen, die sofort ausgegrenzt worden waren, ohne es zu wissen „das bessere Los gezogen" hatten.[250] Sie waren eher in der Lage, in ein Land ihrer Wahl auszuwandern, so sie die vielerorts restriktiven Zuwanderungsvoraussetzungen erfüllten. Dort konnten sie sich noch vor Einsetzen der großen Immigrationswellen auf die jeweiligen Gegebenheiten des Landes einstellen, vor allem die Sprache erlernen und eventuell sogar auf juristischem Gebiet eine neue Berufstätigkeit begründen. In Blaus bitterer Bewertung unterbleibt allerdings die Würdigung des Umstandes, dass diejenigen, die schon früh Deutschland verließen, in der Regel jünger als die später Folgenden waren. Schon allein diese Tatsache ließ sie auf die Option der Auswanderung flexibler reagieren und ermöglichte ihnen einen günstigeren Start. Für viele dieser jüngeren Menschen traf die erzwungene Auswanderung mit einer individuellen Aufbruchsphase zusammen. Sie trauerten nicht in erster Linie um den Verlust des Erreichten und der Heimat, sondern gingen mit einem gewissen kämpferischen Trotz an den Aufbau einer neuen Existenz. Häufig wurde so die Ablösung von einem prägenden Vater möglich, in dessen Kanzlei man zwar bequem den beruflichen Alltag hätte beginnen können, dessen Dominanz jedoch immer spürbar gewesen wäre.[251] Mag im Einzelfall die erzwungene Selbstständigkeit im Ausland eine Chance gewesen sein, so darf doch nicht vergessen werden, dass Emigration in jedem Fall das Zurücklassen von Verwandten, Freunden und Vertrauten bedeutete.

So groß das Interesse des deutschen Staates war, Menschen aus dem Land zu drängen, so viel wollten die Verantwortlichen davon profitieren. Die Maßnahmen, die erlassen wurden, um den Ausreisewilligen auch noch die letzten Groschen abzupressen, waren vielfältig. Erwähnt sei nur die Reichsfluchtsteuer, eine schon vor 1933 erlassene Devisenausfuhrbeschränkung, die sukzessive immer weiter angehoben wurde.

Sie war am Ende nur eine Abgabe in einem ganzen Bündel von Maßnahmen, mit denen die Ausreisenden gezwungen wurden, ihr Hab und Gut in Deutschland zu lassen. Der bereits mehrfach zitierte Siegfried Neumann fasste das in Worte: „Es war keine Auswanderung, sondern eine Austreibung."[252]

Hatte schon die Konferenz von Evian[253] gezeigt, dass auch angesichts der Bedrängnis der zahlreichen Fluchtwilligen aus Deutschland auf internationaler Ebene nicht ernsthaft nach einer Lösung gesucht wurde, nimmt es nicht Wunder, dass der größte Teil derjenigen, die noch ins Ausland gelangen konnten, individuell antisemitischen Ressentiments begegnete. Hinzu kam die verschärfte finanzielle Lage der Flüchtlinge: Ein Asyl im Ausland konnten sie nur erlangen, wenn sie über ausreichende Devisen verfügten. Die allerdings konnten sie in den seltensten Fällen vorweisen, da sie vor ihrer Abreise von den verschiedenen Verwaltungen noch zur Zahlung der diversen Abgaben, angefangen von der Reichsfluchtsteuer bis hin zu Einkommenssteuervorauszahlungen, herangezogen wurden, bis ihnen gerade noch das Geld für die Schiffspassage blieb. Hinzu kam, dass ihre dramatische Lage zum Beispiel von den Erwerbern ihrer Häuser oder ihres Hausrats erbarmungslos ausgenutzt wurde. Auch Kollegen sprangen nur vereinzelt zur Unterstützung der Bedrängten ein. Ebenso hielten sich die großen Kirchen, deren Mitglieder ein Teil der Verfolgten über Jahre hinweg gewesen war, in dieser Situation betont zurück. Zwar mühten sich die Mitarbeiter des Büros Pfarrer Grübers (für „nichtarische" Protestanten), des St. Raphael Vereins (für „nichtarische" Katholiken) redlich, doch blieb ihnen letztendlich der Beistand von ihren Zentralkirchen versagt. Neben diesen beiden Institutionen waren es vor allem die Quäker, die sich um die Unterstützung der konfessionslosen „Nichtarier" bemühten.

Als Schlaglicht auf die Not der zur Emigration Entschlossenen ein Gedicht des Berliner Anwalts Friedrich Solon[254]:

S.O.S. (1938)

Der Damm ist gebrochen, entfesselt und wild
Ergiesst sich der Strom, das Wasser schwillt.
Hol' über, Fährmann, hol' über!

Es wächst das Grauen, es wächst die Not.
Das Wasser kommt, es kommt der Tod!
Hol' über, Fährmann, hol' über!

„Da! Nimm die Kleinen in deinen Kahn!"
So ist doch das Erste, das Beste getan!
Hol' über, Fährmann, hol' über!

Ein letzter Kuss – es tost die Flut –
Herrgott, nimm sie in deine Hut!
Hol' über, Fährmann, hol' über!
Nun eile und hole die Alten doch nach
Und alles, was elend und siech und schwach!
Hol' über, Fährmann, hol' über!

Und ist der Weg dir auch schwer und weit –
Sie haben nicht mehr lange Zeit!
Hol' über, Fährmann, hol' über!

O Vater und Mutter, er holt euch jetzt.
Lebt wohl, lebt wohl! Wir – gehen zuletzt!
Hol' über, Fährmann, hol' über!

Es dämmert – und über das schäumende Meer
Gewaltiger braust der Sturm einher!
Hol' über, Fährmann, hol' über!
Die Balken brechen, es stürzt das Haus –
Seid stark und glaubet und haltet aus!
Hol' über, Fährmann, hol' über!

Es wankt die Erde, der Himmel kracht –
Heh, Fährmann! Komme noch vor der Nacht!

Hol' über, Fährmann, hol' über!
Hol über!
Hol über!

Solon, nach dem allgemeinen Berufsverbot noch als „Konsulent" zugelassen, emigrierte 1939 mit seiner Familie nach Großbritannien. In seinem Gedicht erwähnt er die Kinder: Tatsächlich war es ab 1933 für die Reichsvertretung der deutschen Juden[255] oberste Priorität, die Kinder in Sicherheit zu bringen. Mindestens 18.000 Kinder und Jugendliche verließen ohne Begleitung ihrer Eltern das Land.[256] Der Abschied, der für viele ein Abschied für immer sein sollte, fand häufig auf dem Anhalter Bahnhof statt. Es waren auch Kinder von Berliner Rechtsanwälten unter ihnen. Einer, der allein nach England reiste, war der Sohn von Moritz Galliner. Er hat seine Eltern nie wiedergesehen.

Wem es gelang, im Familienverband zu emigrieren, konnte sich glücklich schätzen.

Emigration innerhalb Europas

Insgesamt ist von 227 Anwälten (34,7% von 655 Personen, zu denen Angaben vorliegen) bekannt, also von knapp einem Drittel aller Flüchtlinge, dass sie innerhalb Europas eine Zuflucht fanden. Aufgrund von sprachlichen Präferenzen und familiären Beziehungen, trotz völlig unterschiedlicher Rechtssysteme, wählte der überwiegende Teil das englischsprachige Ausland für die Auswanderung, das heißt die Emigranten gingen nach Großbritannien. Mindestens 113 Personen, die Hälfte aller Europa-Emigranten, zog es dorthin. Nach Beginn des Krieges, bemühte sich ein erheblicher Teil, in die USA zu gelangen. Die in Großbritannien blieben, wurden, soweit sie nicht die britische Staatsbürgerschaft erlangt hatten, was kaum der Fall war, in Lagern als „feindliche Ausländer" (enemy aliens) interniert. Einzelne Lager befanden sich auf den England vorgelagerten Inseln (Isle of Man), ein Teil der Internierten aber wurde nach Australien oder Kanada verschifft.[257] Einer derjenigen, die, gerade der Verfolgung in Deutschland entkommen, nun in ein britisches Lager eingewiesen wurden, war Dr. Heinrich Freund. Er verbrachte mehr als vier Jahre zwangsweise in Australien und war anschließend krank und mittellos. Es gelang ihm noch, in die USA zu kommen, doch starb er zwei Monate nach seiner Ankunft.

Ein anderer, von dem ebenfalls bekannt ist, dass er von der britischen Regierung interniert worden ist, war Dr. Theodor Alexander. Er kam 1940 auf Betreiben seiner Frau nach drei Monaten wieder frei. Frau Alexander sorgte für den Lebensunterhalt der Familie, indem sie bei den Quäkern arbeitete. 1941 erhielt Alexander ebenfalls eine Arbeitserlaubnis und arbeitete nacheinander als Straßen-, Fabrik- und Stationsarbeiter. Später wurde er Kellner, kurz vor der Beförderung zum Oberkellner wechselte er zur Britischen Eisenbahn und wurde Schalterbeamter. Mit 65 Jahren, 1952, wurde er wegen Erreichens der Altersgrenze aus dem Dienst entlassen. Er erhielt keine Pension, weil ihm wenige Monate zu einer zehnjährigen Beschäftigungsdauer fehlten. Anschließend war Alexander noch für das Office der United Restitution Organization (URO) in London als juristischer Berater tätig, ab 1953 lebte er wieder überwiegend in Berlin. Am 2. März 1955 wurde er hier wieder als Anwalt zugelassen und bearbeitete schwerpunktmäßig Entschädigungsverfahren. Ein halbes Jahr später, im September 1955, starb Dr. Alexander in Berlin.

Einer, der in Deutschland hatte bleiben wollen, obwohl er angesichts der schlechten Einnahmesituation 1935 oder 1936 seine Kanzlei aufgegeben hatte, war Ernst Goldschmidt. Seine Frau hatte eine der wichtigsten Privatschulen für jüdische Schüler am Roseneck in Berlin aufgebaut und Goldschmidt unterstützte sie, nachdem er seine eigene Tätigkeit aufgegeben hatte. In der Folge der Pogromnacht vom 9./10. November 1938 sollte Goldschmidt verhaftet werden. Doch er war gewarnt worden und konnte entkommen, indem er den Nachtzug nach Dänemark nahm. Von dort reiste er nach Großbritannien, wo er sich vier Monate aufhielt. Derweil hatte sich

Ernst Goldschmidt

seine Frau bemüht, eine Garantie zu bekommen, dass er nicht verhaftet würde, wenn er wieder nach Deutschland käme. Als ihr das zugesagt wurde, kehrte Goldschmidt im März 1939 nach Berlin zurück. Er wurde tatsächlich nicht verhaftet, doch die Schule musste geschlossen werden. Im Juli 1939 emigrierte das Ehepaar nach Großbritannien, wo es umgehend eine neue Schule in Folkstone, nahe der Küste gelegen, eröffnete. 1940, als die deutschen Angriffe England bedrohten, musste die Schule verlagert werden; zuvor war Ernst Goldschmidt für etwa ein Jahr auf der Isle of Man interniert worden. Nach der Entlassung richtete er sich ein kleines Gewerbe als Vertreter ein. 1947 zog das Ehepaar Goldschmidt nach London. Zwei Jahre später, 1949, starb Goldschmidt im Alter von 64 Jahren.

Auch der hoch angesehene Ernst Wolff hatte es noch gerade rechtzeitig ins Ausland, nach Großbritannien, geschafft. Doch Wolffs Frau starb bei einem Angriff deutscher Bomber auf London. Er kehrte nach Kriegsende zurück und wurde in Köln Richter.

Aus verschiedenen Biografien ist bekannt, dass etliche Emigranten möglichst nahe der deutschen Grenze bleiben wollten.[258]

In vielen Fällen erschien es den Betreffenden am günstigsten, sich in den Niederlanden anzusiedeln, da hier verhältnismäßig leicht eine Aufenthaltsgenehmigung zu erlangen war. Nicht vorherzusehen war, dass die Flüchtlinge dort von den Verfolgern eingeholt werden sollten. Insofern ist die Angabe „Emigration in die Niederlande" im biografischen Verzeichnis mit einer gewissen Unsicherheit behaftet, da Einzelne aus den Niederlanden in Vernichtungslager deportiert worden sein könnten, ohne dass ihr Schicksal von den verschiedenen Gedenkbüchern erfasst worden wäre. Ähnliches gilt für diejenigen, die sich in Frankreich oder in der CSR aufgehalten hatten; verschiedene wurden dort verhaftet[259] und oftmals deportiert.

In Europa boten, abgesehen von Großbritannien, im Wesentlichen die Schweiz und Schweden sicheren Schutz vor der nationalsozialistischen Verfolgung. Doch insbesondere die Schweiz war nur für sehr wenige zu erreichen. Einer von ihnen, der in einer dramatischen Rettungsaktion noch in den vierziger Jahren in die Schweiz gelangte, war der schwer kriegsversehrte Julius Fliess.[260]

Mindestens sechs Berliner Anwälte gingen nach Italien und konnten überleben, da die Ausgrenzung der jüdischen Minderheit dort längst nicht mit der Verve betrieben wurde wie in den von Deutschland besetzten Ländern.

Innerhalb Europas lag Portugal als Fluchtziel am weitesten von Deutschland entfernt. Für die meisten Emigranten war es nur Transitland auf dem Weg nach Übersee. Zwei Berliner Anwälte ließen sich dort dauerhaft nieder: Einer war Dr. Albert Arons. Er hatte Portugal gewählt, weil die „klassischen Emigrationsländer" überfüllt waren und er in Europa bleiben wollte. Zudem hatte Arons' Schwiegermutter ein Jahr zuvor auf der Überfahrt nach Argentinien eine Frau kennengelernt, die, ursprünglich aus Deutschland stammend, nun in Portugal lebte.[260] Mit der Visitenkarte dieser Dame machte man sich auf den Weg. Die Weihnachtsferien und den Jahreswechsel 1935/36 verbrachte die vierköpfige Familie in der Schweiz. Erst bei dieser Gelegenheit teilten die Eltern ihren halbwüchsigen Töchtern mit, dass sie nicht mehr nach Berlin zurückkehren würden. Die Schwestern nahmen das mit Freude und Erleichterung auf. Sie waren zu wach und bewusst, um zu ignorieren, dass sie in der Schule geschnitten und ausgegrenzt worden waren. Die eigentlich unbekannte Dame in Portugal unterstützte die Familie und erleichterte ihr den Neubeginn. Die Schwestern ließen sich auf ihre neue Heimat ein, lernten schnell die Sprache und fanden Freunde. Für Albert Arons war das anders: Als Anwalt konnte er aufgrund fehlender Sprachkenntnisse nicht arbeiten, auch wurden seine Abschlüsse nicht anerkannt. Er verkehrte zudem nicht in den entsprechenden sozialen Kreisen und betätigte sich zwangsläufig auf kaufmännischem Gebiet, einem Bereich, dem er bis dahin ablehnend gegenüber gestanden hatte. Er versuchte sich im Ölsardinen-Export. Seine Frau hatte fotografieren gelernt, da aber allein das Material sehr teuer war, erwiesen sich die Bemühungen, darauf eine Berufstätigkeit zu gründen, bald als unpraktikabel. Albert Arons scheiterte mit seinem Gewerbe und wurde krank. Politisch war der Kriegsfreiwillige des Ersten Weltkriegs immer noch konservativ eingestellt, was bald zu Kontroversen mit einer der Töchter hinsichtlich der Einschätzung der politischen Lage in Portugal führte. 1948, nur drei Wochen vor seinem fünfzigsten Geburtstag, starb Arons während eines Kuraufenthalts bei Grenoble an einem Lungenemphysem. Obwohl Albert Arons nicht alt geworden ist, hat er doch den Nationalsozialismus überlebt.

Emigration in die USA

Die USA waren für die meisten Emigranten das Traumziel, doch nur ein Teil gelangte wirklich dorthin. 200 ehemaligen Anwälten gelang es, in die USA zu flüchten (30,5%, damit fast ein Drittel aller Emigranten, von denen die Zielorte bekannt sind). Erst einmal hier angekommen, wollte nur eine Minderheit noch mit dem Recht zu tun haben.[262] Die wenigen, die sich weiterhin in diesem Bereich betätigen wollten, standen vor dem Problem, dass ihre Abschlüsse in den USA nicht anerkannt wurden. Sie bemühten sich meist um eine entsprechende amerikanische Qualifikation und stellten einen Antrag für ein Stipendium für eine American Law School beim American Committee for the Guidance of Personnel Professionel.[263] Dieses Committee wurde 1938 zur Unterstützung von geflüchteten Journalisten und Rechtsanwälten gegründet. In den Dokumenten des Committee wird deutlich, dass die USA zwar ausreichende Sicherheit vor den Nazis bot, den Emigranten aber zugleich deutlich zu verstehen gab, dass man auf sie als Einwanderer nicht gewartet hatte.

Gerade die älteren Rechtsanwälte kämpften mit vielfältigen Schwierigkeiten: Sie mussten für den Lebensunterhalt ihrer Familien sorgen, in der Regel mit fachfremden, gering qualifizierten Arbeiten, und konnten auf diese Weise nur begrenzt die Sprache, geschweige die juristische Fachsprache erlernen und sich kaum auf das amerikanische Rechtswesen einstellen. Für ein

Stipendium existierte eine formale Altersgrenze von 35 Jahren, die von den meisten Antragstellern überschritten wurde. Auch gab es ungeschriebene Vergabeprinzipien: Der Antragsteller musste gesund sein (ein großer Teil hatte jedoch am Ersten Weltkrieg teilgenommen und Verluste an Arm oder Bein erlitten, doch selbst bei den Unversehrten hatte die Verfolgung häufig Schäden an der psychischen Konstitution hinterlassen), er musste in der Lage sein, einen überzeugenden Lebenslauf zu präsentieren (das war im Rahmen der vorgegebenen Altersgrenze kaum einzuhalten), überdurchschnittliche Leistungen nachweisen – und sollte möglichst nicht „jüdisch" aussehen. Allen Beteiligten war klar, dass die Immigranten immer Juden waren, sie sollten jedoch keine äußerlichen Merkmale, die den gängigen Klischees entsprachen, aufweisen.[264] In den Unterlagen findet sich der anrührende Antrag von Werner Meyer, den er wieder zurückzog, weil er sich nur für einen „durchschnittlichen Anwalt" hielt.[265] Der armamputierte Fred Levy, der Schwierigkeiten hatte, seine Familie zu ernähren, erhielt einen ablehnenden Bescheid.[266]

Zwei Berliner Anwälten gelang es, eines der insgesamt 29 Stipendien zu erhalten. Darunter war der sicherlich herausragende Ernst Fraenkel. In seinem Fall wurde die Überschreitung der Altersgrenze akzeptiert, seine Biografie war überzeugend. Dem Antrag legte er ein Manuskript seines Hauptwerkes *Der Doppelstaat*[267] bei. Fraenkel, der wegen seines Status als Frontsoldat bis 1938 als Anwalt hatte arbeiten können, bemühte sich um die amerikanische Staatsbürgerschaft. Er wurde Rechtsberater der amerikanischen Regierung in Korea, in den frühen 1950er Jahren Dozent an der Deutschen Hochschule für Politik in Berlin und erhielt auch eine Professur an der Freien Universität Berlin, dort am späteren Otto-Suhr-Institut. Fraenkel lebte und arbeitete nun wieder hauptsächlich in Deutschland, doch woll-

Ernst Fraenkel mit seiner Frau im amerikanischen Exil, 1941

te er nicht undankbar gegenüber der amerikanischen Regierung und Nation erscheinen, die ihm eine Zuflucht in der Zeit der Verfolgung geboten hatte. Fraenkel war ein Grenzgänger: Deutscher von Kultur, Jurist von der Ausbildung her, Jude durch Verfolgung, ein Politologe von Profession, Amerikaner aus Überzeugung.

Wie viele andere, die 1933 vom Lebensalter her in die Phase der Elternschaft hätten treten können, haben sich Fraenkel und seine Frau augenscheinlich dagegen entschieden, selbst Kinder zu bekommen. Dieses Phänomen ist nur eines der vielfältigen Ergebnisse der Untersuchung, dem jedoch nicht näher nachgegangen werden konnte. Doch scheint es eher eine Ausnahme gewesen zu sein, wenn in der hier untersuchten Personengruppe nach 1933 Kinder geboren wurden, obwohl die Betreffenden meist in festen Partnerschaften lebten. Wenn sie Kinder hatten, waren diese in der Regel vor 1933 auf die Welt gekommen. Vermutlich hat die existenzielle Unsicherheit, die aus den Fugen geratene Welt die meisten davor zurückschrecken lassen, eine Familie zu gründen.

Wilhelm Dickmann (später William Dickman), 1900 geboren, (damit nur zwei Jahre jünger als Fraenkel) evangelisch, hatte ebenfalls eines der begehrten Law School Stipendien erhalten. Er wurde später amerikanischer Staatsbürger und erarbeitete nach Kriegsende im Stab des amerikanischen Hochkommissars General Clay maßgeblich das Gesetz zur Auflösung Preußens.[268] Von ihm wird berichtet, dass er nach dem Krieg, noch in amerikanischer Uniform, frühere Bekannte besuchte und mit Care-Paketen einen persönlichen Beitrag zur Unterstützung von Deutschen leisten wollte, obwohl seine Mutter und seine Schwester umgebracht worden waren. Er versuchte, sich ganz als US-Amerikaner zu fühlen, da seine Leistungen in den USA gewürdigt wurden. Noch in den 1940ern heiratete er die Tochter eines ehemaligen Prager Rabbiners. Das Paar hatte keine Kinder.

Andere, wie Dr. Adolf Hamburger, wollten nach Beendigung des Krieges wieder nach Berlin kommen. Sie fanden jedoch keine Anknüpfungsmöglichkeiten an die Zeit vor der Emigration. Hamburger kehrte nach kurzer Zeit in Deutschland wieder in die USA zurück.[269]

William Dickman 1945 in US-Uniform in London

Emigration nach Palästina

Ein großer Teil der Auswanderer, der zunächst nach Frankreich oder Italien gegangen war, versuchte nach Ausbruch des Krieges, von dort nach Südamerika oder Palästina zu gelangen. Palästina war nur für wenige „das gelobte Land". Die zionistische Idee hatte gerade unter den mittelständisch orientierten Anwälten keine breite Anerkennung gefunden.[270] Zu den territorialen und politischen Problemen kam die dort nach westeuropäischen Standards nur gering entwickelte Zivilisation, dazu ein unwirtliches Klima.

Dennoch ging rund ein Sechstel aller Anwälte (111 oder 17% von 655), die emigriert sind, nach Palästina. Trotz der in den ersten Jahren nach 1933 noch sorgfältigen Vorbereitung auf landwirtschaftliche Tätigkeiten durch Institutionen der Jüdischen Gemeinde, stellte sich die Arbeitssituation hier äußerst kompliziert dar. Der Kapitaltransfer, der meist über das Havaara-Abkommen[271] gesichert zu sein schien, bot offensichtlich nicht ausreichende Möglichkeiten zum Lebensunterhalt. Viele Einwanderer mussten sich neu orientieren.[272] So wird in Israel noch heute berichtet, dass die Berliner Juristen sich besonders im Eishandel in Haifa engagierten: „... und dann kam der Herr Justizrat und der Rechtsanwalt Dr. Sowieso, um den Jeckes Eis [zum Kühlen] zu verkaufen."[273]

Eine juristische Aufgabe konnten nur die wenigsten übernehmen, da es schwierig war, sich in das Rechtssystem, das von der britischen Mandatsverwaltung vorgegeben wurde, einzuarbeiten. Deshalb war neben dem Handel mit Eis jeder Job begehrt. Dr. Gottfried Samter aus Berlin schlug sich als Taxifahrer in Jerusalem durch. Doch sobald sich nach Kriegsende eine Möglichkeit bot, kam Samter wie viele andere nach

Deutschland zurück, wovon die meisten Bekannten abgeraten hatten.[274] Viele der Emigranten beteiligten sich in maßgeblicher Funktion am Aufbau des Staates Israel.[275] Einige blieben im juristischen Bereich tätig, so der frühere Berliner Rechtsanwalt Felix Rosenblüth[276], der Israels erster Justizminister werden sollte, oder Prof. Dr. Wolfgang Zeltner, der Präsident des Tel Aviver District Courts wurde. Der Rechtsanwalt Dr. Joseph Münz wurde Justizbeamter im Verkehrsministerium.[277] Nicht mehr als Jurist betätigte sich der erwähnte Kurt-Jacob Ball-Kaduri, auf dessen Initiative hin die nationale Gedenkstätte Yad Vashem errichtet wurde.

Dem größten Teil der Emigranten gelang es, sich in Israel zu etablieren. Der Spitzname „Jeckes" wurde ihnen angeheftet, und sie behielten manche Eigenart bei. Manch ein früherer Anwalt konnte sich selbst in der größten Hitze nicht überwinden, den Schlips abzulegen. Vielen gelang es überhaupt nicht, sich dauerhaft auf die Bedingungen des Landes einzustellen, sie betrachteten Palästina nach einer gewissen Zeit nur als ein vorübergehendes Exilland. Die meisten dieser Exilanten kehrten nach Beendigung des Krieges nach Deutschland zurück, verschiedene unternahmen den Versuch, sich in den USA anzusiedeln.

Fluchtpunkte Südamerika und Shanghai

Wer Deutschland und gar Europa verlassen wollte, hatte spätestens ab 1938 und erst recht nach Kriegsbeginn kaum noch eine Wahl: Er musste in das Fluchtland gehen, für das er eine Schiffspassage ergattern konnte. Politische Probleme in den Exilländern führten in einzelnen Fällen dazu, dass Schiffen die Landung nicht genehmigt wurde. Schon 1939 wird von zahlreichen Flüchtlingsschiffen berichtet, denen das Anlegen in den Zielhäfen verweigert wurde, unter ihnen die *St. Louis* mit 937 Passagieren, die in Kuba nicht an Land gehen durften und wieder nach Europa zurücktransportiert wurden. In solchen Fällen konnten sich die Passagiere glücklich schätzen, wenn sie nach wochenlanger Irrfahrt bei ihrer Ankunft beispielsweise von Belgien nach Großbritannien gebracht wurden. Insgesamt 5.000 Flüchtlinge kreuzten mit Schiffen die Meere, ohne ihren Bestimmungsort zu erreichen, und kehrten gezwungenermaßen nach Europa zurück. Häufig wurden sie nach ihrer Ankunft in Vernichtungslager der Nazis deportiert.[278]

Ein erheblicher Teil der Berliner Anwälte (82 oder 12,5% von 655 Emigranten) ging nach Südamerika, Südafrika oder Shanghai. Wie in jedem Exilland mussten sich die Flüchtlinge hier unter schwierigsten Bedingungen durchschlagen. Nach Südafrika gingen nachweislich fünf Berliner Anwälte, zu ihnen gehörten Dr. Erwin Spiro und Dr. Willi Bachwitz.

Shanghai war einer der wenige Orte der Welt, den Juden ohne Visum und ohne größere finanzielle Rücklagen erreichen konnten.[279] Aber Shanghai war so fremd, die Lebensumstände dort so beschwerlich, dass es von vornherein nur als provisorische Lösung des Aufenthalts angesehen wurde. Immerhin für 18 Rechtsanwälte aus Berlin ist als Fluchtort Shanghai angegeben. Zu ihnen gehörten Felix Latte und Dr. Paul Remak. Andere „sichere" Fluchtländer wie Australien wurden nur selten direkt erreicht, eher noch zwangsweise über Großbritannien. Dabei war Australien, wie Südafrika, durchaus begehrt, doch gestaltete sich hier die Einreise diffizil, weil Einwanderungssperren eine größere Immigrantenzahl blockierten.

In Südamerika waren zwar die klimatischen und zivilisatorischen Bedingungen gemessen an westeuropäischen Standards belastend, gleichwohl boten sich in den nicht so fest gefüg-

Familie Chodziesner, August 1937. Links Tochter Gertrud (Kolmar), in Auschwitz ermordet, rechts neben ihr Tochter Hilde Wenzel, geb. Chodziesner, mit ihrer Tochter, dahinter ihr Mann Peter Wenzel; in der Mitte Ludwig Chodziesner, hinter ihm Tochter Margot Chodziesner, gest. 1942 in Australien; rechts vorn Dorothea Chodziesner, geb. Galliner, gest. 1943, mit ihrem Sohn, dahinter der Ehemann Georg Chodziesner

Gertrud Kolmar war Lyrikerin. 1935 bekam Dorothea Chodziesner ein Kind, zu diesem Zeitpunkt war sie bereits mit Berufsverbot belegt worden. Die Tatsache, dass sie in dieser Zeit unter diesen Bedingungen Mutter wurde, scheint einmalig zu sein, von keiner anderen Anwältin ist gleiches bekannt. Im August 1939, einen Monat vor Kriegsbeginn, floh ihr Mann nach Großbritannien, wurde dort interniert und nach Australien verschifft, wo er 1942 freikam, um zur australischen Armee zu gehen. Mittlerweile war seine Frau Dorothea mit dem Kind nach Großbritannien gereist. Dort angekommen, entschied sie sich, nicht dauerhaft zu bleiben, und fuhr 1939/40 nach Chile weiter, wo sie im November 1943 in Concepción im Alter von 39 Jahren an einem Magengeschwür gestorben ist. Ihr achtjähriges Kind konnte erst zwei Jahre später zu seinem Vater nach Australien übersiedeln. Ludwig Chodziesner, der Schwiegervater beziehungsweise Großvater, war nach Theresienstadt deportiert worden. Er erhielt beim Packen seiner Sachen noch Unterstützung von einer entfernten (angeheirateten) Verwandten, Hilde Benjamin, spätere Justizministerin der DDR. Ludwig Chodziesner starb in Theresienstadt, seine Tochter Gertrud Kolmar in Auschwitz. Aus einem großen Familienverband haben nur wenige überlebt.

ten politischen Strukturen der einzelnen Länder Chancen für berufliche Betätigungsfelder[280], selten jedoch im juristischen Bereich. Gleichzeitig mussten sich die Einwanderer mit einem virulenten Antisemitismus auseinandersetzen, der es den Flüchtlingen schwer machte, einen sicheren Aufenthaltsstatus zu erreichen. Gleichwohl lässt sich für diejenigen festhalten, die in Südamerika, insbesondere Chile, Argentinien und Uruguay Asyl gefunden haben, dass sie sich dauerhaft in ihren Zufluchtsländern eingelebt haben.

Dorothea Chodziesner strandete mit ihrem Kind in Chile. 1904 als Tochter des liberalen Rabbiners Galliner geboren, hatte sie im Alter von 25 Jahren geheiratet und sich wenig später als Anwältin niedergelassen. Sie hatte in einen größeren Familienverband eingeheiratet, in dem ihr Schwiegervater, Ludwig Chodziesner, und alle seine Brüder Anwälte waren. Ihre Schwägerin

Willi Althertum, bis 1933 Geschäftsführer der Berliner Anwaltskammer, der nach Sao Paulo, Brasilien, emigriert war, beendete seine Memoiren am 7. November 1944 mit den Sätzen:

„*Wir haben ein Heim, aber keine Heimat in Brasilien gefunden. Unsere Heimat ist die weite licht- und lebensvolle Welt. Ehrfürchtig liebend und dankend umfassen wir sie mit unserem Blick. Wir sind des Glücks teilhaftig geworden, Weltbürger zu sein.*"[281]

Nicht alle Emigranten werden dem haben zustimmen können.

Die Schicksale in Zahlen

Im Rahmen der Recherche für diese Dokumentation konnten die Namen von 1.807 Personen ermittelt werden. Ausgehend von einer Zahl von 1.835 zugelassenen Berliner Anwälten jüdischer Herkunft, sind damit 98,5% aller nach 1933 antisemitisch verfolgten Rechtsanwälte namentlich erfasst. Bei 403 Personen beschränken sich die Erkenntnisse weitgehend auf den Namen, die Anschrift der Praxis im Jahr 1933 und die berufsspezifischen Ereignisse nach 1933. Für 1.404 Personen konnten darüber hinaus Angaben zum weiteren Schicksal in Erfahrung gebracht werden.

Die wesentlichen Erkenntnisse der Untersuchung:
– Mindestens 664 Anwälte jüdischer Herkunft, also mehr als ein Drittel, wurden bis zum Oktober 1933 ausgegrenzt, das heißt mit einem Berufsverbot belegt oder haben fliehen müssen. Die Ausgrenzung 1933 betraf vor allem jüngere Anwälte, die Jahrgänge 1902 und jünger, sowie mit einer Ausnahme alle Frauen.
– Gleichwohl lag die Zahl der noch zugelassenen jüdischen Anwälte mit 1.168 im Oktober 1933 deutlich über der von den Machthabern politisch angestrebten Zahl von 35.
– Dem überwiegenden Teil der jüdischen Anwälte wurde bereits 1933 das Notariat entzogen.
– 1935, in der Folge der „Nürnberger Gesetze", wurde allen als jüdisch geltenden Anwälten das Notariat entzogen.
– 1938 wurde ein grundsätzliches Berufsverbot für alle noch tätigen jüdischen Anwälte (mindestens 671) ausgesprochen. Zu diesem Zeitpunkt war ihr Beitrag zur deutschen Rechtspflege verzichtbar geworden.
– Rund 90 frühere Anwälte wurden befristet bzw. „endgültig" als „Konsulenten" zugelassen.

Das weitere Schicksal in Zahlen
(Grundgesamtheit 1.404)

– Natürlicher Tod	206	14,7%
– Suizid	28	2,0%
– durch Kriegsereignisse gestorben	5	0,4%
– „Umgekommen"	299	21,3%
– im Lager überlebt oder „untergetaucht"	107	7,6%
– Exil und Rückkehr	56	4,0%
– Emigration	703	50,0%

Fazit

Die Dissimilierung der jüdischen Minderheit vollzog sich in Wellen. Während die erste (bis März 1933) als Terror gegen einzelne charakterisiert werden kann, ist die zweite (ab April bis Oktober 1933) durch die „ordentliche", bürokratische Bearbeitung geprägt: Die Betroffenen wurden erfasst und klassifiziert, für ein Drittel folgte das Berufsverbot. Die dritte Welle (parallel einsetzend ab April 1933) entzog den Betroffenen die ökonomischen Grundlagen für eine weitere Tätigkeit. Mit der vierten Welle (zum Ende 1938) wurde allen Rechtsanwälten jüdischer Herkunft das Berufsverbot erteilt. Die verschiedenen Ausnahmen für „Konsulenten" und „Mischlinge" waren jeweils an einen besonderen Status geknüpft.

Ausgrenzung und Verfolgung führten zur Ermordung zahlloser Menschen und zu einer massenhaften „Austreibung". Doch immerhin 163 der Berliner Anwälte jüdischer Herkunft, die 1933 zugelassen waren, blieben in Deutschland oder kehrten hierher zurück. Dramatische, für jedermann sichtbare Einschnitte waren der 1. April 1933 und der 9./10. November 1938. Gleichzeitig vollzog sich, scheinbar unspektakulär, „*die Steigerung gesetzmäßigen Unrechts ..., die schließlich in eine Phase mündete, in der die Frage nach Recht und Unrecht obsolet geworden war und der offene, Leben auslöschende Terror den schleichenden Terror der Rechtlosstellung des Einzelnen verdrängt hatte.*"[282]

Gleichgültig, ob man die Entwicklung als „schleichend" oder als Wellenbewegung darstellt, immer wurde sie ganz offen und einschneidend erlebt, in jedem Fall war es eine Ausgrenzung, die sich immer weiter zuspitzte.

Für die Rechtsanwälte als „Organe der Rechtspflege" muss die willkürliche Ausgrenzung eines Teils ihrer Kollegenschaft als bedeutsame Entwicklung gewertet werden, denn nun konnten Aufgaben durch andere Anwälte übernommen werden. Die auf individuelle Eigenständigkeit ausgelegte Tätigkeit ließ zu keinem Zeitpunkt ein solidarisches Vorgehen entstehen. Die Demontage der Selbstverwaltungsgremien, die auf demokratischen Prinzipien beruhten, trug ihren Teil zu diesem „Nichthandeln" bei. Dennoch hätte zumindest ein vehementer Aufschrei in den Fachblättern erfolgen können. Jegliche gemeinschaftliche Aktion scheiterte an der Kammer, die ab April 1933 von Nationalsozialisten dominiert wurde. So war etwa eine Niederlegung der Arbeit an den Gerichten nicht zu organisieren, gab es doch reichsweit keine Strukturen mehr, über die eine wirkungsvolle Gegenöffentlichkeit hätte hergestellt werden können. An dieser Stelle erhebt sich die Frage nach dem Verhalten der Kammern und Verbände. Die Beurteilung der Haltung der einzelnen Vorstandsmitglieder kann nur unter Vorbehalt vorgenommen werden. Es ist zwar bekannt, dass sich in einzelnen Verbänden anderer Branchen die Spitzenfunktionäre persönlichem Druck ausgesetzt sahen[283], doch handelte es sich dabei um Wirtschaftsverbände, in denen andere Machtinteressen wirkten als zum Beispiel bei den Anwaltskammern und -vereinen. Lediglich der Deutsche Juristentag e.V. versuchte sich der Übernahme zu widersetzen.

Unabhängig davon stellt sich die Frage, ob in der Anwaltschaft insgesamt überhaupt ein Wille für das Eintreten gegen die antisemitische Ausgrenzung hatte unterdrückt werden müssen. Es gab einige, die nicht mit dem neuen System übereinstimmten, ohne dass sie selbst von den Maßnahmen betroffen gewesen wären. Adolf Arndt verwandte für diese Kollegen, die ihre Meinung weiterhin zum Ausdruck brachten, den Begriff „anständig". Dieser Begriff ist heute etwas aus der Mode gekommen, umreißt jedoch sehr präzise eine gefestigte moralische Haltung. Es gab Menschen, die „anständig" waren und blieben. Andere veränderten ihre Positionen und passten sich an, die ständig präsente Propaganda verfehlte ihre Wirkung nicht. Außerdem spielte es für die nicht-jüdischen Anwälte sicher eine Rolle, dass die Übernahme zahlreicher Mandate für sie einen pekuniären Vorteil mit sich brachte und so nicht das Engagement für die entrechteten Kollegen förderte – im Gegenteil. Heute kann nicht mehr rekonstruiert werden, wer viele Mandate von jüdischen Kollegen übernahm und „schadenfroh" davon profitierte (vielfach haben jüdische Anwälte ihren Mandanten auch vertrauenswürdige Kollegen empfohlen), oder wer sich eine eingeführte Kanzlei hat übertragen lassen. In einer Vielzahl von Fällen jedoch wurde aus der Ausgrenzung ein Vorteil gezogen. Die massive staatliche Häufung von Unrecht ist dabei keine Entlastung von individueller Verantwortung. Ein Anwalt war ein „Diener des Rechts" – doch welchen Rechts? Grundsätze des Menschenrechts wurden in Deutschland nach 1933 schlicht ignoriert, die absurdesten, antizivilisatorischen Maßnahmen erlangten im April 1933 und in den Folgejahren Gesetzescharakter. Die Maßnahmen wurden von den nicht-jüdischen Kollegen kaum in Zweifel gezogen, es galt: „Gesetz ist Gesetz". Es scheint, als hätte sich niemand gegen diese Entwicklung gewehrt. Lediglich in der Anfangsphase setzten sich Mandanten für ihre Anwälte ein, doch bezog sich das immer auf konkrete Einzelpersonen. Die Kollegen hielten sich zurück. Bei den bekannten Anwälten wurde darauf vertraut, dass sie aufgrund ihrer Verdienste genügend Fürsprecher hätten; bei den einfachen Kollegen glaubte man, dass es zu viele seien, als dass sie dauerhaft ausgegrenzt werden könnten. Für sie wollte sich keiner in eine kritische Situation begeben. Zusätzlich werden in vielen Fällen persönliche Animositäten den Blick verstellt haben.

Der bereits zitierte Siegfried Neumann schreibt in seinen Erinnerungen, dass „selbst der Nachwuchs wenig nazistisch"[284] gewesen sei. Diese Aussage darf nicht darüber hinwegtäuschen, dass die jüngeren Kollegen an den Universitäten in der Folge des als „Schmach" deklarierten Versailler Vertrages einschlägig indoktriniert worden waren. Reaktionäre studentische Verbindungen schufen ein soziales Netz, das auch über die Universitätszeit hinaus prägend wirkte. Dabei wurden weder fachlich noch ethisch kritische Fragestellungen gefördert und als Element des wissenschaftlichen Diskurses angesehen. Auch die Rolle der Repetitoren als den blinden Autoritätsglauben fördernde Schulungsinstanz ist in diesem Zusammenhang noch nicht näher gewürdigt worden.

Insgesamt wurde die Justiz innerhalb des nationalsozialistischen Systems instrumentalisiert. Juristen wurden als Werkzeuge benutzt und nicht als Fachkräfte.[285] Indem sie sich instrumentalisieren ließen, wirkten sie am Aufbau des Systems mit: Sie waren nicht nur Erfüllungsgehilfen, sondern versuchten, mit ihrem Beitrag aktiv ein auf der Ausgrenzung ganzer Bevölkerungsgruppen beruhendes (Un-)Rechtswesen zu gestalten. Die kurzfristigen positiven Veränderungen, die für den Einzelnen spürbar werden sollten, standen im Vordergrund. Menschliche oder juristische Bedenken gegen die Aussonderung wurden nicht laut.

Das nachfolgende biografische Verzeichnis beschreibt die Schicksale derjenigen, die ausgegrenzt worden sind, weil sie als Juden definiert wurden. Die Berliner Anwaltschaft hatte herausragende Persönlichkeiten in ihren Reihen. Der überwiegende Teil der genannten Personen repräsentierte den durchschnittlichen Juristen. Allen gleichermaßen wurde Beruf, Heimat, oftmals auch Sprache, Gesundheit und in einer Vielzahl von Fällen das Leben genommen.

Nach 1945

1945 war nicht die Stunde Null, wohl aber die Stunde eines Neubeginns. Die Alliierten bemühten sich um den Aufbau einer von Nationalsozialisten gereinigten Justiz. Da im Vordergrund die Wiedereinführung eines unabhängigen Rechtswesens stand, wurden vor allem geeignete Staatsanwälte und Richter gesucht. Diejenigen, die über Jahre hinweg im Ausland oder im eigenen Land „untergetaucht" gelebt hatten, legten keinen Wert darauf, nun in die Rolle des Anklägers oder Richters zu schlüpfen. Den nach 1945 angelegten Personalakten ist zu entnehmen, dass sich die Betroffenen fast ausnahmslos weigerten, ihre Funktion als Anwalt aufzugeben. Vermutlich war die eigene Verfolgungssituation noch zu präsent, als dass sie sich zu distanzierten Entscheidungen befähigt gesehen hätten. Zu dicht schien immer noch das Geflecht der nationalsozialistischen Haltungen und Tendenzen zu sein, als dass der Einzelne es hätte zerteilen können.

Wie begründet die Scheu vor dem Eintritt in den Justizdienst war, zeigt das Beispiel Botho Lasersteins.[286] Laserstein hatte sich nach Frankreich geflüchtet und dort, im Gegensatz zu seiner Frau, seiner Tochter und anderen nahen Familienangehörigen, überlebt. 1951 nach Deutschland zurückgekehrt, übernahm er das Amt eines Staatsanwalts in Nordrhein-Westfalen. Nachdem er sich unter anderem für die Nichteinführung der Todesstrafe engagiert hatte, wurde gegen ihn eine Diffamierungskampagne losgetreten; unausgesprochen wurde die Anforderung an ihn gestellt, nachzuweisen, dass er die NS-Verbrechen nicht persönlich übel nahm. Das hätte er am besten unter Beweis gestellt, wenn er sich widerspruchslos in die Gegebenheiten der Bundesrepublik einfügt hätte, doch Laserstein hatte seine eigenen, demokratisch legitimen Ansichten zu wichtigen gesellschaftlichen Fragen. Es kann dahingestellt bleiben, ob Laserstein im unmittelbaren Umgang eine komplizierte Persönlichkeit war, sicher ist, dass ihm kein wohlwollendes Verständnis von seiner Umgebung entgegengebracht wurde. Auf verschiedenen Ebenen wurde gegen ihn ermittelt, so wurde ihm nachgesagt, sich in einem homosexuellen Umfeld zu bewegen. Ohne offiziellen Nachweis von Fehlverhalten wurde Laserstein vom Dienst suspendiert; er nahm sich 1955 das Leben.

Einer, der ebenfalls den Weg zurück nach Deutschland fand, war Dagobert Pincus. Er war nach Frankreich geflüchtet und hatte sich dort einer Gruppe der Résistance angeschlossen. Sobald sich ihm die Möglichkeit bot, kehrte er zurück und beantragte in Berlin die Wiederzulassung als Anwalt. Bekannte hatten seine Entscheidung, nach Berlin zu gehen, in eine Stadt, aus der „viele lieber heute als morgen weggehen" würden, nicht verstanden. Gleichwohl bemühte er sich intensiv um die Zulassung. Die zuerst in Köpenick eröffnete Kanzlei musste er nach Schwierigkeiten mit den dort zuständigen Stellen schließen. Er zog anschließend mit seiner Kanzlei nach Halensee. Anders als Laserstein scheint es Pincus gelungen zu sein, sich mit den Verhältnissen in Deutschland zu arrangieren. Dabei hielt er weiterhin Kontakt zu Leidensgenossen, wie Max und Erna Proskauer, die nach Palästina emigriert waren und in den 1950er Jahren ebenfalls zurückkehrten. Max Proskauer baute seine Kanzlei im Wedding auf, nach seinem Tod wurde sie von seiner früheren Frau übernommen.

Eine beeindruckende Persönlichkeit war sicher Adolf Arndt. Als „Mischling" verfolgt, suchte er nach dem Ende des Nationalsozialismus nach einer politischen Heimat, die die Gewähr für einen Neuanfang bot. Er entschied sich für ein aktives Engagement in der SPD. Obwohl von der Herkunft eher dem bürgerlichen Mittelstand zugehörig, hatte er Kurt Schumachers „Angebot an die Intelligenz" im Sommer 1945 aufmerksam zur Kenntnis genommen. Schumachers Versuch, alle freiheitlich und demokratisch orientierten Kräfte bei sozialer Gerechtigkeit einzubinden, riss auch ihn mit. In der Auseinandersetzung mit der unmittelbaren nationalsozialistischen Vergangenheit besitzen Arndts Äußerungen eine in der damaligen Zeit ungewöhnliche Tiefe und Präzision. Mitstreiter bewunderten seine „Sachautorität und persönliche Überzeugungskraft"[287], die eine ganz eigene Faszination ausgeübt haben müssen. In einem seiner großen Beiträge zitiert er einen Ausspruch von Jean Jaurès[287]:

„Tradition bewahren, heißt nicht: Asche aufheben, sondern eine Flamme am Brennen erhalten."

Dagobert Pincus (rechts), Max und Erna Proskauer

Biografisches Verzeichnis der Berliner Rechtsanwälte jüdischer Herkunft

A

Erklärung der Abkürzungen

auf S. 290

Lesebeispiel:

Name, Vorname, Titel

Lebensdaten

Privatanschrift

Kanzleianschrift

Schicksal

Quellen

Abraham, Hans Fritz Dr.
21.12.1880 Berlin - keine Angaben
priv.: Hugo-Vogel-Str. 42, Wannsee
Kanzlei: Friedrichstr. 182, W 8
RA am KG und Notar; war noch 1932 Vorst.-Mitgl. der RAK. Nach der Machtübernahme der Nationalsozialisten 1933 auf Antrag wieder als Anwalt zugelassen, aber Entzug des Notariats. Emigration in die USA, Cambridge, Mass.
Br.B. 32; TK 33; *li; Verz.; JMBl. 33, S. 220; BArch, R 3001 PAK; BG

Abraham, Jacob, JR
23.2.1866 Schroda - keine Angaben
priv.: Rügener Str. 21
Kanzlei: Bergstr.125, Neukölln
RA am AG Neukölln, am LG II und Notar; nach der Machtübernahme der Nationalsozialisten im Herbst 1933 als Rechtsanwalt und Notar gelöscht.
Jüd.Adr.B; Br.B. 32; TK 33; *li; LAB Liste 15.10.33; Pr.J. 33, S. 807; BArch, R 3001 PAK; BG

Abraham, Jacques Dr.
10.9.1880 Berlin - Deportation 1942
priv.: Passauer Str. 14, W 50
Kanzlei: Kanonierstr. 37, W 8
RA am LG I-III und Notar, Schriftleiter der „Zeitschrift für das Beamtenrecht" bis 1933. Nach der Machtübernahme der Nationalsozialisten 1933 Entzug des Notariats; bis zum allgemeinen Berufsverbot 1938 als Anwalt zugelassen; dann als Hilfsarbeiter tätig. Datum der Vermögenserklärung: 14.10.1942, deportiert am 19.10.1942 nach Riga, amtl. festgestellter Todestag: 31.12.1942. Ein früherer Fluchtversuch war an der holländischen Grenze gescheitert, ebenso die Auswanderung nach Südamerika, da A. kein Visum erhalten hatte.
Br.B. 32; TK 33; JMBl. 33, S. 208; *li; BG; BArch, R 3001 PAK; Philo-Lexikon, S. 604; MRRAK; VZ 39; BdE; GB II; Göpp., S. 237

Abraham, Rudolf
1.7.1901 Berlin - März 1943 Auschwitz
priv.: Rankestr. 17, W 50
Kanzlei: Belle-Alliance-Platz 17, SW 61
RA am KG. Nach der Machtübernahme der Nationalsozialisten Berufsverbot zum 17.6.1933. Deportation am 3.3.1943 nach Auschwitz, dort im März 1943 ermordet.
Br.B. 32; TK 33; Liste d. nichtzugel. RA, 25.4.33; JMBl. 33, S. 209; BArch, R 3001 PAK; BG; GB II

Abraham, Siegfried Dr.
5. 2.1893 Berlin - keine Angaben
priv.: Am Hirschsprung 31, Zehlendorf-Dahlem
Kanzlei: Krausenstr. 9/10, W 8
RA am LG I-III und Notar. Nach der Machtübernahme der Nationalsozialisten 1933 weiter als Anwalt zugelassen; Ende 1935 Entzug des Notariats; als RA bis zum allgemeinen Berufsverbot 1938 tätig. Emigration vermutlich nach dem 16.1.1939.
Br.B. 32; TK 33; *li; Liste 36; DJ 36, S. 314; BArch, R 3001 PAK; MRRAK; BG

Abraham, Theodor Dr., JR
21.8.1869 - 27.1.1935 Berlin
priv.: Grunewaldstr. 42, Schöneberg
Kanzlei: Grunewaldstr. 42, Schöneberg
RA am LG I-III, am AG Berlin-Mitte und Notar. Nach der Machtübernahme der Nationalsozialisten 1933 Entzug des Notariats, auf Antrag wieder als Anwalt zugelassen; starb 1935 im Alter von 65 Jahren.
Br.B. 32; JMBl. 7.7.33; *li; LAB, Liste, 15.10.33; BArch, R 3001 PAK; BG

Abrahamsohn, Hermann Dr.
19.4.1885 Berlin - keine Angaben
priv.: Bismarckstr. 80, Charlottenburg
Kanzlei: Bismarckstr. 80, Charlottenburg
RA am AG Charlottenburg, am LG I-III und Notar. Nach der Machtübernahme der Nationalsozialisten auf Antrag wieder als Anwalt zugelassen; Ende 1935 Entzug des Notariats; bis zum allgemeinen Berufsverbot 1938 als Anwalt tätig.
Br.B. 32; TK 1933; *li; Liste 36; DJ 36, S. 314; BArch, R 3001 PAK; Tel. B. 38; MRRAK

Abrahamsohn, Ludwig Dr.
1.5.1883 Berlin - keine Angaben
priv.: Wittelsbacher Str. 25, Wilmersdorf
Kanzlei: Linkstr. 13 bzw. 42, W 9
RA am LG I-III und Notar. Nach der Machtübernahme der Nationalsozialisten 1933 Entzug des Notariats, auf Antrag wieder als Anwalt zugelassen; noch mindestens bis Herbst 1935 in den Anwaltslisten geführt; Emigration nach Großbritannien, London.
Br.B. 32; TK 33; TK 36; JMBl. 7.7.33, S. 208; *li; LAB, Liste 15.10.33; BArch, R 3001 PAK; BG

Abrahamsohn, Max Dr.
16.4.1884 Frankfurt/Oder - 22.11.1943
priv.: Aschaffenburger Str. 16, W 30
Kanzlei: Aschaffenburger Str. 16, W 30
RA am LG I-III, AG Berlin-Mitte und Notar; nach der Machtübernahme der Nationalsozialisten 1933 Entzug des Notariats, auf Antrag wieder als Anwalt zugelas-

sen; noch mindestens bis Anfang 1936 in den Anwaltslisten geführt. Tod im November 1943 durch „Fliegerangriff".
Br.B. 32; TK 33; JMBl. 7.7.33; *li; Liste 36; BArch, R 3001 PAK; BG

Abramczyk, Wilhelm, JR
9.7.1864 Potsdam - 19.12.1942 Theresienstadt
priv.: Schlüterstr. 54, Charlottenburg
Kanzlei: Hohenzollerndamm 207, W 15
RA am LG I-III, AG Berlin-Mitte und Notar, Syndikus des Berliner Lehrervereins; nach der Machtübernahme der Nationalsozialisten 1933 Entzug des Notariats, auf Antrag wieder als Anwalt zugelassen; Berufsverbot als Anwalt 1938; Auswanderung in die Schweiz war 1934 geplant. Datum der Vermögenserklärung: 25.9.1942, in das Sammellager Artilleriestr. 31 eingewiesen; Deportation am 3.10.1942 nach Theresienstadt, dort wenige Wochen später umgekommen.
Br.B. 32; JMBl. 7.7.33, S. 208; *li; Tel.B. 38; BArch, R 3001 PAK; MRRAK; BG; ThG; GB II

Adams, Paul Dr.
keine Angaben
priv.: Schönhauser Allee 129, N 58
Kanzlei: Gleimstr. 62, N 31
RA am LG I-III; entging nach der Machtübernahme der Nationalsozialisten den ersten Ausgrenzungswellen; konnte noch 1940 als Rechtsanwalt praktizieren, da er als „Mischling" galt.
TK 1933; *li; LAB, Liste Mschlg. 36; Tel.B. 38; Tel.B. 41; BArch, R 3001 PAK

Adler, Fritz Dr.
1.11.1899 Stettin - keine Angaben
priv.: k.A.
Kanzlei: Tauentzienstr. 20, W 50
Seit 1927 Anwalt in Berlin, zugelassen am LG I-III; nach der Machtübernahme der Nationalsozialisten Berufsverbot im Juni 1933, nachdem alle Versuche, die Zulassung wiederzuerlangen, gescheitert waren.
Br.B. 32; TK 1933; Liste d. nichtzugel. RA, 25.4.33; JMBl. 33, S. 234; BArch, R 3001 PAK, PA

Adler, Waldemar Dr.
24.7.1894 Böhmen - 28.4.1982
priv.: Fennstr. 30, N 65, Wedding
Kanzlei: Wolframstr. 77, Tempelhof
Nach der Machtübernahme der Nationalsozialisten galt A. als „Mischling 1. Grades", da zwei seiner Großeltern jüdischer Herkunft waren. Er war mit einer nicht-jüdischen Frau verheiratet. Im April 1933 wurde er mit einem Vertretungsverbot belegt, das jedoch wieder aufgehoben wurde. Nach 1938 war er einer der wenigen „Nichtarier", die als Anwalt weiterarbeiten durften (1940 in der Privatwohnung), ohne dass allerdings nennenswerte Einkünfte erzielt worden wären. 1940 wurde er zur Organisation Todt als Zwangsarbeiter eingezogen, konnte flüchten und lebte dann bis Kriegsende „untergetaucht" in der Nähe von Berlin. 1945 Wiederzulassung als Anwalt und Notar. Ende September 1981 gab A. im Alter von 87 Jahren seine Zulassung als Anwalt zurück; ein halbes Jahr später starb er.
*li; BArch, R 3001 PAK; LAB, Liste Mschlg. 36; Tel.B. 41; Ausk. B. Dombek nach LAB, RAK PA; BG

Ahrweiler, Oswald
29.8.1900 Berlin - keine Angaben
priv.: k.A.
Kanzlei: Sächsische Str. 70, W 15
RA seit 1930; die Mutter war nicht jüdisch, A. selbst war katholischer Religion; nach der Machtübernahme wurde trotz intensiver Bemühungen seine Zulassung gelöscht, A. wurde mit Berufsverbot belegt, weil er als „nicht arisch" galt. Der Bischof von Osnabrück hatte sich für die Wiederzulassung eingesetzt. Bis dahin hatte die Verwaltung intensiv nach politischen Gründen gesucht, die ebenfalls die Rücknahme der Zulassung hätten begründen können, doch der Polizeipräsident konnte nichts Nachteiliges angeben. Gegenüber dem Bischof wurde am 12.12.1933 erklärt: „Infolge der außerordentlich starken jüdischen Überfremdung der Pr. RAschaft konnten Ausnahmen so gut wie überhaupt nicht gemacht werden. Auch heute noch gibt es im Kammergerichtsbezirk (Berlin) etwa 1.500 jüdische gegenüber etwa 1.800 deutschen Anwälten. Verständlicherweise hat auch die Anwaltschaft, und zwar insbesondere die Berliner Anwaltschaft, energisch gegen eine Wiederzulassung von Anwälten jüdischer Abstammung Stellung genommen. Sie beruft sich darauf, dass derartige Juristen auf Grund des Berufsbeamtengesetzes nicht mehr Beamte sein dürften, bei ihrer Zulassung zweifellos der Eindruck hervorgerufen würde, als ob an die Anwaltschaft geringere qualitative Anforderungen gestellt würden als an die Beamten, wodurch eine Minderbewertung der Anwaltschaft eintreten müsse."
JMBl. 33, S. 234; BArch R 3001 PAK, PA

Albu, Curt
16.8.1885 - keine Angaben
priv.: k.A.
Kanzlei: Charlottenstr. 56, W 8
RA am LG I-III und Notar; nach der Machtübernahme der Nationalsozialisten 1933 Entzug des Notariats, als Anwalt noch bis mindestens Herbst 1935 zugelassen; Emigration in die USA, New York.
Br.B. 32; TK 33; *li; JMBl. 33, S. 208; TK 36; BArch, R 3001 PAK; BG

Alexander, Alfons Dr., JR
8.6.1863 Berlin - 28.10.1942 Theresienstadt
priv.: Bülowstr. 20, Schöneberg
Kanzlei: Bülowstr. 20, Schöneberg
RA am LG I-III, am AG Berlin-Mitte und Notar. Nach der Machtübernahme der Nationalsozialisten Entzug des Notariats, zeitweilig mit einem Vertretungsverbot belegt, dann wieder zugelassen bis zum endgültigen Berufsverbot 1938. Datum der Vermögenserklärung: 18.9.1942, Sammellager Große Hamburger Str. 26; Deportation am 23.9.1942 nach Theresienstadt, dort einen Monat später umgekommen.
Br.B. 32; TK 33; *li; JMBl. 33, S. 208; Naatz-Album; BArch, R 3001 PAK; MRRAK; BG; GB II

Alexander, Eduard Dr.
14.3.1881 Essen - 1.3.1945 auf dem Transport nach Bergen-Belsen
priv.: Cimbernstr. 13, Zehlendorf-Nikolassee
Kanzlei: Lützowplatz 27, Schöneberg
Mitglied der KPD, zeitweise Chefredakteur der Roten Fahne (bis 1929 Wirtschaftsredakteur); 1921-25 Mitglied der Berliner Stadtverordnetenversammlung für die KPD; seit 1913 als Anwalt zugelassen, zuletzt am LG I-III und

AG Schöneberg, zugleich Notar. Nach der Machtübernahme der Nationalsozialisten 1933 Berufsverbot als Anwalt und Notar; A. galt als „Halbjude"; Schiedsmann der deutsch-sowjetischen Handelsgesellschaft bis 1940; im Zuge der Aktion „Gewitter" am 22.8.1944 nach Sachsenhausen deportiert und in den letzten Kriegstagen auf dem Transport vom KZ Sachsenhausen zum KZ Bergen-Belsen umgekommen.
Br.B. 32; TK 33; JMBl. 33, S. 209; GStA, Rep. 84 a, Nr. 20363; BArch, R 3001 PAK; BG; GB II; Verfolgte Berl. Stadtverordnete u. Magistratsmitgl.

Alexander, Kurt Dr.
keine Angaben
priv.: k.A.
Kanzlei: Potsdamer Str. 23 a, W 9
RA am LG I-III, AG Berlin-Mitte und Notar. Nach der Machtübernahme der Nationalsozialisten 1933 Entzug des Notariats; Anfang 1936 in den Anwaltslisten gelöscht.
Br.B. 32;TK 33; *li; JMBl. 33, S.220; LAB, Liste 15.10.33; DJ 36, S. 360; BArch, R 3001 PAK; BG

Alexander, Theodor Dr.
13.6.1887 Königsberg - 11.9.1955 Berlin
priv.: Bismarckstr. 68, Charlottenburg
Kanzlei: Neue Grünstr. 17, SW 19
A. war bereits als Kind getauft worden; seit 1913 als RA beim Landgericht Berlin zugelassen; WK I-Teilnehmer, erhielt das EK I. Kl.; Syndikus der Deutschen Eisenhandel AG. Nach der Machtübernahme der Nationalsozialisten auf Antrag wieder als RA und Notar zugelassen, weil er als „Frontkämpfer" anerkannt worden war; Entzug des Notariats Ende 1935. In der Folge des Pogroms wurde er am 10. November 1938 verhaftet und in das KZ Sachsenhausen verschleppt; Entlassung am 23.12.1938 unter der Bedingung, sofort auszuwandern. A. wollte mit seiner Frau über Kuba in die USA gelangen. Nach der Ankunft in Kuba (Februar 1939) wurden beide wegen eines dort erfolgten Regierungswechsels für drei Monate inhaftiert. Mit Hilfe der Quäker konnten sie kurz vor Kriegsbeginn nach England zurückgelangen, als Ausländer erhielten sie dort zunächst keine Arbeitserlaubnis. Im Juni 1940 wurde A. für drei Monate als „feindlicher Ausländer" (alien enemy) interniert. Die Frau durfte mittlerweile arbeiten und wurde bei den Quäkern Sachbearbeiterin. Im Januar 1941 erhielt A. ebenfalls eine Arbeitserlaubnis und verdiente den Lebensunterhalt als Straßen-, Fabrik- und Stationsarbeiter. Später wurde er Kellner, kurz vor der Beförderung zum Oberkellner wechselte er zur Britischen Eisenbahn und wurde dort Schalterbeamter. Mit 65 Jahren wurde er 1952 wegen Erreichens der Altersgrenze aus dem Dienst entlassen, erhielt jedoch keine Pension, da ihm einige Monate zur zehnjährigen Beschäftigung fehlten. Anschließend war A. zunächst bei der URO (United Restitution Organization) in London als juristischer Berater tätig, ab 1953 dann weitgehend in Berlin aktiv. Am 2.3.1955 erhielt A. seine Wiederzulassung als RA und legte den Schwerpunkt seiner Tätigkeit auf Entschädigungssachen. Er starb im September 1955 in Berlin.
Br.B. 32; TK 33; *li; DJ 36, S. 314; BArch, R 3001 PAK; LAB, RAK, PA; Ausk. RA Achelis

Alexander-Katz, Ernst
17.10.1891 - 1.1.1968 Haifa, Israel
priv.: Kaiserdamm 30, Charlottenburg
Kanzlei: Wilhelmstr. 44, W 8
A. trat 1912 zum katholischen Glauben über; 1914 Heirat, im gleichen Jahr meldete er sich freiwillig zum Militärdienst. Er studierte Jura in Cambridge, München und Halle. Sein Referendariat absolvierte er nach Beendigung des Ersten Weltkrieges in Berlin, seine Promotion legte er 1922 in Freiburg ab. 1923 ließ er sich als Anwalt in Berlin nieder und war zuletzt an den LG I-III zugelassen. Zu dieser Zeit war er bereits Mitglied der Zentrumspartei und gehörte der Stadtverordnetenversammlung an. Für sein Engagement für katholische Einrichtungen wurde der „getaufte Jude" A. als eifriger Neubekehrter verspottet. Nach dem Scheitern einer zweiten Ehe und einem kurzzeitigen Leben in Wien kehrte er nach Berlin zurück. Im Oktober 1932 brach er zu einer Orientreise auf. Nach der Machtübernahme der Nationalsozialisten blieb er in Palästina, wo er zum dritten Mal heiratete. Im Frühjahr 1933 wurde ihm die Zulassung als Anwalt entzogen. Er fand eine Stelle an der Technischen Hochschule in Haifa. Nach Beendigung des Krieges reiste A. öfter nach Europa und warb unter Juden für die Einwanderung nach Israel. Seine erste Frau war in Auschwitz ermordet worden.
A. war Senior Lecturer am Technion in Haifa und Fachmann für Finanzwissenschaften geworden. Gemeinsam mit Wilhelm Gerhoff und Fritz Neumark veröffentlichte er das „Handbuch der Finanzwissenschaft".
TK 33; Liste d. nichtzugel. RA, 25.4.33; JMBl. 33, S. 253; BArch, R 3001 PAK; BG; Verfolgte Berl.

Alexander-Katz, Günther Dr.
14.11.1891 Berlin - keine Angaben
priv.: Darmstädter Str. 7, W 15
Kanzlei: Leipziger Str. 105, W 8
RA am LG I-III und Notar, nach der Machtübernahme der Nationalsozialisten im Frühjahr 1933 mit einem Vertretungsverbot belegt; ab Ende April 1933 wieder zugelassen; Ende 1935 Entzug des Notariats; bis zum allgemeinen Berufsverbot 1938 als Anwalt zugelassen; Mitglied des Paulusbundes und im Reichsverband nichtarischer Christen; später findet sich der Eintrag „Aufenthalt unbekannt". Die Ehefrau Elisabeth galt als „arisch"; A. überlebte und zog nach Rheinland-Pfalz.
Br.B. 32; TK 33; Liste der nichtzugel. RA, 25.4.33 (Nachtrag); *li; DJ 36, S. 314; MRRAK; BArch, R 3001 PAK; Mitt.bl. Reichsverband nichtarischer Christen, 6.12.1934; BG ; Ausk. Flechtmann

Alexander-Katz, Heinrich Dr.
4.1.1897 Görlitz - keine Angaben
priv.: Ithweg 16, Zehlendorf
Kanzlei: Wilhelmstr. 139, SW 48
A. hatte am WK I teilgenommen, war mit dem EK II. Kl. ausgezeichnet worden. Seit 1925 als Anwalt niedergelassen, zuletzt mit Zulassung für die LG I-III. Nach der Machtübernahme der Nationalsozialisten wurde A. als Anwalt auf Antrag wieder zugelassen. Seine Ehefrau Hildegard galt als nichtjüdisch, das Paar hatte 2 Kinder. Laut Polizeimitteilung an das RJM ist A. am 18.1.1938 nach Großbritannien, London, emigriert. Sein Haus in Zehlendorf wurde veräußert, seine Kanzlei von RA Dr. Wagner übernommen.
Br.B. 32; TK 33; *li; BArch, R 3001 PAK, PA; BG

Alexander-Katz, Richard Dr., JR
keine Angaben - 1934
priv.: k.A.
Kanzlei: Belle-Alliance-Str. 46 a, SW 29
Nach der Machtübernahme der Nationalsozialisten auf Antrag wieder als Anwalt am KG zugelassen; lt. Eintragung in der Personalkartei des RJM starb A. 1934.
Adr.B. 32; TK 33; *li; BArch, R 3001 PAK

Alsberg, Max Prof. Dr.
16.10.1877 Bonn - 11.9.1933 Samaden, Schweiz
priv.: Jagowstr. 22, Grunewald
Kanzlei: Nollendorfplatz 1, W 30
Von 1906-1933 RA, zuletzt am LG I-III, und Notar in Berlin; bildete mit Kurt Poschke, Dr. Kurt Gollnick und Dr. Lothar Welt eine Sozietät, die Kanzlei befand sich am Nollendorfplatz. A. war einer der prominentesten Verteidiger der Weimarer Republik (z.B. im Prozess gegen den „Ringverein Immertreu"), auch bei politischen Prozessen (z.B. gegen Carl von Ossietzky). Lehrauftrag an der Berliner Universität, seit 1931 Honorarprofessor, Mitglied des Kuratoriums für anwaltliche Fort- und Fachbildung und der Strafrechtlichen Vereinigung der Berliner Rechtsanwälte. Nach der

Machtübernahme der Nationalsozialisten hatte ihn die RAK Berlin am 11.5.1933 auf eine Liste von Anwälten gesetzt, denen aus politischen Gründen keine Zulassung mehr erteilt werden sollte. Als Begründung wurde die „Verteidigung im Landesverratsprozess Ossietzky, Material: Zeitungsnachrichten" angegeben. Das Notariat wurde ihm Anfang Juli 1933 entzogen. A. floh nach Baden-Baden, dann in die Schweiz, hielt sich kurze Zeit in Zürich auf und begab sich dann in ein Sanatorium in Samaden, wo er sich erschoss.
Zahlreiche Veröffentlichungen, u.a.: Justizirrtum und Wiederaufnahme, 1913; Der Prozeß des Sokrates im Lichte moderner Psychologie, 1926; Große Prozesse der Weltgeschichte, 1928; Drama: Voruntersuchung, 1930; Philosophie der Verteidigung, 1930; Hg. der Zeitschrift für die gesamte Strafrechtswissenschaft, Kriminalistischen Monatshefte; zu A. sind versch. Publikationen erschienen, so Jungfer, G.: Max Alsberg. Verteidigung als ethische Mission; in: KJ (Hg.): Streitbare Juristen. Eine andere Tradition. Baden-Baden 1988; Riess, Curt: Der Mann in der schwarzen Robe. Hamburg 1965
Br.B. 32; TK 33; GStA, Rep. 84 a, Nr. 20363; JMBl. 7.7.33, S. 208; Pr.J. 33, S. 442; LAB, Unterlagen zum versteigerten Eigentum; Walk; Göpp. (mit zahlreichen Nachweisen); 1965; Korr. mit der Tochter Renate (USA)

Altenberg, Bruno Dr.
4.9.1889 Berlin - keine Angaben
priv.: Stübbenstr. 10, W 30
Kanzlei: Roonstr. 2, A 1
A. hatte im WK I für das Preußische Kriegsministerium gearbeitet, Kampfeinsätze waren wegen seines gesundheitlichen Zustandes nicht möglich; RA am KG und Notar. Nach der Machtübernahme der Nationalsozialisten im Frühjahr 1933 Berufsverbot, sein Einsatz im WK I wurde trotz zahlreicher Fürsprachen nicht anerkannt. Die Kanzlei, die sich in unmittelbarer Nähe des Reichstages befand, und die Sozietät mit > Jakob Auerbach wurde aufgelöst.
Jüd.Adr.B.; Br.B. 32; TK 33; Liste d. nichtzugel. RA, 25.4.33; JMBl. 4.8.33, S. 253; BArch, R 3001 PAK

Altenberg, Oskar Dr.
20.12.1893 Berlin - Deportation 1943
priv.: Bregenzer Str. 3, W 15
Kanzlei: Potsdamer Str. 40, Spandau
A. hatte von Juni 1915 bis November 1918 am WK I teilgenommen, zuletzt Unteroffizier, war mit dem EK II.Kl. ausgezeichnet worden; RA am KG (seit 1924) und Notar (seit 1930) in Sozietät mit > Alfons Loewe; nach der Machtübernahme der Nationalsozialisten 1933 wieder zugelassen. 1935 wurde nach haltlosen Anwürfen, forciert durch die Gestapo, die Einleitung eines Ehrengerichtsverfahrens erwogen, dann aber davon abgesehen. 1935 Entzug des Notariats. Angesichts der schwierigen wirtschaftlichen Lage beantragte A. einen Unterhaltszuschuss beim Kammergerichtspräsidenten. Da keine politischen Bedenken bestanden, wurde dieser in Höhe von RM 70,- gewährt. A. war als Anwalt bis zum allgemeinen Berufsverbot 1938 tätig, danach wurde er noch als „Konsulent" zugelassen. Das letzte Schreiben in der Personalakte stammt vom 16.9.1941, es weist A. auf seine Pflichten als jüdischer Konsulent hin, die er in Vertretung für den Konsulenten > Dr. Alfred „Israel" Karpen wahrzunehmen hatte. Deportation am 28.6.1943 nach Auschwitz.
Br.B. 32; *li; DJ 36, S. 314; BArch, R 3001 PAK, PA; BG; GB II

Alterthum, Willy Dr.
5.12.1879 Berlin - keine Angaben
priv.: Waldseestr. 8, Reinickendorf
Kanzlei: Wilhelmstr. 44, W 8
A. wurde in der Straße an der Spandauer Brücke Nr. 14 geboren; mütterlicherseits stammte er aus der Familie Blumenthal aus Oranienburg (Havel), die dort ihren Ruhesitz am Louisenplatz 5 hatte. Promotion 1903. Nach Abschluss des Jurastudiums ließ er sich als Anwalt nieder. A. war seit 1930 hauptamtlicher Geschäftsführer der RAK. Nach der Machtübernahme der Nationalsozialisten wurde er per 31.3.1933 „beurlaubt" und musste am 25.10.1933 einen Auflösungsvertrag unterzeichnen. Seine Zulassung wurde auf Antrag zwar gewährt, da er als „Altanwalt" galt, doch scheiterten seine anschließenden Versuche, sich wieder als Anwalt zu etablieren. Deshalb entschloss er sich gemeinsam mit der Familie zur Emigration. Seine Zulassung wurde zum 4.9.1934 gelöscht. Am 29.10.1934 traf A. mit seiner Familie in Brasilien ein und ließ sich in Sao Paulo nieder. Letzte Sätze der Erinnerungen, 7.11.1944: „Wir

107

haben ein Heim, aber keine Heimat in Brasilien gefunden. Unsere Heimat ist die weite licht- und lebensvolle Welt. Ehrfürchtig liebend und dankend umfassen wir sie mit unserem Blick. Wir sind des Glücks teilhaftig geworden, Weltbürger zu sein."
Zahlreiche Veröffentlichungen u.a. im Berliner Anwaltsblatt
Br.B. 32; TK 33; *li; Verz.; LAB, Liste 15.10.33; BArch, R 3001 PAK; LBI, NY, Memoirs; BG

Altmann, Franz Dr.
26.5.1900 Breslau - keine Angaben
priv.: Jägerstr. 11, W 8
Kanzlei: Frankfurter Allee 50, O 112 (Adr.B. 32: Jägerstr. 11)
RA am LG I-III und AG Berlin-Mitte. Nach der Machtübernahme der Nationalsozialisten Berufsverbot im Frühjahr 1933. Emigration in die USA, New York, am 1.1.1934.
TK 33; Liste d. nichtzugel. RA, 25.4.33; Verz.; JMBl. 33, S. 253; BArch, R 3001 PAK; BG

Altmann, Paul Dr.
29.7.1901 Berlin - 1954 Kfar Witkin, Israel
priv.: Herkomerstr. 12, Treptow
Kanzlei: Wilhelminenhof 82 a, Oberschöneweide
RA am AG Köpenick und LG I-III. Nach der Machtübernahme der Nationalsozialisten Berufsverbot im Juli 1933; 1937-39 im Palästina-Amt Berlin tätig; 1939 Auswanderung nach Palästina; seit 1945 beteiligt an der Ausarbeitung der Wiedergutmachungsgesetze.
Adr.B. 32; TK 33; Verz.; JMBl. 33, S. 209; BArch, R 3001 PAK; BG; Walk

Amberg, Dr. Carl (Karl)
20.1.1884 - keine Angaben
priv.: k.A.
Kanzlei: Dircksenstr. 26/27, C 25
RA am KG und Notar. Nach der Machtübernahme der Nationalsozialisten auf Antrag wieder als Anwalt und Notar zugelassen; Ende 1935 Entzug des Notariats; bis mindestens 1936 als Anwalt tätig.
TK 33; *li; Verz.; DJ 36, S. 314; Liste 36; BArch, R 3001 PAK

Ambos, Hans Dr.
10.4.1897 Berlin - keine Angaben
priv.: Wichmannstr. 25, W 62
Kanzlei: Dresdener Str. 124, SO 36
RA am LG I-III, AG Berlin-Mitte und Notar. Nach der Machtübernahme der Nationalsozialisten auf Antrag wieder als Anwalt zugelassen; Ende 1935 Entzug des Notariats, gab seine Tätigkeit als Anwalt vor 1936 auf; lebte zuletzt in einer Pension in Berlin; Emigration nach Belgien, Brüssel, im Mai 1939; soll während des Krieges in das unbesetzte Frankreich „abgeschoben" und dort interniert worden sein.
Br.B. 32; TK 33; *li; DJ 36, S. 314; BArch, R 3001 PAK; VZ 39; BG

Anders, Rudolf
14.4.1889 Berlin - keine Angaben
priv.: Zähringer Str. 20-21, Wilmersdorf
Kanzlei: Gleditschstr. 47, W 30
A. hatte am WK I teilgenommen, 1914 als Krankenwärter, 1915, nach dem zweiten Staatsexamen, zum Heeresdienst gemustert; RA (seit 1919) am KG (seit 1922) und Notar (seit 1928); nach der Machtübernahme der Nationalsozialisten auf Antrag wieder zugelassen, musste die Sozietät mit seinem nicht-jüdischen Partner RA Werda auflösen, verlegte die Kanzlei nach Charlottenburg; 1935 Entzug des Notariats, als Anwalt bis zum allgemeinen Berufsverbot 1938 tätig; Emigration.
Br.B. 32; TK 33; *li; DJ 36, S. 314; BArch, R 3001 PAK; PA; MRRAK; BG

Apfel, Alfred Dr.
12.3.1882 Düren/Eifel - 20.6.1940 Marseille, Frankreich
priv.: k.A.
Kanzlei: Friedrichstr. 59/60, W 8 (Moca-Efti-Haus)
1900 Abitur; 1900-1903 Jurastudium; 1903 erstes Staatsexamen; 1906 Promotion in Rostock; Wehrdienst, A. besuchte eine Offiziersschule, wurde wegen jüdischer Abstammung nicht befördert; 1914 Kriegsfreiwilliger, ausgezeichnet mit dem EK I; 1916 aus Gesundheitsgründen aus dem Heeresdienst entlassen; anschließend Rechtsberater in der Wirtschaft; seit 1918 RA in Berlin, zuletzt am LG I-III und AG Berlin-Mitte, später auch Notar; bekannter Strafverteidiger, auch in politischen Prozessen, so z.B. als einer der Vertreter von Carl von Ossietzky; 1909–1922 Präsident des Verbands der jüdischen Jugendvereine Deutschlands; bis 1922 Hauptvorstandsmitglied im CV, dann Mitglied der Zionistischen Vereinigung für Deutschland. Nach dem Reichstagsbrand am 28.2.1933 verhaftet, in sogenannte „Schutzhaft" genommen; nach der Freilassung Flucht nach Frankreich; am 23.8.1933 ausgebürgert. A. starb im Juni 1940 in Marseille im Alter von 58 Jahren.
Veröffentl.: Behind the Scenes of German Justice. Reminiscences of a German Barrister 1882-1933, London 1935
Br.B. 32; TK 33; BArch, R 3001 PAK; BG; BHdE, Bd. 1, S. 17 (Sterbedatum: 19.6.1940); Walk; Lowenthal; Göpp., S. 266

Apt, Bruno Dr.
3.12.1880 Cosel - 19.12.1943 Theresienstadt
priv.: Mommsenstr. 22, Charlottenburg
Kanzlei: Schöneberger Ufer 34, W 35
RA am LG I-III und Notar. Nach der Machtübernahme der Nationalsozialisten auf Antrag wieder als Anwalt und Notar zugelassen; musste 1933 die Sozietät mit Prof. Dr. Max Apt (vermutlich der Bruder) auflösen und die Kanzlei verlegen; Ende 1935 Entzug des Notariats; praktizierte bis zum allgemeinen Berufsverbot 1938; war dann noch als „Konsulent" in seiner Wohnung tätig. Deportation am 31.8.1942 nach Theresienstadt, dort im Dezember 1943 umgekommen.
Br.B. 32; *li; DJ 36, S. 314; MRRAK; Liste d. Kons., 15.3.39; Tel.B. 41; BG; ThG; GB II

Apt, Max Prof. Dr.
16.6.1869 Groß-Strelitz - 11.12.1957 Berlin
priv.: Pücklerstr. 8, SO 36
Kanzlei: Unter den Linden 39, NW 7
Jurastudium in Breslau, Leipzig, Berlin und Freiburg; 1891 Promotion in Freiburg; Assistent des Direktors der Rechtsabteilung der Nationalbank für Deutschland (später DANAT-Bank); Hauptgeschäftsführer des Ältesten-Kollegiums der Kaufmannschaft in Berlin; 1893 Mitbegründer des CV in Berlin; 1900-1937 Vorstandsmitglied des Deutsch-Israelitischen Gemeindebunds in Berlin; 1903-1920 Syndikus der Korporation der Kaufmannschaft von Berlin; 1906 Mitbegründer, später Kurator und Ehrenprofessor der Handelshochschule Berlin; Gründer und Redakteur von Fachzeitschriften, u.a. der Deutschen Wirtschaftszeitung, und Herausgeber der Textsammlung „Deutsche Reichsgesetzgebung"; Mitglied der DDP und von Bnai Brith; zionistischer Funktionär. Nach der Machtübernahme der Nationalsozialisten wurde im Mai 1933 die Zulassung als Anwalt am LG I-III und als Notar gelöscht. 1938 Delegierter der Jüdischen Gemeinde zu Berlin bei der Konferenz von Evian; 1939 Emigration nach Großbritannien;

Rückkehr nach Berlin 1954.
Br.B. 32; TK 33; JMBl. 19.5.33; BArch, R 3001 PAK; BG; BHdE Bd. 1, S. 17 (Sterbedatum 16.12.1957); Walk; Göpp., S. 326; Lowenthal

Arens, Fritz
11.5.1893 Lubichow - keine Angaben
priv.: Kleiststr. 13, Charlottenburg
Kanzlei: Wielandstr. 30, Charlottenburg 4
RA am LG I-III, AG Charlottenburg und Notar. Nach der Machtübernahme der Nationalsozialisten 1933 noch als Anwalt und Notar zugelassen, verlegte aber seine Kanzlei. Ende 1935 Entzug des Notariats; Emigration über Großbritannien nach Argentinien, Buenos Aires, am 1.9.1936. Gegen A. wurde ein Steuersteckbrief erlassen.
Br.B. 32; TK 33; *li; DJ 36, S. 314; BArch, R 3001 PAK; BG; Wolf, BFS

Arndt, Adolf Dr.
12.3.1904 Königsberg - 13.2.1974 Kassel
priv.: Kurfürstendamm 186, Charlottenburg
Kanzlei: Lützowufer 19 b, W 35
A. war in den 1920er Jahren in der Kanzlei des bekannten Verteidigers > Prof. Alsberg tätig. A. wurde anschließend Richter, war u.a. Berichterstatter in den Verfahren gegen George Grosz wegen Gotteslästerung. Durch sein eindringliches Eintreten für das Recht, das er auch in verschiedenen Aufsätzen öffentlich gemacht hatte, war er politisch aufgefallen. Nach der Machtübernahme geriet diese Bekanntheit für ihn, zusammen mit der Tatsache, dass er als „Halbjude" galt (er war seit Kindheit getauft), zur persönlichen Bedrohung. Nach der Machtübernahme schied er aus seinem Richteramt aus. Völlig überraschend, auch für ihn selbst, wurde sein Antrag auf Zulassung zur Rechtsanwaltschaft im August/September 1933 positiv beschieden. Er bildete daraufhin mit dem Anwalt Fritz Schönbeck eine Sozietät. A. vertrat verschiedene größere Firmen (Blum & Haas), aber auch als „entartet" diffamierte Künstler und politisch verfolgte Persönlichkeiten wie den später ermordeten Wilhelm Leuschner und den letzten Vorsitzenden des ADGB, Theodor Leipart. A. interessierte sich für bildende Kunst und erwarb Bilder von Xaver Fuhr, Schmidt-Rottluff u.a. Durch seine Ehe mit einer als „arisch" geltenden Frau war A. teilweise vor massiven Angriffen geschützt, er durfte wegen des Status' als „Mischling" auch nach dem allgemeinen Berufsverbot 1938 weiter als Rechtsanwalt (und nicht als „Konsulent") arbeiten. Allerdings konnte er nicht ungehindert praktizieren, durfte z.B. nicht mehr als Rechtsvertreter in Scheidungsprozessen von jüdischen und nicht-jüdischen Ehepartnern auftreten. Im Herbst 1943 wurde er als Rechnungsprüfer in den Askania-Werken, die als rüstungswichtig galten, zwangsverpflichtet, wenige Monate später, im Juli 1944, von der Organisation Todt als Zwangsarbeiter u.a. bei der Evakuierung des Gestapo-Hauptquartiers in Paris („Aktion Hase") eingesetzt. Später musste er für eine saarländische Firma arbeiten. Als Zwangsarbeiter war es A. während der Luftangriffe der Aliierten verboten, Schutzräume aufzusuchen. Im Januar 1945 konnte A., der nach verschiedenen schweren Erkrankungen körperlich geschwächt war, mit falschen Papieren zu seiner Frau und Tochter nach Schlesien gelangen, wohin diese sich aus Berlin geflüchtet hatten. Er kehrte noch einmal zu seiner Dienststelle zurück, um Schwierigkeiten für seinen Vorgesetzten zu verhindern. Wenig später schlug er sich erneut nach Schlesien durch, um seine Familie zur Flucht nach Westen zu bewegen. Mit einem Koffer begab sich die Familie im Februar 1945 auf den Treck und fand in Westfalen Unterschlupf. A. war immer noch in Gefahr als „Jude" identifiziert zu werden.
A. erlebte in Westfalen die Befreiung. Unter Mühen gelang es ihm, von dort nach Marburg, das in der amerikanischen Zone lag, zu gelangen, wo seine Mutter lebte. Im August 1945 wurde er als Rechtsanwalt und Notar in Marburg zugelassen, zeitweilig war er dort auch Oberstaatsanwalt. Im November 1945 wurde A. Ministerialrat im hessischen Justizministerium.
Schon 1933 hatte der sozialdemokratische Reichstagsabgeordnete Otto Wels einen nachhaltigen Eindruck bei A. hinterlassen. A. setzte sich für den sozialen Ausgleich innerhalb der Gesellschaft ein; er wurde ein Vertrauter Kurt Schumachers und Mitglied der SPD-Fraktion im Bundestag. „Recht" und „Demokratie" waren die leitenden Ideen in seinem politischen Handeln; als Redner genoss er ein besonders hohes Ansehen. Unter Willy Brandts Ägide als Regierender Bürgermeister Berlins übernahm A. 1962/63 für rund ein Jahr das Amt des Senators für Wissenschaft und Kunst. Er starb im Februar 1974.
*li; JMBl. 2.9.33; LAB, Liste Mschlg. 36; Tel.B. 41; Walk; Gosewinkel, Dieter: Adolf Arndt. Die Wiederbegründung des Rechtsstaats aus dem Geist der Sozialdemokratie (1945-1961), Bonn 1991; Munzinger-Arch.; Ausk. d. Tochter, Dr. Y. Arndt und des Sohnes Prof. Claus Arndt

Arndt, Ernst Moritz
6.4.1901 Königsberg - 20.1.1980
priv.: Wilmersdorfer Str. 95, Charlottenburg 4
Kanzlei: Kaiserdamm 17, Charlottenburg 5
A. war der Bruder von Adolf Arndt. Als Rechtsanwalt war er am Kammergericht zugelassen; er wurde im April 1933 mit einem Vertretungsverbot belegt, aber bald – was eine Besonderheit war, weil er keine der Ausnahmeregelungen für sich beanspruchen konnte – wieder zugelassen. Weil er als „Mischling" galt, konnte er auch nach dem allgemeinen Berufsverbot 1938 bis mindestens 1940 weiter als Anwalt tätig sein.
TK 33; *li; LAB, Liste Mschlg. 36; VZ 39; Tel.B. 41; Ausk. Nichte Dr. Y. Arndt; Ausk. Maria Haendcke-Hoppe-Arndt

Arnheim, Charlotte Dr., geb. Peiser
23.6.1904 Berlin - keine Angaben
priv.: k.A.
Kanzlei: Feuerbachstr. 7/9, Steglitz
RAin seit 30.6.1932; nach der Machtübernahme der Nationalsozialisten beantragte sie die Wiederzulassung, führte in der Begründung auch an, dass sie in Scheidung lebte und keine Unterstützung von ihrem Mann zu erwarten hatte, wurde abgelehnt und mit Berufsverbot belegt, „weil sie nicht arischer Abstammung ist."
JMBl. 33, S. 209; BArch, R 3001 PAK, PA

Arnheim, Fritz Anselm Dr.
6.5.1890 Berlin - Deportation 1942
priv.: Nürnberger Str. 66, Schöneberg
Kanzlei: Kronenstr. 76, W 8
RA am LG I-III und Notar. Nach der Machtübernahme der Nationalsozialisten auf Antrag wieder als Anwalt und Notar zugelassen; zog mit seinen Kanzleiräumen 1933 um; Ende 1935 Entzug des Notariats; bis zum allgemeinen Berufsverbot 1938 als Anwalt zugelassen. Für die Jahre bis zur Deportation liegen keine weiteren Informationen vor. Die Vermögenserklärung wurde am 8.8.1942 unterschrieben. A. kam in das Sammellager Artilleriestr. 31, wurde am 17.8.1942 nach Theresienstadt deportiert und von dort aus am 19.10.1944 nach Auschwitz verschleppt.
Br.B. 32; TK 33; *li; DJ 36, S. 314; MRRAK; BArch, R 3001 PAK; BG; ThG; GB II

Arnheim, Georg
21.3.1872 Berlin - Deportation 1942
priv.: k.A.
Kanzlei: Brunnenstr. 194, N 54
RA am LG I-III, AG Berlin-Mitte und Notar. Nach der Machtübernahme der Nationalsozialisten 1933 Entzug des Notariats, als Anwalt weiter zugelassen bis zum allgemeinen Berufsverbot 1938. Deportation am 13.1.1942 nach Riga.
Br.B. 32; TK 33; JMBl. 30.6.33, S. 202; *li; Liste 36; BArch, R 3001 PAK; MRRAK; VZ 39; GB II

Arnheim, Hugo Dr., JR
11.11.1862 Berlin - 26.2.1943 Theresienstadt
priv.: Waitzstr. 6, Charlottenburg
Kanzlei: Landgrafenstr. 6, W 62
RA am KG und Notar. Nach der Machtübernahme der Nationalsozialisten auf Antrag wieder als Anwalt und Notar zugelassen; Ende 1935 Entzug des Notariats; bis zum allgemeinen Berufsverbot 1938 als Anwalt zugelassen. Deportation am 12.1.1943 nach Theresienstadt, dort nach wenigen Wochen umgekommen.
Br.B. 32; TK 33; *li; DJ 36, S. 314; BArch, R 3001 PAK; MRRAK; BG; g; ThG; GB II

Arnheim, Julius Dr.
26.12.1874 Alt-Valm - keine Angaben
priv.: Güntzelstr. 63, Wilmersdorf
Kanzlei: Güntzelstr. 63, Wilmersdorf
RA am LG I-III und Notar. Nach der Machtübernahme der Nationalsozialisten auf Antrag wieder als Anwalt zugelassen, Entzug des Notariats 1933. Die Sozietät musste 1933 aufgelöst, die Kanzlei verlegt werden. Bis zum allgemeinen Berufsverbot 1938 als Anwalt zugelassen. A. konnte am 2.9.1940 nach Mexiko emigrieren.
Br.B. 32; TK 33; JMBl. 30.6.33, S. 202; *li; MRRAK; BArch, R 3001 PAK; BG

Arnheim, Rudolf Dr.
26.2.1875 Mannheim - 1.7.1943 Theresienstadt
priv.: Pfalzburger Str. 85-86, W 15
Kanzlei: Pfalzburger Str. 85-86, W 15
RA am LG I-III, AG Charlottenburg und Notar. Nach der Machtübernahme der Nationalsozialisten 1933 Entzug des Notariats, auf Antrag wieder als Anwalt zugelassen bis zum allgemeinen Berufsverbot 1938. Die Vermögenserklärung hat A. am 30.9.1942 unterschrieben; Sammellager Artilleriestr. 31; am 3.10.1942 nach Theresienstadt deportiert, wo er im Sommer 1943 umgekommen ist.
Br.B. 32; TK 33; JMBl. 30.6.33, S. 202; *li; DJ 36, S. 314; BArch, R 3001 PAK; MRRAK; BG; ThG; GB II

Arnold, Fritz W. Dr.
3.2.1894 Charlottenburg - 21.12.1980 Lemgo
priv.: Konstanzer Str. 51, Wilmersdorf
Kanzlei: Unter den Linden 71, NW 7
A. war als WK I-Teilnehmer schwer kriegsverletzt worden (beinamputiert); RA seit 1926, zugelassen am LG I-III und AG Berlin-Mitte, zugleich Notar. Nach der Machtübernahme auf Antrag wieder als Anwalt und Notar zugelassen, weil er „Frontkämpfer" war. Ende 1935 Entzug des Notariats; praktizierte bis zum allgemeinen Berufsverbot 1938; war danach noch als „Konsulent" tätig; arbeitete 1939/40 im Beirat des Büros Pfarrer Grüber. A. gelang Ende Sept. 1942 mit „Unternehmen Sieben" die Flucht in die Schweiz, nach Basel. 1946 siedelte er in die USA, nach New York, über, studierte dort amerikanisches Recht. Er kehrte in den 1960er Jahren nach Deutschland zurück, wo er 1980 starb.
Br.B. 32; TK 33; *li; DJ 36, S. 314; MRRAK; Liste d. Kons., 15.3.39; Tel.B. 41; BG; Göpp., S. 32; Ausk. Dorothee Fliess

Aron, Ludwig Dr.
13.7.1894 - keine Angaben
priv.: k.A.
Kanzlei: Friedrichstr. 59/60, W 8
RA am LG I-III. Nach der Machtübernahme der Nationalsozialisten Berufsverbot zum 16.6.1933.
Br.B. 32; TK 33; Liste d. nichtzugel. RA, 25.4.33; JMBl. 33, S. 253; BArch, R 3001 PAK, PA

Arons, Albert Dr.
12.8.1898 Berlin - 22.7.1948 Grenoble
priv.: Königsweg 24, Charlottenburg
Kanzlei: Mohrenstr. 9, W 8
A. war als Freiwilliger im WK I schwer verletzt worden und wurde mit dem EK ausgezeichnet. Als RA am LG I-III und AG Berlin-Mitte zugelassen. Nach der Machtübernahme der Nationalsozialisten wegen seines Fronteinsatzes als RA wieder zugelassen. Die Weihnachtsferien 1935 verbrachte die vierköpfige Familie in der Schweiz, dort teilten die Eltern ihren beiden Töchtern mit, dass sie nicht mehr nach Berlin zurückkehren würden. Anfang April kam die Familie in Portugal an, da die klassischen Auswanderungsländer „alle überfüllt waren" (R. Arons). Zuvor hatten sie fünf Tage in Paris verbracht, um der Fahrt einen Reisecharakter zu geben. Zu Portugal hatte die Familie keine Verbindungen außer einer Visitenkarte, die die Großmutter von einer nach Portugal ausgewanderten Frau erhalten hatte. Diese Frau nahm die Familie tatsächlich auf und half ihr, ein neues Leben aufzubauen.
A. konnte sich nicht mehr als Anwalt betätigen, da er nicht über soziale Kontakte verfügte und seine Abschlüsse nicht anerkannt wurden. Bis dahin war in der Familie eine kaufmännische Tätigkeit verpönt, nun musste A. auf diese Weise versuchen, den Lebensunterhalt der Familie zu sichern. Er versuchte Ölsardinen zu exportieren, scheiterte damit jedoch. 1948 starb er auf einer

Erholungsreise in die Schweiz an einem Lungenemphysem.
Eine Tochter machte in Portugal das Abitur und studierte anschließend Philosophie und Geschichte. Mit dem konservativ eingestellten Vater geriet die politisch engagierte Tochter bis zu dessen Tod häufig in Streit. In Berlin war in der Familie die jüdische Tradition noch in beschränktem Maße gepflegt worden, mit dem Kriegsausbruch wurden die grundsätzlichen Zweifel an Gott immer stärker; die Tochter wurde Atheistin. Sie zitiert den Spruch: „Sind Sie religiös?" – „Nein, Gott sei Dank, nicht!" Die Tochter A. wurde eine überzeugte Portugiesin, über lange Jahre sprach sie kein Wort Deutsch. Sie hat sich für politische Veränderungen in Portugal eingesetzt, ihr Sohn war zeitweilig Mitglied der sozialistischen Regierung.
Br.B. 32; TK 33; *li; DJ 36, S. 106; BArch, R 3001 PAK, PA; BG; Ausk. R. Arons

Aronsohn, Georg, JR
3.10.1867 Bromberg – 17./18.1.1943 Theresienstadt
priv.: Regensburger Straße
Kanzlei: Kaiserallee 26, Wilmersdorf
A., der in Bromberg als Anwalt niedergelassen war, optierte 1920 für Deutschland und zog mit seiner Familie nach Berlin. Dort wurde er wieder als Anwalt zugelassen, zuletzt am LG I-III und AG Charlottenburg, und zum Notar ernannt. Nach der Machtübernahme der Nationalsozialisten 1933 auf Antrag wieder als Anwalt und Notar zugelassen, da er als „Altanwalt" anerkannt worden war. 1934 verteidigte A. seinen Kollegen > Ludwig Bendix in einem Verfahren, das mit einem Freispruch endete. Ende 1935 Entzug des Notariats. A.s Kanzlei wurde im Zuge des allgemeinen Berufsverbots zum 30.11.1938 aufgelöst, danach war er noch als „Konsulent" tätig. A.s Töchtern gelang die Emigration, seine Ehefrau starb im Juli 1939 an Krebs. A. wurde am 3.10.1942 nach Theresienstadt deportiert, wo er nach wenigen Monaten einem Schlaganfall erlag. Ursache des Schlaganfalls war die Information, dass sein Name auf einer Deportationsliste „nach dem Osten" verzeichnet war. Seine zweite Ehefrau wurde nach seinem Tod nach Auschwitz verschleppt und mit weiteren Angehörigen ermordet.
Br.B. 32; TK 33; *li; DJ 36, S. 314; MRRAK; ThG; GB II (hier: Todesdatum 17.1.1943); Göpp., S. 238; Proskauer, E.: Wege und Umwege (hier: Todesdatum 18.1.1943)

Aronsohn, Max, JR
7.6.1854 Berlin - 4.1.1939
priv.: k.A.
Kanzlei: Potsdamer Str. 116 III, W 35
RA am KG; nach der Machtübernahme der Nationalsozialisten 1933 auf Antrag wieder zugelassen (vermutlich „Altanwalt"); bis zum allgemeinen Berufsverbot 1938 als Anwalt tätig. A. starb 1939 im Alter von 85 Jahren.
Br.B. 32; TK 33; *li; DJ 36, S. 314; BArch, R 3001 PAK; MRRAK; Tel. B. 38; BG

Asch, Adolf Dr.
27.2.1881 Posen - 1972 London
priv.: Tauentzienstr. 11, W 50
Kanzlei: Tauentzienstr. 11, W 50
A. hatte am WK I teilgenommen und war schwer verwundet worden. Er kehrte als Kriegsinvalide mit 50 Prozent Schwerbeschädigung zurück. Als RA am KG zugelassen, zugleich Notar; nach 1918 Vorsitzender des Schlichtungsausschusses Berlin; Justitiar für rumänisches Recht; Vorst.-Mitgl. des Vereins für Bodenreform; Vorst.-Mitgl. des Vereins der Kammergerichtsanwälte. Nach der Machtübernahme der Nationalsozialisten im April 1933 für sechs Wochen mit einem Vertretungsverbot belegt, auf Antrag wieder als Anwalt am KG und Notar zugelassen, da er als „Frontkämpfer" anerkannt wurde; Ende 1935 Entzug des Notariats; praktizierte als Anwalt bis zum allgemeinen Berufsverbot 1938. Im Zuge des Pogroms vom November 1938 verhaftet und im KZ Sachsenhausen interniert; zog sich dort ein Augen- und Ischiasleiden zu; nach der Freilassung noch kurzzeitig als „Konsulent" zugelassen. Im Januar 1939 Emigration nach England; lebte in Manchester gemeinsam mit seiner Frau und seinem Sohn, der in Mailand eine Ausbildung als Chemiker abgeschlossen hatte, bis dieser zur Air Force ging. 1941-45 Arbeit als Packer. Die Ehefrau trug mit Sprachunterricht zum Lebensunterhalt bei. Die Tochter überlebte ein Internierungslager in Frankreich; später endgültige Übersiedelung nach London.
Br.B. 32; TK 33; *li; DJ 36, S. 314; BArch, R 3001 PAK; MRRAK; LAB, Liste d. Kons.; LBI; BG; Walk

Asch, Albert Dr., JR
1864 Posen - 1936 Berlin
priv.: k.A.
Kanzlei: Nymphenburger Str. 7, Schöneberg
RA am KG und Notar; war der Vater von Ernst und Walter A.; nach der Machtübernahme auf Antrag wieder zugelassen, wahrscheinlich als „Altanwalt"; Ende 1935 Entzug des Notariats und Löschung der Zulassung; starb 1936 im Alter von 72 Jahren.
TK 33; *li; DJ 36, S. 314; BArch, R 3001 PAK; BG; BHdE Bd. 1, S. 22 (Ash, Ernest E.); Ausk. Ruth Arons, 6.12.1998

Asch, Ernst Dr.
15.3.1890 Posen - September 1980 New York
priv.: Reichsstr. 37, Charlottenburg
Kanzlei: Kurfürstendamm 185, W 15
Sohn von RA und Notar Albert A., Bruder von RA Walter A.; 1908-11 Studium in Genf, München, Berlin, Kiel und Breslau; 1914-1919 Militärrichter, ausgezeichnet mit dem EK II; ab 1919 RA, zuletzt am LG I-III, ab 1923 auch Notar; Spezialist für Völkerrecht, Rechtsberater in- und ausländischer Banken. Nach der Machtübernahme der Nationalsozialisten im Sommer 1933 Berufsverbot; 1938 kurze Haft; Emigration in die Niederlande am 26.9.1938; im April 1940 weiter nach Mexiko; ab Juli 1940 in den USA; nannte sich fortan Ernest Ash. Ab 1940 Anlageberater und Börsenmakler; auch unentgeltlicher Vertreter von Emigranten in Wiedergutmachungsangelegenheiten; starb 1980 in New York.
Br.B. 32; TK 33; JMBl., S. 253; BG; BHdE Bd. 1, S. 22 (Ernest Ash); BArch, R 3001 PAK; SSDI; Ausk. Ruth Arons, 6.12.1998

Asch, Walter Dr.
8.4.1886 Posen - 1972 (?) London
priv.: Berliner Str. 19, Charlottenburg
Kanzlei: Friedrich-Karl-Ufer 2-4, NW 40
Sohn von RA und Notar Albert A., Bruder von RA Ernst A.; zeitweilig

Jurist bei der AEG Berlin; RA am LG I-III. Nach der Machtübernahme der Nationalsozialisten auf Antrag wieder zugelassen, musste aber 1933 seine Kanzlei verlegen; Emigration nach Großbritannien im September 1938 (1936?); 1972 in London gestorben.
Br.B. 32; TK 33; *li; BG; BHdE Bd. 1, S. 22 (Ash, Ernest E.); BArch, R 3001 PAK; Ausk. Ruth Arons, 6.12.1998

Ascher, Bruno Dr.
4.9.1887 Soldau/Ostpreußen - 26.8.1933 Berlin
priv.: Bellevuestr. 6a, W 9
Kanzlei: Bellevuestr. 6a, W 9
A. hatte am WK I teilgenommen, in dieser Zeit hatte er sich ein chronisches Magenleiden zugezogen. RA am LG I-III, AG Berlin-Mitte und Notar. Nach der Machtübernahme der Nationalsozialisten wurde am 5.5.1933 ein Vertretungsverbot gegen ihn erlassen, das wieder aufgehoben wurde, nachdem er diverse Unbedenklichkeitsbescheinigungen vorgelegt und seinen Fronteinsatz nachgewiesen hatte. A. starb Ende August 1933 im Alter von 45 Jahren.
Adr.B. 32; TK 33; Pr.J. 33, S. 390; BArch, R 3001 PAK, PA; Naatz-Album

Ascher, Hermann
12.1.1886 Berlin - 4.4.1942 Litzmannstadt/Lodz
priv.: Neue Königstr. 55-56, C 2
Kanzlei: An der Spandauer Brücke 1b
RA am LG I-III und Notar. Nach der Machtübernahme der Nationalsozialisten Entzug des Notariats; als Anwalt bis zum allgemeinen Berufsverbot 1938 zugelassen. Deportation am 24.10.1941 nach Litzmannstadt/Lodz; dort ein halbes Jahr später umgekommen.
Br.B. 32; TK 33; JMBl. 30.6.33, S. 202; *li; Liste 36; MRRAK; BArch, R 3001 PAK; BG; GB II

Aschheim, Carl Dr.
17.1.1879 Berlin - Deportation 1942
priv.: Landhausstr. 38, Wilmersdorf
Kanzlei: Nürnberger Str. 53-55, W 50
RA am LG I-III und Notar. Nach der Machtübernahme der Nationalsozialisten 1933 Entzug des Notariats; musste seine Kanzlei verlegen; bis zum allgemeinen Berufsverbot 1938 als Anwalt zugelassen. Datum der Vermögenserklärung: 2.4.1942, Deportation am 2.4.1942 nach Warschau.
Br.B. 32; TK 33; JMBl. 33, S. 208; *li; BArch, R 3001 PAK; MRRAK; BG; GB II

Aschkenasi, Ludwig
7.3.1887 - keine Angaben
priv.: An der Apostelkirche 8, W 57
Kanzlei: An der Apostelkirche 8, W 57
RA am LG I-III und Notar; Gesellschafter der Jüdische Verlag GmbH. Nach der Machtübernahme der Nationalsozialisten Berufsverbot im Frühjahr 1933; Emigration nach Frankreich, Paris.
Br.B. 32; TK 33; Liste d. nichtzugel. RA, 25.4.33; JMBl. 33, S. 253; BArch, R 3001 PAK; BG

Auerbach, Dagobert Dr., JR
27.7.1871 Posen - keine Angaben
priv.: Kaiser-Wilhelm-Platz 2-4, Schöneberg
Kanzlei: Kaiser-Wilhelm-Platz 2-4, Schöneberg
RA am LG I-III und Notar, in Sozietät mit > Ernst Pick; nach der Machtübernahme der Nationalsozialisten 1933 auf Antrag wieder als Anwalt und Notar zugelassen; Ende 1935 Entzug des Notariats; als Anwalt bis zum allgemeinen Berufsverbot 1938 zugelassen; später Emigration nach Argentinien.
Br.B. 32; TK 33; *li; DJ 36, S. 314; MRRAK; BArch, R 3001 PAK; BG

Auerbach, Ella, geb. Levi
15.1.1900 Frankfurt a. M. - 20.4.1999 New York
priv.: Matthäikirchplatz 5, W 35
Kanzlei: Burgstr. 28, C 2
Nach dem ersten Staatsexamen 1922 wurde Ella Levi im gleichen Jahr in Bad Homburg als Referendarin vereidigt. Während ihres Referendariats lernte sie > Richard Auerbach, Anwalt aus Berlin, kennen. 1925 heirateten die beiden. Ella A. durfte nun in Berlin ihr Referendariat fortsetzen. Nach einer Fehlgeburt schwankte sie, ob sie die Ausbildung beenden sollte, entschied sich letztlich für den Abschluss. Zwei Monate vor dem Examen war sie erneut schwanger und ließ sich beurlauben. 1926 kam ihre erste Tochter auf die Welt. Im Februar 1928 legte Ella A. dann das zweite Staatsexamen in Frankfurt ab; die Frankfurter Zeitung berichtete darüber, denn sie war die erste Referendarin überhaupt im OLG-Bezirk Frankfurt. Am 18.3.1928 wurde Ella A. als erste Anwältin am Kammergericht zugelassen, auch hierüber berichtete die Frankfurter Zeitung. 1929 wurde das zweite Kind, ein Sohn, geboren. Die Wohnung der Familie am Matthäikirchplatz in Tiergarten war hochmodern eingerichtet. Bis 1933 arbeitete das Paar in einer Sozietät zusammen. Nach der Machtübernahme der Nationalsozialisten wurde gegen Ella A. am 17.6.1933 ein Berufsverbot verhängt, ihr Ehemann Richard A. durfte als ehemaliger „Frontkämpfer" noch eine Zeitlang, bis 1935 auch als Notar, weiter praktizieren.
Nach dem Pogrom im November 1938 wäre Richard A. beinahe verhaftet worden und tauchte unter. Nun war er bereit, dem Drängen seiner Frau nach einer Emigration nachzugeben. Im Januar 1939 emigrierte die Familie nach Großbritannien, weil sie keine gemeinsame Einreiseerlaubnis in die USA hatte erhalten können. Richard A. wurde zu Kriegsbeginn in Großbritannien interniert. Nachdem er im Juli 1940 wieder freigekommen war, gelang es der Familie im September 1940 doch noch, in die USA einzureisen. Ella A. hatte Stenografie und Schreibmaschineschreiben gelernt. In New York konnte sie eine Stelle als Sekretärin und Übersetzerin finden und für den Unterhalt der Familie sorgen. Ihr Mann bildete sich inzwischen als Wirtschaftsprüfer fort. Im Dezember 1940 konnte sie als Sozialarbeiterin bei der „Selfhelp for German Emigrees", einer von Paul Tillich gegründeten Selbsthilfeorganisation, anfangen; später war sie Vorstandsmitglied dieser Organisation.
Von 1950-53 absolvierte Ella A. in Abendkursen ihre Ausbildung als Sozialarbeiterin an der Columbia University und kümmerte sich anschließend um alte Menschen. Im Alter von 66 Jahren studierte sie vier Semester vergleichende jüdische Religionsgeschichte und arbeitete später für ein Jahr bei der „Federation of Jewish Philanthropies". Aus gesundheitlichen Gründen musste sie diese Tätigkeit aufgeben und engagierte sich in gemeinnützigen Vereinigungen, u.a. als Präsidentin der „Sisterhood" der Habonim Gemeinde und der Frauengruppe des Leo Baeck Institutes. Sie starb 1999 in New York.
Br.B. 32; TK 33; Liste d. nichtzugel. RA, 25.4.33; JMBl. 33, S. 209; BArch, R 3001 PAK, PA; BG; Jewish Immigr. U.S.A., Oral History, S. 5; BHdE Bd. 1, S. 24 (A., Richard Joseph); Juristinnen; Ausk. Prof. Günther und Frau Waltraud, 28.12.1998 u. 1999

Auerbach, Felix
30.1.1889 Gollantsch - Deportation 1942
priv.: Helmstedter Str. 24, Wilmersdorf
Kanzlei: Stresemannstr. 12, SW 11
RA am LG I-III, AG Berlin-Mitte und Notar; nach der Machtübernahme der Nationalsozialisten Berufsverbot im Frühjahr 1933. Am 11.7.1942 deportiert, vermutlich nach Auschwitz.
Br.B. 32; TK 33; Liste d. nichtzugel. RA, 25.4.33; JMBl. 33, S. 253; BArch, R 3001 PAK, PA; BG; GB II

Auerbach, Friedlieb (Fritz) Dr.
5.1.1888 Frankfurt a. M. - keine Angaben
priv.: k.A.
Kanzlei: Dorotheenstr. 79, NW 7
Seit 1918 als RA in Berlin niedergelassen, zuletzt am KG zugelassen; nach der Machtübernahme der Nationalsozialisten Berufsverbot zum 1.8.1933.
Br.B. 32; TK 33; Liste d. nichtzugel. RA, 25.4.33; JMBl. 33, S. 282; BArch, R 3001 PAK, PA

Auerbach, Gerhard
19.2.1902 Berlin - keine Angaben
priv.: k.A.
Kanzlei: Friedrichstr. 77, W 8
Seit 1929 RA in Berlin, zuletzt zugelassen am KG; nach der Machtübernahme der Nationalsozialisten Berufsverbot zum 19.6.1933. A. ist vermutlich nach Palästina emigriert.
Br.B. 32; TK 33; Liste d. nichtzugel. RA, 25.4.33; JMBl. 33, S. 253; BArch, R 3001 PAK, PA

Auerbach, Herbert Dr.
27.7.1890 - keine Angaben
priv.: k.A.
Kanzlei: Potsdamer Str. 138 a
RA am LG I-III, AG Berlin-Mitte und Notar; nach der Machtübernahme der Nationalsozialisten Berufsverbot im Frühjahr 1933; 1936 emigriert; gegen ihn wurde ein Steuersteckbrief erlassen.

Br.B. 32; TK 33; Liste d. nichtzugel. RA; JMBl. 33, S. 253; BArch, R 3001 PAK; Wolf, BFS

Auerbach, Jakob (Isidor), JR
30.5.188? - 20.6.1935
priv.: k.A.
Kanzlei: Lützowufer 10
RA am LG I-III und Notar; nach der Machtübernahme der Nationalsozialisten 1933 auf Antrag wieder zugelassen. A. starb 1935 im Alter von höchstens 55 Jahren.
Br.B. 32; TK 33; *li; LAB, Liste 15.10.33; BArch, R 3001 PAK; BG

Auerbach, Jakob Dr.
keine Angaben
priv.: Roonstr. 2, A 1
Kanzlei: Roonstr. 2, A 1
RA am LG I-III und Notar. Nach der Machtübernahme der Nationalsozialisten 1933 auf Antrag wieder als Anwalt zugelassen, aber Notariat entzogen; Emigration in die Niederlande am 1.10.1937, seine Zulassung wurde zum 27.12.1936 gelöscht.
Br.B. 32; TK 33; JMBl. 30.6.33, S. 202; *li; BG; BArch, R 3001 PAK; Ausk. Reich-Ranicki, 11.5.2000

Auerbach, Kurt Berthold Dr.
28.10.1893 – 24.(28.?).3.1941 Berlin
priv.: Mommsenstr. 22, Charlottenburg
Kanzlei: Lindenstr. 16/17, SW 68
RA am LG I-III, AG Schöneberg und Notar; nach der Machtübernahme der Nationalsozialisten 1933 auf Antrag wieder zugelassen; Ende 1935 Entzug des Notariats; bis zum allgemeinen Berufsverbot 1938 als RA zugelassen. A. starb 1941 im Alter von 47 Jahren im Jüdischen Krankenhaus.
Br.B. 32; TK 33; *li; DJ 36, S. 314; MRRAK; BArch, R 3001 PAK; BG

Auerbach, Leo
keine Angaben
priv.: k.A.
Kanzlei: Unter den Linden 56
RA am LG I-III. Nach der Machtübernahme der Nationalsozialisten Berufsverbot im Frühjahr 1933; war mit einer „Nichtjüdin" liiert und später verheiratet; ging mit einem mexikanischen Pass nach Frankreich; wurde Angehöriger der Fremdenlegion und soll deren Bibliothek in Nordafrika verwaltet haben; überlebte und wohnte nach der Befreiung in Hessen.
Br.B. 32; TK 33; Liste d. nichtzugel. RA; JMBl. 33, S. 220; BArch, R 3001 PAK; Reich-Ranicki: Mein Leben, 1999, S. 137/38; ergänz. Mitteil. 11.5.2000

Auerbach, Leonhard Dr.
23.10.1891 Berlin - 11.2.1961 Berlin
priv.: Lindauer Str. 8, Schöneberg
Kanzlei: Kleiststr. 26, W 26
RA am LG I-III und Notar; nach der Machtübernahme der Nationalsozialisten auf Antrag wieder zugelassen, aber die gemeinsame Kanzlei mit dem nicht-jüdischen Partner wurde aufgelöst; 1935 Entzug des Notariats; 1938 allgemeines Berufsverbot als Rechtsanwalt. 1939 bis Dezember 1940 im Büro Grüber tätig (zur Unterstützung „nichtarischer" Christen, dem gleichnamigen Reichsverband gehörte er selbst an), Referent für Haft-, KZ-, Ausweisungs-, Auswanderungsangelegenheiten und Rechtsfragen, danach aushilfsweise bei „Konsulenten" tätig; zu Aufräumarbeiten zwangsverpflichtet, August bis November 1943 im Arbeitslager Wuhlheide; erkrankte schwer und wurde von dem Grüber-Mitarbeiter Dr. Jaffé zu Hause operiert; danach Zwangsarbeiter in einem Rüstungsbetrieb und einem Büroartikelgeschäft. A. lebte in einer sog. Mischehe, seine Ehefrau galt als „arisch". Nach 1945 zunächst wieder Anwalt und Notar in Berlin (Ost), seit 1949 Honorarprofessor an der FU Berlin, an deren Aufbau er mitgewirkt hat.
Br.B. 32; TK 33; *li; DJ 36, S. 314; MRRAK; BArch, R 3001 PAK; Mitt. bl. Reichsverband nichtarischer Christen 6.12.1934; BG; Göpp, S. 327f.

Auerbach, Max Dr.
11.8.1887 Berlin - keine Angaben
priv.: Lietzenburger Str. 13, W 15
Kanzlei: Ritterstr. 54
RA am KG und Notar. Nach der Machtübernahme der Nationalsozialisten war die Frage der Zulassung als Anwalt und Notar über mehrere Monate strittig. Schließlich behielt er seine Zulassungen. Ende 1935 Entzug des Notariats; vor dem allgemeinen Berufsverbot 1938 in den Anwaltslisten gelöscht. A. emigrierte nach Großbritannien.
Adr.B. 32; Pr.J. 33, S. 532 u. 840; DJ 36, S. 314; Liste 36; BArch, R 3001 PAK; BG

Auerbach, Richard Joseph Dr.
6.2.1892 Posen - 1.9.1980 New York
priv.: Matthäikirchplatz 5, W 35
Kanzlei: Burgstr. 28, C 2
Studium in Heidelberg, Berlin und Halle; 1914-18 Soldat im WK I, Fronteinsatz; 1919 Promotion in Breslau; ab 1921 Gerichtsassessor, ab 1923 RA in Berlin; lernte Mitte der 1920er Jahren seine spätere Frau > Ella kennen; Heirat 1925. Ella A. trat 1928 in seine Kanzlei ein. A. war Anfang 1933 am LG I-III, am AG Berlin-Mitte und auch als Notar zugelassen; 1921-38 Vorstandsmitglied der jüdischen Studentenverbindung „Kartell Convent". Nach der Machtübernahme erhielten seine Ehefrau und sein anderer Partner, > Dr. Max Raphael, Berufsverbot. A. ging daher eine Sozietät mit > Wilhelm Goldberg ein. Seine

113

Frau unterstützte ihn weiter in der Anwaltsarbeit. Gegen A. wurde ein Ehrengerichtsverfahren angestrengt, in dem er freigesprochen wurde, trotz heftiger antisemitischer Hetze. Ende 1935 Entzug des Notariats; bis zum allgemeinen Berufsverbot als RA tätig. Er entging der Verhaftung nach dem Pogrom im November 1938 nur knapp und musste einige Zeit untertauchen. Seine Frau überredete ihn nun zur Emigration. Im Januar 1939 ging die Familie mit zwei Kindern nach Großbritannien. A. wurde 1939 bei Kriegsbeginn für vier Monate auf der Isle of Man interniert. Nach seiner Freilassung reiste die Familie im September 1940 nach New York aus. Eine Zeitlang sorgte die Ehefrau für den Lebensunterhalt, während A. Wirtschaftswissenschaften studierte mit dem Ziel, Wirtschaftsprüfer zu werden; ein erneutes Jurastudium konnten sich beide nicht leisten. 1945 Examen, dann bis 1949 als angestellter Wirtschaftsprüfer tätig, danach selbstständig; auch mit Wiedergutmachungsfällen befasst; Funktionär in jüdischen Vereinen und Verbänden. Das Ehepaar wohnte weiter in New York, wo A. 1980 im Alter von 88 Jahren starb.
Br.B. 32; TK 33; *li, LAB, 15.10.33; DJ 36, S. 314; MRRAK; BArch, R 3001 PAK; BG; BHdE Bd. 1, S. 24

Aufrecht, Ernst
keine Angaben
priv.: k. A.
Kanzlei: Seydelstr. 31, SW 19
RA am LG I-III, AG Berlin-Mitte und Notar; nach der Machtübernahme der Nationalsozialisten 1933 Entzug des Notariats; bis zum allgemeinen Berufsverbot 1938 als RA tätig.
Br.B. 32; TK 33; JMBl. 30.6.33, S. 202; *li; Liste 36; MRRAK; BArch, R 3001 PAK

B

Bab, Hans
19.10.1905 Schneidemühl - 12.2.1989 Chile
priv.: k.A.
Kanzlei: Nürnberger Platz 3, W 50
RA am LG I-III und AG Berlin-Mitte. Nach der Machtübernahme der Nationalsozialisten Berufsverbot zum 20.6.1933, trotz intensiver Bemühungen, weiter tätig sein zu dürfen. B. emigrierte rechtzeitig und lebte zuletzt in Chile; dort starb er 1989 im Alter von 83 Jahren.
TK 33; Liste d. nichtzugel. RA, 25.4.33; JMBl. 33, S. 253; BArch, R 3001 PAK, PA; Ausk. T. Krach

Bach, Julian Dr.
30.1.1882 Posen - 26.8.1942 Berlin
priv.: Auguststr. 14-15, Hospital N 4
Kanzlei: Hauptstr. 156, Schöneberg
RA am LG I-III, AG Schöneberg und Notar. Nach der Machtübernahme der Nationalsozialisten 1933 Entzug des Notariats; bis zum allgemeinen Berufsverbot 1938 als RA tätig. B. starb 1942 im Alter von 60 Jahren im Hospital, die näheren Umstände sind nicht bekannt.
Br.B. 32; TK 33; JMBl. 33, S. 208; *li; LAB, Liste 15.10.33; MRRAK; BArch, R 3001 PAK

Bachwitz, Willi
12.8.1884 Halle/Saale - keine Angaben
priv. Kurfürstendamm 46 (15), W 15
Kanzlei: Knesebeckstr. 59/60, W 15
RA am LG I-III und Notar; nach der Machtübernahme der Nationalsozialisten 1933 als Notar entlassen; Auflösung der Sozietät mit Georg Philipsborn und räumliche Verlegung der Kanzlei 1933; gehörte dem Reichsverband nichtarischer Christen an; die Zulassung als Anwalt wurde zum 1.4.1937 gelöscht. B. emigrierte nach Südafrika, Beaufort West.
Br.B. 32; TK 33; JMBl. 33, S. 208; *li; LAB, Liste 15.10.33; BArch, R 3001 PAK; Mitt.bl. Reichsverband nichtarischer Christen 6.12.1934; BG

Bäcker, Benno Dr.
18.1.1893 - keine Angaben
priv.: k.A.
Kanzlei: Rathenower Str. 5, NW 52
RA seit 1921, zuletzt am LG I-III und AG Berlin-Mitte, Notar seit 1932. Nach der Machtübernahme der Nationalsozialisten zum 23.5.1933 mit Berufsverbot belegt.
Br.B. 32; TK 33; Liste d. nichtzugel. RA, 25.4.33; BArch, R 3001 PAK

Badrian, Alfred Dr.
27.4.1878 Ober-Heiduk - 25.1.1942 Riga
priv.: Wielandstr. 34, Charlottenburg
Kanzlei: Königstr. 48, C 2
RA am LG I-III, AG Charlottenburg und Notar; nach der Machtübernahme der Nationalsozialisten 1933 als Notar entlassen; bis zum allgemeinen Berufsverbot 1938 als Anwalt tätig. Am 13.1.1942 nach Riga deportiert; dort wenig später ermordet.
Br.B. 32; TK 33; JMBl. 33, S. 234; *li; LAB, Liste 15.10.33; BArch, R 3001 PAK; MRRAK; BG; BdE; GB II

Badrian, Erich
24.4.1898 Burg - keine Angaben
priv.: k.A.
Kanzlei: Kaiser-Wilhelm-Str. 46
RA am KG. Nach der Machtübernahme der Nationalsozialisten Berufsverbot im Frühjahr 1933. Emigration nach Palästina am 16.5.1933.
Br.B. 32; TK 33; Liste d. nicht zugel. RA, 25.4.33; JMBl. 4.8.33, S. 253; BArch, R 3001 PAK; BG

Badrian, Gerhard Dr.
13.10.1901 Kattowitz - Deportation 1943
priv.: Württembergische Str. 33, W 15
Kanzlei: Landsberger Allee 115/116, NO 18
B. war Dissident; RA am KG, zuvor am LG I. Nach der Machtübernahme wieder als Anwalt zugelassen bis zum allgemeinen Berufsverbot 1938. Tauchte ab Sept. 1942 unter. Er wurde verhaftet und am 4.8.1943 nach Auschwitz deportiert.
TK 33; *li; LAB, Liste 15.10.1933; BArch, R 3001 PAK; MRRAK; BG; GB II

Badrian, Gustav, JR
keine Angaben - 17.12.1935
priv.: k.A.
Kanzlei: Dernburgstr. 49, Charlottenburg
RA am LG I-III und Notar. Nach der Machtübernahme der Nationalsozialisten auf Antrag wieder zugelassen (auch als Notar); starb im Dezember 1935.
Br.B. 32; TK 33; *li; DJ 36, S. 67; BArch, R 3001 PAK; BG

Baer, Albert Dr.
4.4.1888 - keine Angaben
priv.: k.A.
Kanzlei: Friedrich-Ebert-Str. 2-3, W 9
RA am LG I-III und Notar. Nach der Machtübernahme der Nationalsozialisten im Frühjahr 1933 Berufsverbot.
Br.B. 32; TK 33; Liste d. nichtzugel. RA, 25.4.33; JMBl. 33, S. 253; BArch, R 3001 PAK

Ball, Arthur Dr.
7.3.1889 Philadelphia, USA - 15.2.1975 Colorado, USA
priv.: k.A.
Kanzlei: Dorotheenstr. 31, NW 7

B. war evangelisch getauft, ebenso seine Eltern; RA am LG I-III und Notar. Nach der Machtübernahme der Nationalsozialisten noch kurzzeitig auf Antrag wieder zugelassen. 1933 Emigration nach Großbritannien, London. Zum 24.7.1934 wurde die Zulassung gem. § 21 Abs. 1 der RAO gelöscht. B. wanderte später in die USA aus; gegen ihn wurde ein Steuersteckbrief erlassen. Er starb in Colorado kurz vor Vollendung des 86. Lebensjahres.
Br.B. 32; TK 33; *li; BArch, R 3001 PAK; Wolf, BFS

Ball, Ernst Dr., JR
keine Angaben
priv.: Potsdamer Str. 50, W 35
Kanzlei: Viktoria-Luise-Platz 1, W 30
RA am LG I-III und Notar. Ernst B. praktizierte in einer Kanzlei mit den Brüdern Fritz und Kurt Ball. Nach der Machtübernahme der Nationalsozialisten 1933 Entzug des Notariats, zudem wurde gegen die Brüder Ball im Juni 1933 ein Berufsverbot verhängt. Ernst B. gab seine Zulassung als RA zurück, die Kanzlei wurde aufgelöst.
Jüd.Adr.B; Br.B. 32; TK 33; JMBl. 33, S. 234; Pr.J. 33, S. 502; BArch, R 3001 PAK; Ball-Kaduri

Ball, Fritz Dr.
19.7.1893 Berlin - November 1968
priv.: Eisenacher Str. 81, Schöneberg
Kanzlei: Viktoria-Luise-Platz 1, W 30
Seit 1920 als Anwalt zugelassen, seit 1930 auch als Notar. Nach der Machtübernahme der Nationalsozialisten wurde er im März 1933 verhaftet und in dem wilden KZ der Kaserne General-Pape-Str. festgehalten und gefoltert. Wenig später kam er wieder frei. Die Kanzlei, die er gemeinsam mit seinem Bruder Kurt B. und einem weiteren Verwandten, Ernst B., betrieb, musste aufgelöst werden, nachdem gegen Fritz und Kurt B. ein Berufsverbot verhängt worden war. B. wurde nach der Pogromnacht 1938 in das KZ Sachsenhausen verschleppt. Nach der Freilassung emigrierte er 1939 in die USA, wo er den Vornamen Fred annahm. Er starb 1968 in New York.
Br.B. 32; TK 33; JMBl. 30.6.33, S. 203; BArch, R 3001 PAK; Ball-Kaduri; BG; SSDI

Ball, Kurt Dr.
20.1.1891 Berlin - 29.5.1976 Tel Aviv
priv.: k.A.
Kanzlei: Viktoria-Luise-Platz 1, W 30
B. war von 1920-26 im Reichsfinanzministerium tätig. 1926 ließ er sich als RA mit Schwerpunkt Steuerangelegenheiten nieder (in einer Sozietät mit seinem Bruder Fritz und einem weiteren Verwandten, Ernst B.). Seine Zulassung hatte er am LG I-III, zugleich war B. Privatdozent an der Handelshochschule Berlin. B. war noch Anfang 1933 in den Vorstand der RAK gewählt worden, aus dem er wenig später aus politischen Gründen wieder ausscheiden musste. Nach der Machtübernahme der Nationalsozialisten Berufsverbot zum 19.6.1933, die gemeinsame Kanzlei musste aufgelöst werden. Bis 1938 war B. Steuerberater für jüdische Emigranten, 1934-37 zugleich Vorst.-Mitgl. der zionistischen Ortsgruppe Berlin. Bei der Verhaftungswelle nach der Pogromnacht 1938 wurde auch B. verhaftet, er war vom 11.11.-16.12.1938 im KZ Sachsenhausen interniert. Nach seiner Freilassung emigrierte er nach Palästina; er erweiterte seinen Namen und nannte sich fortan Kurt-Jacob Ball-Kaduri. In Palästina begann er 1943-44 mit der Sammlung von Zeugenaussagen zum Holocaust. Auf seine Initiative hin wurde diese Forschungsstelle (Yad Vashem) vom Staat Israel als nationale Gedenkstätte übernommen. Zahlreiche Veröffentlichungen (nach 1945 unter dem Namen Kurt-Jakob Ball-Kaduri) u.a.: Das Leben der Juden in Deutschland im Jahre 1933, Frankfurt/M. 1963
Br.B. 32; TK 33; Liste d. nichtzugel. RA, 25.4.33; JMBl. 28.7.33, S. 234; Verz.; Ball-Kaduri; Walk; Göpp., S: 267; BG

Bamberger, Hans Dr.
13.1.1892 Berlin - keine Angaben
priv.: k.A.
Kanzlei: Motzstr. 77, W 30
B. war getauft (wie schon sein Vater); RA am LG I-III und Notar. Nach der Machtübernahme der Nationalsozialisten auf Antrag wieder zugelassen, weil er als „Frontkämpfer" des WK I anerkannt wurde. Ende 1935 Entzug des Notariats; erhielt 1936 einen Unterhaltszuschuss vom Kammergericht; bis zum allgemeinen Berufsverbot 1938 als RA zugelassen.
Br.B. 32; TK 33; *li; BG; LAB, Liste 15.10.33; DJ, 36, S. 314; MRRAK; BArch, R 3001 PAK, PA

Bang, Ferdinand Dr.
13.2.1889 Marburg - 12.5.1955 Berlin
priv.: Schillerstr. 15, Charlottenburg
Kanzlei: Friedrichstr. 66, W 8
RA am LG I-III und Notar. Nach der Machtübernahme der Nationalsozialisten galt B. als „Mischling", er wurde weiter als Anwalt und Notar zugelassen, war aber als „jüdisch" markiert. Später musste er wegen Kriegseinwirkungen mehrfach seine Büroräume verlegen. B. war mit einer „arischen" Frau verheiratet, das Paar hatte gemeinsame Kinder. Nach der Befreiung wurde sein Antrag auf Entschädigung abgelehnt, da er zwar Beschränkungen erlitten, dennoch immer seinen Beruf hatte ausüben dürfen, zudem waren seine Kinder Mitglieder in der HJ und im BDM gewesen, er selbst in NSV und Volkssturm. 1946 wurde B. erst als Staatsanwalt und dann als Richter berufen. Aufgrund einer schweren Herzerkrankung war er jedoch nicht in der Lage, diese Aufgaben wahrzunehmen. 1949 erhielt er seine Wiederzulassung als RA. Er starb 1955 in Berlin.
Br.B. 32; TK 33; *li; LAB, Liste 15.10.33; LAB, Liste Mschl.36; Tel. B. 41; LAB, RAK, PA; BG

Barbasch, Ludwig Dr.
28.8.1892 Berlin - 12.7.1967 Wiesbaden
priv.: k.A.
Kanzlei: Königstr. 20/21, C 2
1918-19 in der Revolutionsphase Staatsminister ohne Portefeuille in Mecklenburg, nach der Niederschlagung der Revolution zum Tode verurteilt, später begnadigt; aktives Mitglied der KPD; 1924-1933 politischer Strafverteidiger in Berlin (Bürogemeinschaft mit > Hans Litten), als RA zugelassen am AG Berlin-Mitte und LG I-III. Nach der Machtübernahme der Nationalsozialisten im März 1933 verhaftet, zusammen mit Hans Litten und > Alfred Apfel; Berufsverbot; bis zum Sept.1933 in Brandenburg inhaftiert, nach

der Freilassung Emigration über die Schweiz und Italien nach Palästina; 1956/57 Rückkehr nach Deutschland; ab 1958 Rechtsanwalt in Wiesbaden, spezialisiert auf Wiedergutmachungssachen.
Adr.B. 32; TK 33; JMBl. 33, S. 220; GStA, Rep. 84 a, Nr. 20363; BG; Göpp., S. 328; Walk; Krach, S. 430

Barczinski, Arthur Dr.
27.2.1885 Allenstein - keine Angaben
priv.: k.A.
Kanzlei: Uhlandstr. 167, W 15
RA am LG I-III und Notar; seit 1921 kein Mitglied der Jüdischen Gemeinde mehr. Nach der Machtübernahme der Nationalsozialisten auf Antrag wieder zugelassen; Ende 1935 Entzug des Notariats; noch bis mindestens 1936 als Anwalt tätig; verlegte 1933 seine Kanzlei in die Albrecht-Achilles-Str. 5.
Br.B. 32; TK 33; *li; DJ 36, S. 314; Liste 36; LAB, Liste 15.10.33; BArch, R 3001 PAK; BG

Baron, Fritz Dr.
1.2.1905 - November 1980
priv.: k.A.
Kanzlei: Eisenacher Str. 113, W 30
RA am LG I-III und AG Berlin-Mitte. Nach der Machtübernahme der Nationalsozialisten Berufsverbot im Frühjahr 1933. Emigration in die USA, New York, nannte sich fortan Fred B.; im November 1980 in den USA gestorben.
TK 33; Liste d. nichtzugel. RA, 25.4.33; JMBl. 33, S. 209; BArch, R 3001 PAK; BG; SSDI

Barth, Aron Dr.
26.3.1890 Berlin - 1957 Tel Aviv
priv.: Auerbachstr. 15, Wilmersdorf
Kanzlei: Auerbachstr. 15, Wilmersdorf
1908-11 Studium in Berlin und Heidelberg; ab 1916 RA, zuletzt am KG, später auch Notar; 1916-33 Syndikus in der DANAT-Bank und des Hirsch-Kupfer-Konzerns; zionistischer Funktionär, u.a 1921-38 Rechtsbeistand beim WZO-Gericht, Delegierter für den Zionistischen Kongress und im Kongressgericht. Nach der Machtübernahme der Nationalsozialisten im Frühjahr 1933 Berufsverbot; Emigration nach Palästina, Haifa, am 1.6.1934 (nach anderer Quelle: 1933). Gegen ihn wurde ein Steuersteckbrief erlassen. Bis 1938 RA in Haifa, dann bis 1957 Vizepräsident, später Direktor der Anglo-Palestine Bank/Bank Leumi; Funktionär in Verbänden und Institutionen, u.a. Exekutivmitglied der Hebräischen Universität Jerusalem und 1947-57 Gerichtspräsident des WZO-Gerichts; 1957 in Tel Aviv gestorben.
Veröffentl.: Orthodoxie und Zionismus (1920) und div. religiöse Schriften.
Adr.B. 32; TK 33; Liste d. nichtzugel. RA, 25.4.33; JMBl. 23.6.33, S. 195; BArch, R 3001 PAK; BG; BHdE Bd. 1, S. 36; Walk; Lowenthal; Wolf, BFS

Baruch, Bernhard
4.7.1885 München - keine Angaben
priv.: Ansbacher Str. 54, Schöneberg
Kanzlei: Pallasstr. 14, W 57
RA am KG und Notar. Nach der Machtübernahme der Nationalsozialisten 1933 als Anwalt weiter zugelassen, als Notar zunächst entlassen, dann wieder ernannt; musste die Kanzlei räumlich verlegen; Ende 1935 Entzug des Notariats; bis 1936 als RA im Adressbuch verzeichnet. Überlebte das NS-Regime; wohnte nach 1945 in Berlin-Pankow, Moltkestraße.
Br.B. 32; Adr.B. 32 u. 36; *li; BArch, R 3001 PAK; Aufbau (NY), 2.11.45; BG

Basch, Walter
29.11.1885 Berlin - keine Angaben
priv.: Schlüterstr. 45, W 15
Kanzlei: Lützowstr. 83, W 35
RA am KG und Notar. Nach der Machtübernahme der Nationalsozialisten 1933 als Notar entlassen; bis zum allgemeinen Berufsverbot 1938 als RA tätig.
Br.B. 32; TK 33; *li; LAB, Liste 15.10.33; DJ 36, S. 314; MRRAK; BArch, R 3001 PAK; BG

Baswitz, Felix
keine Angaben - 1933
priv.: k.A.
Kanzlei: Bülowstr. 17, W 57
RA am KG und Notar. Nach der Machtübernahme der Nationalsozialisten 1933 Entzug des Notariats; als Anwalt weiter zugelassen; verlegte seine Kanzlei; 1933 verstorben.
Jüd.Adr.B; Br.B. 32; TK 33; JMBl. 33, S. 234; *li; Pr.J. 33, S. 839; BArch, R 3001 PAK

Bauchwitz, Kurt Dr.
12.7.1890 Halle/Saale - Juli 1974 Norfolk (Mass.), USA
priv.: Bleibtreustr. 33, Charlottenburg
Kanzlei: Kurfürstendamm 47, W 15
RA am LG I-III, AG Berlin-Mitte und Notar; nach der Machtübernahme der Nationalsozialisten als Anwalt und Notar auf Antrag wieder zugelassen; Ende 1935 Entzug des Notariats; bis zum allgemeinen Berufsverbot 1938 als Anwalt tätig; Emigration in die USA 1939; nannte sich fortan Roy C. Bates; 1974 im Alter von 84 Jahren gestorben.
Adr.B. 32; TK 33; *li; DJ 36, S. 314; MRRAK; BArch, R 3001 PAK; BG; SSDI

Bauer, Franz
29.11.1877 Berlin - Deportation 1942
priv.: Solinger Str. 7, NW 87
Kanzlei: Uhlandstr. 171/172, W 15
B. war evangelischer Religion; RA am LG I-III und Notar. Nach der Machtübernahme der Nationalsozialisten auf Antrag als Anwalt und Notar wieder zugelassen; Ende 1935 Entzug des Notariats; bis zum allgemeinen Berufsverbot 1938 als RA tätig. B. wurde am 14.12.1942 nach Auschwitz deportiert.
Br.B. 32; TK 33; *li; DJ 36, S. 314; MRRAK; BArch, R 3001 PAK; BG; GB II

Baum, Max Dr.
12.5.1884 Neugede - keine Angaben
priv.: k.A.
Kanzlei: Motzstr. 54, W 30
B., der als Kind getauft worden war, nahm am WK I teil und wurde mit dem EK II. Kl. ausgezeichnet. RA am LG I-III. Nach der Machtübernahme der Nationalsozialisten 1933 auf Antrag wieder zugelassen, weil er als „Frontkämpfer" galt. B. gab seine Zulassung 1937 zurück.
Br.B. 32; Adr.B. 32; TK 33; *li; BArch, R 3001 PAK; BG

Baum, Siegfried
9.3.1905 - keine Angaben
priv.: k.A.
Kanzlei: Greifswalder Str. 9, NO 55
RA am LG I-III und AG Berlin-Mitte. Nach der Machtübernahme der Nationalsozialisten Berufsverbot im Frühjahr 1933. B. hat das NS-Regime überlebt und wohnte später in Hessen.
Liste d. nichtzugel. RA, 25.4.33; JMBl. 33, S. 253; BArch, R 3001 PAK

Baumer, Wilhelm von
keine Angaben
priv.: k.A.
Kanzlei: Auguste-Viktoria-Str. 4/II
RA am KG. Die Zulassung wurde 1934 gelöscht („inaktiv 1934").
TK 33; *li; BArch, R 3001 PAK

Becher, Carl (Karl) Dr.
18.4.1888 Berlin - keine Angaben
priv.: Kaiserallee 206, W 15
Kanzlei: Kaiserallee 206, W 15
RA am LG I-III und Notar. Nach der Machtübernahme der Nationalsozialisten 1933 auf Antrag wieder zugelassen; verlegte aber seine Kanzleiräume 1933; Ende 1935 Entzug des Notariats; praktizierte bis zum allgemeinen Berufsverbot 1938; Emigration nach Seattle, USA, über Großbritannien am 23.3.1939.
Br.B. 32; TK 33; *li; LAB, Liste 15.10.33; DJ 36, S. 314; MRRAK; BArch, R 3001 PAK; BG

Becher, Richard
2.9.1875 Schrimm - keine Angaben
priv.: Fasanenstr. 73, W 15
Kanzlei: Fasanenstr. 73, W 15
RA am LG I-III und Notar. Nach der Machtübernahme der Nationalsozialisten Auflösung der Sozietät, Verlust des Notariats und räumliche Verlegung 1933; auf Antrag wieder als Anwalt zugelassen - bis 1937, dann wurde die Zulassung gelöscht. Emigration in die Schweiz, Goldau, am 7.8.1937; B. folgte seiner Ehefrau Elisabeth. Gegen beide wurde ein Steuersteckbrief erlassen.
Br.B. 32; TK 33; JMBl. 33, S. 282; *li; LAB, Liste 15.10.33; BArch, R 3001 PAK; BG; Wolf, BFS

Beck, Kurt Dr.
2.3.1890 Danzig - keine Angaben
priv.: Hohenzollerndamm 8, Berlin W 15
Kanzlei: Friedrichstr. 59/60, W 8
B. hatte am WK I teilgenommen. Er war seit 1919 konfessionslos; seit 1920 als RA und seit 1927 als Notar zugelassen, praktizierte in einer Sozietät mit > Alfred Apfel. Nach der Machtübernahme der Nationalsozialisten mit Berufsverbot belegt, ihm wurde „kommunistische Betätigung" vorgeworfen. Dies geschah vermutlich vor dem Hintergrund, dass er als „Frontkämpfer" eine Ausnahme vom Berufsverbot gegen jüdische Anwälte hätte beanspruchen können. Löschung der Zulassung zum 20.7.1933.
Br.B. 32; TK 33; JMBl. 33, S. 253; BArch, R 3001 PAK, PA; GStA, Rep. 84a, Nr. 20363

Beck-Wardan, Kurt Dr.
15.1.1892 Berlin - keine Angaben
priv.: Windscheidstr. 12, Charlottenburg
Kanzlei: Königin-Luise-Str. 16, Charlottenburg
B. hatte am WK I teilgenommen und war in der Folge einer Verschüttung nervenleidend. 1924 ließ er sich als Anwalt in Berlin nieder, er war am LG I-III und am AG Charlottenburg zugelassen. Seit 1932 führte er den Doppelnamen, vorher hieß er nur Beck; seine nicht-jüdische Ehefrau und der 1925 geborene Sohn nahmen ebenfalls den Namen an. B., der mit RA > Werner Salinger eine Sozietät bildete, wurden mehrere Vergehen zur Last gelegt, er behielt jedoch seine Zulassung bis 1933. Nach der Machtübernahme der Nationalsozialisten wurde ihm am 6.6.1933 die Zulassung nach § 3 d. RAG („kommunistische Betätigung") entzogen, vermutlich vor dem Hintergrund, dass er als „Frontkämpfer" eine Ausnahme vom Berufsverbot gegen jüdische Anwälte hätte beanspruchen können. B. emigrierte mit seiner Familie nach Istanbul. Dort arbeitete er zuerst als Angestellter, nach einem halben Jahr ließ er sich mit einem türkischen Kollegen als Anwalt nieder. Das deutsche Generalkonsulat holte beim Auswärtigen Amt Erkundigungen über ihn ein.
TK 33; LAB A Rep 343, AG Köpenick Vertretungsverbote, S. 19; JMBl. 33, S. 221; BArch, R 3001 PAK, PA; GStA, Rep. 84 a, Nr. 20363

Beer, Fritz Dr.
1.3.1895 - keine Angaben
priv.: k.A.
Kanzlei: Schicklerstr. 13, O 27
RA am LG I-III und AG Berlin-Mitte. Nach der Machtübernahme der Nationalsozialisten auf Antrag wieder zugelassen; bis zum allgemeinen Berufsverbot 1938 tätig. Emigrierte am 16.2.1938 nach Panama, ging später in die USA, wo er zuletzt unter dem Namen Fred B. in New York gelebt haben und 1999 im Alter von 104 Jahren gestorben sein soll.
Br.B. 32; *li; LAB, Liste 36; Liste 15.10.33; MRRAK; BArch 3001, PAK; MRRAK; BG; SSDI

Beer, Kurt
18.6.1897 - Juni 1983
priv.: k.A.
Kanzlei: Alexanderstr. 25, O 27
RA seit 1924, zugelassen am LG I-III und AG Berlin-Mitte, Notar seit 1932. Nach der Machtübernahme der Nationalsozialisten Berufsverbot zum Juni 1933. Emigration zunächst nach Palästina, später in die USA, wo er zuletzt in Queens, NY, lebte; nach 1945 für die URO tätig.
Br.B. 32; TK 33; Liste d. nichtzugel. RA, 25.4.33; JMBl. 33, S. 221; BArch 3001, PAK; BG; SSDI; Ausk. Fontheim 6.4.2000

Beermann, Hans Dr.
8.6.1878 Berlin - 7.9.1940
priv.: Rüdesheimer Platz 11, Wilmersdorf
Kanzlei: Bülowstr. 28, W 57
RA am LG I-III, AG Berlin-Mitte und Notar. Nach der Machtübernahme der Nationalsozialisten zuerst mit einem Vertretungsverbot belegt, das aber wieder aufgehoben wurde; danach auf Antrag wieder als Anwalt zugelassen, aber Entzug des Notariats; bis zum allgemeinen Berufsverbot 1938 als RA tätig; starb 1940 im Alter von 72 Jahren und ist in Weißensee beigesetzt.
Jüd.Adr.B.; Br.B. 32; TK 33; JMBl. 33, S. 220; *li; LAB, Liste 15.10.33; MRRAK; BArch R 3001, PAK; BG

Beerwald, Joseph Dr.
17.10.1895 Tilsit - keine Angaben
priv.: Livländische Str. 10, Wilmersdorf
Kanzlei: Jägerstr. 63, W 8
RA am LG I-III, AG Berlin-Mitte und Notar. Nach der Machtübernahme der Nationalsozialisten auf Antrag wieder zugelassen; Ende 1935 als Notar entlassen; bis zum allgemeinen Berufsverbot 1938 als Notar tätig; emigrierte nach Großbritannien.
Br.B. 32; TK 33; *li; LAB, Liste 15.10.33; DJ 36, S. 314; MRRAK; BArch, R 3001 PAK; BG

Behr, Rudolf
9.5.1894 - keine Angaben
priv.: k.A.
Kanzlei: Eichhornstr. 1, W 9
RA am KG. Nach der Machtübernahme der Nationalsozialisten im Frühjahr 1933 erst mit einem Vertretungsverbot belegt, später jedoch wieder auf Antrag als Anwalt zugelassen; im Branchenbuch 1938 noch als RA verzeichnet.
TK 33; Liste d. nichtzugel. RA, 25.4.33; *li; LAB, Liste 15.10.33; Br.B. 38; BArch, R 3001 PAK

Behrend, Hugo Dr.
16.9.1876 - keine Angaben
priv.: Rubensstr. 25, Friedenau
Kanzlei: Kantstr. 67, Charlottenburg
RA am AG Charlottenburg, am LG I-III und Notar. Nach der Machtübernahme der Nationalsozialisten im Sommer 1933 Berufsverbot. B. ließ sich teilweise von RA > Dr. Benno Leyser vertreten.
TK 1933; JMBl. 33, S. 253; Pr.J. 33, S. 391; BArch, R 3001 PAK, PA

Bein, Erwin Dr.
7.5.1884 Berlin - keine Angaben
priv.: Landhausstr. 43
Kanzlei: Kleiststr. 29, W 62
RA am LG I-III und Notar. Nach der Machtübernahme der Nationalsozialisten Verlust des Notariats 1933, als Anwalt auf Antrag wieder zugelassen, verlegte seine Kanzlei; bis zum allgemeinen Berufsverbot 1938 tätig; Emigration nach Großbritannien oder USA am 26.2.1939.
Br.B. 32; TK 33; JMBl. 30.6.33, S. 202; *li; LAB, Liste 15.10.33; MRRAK; BArch, R 3001 PAK; BG

Belkin, Hugo Dr.
10.6.1878 Schlesien - 29.12.1943
priv.: Sächsische Str. 44, Wilmersdorf
Kanzlei: Kronenstr. 12/13, W 8
RA am LG I-III und Notar. Nach der Machtübernahme der Nationalsozialisten auf Antrag wieder zugelassen; verlegte seine Kanzlei 1933 räumlich; Ende 1935 als Notar entlassen; bis zum allgemeinen Berufsverbot 1938 als RA tätig; die Ehefrau war evangelisch. B. starb 1943 im Alter von 65 Jahren, die näheren Umstände des Todes sind unbekannt.
Br.B. 32; TK 33; *li; LAB, Liste 15.10.33; DJ 36, S. 314; MRRAK; BArch, R 3001 PAK; BG

Benary, Otto
24.11.1886 Berlin - keine Angaben
priv.: Derfflingerstr. 11
Kanzlei: Nollendorfplatz 6, W 30
RA am LG I-III, AG Schöneberg und Notar. Nach der Machtübernahme der Nationalsozialisten Berufsverbot im Frühjahr 1933. Emigration nach Chile am 4.5.1939.
Adr.B. 32; TK 33; Liste d. nichtzugel. RA, 25.4.33; JMBl. 33, 195; BArch, R 3001 PAK; BG

Benda, Heinrich Dr.
29.1.1895 Berlin - keine Angaben
priv.: Lützowstr. 50
Kanzlei: Dörnbergstr. 1, W 35
Kriegsfreiwilliger im WK I, hatte bei der Schlacht an der Somme ein Auge verloren; war evangelischer Religion. 1918 erstes, 1922 das zweite Staatsexamen; seit 1927 RA, hatte zuvor auch „soziale und volkswissenschaftliche Studien" betrieben. Nach der Machtübernahme der Nationalsozialisten wurde ein Vertretungsverbot gegen ihn erlassen. B. ging selbstverständlich davon aus, dass ihm als „Frontkämpfer" die weitere Zulassung zustehen würde; reichte seine Militärunterlagen ein, was von der Justizverwaltung moniert wurde: „kein Gesuch, aber F." (was bedeutete: kein gesonderter Antrag, keine Loyalitätserklärung, aber Frontkämpfer). Am 20.6.1933 erklärte B., dass er „im Sinne der gesetzliche Bestimmungen ‚nicht deutschstämmig'" sei. Es wäre eigentlich eine weitere Zulassung zu gewähren gewesen, doch wurde nun nach politischen Gründen gesucht. Der Vorstand der RAK bat im August 1933 darum, ein Vertretungsverbot zu erlassen. Der Kammergerichtspräsident wies im gleichen Schreiben an das Justizministerium darauf hin, dass B. am 3.3.1933 zusammen mit dem Studenten Werner Levy festgenommen worden war, als beide selbst geschriebene Handzettel „Weg mit Hitler. Kämpft für die Diktatur des Proletariats!" klebten. Das Verfahren wurde eingestellt, dennoch reichte der Vorgang, um B.s Zulassung zu löschen, weil er „sich in kommunistischem Sinne betätigt hat" (29.8.1933). Damit war B. mit Berufsverbot belegt.
Pr.J. 33, S. 466; BArch PAK, PA; BG

Bendix, Erwin Dr.
13.5.1885 Magdeburg - keine Angaben
priv.: Viktoria-Luise-Pl. 5, Schönebg.
Kanzlei: Schlesische Str. 26, SO 36
RA am LG I-III und Notar. Nach der Machtübernahme der Nationalsozialisten auf Antrag wieder zugelassen; Ende 1935 Entzug des Notariats; bis zum allgemeinen Berufsverbot 1938 als RA zugelassen; emigrierte im Oktober 1938 nach Großbritannien, London.
Br.B. 32; TK 33; *li; LAB, Liste 15.10.33; DJ 36, S. 314; MRRAK; BArch, R 3001 PAK; BG

Bendix, Hans Dr.
15.2.1903 Berlin - keine Angaben
priv.: Kurfürstendamm 73
Kanzlei: Kurfürstendamm 184, W 15
RA am LG I-III und AG Charlottenburg. Nach der Machtübernahme der Nationalsozialisten Berufsverbot im Frühjahr 1933. Die Ehefrau Esther galt als „arisch".
Br.B. 32; TK 33; Liste d. nichtzugel. RA, 25.4.33; JMBl. 33, S. 234; BG

Bendix, Ludwig Dr.
28.6.1877 Dorstfeld (Westfalen) - 3.1.1954 Oakland (Cal.), USA
priv.: k.A.
Kanzlei: Zimmerstr. 84, SW 68
B. war seit 1907 als Anwalt, später auch als Notar zugelassen, dabei auf Arbeitsrecht spezialisiert. Nach der Machtübernahme der Nationalsozialisten wurde gegen ihn im Mai 1933 ein Berufsverbot wegen „kommunistischer Betätigung" verhängt, obwohl er nicht in diesem Sinne aktiv gewesen war. Er hatte allerdings einige wichtige Gegner der Nationalsozialisten verteidigt. Auf ihn wäre die Ausnahmeregelung als „Altanwalt" des § 2 des RAG anzuwenden gewesen. Ab 2.6.1933 wurde er vier Monate in „Schutzhaft" genommen; man habe ihm „eine Lehre" erteilen wollen, wurde ihm bei seiner Freilassung gesagt. Nach der Freilassung versuchte er sich als Rechtsberater zu betätigen. Ein Kollege zeigte ihn wegen unerlaubter Rechtsberatung und unlauteren Wettbewerbs an. Obwohl er das Verfahren gewann, fühlte B. sich durch die begleitende Hetzkampagne moralisch geschlagen. Von Juli 1935 bis Mai 1937 war er im KZ Dachau inhaftiert. Völlig abgemagert wurde er mit der Auflage entlassen, in ein außereuropäisches Land auszuwandern. Im Mai 1937 Emigration nach Palästina. Wegen Unverträglichkeit des Klimas zog er 1947 in die USA zu seinem Sohn Reinhard (geb. 25.2.1916, seit 1938 in den USA lebend), der in Berkeley/Kalifornien einen Lehrstuhl für Soziologie innehatte. B. starb 1954 in Kalifornien.
Zahlreiche Veröffentl.: u.a. ders. u. Manfred Weiss: Zur Psychologie der Urteilstätigkeit des Berufsrichters und andere Schriften, mit einer biografischen Einleitung von Reinhard Bendix.
Br.B. 32; TK 33; JMBl. 33, S. 195; Naatz-Album; LBI Memoirs; Bendix, R.: Von Berlin nach Berkeley; Göpp., S. 268

Benfey, Hans Dr.
23.1.1888 Emmerstedt - keine Angaben
priv.: k.A.
Kanzlei: Pariser Platz 6 II, NW 7
RA am KG und Notar. Nach der Machtübernahme der Nationalso-

zialisten als Notar entlassen, als Anwalt wieder am KG zugelassen. B. war katholisch getauft, er galt als „Mischling I. Grades"; war mit einer nicht-jüdischen Ehefrau verheiratet und überlebte das NS-Regime.
TK 33; JMBl. 33, S. 220; Liste 15.10.33; *li; LAB, Liste Mschlg. 36; Aufbau N.Y., 17.8.1945; BG

Benjamin, Julian
20.1.1896 Kulm - November 1969
priv.: Stübbenstr. 9, Schöneberg
Kanzlei: Dorotheenstr. 30, NW 7
B. nahm am WK I teil; RA am LG I-III und Notar; nach der Machtübernahme der Nationalsozialisten als „Frontkämpfer" anerkannt, deshalb auf Antrag wieder zugelassen; Ende 1935 Entzug des Notariats; bis zum allgemeinen Berufsverbot 1938 als RA tätig. Später findet sich eine Eintragung „auf Reisen abgemeldet". B. konnte offensichtlich in die USA emigrieren, wo er zuletzt in Kalifornien lebte und 1969 gestorben ist.
Br.B. 32; TK 33; *li; LAB, Liste 15.10.33; DJ 36, S. 314; MRRAK; BArch, R 3001 PAK; BG; SSDI (hier: *20.10.1896)

Benjamin, Max Louis Dr.
11.5.1885 Berlin - keine Angaben
priv.: Kaiserdamm 74, Charlottenburg
Kanzlei: Kaiserdamm 74, Charlottenburg
RA am LG I-III und Notar. Nach der Machtübernahme der Nationalsozialisten wieder zugelassen, musste aber 1933 die Sozietät auflösen und die Kanzlei verlegen; Ende 1935 Entzug des Notariats. Emigration in die USA, New York.
Br.B. 32; TK 33; *li; LAB, Liste 15.10.33; DJ 36, S. 314; BArch, R 3001 PAK; BG

Benjamin, Siegfried Dr.
31.1.1885 Kulm - keine Angaben
priv.: Auf dem Grat 52, Zehlendorf
Kanzlei: Alexanderstr. 5, C 25
RA am KG und Notar; Sozietät mit > Martin Freund und > Hans Munter. Nach der Machtübernahme der Nationalsozialisten als Notar entlassen. Ein Partner schied aus der Sozietät aus, die Kanzleiräume mussten verlegt werden. Bis zum allgemeinen Berufsverbot 1938 als Anwalt tätig. Emigration nach Palästina, Tel Aviv, oder nach Großbritannien im März 1939.
TK 33; *li; Br.B. 32; JMBl. 33, 202; LAB, Liste 15.10.33; MRRAK; BArch, R 3001 PAK; BG

Ber, Hermann
20.3.1876 Berlin - keine Angaben
priv.: Kurfürstendamm 205, Charlottenburg
Kanzlei: Jägerstr. 6, W 8
RA am LG I-III und Notar. Nach der Machtübernahme der Nationalsozialisten 1933 Entzug des Notariats; als RA bis zum allgemeinen Berufsverbot 1938 tätig. Die Ehefrau Elise, geb. Mierke, galt als „arisch". Emigration in die Niederlande, Amsterdam, am 15.4.1939.
Br.B. 32; TK 33; JMBl. 33, S. 234; *li; LAB, Liste 15.10.33; MRRAK; BArch, R 3001 PAK; BG

Beradt, Martin Dr.
26.8.1881 Magdeburg - 26.11.1949 New York
priv.: Joachimsthaler Str. 15, W 15
Kanzlei: Joachimsthaler Str. 25/26, W 15
Neben seiner anwaltlichen Tätigkeit veröffentlichte B. seit 1909 literarische Werke, u.a. „Go" (die Geschichte eines lebensängstlichen Jünglings, der Selbstmord begeht, erschien 1909 in einer Auflage von 30 000 Ex.), „Eheleute" und „Das Kind" sowie justizkritische Arbeiten (u.a.: „Der Richter", hg. von Martin Buber).

Zu Beginn des WK I wurde B. wegen eines Augenleidens als „frontuntauglich" befunden, dennoch 1915 zu Schanzarbeiten herangezogen. Als sich sein Leiden verschlimmerte, wurde er vom Militär entlassen. Seine Erfahrungen verarbeitete er in einem Antikriegsroman („Erdarbeiter", 1929 unter dem Titel „Schipper an der Front" neu aufgelegt). B. baute seine Kanzlei aus, spezialisierte sich auf Urheberrecht; war auch als Notar zugelassen; wurde Syndikus des Deutschen Automobilhändler-Verbandes und des Schutzverbandes Deutscher Schriftsteller, aber auch Vertreter von Walther Rathenau und Heinrich Mann. In der „Weltbühne" geißelte B. die Missachtung von Persönlichkeitsrechten und das „normale deutsche Spießertum". Nach der Machtübernahme der Nationalsozialisten wieder als Anwalt zugelassen, allerdings Entzug des Notariats; zugleich wurde 1933 die Sozietät mit > Dr. Ernst Rudolf Katz und > Dr. Georg Russ aufgelöst und die Kanzlei verlegt. B. schreibt später in der Erzählung „Die Robe": „Als ich 1933 mein Notariat verlor, bekam ich genaue Anweisungen, wo und in welcher Frist ich die Bände mit den Urkunden abzuliefern hätte, mein Register, den Gummistempel, das Siegel, die Siegelpresse ..." Als Anwalt am KG war er bis zum allgemeinen Berufsverbot 1938 zugelassen. Kurz vor Kriegsbeginn, am 17.7.1939, konnte B. mit seiner Frau Charlotte, die Journalistin war, über Großbritannien in die USA (1940) emigrieren. Im Gepäck hatte er ein Manuskript seines Buches „Beide Seiten einer Straße" (zuerst veröffentlicht unter dem Titel: „Straße der kleinen Ewigkeit"), einer Schilderung der Grenadierstraße im Scheunenviertel in Berlin; in New York ließ sich allerdings hierfür kein Verleger gewinnen. In den letzten Lebensjahren sorgte Charlotte B. als Friseuse für den Lebensunterhalt. Im November 1949 starb B. halb blind im Alter von 68 Jahren in New York. Einige seiner Werke wurden inzwischen wieder veröffentlicht.
Br.B. 32; TK 33; JMBl. 33, S. 234; *li; LAB, Liste 15.10.33; BArch, R 3001 PAK; MRRAK; BG; Hanno Kühnert: Von den Deutschen vergessen; in: Die Zeit, 30.11.1990, S. 76; Anmerkungen von Eike Geisel, in: Beide Seiten einer Straße.

Berendt, Hugo
7.5.1892 Rogasen - Deportation 1943
priv.: Kurfürstendamm 177, W 15
Kanzlei: Kaiser-Friedrich-Str. 61a, Charlottenburg
Teilnehmer am WK I; RA am AG Charlottenburg, am LG I-III und Notar; nach der Machtübernahme der Nationalsozialisten wieder als Anwalt und Notar zugelassen, weil er als „Frontkämpfer" anerkannt worden war; 1935 Entzug der Zulassung als Notar und Berufsverbot als Anwalt 1938. Er wurde am 10.9.1943 nach Auschwitz deportiert.
Br.B. 32; TK 1933; *li; LAB, Liste 15.10.33; DJ 36, S. 314 (Behrendt); BArch, R 3001 PAK; MRRAK; BG; GB II

Berent, Margarete Dr.
9.7.1887 Berlin - 23.6.1965 New York
priv.: Spichernstr. 4, Wilmersdorf
Kanzlei: Hallesches Ufer 14, SW 11

B., Tochter eines Kaufmanns, legte bereits mit 19 Jahren ihr Examen für Lehrerinnen an mittleren und höheren Mädchenschulen ab. Erst ein Jahr später, 1910, bestand sie das Abitur in Berlin. Im Anschluss studierte sie Jura in Berlin und Erlangen. 1914 schloss sie das Studium mit der Promotion ab. Ihre Dissertation „Die Zugewinnstgemeinschaft der Ehegatten" erhielt das Prädikat magna cum laude. 1915 wurde diese Arbeit in einer angesehenen wissenschaftlichen Reihe veröffentlicht. (Über 40 Jahre später, 1958, wurde sie als Material für die gesetzliche Umgestaltung des ehelichen Güter- und Erbrechts in der Bundesrepublik Deutschland herangezogen.)
Trotz exzellenter Dissertation konnte B. weder Richterin noch Rechtsanwältin werden, da hierfür das Staatsexamen erforderlich war, zu dem sie als Frau nicht zugelassen wurde. So betätigte sie sich als „juristische Hilfsarbeiterin" in Anwaltsbüros und in Rechtsschutzstellen für Frauen. Zeitweilig war sie bei der Stadtgemeinde angestellt. 1919 wurde in der jungen Weimarer Republik durch Verfügung des Preußischen Justizministers die Zulassung von Frauen zum Staatsexamen möglich. Kurz darauf, am 22. Dezember 1919, bestand B. ihr erstes Staatsexamen mit der hervorragenden Bewertung „gut".
Nach vierjährigem Referendariat und zweitem Staatsexamen wurde sie am 7. März 1925 als eine der ersten Rechtsanwältinnen in Preußen bei den Berliner Landgerichten und beim Amtsgericht Berlin-Mitte zugelassen. „Die Anwaltspraxis bildete 1933 die Grundlage meiner Existenz. Es war mir gelungen, sie so weit zu entwickeln, dass ich ein eigenes Büro aufrechterhalten konnte und ein angemessenes Anwaltseinkommen hatte und wiederholt Auslandsreisen machte ... Ich mag erwähnen, dass ich Vertrauen, Ansehen und wachsende Anerkennung genoss ... Ich sprach wiederholt im Rundfunk, u.a. in Hamburg und in einem Zyklus über Familienrecht für das Zentralinstitut für Erziehung und Unterricht ..." (aus der Entschädigungsakte)
B. war in Frauenverbänden, aber auch in berufsständischen Organisationen aktiv, daneben betätigte sie sich als Dozentin an Fachschulen für Sozialarbeit. Sie engagierte sich für eine selbstverständliche Anerkennung von Frauen in allen Berufen, vor allem aber in der Jurisprudenz. B. bemühte sich um die gesellschaftliche und rechtliche Gleichstellung der Frau sowohl in Gremien, als auch mit ihrer fachspezifischen beruflichen Ausrichtung, dem Familienrecht. Gleichzeitig war sie innerhalb der Jüdischen Gemeinde Berlins Mitglied der Repräsentantenversammlung und gehörte der Spitze des Landesverbandes Preußischer Synagogengemeinden an.
Nach der Machtübernahme der Nationalsozialisten wurde am 19.6.1933 B.s Anwaltszulassung „gelöscht", weil sie Jüdin war; sie wurde mit Berufsverbot belegt. Von Mitte 1933 bis November 1939 arbeitete sie für die Zentralwohlfahrtstelle der deutschen Juden in Berlin und Köln. Ab Sommer 1938 bemühte sie sich um die Emigration in die USA und ließ sich beim Konsulat für ein Einreisevisum registrieren. Doch wegen des großen Andrangs kam ihre Wartenummer nicht zum Aufruf. Schließlich floh sie am 30. November 1939, also bereits nach Kriegsbeginn, über die Schweiz nach Italien und schiffte sich dort auf der S.S. Augustus nach Chile ein, wo sie am 28. Dezember 1939 in Valparaiso eintraf.
Bis Ende Juli 1940 lebte sie in Chile und verdiente ihren Lebensunterhalt als Sprachlehrerin. Als es ihr doch noch gelang, ein US-Visum zu erhalten, reiste sie im August 1940 nach New York. Hier existierte ein dichtes Netzwerk von Hilfs- und Emigrantenorganisationen.
Margarete Berent arbeitete als Haushaltshilfe und im Postversand. 1942 begann sie erneut ein Jurastudium, überwiegend im Abendstudium, nebenbei arbeitete sie, da sie nur im geringen Maße finanziell von Verwandten unterstützt werden konnte. Von 1945 bis 1950 war sie als „Law Clerk" in einer Anwaltskanzlei tätig, 1948 bestand sie ihr Examen Bachelor of Laws (LL.B.) an der New York University Law School, 1949 das Bar Examen des Staates New York. 1950 ließ B. sich hier, mittlerweile 63-jährig, erneut als Anwältin nieder. Das Einkommen blieb gering – zu gering. Von 1953 bis kurz vor ihrem Tod 1965 war sie in der Rechtsabteilung der Stadt New York angestellt. Margarete B. kehrte nicht nach Deutschland zurück. Ihr Bruder und dessen Familie waren in Auschwitz ermordet worden.

Veröffentlichungen (Auswahl): Die Zugewinnstgemeinschaft der Ehegatten, Breslau 1915, in der Reihe Untersuchungen zur deutschen Staats- und Rechtsgeschichte, Heft 123; Die Frau in den juristischen Berufen; in: Die Frau der Gegenwart, 1917, S. 153-157; Die Frau als Richter; in: Juristische Wochenschrift 1920, S. 1012; Schutz von Frauen und Kindern im Entwurf zum Strafgesetzbuch; in: Monatszeitschrift Deutscher Ärztinnen, 5. Jg. Heft 9; Das Jugendrecht im Entwurf des Einführungsgesetzes zum Straf- und Strafvollzugsgesetz; in: Centralblatt für Jugendrecht und Jugendwohlfahrt, XXI. Jg., Nummer 12.
Br.B. 32; Liste d. nichtzugel. RA, 25.4.33; JMBl. 33, S. 253; BArch, R 3001 PAK, PA; Entschädigungsbeh. Bln. Entsch.akte; BHdE Bd. 1, S. 53; Walk; Göpp., S. 268; Stiefel, Ernst/Mecklenburg, Frank: Deutsche Juristen im amerikanischen Exil (1933-1950), Tübingen 1991, S. 76/77; Quack, Sibylle: Margarete Berent; in: Dick, Jutta/Sassenberg, Marina (Hg.): Jüdische Frauen im 19. und 20. Jahrhundert. Lexikon zu Leben und Werk, Hamburg 1993, S. 53-55; Häntzschel, Hiltrud: Eine neue Form der Bindung und Freiheit. Die Juristin Margarete Berent (1887-1965), in: Häntzschel, Hiltrud/Bußmann, Hadumod: Bedrohlich gescheit. Ein Jahrhundert Frauen und Wissenschaft in Bayern, München 1997.

Berg, Hermann Dr.
keine Angaben
priv.: k.A.
Kanzlei: Nikolsburger Platz 1
RA am LG I und Notar; nach der Machtübernahme der Nationalsozialisten wurde ihm im Frühjahr 1933 das Notariat entzogen, wenig später wurde die Kanzlei aufgegeben.
TK 33; Adr.B. 33; JMBl. 33, S. 202; Pr.J. 33, S. 502; BArch, R 3001 PAK

Berger, Erwin Dr.
15.5.1901 - keine Angaben
priv.: k.A.
Kanzlei: Kurfürstendamm 13, W 50
RA am LG I-III und AG Berlin-Mitte. Nach der Machtübernahme der Nationalsozialisten Berufsverbot im Frühjahr 1933.
Br.B. 32; TK 33; Liste d. nichtzugel. RA, 25.4.33; JMBl. 33, S. 253; BArch, R 3001 PAK

Berger, Fritz Dr.
28.2.1902 Chemnitz - keine Angaben
priv.: Nassauische Str. 4, Wilmersdorf
Kanzlei: Königstr. 33/36, C 2
RA seit 1932, zugelassen am LG I-III und AG Berlin-Mitte. Nach der Machtübernahme der Nationalsozialisten Berufsverbot im Frühjahr 1933; 1936-39 Leiter des Palästina-Amtes; 1939 Delegierter des Zionistischen Weltkongresses; Emigration nach Palästina, Tel Aviv; Studium der Archäologie, 1948-67 in der Altertumsforschung der Israelischen Regierung sowie als Buchhändler und Archäologe tätig.
TK 33; Liste d. nichtzugel. RA, 25.4.33; JMBl. 33, S. 253; BArch, R 3001 PAK; Göpp., S. 269; BG

Berger, Kurt
21.7.1892 - 5.2.1936
priv.: k.A.
Kanzlei: Rankestr. 34, W 50
RA am LG I-III und Notar. Nach der Machtübernahme der Nationalsozialisten wieder zugelassen. 1935 wurde B.s Zulassung als Anwalt und Notar gelöscht. Er starb 1936 im 44. Lebensjahr.
Br.B. 32; TK 33; *li; LAB, Liste 15.10.33; BArch, R 3001 PAK; BG

Bergmann, Arthur Dr.
16.12.1906 Berlin - 1979 Jerusalem
priv.: k.A.
Kanzlei: Klosterstr. 65/67, C 2
B. war einer der sechs Söhne des Rabbiners Bergmann. RA am LG I-III und AG Berlin-Mitte. Nach der Machtübernahme der Nationalsozialisten wurde er zum 13.6.1933 mit Berufsverbot belegt; ging ins Saarland und wurde dort 1935 nach der Rückgliederung in das Deutsche Reich wegen „Vorbereitung des Hochverrats" angeklagt und inhaftiert. 1936 flüchtete B. und emigrierte nach Palästina; beteiligte sich aktiv am Aufbau des Staates Israel, u.a. bei der Einführung einer Sozialversicherung. Er starb im Alter von 73 Jahren in Jerusalem.
TK 33; Liste d. nichtzugel. RA, 25.4.33; JMBl. 33, S. 253; BArch, R 3001 PAK, PA; Walk; Ausk. Werner Wolff, 22.9.1998

Bergmann, Siegfried
11.2.1878 Przeworsk - keine Angaben
priv.: Leibnizstr. 43, Charlottenburg
Kanzlei: Neue Schönhauser Str. 1, N 54
RA am LG I-III, AG Berlin-Mitte und Notar, in Sozietät mit > Dr. Erich Ilgner und > Ernst Karfunkel. Nach der Machtübernahme der Nationalsozialisten 1933 zeitweiliges Vertretungsverbot, das wieder aufgehoben wurde, und Entzug des Notariats; auf Antrag als Anwalt wieder zugelassen. Emigration.
Br.B. 32; JMBl. 33, S. 202; *li; LAB, Liste 15.10.33; BArch, R 3001 PAK; BG; Wolf, BFS

Bergmann, Siegfried
6.5.1887 Kobylin (Kr. Krotoschin) - keine Angaben
priv.: Wildensteiner Str. 7, Karlshorst
Kanzlei: Friedrichstr. 246, SW 68
RA seit 1916, Notar seit 1919, zunächst im OLG-Bezirk Breslau zugelassen, seit 1920 in Berlin. Im WK I eingezogen, aber umgehend als dienstuntauglich entlassen, doch seine drei Brüder hatten gedient. Nach der Machtübernahme der Nationalsozialisten 1933 Berufsverbot, trotz intensiver Bemühungen um eine weitere Zulassung. Im Antrag erklärt B., dass er nur „arisches Personal" beschäftige. Emigration am 4.11.1933 nach Großbritannien (lt. BLHA Palästina).
JMBl. 33, S. 209; BArch, R 3001 PAK, PA; BG: Akten OFP, BLHA, PrBr Rep. 36 A, OFP, Devisenstelle

Bermann, Robert
16.11.1900 Gleiwitz - keine Angaben
priv.: k.A.
Kanzlei: Güntzelstr. 46, Wilmersdorf
Syndikus des Börsenvorstandes zu Berlin, später Syndikus der Industrie- und Handelskammer, aus dieser Funktion nach der Machtübernahme der Nationalsozialisten am 31.3.1933 entlassen, weil er Jude war; aus dem gleichen Grund Berufsverbot als RA mit Zulassung am KG am 1.7.1933; emigrierte nach Großbritannien, London.
TK 33; Liste d. nichtzugel. RA, 25.4.33; JMBl. 33, S. 253; BArch, R 3001 PAK, PA; BG

Berne, Jacob Dr.
1.3.1879 Witkowo - keine Angaben
priv.: Admiral-von-Schröder-Str. 29, W 35
Kanzlei: Herwarthstr. 4, NW 40
RA am LG I. Nach der Machtübernahme der Nationalsozialisten 1933 Entzug des Notariats. Auch B.s Zulassung als RA wurde 1933 gelöscht („inaktiv"), obwohl er im Herbst wieder zugelassen war. Später Emigration nach Großbritannien, London.
TK 33; JMBl. 33, S. 202; *li; LAB, Liste 15.10.33; BArch, R 3001 PAK; BG

Bernhard, Walter
9.4.1877 Berlin - 5.9.1948 Berlin
priv.: k.A.
Kanzlei: Nollendorfplatz 1, W 30
RA seit 1907; seit 1930 auch Direktor der Darmstädter und Nationalbank DANAT (die im Rahmen der Weltwirtschaftskrise den gravierendsten Einbruch aller deutschen Banken erlebt hatte); daneben auch Justitiar und Liquidator der Bankhäuser Gebr. Arnhold und S. Bleichröder GmbH. Ein weiterer wichtiger Mandant war das Warenhausunternehmen Hermann Tietz. Bei den letzten freien Wahlen hatte B. nach eigenen Angaben die DVP gewählt; er war Protestant. Nach der Machtübernahme auf Antrag wieder als Anwalt zugelassen, als sogenannter „Altanwalt" anerkannt. Hatte er vor 1933 Einnahmen zwischen 134.000,- (1931) und 85.000,- RM (1932) erzielt, reduzierten sich diese bis zum Jahr 1938 auf 63.000,- RM p.a. 1938 wurde er mit dem allgemeinen Berufsverbot als jüdischer Anwalt belegt, konnte aber noch seine Tätigkeit als Liquidator fortsetzen. Über die folgenden Jahre bis zur Befreiung vom NS-Regime liegen keine Informationen vor. B. überlebte und erhielt 1948 seine Wiederzulassung als RA; er

verstarb im gleichen Jahr.
TK 33; Br.B. 32; *li; LAB, Liste
15.10.33; BArch, R 3001 PAK;
MRRAK; LAB, RAK, PA

Bernhardt, Martin Dr.
11.5.1886 Kriewen - November 1979
priv.: Hagenstr. 31, Grunewald
Kanzlei: Hindersinstr. 9, NW 40
RA am LG I. Nach der Machtübernahme der Nationalsozialisten wieder zugelassen; Emigration in die USA am 29.12.1937, zeitgleich wurde die Zulassung als RA gelöscht. Starb im Alter von 93 Jahren, lebte zuletzt in New Jersey, USA.
Br.B. 32;TK 33; *li; LAB, Liste 15.10.33;
BArch, R 3001 PAK; BG; SSDI

Bernhardt, Walter
12.4.1879 Berlin - 14.8.1961 Berlin
priv.: k.A.
Kanzlei: Breite Str. 15, Steglitz
RA am LG I-III. Nach der Machtübernahme der Nationalsozialisten 1933 wieder zugelassen; musste aber 1933 die Kanzlei verlegen. Er lebte in einer kinderlosen, daher nicht privilegierten „Mischehe" und war später „Sternträger". B. arbeitete ein Jahr als Gepäckträger auf dem Stettiner Bahnhof, dann ein Jahr als Arbeiter in verschiedenen Fabriken im Berliner Südosten. „Ich war auch durch die Gestapo gezwungen, meine Wohnung aufzugeben und mein Hab und Gut zu Schleuderpreisen zu verkaufen." Wiederzulassung als RA am 12.12.1946, B. lebte bis zu seinem Tod in Berlin-Steglitz.
Br.B. 32; TK 33; *li; LAB, Liste 15.10.33; LAB, RAK, PA; BG

Bernstein, Erich
10.11.1905 Schwerin - 29.10.2003
priv.: k.A.
Kanzlei: Mittelstr. 57/58, NW 7
B. war Zivilrechtler; veröffentlichte die Schrift „Irrtum und Geschäftsgrundlage"; RA am LG I. Nach der Machtübernahme der Nationalsozialisten Berufsverbot zum 26.6.1933. Emigration in die USA; lebte zuletzt in Fairfax, Virginia.
TK 33; Liste d. nichtzugel. RA, 25.4.33; JMBl. 33, S. 253; BArch, R 3001 PAK, PA; SSDI (Eric B.)

Bernstein, Heimann, JR
29.6.1852 Gnesen - 30.7.1940
priv.: Hanstedter Weg 15, Steglitz
Kanzlei: Worpsweder Str. 9, Steglitz
RA am LG I-III. Nach der Machtübernahme der Nationalsozialisten als Anwalt wieder zugelassen, vermutlich als „Altanwalt"; die Kanzlei wurde verlegt, die Zulassung am 1.11.1937 gelöscht.
Br.B. 32.; TK 33; *li; LAB, Liste 15.10.33; BArch, R 3001 PAK; BG

Bernstein, Heinrich Siegfried
4.5.1905 - keine Angaben
priv.: k.A.
Kanzlei: Taubenstr. 50, W 8
RA seit 1931, zugelassen am LG I-III. Nach der Machtübernahme der Nationalsozialisten am 19.6.1933 Berufsverbot.
TK 33; Liste d. nichtzugel. RA, 25.4.33; JMBl. 33, S. 253; BArch, R 3001 PAK, PA

Bernstein, Otto
7.5.1877 Leipzig - 9.2.1943 Theresienstadt
priv.: Mommsenstr. 65, W15 Kanzlei: Mommsenstr. 9, W 15
RA am KG. B. war evangelisch; neben seiner anwaltlichen Tätigkeit bis 1933 Schriftleiter der Zeitschrift „Bank-Archiv". Nach der Machtübernahme der Nationalsozialisten weiter zugelassen bis zum allgemeinen Berufsverbot 1938; danach „Rentner". Datum der Vermögenserklärung: 23.10.1942; im Sammellager Große Hamburger Str. 26 interniert, am 30.10.1942 nach Theresienstadt deportiert, dort zwei Monate später umgekommen.
TK 33; *li ; MRRAK; BG; ThG; GB II; Göpp., S. 368

Bernstein, Siegfried
18.2.1885 - 15.7.(10.?)1938
priv.: k.A.
Kanzlei: Uhlandstr. 171, W 15
RA am LG I-III und Notar. Nach der Machtübernahme der Nationalsozialisten wieder zugelassen; Ende 1935 Entzug des Notariats. B. starb 1938 im Alter von 53 Jahren.
TK 33; *li; LAB, Liste 15.10.33; DJ 36, S. 314; BArch, R 3001 PAK

Bernstein, Tobias Dr.
keine Angaben
priv.: k.A.
Kanzlei: Kurfürstendamm 50 III
RA am LG I-III. Nach der Machtübernahme der Nationalsozialisten Zulassung 1933 gelöscht („inaktiv"), im Herbst 1933 wieder als Anwalt zugelassen.
TK 33; *li; LAB, Liste 15.10.33; Pr.J. 33, S. 868; BArch, R 3001 PAK

Bernstein, Werner Dr.
17.3.1893 - keine Angaben
priv.: k.A.
Kanzlei: Hinter der katholischen Kirche 2, W 56
Vermutlich der Sohn von Wilhelm B., arbeitete mit ihm in einer Sozietät. RA am LG I-III. Nach der Machtübernahme der Nationalsozialisten wieder zugelassen, 1936 noch als Anwalt verzeichnet.
TK 33; *li; Liste 36; LAB, Liste 15.10.33; BArch, R 3001 PAK

Bernstein, Wilhelm Dr., JR
14.9.1856 Magdeburg - 12.11.1940
priv.: Kaiserallee 31, Wilmersdorf
Kanzlei: Hinter der katholischen Kirche 2, W 56
Vermutlich der Vater von Werner B., gemeinsame Sozietät; RA am LG I-III und Notar. Nach der Machtübernahme der Nationalsozialisten 1933 auf Antrag wieder als Anwalt und Notar zugelassen; Ende 1935 Entzug des Notariats; als Anwalt bis zum allgemeinen Berufsverbot 1938 zugelassen.
TK 33; *li; LAB, Liste 15.10.33; DJ 36, S. 314; BArch, R 3001 PAK; BG

Besas, Georg Dr.
10.9.1886 - 1933 Berlin
priv.: k.A.
Kanzlei: Fasanenstr. 31, W 15
RA am LG I-III und Notar. Nach der Machtübernahme der Nationalsozialisten 1933 Entzug des Notariats; Suizid 1933 im Alter von 48 Jahren.
TK 33; *li; BArch, R 3001 PAK; JMBl. 1933, S. 202; Pr.J. 33, S. 598; BG; g

Beschütz, Julius Dr.
27.8.1882 Salzwedel - 31.10.1943 Berlin
priv.: Nestorstr. 1, Wilmersdorf
Kanzlei: Kronenstr. 66/67, W 8
RA am KG und Notar; nach der Machtübernahme der Nationalsozialisten wieder zugelassen; Ende 1935 Entzug des Notariats; bis zum allgemeinen Berufsverbot 1938 als RA tätig. B.s Ehefrau Erna galt als „arisch"; B. starb 1943 im Jüdischen Krankenhaus in der Iranischen Straße.
*li; Liste 15.10.33; DJ 36, S. 314; BArch, R 3001 PAK; MRRAK; BG

Besler, Manfred Dr.
25.6.1894 Galizien - Juli 1981
priv.: Schillerstr. 124, Charlottenburg
Kanzlei: Siegmundshof 13, NW 23
Nahm am WK I teil; seit 1924 Anwalt in Berlin, zugelassen am LG I-III. Nach der Machtübernahme der Nationalsozialisten wurde er am 28.7.1933 mit Berufsverbot belegt (keine Anerkennung als „Frontkämpfer"). B. konnte in die USA emigrieren; lebte zuletzt in Westchester/ N.Y.
Br.B. 32; TK 33; Liste d. nichtzugel. RA, 25.4.33; JMBl. 33, S. 266; BArch, R 3001 PAK; SSDI (Fred B.)

Besser, Alexander Dr.
27.10.1899 - keine Angaben
priv.: k.A.
Kanzlei: Kronenstr. 54, W 8
RA am LG I-III und AG Berlin-Mitte. Nach der Machtübernahme der

Nationalsozialisten Berufsverbot im Frühjahr 1933. B. überlebte das NS-Regime; er wohnte nach 1945 in Hessen.
Br.B. 32; TK 33; Liste d. nichtzugel. RA, 25.4.33; JMBl. 33, S. 253; BArch, R 3001 PAK

Beuthner, Ernst Dr.
18.4.1878 Beuthen - Deportation 1941
priv.: Luitpoldstr. 37, Schöneberg
Kanzlei: Behrenstr. 28, W 8
RA am LG I-III und Notar. Nach der Machtübernahme der Nationalsozialisten 1933 zeitweiliges Vertretungsverbot und Entzug des Notariats; als Anwalt bis zum allgemeinen Berufsverbot 1938 zugelassen; soll noch als „Konsulent" tätig gewesen sein. Datum der Vermögenserklärung: 12.10.1941; Sammellager Levetzowstr. 7-8; Deportation am 18.10.1941 nach Litzmannstadt/Lodz.
TK 33; JMBl. 33, S. 220; *li; MRRAK; BG; GB II

Beutler, Dagobert
29.8.1883 Czarnikau - Deportation 1942
priv.: Sybelstr. 64, Charlottenburg
Kanzlei: Oranienstr. 58 a, S 42
RA am LG I-III, AG Berlin-Mitte und Notar, in einer Kanzlei mit seinem Bruder Jaques B. Nach der Machtübernahme der Nationalsozialisten auf Antrag wieder zugelassen; Ende 1935 Entzug des Notariats; bis zum allgemeinen Berufsverbot 1938 als Anwalt, dann noch als „Konsulent" tätig. Datum der Vermögenserklärung: 2.10.1942; im Sammellager Große Hamburger Str. 26 interniert; Deportation am 3.10.1942 nach Theresienstadt gemeinsam mit seinem Bruder Jaques; von Theresienstadt am 23.1.1943 nach Auschwitz verschleppt.
TK 33; *li; LAB, Liste 15.10.33; DJ 36, S. 314; MRRAK; Liste d. Kons., 15.3.39; BG; ThG; GB II

Beutler, Jaques (auch Jack)
4.9.1879 Czarnikau - Deportation 1942
priv.: Sybelstr. 64, Charlottenburg
Kanzlei: Oranienstr. 58a, S 42
RA am KG und Notar, in einer Kanzlei mit seinem Bruder Dagobert. Nach der Machtübernahme der Nationalsozialisten zeitweilig Vertretungsverbot und Entzug des Notariats; als RA bis zum allgemeinen Berufsverbot 1938 zugelassen. Deportation am 3.10.1942 nach Theresienstadt gemeinsam mit seinem Bruder Dagobert B.; am 23.10.1944 nach Auschwitz verschleppt.
TK 33; JMBl. 33, S. 202; *li; LAB, Liste 15.10.33; BArch, R 3001 PAK; MRRAK; BG; ThG; GB II

Beutner, Joachim Dr.
7.10.1897 Jüterbog - 8.8.1963 Berlin
priv.: Reichsstr. 105, Charlottenburg
Kanzlei: Markgrafenstr. 46, W 8
B. hatte am WK I teilgenommen, war Protestant; RA am LG I-III und Notar. Nach der Machtübernahme der Nationalsozialisten galt er als „Mischling" (ein Großelternteil galt als jüdisch). Wurde weiter als

Anwalt und Notar zugelassen, weil er als „Frontkämpfer" anerkannt worden war; mit Wilhelm B. (vermutlich der Bruder) bildete er eine Sozietät; konnte seinen Beruf auch nach Kriegsbeginn ausüben, wobei er wegen der eigenen Abstammung und der seiner Ehefrau nicht in den entsprechenden Berufsverband aufgenommen wurde und dadurch erhebliche Nachteile erlitt. 1943 meldete der Präsident des Kammergerichts, er habe B. „als im Beruf entbehrlich dem Arbeitsamt zur Verfügung gestellt". 1944 wurde B. durch die von der Gestapo veranlasste und von der Organisation Todt durchgesetzte „Aktion Mitte" erfasst. Inwieweit er bei Enttrümmerungsarbeiten o.ä. eingesetzt wurde, ist unklar, da er seit 1943 an Tbc litt. Er überlebte das NS-Regime und beantragte im Januar 1947 die Wiederzulassung als Anwalt. Diese wurde ihm zunächst versagt, da er als Richter oder Staatsanwalt herangezogen werden sollte. Aus Krankheitsgründen hielt B. an seiner Absicht, wieder als Anwalt tätig zu werden, fest. Um 1948/49 erfolgte die erneute Zulassung als Anwalt. B. starb im August 1963 im Alter von 65 Jahren in Berlin.
TK 33; Liste 15.10.33; *li; Liste Mschlg. 36; Tel.B. 41; LAB, RAK, PA

Beutner, Wilhelm Dr.
keine Angaben
priv.: k.A.
Kanzlei: Markgrafenstr. 46, W 8
RA am KG und Notar; B. war Protestant. Er galt nach der Machtübernahme der Nationalsozialisten als „Mischling" (ein Großelternteil galt als jüdisch). 1933 wieder als Anwalt und Notar zugelassen; Sozietät mit Joachim B. (vermutlich der Bruder); war noch im Branchenbuch 1943 als RA und Notar verzeichnet.
TK 33; *li; LAB, Liste 15.10.33; LAB, Liste Mschlg.36; BArch, R 3001 PAK; Tel.B. 41; Br.B 43

Bibro, Felix
28.9.1903 - keine Angaben
priv.: Schaperstr. 10, W 50
Kanzlei: Klosterstr. 88/90, C 2
RA am LG I-III und AG Berlin-Mitte. Nach der Machtübernahme der Nationalsozialisten Berufsverbot 1933. B. emigrierte nach Palästina.
TK 33; Liste d. nichtzugel. RA, 25.4.33; Pr.J. 33, S. 807; BArch, R 3001 PAK; BG

Bieber, Friedrich Dr.
25.7.1891 Lissa - Deportation 1944
priv.: Woyrschstr. 45, W 35
Kanzlei: Friedrichstr. 118/119, N 24
Nahm am WK I teil; war Protestant; RA am LG I-III und Notar. Nach der Machtübernahme der Nationalsozialisten auf Antrag wieder als RA und Notar zugelassen, weil er als „Frontkämpfer" anerkannt worden war; wurde strafrechtlich belangt; nach der Verurteilung 1935 Ausschluss aus der Anwaltschaft. Datum der Vermögenserklärung: 27.6.1944, Sammellager Schulstr. 78; wurde am 12.7.1944 nach Auschwitz deportiert.
TK 33; *li; LAB, Liste 15.10.33; BArch, R 3001 PAK, PA; BG; GB II

Bieber, Richard Dr., JR
30.6.1858 Magdeburg - 19.9.1936
priv.: Kaiser-Wilhelm-Str. 53, C 2
Kanzlei: Kaiser-Wilhelm-Str. 53, C 2
RA am LG I-III, AG Berlin-Mitte und Notar. Nach der Machtübernahme der Nationalsozialisten 1933 auf Antrag wieder zugelassen; Ende 1935 Entzug des Notariats; 1936 im Alter von 78 Jahren gestorben.
TK 33; *li; LAB, Liste 15.10.33; DJ 36, S. 314; BG

Bieberfeld, Siegfried Dr.
15.10.1881 Lissa - 1944 Heidelberg
priv.: Mommsenstr. 14, Charlottenburg
Kanzlei: Alexanderstr. 71, C 25
RA am LG I-III, AG Berlin-Mitte und Notar. Nach der Machtübernahme der Nationalsozialisten 1933 Verlust des Notariats, als Anwalt auf Antrag wieder zugelassen bis zum allgemeinen Berufsverbot 1938. B., der ein guter Schachspieler war, wie der Sohn seines früheren Schachpartners berichtet, und seine Frau tauchten während des Krieges in Berlin unter, indem sie in ein ausgebombtes Wohnhaus zogen. In den Akten ist vermerkt: „17.10.1942 unbekannt abgemeldet". Später flüchteten sie nach Heidelberg und meldeten sich dort als Bombenopfer unter dem Namen Biebinger an; auf diese Weise konnten sie Lebensmittelkarten erhalten. B. musste sich 1944 einer Operation unterziehen, bei der der Chirurg feststellte, dass er Jude war. Der Arzt meldete ihn nicht; B. starb jedoch an den Folgen der Operation. B.s Frau konnte noch ins Ausland gelangen, der Sohn der Familie war zuvor bereits aus Deutschland weggeschickt worden. Er beging nach 1945 Suizid.
Br.B. 32; TK 33; JMBl. 33, S. 202; *li; LAB, Liste 15.10.33; BArch, R 3001 PAK; Naatz-Album; MRRAK; BG; Ausk. Bers

Bielschowsky, Ludwig Dr.
6.2.1891 - keine Angaben
priv.: Kaiserallee 31, Wilmersdorf
Kanzlei: Güntzelstr. 62, Wilmersdorf
RA am LG I-III und Notar. Nach der Machtübernahme der Nationalsozialisten 1933 wieder zugelassen; Ende 1935 Entzug des Notariats; 1938 Berufsverbot als Anwalt.
TK 33; *li; Liste 36; LAB, Liste 15.10.33; MRRAK; BArch, R 3001 PAK

Bielschowsky, Richard Dr.
26.9.1895 - keine Angaben
priv.: k.A.
Kanzlei: Meinekestr. 21, W 15
RA am LG I-III, AG Berlin-Mitte und Notar. Nach der Machtübernahme der Nationalsozialisten Berufsverbot zum 21.6.1933. B.s Teilnahme am WK I war nicht als „Fronteinsatz" anerkannt worden, sein Antrag auf Wiederzulassung wurde abgelehnt.
Br.B. 32; TK 33; Liste d. nichtzugel. RA, 25.4.33; JMBL. 33, S. 253; BArch, R 3001 PAK, PA

Biermann, Georg
26.3.1890 Greifswald - 3.4.1945 Theresienstadt
priv.: Westfälische Str. 28, Wilmersdorf
Kanzlei: k.A.
RA am LG I-III und AG Berlin-Mitte. Nach der Machtübernahme der Nationalsozialisten im April 1933 mit einem Vertretungsverbot belegt, anschließend Berufsverbot. Am 12.1.1943 von Berlin nach Theresienstadt verschleppt; dort am 3.4.1945 ums Leben gekommen.
TK 33; JMBl. 7.7.33, S. 209; BArch, PAK; VZ 39; GB II

Bileski, James
25.2.1891 - keine Angaben
priv.: k.A.
Kanzlei: Carmerstr. 15, Charlottenburg
RA und Notar; war der jüngere Bruder von Moritz B.; während des WK I Pilot der Luftwaffe.
Jüd.Adr.B.; Br.B. 33; BArch, R 3001 PAK; Ausk. des Neffen J. Aival, 7./8.2001

Bileski, Moritz Dr.
1.4.1889 Frankenstein - 10.2.1946 Tel Aviv
priv.: Waitzstr. 12, Charlottenburg
Kanzlei: Carmerstr. 15, Charlottenburg
B. hatte am WK I teilgenommen und war mit dem EK ausgezeichnet worden; überzeugter Zionist, er gehörte dem K.J.V. (Kartell jüdischer Verbindungen) in maßgeblicher Stellung an. Schon in den 1920er Jahren unternahm B. einen ersten Versuch, sich in Palästina niederzulassen, die Bedingungen waren jedoch sehr schwierig, 1926 kehrte er daher nach Berlin zurück und ließ sich als Anwalt am KG, später auch als Notar, nieder. Nach der Machtübernahme der Nationalsozialisten beantragte er seine Wiederzulassung mit dem Nachweis, dass er am WK I teilgenommen hatte. Im Juli 1933 emigrierte er – nun endgültig – mit seiner Familie nach Palästina, daraufhin wurde er in den Anwaltslisten gelöscht. In Palästina gründete er mit Felix Rosenblüth (Rosen) die Ahdut Ha'am Partei. Er war bis zu seinem Tod als Anwalt tätig und veröffentlichte zahlreiche Artikel. Ein Nachruf gibt an, dass er „seiner geistigen Struktur nach ein Jurist" war, der vom Recht die Verwirklichung der Gerechtigkeit erwartete. Dies war bei politischen Aktivitäten eher hinderlich, sträubte er sich doch gegen Machtspiele, die vorrangig Interessen und Staatsraison zu bedienen suchten. Er starb im Alter von 56 Jahren in Tel Aviv.
TK 33; Liste d. nichtzugel. RA, 25.4.33; Pr.J. 33, S. 807; BArch, R 3001 PAK, PA; Ausk. d. Sohnes J. Aival

Birnbaum, Marcus Dr.
23.5.1890 Fulda - 6.3.1941 Amsterdam
priv.: Flotowstr. 7, NW 87
Kanzlei: Leipziger Str. 113
Mitglied der orthodoxen Gemeinde Adass Jisroel. RA am LG I-III und Notar. Nach der Machtübernahme der Nationalsozialisten 1933 Berufsverbot. Emigration in die Niederlande, Amsterdam, am 1.2.1939, wo er zwei Jahre später im Alter von 50 Jahren starb.
Br.B. 32; TK 33; JMBl. 33, S. 253; BArch, R 3001 PAK; BG

Bischofswerder, Franz Dr.
13.6.1888 Berlin - keine Angaben
priv.: Markgrafendamm 25, O 17
Kanzlei: An der Spandauer Brücke 12, C 2
RA am KG und Notar. Nach der Machtübernahme der Nationalsozialisten wieder zugelassen; Ende 1935 als Notar entlassen; als RA bis zum allgemeinen Berufsverbot 1938 tätig; von der Jüdischen Gemeinde als Begleiter für den Transport von Flüchtlingen am

2.4.1939 nach Richborough, Großbritannien, eingesetzt; blieb dort und emigrierte noch 1939 in die USA; änderte seinen Namen in Frank Bishop.
TK 33; *li; LAB, Liste 15.10.33; DJ 36, S. 314; MRRAK; BArch, R 3001 PAK; BG

Bischofswerder, Isidor, JR
7.2.1858 Wongrowitz - 27.1.1941 Berlin
priv.: Berkaer Str. 32-35, Altersheim der Jüd. Gemeinde
Kanzlei: Keithstr. 21, W 62
Vermutlich der Vater von Franz B.; RA am LG I-III und AG Charlottenburg. Nach der Machtübernahme der Nationalsozialisten wieder als Anwalt zugelassen; bis zum allgemeinen Berufsverbot 1938 als Anwalt tätig. Zuletzt war B. in einem Altersheim der Jüdischen Gemeinde untergebracht.
TK 33; *li; LAB, Liste 15.10.33; BArch, R 3001 PAK; MRRAK; BG

Bittermann, Wilhelm
keine Angaben - 19.4.1937
priv.: k.A.
Kanzlei: Hardenbergstr. 19, Charlottenburg
RA am LG I-III, AG Berlin-Mitte und Notar. Nach der Machtübernahme der Nationalsozialisten 1933 Entzug des Notariats; noch bis mindestens 1936 als Anwalt tätig.
TK 33; *li; LAB, Liste 15.10.33; Liste 36; BArch, R 3001 PAK

Blach, Friedrich Samuel
19.1.1884 Stralsund - August 1969
priv.: Mackensenstr. 5, Schöneberg
Kanzlei: Pommersche Str. 7a, Wilmersdorf
RA am LG II. Nach der Machtübernahme der Nationalsozialisten auf Antrag wieder als Anwalt zugelassen; 1937 Emigration in die USA, New York; starb im August 1969.
TK 33; *li; LAB, Liste 15.10.33; BArch,R 3001 PAK; BG; SSDI (Frederick B.)

Blankenfeld, Fritz Dr.
20.6.1889 Wangerin - keine Angaben
priv.: Salzburger Str. 7, Schöneberg
Kanzlei: Linkstr. 19, W 9
RA am KG und Notar. Nach der Machtübernahme der Nationalsozialisten 1933 auf Antrag wieder zugelassen; Ende 1935 als Notar entlassen; bis zum allgemeinen Berufsverbot 1938 als RA tätig; Emigration am 1.9.1940 nach Uruguay, Montevideo.
TK 33; *li; DJ 36, S. 314; MRRAK; BArch, R 3001 PAK; BG

Blaschkauer, Rudolf, JR
13.9.1862 Murowana - 11.12.1940
priv.: Wielandstr. 11, Charlottenburg
Kanzlei: Wittelsbacher Str. 25, Wilmersdorf
RA am LG I-III und Notar. Nach der Machtübernahme der Nationalsozialisten 1933 Entzug des Notariats; bis zur Löschung am 24.9.1938 als Anwalt zugelassen.
TK 33; JMBl. 33, S. 208; *li; LAB, Liste 15.10.33; BG

Blasse, Jakob
14.7.1883 Koschmin - keine Angaben
priv.: Riehlstr. 7, Charlottenburg
Kanzlei: Burgstr. 7, C 2
RA am LG I-III und Notar; nach der Machtübernahme der Nationalsozialisten auf Antrag wieder zugelassen; Ende 1935 Entzug des Notariats; bis zum allgemeinen Berufsverbot 1938 als RA tätig.
TK 33; *li; DJ 36, S. 314; BArch, R 3001 PAK; MRRAK; BG

Blau, Bernhard
14.12.1881 Stolp - keine Angaben
priv.: Eichenallee 9, Charlottenburg
Kanzlei: Eichenallee 66, Charlottenburg
RA am KG und Notar. Nach der Machtübernahme der Nationalsozialisten 1933 Entzug des Notariats; bis zum allgemeinen Berufsverbot 1938 als RA zugelassen, dann noch als „Konsulent" tätig. B. lebte in einer sog. Mischehe, die Ehefrau galt als „arisch". B. überlebte das NS-Regime und wohnte nach der Befreiung in Charlottenburg.
TK 33; JMBl. 33, S. 202; *li; MRRAK; LAB, Liste d. Kons. 15.3.1939; BG

Blau, Bruno Dr.
10.9.1881 Marienwerder/Westpreußen - 21.8.1954 Freiburg i.Br.
priv.: Heinestr. 12 (Babelsberg)
Kanzlei: Alexanderplatz 1, C 25
RA am LG I-III, AG Berlin-Mitte und Notar. Nach der Machtübernahme auf Antrag wieder zugelassen; seine Praxisräume teilte er mit einem Kollegen. Im Sommer 1933 erging die Anordnung des Justizministers, „dass alle derartigen Gemeinschaften bis Ende September aufzulösen seien. Mein Kollege mietet deshalb ein anderes Office, und da die ganzen Räume für mich so gross waren, war ich ebenfalls genötigt, andere zu suchen. Und zwar blieb mir, da ich in meiner alten Gegend passende Räume nicht finden konnte, nichts anderes übrig als nach einer anderen Gegend zu ziehen." (Memoiren, S. 26) Bei der Auflösung der alten Praxisräume entstanden ihm erhebliche Kosten, die Aufhebung eines Vertrags mit einer Telefongesellschaft musste gerichtlich entschieden werden, da B. nicht bereit war, für mehrere Jahre weiter seinen Pflichten aus dem Vertrag nachzukommen. Er verwies auf die Zwangslage bei der Verlagerung der Praxis. Bei dem Urteilsspruch, der zu seinen Ungunsten ausfiel, meinte B., habe es eine entscheidende Rolle gespielt, dass „ein jüdischer Richter Beisitzer war; und zwar war dies ein früherer Senatspräsident des Kammergerichts, der infolge des erwähnten ‚Gesetzes zur Wiederherstellung des Berufsbeamtentums' in die viel niedrigere Stelle eines Beisitzers beim Landgericht versetzt worden war. Der Richter war Referent für meinen Fall und von ihm hing die Entscheidung zum grossen Teil ab. Ich musste nun am eigenen Leibe erfahren, was ich aus meiner früheren Praxis zur Genüge kannte, dass die jüdischen Richter gewissermaßen aus einer übertriebenen Objektivität einen Standpunkt einnahmen, der sich gegen die jüdische Partei richtete. Mit anderen Worten: Sie wollten auch nur jeden Schein vermeiden, als ob sie als Juden zu Unrecht für eine jüdische Partei entschieden. So verlor ich den Prozess."(S. 27f.). Ende 1935 wurde B. als Notar entlassen, 1936 gab er seine Anwaltszulassung zurück, sie wurde am 24.2.1936 gelöscht. B. emigrierte nach Prag; dort begann er sozialstatistisches Material zusammenzustellen. 1942 wurde er verhaftet und der Gestapo in Berlin überstellt. Er litt schon länger unter einem Magenleiden und musste Diät halten; in der Haft erkrankte er schwer und konnte sich nicht mehr allein fortbewegen. Daher wurde er in die Polizeiabteilung des Jüdischen Krankenhauses eingeliefert. Der Chefarzt stellte die Diagnose Krebs. Ein Röntgenfacharzt behandelte ihn mit hohen Strahlendosen, mit dem Ergebnis, dass B. über Jahre hinweg wieder seine Bewegungsfähigkeit erlangte. Mit der sicheren Krebsdiagnose war er aber offensichtlich bei den zuständigen Gestapostellen in Vergessenheit geraten, selbst nach der äußerst ungewöhnlichen Verlegung 1944 von der Polizeistation auf die „freie" Station des Krankenhauses wurde er nicht deportiert. Auf diese Weise überlebte er die NS-Zeit. Nach 1945 wanderte er in die USA aus, wo er mit verschiedenen Veröffentlichungen hervortrat. B.

starb 1954 in Freiburg i.Br. Diverse Veröffentlichungen: Das Ausnahmerecht für die Juden in den europäischen Ländern 1933-1945, New York 1952; Das Ausnahmerecht für die Juden in Deutschland 1933-1945,1., 2.u. 3. Aufl. Düsseldorf 1954 bzw. 1965; Die Kriminalität der deutschen Juden, o.J.; The Jewish Population of Germany 1939-1945, o.J.; Zur Geschichte der Reichsvertretung, MS., Frankfurt/M. 1937; Vierzehn Jahre Not und Schrecken, Memoiren, unveröffentl. MS., USA, o.J. (ca. 1952).
TK 33; *li; Liste 15.10.33; LAB, Liste 36,; DJ 36, S. 314 u. 360; BArch, R 3001 PAK; BG; Grabstein

Bley, Bruno Dr.
27.9.1894 Berlin - keine Angaben
priv.: Wilhelmshöher Str. 29, Friedenau (1926)
Kanzlei: Dorotheenstr. 77-78
Seit 1926 Anwalt bei den LG I-III. In der Personalakte wird als Religion „mosaisch" angegeben. Nach der Machtübernahme der Nationalsozialisten am 23.5.1933 Zulassung wegen „nicht-arischer Abstammung" zurückgenommen, am 7.6.1933 gelöscht. In den Akten ist vermerkt: „Der Name des Rechtsanwalts Dr. Bruno Bley ist in der Liste des republikanischen Richterbundes ... aufgeführt."
Br.B. 32; TK 33; MvRRB; JMBl. 23.6.33, S. 195; BArch R 3001 PAK,PA

Bleyberg, Max, JR
keine Angaben
priv.: k.A.
Kanzlei: Landsberger Allee 11/13
RA am LG I-III, AG Berlin-Mitte und Notar. Nach der Machtübernahme der Nationalsozialisten wieder zugelassen; Ende 1935 als Notar entlassen; Zulassung als Anwalt vermutlich zum 15.1.1936 gelöscht (andere Angaben sprechen von 1938).
TK 33; *li; LAB, Liste 15.10.33; DJ 36, S. 314; BArch, R 3001 PAK

Bloch, Arthur Dr.
2.10.1883 Ratibor - keine Angaben
priv.: Pestalozzistr. 59, Charlottenburg
Kanzlei: Kaiserallee 208, W 15
RA am KG und Notar. Nach der Machtübernahme der Nationalsozialisten 1933 Entzug des Notariats. Die Anwaltszulassung wurde am 1.4.1937 gelöscht; B. emigrierte am 1.3.1937 in die USA, New York.
TK 33; JMBl. 33, S. 208; *li; LAB, Liste 15.10.33; BArch, R 3001 PAK; BG

Bloch, Paul
keine Angaben
Kanzlei: Friedrichstr, 175, W 8
RA und Notar. Nach der Machtübernahme der Nationalsozialisten auf Antrag wieder zugelassen; Ende 1935 als Notar entlassen; als RA bis zum allgemeinen Berufsverbot 1938 tätig.
Adr.B. 32; *li; LAB, Liste 15.10.33; Liste 36; MRRAK; BArch, R 3001 PAK

Block, Werner
keine Angaben
priv.: k.A.
Kanzlei: Kurfürstendamm 202, W 15
RA am KG. Nach der Machtübernahme der Nationalsozialisten weiter zugelassen; bis zum allgemeinen Berufsverbot 1938 als Anwalt tätig.
TK 33; *li; LAB, Liste 15.10.33; Liste 36; MRRAK; BArch, R 3001 PAK

Blum, Alfred Dr.
keine Angaben
priv.: k.A.
Kanzlei: Kurfürstendamm 32, W 15
RA und Notar; nach der Machtübernahme der Nationalsozialisten 1933 wurde erst das Notariat entzogen, daraufhin wurde die Kanzlei insgesamt aufgegeben.
JMBl. 33, S. 202; Pr.J. 33, S. 466; BArch R 3001 PAK

Blum, Arno Dr.
12.10.1903 Berlin - Juni 1974 Jerusalem
priv.: k.A.
Kanzlei: Kurfürstendamm 38/39
RA am LG, zugelassen am LG I-III. Nach der Machtübernahme der Nationalsozialisten 1933 Berufsverbot. Emigration im gleichen Jahr nach Frankreich; 1934 nach Palästina. Nach 1945 zeitweise Rechtsberater der Israelischen Mission in Köln, 1962-67 Generaldirektor des israelischen Rechnungshofes.
Br.B. 32; TK 33; Liste d. nichtzugel. RA, 25.4.33; JMBl. 33, S. 253; BArch, R 3001 PAK; BG; Göpp., S. 270

Blum, Hans Dr.
2.7.1899 Berlin - keine Angaben
priv.: Grolmanstr. 41, Charlottenburg
Kanzlei: Tauentzienstr. 8, W 50
RA am LG I-III und AG Berlin-Mitte. Nach der Machtübernahme der Nationalsozialisten Berufsverbot zum 19.6.1933. B. emigrierte am 19.4.1939 nach Großbritannien.
Adr.B. 32; TK 33; Liste d. nichtzugel. RA, 25.4.33; JMBl. 33, S. 253; BArch, R 3001 PAK, PA; BG

Blumenfeld, Fritz Dr.
16.8.1883 Neuruppin - Deportation 1942
priv.: Kaiserplatz 2, Wilmersdorf
Kanzlei: Potsdamer Str. 24/25, W 35
RA am LG I-III und Notar. Nach der Machtübernahme der Nationalsozialisten 1933 Entzug des Notariats, als Anwalt auf Antrag wieder zugelassen bis zum allgemeinen Berufsverbot 1938. Emigration nach Frankreich, Paris; am 4.11.1942 von Drancy nach Auschwitz deportiert.
Br.B. 32; TK 33; JMBl. 33, S. 202; *li; MRRAK; BArch, R 3001 PAK; BG; GB II

Blumenfeld, Paul
22.5.1887 Forst/Lausitz - 9.8.1942 Berlin
priv.: Gontardstr. 3, C 25
Kanzlei: Sophienstr. 5, N 54
RA am LG II und AG Lichtenberg. Nach der Machtübernahme der Nationalsozialisten 1933 Berufsverbot. B. starb 1942 im Hospital in der Auguststr. 14-15 im Alter von 55 Jahren.
TK 33; Liste d. nichtzugel. RA, 25.4.33; JMBl. 33, S. 202; BArch, R 3001 PAK; BG

Blumenheim, Rudolf Dr.
25.12.1900 Berlin - Mai 1978
priv.: k.A.
Kanzlei: Friedrichstr. 203, SW 68
RA am LG I-III und AG Berlin-Mitte. Nach der Machtübernahme der Nationalsozialisten Berufsverbot zum 19.6.1933. Emigration in die USA, wo er zuletzt in Palm Beach, Florida, lebte.
Adr.B. 32; TK 33; Liste d. nichtzugel. RA.; JMBl. 33, S. 253; BArch, R 3001 PAK, PA; SSDI (Bluemenheim)

Blumenthal, Berthold Dr.
26.2.1886 Berlin - 7.2.1941
priv.: k.A.
Kanzlei: Nachodstr. 19, W 50
RA am LG I-III, AG Charlottenburg und Notar. Nach der Machtübernahme der Nationalsozialisten 1933 Entzug des Notariats; als RA bis zum allgemeinen Berufsverbot 1938 zugelassen. Im Februar 1941 kurz vor dem 55. Geburtstag gestorben.
TK 33; JMBl. 33, S. 234; *li; Liste 36; MRRAK; BArch, R 3001 PAK; BG

Blumenthal, Curt (Kurt) Dr.
5.12.1882 Nordhausen - Deportation 1943
priv.: Mommsenstr. 22, Charlottenburg
Kanzlei: Schloßstr. 107, Steglitz
RA am LG I-III, AG Schöneberg und Notar. Nach der Machtüber-

nahme der Nationalsozialisten 1933 zeitweilig Vertretungsverbot und Entzug des Notariats; als RA bis zum allgemeinen Berufsverbot 1938 tätig, später Zwangsarbeit. Datum der Vermögenserklärung: 17.1.1943, Sammellager Große Hamburger Str. 26; am 29.1.1943 Deportation nach Auschwitz.
TK 33; JMBl. 33, S. 202; *li; BArch, R 3001 PAK; MRRAK; BG; GB II

Blumenthal, Erich Dr.
31.10.1887 - keine Angaben
priv.: Brandenburgische Str. 42, Wilmersdorf
Kanzlei: Wichmannstr. 28, W 62
RA am LG I-III und Notar. Nach der Machtübernahme der Nationalsozialisten 1933 auf Antrag wieder zugelassen; Ende 1935 Entzug des Notariats; bis zum allgemeinen Berufsverbot 1938 als RA tätig; Emigration in die USA.
Br.B. 32; TK 33; *li; DJ 36, S. 314; BArch, R 3001 PAK; MRRAK; BG

Blumenthal, Erich Dr.
24.8.1893 - keine Angaben
priv.: k.A.
Kanzlei: Krausenstr. 12, (oder Friedrichstr. 246, SW 68)
RA am LG I-III und Notar. Nach der Machtübernahme der Nationalsozialisten 1933 Berufsverbot; Emigration nach Australien am 10.8.1939.
Br.B. 32; TK 33; JMBl. 33, S. 253; BArch, R 3001 PAK; BG

Blumenthal, Julius Dr.
17.3.1900 Danzig – 3.12.1942 Sachsenhausen
priv.: k.A.
Kanzlei: Oranienburger Str. 1
RA am LG I-III und AG Berlin-Mitte. Nach der Machtübernahme der Nationalsozialisten Berufsverbot zum 26.5.1933; engagierte sich in der Jüdischen Gemeinde; ab 1939 juristischer Mitarbeiter des Jüdischen Nachrichtenblatts und Leiter der Rechtsabteilung der Jüd. Gemeinde. B. war eine von acht Geiseln, die bei einer Vergeltungsmaßnahme für „zur Deportation eingeteilte", aber geflohene Angestellte der Jüdischen Gemeinde in Sachsenhausen erschossen wurden.
Br.B. 32; TK 33; LAB, Liste d. nichtzugel. RA. 25.4.33; JMBl.30.6.33, S. 203; BArch, R 3001 PAK; BG; GB II (3.12.1942); Walk, nach Lowenthal, Bewährung, S.185; Göpp., S. 239 Sterbefallanzeige KZ Sachsenhausen

Blumenthal, Otto Dr.
18.1.1897 Berlin - 28.9.1988
priv.: Wilskistr. 66, Zehlendorf
Kanzlei: Nürnberger Str. 66, W 50
B. meldete sich freiwillig im WK I; vielfältige künstlerische und geistige Interessen; gründete mit Hans Richter die Deutsche Liga für Unabhängigen Film; RA am LG I-III und Notar; war der Schwager von > Udo Rukser, bildete mit diesem eine Sozietät. Nach der Machtübernahme der Nationalsozialisten auf Antrag wieder als Anwalt und Notar zugelassen, da als „Frontkämpfer" anerkannt. Seine Zulassung als Anwalt wurde am 1.10.1935 gelöscht. Im November 1938 wurde er verhaftet und ins KZ Dachau verschleppt. Nach der Freilassung im Februar 1939 nach Palästina emigriert, nannte sich dort B. Oded Bental; nahm eine Stelle als Bankbeamter an, was ihm jedoch nicht lag. Nach 1945 war er für die URO im Berliner Büro tätig.
TK 33; *li; LAB, Liste 15.10.33; BArch, R 3001 PAK; BLHA, Rep. 36 A, OFP, Nr. A 427; Ausk. Hön-Museum, HEGAU; Ausk. Werner Wolff 3/2000

Blumenthal, Siegfried Dr.
31.8.1898 Berlin - 1974 Berlin
priv.: Karlsruher Str. 29, Wilmersdorf
Kanzlei: Mommsenstr. 45, Charlottenburg
RA am LG I-III und AG Berlin-Mitte. Nach der Machtübernahme der Nationalsozialisten 1933 auf Antrag wieder zugelassen und bis zum allgemeinen Berufsverbot 1938 tätig. B. wurde nach dem 9.11.1938 ins KZ Sachsenhausen verschleppt; kam unter der Bedingung frei, in ein außereuropäisches Land zu gehen; emigrierte im März 1939 nach Palästina; seine Mutter und seine Schwester wurden deportiert und ermordet. B. kehrte 1950 nach Berlin zurück und betätigte sich in der Justiz.
TK 33; *li; LAB, Liste 15.10.33; MRRAK; BArch, R 3001 PAK; PA Sen.Just. Archiv 74/60; BG; Ausk. F. Flechtmann

Boas, Fritz
18.10.1889 - keine Angaben
priv.: k.A.
Kanzlei: Potsdamer Str. 43, W 35
Nahm am WK I teil; RA am KG und Notar. Nach der Machtübernahme der Nationalsozialisten 1933 auf Antrag wieder zugelassen, als „Frontkämpfer" anerkannt; 1935 Entzug des Notariats; bis zum allgemeinen Berufsverbot 1938 als Anwalt tätig.
Br.B. 32; TK 33; *li; LAB, Liste 15.10.33; DJ 36, S. 314; MRRAK; BArch, R 3001 PAK, PA

Boas, Hans Dr.
18.4.1883 Berlin - Deportation 1943
priv.: Kluckstr. 27, W 35
Kanzlei: Viktoria-Luise-Platz 10
RA am LG I-III und Notar. Nach der Machtübernahme der Nationalsozialisten 1933 auf Antrag wieder zugelassen; Zulassung als Notar 1935 entzogen; bis zum allgemeinen Berufsverbot 1938 als Anwalt tätig. Am 3.3.1943 Deportation nach Auschwitz.
TK 33; *li; LAB, Liste 15.10.33; DJ 36, S. 314; MRRAK; BArch, R 3001 PAK; BG; GB II

Bobrecker, Alfred
20.1.1868 - 18.12.1934
priv.: Niersteiner Str. 6, Wilmersdorf
Kanzlei: Gontardstr. 4, C 25
RA am LG I-III und Notar. Nach der Machtübernahme der Nationalsozialisten als Notar entlassen, als Anwalt auf Antrag wieder zugelassen. B.s Ehefrau Martha galt als „arisch". Er starb 1934 im Alter von 66 Jahren.
TK 33; JMBl. 33, S. 202; *li; BArch, R 3001 PAK; BG

Bochner, Ernst
30.12.1872 Schönlanke - 4.10.1937
priv.: Tölzer Str. 29, Wilmersdorf
Kanzlei: Bayreuther Str. 41, W 62
RA am LG I-III. Nach der Machtübernahme der Nationalsozialisten 1933 auf Antrag wieder zugelassen; 1936 noch als Anwalt tätig; starb 1937 im Alter von 74 Jahren.
TK 33; *li; Liste 36; LAB, Liste 15.10.33; BArch, R 3001 PAK; BG

Bodlaender, Rudolf Dr.
19.1.1903 - keine Angaben
priv.: k.A.
Kanzlei: Wera-Promenade 5, Friedrichshagen
Nach der Machtübernahme der Nationalsozialisten Berufsverbot im Frühjahr 1933.
Liste d. nichtzugel. RA, 25.4.33; JMBl. 33, S. 253; BArch, R 3001 PAK

Boehm, Erich
18.5.1884 - keine Angaben
priv.: Altensteinstr. 59, Zehlendorf
Kanzlei: Joachimsthaler Str. 11, W 15
RA und Notar. Nach der Machtübernahme der Nationalsozialisten 1933 als Notar entlassen; als Anwalt auf Antrag wieder zugelassen; die Zulassung wurde zum 5.4.1934 gelöscht.
Pr.J. 33, S. 390; *li; LAB, Liste 15.10.33; BArch, R 3001 PAK

Boehm, Julius Edgar
17.8.1884 - keine Angaben
priv.: k.A.
Kanzlei: Kurfürstendamm 197/98, W 15
RA am LG I-III und Notar. Nach

der Machtübernahme der Nationalsozialisten 1933 auf Antrag wieder zugelassen; Ende 1935 als Notar entlassen; bis zum allgemeinen Berufsverbot als RA tätig.
TK 33; *li; LAB, Liste 15.10.33; DJ 36, S. 314; MRRAK; BArch, R 3001 PAK

Boehm, Max, JR
keine Angaben
priv.: Riehlstr. 3, Charlottenburg (1931)
Kanzlei: Belle-Alliance-Sr. 88, SW 61
RA am KG und Notar. Nach der Machtübernahme der Nationalsozialisten im Frühjahr 1933 zeitweilig Vertretungsverbot; auf Antrag wieder als Anwalt und Notar zugelassen; im Personalkalender des Justizministeriums 1936 nicht mehr verzeichnet.
Jüd.Adr.B.; *li, Liste d. nichtzugel. RA, 25.4.33; LAB, Liste 15.10.33; BArch, R 3001 PAK

Boenheim, Ernst Dr.
keine Angaben
priv.: Geisbergstr. 34, W 30
Kanzlei: Lützowplatz 27
RA am KG; nach der Machtübernahme vom Vorstand der RAK als Anwalt der Roten Hilfe an das PrMJ gemeldet; ein weiterer Nachweis in den Anwaltslisten fehlt.
Jüd.Adr.B.; Br.B. 32; TK 33; Liste d. nichtzugel. RA, 25.4.33 (Nachtrag); GStA, Rep. 84a, Nr. 20363

Boenheim, Kurt Dr.
26.10.1886 Markgrabowa - keine Angaben
priv.: Flatowstr. 1
Kanzlei: Charlottstr. 59
RA am LG I-III und Notar. B. erklärte am 12.11.1926 seinen Austritt aus der Jüdischen Gemeinde. Nach der Machtübernahme Berufsverbot im Juli 1933; trat am 16.8.1933 wieder der Jüdischen Gemeinde bei.
Jüd.Adr.B.; Adr.B. 32; TK 33; JMBl. 15.7.33, S. 220/21; BArch, R 3001 PAK; BG

Boerne, Ludwig Dr., JR
keine Angaben
priv.: k.A.
Kanzlei: Friedrichstr. 183, W 8
RA am LG I-III und Notar. Nach der Machtübernahme der Nationalsozialisten 1933 auf Antrag wieder zugelassen; Zulassung am 7.10.1935 gelöscht.
TK 33; *li; LAB, Liste 15.10.33; BArch, R 3001 PAK

Böhm, Gustav, Dr. JR
27.11.1885 Cottbus - ca. 1933
priv.: k.A.
Kanzlei: Charlottstr. 57, W 8 (?)
RA beim LG I Berlin seit dem 3.8.1917. Nach der Machtübernahme der Nationalsozialisten am 9.6.1933 Zulassung wegen „nichtarischer Abstammung" zurückgenommen, am 16.6.1933 gelöscht. 1933 im 48. Lebensjahr gestorben. Die näheren Todesumstände sind nicht bekannt.
TK 33; JMBl. 7.7.33, S. 209; BArch, R 3001 PAK

Bokofzer, Erwin Dr.
7.5.1889 - keine Angaben
priv.: k.A.
Kanzlei: Nettelbeckstr. 7/8, W 62
RA am LG I-III und AG Berlin-Mitte. Nach der Machtübernahme der Nationalsozialisten 1933 auf Antrag wieder zugelassen; bis zum allgemeinen Berufsverbot 1938 als Anwalt tätig.
TK 33; *li; LAB, Liste 36, Liste 15.10.33; MRRAK; BArch, R 3001 PAK

Bonnem, Max Dr.
26.6.1886 - 10.12.1937
priv.: Hektorstr. 9-10, Wilmersdorf
Kanzlei: Lützow-Ufer 17, W 35
RA am LG I-III und Notar. Nach der Machtübernahme der Nationalsozialisten im April 1933 erst mit einem Vertretungsverbot belegt, dann wieder als Anwalt zugelassen, 1933 Entzug des Notariats. 1937 im Alter von 51 Jahren gestorben.
TK 33; JMBl. 33, S. 202; *li; LAB, Liste 15.10.33; BArch, R 3001 PAK; BG

Bonnin, August Dr., JR
keine Angaben
priv.: k.A.
Kanzlei: Ritterstr. 66, SW 68
RA am LG I-III und Notar. Nach der Machtübernahme der Nationalsozialisten 1933 Entzug des Notariats; 1936 noch als Anwalt zugelassen.
TK 33; JMBl. 33, S. 202; *li; LAB, Liste 36, Liste 15.10.33; BArch, R 3001 PAK

Borg, Max
7.1.1889 Danzig - keine Angaben
priv.: k.A.
Kanzlei: Behrenstr. 51/52, Mitte
RA seit 1932, zugelassen am LG I-III. Nach der Machtübernahme der Nationalsozialisten im Juni 1933 mit einem Vertretungsverbot belegt; verlegte 1933 die Kanzlei vom Kurfurstendamm 177 in die Behrenstraße. Seine Zulassung wurde im Zuge der Zusammenlegung der drei Landgerichte gelöscht, indem er an dem neu gebildeten Landgericht nicht mehr zugelassen wurde. B. soll nach Frankreich emigriert sein.
TK 33; Pr.J. 33, S. 737; BArch, R 3001 PAK, PA; BG

Boronow, Joseph (Josef)
11.11.1880 Berlin - Deportation 1943
priv.: Stülpnagelstr. 3, Charlottenburg
Kanzlei: Großgörschenstr. 40, W 57
RA und Notar am KG. Nach der Machtübernahme der Nationalsozialisten 1933 als Notar entlassen; als RA bis zum allgemeinen Berufsverbot 1938 tätig. Wurde nach dem Berufsverbot zur Zwangsarbeit herangezogen und als Arbeiter eingesetzt. Datum der Vermögenserklärung: 16.9.1943, Sammellager Große Hamburger Str. 26, Deportation am 28.9.1943 nach Auschwitz.
TK 33; JMBl. 33, S. 202; *li; Liste 36; LAB, Liste 15.10.33; MRRAK; BArch, R 3001 PAK; BG; GB II

Brach, Max Dr.
26.11.1887 Berlin - keine Angaben
priv.: Lützowstr. 3, W 35
Kanzlei: Burgstr. 26
RA am LG I-III, AG Berlin-Mitte und Notar. Nach der Machtübernahme der Nationalsozialisten Berufsverbot im Frühjahr 1933 Emigration in die Niederlande, Amsterdam, am 1.6.1937, später in die USA.
Br.B. 32; TK 33; Liste d. nichtzugel. RA, 25.4.33; JMBl. 33, S. 209; BArch, R 3001 PAK; BG

Bradt, Martin Dr.
25.4.1877 Berlin - keine Angaben
priv.: Giesebrechtstr. 11, Charlottenburg
Kanzlei: Steinplatz 1, Charlottenburg
RA am LG I-III, AG Berlin-Mitte und Notar. Nach der Machtübernahme der Nationalsozialisten 1933 zeitweilig Vertretungsverbot und Entzug des Notariats; als RA bis zum allgemeinen Berufsverbot 1938 zugelassen. Emigration nach Großbritannien, Glasgow.
TK 33; JMBl. 33, S. 208; *li; LAB, Liste 15.10.33; MRRAK; BArch, R 3001 PAK; BG

Brandt, Arthur
21.6.1893 Züllichau - 24.1.1989 Lugano
priv.: Tauentzienstr. 12a, W 50
Kanzlei: Tauentzienstr. 12a, W 50
Einer der prominentesten Verteidiger der Weimarer Republik, insbesondere durch seine Vertretung in dem Aufsehen erregenden politischen „Tscheka"-Prozess (1925) bekannt geworden; hatte Verbindungen zur Roten Hilfe Deutschlands; arbeitete in Sozietät mit > Hans Fraustedter. Nach der Machtübernahme stand er als

politisch missliebig im Visier der Nationalsozialisten, die RAK hatte ihn gemeldet. Emigration im März 1933 nach Großbritannien, London; gegen ihn wurde noch ein Steuersteckbrief erlassen. 1938 weiter in die USA, RA am Obersten Gerichtshof in Mass. 1953 Rückkehr nach Berlin, bis 1970 als Anwalt tätig, verlegte den Wohnsitz später nach Lugano, wo er 1989 gestorben ist.
Diverse Veröffentlichungen, u.a. „Denkschrift der Verteidigung", Neuauflage 1979
TK 33; JMBl. 33, S. 253; BArch, R 3001 PAK; GStA, Rep. 84 a, Nr. 20363; Göpp., S. 330; Ausk. T. Krach; Wolf; BFS; Schneider, Schwarz, Schwarz

Brandt, Heinrich, JR
14.2.1872 Warschau - keine Angaben
priv.: Goethestr. 11, Lichterfelde
Kanzlei: Goethestr. 11, Lichterfelde
RA am AG Lichterfelde. Nach der Machtübernahme der Nationalsozialisten wieder als Anwalt zugelassen, Zulassung aber im Spätherbst 1933 gelöscht. Überlebte das NS-Regime und wohnte nach 1945 in Berlin-Wilmersdorf.
TK 33; *li; Pr.J. 9.11.33, S. 633; BArch, R 3001 PAK; BG

Brandus, Werner Dr.
18.2.1899 Magdeburg - keine Angaben
priv.: k.A.
Kanzlei: Charlottenstr.55, W 8
RA am LG I-III und AG Berlin-Mitte. Nach der Machtübernahme der Nationalsozialisten Löschung der Zulassung zum 19.3.1933.
Adr.B. 32; TK 33; Liste d. nichtzugel. RA, 25.4.33; JMBl. 33, S. 253; BArch, R 3001 PAK

Brasch, Paul (Isidor)
21.3.1884 Posen - Deportation 1942
priv.: Bamberger Str. 36, W 30
Kanzlei: Kantstr. 8, Charlottenburg
RA am KG und Notar. Nach der Machtübernahme der Nationalsozialisten wieder zugelassen; Ende 1935 Entzug des Notariats; bis zum allgemeinen Berufsverbot 1938 als RA tätig; Emigration nach Belgien, Brüssel, 1939; wurde nach Kriegsbeginn als ehemaliger Offizier interniert; am 31.8.1942 von Drancy nach Auschwitz deportiert.
TK 33; *li; LAB, Liste 15.10.33; DJ 36, S. 314; MRRAK; BArch, R 3001 PAK; BG; g; GB II

Brass, Alfons Dr.
17.5.1888 - keine Angaben
priv.: k.A.
Kanzlei: Alte Jakobstr. 124
RA am KG und Notar. Nach der Machtübernahme der Nationalsozialisten Berufsverbot zum 20.6.1933.
Br.B. 32; TK 33; LAB, Liste d. nichtzugel. RA, 25.4.33; JMBl. 4.8.33, S. 253; BArch, R 3001 PAK

Brauer, Hans Dr.
17.11.1899 - keine Angaben
priv.: Rosenthaler Str. 43, N 54
Kanzlei: Rosenthaler Str. 43, N 54
RA am KG. Nach der Machtübernahme der Nationalsozialisten Vertretungsverbot im April 1933, später wieder als Anwalt zugelassen; noch bis 1935 im Branchenbuch verzeichnet.
TK 33; Liste d. nichtzugel. RA; *li; LAB, Liste 15.10.33; BArch, R 3001 PAK; Br.B. 35

Braun, Emilie, geb. Melchior
3.12.1897 Hamburg - keine Angaben
priv.: k.A.
Kanzlei: Motzstr. 88, W 30
Als Rechtsanwältin seit 22.10.1932 am LG I-III zugelassen. Nach der Machtübernahme der Nationalsozialisten Berufsverbot zum 24.6.1933; Emigration nach Frankreich.
TK 33; Liste d. nichtzugel. RA, 25.4.33; JMBl. 33, S. 220; BArch, R 3001 PAK, PA; BLHA, PrBr Rep. 36 A, OFP Dev. St.

Braun, Kurt Dr.
13.9.1897 Berlin - September 1985
priv.: Küstriner Str. 5, Charlottenburg
Kanzlei: Nollendorfplatz 6, W 30
Ab 1916 Studium in Berlin; 1917-18 bei der Kriegsmarine; 1922 Promotion in Breslau; ab 1923 Amtsrichter in Berlin-Lichterfelde; ab 1924 RA, zuletzt zugelassen am LG I-III, AG Berlin-Mitte, später auch Notar, auf Wirtschaftsrecht spezialisiert. Nach der Machtübernahme im April 1933 mit einem Vertretungsverbot belegt, auf Antrag wieder zugelassen; Ende 1935 Entzug des Notariats; bis zum allgemeinen Berufsverbot 1938 als RA tätig. Emigration nach Großbritannien, London, am 10.5.1939; in die USA 1940; 1940-42 wirtschaftspolitische Forschungsarbeiten an der Universität New Hampshire, Durham; 1942-51 Brookings Institution, Washington D.C.; 1944-45 auch Berater im US-Kriegsministerium; 1951-60 Abteilungsleiter im US-Außenministerium, zugleich Gastprofessor an der Howard University, Washington/D.C.; 1960-67 Leiter der Abteilung Westeuropa beim statistischen Amt des US-Arbeitsministeriums; lebte 1975 in Alexandria, Virginia; starb 1985.
TK 33; *li; Liste d. nichtzugel. RA, 25.4.33, Liste 15.10.33 DJ 36, S. 314; MRRAK; BArch, R 3001 PAK; BG; BHdE Bd. 1, S. 87 (Geb. dat.: 13.9.1899); SSDI

Brée, Hans
30.4.1890 Stolp - keine Angaben
priv.: k.A.
Kanzlei: Schadowstr. 4/5, NW 7
B. war „Frontkämpfer" und protestantisch getauft, er trat allerdings 1933 aus der Kirche aus, weil er deren Haltung zum Nationalsozialismus missbilligte. RA am LG I-III. Nach der Machtübernahme der Nationalsozialisten wurde B. wieder als RA zugelassen. Er galt als „Mischling" (der Vater galt als jüdisch). B. war noch 1943 als RA tätig. Aufgrund seiner guten Kontakte zu jüdischen Familien, die auch zu seinen Mandanten gehörten, wurde er fortgesetzt durch die Gestapo, die Zollfahndungsstelle und die Vermögensverwertungsstelle verfolgt und schließlich zum Einsatz bei der Organisation Todt zwangsverpflichtet. Nach 1945 wurde B. als Rechtsanwalt und Notar wieder zugelassen. 1965 wurde seine Zulassung gelöscht, da er aus Berlin verzogen war.
*li; LAB, Liste 15.10.33; Liste Mschlg. 36; Tel.B. 41; Br.B. 43; LAB, RAK PA

Breit, Georg
22.5.1873 Nimptsch - 31.12.1941 Litzmannstadt/Lodz
priv.: Mommsenstr. 66, Charlottenburg
Kanzlei: Friedrichstr. 166, W 8
RA am KG und Notar. Nach der Machtübernahme der Nationalsozialisten 1933 auf Antrag wieder zugelassen; Ende 1935 Entzug des Notariats; bis zum allgemeinen Berufsverbot 1938 als RA tätig. Datum der Vermögenserklärung: 23.10.1941; Sammellager Levetzowstr. 7-8; Deportation am 1.11.1941 nach Litzmannstadt/Lodz, dort zwei Monate später umgekommen.
*li; LAB, Liste 15.10.33; BArch, R 3001, PAK; MRRAK; BG; GB II

Breslau, Alexander Dr.
26.4.1900 Berlin - 17.4.1969 Montreux, Schweiz
priv.: Kurfürstendamm 155 b, Wilmersdorf
Kanzlei: Grolmanstr. 27, Charlottenburg
1931 aus der Jüdischen Gemeinde ausgetreten. RA am KG. Nach der Machtübernahme der Nationalsozialisten Berufsverbot im

Frühjahr 1933. B. emigrierte nach Frankreich und heiratete dort die Berlinerin Henriette Schmidthals. Als „die Nazis in Frankreich einrückten, flohen die Eheleute über Portugal in die USA. Dr. B. erhielt bald eine Stelle als Kommentator beim Rundfunk in Washington ..." (Schmidthals).
BArch, R 3001 PAK; BG; Ausk. Dr. Walter Schmidthals, 2.12.1998

Breslauer, Walter Dr.
3.7.1890 Berlin - 1981 London
priv.: k.A.
Kanzlei: Mohrenstr. 51
1908-11 Jurastudium in Berlin und Freiburg; Mitgründer des Jüdischen Liberalen Jugendvereins; 1912 erstes Staatsexamen; 1914 Promotion in Göttingen; 1918 zweites Staatsexamen; ab 1919 RA, zuletzt am KG zugelassen, ab 1928 auch Notar; 1931-36 auch Verwaltungsdirektor der Jüdischen Gemeinde zu Berlin; 1925-32 Mitglied, 1931-32 Vorsitzender der Verbandsversammlung des Preußischen Landesverbands Jüdischer Gemeinden. Nach der Machtübernahme der Nationalsozialisten Berufsverbot 1933; 1936 Emigration über die Schweiz nach Großbritannien, 1936-37 Studium an der London School of Economics; 1937-72 RA in London; 1940 auf der Isle of Man interniert; 1940-41 Studium am Polytechnikum in London, Abschluss mit Buchhalterexamen; 1941-46 Buchhalter; 1945 Mitbegründer des Council of Jews from Germany, engagierte sich im Bereich der Wiedergutmachung und in vielen jüdischen Organisationen; starb 1981 in London.
Veröffentl.: The Private International Law of Succession in England, America and Germany, 1937
Br.B. 32; TK 33; LAB, Liste d. nichtzugel. RA, 25.4.33; JMBl. 33, S. 209; BArch, R 3001 PAK; BHdE Bd. 1, S. 92, ; Göpp., S. 271; Lowenthal

Brinkenhoff, Kurt (Curt) Dr.
22.12.1892 Berlin - Deportation 1943
priv.: k.A.
Kanzlei: Waitzstr. 23, Charlottenburg
RA am LG I-III, AG Charlottenburg und Notar. Nach der Machtübernahme der Nationalsozialisten 1933 zeitweilig mit einem Vertretungsverbot belegt; auf Antrag wieder zugelassen; Ende 1935 als Notar entlassen; bis zum allgemeinen Berufsverbot 1938 als Anwalt tätig. 1943 nach Auschwitz deportiert.

Brock, Hugo Dr.
10.4.1882 Gnesen - 18.8.1942 Riga
priv.: Bayernallee 7, Charlottenburg
Kanzlei: Kleistr. 15, W 62
RA am KG und Notar. Nach der Machtübernahme der Nationalsozialisten 1933 zeitweilig mit Vertretungsverbot belegt und Entzug des Notariats; bis zum allgemeinen Berufsverbot 1938 als Anwalt tätig. Deportation am 15.8.1942 nach Riga, dort am Tag der Ankunft am 18.8.1942 ermordet.
Br.B. 32; TK 33; *li; LAB, Liste d. nichtzugel. RA, 25.4.33; Liste 15.10.33; DJ 36, S. 314; MRRAK; BArch, R 3001 PAK; Naatz-Album; BG; GB II

TK 33; JMBl. 33, S. 202; *li; LAB, Liste 15.10.33; MRRAK; BArch, R 3001 PAK; BG; BdE; GB II

Brock, Isidor Dr., JR
17.8.1853 (1858?) Gnesen - 20.9.1940 Berlin
priv.: Flotowstr. 8, NW 87, Tiergarten
Kanzlei: Chausseestr. 123, N 4
Vermutlich Vater von Hugo B.; RA am LG I-III und Notar. Nach der Machtübernahme der Nationalsozialisten zeitweilig Vertretungsverbot und Entzug des Notariats; bis zum allgemeinen Berufsverbot 1938 als RA tätig. B. starb 1940 im Alter von 87 Jahren.
TK 33; JMBl. 33, S. 208; *li; LAB, Liste 15.10.33; MRRAK; BArch, R 3001 PAK; BG

Brock, Walter Dr.
14.12.1901 - keine Angaben
priv.: k.A.
Kanzlei: Tauentzienstr. 7 b, W 50
RA am LG I-III und AG Berlin-Mitte. Nach der Machtübernahme der Nationalsozialisten Berufsverbot zum 19.6.1933.
Adr.B. 32; TK 33; Liste d. nichtzugel. RA, 25.4.33; JMBl. 33, S. 253; BArch, R 3001 PAK, PA

Broder, Ernst W. Siegbert
27.3.1888 - 1970 Lugano
priv.: k.A.
Kanzlei: Kronenstr. 16, W 8
RA am LG I-III, AG Berlin-Mitte und Notar. Nach der Machtübernahme der Nationalsozialisten Berufsverbot zum 20.6.1933. B. emigrierte nach China, Shanghai, ging später vermutlich in die Schweiz, wo er 1970 im Alter von 82 Jahren starb.
Br.B. 32; TK 33; LAB, Liste d. nichtzugel. RA, 25.4.33; JMBl. 33, S. 253; BArch, R 3001 PAK, PA; BG

Brodnitz, Julius Dr., JR
19.8.1864 Posen - 16.3.1936 Berlin
priv.: Schillstr. 9, W 62
Kanzlei: Prinzregentstr. 94, Wilmersdorf
RA am LG I-III und Notar; 1920-1936 Vorstandsvorsitzender des CV und aktives Mitglied der Jüdischen Reformgemeinde zu Berlin. Nach der Machtübernahme der Nationalsozialisten 1933 Entzug des Notariats, als Anwalt wieder zugelassen; Mitbegründer der Reichsvertretung der Juden.
TK 33; JMBl. 33, S. 202; *li; Liste 36; LAB, Liste 15.10.33; BArch, R 3001 PAK; BG; Krach, S. 431; Ladwig-Winters, Freiheit, S. 290

Broecker, Rudolf von, Dr.
12.8.1879 Berlin - 10.3.1950 Berlin
priv.: Potsdamer Str. 48, Lichterfelde
Kanzlei: Karlstr. 107, Lichterfelde
B. hatte am WK I teilgenommen, war Protestant. RA am LG I-III, AG Schöneberg und Notar; 1922-1932 Mitglied des Stahlhelms und später auch Mitglied der NSDAP. Nach der Machtübernahme der Nationalsozialisten galt B. als „Mischling" (ein Großelternteil galt als jüdisch); er wurde 1933 wieder als Anwalt und Notar zugelassen. Trotz seiner Herkunft bemühte er sich um eine Unterstützung der nationalsozia-listischen Politik, wurde auch „Blockwart", wie in einem Schreiben an den Vizepräsidenten des Kammergerichts 1947 festgestellt wurde. Aus

diesem Grund wurde B.s Antrag auf Wiederzulassung als Anwalt nach 1945 abgelehnt; 1949 doch wieder zugelassen, nachdem er nur als „nomineller Nazi" eingestuft worden war.
TK 33; *li; LAB: Liste Mschlg. 36; Tel.B. 41; BG; LAB, RAK, PA

Broh, James Dr., JR
9.11.1867 Perleberg - keine Angaben
priv.: Mansfelder Str. 34, Wilmersdorf
Kanzlei: Memhardtstr. 20, C 25
RA am LG I-III, AG Berlin-Mitte und Notar; Mitglied der USPD, dann KAPD, 1930 Mitglied der KPD; verteidigte 1921 Max Hoelz; hat später den des Mordes an Horst Wessel Beschuldigten verteidigt; die Rote Hilfe zahlte ihm 1931 rund 3200,- RM. Nach der Machtübernahme der Nationalsozialisten 1933 für kurze Zeit in Haft genommen; im Mai 1933 noch vom Vorstand der RAK an das PrMJ gemeldet, es folgte das Berufsverbot. Emigration nach Frankreich bereits im April 1933 mit seiner Frau. Im Exil publizistisch tätig.
Br.B. 32; Jüd.Adr.B.; TK 33; GStA, Rep. 84 a, Nr. 20363 (Hanns B.); JMBl. 30.6.33; BArch, R 3001 PAK; BG; BHdE; Schneider, Schwarz, Schwarz, S. 99

Bromberg, Hugo Dr.
26.1.1890 Cottbus - keine Angaben
priv.: Borstellstr. 18, Südende, Steglitz
Kanzlei: Passauer Str. 4, W 50
RA und Notar. Nach der Machtübernahme der Nationalsozialisten 1933 wieder zugelassen; Ende 1935 als Notar entlassen; bis zum allgemeinen Berufsverbot 1938 als RA tätig. Die Ehefrau galt als „nicht-jüdisch".
*li; LAB, Liste 15.10.33; DJ 36, S. 314; Liste 36; MRRAK; BArch, R 3001 PAK; BG

Bruck, Georg, JR
18.5.1869 Frankenstein - 7.11.1940
priv.: Dragonerstr. 32, N 54, Mitte
Kanzlei: Chausseestr. 17 II, N 4
RA am LG I-III und AG Charlottenburg. Nach der Machtübernahme der Nationalsozialisten wieder zugelassen; im Branchenbuch 1935 letztmalig verzeichnet. B. starb 1940 im Alter von 71 Jahren.
Br.B. 32 u. 35; TK 33; *li; BArch, R 3001 PAK; BG

Bruck, Martin Dr.
12.4.1878 Neiße - Deportation 1942
priv.: Roscherstr. 4, Charlottenburg
Kanzlei: Königstr. 34/36, C 2
RA am LG I-III, AG Berlin-Mitte und Notar. Nach der Machtübernahme der Nationalsozialisten 1933 Entzug des Notariats; bis zum allgemeinen Berufsverbot 1938 als RA tätig. Deportation mit dem Transport vom 24./26.6.1942 von Berlin nach Minsk.
TK 33; JMBl. 33, S. 208; *li; LAB, Liste 15.10.33, Liste 36; MRRAK; BArch, R 3001 PAK; VZ 39; GB II

Brückmann, Harry
keine Angaben
priv.: k.A.
Kanzlei: Oranienstr. 145/146, S 42
RA am LG I-III und Notar. Nach der Machtübernahme der Nationalsozialisten 1933 Entzug des Notariats; war bis zum 20.4.1937 als RA tätig, dann wurde die Zulassung gelöscht.
TK 33; JMBl. 33, S. 202; *li; LAB, Liste 36, Liste 15.10.33; BArch, R 3001 PAK

Brumm, Fritz Dr.
6.2.1885 Neustadt a.d.W. - 31.12.1944
priv.: Flensburger Str. 25, NW 87
Kanzlei: Alt-Moabit 109, NW 40
RA am LG I-III und AG Berlin-Mitte. Nach der Machtübernahme der Nationalsozialisten 1933 wieder zugelassen; 1937 Zulassung als Anwalt gelöscht. Laut BG wurde B. zum 31.12.1944 „für tot erklärt".
TK 33; *li; LAB, Liste 15.10.33; BArch, R 3001 PAK; BG

Brün, Paul Dr.
28.4.1889 Berlin - 1970 Haifa, Israel
priv.: Cecilienallee 10, Dahlem
Kanzlei: Kurfürstendamm 195, W 15
RA LG I-III, AG Charlottenburg und Notar. Nach der Machtübernahme der Nationalsozialisten im Frühjahr 1933 mit Vertretungsverbot belegt, dann wieder zugelassen; Ende 1935 als Notar entlassen; bis zum allgemeinen Berufsverbot 1938 als RA tätig. Nach dem 9.11.1938 ins KZ Sachsenhausen verschleppt; im Januar 1939 unter der Bedingung auszuwandern freigekommen. Emigration nach Großbritannien; im April 1946 nach Palästina.
TK 33; *li; LAB, Liste d. nichtzugel. RA, 25.4.33, Liste 15.10.33; DJ 36, S. 314; Naatz-Album; MRRAK; BArch, R 3001 PAK; BG

Brünn, Max Friedrich Dr.
17.10.1896 Berlin - keine Angaben
priv.: Bamberger Str. 28 (bis 5/37)
Kanzlei: Bamberger Str. 59, W 50
RA am KG und Notar. Nach der Machtübernahme der Nationalsozialisten auf Antrag wieder zugelassen; Ende 1935 als Notar entlassen; Zulassung als RA zum 15.7.1937 gelöscht. Emigration nach Großbritannien, London.
*li; LAB, Liste 15.10.33; DJ 36, S. 314; BArch, R 3001 PAK; BG

Bry, Herbert
26.11.1887 Thorn - keine Angaben
priv.: Leibnizstr. 60, Charlottenburg
Kanzlei: Kantstr. 4, Charlottenburg
RA am LG I-III und Notar. Nach der Machtübernahme der Nationalsozialisten 1933 wieder zugelassen; am 7.11.1934 in den Listen gelöscht; Emigration nach Palästina, Tel Aviv.
TK 33; *li; LAB, Liste 15.10.33; BArch, R 3001 PAK; BG

Buchholz, Heinrich Dr.
26.10.1902 Berlin - Juli 1987
priv.: Wielandstr. 27/28, W 15
Kanzlei: Wilhelmstr. 130, SW 68
B. wurde erst am 16.12.1932 als Anwalt zugelassen. Nach der Machtübernahme der Nationalsozialisten am 26.5.1933 Berufsverbot. Emigration in die USA; dort 1987 im Alter von 84 Jahren gestorben.
Jüd.Adr.B.; JMBl. 30.6.33, S. 203; Liste d. nichtzugel. RA, 25.4.33; BArch, R 3001 PAK, PA; SSDI

Buckwitz, Hans Dr.
17.10.1900 - keine Angaben
priv.: k.A.
Kanzlei: Kurfürstendamm 22, W 15
RA am LG I-III und AG Berlin-Mitte. Nach der Machtübernahme der Nationalsozialisten Berufsverbot zum 17.6.1933.
Adr.B. 32; TK 33; Liste d. nichtzugel. RA; JMBl. 33, S. 253; BArch, R 3001 PAK, PA

Bud, Franz
31.1.1900 - keine Angaben
priv.: k.A.
Kanzlei: Schönhauser Allee 6/7, N 54
RA am KG; ehemaliger Schüler des Französischen Gymnasiums, verheiratet mit einer Juristin. Nach der Machtübernahme der Nationalsozialisten Berufsverbot im Frühjahr 1933. Emigration über Paris in die USA; baute in Frankreich eine Krawattenfabrikation auf; hat später in den USA als Optiker gearbeitet.
TK 33; Liste d. nichtzugel. RA, 25.4.33; BArch, R 3001 PAK; Ausk. E. Proskauer

Buka, Hans Dr.
14.7.1886 - um 1937
priv.: k.A.
Kanzlei: Kantstr. 162, Charlottenburg
RA am KG und Notar. Nach der Machtübernahme der Nationalsozialisten wieder zugelassen; Ende 1935 Entzug des Notariats; noch bis mindestens 1936 als RA tätig; ging dann jedoch „bankrott", wie der Sohn eines Kollegen berichtet, und nahm sich das Leben.
*li; LAB, Liste 15.10.33, Liste 36; BArch, R 3001 PAK; Ausk. Fontheim, 6.4.2000

Bukofzer, Karl
28.9.1885 Schwetz - Deportation 1942
priv.: Fehrbelliner Str. 79, NW 54
Kanzlei: Burgstr. 30 II, C 2
RA am LG I-III, AG Berlin-Mitte und Notar. Nach der Machtübernahme der Nationalsozialisten wieder zugelassen; Ende 1935 Entzug des Notariats; bis zum allgemeinen Berufsverbot 1938 als RA tätig. Deportation am 5.9.1942 nach Riga.
TK 33; *li; DJ 36, S. 314; MRRAK; BArch, R 3001 PAK; BG; BdE; GB II

Burak, Arthur
19.1.1902 - keine Angaben
priv.: k.A.
Kanzlei: Hermannplatz 9, S 59
RA am LG I-III und AG Neukölln. Nach der Machtübernahme der Nationalsozialisten Berufsverbot im Frühjahr 1933.
TK 33; Liste d. nichtzugel. RA, 25.4.33; JMBl. 33, S. 253; BArch, R 3001 PAK

Bürgner, Hans Dr.
17.12.1882 Berlin - keine Angaben
priv.: Ruhlaer Str. 7, Schmargendorf
Kanzlei: Kurfürstendamm 24, W 15
RA am LG I-III, AG Berlin-Mitte und Notar. Nach der Machtübernahme der Nationalsozialisten im Frühjahr 1933 zeitweilig Vertretungsverbot, dann wieder zugelassen; Ende 1935 Entzug des Notariats; bis zum allgemeinen Berufsverbot 1938 als RA tätig; Emigration nach Großbritannien, London; nannte sich später Burgner.
TK 33; *li; LAB, Liste 15.10.33; DJ 36, S. 314; MRRAK; BArch, R 3001 PAK; BG; Ausk. Werner Wolff, 22.9.1998

Buschke, Albrecht Dr.
3.10.1904 Berlin - keine Angaben
priv.: k.A.
Kanzlei: Lützowstr. 60 a, W 35
RA am KG. Nach der Machtübernahme der Nationalsozialisten Berufsverbot zum 17.6.1933, trotz intensiver Bemühungen, weiter arbeiten zu dürfen.
Liste d. nichtzugel. RA, 25.4.33; JMBl. 33, S. 209; BArch, R 3001 PAK, PA

Busse, Ernst, JR
13.3.1867 Lobsens - keine Angaben
priv.: Georg-Wilhelm-Str. 12, Wilmersdorf
Kanzlei: Grunewaldstr. 42, Schöneberg
B. war evangelischer Religion.
RA am KG und Notar. Nach der Machtübernahme der Nationalsozialisten als Notar entlassen, als RA auf Antrag wieder zugelassen bis zum allgemeinen Berufsverbot 1938. Datum der Vermögenserklärung: 21.6.1943, Sammellager Große Hamburger Str. 26, Deportation am 30.6.1943 nach Theresienstadt. B. überlebte, kehrte nach Berlin zurück und wohnte nach dem Krieg in Zehlendorf.
TK 33; JMBl. 33, S. 202; *li; MRRAK; BArch, R 3001 PAK; BG; Liste der Theresienstadt-Überlebenden

Byk, Rudolf Dr.
16.11.1887 Berlin - 11.3.1937
priv.: In der Halde 14, Zehlendorf
Kanzlei: Mohrenstr. 9, W 8
RA am LG I-III und Notar. Nach der Machtübernahme der Nationalsozialisten 1933 Entzug des Notariats; war noch bis mindestens 1936 als Anwalt tätig. B. starb 1937 im Alter von 50 Jahren.
TK 33; JMBl. 33, S. 202; *li; LAB, Liste 15.10.33; Liste 36; BArch, R 3001 PAK; BG

C

Calé, Richard Dr.
17.5.1883 - keine Angaben
priv.: k.A.
Kanzlei: Maaßenstr. 27, W 62
RA am KG und Notar. Nach der Machtübernahme der Nationalsozialisten 1933 Entzug des Notariats; Anwaltszulassung 1938 vor dem allgemeinen Berufsverbot gelöscht. Emigration in die USA.
TK 33; JMBl. 33, S. 202; *li; LAB, Liste 15.10.33; Liste 36; Br.B. 38; DJ 38, S. 1705; BArch, R 3001 PAK; NY Publ. Lib. (Am. Com.), NY Publ. Lib. file Grüneberg

Callmann, Curt Dr.
22.12.1883 Briesen - 16.10.1944 Auschwitz
priv.: Martin-Luther-Str. 25, Schöneberg
Kanzlei: Potsdamer Str. 56, W 35
RA am LG I-III, AG Schöneberg und Notar. Nach der Machtübernahme der Nationalsozialisten 1933 wieder zugelassen; Ende 1935 Entzug des Notariats; bis zum allgemeinen Berufsverbot 1938 als RA tätig. Datum der Vermögenserklärung: 7.12.1942, Sammellager Gerlachstr. 20, Deportation am 15.12.1942 nach Theresienstadt; von dort am 16.10.1944 nach Auschwitz verschleppt, wo er unmittelbar nach der Ankunft ermordet wurde.
TK 33; *li; LAB, Liste 15.10.33; DJ 36, S. 314; MRRAK; BG; ThG; GB II

Calmon, Curt Dr.
23.8.1884 - keine Angaben
priv.: k.A.
Kanzlei: Unter den Linden 16, W 8
RA am LG I. Nach der Machtübernahme der Nationalsozialisten

wieder zugelassen; war noch bis 4.12.1936 als Anwalt tätig, dann wurde seine Zulassung gelöscht.
TK 33; *li; LAB, Liste 15.10.33; Liste 36

Carlebach, Alfred Dr.
28.1.1887 Frankfurt a. M. - keine Angaben
priv.: k.A.
Kanzlei: Viktoriastr. 4 a, W 35
RA am LG I-III und Notar; B. war am 9.9.1931 aus der Jüdischen Gemeinde ausgetreten; arbeitete 1929-1933 in einer Kanzlei mit > Erich Koch-Weser. Nach der Machtübernahme der Nationalsozialisten 1933 wieder zugelassen; Ende 1935 Entzug des Notariats; am 4.5.1936 als RA gelöscht. Emigration nach Großbritannien.
Adr.B. 32; TK 33; *li; LAB, Liste 15.10.33; DJ 36, S. 314; BG

Caro, Erich Dr.
20.8.1891 Berlin - keine Angaben
priv.: Machandelweg 1, Charlottenburg
Kanzlei: Wilhelmstr. 44, W 8
RA am KG und Notar. Nach der Machtübernahme der Nationalsozialisten wieder zugelassen; Ende 1935 Entzug des Notariats; bis zum allgemeinen Berufsverbot 1938 als RA tätig, dann als „Konsulent" zugelassen. Emigration im Frühjahr 1939 über Brasilien, Porto Allegre, (vermutlich gemeinsam mit einem Verwandten Ernst C., ein weiterer Angehöriger, Herbert C., lebte dort bereits); kurz danach Übersiedlung in die USA; Ankunft am 15.4.1939 in New York.
TK 33; *li; LAB, Liste 15.10.33; DJ 36, S. 314; MRRAK; BArch, R 3001 PAK; Liste d. Kons., 15.3.39; BG

Caro, Ernst
26.11.1873 Berlin - keine Angaben
priv.: Joachimsthaler Str. 11, W 15, Kanzlei: Joachimstaler Str. 11, W 15
RA am KG und Notar; 1921 aus der Jüdischen Gemeinde ausgetreten. Nach der Machtübernahme der Nationalsozialisten 1933 Entzug des Notariats; bis zum allgemeinen Berufsverbot 1938 als RA tätig. Emigration nach Brasilien, Porto Allegre, 1939 (vermutlich gemeinsam mit einem Verwandten, Erich C., ein weiterer Angehöriger, Herbert C., lebte bereits dort).
TK 33; JMBl. 33, S. 202; *li; LAB, Liste 15.10.33; MRRAK; BArch, R 3001 PAK; BG

Caro, Herbert Moritz Dr.
16.10.1906 Berlin - keine Angaben
priv.: k.A.
Kanzlei: Jägerstr. 59/60, W 8
RA am LG I-III und AG Tempelhof. Nach der Machtübernahme der Nationalsozialisten Berufsverbot im Frühjahr 1933. Emigration nach Frankreich im April 1933; Rückkehr nach Deutschland 1934; Emigration nach Brasilien, Porto Allegre, im April 1935 (vermutlich folgten Ernst und Erich C.); lebte 1967 in Brasilien.
TK 33; Liste d. nichtzugel. RA, 25.4.33; JMBl. 33, S. 234; BArch, R 3001 PAK; BG

Casper, Paul
25.7.1903 - keine Angaben
priv.: Lützowufer 10, W 35
Kanzlei: Lützowufer 10, W 35
RA am KG; nach der Machtübernahme der Nationalsozialisten im Frühjahr 1933 Berufsverbot. Emigration vor dem 25.7.1938 nach Portugal.
JMBl. 33, S. 203; BArch, R 3001 PAK; BG

Casper, Paul Dr.
8.4.1891 Berlin - keine Angaben
priv.: Xantener Str. 2, W 15
Kanzlei: Mittelstr. 25, NW 7
RA am LG I-III und Notar. Nach der Machtübernahme der Nationalsozialisten Vertretungsverbot im Frühjahr 1933, auf Antrag wieder zugelassen; Ende 1935 Entzug des Notariats; bis zum allgemeinen Berufsverbot 1938 als RA tätig. In der Folge des 9.11.1938 festgenommen, bis Mitte 1939 im KZ Sachsenhausen inhaftiert; nach der Freilassung Emigration nach Großbritannien, London.
Jüd.Adr.B.; TK 33; Adr.B. 33; Liste d. nichtzugel. RA, 25.4.33; *li; LAB, Liste 15.10.33; DJ 36, S. 314; MRRAK; BArch, R 3001 PAK; BG

Cassel, Alfred
6.10.1881 Berlin - Deportation 1943
priv.: Sächsische Str. 5, W 15
Kanzlei: Am Karlsbad 1 a, W 35
RA am LG I-III und Notar. Nach der Machtübernahme der Nationalsozialisten 1933 Entzug des Notariats, als Anwalt wieder zugelassen bis zum allgemeinen Berufsverbot 1938. Deportation am 12.3.1943 nach Auschwitz.
TK 33; JMBl. 33, S. 208; *li; LAB, Liste 15.10.33; MRRAK; BArch, R 3001 PAK; BG; GB II

Cassirer (Casirer), Alfred Dr.
14.9.1882 Kattowitz - keine Angaben
priv.: Droysenstr. 7, Charlottenburg
Kanzlei: Kurfürstendamm 225, W 15
RA am LG I-III, AG Charlottenburg und Notar. Nach der Machtübernahme der Nationalsozialisten 1933 Entzug des Notariats; bis zum allgemeinen Berufsverbot 1938 als RA tätig.
TK 33; JMBl. 33, S. 202; *li; Liste 36; LAB, Liste 15.10.33; MRRAK; BArch, R 3001 PAK; BG

Castro, Carlos de Dr.
18.12.1895 - keine Angaben
priv.: k.A.
Kanzlei: Leipziger Str. 112, W 8
RA am LG I-IIII, AG Berlin-Mitte und Notar. Nach der Machtübernahme der Nationalsozialisten 1933 wieder zugelassen; Ende 1935 Entzug des Notariats; bis zum allgemeinen Berufsverbot 1938 als RA tätig.
TK 33; *li; LAB, Liste 15.10.33; DJ 36, S. 314; DJ 38, S. 1811; MRRAK; BArch, R 3001 PAK; Liste 36

Catleen, Hermann
15.2.1882 Hohensalza - 1942 (?) London
priv.: Wittenbergplatz 1, W 62
Kanzlei: Jägerstr. 11, W 8
RA am LG I-III und Notar. Nach der Machtübernahme der Nationalsozialisten wieder zugelassen; Ende 1935 Entzug des Notariats; bis zum allgemeinen Berufsverbot 1938 als RA tätig; praktizierte in den letzten Jahren in seiner Privatwohnung; Emigration nach Großbritannien, London, am 3.11.1938; dort ist C. vermutlich 1942 gestorben.
TK 33; *li; LAB, Liste 15.10.33; DJ 36, S. 314; MRRAK; BArch, R 3001 PAK; BG

Charles, Hugo Dr.
23.3.1879 Rothenburg a.d.O. - keine Angaben
priv.: Meinekestr. 25, W 15
Kanzlei: Meinekestr. 25, W 15
RA am LG I-III und Notar. Nach der Machtübernahme der Nationalsozialisten 1933 Entzug des Notariats; bis zum allgemeinen Berufsverbot 1938 als RA tätig; Emigration, vermutlich nach Australien
TK 33; JMBl. 33, S. 202; *li; LAB, Liste 15.10.33; MRRAK; BArch, R 3001 PAK; BG

Cheim, Sally
22.11.1889 Berlin - keine Angaben
priv.: Fredericiastr. 15, Charlottenburg
Kanzlei: An der Spandauer Brücke 2, C 2
RA am LG I-III und Notar. Nach der Machtübernahme der Nationalsozialisten wieder zugelassen; Ende 1935 Entzug des Notariats; bis zum allgemeinen Berufsverbot 1938 als RA, dann noch als „Konsulent" tätig. Emigration in die USA am 21.8.1939.

TK 33; *li; LAB, Liste 15.10.33; DJ 36, S. 314; MRRAK; Liste der Kons.; BG

Chodziesner, Dorothea, geb. Galliner
29.10.1904 - 6.11.1943 Concepcion, Chile
priv.: Feuerbachstr. 13, Finkenkrug
Kanzlei: Sybelstr. 19, Charlottenburg

Dorothea Ch.s Vater war der liberale Rabbiner Julius Galliner, ihr Onkel, > Moritz Galliner war ebenfalls Anwalt, gleichfalls ihr Schwiegervater > Ludwig Ch. Nach der Machtübernahme der Nationalsozialisten wurde sie zum 9.6.1933 mit Berufsverbot belegt. Der Ehemann emigrierte 1939 nach Großbritannien, wo er nach Kriegsbeginn als „feindlicher Ausländer" interniert und nach Australien transportiert wurde. 1939/40 flüchtete Dorothea mit ihrem vier Jahre alten Sohn erst nach Großbritannien und von dort aus weiter nach Chile. Am 6.11.1943 starb sie dort im Alter von 39 Jahren. Ihr Ehemann ging nach Aufhebung der Internierung zur Armee und ließ sich danach dauerhaft in Australien nieder. 1945 gelangte der inzwischen 10-jährige Sohn, der bis dahin in Chile gelebt hatte, zu ihm. Ch.s Schwiegervater kam in Theresienstadt ums Leben. Ihre Schwägerin, die bekannte Lyrikerin Gertrud Kolmar, wurde in Auschwitz ermordet.
Liste d. nichtzugel. RA., 25.4.33; JMBl. 33, S. 221; BArch, R 3001 PAK, PA; Ausk. d. Sohnes, 26.10.99

Chodziesner, Fritz
19.1.1906 Berlin - 29.7.1990 Berlin
priv.: k.A.
Kanzlei: Kurfürstendamm 14/15, W 50
Seit 1931 RA in Berlin. Nach der Machtübernahme der Nationalsozialisten im Frühjahr 1933 Berufsverbot. Ch. arbeitete noch eine gewisse Zeit in der Kanzlei seines Vaters Max Ch. und war dann in verschiedenen jüdischen Organisationen tätig, u.a. im Hilfsverein der Juden in Deutschland als Auswanderungsberater. Emigration nach Montevideo, Uruguay, später Übersiedelung nach Buenos Aires; kehrte nach 1945 nach Berlin zurück und wurde wieder als Anwalt zugelassen.
Liste, d. nichtzugel. RA, 25.4.33; BArch, R 3001 PAK; LAB, RAK PA; Ausk. E. Proskauer

Chodziesner, Ludwig, JR
28.8.1861 Obersitzko - 13.2.1943 Theresienstadt
priv.: Speyerer Str. 10, Schöneberg
Kanzlei: Manteuffelstr. 9/13, Finkenkrug, Falkensee
RA seit 1891, zuerst Sozius von > Dr. Max Wronker, später unabhängig. Ch. wurde als Strafverteidiger bekannt, so in dem Prozess gegen den Grafen Philip zu Eulenburg, einem einflussreichen Politiker und Vertrauten des Kaisers. Ch. war auch an dem Sensationsprozess gegen die gräfliche Familie Kwilecki, später im Adlon-Prozess und im Scheidungsprozess des Grafen von der Schulenburg beteiligt. Die Familie Chodziesner hatte mehrere Juristen hervorgebracht, zwei Brüder, ein Neffe und die Schwiegertochter Ch.s waren ebenfalls Juristen. Daneben gab es eine enge Verbindung zur Familie Benjamin, Cousine Schoenflies war die Mutter von Walter und Georg Benjamin. Ludwig Ch.s Tochter, Gertrud Kolmar (so der deutsche Name der Stadt Chodzies), hatte als Lyrikerin mit der Unterstützung ihres Vaters Anerkennung gefunden.
Ch. wurde nach der Machtübernahme der Nationalsozialisten wieder zugelassen, er wurde als „Altanwalt" anerkannt. Am 13.7.1936 wurde seine Zulassung nach 45 Jahren Tätigkeit gelöscht. Sechs Jahre später wurde Ch. aufgefordert, sich auf den Transport nach Theresienstadt vorzubereiten. Beim Packen der Sachen half ihm die Ehefrau Georg Benjamins, Hilde, selbst nach 1933 als Rechtsanwältin wegen kommunistischer Betätigung mit Berufsverbot belegt (später Justizministerin der DDR). Die Vermögenserklärung unterzeichnete Ch. am 7.9.1942. Er kam in das Sammellager Große Hamburger Str. 26 und wurde am 9.9.1942 nach Theresienstadt deportiert, wo er ein knappes halbes Jahr später ums Leben kam. Seine Tochter Gertrud Kolmar wurde in Auschwitz ermordet.
TK 33; *li; DJ 36, S. 314; BG; ThG; GB II; Marbacher Magazin, 63/1993, Johanna Woltmann: Gertrud Kolmar 1894-1943; dies.: Gertrud Kolmar - Leben und Werk, Göttingen 1995

Chodziesner, Max, JR
21.11.1869 Woldenberg - 1950 Montevideo
priv.: Berliner Str. 159, Wilmersdorf
Kanzlei: Kurfürstendamm 14/15, W 50
RA am LG I-III, AG Schöneberg und Notar. Nach der Machtübernahme der Nationalsozialisten 1933 Entzug des Notariats, als RA wieder zugelassen, da als „Altanwalt" anerkannt; noch mindestens bis 1936 als Anwalt tätig; Emigration nach Uruguay, Montevideo, mit dem Sohn Fritz; dort 1950 gestorben. Max Ch. war der Bruder von Ludwig Ch.
TK 33; JMBl. 33, S. 208; *li; TK 36; Br.B. 36; BG

Chodziesner, Siegfried Dr.
18.7.1872 - keine Angaben
priv.: Kastanienallee 23, Charlottenburg
Kanzlei: Kastanienallee 23, Charlottenburg
1894-97 Studium in Berlin, dort Niederlassung als RA, zuletzt zugelassen am LG I-III, AG Charlottenburg und auch als Notar; kam 1903 mit dem Sexualwissenschaftler Magnus Hirschfeld in Kontakt und verteidigte ihn 1904 gemeinsam mit RA > Wronker gegen den Vorwurf, mit seiner Umfrage zur sexuellen Orientierung die befragten Studenten beleidigt zu haben; war Mitglied des Wissenschaftlich-humanitären Komitees (WhK), das sich für die Abschaffung des Paragraphen 175 und die Emanzipation der Homosexuellen einsetzte; 1918/19 bis Ende 1923 Vorstandsmitglied der Magnus-Hirschfeld-Stiftung, die das Institut für Sexualwis-

senschaften unterhielt. Nach der Machtübernahme der Nationalsozialisten 1933 Entzug des Notariats; im Spätherbst 1933 in den Anwaltslisten gelöscht. 1938 Emigration mit seiner Frau Minnie nach Florenz, später nach Uruguay, Montevideo.
Br.B. 33; Adr.B. 37; TK 33; JMBl. 33, S. 208; Pr.J. 33, S. 633; BArch, R 3001 PAK; Johanna Woltmann: Gertrud Kolmar – Leben und Werk, Göttingen 1995; BG; Ausk. Ralf Dose, Magnus-Hirschfeld-Gesellschaft

Chone, Paul Dr.
27.11.1884 - keine Angaben
priv.: Nymphenburger Str. 1, Schöneberg
Kanzlei: Lutherstr. 47, W 62
RA am LG I-III, AG Berlin-Mitte und Notar. Nach der Machtübernahme der Nationalsozialisten 1933 wieder zugelassen; Ende 1935 Entzug des Notariats; bis zum allgemeinen Berufsverbot 1938 als RA tätig; Emigration nach Palästina am 6.3.1939.
TK 33; *li; LAB, Liste 15.10.33; DJ 36, S. 314; MRRAK; BArch, R 3001 PAK; BG

Cohen, Ernst Dr.
31.10.1880 Mönchengladbach - keine Angaben
priv.: Konstanzer Str. 30, Wilmersdorf
Kanzlei: Jägerstr. 11, W 8
RA am LG I-III und Notar. Nach der Machtübernahme der Nationalsozialisten 1933 wieder zugelassen; Notariatsentzug 1935; Zulassung als Anwalt am 15.3.1937 gelöscht. Emigration in die Niederlande.
TK 33; *li; LAB, Liste 15.10.33; DJ 36, S. 314; BArch, R 3001 PAK; BG

Cohen, Willy Max
25.2.1905 - keine Angaben
priv.: k.A.
Kanzlei: Friedrichstr. 62, W 8
Im April 1932 als RA zugelassen am LG I-III und AG Berlin-Mitte. Nach der Machtübernahme der Nationalsozialisten Berufsverbot im Frühjahr 1933.
TK 33 (Wilhelm); Liste d. nichtzugel. RA, 25.4.33; JMBl. 33, S. 253; BArch, R 3001 PAK, PA

Cohn, Alexander, JR
26.4.1865 Kamin - 6.9.1942 Theresienstadt
priv.: Berkaer Str. 32-35, Altersheim der Jüdischen Gemeinde
Kanzlei: Meinekestr. 23, W 15
RA am LG I-III und Notar. Nach der Machtübernahme der Nationalsozialisten 1933 Entzug des Notariats; bis zum allgemeinen Berufsverbot 1938 als RA tätig. Lebte zuletzt im Altersheim der Jüdischen Gemeinde; am 17.8.1942 von Berlin nach Theresienstadt deportiert; kam dort am 6. 9., wenige Tage nach der Ankunft, ums Leben.
TK 33; JMBl. 33, S. 202; *li; LAB, Liste 15.10.33; BArch, R 3001 PAK; Naatz-Album; MRRAK; BG; GII

Cohn, Arne Georg
3.1.1886 - keine Angaben
priv.: Kaiserallee 22, W 15
Kanzlei: Potsdamer Str. 118 a, W 35
RA am LG I-III und Notar. Nach der Machtübernahme der Nationalsozialisten Berufsverbot im Frühjahr 1933. Emigration nach Dänemark, Kopenhagen.
Br.B. 32; TK 33; Liste d. nichtzugel. RA, 25.4.33; JMBl. 7.7.33, S. 209; BG

Cohn, Arthur
7.12.1881 Berlin - keine Angaben
priv.: Herderstr. 2, Charlottenburg
Kanzlei: Potsdamer Str. 103, W 35
RA am KG und Notar. Nach der Machtübernahme der Nationalsozialisten 1933 Entzug des Notariats; Emigration in die Schweiz, Lausanne, vermutlich im April 1937.
TK 33; JMBl. 33, S. 202; *li; LAB, Liste 15.10.33; BArch, R 3001 PAK; BG

Cohn, Benno Dr.
30.9.1894 Lobsens - 24.11.1975 Tel Aviv
priv.: k.A.
Kanzlei: Kaiser-Wilhelm-Str. 36, C 25
Seit 1925 RA, zugelassen am LG I-III und AG Berlin-Mitte. Nach der Machtübernahme der Nationalsozialisten zeitweilig Vertretungsverbot; auf Antrag wieder zugelassen bis zum allgemeinen Berufsverbot 1938, betätigte sich aber seit 1933 nicht mehr als Anwalt, da die Einkünfte zu stark zurückgegangen waren. Emigration nach Palästina 1938; nach Gründung des Staates Israel Mitglied der Knesset, 1951-59 Präsident des Israelischen Beamtendisziplinargerichts, betätigte sich weiter als Politiker; Zeuge im Eichmann-Prozess.
Br.B. 32; TK 33; *li; LAB, Liste 15. 10.33; BArch, R 3001 PAK; MRRAK; Göpp., S. 272; BG; Trial of A. Eichmann, Vol. VI, p. 233, 267, 1976, 2228

Cohn, Edgar
5.4.1905 - keine Angaben
priv.: k.A.
Kanzlei: Alexanderstr. 15, C 25
RA am LG I-III und AG Berlin-Mitte. Nach der Machtübernahme der Nationalsozialisten zum 31.5.1933, alle Fürsprachen im Antrag auf Wiederzulassung, u.a. von zwei Nationalsozialisten, änderten hieran nichts. C. emigrierte und wurde ausgebürgert.
TK 33; Liste d. nichtzugel. RA, 25.4.33; JMBl. 33, S. 220; BArch, R 3001 PAK, PA; BG

Cohn, Erich
17.11.1899 - 1967 Zürich
priv.: Kurfürstendamm 163
Kanzlei: Kurfürstendamm 225, W 15
RA am LG I-III und AG Berlin-Mitte. Nach der Machtübernahme der Nationalsozialisten wieder zugelassen; am 10.7.1934 gelöscht. Emigration nach Großbritannien, London, am 26.10.1936, später in die USA. C. starb 1967 in Zürich.
TK 33; JMBl. 33, S. 202; *li; LAB, Liste 15.10.33; BArch, R 3001 PAK; BG

Cohn, Erich Dr.
9.8.1887 - keine Angaben
priv.: k.A.
Kanzlei: Lennéstr. 4, W 9
RA seit 1913, zuletzt am LG I-III und AG Charlottenburg, Notar seit 1924. Nach der Machtübernahme der Nationalsozialisten im Juni 1933 Entzug des Notariats; Zulassung als RA am 3.8.1934 gelöscht.
TK 33; JMBl. 33, S. 202; *li; BArch, R 3001 PAK

Cohn, Ernst Dr.
10.12.1885 Berlin - 25.11.1941 Kowno
priv.: Kaiserdamm 86, Charlottenburg
Kanzlei: Turmstr. 20, NW 21
RA am LG I-III, AG Berlin-Mitte und Notar. Nach der Machtübernahme der Nationalsozialisten 1933 Entzug des Notariats; bis zum allgemeinen Berufsverbot 1938 als Anwalt tätig. Musste zuletzt als Hilfsarbeiter bei der Winterschall AG, Spritzgußwerk Fusor Berlin-Rudow, Kanalstr. 103-115 arbeiten; Datum der Vermögenserklärung: 13.11.1941; Sammellager Levetzowstr. 7-8; Deportation am 17.11.1941 nach Kowno, dort ermordet.
TK 33; JMBl. 33, S. 202; *li; LAB, Liste 15.10.33; BArch, R 3001 PAK; Liste 36; MMRAK; BG; GB II

Cohn, Eugen
keine Angaben
Kanzlei: Kleiststr. 16, W 62
RA an den LG I-III und dem AG Berlin-Charlottenburg; nach der Machtübernahme im Frühjahr 1933 Berufsverbot.
Adr.B. 33; JMBl. 33, S. 221; BArch, R 3001 PAK

Cohn, Fritz Simon
23.9.1875 Berlin - 2.9.1943 Theresienstadt
priv.: Rosenheimer Str. 29 a, Schöneberg
Kanzlei: Zimmerstr. 60 I, SW 68
C. war Dissident (seit 1913). RA am LG I-III und Notar. Nach der Machtübernahme der Nationalsozialisten 1933 Entzug des Notariats; bis zum allgemeinen Berufsverbot 1938 als RA tätig. C.s Ehefrau Margarete galt als „arisch". Aufenthalt im Jüdischen Krankenhaus; Datum der Vermögenserklärung: 8.6.1943; Deportation am 16.6.1943 nach Theresienstadt, dort nach drei Monaten umgekommen.
TK 33; Pr.J. 33, S. 466; *li; MRRAK; BG; ThG; GB II

Cohn, Georg
15.6.1884 Lobsens - 29.3.1944 Theresienstadt
priv.: Solinger Str. 11, Tiergarten
Kanzlei: Bendlerstr. 17, W 35
RA am KG und Notar; einer der wichtigen Anwälte der Roten Hilfe in den 1920er Jahren. Nach der Machtübernahme der Nationalsozialisten wieder zugelassen; Zulassung 1934 gelöscht. Zuletzt unbesoldeter Mitarbeiter der Reichsvertretung; Datum der Vermögenserklärung: 27.8.1942; Sammellager Große Hamburger Str. 26; Deportation am 2.9.1942 nach Theresienstadt, dort Ende März 1944 umgekommen.
TK 33; *li; LAB, Liste 15.10.33; BArch, R 3001 PAK; BG; ThG; GB II; Schneider, Schwarz, Schwarz

Cohn, Georg
4.1.1893 Rostock - keine Angaben
priv.: Zähringerstr. 2, Wilmersdorf
Kanzlei: Potsdamer Str. 118, W 35
RA am KG und Notar. Nach der Machtübernahme der Nationalsozialisten 1933 wieder zugelassen; Ende 1935 Entzug des Notariats; bis zum allgemeinen Berufsverbot 1938 als Anwalt tätig. Emigration nach Großbritannien, Grimsby. Nach 1945 Spezialist für Wiedergutmachungssachen.
TK 33; *li; DJ 36, S. 314; BArch, R 3001 PAK; MRRAK; BG; Ausk. E. Prokauer

Cohn, Gerhard
16.12.1885 Glogau - keine Angaben
priv.: Hansemannstr. 6, W 35
Kanzlei: Potsdamer Str. 138, W 9
RA am LG I-III und Notar; war noch 1932 Vorst.-Mitgl. der RAK; nach der Machtübernahme der Nationalsozialisten 1933 erzwungener Rücktritt aus dem RAK-Vorstand; als RA und Notar wieder zugelassen; Ende 1935 Entzug des Notariats; bis zum allgemeinen Berufsverbot 1938 als RA tätig; Emigration nach Schweden, Helsingborg.
TK 33; *li; LAB, Liste 15.10.33; DJ 36, S. 314; Liste 36; Verz.; BArch, R 3001 PAK; MRRAK; BG

Cohn, Hans
31.3.1892 Thorn - keine Angaben
priv.: Potsdamer Str. 99, W 35
Kanzlei: Potsdamer Str. 99, W 35

RA am LG I-III, AG Schöneberg und Notar. Nach der Machtübernahme der Nationalsozialisten Berufsverbot im Juni 1933.
Br.B. 32; TK 33; JMBl. 21.8.33, S. 266; BArch, R 3001 PAK; Naatz-Album; BG

Cohn, Harry Dr.
12.2.1896 - 17.3.1981 Argentinien
priv.: k.A.
Kanzlei: Schinkelplatz 1/2, W 56
A. war der Sohn des Rechtsanwalts und Notars, Justizrat Sally Cohn. Die Familie lebte nachweislich seit Beginn des 19. Jahrhunderts in Preußen. Wegen körperlicher Behinderung (Einschränkung des rechten Oberarms) konnte Cohn, trotz freiwilliger Meldung, nicht am WK I teilnehmen, da er als untauglich für den Kampf mit der Waffe eingestuft wurde. Er meldete sich stattdessen, sobald dies möglich war, für den Vaterländischen Hilfsdienst (11.6.1917-30.11.1918). Nach Beendigung des Krieges schloss er sein Studium ab, promovierte (in Greifswald) und bestand das Assessorexamen mit dem Prädikat „gut". Ließ sich Ende 1924 als Anwalt in Berlin nieder, zugelassen für die Landgerichte I, II und III. 1924 war er auch Mitglied des Aufsichtsrates der Union Treuhand Aktiengesellschaft. Wurde später zum Notar ernannt.
Nach der Machtübernahme der Nationalsozialisten Berufsverbot zum 9.6.1933. Sein Antrag auf Wiederzulassung mit Verweis auf seinen patriotischen Einsatz wurde abgelehnt. C. wanderte 1933 nach Argentinien aus und legte dort erneut ein juristisches Examen ab. Seine Söhne wurden etwa 1927 und 1929 geboren. C. kam für den Unterhalt seiner Mutter Martha (Knesebeckstr. 90, Charlottenburg 2) und seiner Schwester auf. Obwohl es ihm gelang, sich beruflich in Argentinien zu etablieren, fühlte er sich dort kulturell und sozial nie recht heimisch.
Br.B. 32; TK 33; Liste d. nichtzugel. RA, 25.4.33; JMBl. 33, S. 266; BArch, R 3001 PAK, PA; Ausk. Dan Grunfeld, LA, 2005

Cohn, Heinz Dr.
6.6.1901 Potsdam - Januar 1975
priv.: Landshuter Str. 14, W 30
Kanzlei: Dircksenstr. 26/27, C 25
RA am KG. Nach der Machtübernahme der Nationalsozialisten Berufsverbot zum 26.5.1933. In mehreren Schreiben bringt C. eindringlich zum Ausdruck, dass er darauf angewiesen sei, seinen Beruf auszuüben, da er Frau, Kind, Eltern und Schwiegereltern zu ernähren habe. Sein Antrag auf Wiederzulassung wird dennoch abgelehnt. Arbeitete als Devisenberater. Emigration im Januar 1939; lebte zuletzt unter dem Namen Henry C. in New York.
Br.B. 32; TK 33; Liste d. nichtzugel. RA, 25.4.33; BArch, R 3001 PAK, PA; BG; SSDI

Cohn, Henry Dr.
6.1.1895 Berlin - Deportation 1942
priv.: Neue Kantstr. 4, Charlottenburg

Kanzlei: Königstr. 50, C 2
RA am LG I-III und Notar. Nach der Machtübernahme der Nationalsozialisten 1933 wieder zugelassen; Ende 1935 Entzug des Notariats; bis zum allgemeinen Berufsverbot 1938 als RA, dann noch als „Konsulent" tätig. Deportation am 25.6.1942 nach Theresienstadt.
TK 33; *li; LAB, Liste 15.10.33; DJ 36, S. 314; Naatz-Album; MRRAK; BG; ThG; GB II

Cohn, Julius
20.4.1886 - 28.8.1942
priv.: Brunnenstr. 25, N 54
Kanzlei: Brunnenstr. 25, N 54
RA am LG I-III und Notar. Nach der Machtübernahme der Nationalsozialisten 1933 Entzug des Notariats; bis zum allgemeinen Berufsverbot 1938 als Anwalt tätig. Starb 1942 im Alter von 56 Jahren, in Weißensee beigesetzt.
TK 33; JMBl. 33, S. 202; *li; LAB, Liste 15.10.33; Liste 36; BArch, R 3001 PAK; MRRAK; BG

Cohn, Louis, JR
17.1.1882 Gostaczyn - keine Angaben
priv.: Landshuter Str. 16, W 30
Kanzlei: Landshuter Str. 28, W 30
RA am KG. Nach der Machtübernahme der Nationalsozialisten im April 1933 Vertretungsverbot, dann wieder zugelassen; vor September 1935 gelöscht. Emigration am 27.5.1939, ursprünglich beabsichtigter Reiseweg über Kuba in die USA; da keine Anlegeerlaubnis für das Schiff in Kuba erteilt wurde, zwangsweiser Rücktransport nach England; vermutlich später nach Palästina emigriert.
TK 33; *li; LAB, Liste 15.10.33; BArch, R 3001 PAK; BLHA, OFP, Dev.st; BG

Cohn, Oskar Dr.
15.10.1869 Guttentag - 2.11.1934 Genf
priv.: Levetzowstr. 16 a, NW 87
Kanzlei: Neue Friedrichstr. 69, C 2
RA seit 1897, zuletzt zugelassen am LG I-III und auch als Notar; 1912-1920 Mitglied des Reichstages (SPD/USPD), 1921-24 Mitglied des Preußischen Landtages (SPD); Vorstandsmitglied der Liga für Menschenrechte; engagierte sich für die Rechte der Ostjuden, im Sinne des nationalen Minderheitenschutzes; aktiv in jüdischen Organisationen; war Sozius von > Rudolf Sachs; Verteidiger im berühmten Bullerjahn-Prozess. Nach der Machtübernahme der Nationalsozialisten unmittelbar gefährdet; die RAK zeigte ihn in einer Liste „wegen kommunistischer Betätigung" an. C. flüchtete im Frühjahr 1933 nach Frankreich, Paris, später in die Schweiz, wo er 1934 starb. Seine Zulassung war im Sommer 1933 gelöscht worden.
TK 33; JMBl. 21.8.33, S. 266; GStA, Rep. 84 a; Nr. 20363; BArch, R 3001 PAK; BG; LBI, NY, Sachs, R. S. 12/14; Krach, S. 431; Schneider, Schwarz, Schwarz; Ludger Held: Oskar Cohn, 2002

Cohn, Otto Dr.
12.6.1892 Berlin - 29.10.1942 Riga
priv.: k.A.
Kanzlei: Köpenicker Str. 115, SO 16
RA am LG I-III, AG Berlin-Mitte und Notar. Nach der Machtübernahme der Nationalsozialisten Berufsverbot zum 9.6.1933; arbeitete später in der Jüdischen Kultusvertretung. Deportation am 26.10.1942 nach Riga, dort kurz nach der Ankunft am 29.10.1942 ermordet.
TK 33; Liste d. nichtzugel. RA, 25.4.33;JMBL. 33, S. 253; BArch, R 3001 PAK, PA; BG; BdE; GB II

Cohn, Rudolf Dr.
5.4.1890 - keine Angaben
priv.: Pannierstr. 13, Neukölln
Kanzlei: Mohrenstr. 11/12, W 8
RA am LG I-III und Notar. Nach der Machtübernahme der Nationalsozialisten 1933 wieder zugelassen; Ende 1935 Entzug des Notariats; bis zum allgemeinen Berufsverbot 1938 als RA tätig; Emigration nach Schweden, Malmö.
TK 33; *li; LAB, Liste 15.10.33; DJ 36, S. 314; MRRAK; BArch, R 3001 PAK; BG

Cohn, Siegbert Dr.
19.8.1891 Berlin - 18.3.1933
priv.: Mommsenstr. 67, Charlottenburg
Kanzlei: Ritterstr. 54
RA am LG I-III und Notar. C. starb im März 1933 im Alter von 41 Jahren.
Br.B. 32; JMBl. 13.4.33, S. 16; BArch, R 3001 PAK; BG

Cohn-Bendit, Erich
26.11.1902 Berlin - 14.8.1959 Frankfurt a. M.
priv.: k.A.
Kanzlei: Taubenstr. 50
RA am LG I-III und AG Schöneberg; fügte bei der Einschreibung in die Anwaltsliste seinem Namen Cohn den Mädchennamen seiner Mutter, Bendit, an, um sich von den mehr als 20 anderen Anwälten mit Namen Cohn zu unterscheiden; politisch links, engagierte sich als Anwalt für die Rote Hilfe; vertrat u.a. den RA > Hans Litten, der aus politischen Gründen wegen angeblich unsachlicher Verhandlungsführung und parteipolitischer Propaganda von einem Prozess wegen der Überfälle von SA-Banden auf eine Laubenkolonie (Felseneck-Prozess) ausgeschlossen worden war. Nach der Machtübernahme der Nationalsozialisten Vertretungsverbot im April 1933. Sein Name stand auf einer Verfolgungslis-te „wegen kommunistischer Betätigung", auf der u.a. > Alfred Apfel, > Ludwig Bendix und Hilde Benjamin verzeichnet waren. Berufsverbot im Frühjahr 1933; emigrierte 1933 mit seiner Lebensgefährtin und späteren Ehefrau Herta nach Frankreich, Paris; konnte nur Gelegenheitsarbeiten finden, seine Ehefrau sicherte den Lebensunterhalt der Familie; bewegte sich in den Kreisen des politischen Exils, war u.a. mit Hannah Arendt und Walter Benjamin befreundet; bei Kriegsbeginn 1939/40 als

feindlicher Ausländer interniert; flüchtete aus dem Internierungslager, da er die Auslieferung an die Deutschen befürchten musste; schlug sich in den unbesetzten Teil Frankreichs durch, wo er mit seiner Familie in Montauban und Moissac Zuflucht fand. Nach der Besetzung von Südwestfrankreich durch die Wehrmacht drohte die Verhaftung. Das Ehepaar wurde gewarnt, tauchte unter und lebte bis zur Befreiung des Landes unter fremdem Namen.
Nach Kriegsende zog die Familie nach Cailly-sur-Eure in der Normandie, wo das Ehepaar bis 1948 ein Waisenhaus für jüdische Kinder leitete; lebte anschließend wieder in Paris. C. kehrte 1952 allein, ohne Frau und Kinder, nach Deutschland zurück; ließ sich mit großem Erfolg als Anwalt in Frankfurt nieder; befasste sich v.a. mit Entschädigungs- und Wiedergutmachungsfragen und erstritt vor Gericht mehrere Grundsatzentscheidungen; er starb 1959. Vater von Gabriel (geb. 1936) und Daniel C. (geb. 1945).
Adr.B. 32; TK 33; Liste d. nichtzugel. RA, 25.4.33; GStA, Rep. 84a, Nr. 20363; JMBl. 7.7.33, S. 209; Schneider, Schwarz, Schwarz; Elisabeth Young-Bruehl: Hannah Arendt; Ausk. T. Krach; Stamer, Sabine: Cohn-Bendit. Die Biografie, Hamburg/Wien 2001

Cohn-Biedermann, Leo Dr., JR
18.10.1870 Konitz - keine Angaben
priv.: Wielandstr., W 15
Kanzlei: Rosenthaler Str. 43, C 54
RA am LG I-III, AG Berlin-Mitte und Notar. Nach der Machtübernahme der Nationalsozialisten 1933 Entzug des Notariats; Zulassung als RA zum 31.7.1936 gelöscht; Emigration nach Palästina.
TK 33; JMBl. 33, S. 202; *li; LAB, Liste 15.10.33; BArch, R 3001 PAK; BG

Cohn-Lempert, Georg Dr.
2.5.1882 - 15.4.1968 Berlin
priv.: Motzstr. 90, Wilmersdorf
Kanzlei: Motzstr. 90 (vor der Neunummerierung Nr. 42)
B. hatte am WK I teilgenommen. Als Anwalt war er am LG I-III und am AG Tempelhof zugelassen. Im Anwaltszimmer des Gerichts Großbeerenstraße hing eine Schiefertafel, auf der sein Name aufgedruckt und der immer zu entnehmen war, in welchem Raum er sich gerade aufhielt (Erinnerung der Tochter). Nach der Machtübernahme der Nationalsozialisten Entzug des Notariats 1933, als Anwalt wieder zugelassen, da er als „Frontkämpfer" anerkannt wurde. Im gleichen Jahr vereinbarte er mit seiner Ehefrau, die als nicht-jüdisch galt, Gütertrennung. Sie war auf diese Weise finanziell unabhängig und konnte für die Familie ein Grundstück im Riesengebirge erwerben und darauf ein kleines Haus errichten. Das Paar hatte zwei Kinder, lebte somit in einer sog. „privilegierten Mischehe". Der Entzug des Notariats machte sich finanziell deutlich bemerkbar, jedoch konnten 1934 die fehlenden Einnahmen des Notariats durch die Übernahme der Vertretung der Deutschen FIAT im gewissen Rahmen ausgeglichen werden. C. konnte noch bis zum allgemeinen Berufsverbot 1938 als Anwalt arbeiten. Anschließend bemühte er sich um die Zulassung als „Konsulent", was jedoch abgelehnt wurde.
C. trat am 12.12.1940 aus der Jüdischen Gemeinde aus, in der Hoffnung damit seinen Töchtern das Leben zu erleichtern. Obwohl das schon nicht mehr erlaubt war, ließ sich C. noch von einem ihm bekannten Pfarrer taufen. Dabei stand die Familie von der religiösen Orientierung dem jüdischen Glauben deutlich näher als dem christlichen und zumindest der Vater befolgte immer noch verschiedene Speisegesetze, wenn er auch nicht auf einem grundsätzlich koscheren Haushalt bestand. Zudem hatte er sich schon bei der Wahl der Ehefrau nicht an die Glaubensvorschriften gehalten. Für seine Töchter besaß die Religionsfrage jedoch einen untergeordneten Stellenwert, sie wunderten sich immer nur bei der Betrachtung der Zeichnungen in den Stürmer-Kästen, „wer denn die Juden waren, die da gezeigt wurden, denn wir kannten niemanden, der so aussah". Sie waren nach den nationalsozialistischen Rassegesetzen der „üblichen" Ausgrenzung ausgesetzt, so musste die ältere Tochter 1934 mit 16 die Schule verlassen und konnte kein Abitur machen.
C. wurde dienstverpflichtet bei der Firma Kranol, die Feldflaschen produzierte. 1943, nachdem die Familie ausgebombt worden war, flüchtete sie in das Haus im Riesengebirge, in Krummhübel. Dort lebte auch die bekannte Schriftstellerin Else Ury, die die „Nesthäkchen"-Bände geschrieben hat. C. stieß erst später zu seiner Familie. Im Riesengebirge war sein Status als Jude nicht bekannt; dort erlebte er mit seiner Frau das Ende des Nationalsozialismus. Die Töchter kehrten umgehend nach Berlin zurück, durch die neuen Grenzen konnten C. und seine Frau erst 1959 nach Berlin gelangen. Hier ließ er sich noch einmal als Anwalt nieder. Bis zu seinem Tod bedauerte er, dass sich niemand sonderlich für das Schicksal der „Zurückgekommenen" interessierte und dass ehemalige Nazis, wie z.B. Hans Globke, sehr bald wieder hohe Regierungsämter bekleideten. Als positives Zeichen in der Zeit der Verfolgung erachtet die Tochter noch den Nachweis, dass die Reichs-Rechtsanwaltskammer von 1943 bis 1945 die Familie mit monatlich 100,- RM unterstützte (vermutlich hatte sich Frau C. um diese Unterstützung bemüht.) C. starb 1968 kurz vor Vollendung seines 86. Lebensjahres.
TK 33; JMBl. 33, S. 202; *li; LAB, Liste 15.10.33; Liste 36; MRRAK; BArch, R 3001 PAK; BG; LAB, RAK PA; Ausk. d. Tochter I. Cohn-Lempert

Cohn-Linde, Bruno Dr.
13.3.1893 Linde - März 1986 Santa Barbara, USA
priv.: Pariser Str. 4, W 15
Kanzlei: Kurfürstendamm 23, W 15
RA am LG I-III, AG Berlin-Mitte und Notar. Nach der Machtübernahme der Nationalsozialisten wieder zugelassen; Notariat 1935 entzogen. Emigration über Dänemark in die USA am 31.10.1936; lebte zuletzt unter dem Namen Bruno Linde in Santa Barbara, Kalifornien, wo er 1986 gestorben ist.
TK 33; *li; BG; LAB, Liste 15.10.33; DJ 36, S. 314; BArch, R 3001 PAK; SSDI

Cohnberg, Bruno Dr., JR
11.4.1872 - 22.10.1934
priv.: k.A.
Kanzlei: Kurfürstendamm 220, W 15
RA am LG I-III, AG Charlottenburg und Notar. Nach der Machtübernahme der Nationalsozialisten 1933 Entzug des Notariats, als RA

wieder zugelassen. C. starb 1934.
*li; Br.B. 32; TK 33; JMBl. 33,
S. 220; LAB, Liste 15.10.33; BArch,
R 3001 PAK; Naatz-Album

Cohnberg, Franz-Theodor
1.4.1905 - keine Angaben
priv.: k.A.
Kanzlei: Emser Str. 1, Wilmersdorf
C. war erst am 9.3.1933 als Anwalt
am KG zugelassen worden. Berufsverbot zum 23. 6. 1933.
Liste d. nichtzugel. RA, 25.4.33;
JMBl. 33, S. 253; BArch, R 3001
PAK, PA

Cohnitz, Ernst, JR
keine Angaben
priv.: k.A.
Kanzlei: Bellevuestr. 5
RA am LG I-III und Notar. Nach der Machtübernahme der Nationalsozialisten wurde die Zulassung 1933 gelöscht.
Adr.B. 32; TK 33; Pr.J. 33, S. 443;
BArch, R 3001 PAK

Conrad, Max
keine Angaben
priv.: k.A.
Kanzlei: Kurländer Allee 29, Charlottenburg
Nach der Machtübernahme der Nationalsozialisten als Anwalt wieder zugelassen.
*li; BArch, R 3001 PAK

Coper, Alexander Dr.
17.10.1891 Tuchel - 6.2.1958 Berlin
priv.: Rüdesheimer Platz 10, Wilmersdorf;
Kanzlei: Taubenstr. 14, W 8
WK I-Teilnehmer und kriegsversehrt (beinamputiert); RA am LG I-III und Notar; nach der Machtübernahme der Nationalsozialisten 1933 wieder zugelassen; 1935 Notariatsentzug. Nach dem allgemeinen Berufsverbot als Anwalt 1938 noch als „Konsulent" tätig. Wählte anstelle des Zwangsnamens „Israel" den Namen „Berl". Von Nov. 1943 bis März 1944 war C. wegen einer nicht zu haltenden Anschuldigung, der angeblichen Fälschung von Lebensmittelkarten, inhaftiert. Er kam wieder frei, doch kurze Zeit später, am 21.6.1944, starb die Ehefrau Magdalena bei einem Bombenangriff auf Berlin. War C. bis dahin durch den Status „privilegierte Mischehe" geschützt gewesen, weil seine Frau als „arisch" galt und das Paar Kinder hatte, so war das nach dem Tod seiner Frau hinfällig. Am 15.9.1944 wurde C. verhaftet, am 27.10.1944 nach Theresienstadt deportiert; seine Erlebnisse dort hat er in Gedichten festgehalten. Die Kinder wurden zur Zwangsarbeit herangezogen. C. überlebte und wohnte nach der Befreiung in Wilmersdorf.
TK 33; *li; LAB, Liste 15.10.33; DJ 36, S. 314; Naatz-Album; MRRAK; BG; Ausk. d. Sohnes, Prof. H. Coper

Cornel, Theodor Dr., JR
keine Angaben
priv.: k.A.
Kanzlei: Bayreuther Str. 41
RA am LG I und Notar; nach der Machtübernahme wurde die Zulassung 1933 gelöscht.
Br.B. 33; TK 33; Pr.J. 33, S. 442/ 443

Corny, Dagobert Dr.
9.9.1885 Berlin - keine Angaben
priv.: Behrenstr. 50 (1931)
Kanzlei: Möckernstr. 131, SW 11
RA am LG I-III und AG Schöneberg, arbeitete für die Rote Hilfe. Nach der Machtübernahme der Nationalsozialisten Berufsverbot.
Adr.B. 32; Jüd.Adr.B; TK 33; LAB, Liste d. nichtzugel. RA, 25.4.33 (Nachtrag); JMBl. 33, S. 209; BArch, R 3001 PAK; BG; Schneider, Schwarz, Schwarz

Corwegh, Fritz Geh. JR
4.1.1873 Breslau - 1951 Lugano
priv.: Landhausstr. 41, Wilmersdorf
Kanzlei: Landhausstr. 41 III, Wilmersdorf
Teilnehmer des WK I, wurde mit dem EK ausgezeichnet. RA am LG I-III. Nach der Machtübernahme der Nationalsozialisten wieder zugelassen, da als „Frontkämpfer" anerkannt; die Zulassung wurde am 11.10.1935 gelöscht; Emigration in die Schweiz, Lugano, im Mai 1939. Wurde vom Schwiegersohn, der als entlassener Beamter eine Stellung in Peking für die IG Farben übernommen hatte, unterstützt. 1951 in Lugano verstorben.
*li; LAB, Liste 15.10.33; BArch, R 3001 PAK; BG; Ausk. d. Enkels Dr. E. Haas

Cossmann, Richard Dr.
12.8.1858 - 16.6.1933
priv.: k.A.
Kanzlei: Neue Königstr. 21
RA am LG I. In der ersten Jahreshälfte 1933 gestorben, in Weißensee beigesetzt.
Br.B. 32; TK 33; JMBl. 33, S. 266; BArch, R 3001 PAK; BG (Cohsmann)

Cronheim, Fritz
6.11.1898 Berlin - 25.11.1941 Kowno
priv.: Passauer Str. 14, W 50
Kanzlei: Lützowstr. 60 a, W 62
RA seit 1925, zugelassen am LG I-III und AG Berlin-Mitte. Nach der Machtübernahme der Nationalsozialisten Berufsverbot zum 10. 6. 1933. Deportation am 17.11.1941 nach Kowno, dort wenige Tage nach der Ankunft ermordet.
Adr.B. 32; TK 33; Liste d. nichtzugel. RA, 25.4.33; JMBl. 33, S. 253; BArch, R 3001 PAK, PA; BG; BdE; GB II

Czapski, Georg Dr.
1.6.1895 - keine Angaben
priv.: Schlüterstr. 12, Charlottenburg
Kanzlei: Friedrichstr. 187/188, W 8
RA am LG I-III, AG Berlin-Mitte und Notar. Nach der Machtübernahme der Nationalsozialisten 1933 wieder zugelassen; Ende 1935 Entzug des Notariats; bis

zum allgemeinen Berufsverbot 1938 als RA tätig. Emigration vermutlich in die Niederlande vor 1938; lebte 1940 in Stockholm; 1976 in den Niederlanden, Den Haag.
TK 33; *li; LAB, Liste 15.10.33; DJ 36, S. 314; MRRAK; BArch, R 3001 PAK; BG

D

Daffis, Walther
16.2.1901 Berlin-Charlottenburg - Juli 1978
priv.: k.A.
Kanzlei: Kronenstr. 12/13, W 8
D. war evangelischer Religion. Seit 1929 RA, zugelassen am LG I-III und AG Charlottenburg. Nach der Machtübernahme der Nationalsozialisten Berufsverbot zum 9.6.1933. Die Ehefrau Eleonore galt als „arisch". Emigration 1933 erst nach Südafrika; lebte später in den USA, Palm Beach, Florida.
Adr.B. 32; TK 33; Liste d. nichtzugel. RA.; JMBl. 33, S. 234; BArch, R 3001 PAK, PA; BLHA, OFP, Dev. st.; BG; SSDI

Dahl, Erich Dr.
23.5.1898 Bielefeld - keine Angaben
priv.: Bamberger Str. 23, Schöneberg
Kanzlei: Potsdamer Str. 13
RA am KG, soll sich auch im Finanzwesen betätigt haben. Nach der Machtübernahme der Nationalsozialisten 1933 Berufsverbot. Emigration nach Großbritannien, Worthing, Sussex, am 1.2.1939.
Br.B. 32; TK 33; JMBl. 33, S. 203; BArch, R 3001 PAK; BG

Dahlheim, Kurt Dr.
20.3.1883 Berlin - keine Angaben
priv.: Branitzer Platz 6, Charlottenburg
Kanzlei: Ebereschenallee 23, Charlottenburg
„Frontkämpfer" im Ersten Weltkrieg; protestantisch getauft. RA und Notar am LG I-III. Nach der Machtübernahme der Nationalsozialisten wieder zugelassen. Er galt als „Mischling" (zwei Großeltern galten als jüdisch). Konnte seinen Beruf bis mindestens 1943 ausüben, weiteres Schicksal unbekannt.
TK 33; *li; LAB, Liste 15.10.33, Liste Mschlg.36; BArch, R 3001 PAK; Tel.B. 41; Br.B. 43

Dalberg, Rudolf Dr.
19.2.1885 Brilon - keine Angaben
priv.: Friedrich-Wilhelm-Str. 14, W 8
Kanzlei: Markgrafenstr. 38, W 56
RA am KG. Nach der Machtübernahme der Nationalsozialisten ab April 1933 Vertretungsverbot; auf Antrag wieder zugelassen bis zum allgemeinen Berufsverbot 1938. Emigration nach London, Großbritannien, am 9.12.1938; lebte dort noch 1950.
TK 33; *li; Liste d. nichtzugel. RA, 25.4.33; LAB, Liste 15.10.33; MRRAK; BArch, R 3001 PAK; BG

Dalen, Fritz Dr.
10.12.1880 Bromberg - 1.3.1942 Berlin
priv.: Joachim-Friedrich-Str. 7, Halensee
Kanzlei: Ulmenstr. 1, Lichterfelde-Ost
RA am LG I-III und Notar. Nach der Machtübernahme der Nationalsozialisten wieder zugelassen; Notariat 1935 entzogen; Zulassung als Anwalt am 28.1.1936 gelöscht. D. beging im März 1942 Suizid, vermutlich angesichts der drohenden Deportation.
TK 33; *li; LAB, Liste 15.10.33; DJ 36, S. 314; BArch, R 3001 PAK; BG; GB II

Dalsheim, Friedrich Dr.
25.10.1895 - keine Angaben
priv.: k.A.
Kanzlei: Königin-Augusta-Str. 51
RA am KG. Nach der Machtübernahme der Nationalsozialisten wieder zugelassen; noch 1936 als Anwalt tätig.
TK 33 u. 36; *li; BArch, R 3001 PAK; Liste 36

Daniel, Arthur
6.4.1866 - 4.12.1933
priv.: Rahnsdorf, Seestr. 30
Kanzlei: Wallstr. 76/79, SW 19
RA am LG I-III und Notar. Nach der Machtübernahme der Nationalsozialisten 1933 Entzug des Notariats; starb im Dezember 1933 im Alter von 67 Jahren, in Weißensee beigesetzt.
TK 33; JMBl. 33, S. 202; *li; BArch, R 3001 PAK; BG

Daniel, Fritz Dr.
19.12.1900 - Juni 1979
priv.: k.A.
Kanzlei: Bülowstr. 1, W 57
D. war evangelischer Religion. RA am LG I-III und AG Schöneberg. Nach der Machtübernahme der Nationalsozialisten Berufsverbot zum 9.6.1933. Emigration in die USA, lebte zuletzt unter dem Namen Fred D. in San Francisco.
Adr.B. 32; TK 33; Liste d. nichtzugel. RA, 25.4.33; JMBl. 33, S. 253; BArch, R 3001 PAK; SSDI (Fred D.)

Dannenbaum, Fritz Dr.
25.2.1879 Berlin - 4.7.1940 Richmond, England
priv.: Rauchstr. 5, W 35
Kanzlei: Roonstr. 5, NW 40
RA am LG I-III. Nach der Machtübernahme der Nationalsozialisten Berufsverbot im Frühjahr 1933. Emigration am 22.8.1938 nach Großbritannien, Richmond; dort 1940 gestorben.
Br.B. 32; TK 33; Liste d. nichtzugel. RA, 25.4.33; JMBl. 33, S. 253; BArch, R 3001 PAK; BG

Dannenberg, Ernst Dr.
7.1.1892 Stettin - keine Angaben
priv.: Emser Str. 22, Wilmersdorf
Kanzlei: Nürnberger Str. 66, W 50
RA am LG I-III und Notar. Nach der Machtübernahme der Nationalsozialisten Anfang April 1933 Vertretungsverbot, ab Ende April wieder in Prozessen vertretungsberechtigt, dann wieder zugelassen; Ende 1935 Entzug des

Notariats; bis zum allgemeinen Berufsverbot 1938 als RA tätig; Emigration nach Großbritannien, London, am 8.8.1939.
TK 33; *li; Liste d nichtzugel. RA, (Nachtrag), 25.4.33; DJ 36, S. 314; Liste 36; LAB, Liste 15.10.33; MRRAK; BArch, R 3001 PAK; BG

Danziger, Ernst
7.6.1904 - keine Angaben
priv.: k.A.
Kanzlei: Kaiser-Wilhelm-Str. 36, C 25
Seit 1931 RA, zugelassen am LG I-III und AG Berlin-Mitte. Nach der Machtübernahme der Nationalsozialisten Berufsverbot zum 23.5.1933; Emigration im September 1933 nach Palästina.
TK 33; Liste d. nichtzugel. RA, 25.4.33; JMBl. 33, S. 209; BArch, R 3001 PAK; BG

Danziger, Georg Jacques Dr.
19.5.1883 Posen - 3.1.1960 New York
priv.: Margaretenstr. 13, W 9
Kanzlei: Margaretenstr. 8, W 35
RA am LG I-III und Notar, Spezialist auf dem Gebiet des Patent- und Warenzeichenrechts. Nach der Machtübernahme der Nationalsozialisten 1933 Entzug des Notariats; bis zum allgemeinen Berufsverbot 1938 als RA tätig, danach im RA-Büro Meinhardt. Emigration nach Großbritannien am 28.3.1939, völlig mittellos; ging später in die USA, dort als Firmenberater tätig; nannte sich ab 1955 George D. Seine Schwester und sein Bruder sind im KZ umgekommen. Nach dem Krieg wurde D. Ehrenmitglied der Deutschen Vereinigung für gewerblichen Rechtsschutz und Urheberrecht.
TK 33 (Jacques); JMBl. 33, S. 208; *li; LAB, Liste 15.10.33; BArch, R 3001 PAK; BG; Göpp., S. 274

Danziger, Gerhard Dr.
19.7.1884 Halberstadt - keine Angaben
priv.: Waldmannstr. 21, Lankwitz
Kanzlei: Waldmannstr. 21, Lankwitz
RA am KG. Nach der Machtübernahme der Nationalsozialisten wieder zugelassen bis zum allgemeinen Berufsverbot 1938. Emigration nach Großbritannien, Santon; wurde als „feindlicher Ausländer" auf der Isle of Man interniert.
TK 33; *li; LAB, 15.10.33; BArch, R 3001 PAK; MRRAK; BG

Danziger, Kurt
28.10.1876 Thorn - keine Angaben
priv.: Wielandstr. 35, Charlottenburg
Kanzlei: Motzstr. 38, Wilmersdorf
RA am LG I-III, AG Berlin-Mitte und Notar. Nach der Machtübernahme der Nationalsozialisten 1933 Entzug des Notariats; bis zum allgemeinen Berufsverbot 1938 als RA zugelassen. Emigration über Spanien in die USA am 6.6.1941.
TK 33; JMBl. 33, S. 202; *li; LAB, 15.10.33; BArch, R 3001 PAK; MRRAK; BG

David, Leo
keine Angaben
priv.: Prager Str. 6, Wilmersdorf
Kanzlei: Krausenstr. 12, W 8
RA am LG I; nach der Machtübernahme der Nationalsozialisten Berufsverbot im Frühjahr 1933. Emigration nach Palästina; Rückkehr nach Deutschland, Hessen.
Adr.B. 33; JMBl. 33, S. 253; BArch, R 3001 PAK; BG

Davidsohn, Franz Sally Dr.
8.7.1874 Hohensalza - Deportation 1942
priv.: Wilhelmsaue 136, Wilmersdorf
Kanzlei: k.A.
RA am LG I-III, AG Berlin-Mitte und Notar. Nach der Machtübernahme der Nationalsozialisten 1933 Entzug des Notariats, dann als RA gelöscht. Sammellager Große Hamburger Str. 26; Deportation am 11.8.1942 nach Theresienstadt; am 16.5.1944 nach Auschwitz.
Br.B. 32; TK 33; JMBl. 33, S. 202 (Sally); Pr.J. 33, S. 466 (Sally); BArch, R 3001 PAK; BG; GB II

Davidsohn, Leo Dr., JR
15.2.1878 - 10.7.1937
priv.: Uhlandstr. 171-172
Kanzlei: Steinplatz 1, Charlottenburg
RA am LG I-III, AG Berlin-Mitte und Notar; noch 1932 Vorst.-Mitgl. der RAK. Nach der Machtübernahme der Nationalsozialisten 1933 Entzug des Notariats; 1936 noch als Anwalt tätig, zuletzt in seiner Privatwohnung. D. starb 1937 im Alter von 69 Jahren.
TK 33; JMBl. 33, S. 220; *li; Liste 36; BG

Deuren, Arnold van Dr.
1875 - 1942
priv.: Monbijouplatz 10, C 2
Kanzlei: Monbijouplatz 10, C 2
RA am LG I-III, AG Berlin-Mitte und Notar. Nach der Machtübernahme der Nationalsozialisten 1933 Entzug des Notariats, als RA wieder zugelassen. Emigration in die Niederlande 1935; beging dort 1942 nach der Besetzung durch deutsche Truppen Suizid.
TK 33; JMBl. 33, S. 220; *li; LAB, Liste 15.10.33; BArch, R 3001 PAK; BG; GB II

Deutsch, Leo
13.12.1873 Breslau - keine Angaben
priv.: Dragonerstr. 32, C 2, Mitte
Kanzlei: Lothringer Str. 42, N 54
RA am LG I-III, AG Berlin-Mitte und Notar. Nach der Machtübernahme der Nationalsozialisten 1933 wieder zugelassen; Ende 1935 Entzug des Notariats; bis zum allgemeinen Berufsverbot 1938 als RA tätig; vermutlich emigriert.
TK 33; *li; Liste 36; LAB, Liste 15.10.33; DJ 36, S. 314; MRRAK; BArch, R 3001 PAK; BG

Dickmann, Wilhelm Dr.
13.10.1900 Hermsdorf - 28.10.1987 Alexandria, Virginia, USA
priv.: Babelsberger Str. 49, Wilmersdorf
Kanzlei: Landgrafenstr. 1, W 62
D. hatte als 17-Jähriger am WK I teilgenommen. Die Mutter war Protestantin, er selbst ebenfalls getauft. D. war anfänglich als RA im > Büro Weil tätig, später selbstständig, zugelassen am LG I-III und AG Berlin-Mitte. Nach der Machtübernahme der Nationalsozialisten wurde er wegen seines Status' als „Frontkämpfer" wieder zugelassen. Bis zum allgemeinen Berufsverbot 1938 tätig; konnte am 2.12.1938 in die USA emigrieren. Nahm dort verschiedene Jobs an (Nightchecker in einem Restaurant, arbeitete 11.5 Stunden pro Tag, schrieb Kurzgeschichten und Artikel), nannte sich ab 1938 William D. Er erhielt eines der raren Stipendien des Am. Comm. for the Guidance of Professional Personnel und legte 1943 sein juristisches Examen an der University of Pennsylvania, Philadelphia, ab. Nahm die US-Staatsbürgerschaft an und wurde 1943 in den Staatsdienst aufgenommen; Offizier in der US Army; arbeitete im Stab des amerikanischen Hochkommissars General Clay in der Rechtsabteilung. In dieser Funktion war er der Verfasser des Kontrollratsgesetzes Nr. 46 (25.2.1947) über die Auflosung Preußens. D.s Eltern und Schwester sind umgebracht worden. In der Zeit nach 1945 bemühte sich D. intensiv, die Not der deutschen Bevölkerung zu lindern. Mit seiner Ehefrau Ilka, geb. Deutsch, Tochter des früheren Prager Rabbiners und Ärztin, lebte er in der Nähe

von Washington in Virginia. Er fühlte sich anerkannt: „Meine Frau und ich werden auf dem gleichen Friedhof beigesetzt werden wie Kennedy", war sein Wunsch. Seine Ehefrau starb 1983, Dickmann vier Jahre später.
TK 33; *li; LAB; Liste 15.10.33; MRRAK; BArch, R 3001 PAK, PA; MRRAK; NY Publ.Lib. (Am.Com.) Dickmann; BG; Göpp., S. 275; versch. autobiografische Schriften (Privatdruck); Ausk. Lomski; Ausk. Anne Halle

Dienstag, Paul Dr.
17.5.1885 Berlin - 27.1.1945 Bergen-Belsen
priv.: Mohrenstr. 48, W 8
Kanzlei: Behrenstr. 27, W 8
RA am KG und Notar. Nach der Machtübernahme der Nationalsozialisten wieder zugelassen; letztmalig im Branchenbuch 1934 verzeichnet. D. wurde vermutlich im Emigrationsland verhaftet. Deportation am 12.1.1944 nach Bergen-Belsen; dort Anfang 1945 ums Leben gekommen.
TK 33; *li; LAB, Liste 15.10.33; Br.B.34; BG; GB II

Dittmann, Fritz
20.7.1885 Berlin - keine Angaben
priv.: Bamberger Str. 32, W 30, Schöneberg
Kanzlei: Behrenstr. 26 a, W 8
RA am LG I-III, AG Schöneberg und Notar. Nach der Machtübernahme der Nationalsozialisten 1933 auf Antrag wieder zugelassen. D. galt als „Mischling ersten Grades", war evangelischen Glaubens; praktizierte noch mindestens bis 1942/43 als Anwalt und Notar. Er überlebte das NS-Regime und wohnte nach 1945 in Charlottenburg.
TK 33; *li; LAB; Liste 15.10.33; BArch, R 3001 PAK; LAB, Liste Mschl. 36; Tel.B. 41; Br.B. 43; BG

Domke, Martin Dr.
11.9.1892 Berlin - 1980
priv.: Bendlerstr. 30, W 35
Kanzlei: k.A.
RA am LG I-III und Notar; war mit Walter Benjamin befreundet. Nach der Machtübernahme der Nationalsozialisten Berufsverbot 1933; Emigration nach Frankreich, Paris, am 1.1.1934; im Juni 1941 in die USA; war dort ab 1950 Professor; 1958 Vorsitzender der Kommission zur Schlichtung internationaler Handelsrechtsfälle; erhielt 1967 das Große Bundesverdienstkreuz; 1980 gestorben.
TK 33; JMBl. 33, S. 253; BArch, R 3001 PAK; BG; Göpp., S. 275; Internet: www.wbenjamin.org/giessen_convolute.html, Nachdruck eines FAZ-Artikels

Donig, Arthur Dr.
13.11.1881 Frankfurt a. M. - 26.7.1958
priv.: Fasanenstr. 20, Charlottenburg
Kanzlei: Friedrichstr. 64, W 8
RA am KG und Notar. Nach der Machtübernahme der Nationalsozialisten 1933 auf Antrag wieder zugelassen; Ende 1935 Entzug des Notariats; bis zum allgemeinen Berufsverbot 1938 als RA tätig; Emigration nach Argentinien, Buenos Aires, 1939; lebte 1950 unter dem Namen Arturo D. in Buenos Aires; arbeitete als Auktionator.
*li; LAB; Liste 15.10.33; DJ 36, S. 314; MRRAK; BArch, R 3001 PAK; BG

Donig, Martin Dr.
25.1.1902 - Oktober 1965
priv.: Nassauische Str. 61, Wilmersdorf
Kanzlei: Ritterstr. 80, SW 68
RA am KG. Nach der Machtübernahme der Nationalsozialisten Berufsverbot im Frühjahr 1933. Emigration in die USA, San Francisco, am 31.5.1938; starb 1965 in den USA.
Br.B. 32; TK 33; JMBl. 33, S. 203; BArch, R 3001 PAK; BG; Göpp., S. 275; SSDI

Dorn, Wilhelm Dr.
18.7.1890 Oekel-Hermsdorf - keine Angaben
priv.: Wichmannstr. 3
Kanzlei: Mohrenstr. 52, W 8
RA am LG I-III und Notar. Nach der Machtübernahme der Nationalsozialisten 1933 wieder zugelassen; Ende 1935 Entzug des Notariats; Emigration im März 1937 nach Italien; kehrte nach 1945 zurück und ließ sich in Niedersachsen nieder.
TK 33; *li; LAB; Liste 15.10.33; DJ 36, S. 314; BArch, R 3001 PAK; BG

Dresdner, Erwin Dr.
7.11.1888 Beuthen - keine Angaben
priv.: Wilmersdorfer Str. 77, Charlottenburg
Kanzlei: Zimmerstr. 92/93, SW 68
RA am KG und Notar. Nach der Machtübernahme der Nationalsozialisten 1933 wieder zugelassen; Ende 1935 Entzug des Notariats; bis zum allgemeinen Berufsverbot 1938 als RA tätig.
TK 33; *li; LAB; Liste 15.10.33; DJ 36, S. 314; Liste 36; BArch, R 3001 PAK; MRRAK; BG

Dresdner, Harry
12.8.1885 Dubbeln - keine Angaben
priv.: Brandenburgische Str. 41, W 15
Kanzlei: Keithstr. 14 a, W 62
RA am LG I-III. Nach der Machtübernahme der Nationalsozialisten wieder zugelassen bis zum allgemeinen Berufsverbot 1938. Emigration nach Neuseeland, Wellington.
TK 33; *li; LAB; Liste 15.10.33; MRRAK; BArch, R 3001 PAK; BG

Dresel, Alfred
3.1.1891 Berlin - keine Angaben
priv.: Amselstr. 15, Dahlem
Kanzlei: Amselstr. 15, Dahlem
RA am KG. Nach der Machtübernahme der Nationalsozialisten Berufsverbot im Frühjahr 1933; Emigration nach Großbritannien, London, am 27.12.1938; Vorstandsmitglied des Council of Jews from Germany; lebte 1977 in Oxshott, Großbritannien.
TK 33; Liste d. nichtzugel. RA, 25.4.33; JMBl. 33, S. 203; BG; BArch, R 3001 PAK; Göpp., S. 276

Drucker, Erich Dr.
keine Angaben
priv.: k.A.
Kanzlei: Berliner Allee 242, Weißensee
RA am LG I-III und AG Weißensee. Nach der Machtübernahme der Nationalsozialisten Berufsverbot im Frühjahr 1933.
TK 33; Liste d. nichtzugel. RA, 25.4.33; JMBl. 33, S. 221

Drucker, Paul Dr.
4.9.1895 Berlin - 1.8.1959 vermutlich Mexiko
priv.: Thomasiusstr. 15, NW 40
Kanzlei: Potsdamer Str. 92, W 57
RA am LG I-III und AG Berlin-Mitte. Nach der Machtübernahme der Nationalsozialisten 1933 wieder zugelassen; Ende 1935 Entzug des Notariats; bis zum allgemeinen Berufsverbot 1938 als RA tätig; Emigration nach Mexiko am 14.2.1939.
TK 33; *li; LAB, Liste 15.10.33; DJ 36, S. 314; Naatz-Album; MRRAK; BG

E

Ebers, Georg Dr.
keine Angaben - 28.4.1935
priv.: k.A.
Kanzlei: Französische Str. 47, W 8
RA und Notar am LG I-III. Nach der Machtübernahme der Nationalsozialisten 1933 wieder zugelassen; 1935 gestorben.
Br.B. 32; TK 33; *li; LAB, Liste 15.10.33

Ebstein, Curt Dr.
5.2.1899 Berlin - 1984 USA
priv.: k.A.
Kanzlei: Behrenstr. 27, W 8
RA am LG I-III und AG Mitte. Nach der Machtübernahme der Nationalsozialisten wieder zugelassen bis zum allgemeinen Berufsverbot 1938; Emigration in die USA am 25.5.1941; dort 1984 gestorben.
TK 33; *li; LAB, Liste 15.10.33; MRRAK; BG; SSDI

Eckstein, Curt Dr.
30.4.1890 Dewangen-Reichenbach - Deportation 1944
priv.: An der Spandauer Brücke 12, C 2
Kanzlei: Mittelstr. 18, NW 7
RA am KG und Notar. Nach der Machtübernahme der Nationalsozialisten 1933 wieder zugelassen; Ende 1935 Entzug des Notariats; bis zum allgemeinen Berufsverbot 1938 als RA tätig; 1939 in Borgsdorf, Niederbarnim, bei der Volkszählung erfasst; am 22.9.1944 nach Auschwitz deportiert.
Br.B. 32; *li; LAB, Liste 15.10.33; DJ 36, S. 314; MRRAK; BG; GB II

Eckstein, Ernst
22.5.1886 Göttingen (Hannover?) - Deportation 1942
priv.: Kurfürstendamm 224, W 15
Kanzlei: Kurfürstendamm 224, W 15
RA am KG. Nach der Machtübernahme der Nationalsozialisten Berufsverbot im Frühjahr 1933; Emigration nach Frankreich. Deportation am 16.9.1942 von Drancy nach Auschwitz.
Br.B. 32; TK 33; Liste d. nichtzugel. RA, 25.4.33; BG; GB II

Eckstein, Ludwig
16.9.1902 Hannover - keine Angaben
priv.: k.A.
Kanzlei: Hardenbergstr. 27, Charlottenburg
RA am KG. Nach der Machtübernahme der Nationalsozialisten Berufsverbot zum 13.7.1933; Emigration; nach Kriegsende Rückkehr nach Berlin; wieder als RA zugelassen.
TK 33; Liste d. nichtzugel. RA, 25.4.33; JMBl. 33, S. 282; BArch, R 3001 PAK, PA; Ausk. Werner Wolff, 22.9.1998

Edel, Robert Dr.
4.2.1904 Charlottenburg - keine Angaben
priv.: Berliner Str. 2, Charlottenburg
Kanzlei: k.A.
Seit Februar 1932 als Anwalt zugelassen am LG I-III und AG Charlottenburg. Nach der Machtübernahme der Nationalsozialisten Berufsverbot zum 9.6.1933.
TK 33; JMBl. 26.7.33, S. 234; BArch, R 3001 PAK, PA

Edelstein, Friedrich (Fritz) Gustav Dr.
21.2.1895 Berlin - 1956 USA
priv.: Ilmenauer Str. 10, Wilmersdorf
Kanzlei: Motzstr. 38, Wilmersdorf
RA am LG I-III und Notar; war evangelischer Religion. Nach der Machtübernahme der Nationalsozialisten 1933 wieder zugelassen; Ende 1935 Entzug des Notariats; bis zum allgemeinen Berufsverbot 1938 als RA tätig; gehörte dem Reichsverband nichtarischer Christen an. Emigration in die USA am 18.3.1941.
TK 33; *li; DJ 36, S. 314; BArch, R 3001 PAK; Mitt.bl. Reichsverband nichtarischer Christen, 6.12.1934; MRRAK; Naatz-Album; BG

Eger, Herbert
19.11.1882 Berlin - 25.5.1963
priv.: k.A.
Kanzlei: Schloßstr. 1, Pankow
RA am LG I-III, AG Pankow und Notar. Nach der Machtübernahme der Nationalsozialisten 1933 Entzug des Notariats; bis zum allg. Berufsverbot 1938 als RA zugel.; 1938 KZ Sachsenhausen. Die Ehefrau Marie galt als „arisch". Emigration nach Großbritannien am 13.6.1939.
TK 33; Pr.J. 33, S. 532; *li; LAB, Liste 15.10.33; MRRAK; BArch, R 3001 PAK; BG; Ausk. des Sohnes

Ehrenfried, Gustav Dr.
7.4.1872 - 2.2.1939
priv.: Schwäbische Str. 29, W 30
Kanzlei: Augsburger Str. 57, W 50
RA am LG I-III und Notar. Nach der Machtübernahme der Nationalsozialisten 1933 Entzug des Notariats; bis zum allgemeinen Berufsverbot 1938 als RA tätig. Anfang 1939 gestorben, in Weißensee beigesetzt.
TK 33; JMBl. 33, S. 220; *li; LAB; Liste 15.10.33; MRRAK; BArch, R 3001 PAK; BG

Ehrlich, Friedrich Dr.
8.9.1889 Iserlohn - Deportation 1942
priv.: Wartburgstr. 24, Schöneberg
Kanzlei: Rosenthaler Str. 44, C 54
RA am LG I-III, AG Berlin-Mitte und Notar. Nach der Machtübernahme der Nationalsozialisten Berufsverbot im Frühjahr 1933. Wurde zur Zwangsarbeit herangezogen, zuletzt als Arbeiter; Datum der Vermögenserklärung: 23.11.1942, Sammellager Große Hamburger Str. 26; Deportation am 29.11.1942 nach Auschwitz.
Br.B. 32; TK 33 (Fritz); Liste d. nichtzugel. RA, 25.4.33; JMBl. 33, S. 253; BArch, R 3001 PAK; BG; GB II

Ehrlich, Hugo Dr.
10.6.1881 Alt Beru - 24.11.1940 Berlin
priv.: Giesebrechtstr. 15, Charlottenburg
Kanzlei: Lennéstr. 7, W 9
RA am LG I-III und Notar. Nach der Machtübernahme der Nationalsozialisten 1933 Entzug des Notariats; bis zum allgemeinen

Berufsverbot 1938 als RA tätig, praktizierte zuletzt in seiner Wohnung; starb 1940 im Alter von 59 Jahren, in Weißensee beigesetzt.
Br.B. 32; JMBl. 33, S. 202; *li; LAB, Liste 15.10.33; Liste 36; MRRAK; BArch, R 3001 PAK; BG

Ehrlich, Kurt
16.2.1886 Magdeburg - keine Angaben
priv.: Fasanenstr. 68, W 15
Kanzlei: Fasanenstr. 68, W 15
RA am LG I-III und Notar. Nach der Machtübernahme der Nationalsozialisten 1933 wieder zugelassen; Ende 1935 Entzug des Notariats; bis zum allgemeinen Berufsverbot 1938 als RA tätig.
TK 33; *li; LAB, Liste 15.10.33; DJ 36, S. 314; Liste 36; MRRAK; BArch, R 3001 PAK; BG

Ehrmann, Ernst
1.6.1904 Berlin - keine Angaben
priv.: k.A.
Kanzlei: Jägerstr. 13
RA am LG I-III. Nach der Machtübernahme der Nationalsozialisten Berufsverbot im Frühjahr 1933.
Adr.B. 32; TK 33; Liste d. nichtzugel. RA, 25.4.33; JMBl. 33, S. 234; BArch, R 3001 PAK

Eichelbaum, Eva
8.9.1901 - keine Angaben
priv.: k.A.
Kanzlei: Neue Ansbacher Str. 17, W 50
Rechtsanwältin seit 1929, zugelassen am LG I-III und AG Berlin-Mitte. Nach der Machtübernahme der Nationalsozialisten Berufsverbot zum 9.6.1933. Ihr Antrag auf weitere Ausübung des Berufs wurde abgelehnt.
TK 33; Liste d. nichtzugel. RA, 25.4.33; JMBl. 33, S. 234; BArch, R 3001 PAK, PA

Eichelbaum, Kurt Dr.
25.5.1890 - Juli 1967 New York
priv.: Badensche Str./Ecke Babelsberger Str.
Kanzlei: Taubenstr. 8/9, W 8
Soldat im WK I; RA (seit 1919), zuletzt am LG I-III, und Notar (seit 1927). Nach der Machtübernahme der Nationalsozialisten Berufsverbot zum 29.5.1933; sein Kriegsdienst war nicht als Fronteinsatz anerkannt worden. E. war für verschiedene wichtige Schweizer Firmen tätig gewesen. Im Juni 1933 verließ er mit Frau und Sohn Berlin; in der Schweiz erhielt die Familie allerdings nur eine befristete Aufenthaltserlaubnis, von dort ging sie nach Italien, konnte noch die umfangreiche Bibliothek mitnehmen. Im Frühjahr 1939 gelang es nach vielen Mühen, ein Visum für Kuba zu erhalten. Mit Glück durfte die Familie an Land gehen. Nach anderthalb Jahren Wartezeit schafften die E.s es, in die USA einzureisen. Doch dort blieben sie lange Zeit „alien enemies", erhielten dann die US-amerikanische Staatsbürgerschaft. Mit diversen Hilfsjobs schlug sich die Familie durch, wobei der Sohn bald zum Hauptemährer wurde. Kurt E. war zum Schluss glücklich, eine Stelle im Kaufhaus Macy zu bekommen. Während er und seine Frau einen prekären gesellschaftlichen Status behielten, wurde der Sohn Sergeant in der Army und kam mit den US-Truppen nach Berlin. Kurt E. lebte bis zu seinem Tod in New York, im Stadtteil Queens, er starb 1967 im Alter von 77 Jahren.
Adr.B. 32; TK 33; Liste d. nichtzugel. RA.; JMBl. 33, S. 209; BArch, R 3001 PA; SSDI; Engelmann, Bernt: Die unfreiwilligen Reisen des Putti Eichelbaum, Göttingen 1996

Eisenberg, Fritz Dr.
25.2.1889 Berlin - Deportation 1943
priv.: Wittelsbacher Str. 13
Kanzlei: Charlottenstr. 58, W 8
RA am KG (seit 1919) und Notar (seit 1929). Nach der Machtübernahme der Nationalsozialisten im Frühjahr 1933 Berufsverbot als Anwalt und Notar. Deportation nach Auschwitz am 1.3.1943.
Br.B. 32; TK 33; Liste d. nichtzugel. RA, 25.4.33; Pr.J. 33, S. 466; BArch, R 3001 PAK; BG; GB II

Eisenmann, Adolf Dr.
22.10.1887 Frankfurt a. M. - keine Angaben
priv.: k.A.
Kanzlei: Ansbacher Str. 35, W 50
Soldat im WK I, ausgezeichnet mit dem EK I. und II. Klasse; RA (seit 1921), zugelassen am LG I-III und AG Berlin-Mitte, und Notar (seit 1927). Nach der Machtübernahme der Nationalsozialisten 1933 wieder zugelassen; Notariatsentzug zum 14.11.1935 im Zuge der allgemeinen Entlassung von jüdischen Notaren; Zulassung als Rechtsanwalt zum 30.11.1938 im Zuge des allgemeinen Berufsverbots entzogen.
TK 33; *li, LAB, Liste 15.3.33; DJ 36, S. 314; MRRAK; BArch, R 3001 PAK

Eisenstaedt, Alfred Dr.
21.1.1874 Berlin - keine Angaben
priv.: Hallesche Str. 18, SW 11
Kanzlei: Kronenstr. 76, W 8
RA am LG I-III und Notar. Nach der Machtübernahme der Nationalsozialisten 1933 Entzug des Notariats; bis zum allgemeinen Berufsverbot 1938 als RA tätig.
TK 33; JMBl. 33, S. 202; *li; Liste 36; MRRAK; BArch, R 3001 PAK; BG

Eisenstaedt, Nathan, JR
26.8.1866 Stuhm - 2.11.1941 Berlin
priv.: Pariser Str. 24, W 15
Kanzlei: Tauentzienstr. 14, W 50
RA am KG und Notar. Nach der Machtübernahme der Nationalsozialisten 1933 Entzug des Notariats; bis zum allgemeinen Berufsverbot 1938 als RA tätig; starb im November 1941 im Alter von 75 Jahren in Berlin.
TK 33; JMBl. 33, S. 202; *li; Liste 36; LAB, Liste 15.10.33; BArch, R 3001 PAK; MRRAK; BG

Eisenstaedt, Siegfried Dr.
9.4.1884 Berlin - 29.10.1942 Riga
priv.: k.A.
Kanzlei: Friedrichstr. 91-92, NW 7
RA am LG I-III. Nach der Machtübernahme der Nationalsozialisten 1933 zeitweilig Vertretungsverbot, wieder zugelassen bis zum allgemeinen Berufsverbot 1938. Deportation am 26.10.1942 nach Riga, dort kurz nach der Ankunft ermordet.
Br.B. 32; TK 33; Liste d. nichtzugel. RA, 25.4.33; Liste 36; MRRAK; BArch, R 3001 PAK; BG; BdE; GB II

Eisner, Anita
25.7.1900 Berlin - 12.4.1950 Berlin
priv.: k.A.
Kanzlei: Lützowstr. 69, W 35
RAin seit 1927, zugelassen am LG I-III. E. hatte sich ihr Studium unter Mühen finanziert, da ihr Vater 1914 einem Herzschlag erlag, als er auf einer Reise in Antwerpen von Briten als Zivilgefangener

verhaftet werden sollte. Nach der Machtübernahme der Nationalsozialisten Berufsverbot zum 26.5.1933; dann Bevollmächtigte in der Haus- und Vermögensverwaltung von zahlreichen jüdischen Emigranten. Im Rahmen dieser Tätigkeit stand sie laufend in Kontakt mit den NS-Behörden: „Z.B. erinnere ich mich ..., dass ich in einer einzigen Woche 5 Vorladungen vor die Zollfahndung und Gestapo hatte, Vorladungen, bei denen man damals niemals wusste, ob man frei heraus kommt oder ohne jeden Grund dabehalten wurde ... Nicht nur, dass meine sämtlichen Verwandten, darunter meine fast 80-jährige Mutter und meine einzige Schwester, ferner meine in Deutschland verbliebenen Freunde evakuiert und restlos von den Nazis umgebracht worden sind, ich habe auch miterleben müssen, wie Dutzende meiner Mandanten und die mir von Freunden und Mandanten anvertrauten Angehörigen den Weg ins Nichts antreten mussten ... Von März 1943 bis zur Einnahme von Berlin, also über 2 Jahre lang, habe ich illegal leben müssen, keine Lebensmittelkarten bezogen und meist nicht gewusst, wovon ich leben und wo ich die nächste Nacht zubringen sollte." In dieser Zeit schrieb Anita E. noch über einen Mittelsmann an eine Freundin im Elsass; den Briefen ist zu entnehmen, wie schwer es für E. war, die Verfolgung zu ertragen. Sie durfte nicht in die Luftschutzkeller; so hielt sie sich zufällig in Dresden auf, als es die verheerenden Bombenangriffe gab, sie flüchtete in den Wald. E. versuchte sich mit philosophischen Schriften aufrechtzuerhalten; sie überlebte und wurde 1947 als RAin zugelassen, wobei sie sich gegen die Heranziehung als Richterin verwahrte. E. starb 1950 im Alter von 49 Jahren.
TK 33; JMBl. 33, S. 209; BArch, R 3001, PAK, PA; Aufbau (NY), 28.09.45 (Geb.dat.: 25.07.09); LAB, RAK, PA; BG; Ausk. F. Flechtmann, André Hugel

Eisner, Ernst Dr.
12.3.1895 - keine Angaben
priv.: Landshuter Str. 28, W 30
Kanzlei: Landshuter Str. 28, W 30
RA am LG I-III und Notar. Nach der Machtübernahme der Nationalsozialisten 1933 wieder zugelassen; Ende 1935 Entzug des Notariats; bis zum allgemeinen Berufsverbot 1938 als RA tätig, danach noch als „Konsulent" zugelassen. Emigration nach Großbritannien, London.
TK 33; *li; LAB, Liste 15.10.33; DJ 36, S. 314; MRRAK; BArch, R 3001 PAK; Liste der Kons. v. 23.2.1939; BG

Eisner, Hermann Dr.
16.10.1897 Gleiwitz - 29.10.1977 Berlin
priv.: Sybelstr. 69 (?), Charlottenburg
Kanzlei: Friedrichstr. 85 II, W 8
Seit 1926 RA, zugelassen am LG I-III und AG Berlin-Mitte; auch im Vorstand des Engelhardt-Konzerns. E. war der Ehemann der beliebten Schauspielerin Camilla Spira (bekannt geworden als Wirtin in der Operette „Im Weißen Rössl"). Nach der Machtübernahme der Nationalsozialisten wieder zugelassen; Ende 1935 Entzug des Notariats; bis zum allgemeinen Berufsverbot 1938 als RA tätig. Seinen Vorstandsposten musste er bereits 1934 aufgeben. In einem Interview berichtete Camilla Spira: „Er war so deutsch ... Ich versuchte ihm klarzumachen, daß keine Arbeitslager warteten, sondern der Tod." E. emigrierte nach langer Überredung durch seine Frau in die Niederlande, wurde dort von den Verfolgern eingeholt und kam 1943 ins KZ Westerbork. E. überlebte und kehrte nach Berlin zurück. 1947 erhielt er die Wiederzulassung als Anwalt; war bis 1973 noch als Notar tätig; hatte zuletzt seine Kanzlei in seine Dahlemer Wohnung verlegt.
TK 33; *li; LAB, Liste 15.10.33; DJ 36, S. 314; MRRAK; BArch, R 3001 PAK; BG; LAB, RAK PA; Ausk. d. Tochter Susanne T.

Eisner, Wilhelm Dr.
12.8.1900 - keine Angaben
priv.: k.A.
Kanzlei: Prager Platz 3, Wilmersdorf
Als RA seit dem 21.12.1932 zugelassen. Nach der Machtübernahme der Nationalsozialisten Berufsverbot zum 10.6.1933; zog daraufhin von Berlin nach Gleiwitz.
Liste d. nichtzugel. RA, 25.4.33; JMBl. 33, S. 253; BArch, R 3001 PAK, PA

Elb, Joseph Paul Dr.
24.4.1899 Fürth - 7.3.1942
priv.: k.A.
Kanzlei: Schiffbauerdamm 29 a
RA am LG I-III. Nach der Machtübernahme der Nationalsozialisten wieder zugelassen; noch im Branchenbuch 1938 als RA verzeichnet; starb im März 1942 im Alter von 42 Jahren; die Umstände seines Todes sind nicht bekannt.
TK 33; *li; Liste 36; LAB, Liste 15.10.33; Br.B. 38; BArch, R 3001 PAK

Elden, Walter Dr.
10.8.1905 Berlin - keine Angaben
priv.: k.A.
Kanzlei: Lindenstr. 43, SW 19
RA am LG I-III und AG Berlin-Mitte, erst Ende 1932 zugelassen. Nach der Machtübernahme der Nationalsozialisten Berufsverbot zum 9.6.1933.
TK 33; Liste d. nichtzugel. RA, 25.4.33; JMBl. 33, S. 234; LAB, Liste 15.10.33; BArch, R 3001 PAK, PA

Elias, Ludwig Dr.
19.9.1891 Berlin - keine Angaben
priv.: k.A.
Kanzlei: Markgrafenstr. 78, SW 68
RA am LG I-III. Nach der Machtübernahme der Nationalsozialisten Berufsverbot zum Frühjahr 1933.
Adr.B. 32; TK 33; Liste d. nichtzugel. RA, 25.4.33; JMBl. 33, S. 234; BArch, R 3001 PAK, PA

Elkeles, Heinrich Dr.
15.4.1887 Posen - Deportation 1943
priv.: Passauer Str. 2, Schöneberg, W 50
Kanzlei: Kaiser-Wilhelm-Str. 59, C 2
RA am LG I-III, AG Mitte und Notar. Nach der Machtübernahme der Nationalsozialisten 1933 wieder zugelassen; Ende 1935 Entzug des Notariats; bis zum Berufsverbot 1938 als RA tätig; ab 1939 Vorstandsmitglied des 1928 gegründeten Reichsbundes für jüdische Siedlungen, Direktor der Jüdischen Landarbeit GmbH, einer Abt. der Reichsvertretung. Deportation am 16.6.1943 nach Theresienstadt, von dort am 28.10.1944 nach Auschwitz verschleppt und ermordet.
TK 33; *li; LAB, Liste 15.10.33; MRRAK; BArch, R 3001 PAK, PA; BG; ThG; GB II; Göpp., S. 241

Elkeles, Ludwig Dr.
10.3.1902 Posen - keine Angaben
priv.: k.A.
Kanzlei: Jägerstr. 19, W 8
RA am LG I-III. Nach der Machtübernahme der Nationalsozialisten Berufsverbot zum 10.6.1933. E.s Mutter bemühte sich mit einem Brief an Reichspräsident Hindenburg um die Weiterzulassung ihres Sohnes, da noch ein Sohn als Arzt von der Ausgrenzungspolitik betroffen und arbeitslos geworden war. Die Antwort fiel lapidar aus: „Der Entzug der Anwaltszulassung für Ihren Sohn Ludwig wird nicht rückgängig gemacht." E. emigrierte 1934 nach Danzig oder Warschau.
TK 33; Liste d. nichtzugel. RA, 25.4.33; JMBl. 33, S. 220; BArch, R 3001 PAK, PA; BG

Elkisch, Walter Dr.
1.7.1889 Berlin - März 1972
priv.: k.A.
Kanzlei: Sächsische Str. 2, W 15
RA am LG I-III und AG Charlottenburg. Nach der Machtübernahme der Nationalsozialisten wieder zugelassen; war noch mindestens bis 1936 als Anwalt tätig; Emigration in die USA, lebte zuletzt in New York.
TK 33; *li; LAB, Liste 15.10.33; Liste 36; SSDI

Elsaß, Arthur Dr.
26.3.1896 Landsberg - keine Angaben
priv.: Martin-Luther-Str. 9, W 30
Kanzlei: Martin-Luther-Str. 9, W 30
RA am KG und Notar. Nach der Machtübernahme der Nationalsozialisten 1933 wieder zugelassen; Ende 1935 Notariatsentzug; bis zum allgemeinen Berufsverbot 1938 als RA, danach als „Konsulent" tätig; lebte am 20.5.1942 noch in Berlin.
TK 33; *li; LAB; Liste 15.10.33; DJ 36, S. 314; MRRAK; Liste d. Kons., 15.4.39; BG

Elsbach, Alwin (Albin), JR
29.5.1863 Walldorf - 11.2.1944 Auschwitz
priv.: Stülerstr. 7 (vorher Hitzigstr.)
Kanzlei: Hitzigstr. 8, W 35
RA am LG I-III und Notar. Nach der Machtübernahme der Nationalsozialisten 1933 Entzug des Notariats; Zulassung am 5.2.1938 gelöscht. Emigration in die Niederlande; dort verhaftet und Anfang 1944 von Westerbork nach Auschwitz deportiert.
TK 33; JMBl. 33, S. 202; *li; LAB, Liste 15.10.33; BArch, R 3001 PAK; BG (Albin E.); GB II (Albin E.)

Emanuel, Albert Dr.
17.4.1892 Hannover - keine Angaben
priv.: Konstanzer Str. 51
Kanzlei: Neue Friedrichstr. 78, C 2
RA am LG I-III, AG Berlin-Mitte und Notar. Nach der Machtübernahme der Nationalsozialisten 1933 wieder zugelassen; Ende 1935 Notariatsentzug; bis zum allgemeinen Berufsverbot 1938 als RA tätig, danach noch als „Konsulent" zugelassen. Emigration vermutlich am 15.1.1939.
TK 33; *li; LAB, Liste 15.10.33; DJ 36, S. 314; MRRAK; Liste d. Kons., 15.4.39; BG

Emanuel, Otto, JR
7.11.1859 Rodenberg - 3.1.1940
priv.: Hauptstr. 119 bei Schneider, Schöneberg
Kanzlei: Hauptstr. 119 I, Schöneberg
RA am LG I-III. Nach der Machtübernahme der Nationalsozialisten wieder zugelassen bis zum allgemeinen Berufsverbot 1938.
TK 33; *li; Liste 36; LAB, Liste 15.10.33; MRRAK; BArch, R 3001 PAK; BG

Engel, Carl, JR
2.6.1870 Schönlanke - 12.1.1943 Theresienstadt
priv.: Niebuhrstr. 67, Charlottenburg
Kanzlei: Hardenbergstr. 13, Charlottenburg
RA am LG I-III und Notar. Nach der Machtübernahme der Nationalsozialisten 1933 wieder zugelassen; Ende 1935 Entzug des Notariats; als RA bis zum allgemeinen Berufsverbot 1938 tätig. Deportation am 11.8.1942 nach Theresienstadt, dort am 12.1.1943 umgekommen.
TK 33; *li; LAB, Liste 15.10.33; DJ 36, S. 314; MRRAK; BG; ThG; GB II

Engelbert, Sally Fritz Dr.
4.4.1886 Gudensberg - 22.3.1958 Berlin
priv.: Ilmenauer Str. 9, Wilmersdorf
Kanzlei: Unter den Linden 66, NW 7
C. hatte am WK I teilgenommen und war mit dem EK I. und II. Kl. ausgezeichnet worden; seit 1919 RA, zuletzt am LG I-III und AG Berlin-Mitte; in einer Sozietät mit > Johannes Werthauer; Notar seit 1924. E. war der Testamentsvollstrecker u.a. von Louis Ullstein. Am 1.4.1933 erschien Roland Freisler in der Kanzlei und ordnete die Schließung an. E. wurde weiter als Anwalt und Notar zugelassen, für ihn hatten sich mit großem Nachdruck Kameraden seines früheren Regiments eingesetzt. E. verlegte seine Kanzlei zunächst in die Königstraße. Mit dem Berufsverbot gegen jüdische Beamte zum Januar 1936 als Notar entlassen; Berufsverbot als RA 1938; bis 1941 als „Konsulent" tätig. E.s Ehefrau Emilie galt als nicht-jüdisch, die Ehe als „privilegiert", das Paar hatte zwei Kinder. Am 11.12.1942 Verhaftung durch die Gestapo, bis 4.5.1943 im Arbeitslager Wuhlheide. E. überlebte und wurde am 4.7.1945 als Anwalt, am 14.3.1947 wieder als Notar zugelassen, ebenfalls 1947 wurde er Stadtverordneter für Groß-Berlin und 1951 Mitglied des Richterwahlausschusses, trotz massiver politischer Bedrängungen war er noch einige Jahre juristischer Berater der Polizeipräsidenten, sowohl in Ost wie in West. Er starb 1958 in Berlin.
*li; LAB, Liste 15.10.33; BArch, R 3001 PAK; MRRAK; Liste d. Kons.: 15.3.39; LAB, RAK PA; BG; Ausk. Lieselotte Kuhlmann (Tochter), 29.1.1999; 14.4.2000

Erlanger, Henry
19.9.1872 Frankfurt a. M. - 6.10.1942 Theresienstadt
priv.: Corneliustr. 22, Lankwitz
Kanzlei: Fasanenstr. 67, W 15
RA am KG. Nach der Machtübernahme der Nationalsozialisten wieder zugelassen; bis zum allgemeinen Berufsverbot 1938 als RA tätig. Lebte 1942 im Altersheim Gerlachstr. 18-21. E. wurde am 14.9.1942 nach Theresienstadt deportiert und ist dort nach wenigen Tagen umgekommen.
Br.B. 32; TK 33; *li; MRRAK; BArch, R 3001 PAK; BG; ThG; GB II

Eulau, Friedrich Dr.
7.7.1888 Frankfurt a. M. - keine Angaben
priv.: k.A.
Kanzlei: k.A.
Seit 1919 als RA in Berlin niedergelassen, zuletzt am LG I-III und AG Wedding; war jüdischer Reli-

gion. Nach der Machtübernahme der Nationalsozialisten Berufsverbot im Frühjahr 1933.
TK 33 (Fritz); JMBl.28.4. u. 12.5.33; BArch, R 3001 PAK, PA

Exiner, Martin
21.12.1885 Militsch - keine Angaben
priv.: k.A.
Kanzlei: Königin-Augusta-Str. 23, W 35
RA am LG I-III und Notar. Nach der Machtübernahme der Nationalsozialisten 1933 wieder zugelassen; Notariatsentzug 1935; bis zum allgemeinen Berufsverbot 1938 als RA tätig.
TK 33; *li; LAB, Liste 15.10.33; DJ 36, S. 314; Liste 36; MRRAK; BArch, R 3001 PAK

Eyck, Erich Dr. phil.
7.12.1878 Berlin - 23.6.1964 London
priv.: Lützowstr. 60, W 35
Kanzlei: Magdeburger Str. 5, W 35
Ab 1898 Studium der Rechts- und Staatswissenschaften und Geschichte in Freiburg und Berlin; 1904 Promotion; ab 1906 als RA niedergelassen, zuletzt am KG und Notar; 1915-20 Stadtverordneter in Charlottenburg, 1920-30 Stadtverordneter in Berlin; betätigte sich auch publizistisch (Berliner Tageblatt, Vossische Zeitung); war Mitglied der DDP bzw. Staatspartei, im Demokratischen Klub, im Hauptvorstand des CV. Nach der Machtübernahme der Nationalsozialisten 1933 Entlassung als Notar, als RA wieder zugelassen, da als „Altanwalt" anerkannt. 1937 Emigration über Italien nach Großbritannien, London; betrieb in London historische Studien, hielt Gastvorlesungen in Oxford und London und betätigte sich wieder publizistisch; erhielt 1953 das Große Bundesverdienstkreuz; veröffentlichte historische Studien, aber wegen seines dezidiert liberalen Geschichtsbilds blieb ihm die Anerkennung der deutschen Fachwelt lange verwehrt; starb 1964 in London.
Veröffentl.: Bismarck, 3 Bde. 1941, 1943, 1944 (Zürich); Geschichte der Weimarer Republik, 2 Bde. 1954, 1956, u.a.
JMBl. 33, S. 202; *li; BG: LAB, OFP-Akten; BHdE1933, Bd.1; LAB, Liste 15.10.33; BArch, R 3001 PAK; Krach, S.432; Göpp., S. 278

F

Fabian, Erich Dr.
23.8.1883 Berlin - keine Angaben
priv: Am Karpfenpfuhl 14-16, Zehlendorf
Kanzlei: Eisenzahnstr. 66, Halensee
RA seit 1909, zuletzt am LG I-III und AG Charlottenburg, Notar seit 1923; hatte am WK I teilgenommen, mit dem EK II ausgezeichnet; 1926 Vizepräsident der Bnai Brith Loge, später ausgetreten. Nach der Machtübernahme der Nationalsozialisten wieder zugelassen, da als „Frontkämpfer" (grüner Bearbeitungsstrich) und „Altanwalt" (blauer Bearbeitungsstrich in der Personalakte) anerkannt. Für die weitere Zulassung als Notar war ein rotes „N" in der Akte notiert worden; 1935 Entzug des Notariats. Ein Antrag auf weitere Zulassung als „jüdischer Notar" wurde von Staatssekretär Roland Freisler persönlich abgelehnt. F. war bis zum allgemeinen Berufsverbot 1938 als Anwalt tätig. Emigration nach Großbritannien am 14.7.1939.
TK 33; *li; LAB, Liste 15.10.33; DJ 36, S. 314; MRRAK; BArch, R 3001 PAK, PA; BG

Fabian, Franz Dr.
12.4.1888 Berlin - keine Angaben
priv.: k.A.
Kanzlei: Kochstr. 22-26, SW 68
RA am LG I-III. Nach der Machtübernahme der Nationalsozialisten Berufsverbot im Frühjahr 1933. Emigration nach Chile, Santiago Los Leones.
Adr.B. 32; TK 33; Liste d. nichtzugel. RA; JMBl. 33, S. 209; BArch, R 3001 PAK; BG

Fabian, Fritz Dr.
20.12.1874 Tuchel - 2.4.1942 Litzmannstadt/Lodz
priv.: Sybelstr. 66, Charlottenburg
Kanzlei: Unter den Linden 42, NW 7
RA am LG I-III, AG Berlin-Mitte und Notar. Nach der Machtübernahme der Nationalsozialisten 1933 Entzug des Notariats; als Anwalt wieder zugelassen; bis zum allgemeinen Berufsverbot 1938 als RA tätig. Datum der Vermögenserklärung: 15.10.1941; Sammellager Levetzowstr. 7-8; Deportation mit dem Transport vom 27./29.10.1941 nach Litzmannstadt/Lodz, dort Anfang April 1942 umgekommen.
TK 33; JMBl. 33, S. 220; *li; LAB, Liste 15.10.33; MRRAK; BArch, R 3001 PAK; BG; GB II

Fabian, Heinz Kurt Dr.
7.12.1877 - keine Angaben
priv.: k.A.
Kanzlei: Klopstockstr. 37, NW 87
Nach der Machtübernahme der Nationalsozialisten wurde F. mit einem Vertretungsverbot belegt; seine Zulassung wurde gelöscht.
BArch, R 3001 PAK; Liste d. nichtzugel. RA, 25.4.33 (Nachtrag)

Fabian, Martin
16.12.1894 Strelno - keine Angaben
priv.: Sybelstr. 42 bei Neumann, Charlottenburg
Kanzlei: Kleiststr. 19, Schöneberg
RA am LG I-III. Nach der Machtübernahme der Nationalsozialisten wieder zugelassen; bis 15.7.1937 als Anwalt tätig, dann Zulassung gelöscht.
TK 33; *li; LAB, Liste 15.10.33; Liste 36; BArch, R 3001 PAK; BG

Fabian, Walter
3.10.1886 Tuchel - 20.8.1951
priv.: k.A.
Kanzlei: Kurfürstendamm 184
RA am LG I-III und Notar. Nach der Machtübernahme der Natio-

nalsozialisten Vertretungsverbot im April 1933, Berufsverbot im Juli 1933. Er gehörte dem Reichsverband nichtarischer Christen an, die Ehefrau galt als nicht-jüdisch. Überlebte das NS-Regime und wohnte nach 1945 in Steglitz.
Br.B. 32; TK 33; Liste nichtzugel. RA, 25. 4. 33; JMBl. 33, S. 209; BArch, R 3001 PAK, (PA vorh.); Mitt.bl. Reichsverband nichtarischer Christen, 6.12.1934; BG

Faerber, Erich Dr.
6.9.1893 Berlin - keine Angaben
priv.: k.A.
Kanzlei: Nürnberger Platz 6, W 50
RA am LG I-III, AG Berlin-Mitte und Notar. Nach der Machtübernahme der Nationalsozialisten 1933 wieder zugelassen; Ende 1935 Entzug des Notariats; bis zum allgemeinen Berufsverbot 1938 als Anwalt tätig.
TK 33; *li; LAB, Liste 15.10.33; DJ 36, S. 314; Liste 36; MRRAK; BArch, R 3001 PAK

Falk, Hans Dr.
16.7.1888 Breslau - Deportation 1941
priv.: Niebuhrstr. 64, Charlottenburg

Kanzlei: Jägerstr. 40, W 56
RA am LG I-III, AG Berlin-Mitte und Notar. Nach der Machtübernahme der Nationalsozialisten 1933 wieder zugelassen; Ende 1935 Entzug des Notariats; bis zum allgemeinen Berufsverbot 1938 als RA tätig. F. wurde später zur Zwangsarbeit herangezogen und als Arbeiter eingesetzt; musste mehrfach umziehen. Datum der Vermögenserklärung: 15.1.1941; Sammellager Levetzowstr. 7-8, Deportation am 24.10.1941 nach Litzmannstadt/Lodz.
Br.B. 32; TK 33; *li; LAB, Liste 15.10.33; DJ 36, S. 314; MRRAK; BArch, R 3001 PAK; Naatz-Album; BG; GB II

Falkenberg, Josef
30.10.1881 Berlin - 15.12.1962
priv.: Salzburger Str. 17, Schöneberg

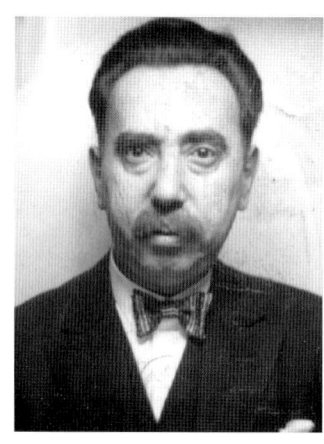

Kanzlei: Seydelstr. 26, SW 19
RA seit 1911, zuletzt am LG I-III; Notar seit 1924; hatte bei den letzten freien Wahlen nach eigenen Angaben SPD gewählt. Nach der Machtübernahme der Nationalsozialisten 1933 Entzug des Notariats; bis zum allgemeinen Berufsverbot 1938 als RA tätig, dann als „Konsulent" zugelassen. Die Einkommenseinbußen waren in den Jahren 1938/39 am höchsten (Gesamteinnahmen zwischen 1.800 und 2.958,- RM), F. konnte ansonsten Einnahmen bis 5 328,- RM verzeichnen. Die Ehefrau Maria galt als nicht-jüdisch. F. überlebte das NS-Regime und wurde 1950 wieder als Anwalt und 1954 als Notar zugelassen. Er starb am 15.12.1962 in Berlin.
Veröffentl.: Aufsätze zur Gewerbefreiheit
TKK 33; JMBl. 33, S. 202; *li; LAB, Liste 15.10.33; MRRAK; Naatz-Album; BG; LAB, RAK, PA

Falkenheim, Albert Dr.
24.7.1891 Königsberg - keine Angaben
priv.: k.A.
Kanzlei: Mohrenstr. 54/55, W 8
RA am LG I-III und Notar. Nach der Machtübernahme der Nationalsozialisten 1933 wieder zugelassen; Notariatsentzug Ende 1935; noch bis 6.4.1938 als Anwalt tätig.
TK 33; *li; LAB, Liste 15.10.33; DJ 36, S. 314; Liste 36; BArch, R 3001 PAK

Falkenstein, Eberhard Dr.
31.5.1881 Berlin - keine Angaben
priv.: Herwarthstr. 1, Lichterfelde
Kanzlei: Unter den Linden 56, NW 7
RA am LG I-III und Notar; war evangelischer Religion. Nach der Machtübernahme der Nationalsozialisten 1933 Entzug des Notariats; galt als „Mischling" (ein jüdisches Großelternteil); konnte mindestens bis 1942/43 noch als RA praktizieren.
TK 33; *li; Pr.J. 33, S. 565; BArch, R 3001 PAK; LAB, Liste Mschlg. 36; Tel.B. 41; Br.B. 43; BG

Faß, Fritz Dr.
20.2.1890 Neuwied - keine Angaben
priv.: k.A.
Kanzlei: Friedrichstr. 203, SW 68
Hatte am WK I teilgenommen; RA am LG I-III und AG Schöneberg. Nach der Machtübernahme der Nationalsozialisten nicht als „Frontkämpfer" anerkannt; Berufsverbot zum 8.6.1933, da F. als Jude, wenngleich nur als „Mischling" galt. Er emigrierte vermutlich nach Italien: Es findet sich ein Hinweis in seiner Personalakte im RJM, dass die Reichs-Rechtsanwaltskammer noch einen ausstehenden Beitrag von RM 60,- beanspruchte.
Br.B. 32; TK 33; Liste d. nichtzugel. RA, 25.4.33; JMBl. 33, S. 209; LAB, Liste 15.10.33; BArch, R 3001 PAK, PA; BG

Feblowicz, Max
8.6.1881 - 12.6.1935 Berlin
priv.: Hardenbergstr. 14, Charlottenburg
Kanzlei: Bismarckstr. 12, Charlottenburg
RA am LG I-III, AG Charlottenburg und Notar. Nach der Machtübernahme der Nationalsozialisten 1933 Entzug des Notariats, als RA wieder zugelassen; starb 1935 im Alter von 54 Jahren.
TK 33; JMBl. 33, S. 220; *li; LAB, Liste 15.10.33; BArch, R 3001 PAK; BG

Feblowicz, Samuel
14.7.1901 Obornik - keine Angaben
priv.: k.A.
Kanzlei: Joachimsthaler Str. 38, Charlottenburg
RA seit 1927, zugelassen am LG I-III und AG Charlottenburg; übernahm auch Mandate für die Rote Hilfe. Nach der Machtübernahme der Nationalsozialisten Berufsverbot zum 9.6.1933. Einige Mandanten setzten sich für seine weitere Zulassung ein und lobten seinen Einsatz gegen Korruption. Trotz aller Bemühungen wurde am Berufsverbot festgehalten. F. emigrierte im Juli 1933 nach Frankreich.
TK 33; Liste d. nichtzugel. RA, 25.4.33 (Nachtrag); JMBl. 33, S. 221; BArch, R 3001 PAK, PA; BG; Schneider, Schwarz, Schwarz

Feder, Ernst Dr.
18.3.1881 Berlin - 29.3.1964 Berlin
priv.: Welterpfad 76, Tempelhof
Kanzlei: Marburger Str. 17, W 50
RA am KG und Notar; Mitglied des Republikanischen Richterbundes, auch als Journalist tätig. Nach der Machtübernahme der Nationalsozialisten 1933 Entzug des Notariats; Emigration über die Schweiz nach Frankreich, Paris, 1933. Zulassung offiziell erst 1935 gelöscht; Emigration nach Brasilien im Juli 1941; Rückkehr nach Berlin (West) 1957.
TK 33; MVRRB; Pr.J. 33, S. 390; *li; LAB, Liste 15.10.33; BArch, R 3001 PAK; BG

Feidelberg, Karl Dr.
3.7.1894 Altena - keine Angaben
priv.: Orberstr. 28-29, Grunewald
Kanzlei: Orberstr. 28-29, Grunewald
RA am LG I-III, AG Berlin-Mitte und Notar. Nach der Machtübernahme der Nationalsozialisten wieder zugelassen bis zur Emigration nach Palästina, Tel Aviv, am 20.10.1934.
TK 33; *li; LAB, Liste 15.10.33; BArch, R 3001 PAK

Feiertag, Kurt Dr.
22.11.1884 Berlin - Deportation 1943
priv.: Witzlebenstr. 18, Charlottenburg
Kanzlei: Krausenstr. 70, W 8
RA am LG I-III, AG Berlin-Mitte und Notar. Nach der Machtübernahme der Nationalsozialisten 1933 Entzug des Notariats; praktizierte als RA bis zum allgemeinen Berufsverbot 1938. Deportation am 3.3.1943 nach Auschwitz.
TK 33; Pr.J. 33, S. 390; *li; LAB, Liste 15.10.33; Liste 36; BArch, R 3001 PAK; MRRAK; BG; GB II

Feig, Ernst
9.6.1880 Gleiwitz - 26.4.1942 Sachsenhausen
priv.: Tellstr. 11, Neukölln
Kanzlei: Schlesische Str. 39
RA am LG I-III. Nach der Machtübernahme der Nationalsozialisten 1933 nicht mehr zugelassen. F. wurde im April 1942 in Sachsenhausen ermordet.
Adr.B. 32; TK 33; BArch, R 3001 PAK; BG; GB II

Feig, Otto, JR
18.2.1864 Tarnowitz - keine Angaben
priv.: Vorbergstr. 8, Schöneberg
Kanzlei: Beuthstr. 10 II, SW 19
RA am LG I-III, AG Berlin-Mitte und Notar. Nach der Machtübernahme der Nationalsozialisten wieder zugelassen; bis zum 18.8.1938 als Anwalt tätig, dann gelöscht. Die Ehefrau galt als nicht-jüdisch. F. überlebte und wohnte nach 1945 in Pankow.
TK 33; JMBl. 33, S. 202; *li; Liste 36; LAB, Liste 15.10.33; BArch, R 3001 PAK; BG

Feige, Richard Dr.
14.6.1880 Liegnitz - keine Angaben
priv.: Brandenburgische Str. 42, Wilmersdorf
Kanzlei: Potsdamer Str. 134 a, W 9
RA am KG und Notar. F. war evangelischer Religion. Nach der Machtübernahme der Nationalsozialisten 1933 Entzug des Notariats; bis zum allgemeinen Berufsverbot 1938 als RA tätig. Emigration in die USA am 18.6.1941.
TK 33; JMBl. 33, S. 202; *li; LAB, Liste 15.10.33; MRRAK; BArch, R 3001 PAK; BG

Feige, Walter Dr.
20.12.1883 Berlin - keine Angaben
priv.: Konstanzer Str. 2, W 15
Kanzlei: Potsdamer Str. 134 a
RA am LG I-III, AG Berlin-Mitte und Notar. Nach der Machtübernahme der Nationalsozialisten Berufsverbot im Frühjahr 1933. Emigration in die USA 1941.
Br.B. 32; TK 33; Liste d. nichtzugel. RA, 25.4.33; JMBl. 33, S. 202; BArch, R 3001 PAK; BG (mit abw. Geb.jahr: 1885)

Feilchenfeld, Daniel, JR
27.6.1868 Kulm - keine Angaben
priv.: Friedrich-Wilhelm-Str. 20, W 35
Kanzlei: Friedrich-Wilhelm-Str. 20, W 35
RA am LG I-III und Notar. Nach der Machtübernahme der Nationalsozialisten 1933 Entzug des Notariats; praktizierte als RA bis zum allgemeinen Berufsverbot 1938; Emigration in die Dominikanische Republik.
TK 33; JMBl. 33, S. 202; *li; LAB, Liste 15.10.33; MRRAK; BArch, R 3001 PAK; BG

Feilchenfeld, David
28.8.1877 Thorn – 1952 (?) Berlin
priv.: Schönhauser Allee 90, N 113
Kanzlei: Monbijouplatz 4, N 24
RA und Notar. Nach der Machtübernahme der Nationalsozialisten 1933 wieder zugelassen; Ende 1935 Entzug des Notariats; bis zum allgemeinen Berufsverbot 1938 als RA, dann noch als „Konsulent" tätig. F.s Ehefrau Hanna galt als nicht-jüdisch. F. arbeitete noch im Dezember 1944 in Berlin. Überlebte das NS-Regime; wurde 1946 von der sowjetischen Militärpolizei verhaftet, kam wieder frei und konnte sich erneut als Anwalt niederlassen. Er starb (vermutlich) 1952 in Berlin-Grunewald.
TK 33; * li; LAB, Liste 15.10.33; DJ 36, S. 314; MRRAK; Liste. d. Kons., 15.4.39; BG; LAB, RAK, PA

Feilchenfeld, Max
1.5.1874 Thorn - keine Angaben
priv.: Kommandantenstr. 1, SW 19
Kanzlei: Kommandantenstr. 1, SW 19
RA am LG I-III und Notar. Nach der Machtübernahme der Nationalsozialisten 1933 Entzug des Notariats; bis zum allgemeinen Berufsverbot 1938 als RA tätig. Emigration auf die Philippinen, Manila.
TK 33; JMBl. 33, S. 202; *li; LAB, Liste 15.10.33; MRRAK; BArch, R 3001 PAK; BG

Feinberg, Dagobert Dr.
10.4.1905 Luisenhof/Memel - keine Angaben
priv.: k.A.
Kanzlei: Tauentzienstr. 18a, W 50
RA am LG I-III und AG Berlin-Charlottenburg, in einer Sozietät mit > Dr. Dr. Herbert Fiegel. Nach der Machtübernahme der Nationalsozialisten Berufsverbot im Frühjahr 1933. Emigration nach Palästina.
Adr.B. 32; Liste d. nichtzugel. RA (dort als „Feigenberg"); JMBl. 33, S. 221; BArch, R 3001 PAK; Ausk. E. Proskauer

Feld, Arthur Dr.
11.12.1884 Friedeberg - keine Angaben
priv.: Kurfürstendamm 210, Charlottenburg
Kanzlei: Potsdamer Str. 33
RA am LG I-III und Notar. Nach der Machtübernahme der Nationalsozialisten 1933 im Juni als Notar entlassen, im September Zulassung als RA gelöscht.
Br.B. 32; TK 33; JMBl. 33, S. 202; Pr.J. 33, S. 391; BArch, R 3001 PAK; BG

Feld, Erwin Dr.
22.11.1890 Berlin - keine Angaben
priv.: Paulsborner Str. 10, Halensee
Kanzlei: Potsdamer Str. 83, W 57
RA am LG I-III, AG Berlin-Mitte und Notar. Nach der Machtübernahme der Nationalsozialisten 1933 wieder zugelassen; Ende 1935 Notariatsentzug; bis zum allgemeinen Berufsverbot 1938 als RA tätig. Emigration nach China, Shanghai.
TK 33; *li; DJ 36, S. 314; MRRAK; BArch, R 3001 PAK; BG

Ferester, Max
12.11.1890 Berlin - Februar 1971
priv.: Neue Ansbacher Str. 18, W 50
Kanzlei: Neue Ansbacher Str. 18, W 50
RA am KG, zugleich Stadtrat. Nach der Machtübernahme der Nationalsozialisten 1933 wieder zugelassen; bis zum allgemeinen Berufsverbot 1938 als Anwalt tätig. Emigration nach Kuba, Havanna; ging später in die USA, wo er 1971 im Alter von 80 Jahren starb.
TK 33; *li; LAB, Liste 15.10.33; MRRAK; BArch, R 3001 PAK; BG; SSDI

Fernbach, Fritz Dr.
16.12.1888 Sprottau - keine Angaben
priv.: k.A.
Kanzlei: Dorotheenstr. 34, NW 7
Hatte am WK I teilgenommen; RA seit 1921, zugelassen am LG I. Nach der Machtübernahme der Nationalsozialisten wurde sein Kriegsdienst im WK I nicht als Fronteinsatz anerkannt; Berufsverbot zum 29.5.1933.
Adr.B. 32; Liste d. nichtzugel. RA, 25.4.33; JMBl. 33, 17.6.33, S. 184; BArch, R 3001 PAK, PA

Fiegel, Herbert Dr. Dr.
14.7.1898 Berlin - keine Angaben
priv.: Tauentzienstr. 18 a, W 50
Kanzlei: Tauentzienstr. 18 a, W 50
RA am LG I-III und AG Mitte, in einer Sozietät mit > Dr. Dagobert Feinberg. Nach der Machtübernahme der Nationalsozialisten wieder zugelassen; Zulassung am 6.4.1934 „auf Antrag" gelöscht; Emigration nach Palästina; war später bei der URO tätig.
Br.B. 32; TK 33; *li; LAB, Liste 15.10.33; BArch, R 3001 PAK; BG; Ausk. E. Proskauer

Fink, Arthur Dr.
30.3.1882 Bromberg - 16.1.1934 Darmstadt
priv.: Nikolassee, Zehlendorf
Kanzlei: Uhlandstr. 29, Charlottenburg
RA am LG I-III, AG Schöneberg und Notar, in einer Sozietät mit Betti F. Nach der Machtübernahme der Nationalsozialisten 1933 Entzug des Notariats, als Anwalt wieder zugelassen. F. beging 1934 in Darmstadt im Alter von 52 Jahren Suizid.
Br.B. 32; TK 33; JMBl. 33, S. 202; *li; LAB, Liste 15.10.33; BArch, R 3001 PAK; BG; GB II

Fink, Betti
13.8.1891 Pleschen - keine Angaben
priv.: Uhlandstr. 29, Charlottenburg
Kanzlei: Uhlandstr. 29, Charlottenburg
RAin am KG; gemeinsame Kanzlei mit Arthur F. Nach der Machtübernahme der Nationalsozialisten Berufsverbot im Frühjahr 1933. Betti F. emigrierte am 24.5.1935 nach Palästina, Ramat Gan.
TK 33; Liste d. nichtzugel. RA, 25.4.33; JMBl. 33, S. 203; BArch, R 3001 PAK; BG

Finkelstein, Hermann Dr.
17.2.1906 Berlin-Charlottenburg - keine Angaben
priv.: k.A.
Kanzlei: Droysenstr. 6, Charlottenburg
RA am LG I-III und AG Charlottenburg. Nach der Machtübernahme der Nationalsozialisten Berufsverbot zum 13.7.1933.
TK 33; Liste d. nichtzugel. RA, 25.4.33; JMBl. 21.8.33, S. 266; BArch, R 3001 PAK, PA

Fischer, Alfred
keine Angaben - Deportation
priv.: Pfalzburger Str. 60, Wilmersdorf
Kanzlei: Tauentzienstr. 8, W 50
RA am KG und Notar. Nach der Machtübernahme der Nationalsozialisten 1933 wieder zugelassen; Ende 1935 Entzug des Notariats; 1936 als RA gelöscht. Emigration in die CSR, Prag, 1934; wurde dort verhaftet und nach Litzmannstadt/Lodz deportiert.
Br.B. 32; TK 33; *li; LAB, Liste 15.10.33; DJ 36, S. 314; BArch, R 3001 PAK; BG; g

Fischer, Fritz Dr.
1.7.1888 Kattowitz - keine Angaben
priv.: k.A.
Kanzlei: Kurfürstendamm 38/39, W 15
RA am LG I-III, AG Schöneberg und Notar; Berufsverbot im Frühjahr 1933.
TK 33; Liste d. nichtzugel. RA, 25.4.33 (Nachtrag); JMBl. 33, S. 221 (Friedrich); BArch, R 3001 PAK

Fischer, Han(n)s Dr.
16.2.1894 Berlin - keine Angaben

priv.: Hohenzollerdamm 96, Grunewald
Kanzlei: Potsdamer Str. 129/130, W 9
RA am LG I-III und Notar. Nach der Machtübernahme der Nationalsozialisten 1933 wieder zugelassen; Ende 1935 Entzug des Notariats; praktizierte als RA bis zum allgemeinen Berufsverbot 1938.
TK 33; *li; LAB, Liste 15.10.33; DJ 36, S. 314; MRRAK; BArch, R 3001 PAK; Naatz-Album; BG

Fischer, James Dr.
22.8.1870 - 30.8.1938
priv.: Kaiserplatz 1, Wilmersdorf
Kanzlei: Rheinstr. 21, Friedenau
RA am LG I-III, AG Berlin-Mitte und Notar; hatte seinen Namen von Cohn in Fischer ändern lassen. Nach der Machtübernahme der Nationalsozialisten 1933 Entzug des Notariats; als Anwalt bis 1938 zugelassen; starb 1938 eine Woche nach seinem 68. Geburtstag, in Weißensee beigesetzt.
TK 33; JMBl. 33, S. 266; *li; LAB, Liste 15.10.33; BArch, R 3001 PAK; BG

Fischer, Oskar Dr.
20.9.1882 Berlin - nach 1945, Berlin
priv.: Bismarckstr. 66, Charlottenburg
Kanzlei: Seydelstr. 26, C 19
RA und Notar. Nach der Machtübernahme der Nationalsozialisten 1933 wieder zugelassen; Ende 1935 Entzug des Notariats; bis zum allgemeinen Berufsverbot 1938 als RA tätig. Emigration nach London am 15.7.1939. Nach Kriegsende besuchte F. jedes Jahr Berlin; er starb auf dem Flughafen Tempelhof an einem Herzschlag.
TK 33; *li; LAB, Liste 15.10.33; DJ 36, S. 314; MRRAK; BArch, R 3001 PAK; BG; Ausk. Frau Brigitte Rothert, 27.1.1999

Flatau, Ernst Dr.
31.10.1885 Berlin - keine Angaben
priv.: Konstanzer Str. 1, Wilmersdorf
Kanzlei: Kurfürstendamm 24, W 15
RA am KG und Notar; Vorstand und Inhaber einer Grundstücksverwaltung in Schöneberg. Nach der Machtübernahme der Nationalsozialisten 1933 Entzug des Notariats, als Anwalt wieder zugelassen bis zum allgemeinen

Berufsverbot 1938. Emigration nach Italien, Provinz Belluno, am 8.3.1939; lebte seit ca.1947 in New York; gehörte 1967 dem Vorstand der American Association of Former European Jurists an.
TK 33; JMBl. 33, S. 220; *li; LAB, Liste 15.10.33; MRRAK; BArch, R 3001 PAK; American Association of Former European Jurists, LBI Arch. 6546; BG

Flater, Alfred
10.6.1882 Neustettin - Deportation 1942
priv.: Hallesches Ufer 58, SW 11, Kreuzberg
Kanzlei: Friedrichstr. 203, SW 68
RA am LG I-III, AG Tempelhof und Notar. Nach der Machtübernahme der Nationalsozialisten 1933 Entzug des Notariats, als Anwalt wieder zugelassen bis zum allgemeinen Berufsverbot 1938; F. wurde ein Unterhaltszuschuss der Reichsrechtsanwaltskammer gewährt. Datum der Vermögenserklärung: 22.12.1941, Deportation am 19.1.1942 nach Riga.
TK 33; JMBl. 33, S. 202; *li; LAB, Liste 15.10.33; MRRAK; BArch, R 3001 PAK; BG; BdE; GB II

Flato, Fritz Dr.
4.1.1895 Berlin - 1945 New York 
priv.: Kommandantenstr. 63-64, SW 19
Kanzlei: Kommandantenstr. 63-64, SW 19
RA seit 1925, zugelassen am LG I-III und AG Tempelhof, später auch Notar; engagierte sich für das Wissenschaftlich-humanitäre Komitee (seit mindestens 1929), zeitweise als Vorstandsmitglied, bis zu dessen Auflösung 1933; setzte sich für die Abschaffung des § 175 (der homosexuelle Handlungen zwischen Männern unter Strafe stellte) ein. Nach der Machtübernahme der Nationalsozialisten wieder zugelassen; war von Kindheit an eng mit Kurt Hiller befreundet, um dessen Freilassung aus der Haft im KZ Oranienburg er sich 1933 bemühte; 1934 Löschung der Zulassung; Ende 1935 Emigration in die USA. Gegen ihn wurde ein Steuersteckbrief erlassen. Seine Mutter folgte ihm 1937, der Familienbesitz wurde 1938 enteignet. F. nannte sich ab 1943 Fred F. und lebte noch 1945 in New York. Nach der Erinnerung von Kurt Hiller soll er „im bittersten Elend" lebend, Suizid begangen haben.
TK 33; *li; BG; Wolf, BFS; Hiller, Kurt: Leben gegen die Zeit; Reinbek 1969 u. 1973, S. 285 (Bd.1) u. 105 (Bd.2); Ausk. E. Proskauer; Ausk. Jens Dobler

Fleischmann, Hugo Dr.
9.1.1876 Fürth - keine Angaben
priv.: Keithstr. 20, W 62
Kanzlei: Wilhelmstr. 89 a, W 8
RA am LG I-III. Nach der Machtübernahme der Nationalsozialisten Berufsverbot im Frühjahr 1933. Emigration nach Mexiko, Veracruz, am 28.5.1939.
Adr.B. 32; TK 33; Liste d. nichtzugel. RA, 25.4.33; JMBl. 7.7.33, S. 209; BArch, R 3001 PAK; BG

Fliess, Julius Dr.
18.10.1876 Bernau - 2.3.1955 Berlin
priv.: Bleibtreustr. 27, Charlottenburg
Kanzlei: Potsdamer Str. 103, W 35
F. hatte am WK I teilgenommen und war schwer verwundet worden; für seinen Kampfeinsatz war er mit zahlreichen Orden geehrt worden. F. war RA am KG und Notar, 1932 auch Vorstandsmitglied der RAK. Nach der Machtübernahme der Nationalsozialisten wurde er auf Antrag wieder zugelassen; 1935 Entlassung als Notar; 1938 Berufsverbot als RA; bis 1942 war F. noch als „Konsulent" tätig. Er konnte am 30.9.1942 mit seiner Familie in die Schweiz, nach Basel, fliehen (im Rahmen des von Canaris und v. Dohnanyi initiierten „Unternehmen Sieben"). 1947 kehrte F. aus der Schweiz nach Berlin zurück. 1948 wieder als Anwalt zugelassen, später auch als Notar; 1955 in Berlin gestorben.
TK 33; *li; LAB, Liste 15.10.33; DJ 36, S. 314; Liste 36; MRRAK; Liste d. Kons., 15.4.39; BG; LAB, RAK PA; Ausk. Dorothee Fliess; Meyer, Winfried: Unternehmen Sieben – Eine Rettungsaktion

Foerder, Herbert Dr.
25.3.1901 Berlin - 10.6.1970 Tel Aviv
priv.: k.A.
Kanzlei: Charlottenstr. 53, W 8
RA am LG I-III und AG Berlin-Mitte. Nach der Machtübernahme der Nationalsozialisten Berufsverbot im Frühjahr 1933. Emigration nach Palästina 1933; dort Mitbegründer und bis 1957 Direktor der Mittelstandssiedlungsgesellschaft; nannte sich fortan Yeshayahu F.; 1949-57 Mitglied der Knesset, seit 1957 Vorsitzender des Vorstandes der Leumi-Bank (Nationalbank).
Br.B. 32; TK 33; Liste d. nichtzugel. RA, 25.4.33; JMBl. 33, S. 253; BArch, R 3001 PAK; BG; Göpp., S.279

Fontheim, Georg Martin Dr.
30.8.1881 Berlin - Deportation 1943
priv.: Kaiserdamm 67, C 9 (heute: Heerstr. 15/15 a)
Kanzlei: Joachimsthaler Str. 3, Charlottenburg 2
RA am LG I-III und Notar, Bruder von Kurt F., zu seinen Mandanten gehörten auch Mitglieder der Hohenzollern-Familie. Nach der Machtübernahme der Nationalsozialisten 1933 Entzug des Notariats; als Anwalt bis zum Berufsverbot 1938 tätig. Auch danach zogen

ihn verschiedene Mandanten weiterhin zur juristischen Beratung heran; abgerechnet wurde über einen befreundeten „arischen" Anwalt, was für diesen mit einem Risiko verbunden war. Im Februar 1941 wurde die vierköpfige Familie aufgefordert, innerhalb von acht Tagen die Wohnung zu räumen, um sie „deutschen Volksgenossen" zur Verfügung zu stellen. Die Familie zog daraufhin zu Verwandten. F. wurde mit seiner Frau Charlotte und seiner Tochter Eva am 12.1.1943 nach Auschwitz deportiert. Als Einziger aus der Familie überlebte der Sohn Ernst.
TK 33; JMBl. 33, S. 202; *li; LAB, Liste 15.10.33; MRRAK; BArch, R 3001 PAK; BG; GB II; Ausk. des Sohnes, 6. u. 15.6.2000

Fontheim, Kurt Dr.
10.11.1882 Berlin - 1976 Baden-Baden
priv.: Uhlandstr. 25, W 50
Kanzlei: Kurfürstendamm 13, W 50
RA am KG, Bruder von Georg Martin F. Nach der Machtübernahme der Nationalsozialisten wieder zugelassen; die Zulassung wurde im Oktober 1936 gelöscht. 1936 Emigration erst in die Schweiz, von dort 1941 in die unbesetzte Zone im Süden Frankreichs, dann weiter nach Portugal und schließlich in die USA. In den 1960er Jahren kehrte er nach Europa zurück, ließ sich jedoch nirgendwo dauerhaft nieder. Erst im hohen Alter lebte er ständig in Baden-Baden, wo er 93-jährig starb.
TK 33; *li; LAB, Liste 15.10.33; DJ 36, S. 276; BArch, R 3001 PAK; BG; Ausk. des Neffen, 6. u. 15.6.2000

Fraenkel, Alfred Dr.
5.9.1882 Laurahütte - keine Angaben
priv.: Prager Str. 7, W 50
Kanzlei: Marburger Str. 11, W 50
F. war Dissident. RA am LG I-III und Notar. Nach der Machtübernahme der Nationalsozialisten 1933 Entzug des Notariats; als Rechtsanwalt bis zum 14.7.1938 zugelassen; Emigration in die Schweiz, Luzern.
TK 33; JMBl. 33, S. 202; *li; LAB, Liste 15.10.33; BArch, R 3001 PAK; BG

Fraenkel, Ernst Dr.
26.12.1898 Köln - 28.3.1975 Berlin
priv.: Eschwegering 23, Tempelhof
Kanzlei: Alte Jakobstr. 155, SW 68
F. zog nach dem Notabitur knapp 18-jährig in den WK I, wurde schwer verletzt; studierte Rechtswissenschaften in Frankfurt a. M. und Heidelberg; war Dissident; SPD-Mitglied; wurde später Berater der Metallarbeitergewerkschaft; in einer Sozietät mit > Franz L. Neumann, Kanzlei im Metallarbeiter-Haus. Nach der Machtübernahme im April 1933 Vertretungsverbot, das jedoch wieder aufgehoben wurde, da als „Frontkämpfer" anerkannt; bis zum allgemeinen Berufsverbot 1938 am Kammergericht zugelassen. F. verteidigte von 1933-38 zahlreiche politische Gefangene, daneben arbeitete er im politischen Untergrund, was eine zusätzliche Gefährdung für ihn bedeutete. F.s Ehefrau Hanna, geb. Pickel (geb. 13.3.1904), galt als „arisch".
F. war Autor der einzigen kritischen Studie zum Nationalsozialismus, die in Deutschland selbst entstanden ist, später veröffentlicht unter dem Titel „The Dual State" („Der Doppelstaat"). 1938 Emigration über Großbritannien in die USA; erhielt eines der raren Stipendien des American Committee for the Guidance of Professional Personnel; studierte Jura und schloss 1941 sein Studium ab. Nach kurzzeitiger Anwaltstätigkeit in verschiedenen Flüchtlingsorganisationen als Geschäftsführer tätig; Übernahme eines Forschungsprojekts, bis er, nachdem er die amerikanische Staatsbürgerschaft erworben hatte, eine Stelle in einer staatlichen Institution übernehmen konnte (Foreign Economic Administration, FEA). Nach Beendigung des Zweiten Weltkrieges blieb F. im US-amerikanischen Regierungsdienst und ging als Rechtsberater nach Südkorea, um dort am Aufbau der Demokratie mitzuwirken. Als dort der Krieg ausbrach, konnte das Ehepaar F. gerade noch evakuiert werden.
Auf Drängen von Otto Suhr kehrte F. 1951 nach Berlin zurück, war an der Deutschen Hochschule für Politik tätig, gleichzeitig an der Freien Universität, lehrte dort Politische Wissenschaften; beteiligte sich an der Zusammenführung der beiden Institute; wurde ordentlicher Professor am Otto-Suhr-Institut, bis zur Emeritierung 1967. Ihm wurden das Große Bundesverdienstkreuz und die Ernst-Reuter-Plakette verliehen. F. starb 1975 in Berlin.
Veröffentl.: u.a. Gesammelte Schriften, Bd. 1-4, 1999-2004
TK 33; *li; Liste d. nichtzugel. RA, 25.4.33; MRRAK; BArch, R 3001 PAK, PA; NY Publ. Lib.; FU-Archiv; BG; Göpp. S. 335/36; OSI, Fraenkel-Projekt; SLW noch unveröffentlichte Biografie Ernst Fraenkels

Fraenkel, Ernst
26.9.1902 Berlin - keine Angaben
priv.: Niebuhrstr. 71, Charlottenburg
Kanzlei: Lützowufer 30, W 62
RA seit 1928, zuletzt am KG. Nach der Machtübernahme der Nationalsozialisten Berufsverbot zum 13.7.1933. F. emigrierte am 9.6.1933 nach Frankreich, lebte in Paris.
Veröffentl.: Dein Recht als Ausländer, Paris 1936
TK 33; JMBl. 33, S. 266; Liste d. nichtzugel. RA, 25.4.33 (Nachtragsliste); BArch, R 3001 PAK, PA; BG

Fraenkel, Herbert Dr.
27.5.1872 - 21.1.1939
priv.: Wielandstr. 38, Charlottenburg
Kanzlei: Lützowufer 30, W 62
RA am LG I-III, AG Berlin-Mitte und Notar. Nach der Machtübernahme der Nationalsozialisten 1933 Entzug des Notariats, als Anwalt wieder zugelassen, praktizierte bis zum allgemeinen Berufsverbot 1938; beging 1939 im Alter von 76 Jahren Suizid; in Weißensee beigesetzt.
TK 33; JMBl. 33, S. 202; *li; LAB, Liste 15.10.33; Liste 36; MRRAK; BArch, R 3001 PAK; BG; g

Fraenkel, Max Dr.
1.10.1887 Frankfurt a. M. - keine Angaben
priv.: k.A.
Kanzlei: k.A.
Nach der Machtübernahme der Nationalsozialisten Berufsverbot zum 13.7.1933; Emigration 1933 nach Frankreich, Paris. Gegen ihn wurde ein Steuersteckbrief erlassen.
BArch, R 3001 PAK, PA; Wolf, BFS

Fraenkel, Siegfried Dr.
16.12.1887 - keine Angaben
priv.: k.A.
Kanzlei: Bülowstr. 13, W 57
RA am LG I-III. Nach der Machtübernahme der Nationalsozia-

listen Berufsverbot zum 20.5.1933.
TK 33; Liste d. nichtzugel. RA,
25.4.33; JMBl. 33, S. 195; BArch,
R 3001 PAK, PA

Fraenkel, Walter Dr.
keine Angaben
priv.: k.A.
Kanzlei: Behrenstr. 50, W 8
RA am LG I-III, AG Berlin-Mitte
und Notar. Nach der Machtübernahme der Nationalsozialisten 1933
Entzug des Notariats; war noch bis
zum 19.8.1936 als Anwalt tätig.
Br.B. 32; TK 33; JMBl. 33, S. 202;
*li; Liste 36; LAB, Liste 15.10.33;
BArch, R 3001 PAK

Fränkel, Eduard Dr.
6.5.1874 Berlin - keine Angaben
priv.: Kaiserdamm 6, Charlottenburg
Kanzlei: Französische Str. 17, W 8
RA am LG I-III, AG Berlin-Mitte
und Notar. Nach der Machtübernahme der Nationalsozialisten
1933 wieder zugelassen; Verlust
des Notariats Ende 1935; als Anwalt bis zum allgemeinen Berufsverbot 1938 tätig. Emigration
nach Brasilien, Rio de Janeiro, am
29.10.1940.
TK 33; *li; LAB, Liste 15.10.33; DJ
36, S. 314; MRRAK; BArch, R 3001
PAK; BG

Fränkel, Heinz Julian Dr.
18.8.1901 - keine Angaben
priv.: k.A.
Kanzlei: Behrenstr. 14, W 8
Nach der Machtübernahme der
Nationalsozialisten Berufsverbot
im Frühjahr 1933. Emigration über
Paris in die USA, New York; nach
1945 nach Deutschland zurückgekehrt.
Adr.B. 32; TK 33; Liste der nichtzugel. RA, 25.4.1933; BArch,
R 3001 PAK; Ausk. E. Proskauer

Fränkel, Heinz Dr.
18.6.1900 Berlin - keine Angaben
priv.: k.A.
Kanzlei: Jägerstr. 10
Als RA seit 1927 zugelassen.
Nach der Machtübernahme der
Nationalsozialisten Berufsverbot
zum 29.5.1933.
TK 33; BArch, R 3001 PAK, PA

Fränkel, Max Dr.
19.11.1888 Ostrowo - keine
Angaben
priv.: Regensburger Str. 27, W 50
Kanzlei: Hohenzollernstr. 2, W 10
Nach der Machtübernahme der
Nationalsozialisten Berufsverbot
zum 23.5.1933. Emigration in die
USA, New York.
Liste d. nichtzugel. RA, 25.4.33;
JMBl. 33, S. 266; BArch, R 3001
PAK, PA; BG

Fränkel, Rudolf Dr.
20.2.1890 Berlin - vor 1945
priv.: k.A.
Kanzlei: Friedrich-Karl-Ufer 2/4,
NW 40
F. war evangelischer Religion; RA
am LG I-III. Nach der Machtübernahme der Nationalsozialisten
Berufsverbot zum 29.5.1933. Die
Ehefrau galt als „arisch". F. soll
vor 1945 in einem Gefängnis
gestorben sein.
Adr.B. 32; TK 33; Liste d. nichtzugel. RA, 25.4.33; JMBl. 33, S.
209; BArch, R 3001 PAK, PA; BG

Fränkel, Siegfried Dr.
28.8.1888 Oppeln - Dezember
1975 New York
priv.: Aschaffenburger Str. 18,
Schöneberg
Kanzlei: Schönhauser Allee 6
RA am LG I-III, AG Berlin-Mitte und
Notar. Nach der Machtübernahme der Nationalsozialisten Berufsverbot zum 26.5.1933. F. hatte sich
intensiv bemüht, das Berufsverbot
abzuwenden, doch ohne Erfolg.
Vermutlich Emigration (in den
Akten: „15.6.39 ab") starb 1975 in
New York im Alter von 87 Jahren.
Br.B. 32; TK 33; Liste d. nichtzugel.
RA, 25.4.33; JMBl. 33, S. 253;
BArch, R 3001 PAK, PA; BG; SSDI

Fraenkl, Viktor, JR
keine Angaben
priv.: k.A.
Kanzlei: Habsburger Str. 2, W 30
RA an den LG I-III; nach der
Machtübernahme der Nationalsozialisten 1933 Löschung der
Zulassung, auf der Karteikarte des
RMJ vermerkt: „inaktiv 1933".
JMBl. 33, 19.5.33; BArch, R 3001
PAK

**Fragstein und Niemsdorff,
Edgar von**
6.3.1883 - keine Angaben
priv.: k.A.
Kanzlei: Augsburger Str. 35
RA am LG I-III, AG Charlottenburg und Notar; war katholischer
Religion. Nach der Machtübernahme der Nationalsozialisten
1933 Entzug des Notariats; galt
als „Mischling 1. Grades"; vertrat
zahlreiche Mandanten, die in
gleicher Weise betroffen waren;
durfte auch nach 1938 weiter
praktizieren; hat das NS-Regime
überlebt und wurde nach 1945
wieder als Anwalt zugelassen.
Adr.B. 32; TK 33; JMBl. 33, S. 220;
LAB, Liste Mschlg. 36; Liste der
zugel. Anwälte nach 45

Franck, Hugo Dr.
30.6.1872 Einbeck - 1967 Vancouver
priv.: Fasanenstr. 22, W 15
Kanzlei: Fasanenstr. 22, W 15
Soldat im WK I; RA am LG I-III
und AG Berlin-Mitte; hatte seine
Wohnung und Kanzlei in einem
großbürgerlichen Haus, nahe des
Kurfürstendamms und nahe der
Synagoge Fasanenstraße. Nach
der Machtübernahme der Nationalsozialisten wieder als Anwalt
zugelassen, da als „Frontkämpfer"
anerkannt; praktizierte noch 1936.
Emigration in die USA, San Francisco, 1938; später nach Vancouver
in British-Columbia, Kanada, wo
er 1967 starb.
*li; LAB, Liste 15.10.33; BArch,
R 3001 PAK; Liste 36; BLHA, OFP-Akten; BG; SSDI; AoR, Kanada

Frank, Karl (Carl) Dr.
19.5.1874 - 21.11.1935
priv.: k.A.
Kanzlei: Taubenstr. 23 a, W 8
RA am LG I-III, AG Berlin-Mitte
und Notar. Nach der Machtübernahme der Nationalsozialisten
1933 Entzug des Notariats; als
Anwalt wieder zugelassen; starb
1935 im Alter von 61 Jahren, in
Weißensee beigesetzt.
Br.B.32; TK 33; JMBl. 33, S. 202; *li;
LAB, Liste 15.10.33; BG

Frank, William Dr.
1.1.1903 Berlin - April 1977
priv.: k.A.
Kanzlei: Leipziger Str. 119, W 8
RA am KG. Nach der Machtübernahme der Nationalsozialisten
Berufsverbot im Frühjahr 1933.
Emigration in die USA 1936 über
Kuba; lebte seit 1937 in den USA;
starb 1977, hatte zuletzt in New
York gelebt.
TK 33; Liste d. nichtzugel. RA,
25.4.33; JMBl. 33, S. 209 (Willie);
BArch, R 3001 PAK; BG; SSDI

Frankenstein, Ernst Dr.
31.5.1881 Dortmund - 28.10.1959
London
priv.: k.A.
Kanzlei: Behrenstr. 23, W 8
RA am LG I-III und Notar, spezialisiert auf Internationales Privatrecht. Nach der Machtübernahme
der Nationalsozialisten 1933
Entzug des Notariats; Zulassung
als RA 1934 gelöscht; bereits 1933
Emigration nach Frankreich; 1936
nach Großbritannien. Gegen F.
wurde ein Steuersteckbrief erlassen. 1959 im Alter von 78 Jahren
in London gestorben.
Br.B. 32; TK 33; JMBl. 33, S. 208;
*li; Philo-Lexikon, S. 604; NY Publ.
Lib. (Am. Com.) Weigert, Julius B.;
Wolf, BFS

Frankfurter, Gerhard Dr.
17.3.1902 Berlin - keine Angaben
priv.: k.A.
Kanzlei: Nikolsburger Platz 2

RA am LG I-III, AG Berlin-Mitte und Notar. Nach der Machtübernahme der Nationalsozialisten Berufsverbot im Frühjahr 1933. Emigration 1933 nach Großbritannien.
Adr.B. 32; TK 33; Liste d. nichtzugel. RA, 25.4.33; JMBl. 33, S. 209; BArch, R 3001 PAK; BG

Frankfurter, Hans
21.9.1901 Berlin - keine Angaben
priv.: k.A.
Kanzlei: Lützowufer 30, W 62
RA am LG I-III. Nach der Machtübernahme der Nationalsozialisten Berufsverbot im Frühjahr 1933; galt als „Mischling 1. Grades"; 1943 „von der Arbeitsstätte weg verhaftet".
Liste d. nichtzugel. RA, 25.4.33; JMBl. 33, S. 220; BArch, R 3001 PAK; BG

Frankfurter, Richard Otto Dr.
12.12.1873 Bielitz - 2.2.1953 Montevideo
priv.: Nassauische Str. 49, Wilmersdorf
Kanzlei: Nikolsburger Platz 2, Wilmersdorf
RA am LG I-III und Notar; bekannter Filmanwalt, daneben Autor der Weltbühne. Nach der Machtübernahme der Nationalsozialisten 1933 Entzug des Notariats, als Anwalt wieder zugelassen; am 11.9.1934 Zulassung gelöscht. Emigration über die Schweiz nach Uruguay, Montevideo, am 1.9.1934.
TK 33; JMBl. 33, S. 202; *li; LAB, Liste 15.10.33; BArch, R 3001 PAK; BG; Göpp., S. 280; Ausk. F. Flechtmann

Franz, Günter Curt
22.4.1898 Berlin-Charlottenburg - 20.4.1962 Berlin
priv.: k.A.
Kanzlei: Speyerer Str. 15/16, W 30
Seit 1927 RA am LG I-III. Nach der Machtübernahme der Nationalsozialisten wieder zugelassen. F. galt als „Mischling 1. Grades", seine

Ehefrau Oda als nicht-jüdisch. Als RA noch 1942/43 im Branchenbuch verzeichnet. F. wurde bei der Organisation Todt zwangsverpflichtet. 1946 Wiederzulassung als Anwalt, lebte nach 1945 wieder in Schöneberg.
TK 33; *li; LAB, Liste 15.10.33, Liste Mschlg. 36; Br.B.43; BArch, R 3001 PAK; BG; LAB, RAK, PA

Fraustaedter, Hans
16.6.1897 Berlin - keine Angaben
priv.: k.A.
Kanzlei: Tauentzienstr. 12 a, W 50
RA am KG. Nach der Machtübernahme der Nationalsozialisten Berufsverbot zum 2.6.1933.
Br.B. 32; TK 33; Liste d. nichtzugel. RA, 25.4.33; JMBl. 33, S. 203; BArch, R 3001 PAK; PA

Frentzel, Gerhard Dr.
15.3.1896 Berlin - keine Angaben
priv.: Nassauische Str. 57, Wilmersdorf
Kanzlei: Nassauische Str. 57, Wilmersdorf
RA am LG I-III; seit 1925 für den Deutschen Industrie- und Handelstag tätig; wählte bei den letzten freien Wahlen nach eigenen Angaben die DVP. Nach der Machtübernahme der Nationalsozialisten wieder als RA zugelassen; galt als „Mischling 1. Grades"; Mitglied der NSV und des NS-Reichskriegerbundes (Kyffhäuserbund); musste im November 1938 seinen Arbeitsplatz „binnen weniger Stunden räumen"; war noch mindestens bis 1942/43 als Anwalt und Steuerberater tätig; sollte von der Organisation Todt zwangsverpflichtet werden, wurde aber für untauglich erklärt. Überlebte das NS-Regime und wohnte nach 1945 wieder in Wilmersdorf; 1947 wieder als RA zugelassen.
TK 33; *li; Liste 15.10.33; LAB, Liste Mschlg. 36; BArch, R 3001 PAK; BG; LAB, RAK PA

Freudenheim, Martin Dr.
23.11.1887 Berlin - keine Angaben
priv.: Kaiser-Wilhelm-Str. 43, Mitte
Kanzlei: Steinplatz 1, Charlottenburg
RA am LG I-III, AG Berlin-Mitte und Notar. Nach der Machtübernahme der Nationalsozialisten 1933 wieder zugelassen; Ende 1935 Entzug des Notariats; bis zum allgemeinen Berufsverbot 1938 als RA tätig; überlebte das NS-Regime und wohnte nach 1945 in Friedrichshain.
TK 33; *li; LAB, Liste 15.10.33; DJ 36, S. 314; MRRAK; BArch, R 3001 PAK; BG

Freudenstein, Hugo
18.10.1883 Alfeld - keine Angaben
priv.: Hessenallee 11, Charlottenburg
Kanzlei: Friedrichstr. 56/57
RA am KG und Notar. Nach der Machtübernahme der Nationalsozialisten Berufsverbot im Sommer 1933. Emigration in die Niederlande, Amsterdam, am 24.3.1938.
Br.B. 32; TK 33; JMBl. 4.8.33, S. 253; BArch, R 3001 PAK; BG

Freudenstein, Kurt Dr.
2.1.1891 Berlin - keine Angaben
priv.: Geisbergstr. 33 bei Graetz, Schöneberg
Kanzlei: Französische Str. 52, W 8
RA am LG I-III und Notar. Nach der Machtübernahme der Nationalsozialisten Berufsverbot als Anwalt und Notar zum 29.5.1933; später Mitarbeiter der RV.
Br.B. 32; TK 33; Liste d. nichtzugel. RA, 25.4.33; JMBl. 33, S. 209; BArch, R 3001 PAK, PA; BG

Freund, Georg Dr., JR
2.11.1857 Breslau - 1938
priv.: Bayerische Str. 5, W 15
Kanzlei: Kurfürstendamm 35, W 15
RA am LG I-III und Notar; war evangelischen Glaubens. Nach der Machtübernahme der Nationalsozialisten wieder zugelassen; Ende 1935 Notariat entzogen; bis

2.8.1938 noch als Anwalt tätig; starb 1938.
TK 33; *li; LAB, Liste 15.10.33; DJ 36, S. 314; Liste 36; BArch, R 3001 PAK; BG

Freund, Hans
26.12.1901 Kattowitz - keine Angaben
priv.: k.A.
Kanzlei: Potsdamer Str. 125, W 9
RA am KG. Nach der Machtübernahme der Nationalsozialisten Berufsverbot zum 10.6.1933.
Br.B. 32; Liste d. nichtzugel. RA, 25.4.33; JMBl. 33, S. 209; BArch, R 3001 PAK, PA; BG

Freund, Heinrich Dr.
14.9.1885 Lodz - 3.1.1948 Palo Alto, USA
priv.: Neue Kantstr. 12, Charlottenburg
Kanzlei: Meinekestr. 7, W 15
Teilnehmer des WK I; RA am LG I-III und Notar; arbeitete inhaltlich eng mit Udo Rukser zusammen und gründete mit diesem die Zeitschrift „Ostrecht". Die Zeitschrift, später unter dem Namen „Zeitschrift für Ostrecht" geführt, behandelte die Probleme hinsichtlich der politischen Neuordnung. Besonderes Augenmerk wurde auf juristische Fragen im Verhältnis zur Sowjetunion gelegt. F. hatte durch die Ehe mit seiner Frau Vera, einer in Petersburg aufgewachsenen Russin, auch persönliche Beziehungen zu dem Thema. Das Erscheinen der Zeitschrift wurde eingestellt, nachdem nach 1933 das Ausscheiden der jüdischen Bearbeiter verlangt worden war. F. war getauft, seine Frau galt nach der Machtübernahme der Nationalsozialisten als „arisch". Auf Antrag wurde er wieder als Anwalt und Notar zugelassen, weil er als „Frontkämpfer" anerkannt wurde. Ende 1935 Entzug des Notariats; nach dem allgemeinen Berufsverbot 1938 noch als „Konsulent" tätig.

Emigration im April 1939 nach England; dort nach Kriegsbeginn als „alien enemy" (feindlicher Ausländer) interniert, Anfang 1941 nach Australien deportiert, dort vier Jahre im Lager. Nach der Entlassung kaufmännisch und journalistisch tätig, dabei krank und mittellos. Mit seiner Frau und seinem Sohn, die in Großbritannien hatten bleiben müssen, traf F. erst 1946/47 in Australien wieder zusammen. Erhielt 1947 Auftrag für eine Forschungsarbeit an der Stanford University, Kalifornien. F. starb ca. 2 1/2 Monate nach der Ankunft in den USA. Seine Schwester und Mutter waren unter dem NS-Regime ermordet worden.
Br.B. 32; TK 33; *li; LAB, Liste 15.10.33; DJ 36, S. 314; BArch, R 3001 PAK; MRRAK; Osteuropa-Recht, Sonderdr. 1/1960, S. 2-5 (Nachruf Rukser); Korr. Henry Finlay (Sohn) 5.3. u. 16.9.1999

Freund, Hermann Dr.
6.1.1880 Landshut - 9.10.1933
priv.: Heinrichstr. 9 a, Zehlendorf
Kanzlei: Berliner Str. 49/50, Neukölln
RA am LG I-III, AG Neukölln und Notar. Nach der Machtübernahme der Nationalsozialisten Kanzlei 1933 aufgegeben; Emigration nach Frankreich, dort im Oktober 1933 an einer Sepsis gestorben.
Br.B. 32; TK 33; Pr.J. 33, S. 443; BArch, R 3001 PAK; BG

Freund, Martin
22.3.1886 Breslau - keine Angaben
priv.: k.A.
Kanzlei: Alexanderstr. 5, C 25
RA am LG I-III und Notar. Nach der Machtübernahme der Nationalsozialisten 1933 wieder zugelassen; Ende 1935 Entzug des Notariats; praktizierte bis zum allgemeinen Berufsverbot als RA; vermutlich emigriert (Aktenvermerk: „5.11.39 ab").
TK 33; *li; DJ 36, S. 314; Liste 36; MRRAK; BArch, R 3001 PAK; BG

Freund, Rudolf Dr.
19.7.1877 - keine Angaben
priv.: Miquelstr. 81, Dahlem
Kanzlei: Jägerstr. 6, W 8
RA am LG I und am AG Mitte; nach der Machtübernahme der Nationalsozialisten wurde 1933 die Zulassung gelöscht. Anschließend als Wirtschaftsprüfer unter seiner Privatanschrift tätig. Emigration nach Kuba am 21.10.1941, später in die USA.
Jüd.Adr.B.; Adr.B. 33; Pr.J. 33, S. 391; BArch, R 3001 PAK; BG

Freund, Wilhelm Dr.
27.7.1881 Potsdam - 20.12.1942
priv.: Elsässer Str. 11, Mitte
Kanzlei: Behrenstr. 35, W 56
RA am LG I. Nach der Machtübernahme der Nationalsozialisten wieder zugelassen; als RA zuletzt im Branchenbuch 1937 verzeichnet. Die Ehefrau galt als nichtjüdisch. F. starb 1942, er wurde in Weißensee beigesetzt.
TK 33; *li; LAB, Liste 15.10.33, Liste 36; Br.B. 37; BArch, R 3001 PAK; BG

Freundlich, Ernst Dr.
27.12.1896 Posen - keine Angaben
priv.: Berkaer Str. 30, Grunewald
Kanzlei: Invalidenstr. 111, N 4
RA am LG I-III, AG Berlin-Mitte und Notar. Nach der Machtübernahme der Nationalsozialisten wieder zugelassen; Notariatentzug Ende 1935; praktizierte bis zum allgemeinen Berufsverbot 1938 als RA, in einer gemeinsamen Kanzlei mit Herbert F. (vermutlich der Bruder).
*li; LAB, Liste 15.10.33; DJ 36, S. 314; Liste 36; MRRAK; BArch, R 3001 PAK; BG

Freundlich, Herbert Dr.
23.8.1893 Posen - keine Angaben
priv.: Invalidenstr. 111, N 4
Kanzlei: Invalidenstr. 111, N 4
RA am KG und Notar. Nach der Machtübernahme der Nationalsozialisten wieder zugelassen; Notariatsentzug Ende 1935; praktizierte bis zum allgemeinen Berufsverbot 1938 als RA in einer gemeinsamen Kanzlei mit Ernst F. (vermutlich der Bruder), danach noch als „Konsulent" zugelassen.
*li; LAB, Liste 15.10.33, DJ 36, S. 314; Liste 36; MRRAK; BArch, R 3001 PAK; Liste der Kons. v.23.2.1939; BG

Freundlich, Ludwig Dr.
19.9.1878 Neustettin - keine Angaben
priv.: Helmstedter Str. 26, Wilmersdorf
Kanzlei: Krausenstr. 70, W 8
RA am LG I-III, AG Schöneberg und Notar. Nach der Machtübernahme der Nationalsozialisten 1933 Entzug des Notariats; praktizierte noch bis 1937 als RA. Emigration nach Großbritannien, London.
TK 33; JMBl. 33, S. 208; *li; LAB, Liste 15.10.33; Liste 36; BArch, R 3001 PAK; BG

Freundlich, Salo Dr.
7.10.1897 - keine Angaben
priv.: Trabener Str. 14, Grunewald
Kanzlei: Linkstr. 29, W 9
RA am LG I-III und AG Charlottenburg. Nach der Machtübernahme der Nationalsozialisten Berufsverbot im Frühjahr 1933. Emigration nach Großbritannien, London, im April/Mai 1939.
Adr.B. 32; TK 33; Liste d. nichtzugel. RA, 25.4.33; JMBl. 33, S. 234; LAB, Liste 15.10.33; BArch, R 3001 PAK; BG

Frey, Erich Max Dr. jur. Dr. phil.
16.10.1882 Breslau - 30.3.1964 Santiago de Chile
priv.: Bellevuestr. 21/22, W 9
Kanzlei: Bellevuestr. 5, W 9
RA seit 1911. F. war einer der bekanntesten Strafverteidiger Berlins, so hatte er u.a. in dem Prozess gegen die Mitglieder des „Ringvereins Immertreu", gegen den Schüler Krantz im Aufsehen erregenden „Steglitzer-Schülermord-Prozess" sowie im Verfahren um die Tötung Horst Wessels die Verteidigung übernommen. F. war getauft. Durch seine Prominenz war er nach der Machtübernahme der Nationalsozialisten stark gefährdet. Die RAK benannte auch ihn als einen der Anwälte, die sich „kommunistisch betätigt" haben sollen. Emigration 1933 über Paris nach Südamerika, wo er 1964 in Santiago de Chile starb.
Veröffentl.: Ich beantrage Freispruch (Memoiren), 1959
Adr.B. 32; BArch, R 3001 PAK; Walk, S. 102; Krach, S.433; Göpp., S. 280; AoR, Ausst.

Freyhan, Max Dr.
28.7.1881 Breslau - keine Angaben
priv.: Altonaer Str. 25, NW 87
Kanzlei: Altonaer Str. 25, NW 87
RA am LG I-III und Notar. Nach der Machtübernahme der Nationalsozialisten 1933 Entzug des Notariats; bis zum allgemeinen Berufsverbot 1938 als RA tätig; Emigration nach Großbritannien, London.
TK 33; JMBl. 33, S. 220; *li; LAB, Liste 15.10.33; MRRAK; BArch, R 3001 PAK; BG

Freymann, Kurt Dr.
9.5.1887 Danzig - keine Angaben
priv.: Rothenburgstr. 11, Steglitz
Kanzlei: Dorotheenstr. 80
RA am LG I-III und Notar. Nach der Machtübernahme der Nationalsozialisten wurde F. die Zulassung zum 16.9.1933 im Zuge der Zusammenlegung der Landgerichte entzogen. Emigration 1933 nach Italien. Gegen ihn wurde ein Steuersteckbrief erlassen.
Br.B. 32; TK 33; Pr.J. 33, S. 443; BArch, R 3001 PAK, PA; Wolf, BFS

Friedeberg, Hans Dr.
18.1.1890 Posen - 11.5.1953
priv.: Grunewaldstr. 44, Schöneberg
Kanzlei: Eisenacher Str. 83, W 30
RA seit 1921, zuletzt am LG I-III und AG Schöneberg, und Notar; hatte ein durchschnittliches Einkommen bis 1933 zwischen 18.000 und 22.000,- RM. Nach der Machtübernahme der Nationalsozialisten Vertretungsverbot im April 1933, dann wieder zugelassen; Ende 1935 Entzug des Notariats; bis zum allgemeinen Berufsverbot 1938 als RA tätig, danach als „Konsulent" zugelassen. Das Einkommen sank 1939 auf 2.100,- RM, stieg bis 1944 wieder auf 12.000,- RM. Die Ehefrau galt als nicht-jüdisch.

F. war im Rahmen der „Novemberaktion" 1938 verhaftet und in Sachsenhausen inhaftiert worden. Er überlebte das NS-Regime und wurde 1948 als RA und Notar wieder zugelassen. Er lebte später in der Konstanzer Str. 3.
TK 33; Liste d. nichtzugel. RA, 25.4.33; *li; LAB, Liste 15.10.33; DJ 36, S. 314; MRRAK; BG; LAB, RAK, PA

Friedeberg, Max Dr.
23.4.1875 Magdeburg - keine Angaben
priv.: Potsdamer Str. 18, Lichterfelde
Kanzlei: Ehrenbergstr. 11/14, O 17
RA am LG I und Notar. Nach der Machtübernahme der Nationalsozialisten 1933 Entzug des Notariats; am 21.11.1935 Zulassung „auf Antrag gelöscht". Emigration über die Niederlande in die USA, New York, am 23.12.1938.
TK 33; JMBl. 33, S. 220; *li; LAB, Liste 15.10.33; BG

Friedenthal, Felix Dr.
25.3.1874 Breslau - keine Angaben
priv.: Birkbuschstr. 28, Steglitz
Kanzlei: Großgörschenstr. 40, W 57
RA am KG und Notar. Nach der Machtübernahme der Nationalsozialisten 1933 Entzug des Notariats, als Anwalt wieder zugelassen bis zum allgemeinen Berufsverbot 1938; Emigration nach Großbritannien 1939.
TK 33; JMBl. 33, S. 208; *li; LAB, Liste 15.10.33; MRRAK; BArch, R 3001 PAK; BG

Friedlaender, Bruno Dr., JR
4.10.1889 Berlin - 19.3.1942
priv.: Gleimstr. 16, Prenzlauer Berg
Kanzlei: Potsdamer Str. 22 b, W 9
RA am LG I-III und Notar. Nach der Machtübernahme der Nationalsozialisten 1933 Entzug des Notariats; bis zum allgemeinen Berufsverbot 1938 als RA tätig. Er war evangelischen Glaubens, seine Ehefrau galt als nicht-jüdisch.

F. beging im März 1942 im Alter von 52 Jahren Suizid.
TK 33; JMBl. 33, S. 208; *li; Liste 15.10.33; Liste 36; MRRAK; BArch, R 3001 PAK; BG

Friedlaender, Eugen Dr.
15.9.1878 Berlin - 16.6.1952 New York

priv.: Beymestr. 1, Grunewald
Kanzlei: Margaretenstr. 8
RA am LG I-III und Notar; Soldat im WK I. Auf Wirtschaftsrecht spezialisiert, dennoch wurde F. als einer der Vertreter der Nebenklage im Helfferich-Prozess herangezogen. Helfferich hatte Finanzminister Mathias Erzberger verschiedener Delikte beschuldigt und Propaganda in einer seiner Publikationen gegen ihn verbreitet. Mit dem Verfahren wollte Erzberger gegen die Macht der Presse vorgehen. Helfferich wurde u.a. von > Max Alsberg verteidigt, er wurde verurteilt, aber zu einer vergleichsweise milden Strafe. Die Hetze gegen Erzberger, die immer auch antisemitisch getönt war, zeigte Wirkung: auf dem Weg aus dem Gericht wurde Erzberger von einem jungen Mann mit einem Revolver angegriffen. Sein Verteidiger F. schritt ein und wollte dem Mann die Waffe entreißen, dieser konnte jedoch noch zwei Schüsse abfeuern, Erzberger wurde verletzt, aber dank der Unterstützung seines Anwalts nicht tödlich. Ein Jahr später fiel Erzberger dann einem weiteren Attentat der politischen Rechten zum Opfer.
F. hielt sich im März/April 1933 zu Beginn der ausgrenzenden Maßnahmen im Ausland auf und kehrte nicht mehr nach Deutschland zurück. Dennoch stellte er einen Antrag auf Wiederzulassung, dem auch stattgegeben wurde, weil er als „Frontkämpfer" anerkannt wurde. Seine beiden Kinder reisten selbständig über die Niederlande zu ihren Eltern nach Italien, weil sie gehört hatten, dass die Grenzen geschlossen werden sollten. Von dort aus begab sich die Familie in die Schweiz. 1934 ist in den Unterlagen zur anwaltlichen Tätigkeit „inaktiv" vermerkt. 1937 folgte F. mit seiner Frau seinem Sohn in die USA, wo er bis zu seinem Tod 1952 in New York lebte.
Br.B. 32; TK 33; BArch, R 3001 PAK; LAB, B Rep. 025-02, Nr. 1133/55, Rep. 58, Akte 69, Bd. 1-16, Film 334-336; BLHA, OFP-Akten; Ausk. Tom Freudenheim, Ausk. des Sohnes H. Friedlaender

Friedlaender, Ewald Kurt Dr.
24.1.1880 Berlin - Oktober 1944 Auschwitz
priv.: Bleibtreustr. 15-16, Charlottenburg
Kanzlei: Wilhelmstr. 44, W 8
RA am LG I-III und Notar. Nach der Machtübernahme der Nationalsozialisten 1933 als Notar entlassen; als RA bis zum allgemeinen Berufsverbot 1938 tätig. Emigration in die Niederlande, dort festgenommen und am 26.2.1944 von Westerbork nach Theresienstadt deportiert; am 9.10.1944 nach Auschwitz verschleppt und dort ermordet.
TK 33; JMBl. 33, S. 208; *li; Liste 15.10.33; MRRAK; BArch, R 3001 PAK; BG; GB II

Friedlaender, James Dr.
25.2.1877 Berlin - 23.7.1943 Sobibor
priv.: k.A.
Kanzlei: Tile-Wardenberg-Str. 13, NW 87
RA am LG I-III und Notar. Nach der Machtübernahme der Nationalsozialisten 1933 Entzug des Notariats; als RA bis zum allgemeinen Berufsverbot 1938 tätig. Am 20.7.1943 von Westerbork nach Sobibor deportiert und dort nach der Ankunft ermordet.
Br.B. 32; TK 33; JMBl. 33, S. 208; *li; Liste 15.10.33; MRRAK; BArch, R 3001 PAK; Naatz-Album; GB II

Friedlaender, Karl Dr.
9.4.1882 Pleß - keine Angaben
priv.: k.A.
Kanzlei: Händelstr. 3
RA am LG I-III und Notar. Nach der Machtübernahme der Nationalsozialisten 1933 Entzug des Notariats, zeitweilig auch Vertretungsverbot als Anwalt; auf Antrag wieder zugelassen, war noch bis 20.9.1936 als RA tätig.
TK 33; JMBl. 33, S. 208; *li; LAB, Liste 15.10.33; BArch, R 3001 PAK

Friedlaender, Kurt Dr.
17.8.1894 Berlin - keine Angaben
priv.: Mommsenstr. 70, Charlottenburg
Kanzlei: Jägerstr. 8, W 8
Als RA beim LG Berlin und AG Schöneberg zugelassen; nach der Machtübernahme der Nationalsozialisten Löschung der Zulassung. Emigration am 27.8.1939 nach Großbritannien, London.
Adr.B. 33; Pr.J. 33, S. 502; BArch, R 3001 PAK; BG

Friedlaender, Leo, JR
keine Angaben - 1934
priv.: k.A.
Kanzlei: Meraner Platz 2, Schöneberg
RA am LG I-III und Notar. Nach der Machtübernahme der Nationalsozialisten wieder zugelassen.
TK 33 (Leopold); *li; BArch, R 3001 PAK

Friedländer, Eduard Dr.
16.2.1894 Berlin - keine Angaben
priv.: Köpenicker Str. 95, SO 16
Kanzlei: Markgrafenstr. 78
RA am KG und Notar. Nach der Machtübernahme der Nationalsozialisten Vertretungsverbot im Frühjahr 1933, erst gelöscht, dann wieder zugelassen; Ende 1935 Entzug des Notariats; bis 1937 als Anwalt tätig; Emigration nach Brasilien, Sao Paulo, am 15.2.1937.
Adr.B. 32; Liste d. nichtzugel. RA, 25.4.33; JMBl. 33, S. 203; DJ 36, S. 314; Liste 36; BArch, R 3001 PAK; BG

Friedländer, Ernst
2.6.1888 Potsdam - 5.7.1944 Berlin
priv.: Mehlitzstr. 3, Wilmersdorf
Kanzlei: Hohenzollerndamm 198, Wilmersdorf
RA am LG I-III, AG Berlin-Mitte und Notar. Nach der Machtübernahme der Nationalsozialisten 1933 wieder zugelassen; Ende 1935 Entzug des Notariats; als RA bis zum allgemeinen Berufsverbot 1938 tätig. Die Ehefrau Gerda galt als nicht-jüdisch. F. starb 1944 im Alter von 56 Jahren und wurde in Weißensse beigesetzt.
TK 33; *li; Liste 15.10.33; DJ 36, S. 314; MRRAK; BArch, R 3001 PAK; BG

Friedländer, Hans
9.12.1901 Berlin - keine Angaben
priv.: k.A.
Kanzlei: Kaiser-Wilhelm-Str. 3, C 2
RA am LG I-III und AG Berlin-Mitte. Nach der Machtübernahme der Nationalsozialisten Berufsverbot zum 13.7.1933.
Br.B. 32; TK 33; Liste d. nichtzugel. RA, 25.4.33; JMBl. 21.8.33, S. 266; BArch, R 3001 PAK

Friedländer, Heinrich Dr.
13.7.1885 Brieg - 27.10.1959 Frankfurt a. M.
priv.: k.A.
Kanzlei: Herwarthstr. 4, NW 40
RA am LG I-III und Notar, spezialisiert auf Handels- und Kartellrecht. Nach der Machtübernahme der Nationalsozialisten wieder zugelassen; Ende 1935 als Notar entlassen; als RA bis zum allgemeinen Berufsverbot 1938 tätig. Emigration im November 1938 in die USA; Lehrauftrag in Havanna, Kuba; später in den USA. Rückkehr nach Deutschland, ab 1950 RA in Frankfurt/M.; dort 1959 gestorben.
TK 33; *li; DJ 36, S. 314; Liste 36; Liste 15.10.33; BArch, R 3001 PAK; Philo-Lexikon, S. 604; MRRAK; Göpp. S. 336;

Friedmann, Gustav
24.12.1897 Hamburg - 31.3.1936
priv.: k.A.
Kanzlei: Kleiststr. 35, W 62
RA seit 1929, zugelassen am LG I-III und AG Berlin-Mitte. Nach der Machtübernahme der Nationalsozialisten Berufsverbot zum 8.6.1933; im März 1936 gestorben; in Weißensee beigesetzt.
Br.B. 32; TK 33; Liste d. nichtzugel. RA, 25.4.33; JMBl. 33, S. 220; Liste 15.10.33; BArch, R 3001 PAK; PA; BG

Friedmann, Hans Dr.
12.3.1882 Glogau - keine Angaben
priv.: Kurfürstendamm 59-60, Charlottenburg
Kanzlei: Behrenstr. 63, W 8
RA am LG I-III. Nach der Machtübernahme der Nationalsozialisten wieder zugelassen. Emigration nach Brasilien, Rio de Janeiro, am 24.7.1937.
TK 33; *li; Liste 15.10.33; BArch, R 3001 PAK; BG

Friedmann-Friters, Alfred Dr.
13.4.1880 Berlin - keine Angaben
priv.: Burggrafenstraße
Kanzlei: Taubenstr. 8/9, W 8
RA am KG und Notar. Nach der Machtübernahme der Nationalsozialisten als Notar entlassen; Zulassung wurde 1936 gelöscht; bereits 1934 in die Schweiz emigriert. Gegen F. wurde ein Steuersteckbrief erlassen.
TK 33; JMBl. 33, S. 253; *li; Liste 15.10.33; BArch, R 3001 PAK; BG; Wolf, BFS

Frost, Ismar Dr.
9.12.1889 Oppeln - keine Angaben
priv.: Chausseestr. 130, N 4
Kanzlei: Chausseestr. 130, N 4
RA am LG I-III, AG Charlottenburg und Notar. Nach der Machtübernahme der Nationalsozialisten Vertretungsverbot im Frühjahr 1933, später wieder zugelassen; Ende 1935 Entzug des Notariats; 1936 noch als Anwalt tätig. Emigration über die Tschechoslowakei in die Schweiz, Zürich.
Br.B. 32; TK 33; Liste d. nichtzugel. RA, 25.4.33; *li; Liste 15.10.33; DJ 36, S. 314; Liste 36; BArch, R 3001 PAK; BG

Fuchs, Franz Eugen Dr.
11.2.1899 Berlin - Deportation 1942
priv.: Kurfürstenstr. 115, W 6
Kanzlei: Potsdamer Str. 38
RA am LG I-III und Notar; mindestens bis 1932 Vorst.-Mitgl. der RAK; Mitglied des Haupt-

vorstandes des CV. Nach der Machtübernahme der Nationalsozialisten im April 1933 Vertretungsverbot, ab Ende April bei Prozessen wieder vertretungsberechtigt; später wieder zugelassen; Ende 1935 Entzug des Notariats; als Anwalt bis zum allgemeinen Berufsverbot 1938, danach als „Konsulent" tätig; von 1939 an in der Reichsvereinigung. Im Polizeigefängnis Alexanderplatz seit ca. 12.6.1942 inhaftiert; Deportation mit dem Transport vom 24./26.6.1942 nach Minsk.
Br.B. 32; TK 1933; Nachtragsliste 25.4.33; DJ 36, S, 314; Liste der Kons.; MRRAK; BG; GB II; Göpp., S. 244

Fuchs, Herbert Dr.
26.5.1886 Tarnowitz - Deportation 1943
priv.: Meinekestr. 4, W 15
Kanzlei: Meinekestr. 4, W 15
RA am LG I-III, AG Berlin-Mitte und Notar; war evangelischen Glaubens. Nach der Machtübernahme der Nationalsozialisten im April 1933 Vertretungsverbot, Entzug des Notariats, als RA wieder zugelassen bis zum allgemeinen Berufsverbot 1938, dann noch bis Anfang Juni 1942 als juristischer Hilfsarbeiter tätig und später mit der Auflösung der Kanzleien von „Konsulenten" befasst; laut Vermögenserklärung vom 22.6.1943 „amtlich genehmigter jüd. Hilfsarbeiter in der Konsulentenpraxis H. Friedeberg"; zugleich „Einzieher" ausstehender Kostenforderungen der deportierten Kollegen zugunsten der Reichs-Rechtsanwaltskammer. Datum der Vermögenserklärung: 22.6.1943, Sammellager Große Hamburger Str. 26; Deportation am 30.6.1943 nach Theresienstadt; von dort am 9.10.1944 nach Auschwitz verschleppt.
TK 33; Liste d. nichtzugel. RA, 25.4.33; JMBl. 33, S. 234; *li; Liste 15.10.33; Liste 36; MRRAK; BArch, R 3001 PAK; BG; ThG; GB II

Fuchs, Martin Dr.
15.4.1889 - keine Angaben
priv.: k.A.
Kanzlei: Potsdamer Str. 117, W 35
RA am KG und Notar. Nach der Machtübernahme der Nationalsozialisten 1933 wieder zugelassen; Ende 1935 Entzug des Notariats; Zulassung als RA wurde am 20.9.1937 gelöscht.
TK 33; *li; DJ 36, S. 314; BArch, R 3001 PAK

Fürth, Hugo Dr.
27.2.1888 Glogau - 18.3.1956 Sydney
priv.: Fredericiastr. 28, Charlottenburg
Kanzlei: Friedrichstr. 66 III, W 8
RA am LG I-III, AG Berlin-Mitte und Notar. Nach der Machtübernahme der Nationalsozialisten 1933 Entzug des Notariats; als RA bis zum allgemeinen Berufsverbot 1938 in den Listen geführt; bereits 1937 nach Australien, Sydney, emigriert; betrieb dort eine Papier- und Pappenfabrik.
TK 33; JMBl. 33, S. 208; *li; Liste 36; MRRAK; BArch, R 3001 PAK; BG; Ausk. Henry Finlay

Fürth, Walter Dr.
8.8.1894 Wurzing - keine Angaben
priv.: Koenigsallee 65, Grunewald
Kanzlei: Potsdamer Str. 121, W 35
Soldat im WK I; war katholischer Religion; RA am LG I-III und AG Tempelhof. Nach der Machtübernahme der Nationalsozialisten wieder zugelassen, galt als „Mischling". Als RA bis zum allgemeinen Berufsverbot 1938 tätig. Emigration nach Großbritannien, London, 1939; stand nach 1945 im Dienst der Britischen Militärregierung.
TK 33; *li; BG; Liste 36; Liste Mschlg. 36; MRRAK; BArch, R 3001 PAK

Fuß, Max
31.3.1879 Schrimm - Deportation 1943
priv.: Uhlandstr. 39, W15
Kanzlei: Uhlandstr. 39, W 15
RA am LG I-III und Notar. Nach der Machtübernahme der Nationalsozialisten 1933 Entzug des Notariats; als RA bis zum allgemeinen Berufsverbot 1938 tätig. Deportation am 12.3.1943 nach Auschwitz.
JMBl. 33, S. 208; *li; MRRAK; BArch, R 3001 PAK; BG; GB II

Futter, Matthias Dr.
20.12.1891 Dubrauke - September 1977
priv.: Helfferichstr. 44-46, Dahlem
Kanzlei: Parkstr. 46, Dahlem
RA am LG I-III und Notar. Nach der Machtübernahme der Nationalsozialisten Berufsverbot im Frühjahr 1933. Emigration 1938 über Italien oder über die Schweiz in die USA, New York; nahm den Namen Matthew F. an; starb 1977 im Alter von 85 Jahren.
Br.B. 32; TK 33; Liste d. nichtzugel. RA; JMBl. 33, S. 209; BArch, R 3001 PAK; BG; SSDI

G

Gabriel, Georg Dr.
4.10.1894 Exin - keine Angaben
priv.: k.A.
Kanzlei: An der Spandauer Brücke 2
RA und Notar; nach der Machtübernahme der Nationalsozialisten auf Antrag wieder zugelassen. Emigration im Dezember 1933 nach Palästina.
*li; BArch, R 3001 PAK; BG

Galewski, Erwin Dr.
2.1.1899 Pleschen - keine Angaben
priv.: Kurfürstendamm 167, W 15
Kanzlei: Kurfürstendamm 167
Seit 1931 als RA bei den LG I-III zugelassen; nach der Machtübernahme der Nationalsozialisten Berufsverbot im Juli 1933.
Liste d. nichtzugel. RA, 25.4.33; JMBl. 21.8.33; S. 266; BArch, R 3001 PAK, PA

Galliner, Moritz Dr.
23.4.1884 Zinten - 28.12.1942 Berlin
priv.: Speyerer Str. 10, Schöneberg
Kanzlei: Lutherstr. 20/21, W 62

G. war gläubiger Jude. Er gehörte der Repräsentantenversammlung der Jüdischen Reformgemeinde zu Berlin an. Den Zionismus lehnte er ab, für ihn war das Judentum eine Religion, ansonsten fühlte er sich der deutschen Kultur zugehörig. Politisch war er in der SPD organisiert. RA und Notar, als Anwalt arbeitete G. in allen Bereichen, trat auch in politischen Prozessen auf. Nach der Machtübernahme der Nationalsozialisten 1933 Entzug des Notariats; als Anwalt wieder zugelassen bis zum allgemeinen Berufsverbot 1938, danach noch als „Konsulent" tätig. 1941 wurde G. zur Zwangsarbeit bei Siemens in Siemensstadt verpflichtet. Eine Emigration scheiterte. G. und seine Ehefrau hatten ein Visum für Kuba erhalten, das jedoch gefälscht war. Der Sohn wurde minderjährig zu entfernten Angehörigen nach England geschickt, die Tochter nach Nordamerika. Einen Tag vor der Deportation beging G. gemeinsam mit seiner Frau im Alter von 58 Jahren in Berlin Suizid. Das Paar wurde in Weißensee beigesetzt.
*li; JMBl. 33, S. 220; BArch, R 3001 PAK; MRRAK; BLHA: OFP-Akte; BG; GB II; Ausk. P. Galliner (Sohn), A. Neuman (Tochter); AoR Ausst.

Gans, Ernst Dr.
8.7.1892 Hörde - 9.9.1992
priv.: Rognitzstr. 12, Charlottenburg
Kanzlei: Landgrafenstr. 1, W 62
G. legte 1914 sein Referendarsexamen ab und wurde gleich danach zum Militär einberufen. Bis zum Ende des WK I war er im Heeresdienst und wurde mit dem EK I. und II. Kl. ausgezeichnet. Er promovierte 1920 in Erlangen und bestand 1921 das zweite Staatsexamen. Während des Studiums war er in einer schlagenden Verbindung (Licaria im Kartell Convent) aktiv, wobei sich diese Verbindung auch als Organisation gegen antisemitische Studentengruppen verstand. G. ging als Assessor nach Berlin, hier trat er in die renommierte Praxis von > Dr. Bruno Weil ein, weiterer Sozius wurde dann > Wilhelm Dickmann. Später wurde G. auch zum Notar ernannt. Nach der Machtübernahme Entzug des Notariats, als Anwalt wieder zugelassen, er war als „Frontkämpfer" anerkannt worden. Das Notariat wurde ihm 1935 entzogen. Seine Einnahmen gingen weiter zurück, in den Jahren 1937/38 deckten sie nicht mehr die Ausgaben. Das Ehepaar G. konnte Deutschland verlassen, wurde jedoch vorher ausgeplündert: RM 103.000,- Reichsfluchtsteuer und RM 43.181,- Judenvermögensabgabe, um die eigenen Möbel, Bilder sowie den privaten Schmuck mitnehmen zu dürfen, mussten RM 60.750,- als „ersatzlose Zahlung für Ausfuhrzwecke" bezahlt werden. Durch die beschränkte Möglichkeit der Transferierung von Devisen erlitten die G.s einen weiteren Verlust in Höhe von RM 37.600,-. Das Paar erhielt ein Affidavit für die USA, wo es am 10. Oktober 1938 ankam. Dort konnten sie sich auf die Unterstützung von Bekannten verlassen, doch stellten die beschränkten Sprachkenntnisse ein Hindernis für eine Berufstätigkeit dar. Mit Hilfsarbeiten (u.a. dem Kleben von Etiketten auf Marmeladengläser) hielt man sich „über Wasser". Erst 1940 fand G. eine feste Anstellung als Handelsvertreter. Nach Kriegseintritt der USA dufte G. als „non citizen" keine Firmen mehr besuchen, die Kriegsaufträge bearbeiteten. Erst nach sechs Monaten und eingehender Prüfung wurde diese Beschränkung aufgehoben. G. schaffte es, sich in der National Greeting Card Company eine sichere Stellung aufzubauen. Das Ehepaar G. ließ sich in der Nähe von Detroit nieder, wo es in verschiedenen sozialen Clubs aktiv war. Im Alter von 70 Jahren, 1962, wandte sich G. noch einmal der anwaltlichen Tätigkeit zu, es entwickelte sich ein enger Kontakt zum deutschen Generalkonsul in Detroit. Ab 1964 wurde G. in Berlin unter Befreiung der Residenzpflicht wieder als Anwalt zugelassen und übernahm verschiedene Wiedergutmachungsverfahren. 1992 starb G., er hatte zuletzt in Southfield, Michigan, gelebt.
*li; BArch, R 3001, PAK; DJ 36, S. 314; BG; Jewish Immigrants ... in the U.S.A., Oral History, S. 35; SSDI

Gaßmann, Karl Dr.
29.5.1876 Gleiwitz - keine Angaben
priv.: Giesebrechtstr. 19, Charlottenburg
Kanzlei: Wielandstr. 30, Charlottenburg
Nach der Machtübernahme der Nationalsozialisten Entzug des Notariats 1933; war bis zum allgemeinen Berufsverbot 1938 als Anwalt tätig. Emigration am 3.9.1941 über Spanien nach Uruguay.
JMBl. 33; S. 208; *li; Liste 36; BArch, R 3001 PAK; MRRAK; BG

Gaßmann, Walter Dr.
16.11.1891 Gleiwitz - 18.4.1939
priv.: k.A.
Kanzlei: Kurfürstenstr. 78
Nach der Machtübernahme der Nationalsozialisten Berufsverbot im Frühjahr 1933; im April 1939 im Alter von 48 Jahren gestorben.
Adr.B. 32; Liste d. nichtzugel. RA, 24.3.33.; JMBl. 33; S. 253; BArch, R 3001 PAK; BG

Gerhard, Stephan, JR
keine Angaben - 9.2.1936
priv.: k.A.
Kanzlei: Lennéstr. 6, W 9
Nach der Machtübernahme der Nationalsozialisten wieder als Anwalt und Notar zugelassen; Entzug des Notariats 1935; laut handschriftlicher Eintragung in der 1933 erstellten und weiter ergänzten Liste ist G. im Februar 1936 gestorben.
*li; LAB, Liste 15.10.33; DJ 36, S. 314, S. 360; BArch, R 3001 PAK

Germer, Paul Dr.
29.7.1882 Schloppe - keine Angaben
priv.: Potsdamer Str. 138, W 35
Kanzlei: Potsdamer Str. 56 I, W 35
Nach der Machtübernahme der Nationalsozialisten wieder als Anwalt und Notar (bis 1935) zugelassen; seine Ehefrau galt als nicht-jüdisch; G. war noch bis zum allgemeinen Berufsverbot 1938 als Anwalt tätig.
*li; Liste 15.10.33; Liste 36; DJ 36, 314; BArch, R 3001 PAK; BG

Gerschel, Justinus Dr.
16.6.1881 - 1934
priv.: k.A.
Kanzlei: Von-der-Heydt-Str. 16, W 35
RA und Notar; nach der Machtübernahme der Nationalsozialisten 1933 wieder zugelassen; starb 1934 im Alter von 53 Jahren.
*li; LAB, Liste 15.10.33; BArch, R 3001 PAK

Gerson, Georg Dr.
24.5.1887 Frankfurt/Oder - keine Angaben

priv.: Nassauische Str. 62, Wilmersdorf
Kanzlei: Friedrichstr. 59/60
RA seit 1913 und Notar; G. war Vorsitzender des Jüdischen Schulvereins. Nach der Machtübernahme der Nationalsozialisten wurde erst seine Zulassung als Notar, dann die Zulassung als Anwalt im Zuge der Zusammenlegung der Landgerichte gelöscht. Emigrierte 1933 nach Palästina; gegen ihn wurde ein Steuersteckbrief erlassen.
Adr.B. 32; JMBl. 33, S. 208; BArch, R 3001 PAK, PA; Naatz-Album; Wolf, BFS

Gerson, Heinrich
2.4.1904 Hamm - keine Angaben
priv.: Bleibtreustr. 32, W 15
Kanzlei: Klopstockstr. 7
Nach der Machtübernahme der Nationalsozialisten Berufsverbot zum 26.5.1933.
Adr.B. 32; Liste d. nichtzugel. RA, 25.4.33; JMBl. 33; S. 203; BArch, R 3001 PAK, PA

Glaser, Fritz Dr.
9.10.1890 Krotoschin - 13.4.1974
priv.: Wartburgstr. 16, Schöneberg
Kanzlei: Charlottenstr. 71, W 8
RA und Notar; nach der Machtübernahme der Nationalsozialisten wieder zugelassen; Notariatsentzug 1935, als Anwalt bis zum allgemeinen Berufsverbot 1938 tätig. Emigration 1939 nach Großbritannien, nahm den Namen Fred G. an; war vermutlich ein Bruder von Ludwig und Martin G.; starb 1974 im Alter von 83 Jahren.
Adr.B. 32; *li; DJ 36, S. 314; Liste 36; LAB, Liste 15.10.33; BArch, R 3001, PAK; MMRAK; BG; Ausk. B. Dombek, 2000

Glaser, Kurt
18.4.1885 Brieg - keine Angaben
priv.: Stormstr. 7, Charlottenburg
Kanzlei: Kurstr. 34/35, SW 19
RA und Notar; nach der Machtübernahme der Nationalsozialisten 1933 weiter zugelassen; Notariatsentzug 1935; als Anwalt bis zum allgemeinen Berufsverbot 1938 tätig. Emigration nach Palästina, Tel Aviv, am 12.11.1939.
*li; LAB, Liste 15.10.33; DJ 36, S. 314; BArch, R 3001 PAK; MRRAK; BG

Glaser, Ludwig
8.3.1889 Krotoschin - keine Angaben
priv.: k.A.
Kanzlei: Friedrichstr. 207, SW 68
RA am KG; nach der Machtübernahme der Nationalsozialisten Berufsverbot als Anwalt im Frühjahr 1933. Ludwig G. war vermutlich ein Bruder von Fritz und Martin G. Emigration in die Niederlande im Juli 1933.
Br.B. 32; Liste d. nichtzugel. RA, 25.4.33; BArch, R 3001 PAK, PA; BG

Glaser, Martin
21.6.1883 Krotoschin - keine Angaben
priv.: k.A.
Kanzlei: Mauerstr. 91
RA und Notar; nach der Machtübernahme der Nationalsozialisten 1933 Entzug des Notariats, daraufhin bat G. im September 1933 um die Löschung seiner Anwaltszulassung. Martin G. war vermutlich ein Bruder von Fritz und Ludwig G. Emigration in die Niederlande 1933.
JMBl. 33, S. 208; Pr.J. 33, S. 443; BArch, R 3001 PAK, PA; BG

Glaser, Paul Dr.
25.3.1903 Berlin-Wilmersdorf - keine Angaben
priv.: k.A.
Kanzlei: Burggrafenstr. 11, W 62
Nach der Machtübernahme der Nationalsozialisten Berufsverbot im April 1933.
TK 33; Liste d. nichtzugel. RA, 25.4.33; JMBl. 33, S. 253; BArch, R 3001 PAK

Glaß, Paul Dr.
8.10.1885 Schneidemühl - 24.12.1939 Berlin
priv.: Ansbacher Str. 9, Schöneberg
Kanzlei: Bergstr. 145, Neukölln
RA und Notar; hatte sich 1927 vom Judentum losgesagt. Nach der Machtübernahme der Nationalsozialisten 1933 wieder zugelassen; Notariatsentzug 1935, als Anwalt bis zum allgemeinen Berufsverbot 1938 tätig. In den Unterlagen der Datei des Berliner Gedenkbuches wird sein Tod für den 24.12.1939 angegeben; G. hatte zuletzt im Jüdischen Krankenhaus in der Iranischen Straße gelegen.
*li; LAB, Liste 15.10.33; DJ 36, S. 314; BArch, R 3001 PAK; BG

Glass, Salo Dr., JR
20.1.1880 Raschkow - keine Angaben
priv.: Barbarossastraße 50, Schöneberg
Kanzlei: Große Frankfurter Str. 141, O 17
RA und Notar; nach der Machtübernahme der Nationalsozialisten 1933 Entzug des Notariats, als Anwal wieder zugelassen. Emigration 1933; Zulassung als RA 1934 gelöscht. Gegen ihn wurde ein Steuersteckbrief erlassen.
*li; LAB, Liste 15.10.33; BArch, R 3001 PAK; Wolf, BFS

Glogauer, Julius Dr.
6.9.1885 Hannover - keine Angaben
priv.: k.A.
Kanzlei: Olivaer Platz 11
War RA am KG (seit 1912) und Notar (seit 1924); verlor wegen diverser Vergehen Ende Februar/Anfang März 1933 seine Zulassung.
TK 33; JMBl. 33, 10. u.17.3.33; BArch, R 3001 PAK, PA

Glogauer, Richard Dr.
8.3.1892 Berlin - keine Angaben
priv.: k.A.
Kanzlei: Fasanenstr. 67
G. gab im ersten Halbjahr 1933 seine Kanzlei auf.
TK 33; Br.B.32; BArch, R 3001 PAK; JMBl. 33, S. 253; BG

Glückmann, Adolf
14.1.1904 - keine Angaben
priv.: k.A.
Kanzlei: Rosenthaler Str. 52, N 54
Nach der Machtübernahme der Nationalsozialisten Berufsverbot im Frühjahr 1933.
Liste d. nichtzugel. RA, 25.4.33; JMBl. 33, S. 234; BArch, R 3001 PAK

Glücksmann, Alfred Dr.
24.9.1875 - keine Angaben
priv.: Paulinenstr. 2, Lichterfelde
Kanzlei: Neue Wilhelmstr. 1, NW 7
RA am KG; nach der Machtübernahme der Nationalsozialisten Zulassung 1933 gelöscht. Im Januar 1939 nach Palästina, Tel Aviv, emigriert; später wieder nach Berlin zurückgekehrt.
TK 33; JMBl. 33, S. 266; BG

Glücksmann, Heinrich Dr.
13.10.1886 Königshütte - keine Angaben
priv.: Motzstr. 91, W 30
Kanzlei: Schellingstr. 6, W 9
RA und Notar; nach der Machtübernahme der Nationalsozialisten 1933 Notariatsentzug, als Anwalt wieder zugelassen bis zum 2.11.1935. Emigration nach Palästina.
*li; LAB, Liste 15.10.33; JMBl. 33, S. 208; BArch, R 3001 PAK; BG

Glücksmann, Herbert Dr.
6.3.1904 Bielitz - keine Angaben
priv.: k.A.
Kanzlei: Köpenicker Str. 41, SO 16
Nach der Machtübernahme der Nationalsozialisten Berufsverbot zum 12.6.1933.
Liste d. nichtzugel. RA, 25.4.33; BArch, R 3001 PAK, PA

Glücksmann, Leo
29.12.1875 Kobylin - Deportation 1943
priv.: Kommandantenstr. 34, Kreuzberg
Kanzlei: Kommandantenstr. 34, Kreuzberg
RA und Notar; nach der Machtübernahme der Nationalsozialisten wieder zugelassen; Notariat 1935 entzogen; noch bis 1938 als Anwalt tätig. Deportation am 10.9.1943 nach Theresienstadt, von dort am 18.5.1944 nach Auschwitz verschleppt.
*li; LAB, Liste 15.10.33; DJ 36, S. 314; Liste 36; BArch, R 3001 PAK; MRRAK; BG; ThG; GB II

Glücksmann, Siegfried
keine Angaben
priv.: k.A.
Kanzlei: k.A.
RA und Notar; nach der Machtübernahme der Nationalsozialisten Berufsverbot zum Juli 1933.
TK 33; JMBl. 33, S. 209; BArch, R 3001 PAK

Godin, Reinhard, Freiherr von
keine Angaben
priv.: Maienstr. 5, Zehlendorf
Kanzlei: Wilhelmstr. 69 a
RA und Notar; nach der Machtübernahme der Nationalsozialisten 1933 noch nicht als „nichtarisch" erfasst, später galt er als „Mischling", da er ein jüdisches Großelternteil hatte. Er war katholisch und verheiratet. Durfte auch nach dem allgemeinen Berufsverbot von 1938 weiter arbeiten, überlebte und war nach 1945 umgehend wieder zugelassen.
Adr.B. 32; LAB, Liste Mschlg. 36; Tel.B. 41; Verz. zugel. Anw. 45

Goetzel, Walther Dr.
18.2.1888 Berlin - 26.10.1965
priv.: k.A.
Kanzlei: Charlottenstr. 56, W 8
RA seit 1914, Notar seit 1924; Mietrechtsexperte. G. war Mitglied der franz.-reform. Kirche Berlin.

Nach der Machtübernahme der Nationalsozialisten 1933 Entzug des Notariats, als Anwalt wieder zugelassen. Die Ehefrau Erna galt als nicht-jüdisch, er selbst als „Mischling 1.Grades". G. überlebte und erhielt 1947 die Wiederzulassung als Rechtsanwalt und Notar.
*li; JMBl. 33, S. 220; LAB, Liste 15.10.33, Liste Mschl. 36; BArch, R 3001 PAK; BG; LAB, RAK, PA

Goldbaum, Wenzel Dr.
19.9.1881 Lodz - 15.5.1960 Lima, Peru
priv.: k.A.
Kanzlei: Wilhelmstr. 52
Studium in München, Berlin, und Marburg; 1906 Promotion; RA (seit 1909) und Notar, spezialisiert auf Urheber- und Theaterrecht, in Sozietät mit > Gerhard Jacoby; bis 1933 erster Sekretär und Syndikus des Verbandes deutscher Bühnenschriftsteller und Bühnenkomponisten.
Nach der Machtübernahme der Nationalsozialisten Aufgabe der Kanzlei. Emigration im Frühjahr 1933 nach Frankreich, Paris. Gegen ihn wurde ein Steuersteckbrief erlassen. 1936 zog G. weiter nach Ecuador und gründete dort mit seinen Söhnen eine Lebensversicherungsgesellschaft; gab eine Zeitschrift für Urheberrecht heraus (sechs Nummern); ab 1939 Mitarbeiter (Südamerikakorrespondent) der Schweizer Zeitschrift „Le droit d'Auteur", 1946 Vertreter Ecuadors auf der Copyright Convention in Washington; ging später nach Peru u. G. starb 1960 in Lima im Alter von 78 Jahren.
Adr.B. 32; BArch, R 3001 PAK; Pr.J. 33, S. 701; Philo-Lexikon, S. 604; BG; BHdE Bd. I, S. 229; Wolf, BFS; Göpp., S. 282

Goldberg, Bruno Dr.
8.11.1892 Berlin - November 1977 New York
priv.: Akazienstr. 28, Schöneberg
Kanzlei: Kaiser-Allee 203, W 15
RA und Notar; nach der Machtübernahme der Nationalsozialisten wieder zugelassen; Löschung der Zulassung am 14.12.1934. Emigration 1934 nach Frankreich, Paris, später in die Niederlande, dann in die USA nach New York. Gegen ihn wurde ein Steuersteckbrief erlassen. G. starb 1977 in New York.
*li; LAB, Liste 15.10.33; BArch, R 3001 PAK; BG; Wolf, BFS

Goldberg, Georg
23.12.1883 Berlin - Deportation 1944
priv.: Uhlandstr. 184, Charlottenburg
Kanzlei: Friedrichstr. 136, N 24
RA und Notar; nach der Machtübernahme der Nationalsozialisten wieder zugelassen; verlegte die Kanzlei; Entzug des Notariats 1935; war bis zum allgemeinen Berufsverbot 1938 als Anwalt tätig. Die Ehefrau galt als „arisch", er selbst hatte sich vom jüdischen Glauben gelöst. Vermutlich starb die Ehefrau 1943. G., der zuletzt als Arbeiter tätig war, wurde in der Folge am 9.7.1944 verhaftet und kam in das Sammellager Schulstr. 78, N 65. Er wurde am 13.7.1944 nach Theresienstadt deportiert, von dort am 28.10.1944 nach Auschwitz verschleppt.
TK 33; Liste d. nichtzugel. RA, 25.4.33; *li; Liste 36; DJ 36, S.314; BArch, R 3001 PAK; MRRAK; BG; ThG; GB II

Goldberg, Georg
24.1.1902 - November 1982
priv.: k.A.
Kanzlei: Alexanderstr. 38
RA am KG; nach der Machtübernahme der Nationalsozialisten im April 1933 Berufsverbot. Emigration in die USA, änderte den Namen in George G.; im Alter von 80 Jahren gestorben.
TK 33; Br.B. 32; Liste d. nichtzugel. RA, 25.4.33; JMBl. 33, S.203; BArch, R 3001 PAK; SSDI

Goldberg, Wilhelm Wolf
13.8.1875 Guben - keine Angaben
priv.: Kantstr. 4, Charlottenburg
Kanzlei: Kantstr. 4, Charlottenburg
RA und Notar; nach der Machtübernahme der Nationalsozialisten 1933 Notariatsentzug, als Anwalt wieder zugelassen; war 1936 noch als Anwalt tätig; überstand 1937 ein Ehrengerichtsverfahren mit einem Verweis, obwohl in der NS-Presse heftig gegen ihn agitiert worden war. Emigration nach Großbritannien, London, im November 1938.
JMBl. 33, S. 208; *li; Liste 36; LAB, Liste 15.10.33; BArch, R 3001 PAK; BG

Goldberger, Manfred
2.6.1881 Berlin - 20.1.1943
priv.: Rosenheimer Str. 27, W 30
Kanzlei: Kufsteiner Str. 2, Schöneberg
RA und Notar; war evangelischen Glaubens; nach der Machtübernahme der Nationalsozialisten 1933 wieder zugelassen; Entzug des Notariats 1935; als Anwalt bis zum allgemeinen Berufsverbot 1938 tätig, danach Vermögensverwalter. Datum der Vermögenserklärung: 17.3.1942, Deportation am 28.3.1942 nach Piaski; am 20.1.1943 ums Leben gekommen.

Adr.B. 32; *li; DJ 36, S. 314; LAB, Liste 15.10.33; Liste 36; BArch, R 3001 PAK; Naatz-Album; BG; GB II

Goldmann, Eduard, JR
20.10.1854 - 1.1.1939
priv.: Rüsternallee 23, Charlottenburg
Kanzlei: Potsdamer Str. 118, W 35
Bedeutender Zivilrechtler, RA und Notar; nach der Machtübernahme der Nationalsozialisten wieder zugelassen; 1935 Entzug des Notariats; war noch 1936 als Anwalt tätig; starb 1939 im Alter von 84 Jahren; in Weißensee beigesetzt.
*li; LAB, Liste 15.10.33; DJ 36, S. 314; Liste 36; BArch, R 3001 PAK; Philo-Lexikon, S: 603; BG

Goldschmidt, Alexander, JR
19.5.1878 - 21.1.1937
priv.: Adalbertstr. 41, Kreuzberg
Kanzlei: Eislebener Str. 6, W 50
RA und Notar; nach der Machtübernahme der Nationalsozialisten 1933 Entzug des Notariats, als Anwalt wieder zugelassen; bis zu seinem Tod 1937 als Anwalt tätig; in Weißensee beigesetzt.
*li; JMBl. 33, S. 202; LAB, Liste 15.10.33; Liste 36; BArch, R 3001 PAK; BG

Goldschmidt, Bernhard
12.3.1901 Hannover - Deportation 1941
priv.: Schaperstr. 31, W 50
Kanzlei: Friedrichstr. 49, SW 68
RA am KG; nach der Machtübernahme der Nationalsozialisten Berufsverbot im Frühjahr 1933; hat anschließend vermutlich als Buchhalter gearbeitet. Deportation mit dem 1. Transport am 18.10.1941 nach Lodz/Litzmannstadt.
TK 33; JMBl. 33, S. 282; BArch, R 3001 PAK; BG; GB II

Goldschmidt, Ernst
21.12.1895 Peine - keine Angaben
priv.: Auguste-Victoria-Str. 62, Schmargendorf
Kanzlei: Hardenbergstr. 27, Charlottenburg
RA und Notar; nach der Machtübernahme der Nationalsozialisten 1933 wieder zugelassen; musste die Kanzlei verlegen; Entzug des Notariats 1935; bis August 1938 noch als Anwalt zugelassen; vermutlich Emigration am 1.9.1938.
Br.B. 32; TK 33; *li; LAB, Liste 15.10.33; DJ 36, S. 314; Liste 36; MRRAK; BG

Goldschmidt, Ernst Dr.
20.1.1885 Koblenz - 21.12.1949
priv.: Hohenzollerndamm 102, Dahlem
Kanzlei: Landshuter Str. 27, W 30
RA und Notar; nach der Machtübernahme der Nationalsozialisten wieder zugelassen; das Notariat wurde 1935 entzogen; war als Anwalt noch bis zum allgemeinen Berufsverbot 1938 zugelassen; betätigte sich zugleich in der von seiner Frau Dr. Leonore G. nach 1933 aufgebauten privaten Goldschmidt-Schule, die sich am Roseneck befand. Die Goldschmidt-Schule wurde eine Auffangstation für viele jüdische Schüler, die ihre ursprünglichen Schulen verlassen mussten. Sie hatte über 500 Schüler, davon mehr als 75, die in der Schule lebten. Die Schule versuchte ihre Schüler gezielt auf ein Leben in Großbritannien vorzubereiten, indem es z.B. ein Zertifikat der University of Cambridge verleihen durfte. Die Schüler befanden sich in einer schwierigen Lage, häufig völlig unvorbereitet waren sie in ihren ursprünglichen Schulen mit antisemitischen Angriffen und Ausgrenzungsmaßnahmen konfrontiert worden. Oft wurden sie von diesen Schulen relegiert, größtenteils entschieden sie sich selbst zum Schulwechsel, nachdem sie dort von ihren Lehrern oder Mitschülern terrorisiert worden waren. Die Goldschmidt-Schule stellte auch eine Anlaufstation für die aus dem Beamtenstatus entlassenen Lehrer bzw. für junge Lehrer dar, die als Juden nicht mehr in staatlichen Schulen angestellt werden durften. Die Schule fühlte sich der Toleranz und der Humanität verpflichtet. Das Schulgeld betrug RM 360,- jährlich und lag damit im Rahmen der verschiedenen Privatschulen, die Juden aufnahmen (es gab an der Goldschmidt-Schule einen Anteil von rund 4% nicht-jüdischer Schüler). Die Schule wurde im November 1939 geschlossen. Zuvor waren mit zahlreichen Kindertransporten viele Schüler nach Großbritannien in Sicherheit gebracht worden.
In der Folge des reichsweiten Pogroms am 9. November 1938 sollte Ernst G. verhaftet werden, konnte jedoch mit dem Nachtzug nach Dänemark fliehen. Von dort reiste er weiter nach Großbritannien, wo er vier Monate blieb. Im März 1939 kehrte er wieder nach Berlin zurück, auf eine Garantie, die seine Frau erreicht hatte, vertrauend, dass er nicht verhaftet werden würde. Seine Frau brauchte ihn, denn die Schule steckte in rechtlichen und administrativen Schwierigkeiten. Tatsächlich blieb G. unbeschadet. Das Paar emigrierte im Juli 1939 nach Großbritannien, wo Frau Dr. G. wieder eine Schule in Folkstone eröffnete. G. unterstützte seine Frau dabei. Mit den verstärkten Angriffen auf die englische Küste musste die Schule in eine andere in Newport, Monmouthshire integriert werden und verlor damit ihre Eigenständigkeit. Kurz vor der Verlagerung wurde G. für rund ein Jahr auf der Isle of Man als „feindlicher Ausländer" interniert. Nach der Entlassung wurde er als Flüchtling vor der Nazi-Unterdrückung anerkannt. G. bemühte sich, als Firmenvertreter in Stoke-on-Trent seinen Lebensunterhalt zu bestreiten. 1947 zogen er und seine Frau nach London, wo die kleine Firma ausgedehnt werden konnte. 1949 erkrankte er an Krebs, er starb am im gleichen Jahr mit knapp 65 Jahren.
Br.B. 32; TK 33; *li; LAB, Liste 15.10.33; DJ 36, S. 314; Liste 36; MRRAK; BG; BArch, R 3001, PAK; Meyhöfer, Rita: Gäste in Berlin? Jüdisches Schülerleben in der Weimarer Republik und im Nationalsozialismus. Hamburg 1996; Ausk. d. Sohnes Rudi G.

Goldschmidt, Fritz
7.7.1892 - 31.10.1970
priv.: Luitpoldstr. 32, Schöneberg
Kanzlei: Luitpoldstr. 32, Schöneb.
RA am KG und Notar; nach der Machtübernahme der Nationalsozialisten Berufsverbot im Frühjahr 1933. Emigration nach Palästina; kehrte nach Deutschland zurück, wo er 1970 starb; in Berlin auf dem Jüdischen Friedhof an der Heerstraße beigesetzt.
Br.B. 32; JMBl. 33, S. 209; BArch, R 3001, PAK; BG; Ausk. E. Proskauer; Jüd. Friedh. Heerstr.

Goldschmidt, Hans Dr.
8.6.1904 Krefeld - 28.2.1990
priv.: k.A.
Kanzlei: Lützowufer 17, W 10
RA am KG; nach der Machtübernahme der Nationalsozialisten Berufsverbot zum 17.6.1933, trotz intensiver Bemühungen seinerseits, dies zu verhindern. Emigration in die USA, wo er zuletzt in New York gelebt hat.
Br.B. 32; Liste d. nichtzugel. RA, 25.4.33; JMBl. 33, S. 203; BArch, R 3001 PAK, PA; BG; SSDI

Goldschmidt, Heinz
17.9.1903 Berlin - keine Angaben
priv.: k.A.
Kanzlei: Warschauer Str. 15, O 34
Nach der Machtübernahme der Nationalsozialisten Berufsverbot zum 29.5.1933.
Adr.B. 32; Liste d. nichtzugel. RA, 25.4.33; JMBl., S. 209; BArch, R 3001 PAK, PA

Goldschmidt, Hermann Dr.
24.9. (4.?)1896 Praust - Auschwitz
priv.: k.A.
Kanzlei: Hohenzollerndamm 198, Wilmersdorf
Nach der Machtübernahme der Nationalsozialisten wieder zugelassen; bis zum allgemeinen Berufsverbot 1938 als Anwalt tätig; in Auschwitz umgekommen.
*li; LAB, Liste 15.10.33; BArch, R 3001, PAK; MRRAK; BG; GB II

Goldschmidt, Ivan
22.10.1878 Berlin - Deportation 1944
priv.: Kurfürstenstr. 127, W 62
Kanzlei: Lennéstr. 10, W 9
RA und Notar; nach der Machtübernahme der Nationalsozialisten 1933 wieder zugelassen; 1935 Entzug des Notariats; als RA bis zum allgemeinen Berufsverbot zugelassen. Deportation am 20.1.1944 von Berlin nach Auschwitz.
*li; LAB, Liste 15.10.33; DJ 36, S. 314; BArch R 3001 PAK; MR-RAK; BG (Iwan G.); GB II

Goldschmidt, Karl Dr.
14.8.1890 Frankfurt am Main - August 1975 New York
priv.: Knesebeckstraße 32, Charlottenburg bzw. Wachtelallee 18, Dahlem
Kanzlei: Dorotheenstr. 80
RA in Berlin seit 1921; war zugleich Syndikus (Jakob Michael Konzern, Fa. Emil Koester); nach der Machtübernahme der Nationalsozialisten zum 8.8.1933 Berufsverbot; 1935 Emigration in die Niederlande, Den Haag, später in die USA, New York. Gegen G. wurde ein Steuersteckbrief erlassen. Er starb 1975 in New York.
TK 33; Pr.J. 33, S. 868; BArch, R 3001 PAK, PA; Wolf, BFS

Goldschmidt, Kurt
21.8.1889 Berlin - keine Angaben
priv.: Köpenicker Str. 6, SO 36
Kanzlei: Köpenicker Str. 6, SO 36
Nach der Machtübernahme der Nationalsozialisten Berufsverbot zum 26.5.1933; obwohl er als Soldat am WK I teilgenommen hatte, wurde er nicht als „Frontkämpfer" anerkannt. Die Ehefrau war Ärztin, sie verlor ebenfalls ihre Zulassung. Damit war die vierköpfige Familie ohne Einkommen.
Br.B. 32; Liste d. nichtzugel. RA, 25.4.33; JMBl. 33, S. 203; BArch, R 3001 PAK, PA

Goldschmidt, Leonhard
12.3.1901 Hannover - keine Angaben
priv.: k.A.
Kanzlei: k.A.
RA am KG seit 1930; nach der Machtübernahme der Nationalsozialisten Berufsverbot zum 13.7.1933.
BArch, R 3001 PAK, PA

Goldschmidt, Siegfried Dr.
8.7.1880 Filehne - keine Angaben
priv.: Kurfürstenstr. 89, W 35
Kanzlei: Königin-Augusta-Str. 20, W 35
G. hatte am WK I teilgenommen, war mit dem EK II. Kl. ausgezeichnet worden. RA und Notar; nach der Machtübernahme der Nationalsozialisten 1933 Entzug des Notariats, als Anwalt wurde G. wieder zugelassen - bis zum allgemeinen Berufsverbot 1938. Emigration über Schweden nach Italien, Mailand, am 14.3.1939.
JMBl. 33, S. 220; *li; LAB, Liste 15.10.33; BArch, R 3001 PAK; BG

Goldschmidt, Wilhelm Dr.
5.11.1903 Berlin - keine Angaben
priv.: k.A.
Kanzlei: Levetzowstr. 12, NW 87
RA am KG; nach der Machtübernahme der Nationalsozialisten Berufsverbot zum 9.6.1933.
Liste d. nichtzugel. RA, 25.4.33; JMBl. 33, S. 203; BArch, R 3001 PAK, PA

Goldstandt, Herbert Dr.
3.4.1901 Hohensalza - keine Angaben
priv.: k.A.
Kanzlei: Kronenstr. 16, W 8
RA am KG; G. war evangelischer Religion; nach der Machtübernahme der Nationalsozialisten Berufsverbot zum 30.6.1933; Emigration in die Schweiz.
Liste d. nichtzugel. RA, 25.4.33; BArch, R 3001 PAK, PA

Goldstein, Hans W.M. Dr.
27.1.1892 Aschersleben - keine Angaben
priv.: Werftstr. 8, NW 40
Kanzlei: Unter den Linden 16, W 8
RA und Notar; nach der Machtübernahme der Nationalsozialisten Vertretungsverbot im Frühjahr 1933, Entzug des Notariats; als Anwalt wieder zugelassen bis zum allgemeinen Berufsverbot 1938. Die Ehefrau Dora galt als „arisch". Emigration nach Großbritannien, London, am 2.1.1939; nahm den Namen John Jürgen Granville an.
TK 33; Liste d. nichtzugel. RA, 25.43.33; *li; LAB, Liste 15.10.33; DJ 36, S. 314; Liste 36; BArch, R 3001 PAK, PA; MRRAK; BG

Goldstein, Hans
26.10.1885 Herford - 28.5.1933
priv.: k.A.
Kanzlei: Wilhelmstr. 55, W
RA und Notar; hatte am WK I teilgenommen. Nach der Machtübernahme der Nationalsozialisten Berufsverbot. Er war nicht als „Frontkämpfer" anerkannt worden; verschiedene Empfehlungsschreiben, die im Antrag auf Wiederzulassung im April 1933 eingereicht werden mussten, loben seine „vaterländische Gesinnung". G. starb Ende Mai 1933 im Alter von 48 Jahren.
JMBl. 7.7.33; BArch, R 3001 PAK, PA

Goldstein, Ismar
28.9.1880 Lipine - Deportation 1942
priv.: Konstanzer Str. 3, W 15
Kanzlei: Gleditschstr. 46, W 30
RA am KG; nach der Machtübernahme der Nationalsozialisten 1933 Entzug des Notariats, als Anwalt wieder zugelassen, bis zum allgemeinen Berufsverbot 1938 als Anwalt, danach noch als „Konsulent" tätig. Verhaftung 1942, Deportation am 19.10.1942 nach Riga.
JMBl. 33, S. 220; *li; LAB, Liste

15.10.33; BArch, R 3001 PAK; BG; BdE; GB II

Goldstein, Rudolf Dr. jur. et rer. pol.
1.8.1885 Stargard - 12.1.1974 Berlin
priv.: Mommsenstr. 42, Charlottenburg
Kanzlei: Friedrichstr. 192, W 8
G. war evangelischen Glaubens; hatte am WK I teilgenommen, war mit dem EK II. Kl. ausgezeichnet worden. RA seit 1913 und Notar seit 1924; nach der Machtübernahme der Nationalsozialisten wurde er 1933 als „Altanwalt" und „Frontkämpfer" wieder zugelassen; galt als „Mischling 1. Grades"; gehörte dem Reichsverband nichtarischer Christen an; durfte auch nach 1938 praktizieren, ohne dass er „Konsulent" wurde, offensichtlich galt die Ehefrau als nichtjüdisch, da sie den Grundbesitz halten konnte. G.: „... um der Einziehung zur Organisation Todt zu entgehen, nahm ich im Juni 1944 eine Stellung bei der Phrix GmbH ... in Schlesien an. Von dort wurde ich August 1944 bis Januar 1945 zu den Schlesischen Schanzarbeiten eingezogen." G. überlebte und wurde 1949 als RA wieder zugelassen.
*li; LAB, Liste 15.10.33; BArch, R 3001, PAK; Mitt.bl. Reichsverband nichtarischer Christen, 6.12.1934; LAB, RAK, PA; BG

Goldstrom, Siegfried Dr.
18.6.1882 Bütow - 8.11.1948 London
priv.: Pariser Str. 20, W 15
Kanzlei: Kurfürstendamm 24, W 15
RA und Notar; nach der Machtübernahme der Nationalsozialisten 1933 Entzug des Notariats, als Anwalt wieder zugelassen; noch bis zum allgemeinen Berufsverbot 1938 tätig. Emigration nach Großbritannien, London, im August 1939; starb dort 1948.
JMBl. 33, S. 208; *li; LAB, Liste 15.10.33; Liste 36; BArch, R 3001 PAK; BG

Goldstücker, Max
6.12.1878 Breslau - Deportation 1941
priv.: Sigmaringer Str. 30, Wilmersdorf/ Barbarossastr. 84 (40?)
Kanzlei: Friedrich-Wilhelm-Str.18
RA und Notar; nach der Machtübernahme der Nationalsozialisten Berufsverbot im Frühjahr 1933. Keine weiteren Angaben bis zur Vermögenserklärung am 13.10.1941; Sammellager Levetzowstr. 7-8; Deportation am 18.10.1941 nach Litzmannstadt/ Lodz.
Br.B. 32; TK 33; Liste d. nichtzugel. RA, 25.4.33; JMBl. 21.8.33, S. 266; BArch, R 3001, PAK; BG; GB II

Golinski, Siegfried Dr.
11.4.1884 Jarotschin - keine Angaben
priv.: Augsburger Str. 33, Charlottenburg
Kanzlei: Zimmerstr. 22, SW 68
RA und Notar; nach der Machtübernahme der Nationalsozialisten 1933 Entzug des Notariats, als Anwalt wieder zugelassen; war noch bis ca. 1936 als Anwalt tätig.
JMBl. 33, S. 220; *li; LAB, Liste 15.10.33; Liste 36; BArch, R 3001 PAK; BG

Golm, Ernst Dr.
21.12.1885 Berlin - keine Angaben
priv.: k.A.
Kanzlei: Olivaer Platz 7, W 15
RA und Notar; nach der Machtübernahme der Nationalsozialisten Entzug des Notariats 1933, als Anwalt wieder zugelassen; war noch bis Dezember 1937 als Anwalt tätig.
*li; LAB, Liste 15.10.33; Liste 36; BArch, R 3001 PAK

Goltzen, Arthur, JR
3.10.1870 Berlin - keine Angaben
priv.: Martin-Luther-Str. 12, W 62
Kanzlei: Markt 1, Spandau
G. hatte am WK I teilgenommen; RA und Notar; nach der Machtübernahme der Nationalsozialisten wieder zugelassen, weil er als „Frontkämpfer" anerkannt wurde; war evangelischer Konfession; galt als „Mischling 1. Grades"; noch 1936 als RA tätig.
*li; LAB, Liste 15.10.33, Liste Mschlg. 36; BArch, R 3001 PAK; BG

Goßmann, Georg, JR
keine Angaben
priv.: k.A.
Kanzlei: Martin-Luther-Str. 89, W 30
RA und Notar; nach der Machtübernahme der Nationalsozialisten wieder zugelassen; Entzug des Notariats 1935; war noch bis 1937 als Anwalt tätig.
*li; LAB, Liste 15.10.33; DJ 36, S. 314; Liste 36; BArch, R 3001 PAK

Gotthelf, Alfred Dr., JR
5.9.1861 Berlin - 1.12.1942 Theresienstadt
priv.: Barbarossastr. 52, W 30
Kanzlei: Maaßenstr. 35, W 30
RA und Notar; RA und Notar; nach der Machtübernahme der Nationalsozialisten wieder zugelassen; Entzug des Notariats 1935; als Anwalt bis zum allgemeinen Berufsverbot 1938 tätig; verlegte seine Kanzlei zuletzt in seine Wohnung. Keine weiteren Angaben bis zur Vermögenserklärung am 7.8.1942; Sammellager Große Hamburger Str. 26, Deportation am 13.8.1942 nach Theresienstadt.
*li; LAB, Liste 15.10.33; DJ 36, S. 314; Liste 36; BArch, R 3001 PAK; MRRAK; BG; ThG; GB II

Gottlieb, Fritz
1.5.1903 Breslau - keine Angaben
priv.: k.A.
Kanzlei: Wichmannstr. 5
Nach der Machtübernahme der Nationalsozialisten Berufsverbot zum 14.7.1933.
Br.B. 32; Liste d. nichtzugel. RA, 25.4.33; JMBl. 21.8.33; BArch, R 3001 PAK

Gottlieb, Joseph Dr.
13.7.1901 Lysiec - keine Angaben
priv.: Kurfürstendamm 13, W 50
Kanzlei: Oranienburger Str. 13/14, N 24
Nach der Machtübernahme der Nationalsozialisten Berufsverbot im Frühjahr 1933. Emigration nach Palästina, Tel Aviv.
Br.B. 32; Liste d. nichtzugel. RA, 25.4.33; JMBl. 33, S. 195; BArch, R 3001 PAK; Naatz-Album; BG

Gottschalk, Alfred Dr.
16.3.1899 Sassin - keine Angaben
priv.: k.A.
Kanzlei: Uhlandstr. 161, W 15
RA und Notar; nach der Machtübernahme der Nationalsozialisten 1933 wieder zugelassen; Entzug des Notariats 1935; als Anwalt bis zum allgemeinen Berufsverbot 1938 tätig. Emigration nach China, Shanghai.
*li; LAB, Liste 15.10.33; DJ 36, S. 314; BArch, R 3001 PAK; BG

Gottschalk, Leopold, JR
19.6.1862 Königsfeld - keine Angaben
priv.: Martin-Luther-Str. 10, Schöneberg
Kanzlei: Potsdamer Platz 1, W 9
RA und Notar; nach der Machtübernahme der Nationalsozialisten Entzug des Notariats 1933, als Anwalt wieder zugelassen - bis zum allgemeinen Berufsverbot 1938 tätig. Emigration nach Bolivien am 31.5.1939.
TK 33; *li; LAB, Liste 15.10.33; BArch, R 3001 PAK; BG

Gottschalk, Martin
6.2.1881 Berlin-Charlottenburg - 20.9.1939
priv.: Wielandstr. 29 bei Wolff, Charlottenburg
Kanzlei: Helmstedter Str. 11, Wilmersdorf
RA am KG; nach der Machtübernahme der Nationalsozialisten wieder zugelassen; bis zum allgemeinen Berufsverbot 1938 als Anwalt tätig. G. starb 1939 im Alter von 58 Jahren, in Weißensee beigesetzt.
*li; LAB, Liste 15.10.33; BArch, R 3001 PAK

Grabower, Robert
31.8.1905 Berlin - keine Angaben
priv.: Bamberger Str. 14, Wilmersdorf
Kanzlei: Hohenstaufenstr. 24, W 30
Erst 1932/33 zugelassen; nach der Machtübernahme der Nationalsozialisten Berufsverbot im Frühjahr 1933. Emigration nach Großbritannien, London.
Liste d. nichtzugel. RA, 25.4.33; JMBl. 33, S. 209; BArch, R 3001 PAK; BG

Graetz, Ernst Dr.
28.2.1895 - keine Angaben
priv.: k.A.
Kanzlei: Taubenstr. 35, W 8
RA und Notar; nach der Machtübernahme der Nationalsozialisten Entzug der Zulassung zum 11.9.1933.
Adr.B. 32; TK 33; Liste d. nichtzugel. RA 25.4.33; Pr.J. 33, S. 565; BArch, R 3001 PAK; PA

Graetzer, Franz Dr.
23.9.1884 Berlin - keine Angaben
priv.: Berliner Str. 146, Charlottenburg
Kanzlei: Berliner Str. 146, Charlottenburg
RA und Notar; nach der Machtübernahme der Nationalsozialisten 1933 wieder als RA und Notar zugelassen; Entzug des Notariats 1935; als Anwalt bis zum allgemeinen Berufsverbot 1938 tätig. Emigration in die USA, New York, (vermutlich) vor März 1939.
*li; LAB, Liste 15.10.33; DJ 36, S. 314; Liste 36; BArch, R 3001 PAK; BG

Graetzer, Walter Dr.
23.6.1882 Magdeburg - keine Angaben
priv.: Oranienburger Str. 23, N 24
Kanzlei: Monbijouplatz 11, N 24
Nach der Machtübernahme der Nationalsozialisten wieder als Anwalt zugelassen und bis 22.8.1938 tätig. Emigration am 30.6.1939 nach China, Shanghai.
*li; LAB, Liste 15.10.33; Liste 36; BArch, R 3001 PAK; BG

Graff, Wilhelm
5.1.1901 Berlin-Charlottenburg - Mai 1978
priv.: k.A.
Kanzlei: Kurfürstendamm 224, W 15
Nach der Machtübernahme der Nationalsozialisten Berufsverbot zum 13.7.1933. Emigration, änderte seinen Namen in William G.; lebte zuletzt auf Hawaii, USA; im Alter von 77 Jahren gestorben.
Br.B. 32; Liste d. nichtzugel. RA, 25.4.33; JMBl. 33, S. 282; BArch, R 3001 PAK, PA; SSDI

Grau, Julius
13.4.1884 Berlin - Deportation 1941
priv.: Flotowstr. 10, NW 87, Tiergarten
Kanzlei: Behrenstr. 30, W 8
RA am KG und Notar; nach der Machtübernahme der Nationalsozialisten 1933 wieder zugelassen; Entzug des Notariats 1935; war noch bis zum allgemeinen Berufsverbot 1938 als Anwalt tätig, danach noch als „Konsulent" zugelassen. Deportation mit dem 1. Transport am 18.10.1941 nach Litzmannstadt/Lodz.
*li; LAB, Liste 15.10.33; DJ 36, S. 314; Liste 36; BArch, R 3001 PAK; MRRAK; Liste der Kons. v. 23.2.1939; BG; GB II

Grau, Richard, Dr.
29.7.1899 Berlin - Oktober 1970
priv.: k.A.
Kanzlei: Flensburger Str. 3, NW 87
RA am KG; nach der Machtübernahme der Nationalsozialisten wieder zugelassen bis zum allgemeinen Berufsverbot 1938. Emigration in die USA; begann ein Studium an einer Law-School in Kalifornien; beantragte ein Stipendium beim Am. Com.; wurde jedoch abgelehnt; lebte zuletzt unter dem Namen Richard Graw in Berkeley, Kalifornien; starb 1970 im Alter von 71 Jahren.
*li; LAB, Liste 15.10.33; BArch, R 3001 PAK; NY Publ. Lib. (Am. Com.) Grau; SSDI

Grau, Walter Dr.
25.5.1893 Berlin - 27 (28?).9.1942
priv.: Gustloffstr. 51, Charlottenburg
Kanzlei: Flensburger Str. 3, NW 87
RA und Notar; nach der Machtübernahme der Nationalsozialisten wieder zugelassen; Entzug des Notariats 1935; bis zum allgemeinen Berufsverbot 1938 als Anwalt zugelassen, dann noch als „Konsulent" tätig. G. war evangelischen Glaubens; beging Ende September 1942 im Alter von 51 Jahren Suizid, vermutlich angesichts der drohenden Deportation.
*li; LAB, Liste 15.10.33; DJ 36, S. 314; MRRAK; Liste d. Kons. 15.4.39; BArch, R 3001 PAK; BG; GB II

Graul, Georg
26.1.1887 Berlin - 26.11.1958 Berlin
priv.: Beerenstr. 58, Zehlendorf
Kanzlei: Französische Str. 21, W 8
G. war evangelischer Religion; RA (seit 1925) und Notar (1930); hatte zuvor in der Industrie gearbeitet. G.s Einnahmen lagen zwischen RM 5.000,- und 8000,- p.a. G. war Freimaurer und hatte am WK I teilgenommen. 1932 trat er dem Stahlhelm bei, politisch war er deutsch-national orientiert. Nach der Machtübernahme der Nationalsozialisten 1933 weiter zugelassen, war als „Frontkämpfer" anerkannt worden. Als „Mischling" wurde er von dem allgemeinen Berufsverbot 1938 ausgenommen. G.s einziger Sohn fiel im September 1939 bei der Besetzung Polens. Dieser Umstand schützte G. zeitweilig vor weiteren Verfolgungen, doch war er laufend bedroht. Es gelang ihm aber, wie er selbst notierte, „die Klärung meiner Abstammung in einem Punkte immer wieder zu verschleppen". Er durfte weiter praktizieren und beschäftigte den untergetauchten > Fritz Rosenthal in seinem Büro. Am 23.10.1944

wurde er von der Gestapo im Rahmen der „Aktion Mitte" als „Mischling I.Grades" verhaftet und „am 6.11.1944 in das OT-Sonderbaulager Flugplatz Zerbst zur Zwangsarbeit verbracht". Im Januar erhielt er einen kurzen Urlaub. Er konnte wegen „ärztlichen Befundes" eine zeitweilige Freistellung erreichen und tauchte bis Kriegsende unter. G. überlebte und wohnte nach der Befreiung in Zehlendorf. Er erhielt umgehend seine Wiederzulassung als RA und Notar.
*li; LAB, Liste 15.10.33; Liste Mschl. 36; BG; LAB, RAK PA

Gronemann, Sammy
21.3.1875 Strasburg, Westpreußen - 6.3.1953 Tel Aviv
priv.: Monbijouplatz 10
Kanzlei: Tauentzienstr. 13
RA seit 1906 in Berlin, später auch Notar, hatte auch am Rabbiner-Seminar in Berlin studiert. Seit 1901 Delegierter auf zionistischen Kongressen, zugleich Funktionär in zionistischen Verbänden; veröffentlichte 1920 den erfolgreichen Roman „Tohuwabohu", der die Situation der Berliner Juden in ihren verschiedenen Facetten zum Inhalt hatte; weitere Publikationen: „Hawdoloh" und „Zapfenstreich „(1923), „Schalet, Beiträge zur Philosophie des ‚Wenn schon'" (1927); war jahrelang Syndikus des Verbandes deutscher Schriftsteller. Nach der Machtübernahme der Nationalsozialisten 1933 Löschung der Zulassung. Emigration nach Frankreich 1933, von dort 1936 nach Palästina, Tel Aviv; aktiv im Irgun Olei Merkas Europa (Vereinigung von Einwanderern Mitteleuropas); veröffentlichte 1946 seine Autobiografie „Erinnerungen eines Jecken". Seine Schriften sind in den letzten Jahren zum Teil neu aufgelegt worden.
Br.B. 32; BArch, R 3001 PAK; Pr.J. 33, S. 443 u. 868; BG; BHdE Bd. 2,1, S. 417; Göpp., S. 284; Walk, S. 126; autobiografische Schriften: Erinnerungen (erschienen 2002/2004)

Groß, Jakob
18.7.1886 Graudenz - keine Angaben
priv.: k.A.
Kanzlei: Anhalter Str. 4, SW 11
RA und Notar; nach der Machtübernahme der Nationalsozialisten 1933 wieder als RA und Notar zugelassen; Entzug des Notariats 1935; Zulassung als RA wurde am 15.3.1937 gelöscht. Emigration nach Palästina, Haifa.
*li; LAB, Liste 15.10.33; DJ 36, S. 314; Liste 36; BArch, R 3001 PAK

Grossmann, Edgar Dr.
29.3.1887 Strasburg, Westpreußen - November 1974
priv.: Meinekestr. 9
Kanzlei: Rathenower Str. 3, NW 40
RA und Notar; nach der Machtübernahme der Nationalsozialisten Berufsverbot im Frühjahr 1933. Emigration nach Großbritannien im August 1939; wurde später amerikanischer Staatsbürger unter dem Namen Edgar G.
TK 33; Br.B. 32; Liste d. nichtzugel. RA, 25.4.33; JMBl. 33, S. 220/1; BArch, R 3001 PAK; BG; SSDI

Grossmann, Hans Sigismund Dr.
26.8.1902 Berlin - 13.11.1974 New York
priv.: Budapester Str. 47, bei Wallfisch, W 30
Kanzlei: Kaiser-Wilhelm-Str. 46, C 2

Nach der Machtübernahme der Nationalsozialisten Berufsverbot im Juli 1933. Emigration nach Teheran; während des Zweiten Weltkriegs im britischen Internierungslager im Himalaya von 1941-45, musste anschließend noch bis 1947 in Indien bleiben, kam 1947 in die USA, nach New York, wurde 1952 amerikanischer Staatsbürger; dort als Anwalt auf Wiedergutmachungsangelegenheiten spezialisiert.
Adr.B. 33; TK 33; JMBl. 28.7.33; BG; Ausk. der Tochter Atina Grossmann

Grün, Alfred Dr.
20.11.1882 Stettin - vor 1953
priv.: Wielandstr. 18, Charlottenburg
Kanzlei: Wielandstr. 18, Charlottenburg
RA und Notar; nach der Machtübernahme der Nationalsozialisten 1933 wieder zugelassen; Entzug des Notariats 1935; als Anwalt bis zum allgemeinen Berufsverbot 1938 tätig. Die Ehefrau Else galt als „arisch". G. überlebte und wohnte nach der Befreiung in Charlottenburg.
*li; LAB, Liste 15.10.33; DJ 36, S. 314; Liste 36; BArch, R 3001 PAK, PA; Verz. zugel. Anw. 45; BG

Grün, Benno
2.4.1879 - 6.1.1938
priv.: Boothstr. 27, Lichterfelde
Kanzlei: Belle-Alliance-Str. 106, SW 61
RA am KG und Notar; nach der Machtübernahme der Nationalsozialisten 1933 wieder als RA und Notar zugelassen; Entzug des Notariats 1935; noch bis zu seinem Tod 1938 als Anwalt tätig; er starb 1938 im Alter von 58 Jahren.
*li; LAB, Liste 15.10.33; DJ 36, S. 314; Liste 36; BArch, R 3001 PAK; Mitt. der Reichs-Rechtsanwaltskammer 1938; BG

Gruenbaum, Hans Dr.
16.3.1903 Berlin - 8.1.1992 Israel
priv.: Dahlmannstr. 28, Charlottenburg
Kanzlei: Kurfürstendamm 202, W 15
Seit 1930 als RA beim KG zugelassen, arbeitete in Sozietät mit > Dr. Hannes. Nach der Machtübernahme der Nationalsozialisten Berufsverbot zum 9.6.1933. Sein Vater JR Martin Simon G. war ebenfalls Anwalt in Berlin.

Hans G. war Zionist und wanderte 1934 mit seinem Bruder Ernst nach Palästina aus, dorthin folgte ihm seine Braut aus Berlin. Sie bauten unter Mühen eine kleine Landwirtschaft mitten in der Wüste auf, umgeben von arabischen Nachbarn, bauten Gemüse und Obst an, hielten Hühner und Ziegen. Lange Zeit waren sie auf die Unterstützung aus Deutschland angewiesen, doch die blieb aus, als sich die Lage für Juden zuspitzte. Das Paar hatte zwei Kinder.
G.s Eltern kamen in Theresienstadt ums Leben, seine Schwiegermutter in Litzmannstadt/Lodz. 1954 ging G. für die URO nach München, später nach London. Er kehrte 1970 nach Israel zurück, wo er Direktor der URO wurde. Die Tochter Naomi Blumenthal wurde später für Likud Mitglied der Knesset.
BArch, R 3001 PAK, PA ; BG; Korr. I. Sholeq; Bericht Gertrud Gruenbaum, geb. Dobriner

Gruenbaum, Martin Simon, JR
13.6.1864 Riesenburg - 26.10.1942 Theresienstadt
priv.: Dahlmannstr. 26, Charlottenburg
Kanzlei: An der Spandauer Brücke 9
RA und Notar; nach der Machtübernahme der Nationalsozialisten wurde 1933 das Notariat entzogen, später wurde auch die anwaltliche Zulassung gelöscht und die Kanzlei 1933 aufgegeben. Sein Sohn Hans G. wurde mit Berufsverbot belegt und entschloss sich, mit seinem Bruder Ernst G. nach Palästina zu gehen. Für Simon G. war das kein Ausweg, er besuchte seine Söhne in ihrer neuen Existenz 1936 und 1939, kehrte aber immer wieder nach Deutschland zurück. Er glaubte, dass ältere Juden in Ruhe gelassen würden. Doch die Lage verschlechterte sich; als die Lebensmittel rationiert wurden, half die langjährige Haushälterin tatkräftig. Bis zur Deportation kümmerte sie sich um die Eheleute G.
Am 8.9.1942 unterzeichnete Simon G. seine Vermögenserklärung; er kam ins Sammellager Große Hamburger Str. 26. Am 10.9.1942 wurde er nach Theresienstadt deportiert und ist dort wenige Wochen später umgekommen, auch seine Frau kam in Theresienstadt ums Leben.
Br.B. 32; TK 33; JMBl. 33, S. 208; Pr.J. 33, S. 532; BArch, R 3001, PA (G., Hans); BG; ThG; GB II; Ausk. Ilana Soreq

Grünberg, Adolf, JR
20.1.1869 Strzalkowo - keine Angaben
priv.: Bismarckstr. 97-98, Charlottenburg
Kanzlei: Rankestr. 3, W 50
RA und Notar; nach der Machtübernahme der Nationalsozialisten 1933 wieder zugelassen; Entzug des Notariats 1935; bis zum allgemeinen Berufsverbot 1938 als Anwalt tätig. Emigration nach Uruguay, Montevideo, am 9.12.1940.
*li; LAB, Liste 15.10.33; DJ 36, S. 314; BArch, R 3001 PAK; Liste 36; MRRAK; BG

Grünberg, Alfred Dr.
7.12.1903 Hindenburg - keine Angaben
priv.: k.A.
Kanzlei: Viktoriastr. 28, W 10
Nach der Machtübernahme der Nationalsozialisten Berufsverbot im Frühjahr 1933.
Liste d. nichtzugel. RA, 25.4.33; Pr.J. 33, S. 565; BArch, R 3001 PAK

Grünberg, Hans Dr.
25.8.1892 Magdeburg - keine Angaben
priv.: k.A.
Kanzlei: Kurfürstendamm 177, W 15
G. hatte am WK I teilgenommen; RA (seit 1924) und Notar (seit 1930); nach der Machtübernahme der Nationalsozialisten 1933 wurde er jedoch nicht als „Frontkämpfer" anerkannt. Die Zulassung wurde ihm im Zuge der Zusammenlegung der Berliner Landgerichte entzogen.
Adr.B. 32; Liste d. nichtzugel. RA, 25.4.33; BArch, R 3001 PAK, PA

Grünberg, Leopold Dr., JR
30.3.1864 Bötzow - Deportation 1942
priv.: Trautenaustr. 16, Wilmersdorf
Kanzlei: Dircksenstr. 26/27, C 25
RA und Notar; nach der Machtübernahme der Nationalsozialisten 1933 Entzug des Notariats; als Anwalt wieder zugelassen bis zum allgemeinen Berufsverbot 1938 tätig. Deportation am 12.8.1942 nach Theresienstadt, von dort am 26.9.1942 nach Treblinka verschleppt.
*li; LAB, Liste 15.10.33; JMBl. 33, S. 208; BArch, R 3001 PAK; BG; GB II

Grüneberg, Curt Dr.
24.12.1895 Berlin - keine Angaben
priv.: k.A.
Kanzlei: Meinekestr. 8, W 15
RA und Notar, zugleich Syndikus der Allgemeinen Fleischer-Zeitung AG., Berlin. Nach der Machtübernahme der Nationalsozialisten wieder zugelassen; 1935 Entzug des Notariats; als Anwalt noch 1936 tätig. Emigration in die USA; stellte dort 1939 einen Antrag für ein Stipendium des Am. Comm. for the Guidance of Professional Personnel, der vermutlich abgelehnt wurde.
*li; DJ 36, S. 314; Liste 36; BArch, R 3001 PAK; NY Publ. (Lib. Am. Com.), Grüneberg

Grüneberg, Kurt Dr.
28.12.1887 Köln-Ehrenfeld - Februar 1985 New York
priv.: Altonaer Str. 2, NW 87
Kanzlei: Siegmundshof 1, NW 87
RA, am 23.1.1933 auch zum Notar bestellt; nach der Machtübernahme der Nationalsozialisten 1933 wieder zugelassen; Entzug des Notariats 1935; am 2.5.1938 Löschung als RA. Emigration in die USA, New York, wo er unter dem Namen Kurt Grune 1985 gestorben ist.
*li; LAB, Liste 15.10.33; DJ 36, S. 314; BArch, R 3001 PAK; SSDI; BG

Grünstein, Charlotte
23.3.1905 Berlin - keine Angaben
priv.: k.A.
Kanzlei: Prager Platz 6, Wilmersdorf
Im Mai 1932 als Anwältin zugelassen; nach der Machtübernahme der Nationalsozialisten Berufsverbot zum 12.6.1933.
Liste d. nichtzugel. RA, 25.4.33; JMBl. 21.8.33, S. 266; BArch, R 3001 PAK, PA

Gumpel, Harry
6.1.1888 Berlin - 25.11.1941 Kowno
priv.: Xantener Str. 15 a
Kanzlei: Kurfürstendamm 225, W 15
RA und Notar; nach der Machtübernahme der Nationalsozialisten 1933 wieder zugelassen; Entzug des Notariats 1935; noch bis zum allgemeinen Berufsverbot 1938 als Anwalt tätig. Deportation am 17.11.1941 nach Kowno, dort ermordet.
*li; LAB, Liste 15.10.33; DJ 36, S. 314; Liste 36; BArch, R 3001 PAK; MRRAK; BG; BdE; GB II

Gumpert, Franz Dr.
29.6.1907 Berlin-Charlottenburg - keine Angaben
priv.: Kleistr. 42, bei Neuländer, W 62
Kanzlei: k.A.

167

G. hatte erst am 17.3.1933 die Zulassung als Anwalt erhalten, die er umgehend im Frühjahr 1933 verlor. Emigration 1933 nach Britisch-Indien.
Liste d. nichtzugel. RA, 25.4.33; BArch, R 3001 PAK, PA; BG

Gumpert, Hans Dr.
10.7.1890 Berlin - 1962
priv.: Mommsenstr. 56, Charlottenburg
Kanzlei: Mommsenstr. 56, Charlottenburg
RA und Notar; G. hatte Kanzlei und Wohnung in einer 285 m² großen Wohnung in Charlottenburg, in der bereits seine Eltern gelebt hatten. Die Ehefrau Kitty, 1998 im Alter von 91 Jahre gestorben, galt als „arisch", die Ehe als privilegiert, da sie ein Kind hatten (etwa 1938 geboren). Nach der Machtübernahme der Nationalsozialisten 1933 wurde G. wieder zugelassen. Das Notariat wurde ihm 1935 entzogen. Nach dem allgemeinen Berufsverbot für jüdische Anwälte 1938 war G. als „Konsulent" tätig.
Angesichts der Bedrohung versteckte sich das Ehepaar für einige Zeit in Staaken, kehrte dann wieder in die Wohnung zurück. In Berlin kannte sich Frau Gumpert aus und wusste, wo sie Lebensmittel für die Familie besorgen konnte; die Nachbarschaft war über die bedrängte Situation informiert. G. überlebte und praktizierte nach der Befreiung, nach wie vor in seiner Wohnung, wieder als Rechtsanwalt und Notar bis zu seinem Tod 1962.
*li; LAB, Liste 15.10.33; DJ 36, S. 314; MRRAK; BG; Ausk. E. Proskauer; Ausk. Müller

Gundermann, Alfons
16.9.1904 - keine Angaben
priv.: k.A.
Kanzlei: Oranienstr. 10/11, SO 36
Nach der Machtübernahme der Nationalsozialisten Berufsverbot zum 13.6.1933.
Liste d. nichtzugel. RA, 25.4.33; BArch, R 3001 PAK, PA

Gutfeld, Walter Dr.
13.2.1897 Berlin - keine Angaben
priv.: k.A.
Kanzlei: Viktoria-Luise-Platz 1, W 30
RA beim KG; nach der Machtübernahme der Nationalsozialisten Berufsverbot 24.8.1933.
Liste d. nichtzugel. RA, 25.4.33 (Nachtrag); BArch, R 3001 PAK

Gutmann, Konrad Dr.
25.7.1880 Berlin - Dezember 1951
priv.: Stübbenstr. 1, Schöneberg
Kanzlei: Bayerischer Platz 110, Schönberg
RA und Notar; nach der Machtübernahme der Nationalsozialisten 1933 wieder zugelassen; Entzug des Notariats 1935; Löschung der anwaltlichen Zulassung und Berufsverbot 1938; Emigration in die USA, New York, am 28.9.1938.
*li; LAB, Liste 15.10.33; BArch, R 3001 PAK; Liste 36; BG

Guttmann, Alexander Dr.
19.12.1894 Mannheim - keine Angaben
priv.: Kurfürstendamm 22, W 15
Kanzlei: Kurfürstendamm 22, W 15
RA am KG und Notar; nach der Machtübernahme der Nationalsozialisten 1933 wieder zugelassen; Entzug des Notariats 1935. G. wurde mit einem Verfahren wegen sog. Rassenschande überzogen. Löschung der anwaltlichen Zulassung im Rahmen des allgemeinen Berufsverbots 1938. Emigration nach Großbritannien; kehrte nach 1945 nach Deutschland als Mitarbeiter der URO zurück.
*li; LAB, Liste 15.10.33; DJ 36, S. 314; BArch, R 3001 PAK; MRRAK; BG; Ausk. Wolff, Werner, 22.9.1999

Guttmann, Hans
17.4.1904 Breslau - keine Angaben
priv.: k.A.
Kanzlei: Alexanderstr. 71, C 25
Nach der Machtübernahme der Nationalsozialisten Berufsverbot zum 23.6.1933. In G.s Personalakte findet sich ein Vermerk, dass er keine unbedingte Loyalitätserklärung abgegeben habe, wie sie gefordert worden war; er hatte in seinem Antrag auf Wiederzulassung erklärt, dass er die „reichsrechtlichen Regelungen für sich als verbindlich anerkennt" (10.4.1933).
Liste d. nichtzugel. RA, 25.4.33; JMBl. 33, S. 209; BArch, R 3001 PAK, PA

Guttmann, Julius, JR
5.2.1855 - 1.1.1936 Berlin
priv.: Kurfürstendamm 200, Wilmersdorf
Kanzlei: Klosterstr. 43, C 2
RA und Notar; nach der Machtübernahme der Nationalsozialisten 1933 wieder zugelassen. Entzug des Notariats 1935. G. starb 1936 in Berlin im Alter von 81 Jahren, in Weißensee beigesetzt.
*li; LAB, Liste 15.10.33; DJ 36, S. 210; BArch, R 3001 PAK; BG

Guttmann, Leonhard, JR
2.5.1869 Brieg - 23.9.1942 Theresienstadt
priv.: Wallstr. 21-22, C 2
Kanzlei: Wallstr. 21-22, C 2
RA und Notar; nach der Machtübernahme der Nationalsozialisten 1933 Entzug des Notariats, als Anwalt wieder zugelassen; bis zum allgemeinen Berufsverbot 1938 tätig. Am 31.8.1942 nach Theresienstadt deportiert, dort wenige Wochen später umgekommen.
*li; LAB, Liste 15.10.33; JMBl. 33, S. 208; Liste 36; BArch, R 3001 PAK; BG; ThG; GB II

Guttmann, Oskar
19.6.1885 Hildesheim - Deportation 1943
priv.: Speyerer Str. 10, W 30
Kanzlei: Motzstr. 62, W 30
RA am KG und Notar; nach der Machtübernahme der Nationalsozialisten 1933 wieder zugelassen; Entzug des Notariats 1935; noch bis zum allgemeinen Berufsverbot 1938 als Anwalt tätig. Später Sammelvormund bei der RV, Bezirksstelle Berlin, Oranienburger Str. 31. Datum der Vermögenserklärung: 9.5.1943; Deportation am 19.5.1943 nach Theresienstadt, von dort am 19.10.1944 nach Auschwitz verschleppt.
*li; LAB, Liste 15.10.33; DJ 36, S. 314; Liste 36; BArch, R 3001 PAK; MRRAK; GB II; Göpp., S. 245

Guttmann, Wilhelm Dr.
25.9.1903 Gleiwitz - keine Angaben
priv.: k.A.
Kanzlei: Berliner Str. 146, Charlottenburg
RA am KG; nach der Machtübernahme der Nationalsozialisten Berufsverbot im Juni 1933.
Liste d. nichtzugel. RA, 25.4.33; JMBl. 33, S. 203; BArch, R 3001 PAK

Guttsmann, Max Dr., JR
23.6.1858 Rybnik - 27.12.1941
priv.: Droysenstr. 7, Charlottenburg
Kanzlei: Friedrichstr. 206
RA und Notar; nach der Machtübernahme der Nationalsozialisten Berufsverbot 1933. G. starb 1941 im Alter von 83 Jahren, in Weißensee beigesetzt.
TK 33; JMBl. 33, 2.6.33; BArch, R 3001 PAK; BG

H

Haase, Berthold Dr.
30.4.1874 - 22.1.1938 Meran
priv.: k.A.
Kanzlei: Innsbrucker Str. 5
RA am KG und Notar; H. hat sich in den 1920ern intensiv mit der „Ostjudenfrage" beschäftigt (CV Zeitung, 1923); als Jurist war er auf internationales Recht spezialisiert. Nach der Machtübernahme der Nationalsozialisten 1933 Notariatsentzug; 1935, nach Erlass der „Nürnberger Gesetze", gab er seine Praxis auf und beantragte die Löschung aus der Anwaltsliste. „Damit endet in meinem 62. Lebensjahr meine Laufbahn, in der ich mich mit Ernst und Freude der Pflege des Rechts gewidmet, und in der ich meine besten Kräfte für die Erhaltung und Stärkung des Deutschtums eingesetzt hatte." (LBI). Wenig später emigrierte seine Tochter mit der Enkelin nach Palästina. H. starb 1938 im Alter von 65 Jahren in Meran.
*li; LAB, Liste 15.10.33; BArch, R 3001 PAK; LBI NY, Memoirs: Mein Leben. Was in ihm geschah und wie ich es erlebte, 1935, unveröffentl. MS; BG

Haase, Ernst-Friedrich Dr.
27.10.1904 Rybnik - keine Angaben
priv.: k.A.
Kanzlei: Bayreuther Str. 41, W 62
Nach der Machtübernahme der Nationalsozialisten wieder zugelassen; bis April 1936 als Anwalt tätig. 1936 Emigration nach Chile, wahrscheinlich nach Deutschland zurückgekehrt.
*li; LAB, Liste 15.10.33; Liste 36; BArch, R 3001 PAK; BG

Haberland, Kurt Dr.
17.10.1896 Berlin - 5.6.1942 Mauthausen
priv.: Nördlinger Str. 3, Schöneberg
Kanzlei: Charlottenstr. 60, W 8
RA am KG; nach der Machtübernahme der Nationalsozialisten wieder zugelassen, bis zum allgemeinen Berufsverbot 1938 als Anwalt tätig. Deportation; Tod 1942 in Mauthausen.
In den 1950er Jahren kam es noch zu einem mehrinstanzlichen Verfahren um das wertvolle Erbe von Dr. Kurt Haberland. Dabei stritten sich seine frühere Verlobte, die er wegen der rassistischen Gesetze nicht hatte heiraten können, und Familienangehörige. Schließlich wurde seiner Verlobten das Erbe zugesprochen, weil sie als seine potentielle Ehepartnerin anerkannt wurde.
*li; LAB, Liste 15.10.33; Liste 36; BArch, R 3001 PAK; MRRAK; BG; GB II; Ausk. Sabine Meyer, Lüneburg; Kopie des Urteils v. 26.6.1956

Hadra, Arthur, JR
keine Angaben - 1938
priv.: k.A.
Kanzlei: Genthiner Str. 22, W 35
RA und Notar; nach der Machtübernahme der Nationalsozialisten 1933 Entzug des Notariats, als Anwalt wieder zugelassen; war wahrscheinlich bis zu seinem Tod 1938 als Anwalt tätig.
TK 33; JMBl. 33, S. 208; *li; LAB, Liste 15.10.33; Liste 36; BArch, R 3001 PAK

Hadra, Herbert
14.2.1903 Groß-Strehlitz - April 1979
priv.: k.A.
Kanzlei: Schönhauser Allee 126, N 58
Nach der Machtübernahme der Nationalsozialisten Berufsverbot zum 10.6.1933. Emigration in die USA, wo er zuletzt in Queens, New York gelebt hat.
TK 33; Liste d. nichtzugel.RA. 25.4.33; JMBl. 33, S. 234; BArch, R 3001 PAK; SSDI

Haendel, Richard Dr.
11.9.1883 Landsberg/Warthe - keine Angaben
priv.: k.A.
Kanzlei: Alexanderplatz 1, C 25
RA und Notar; nach der Machtübernahme der Nationalsozialisten 1933 Entzug des Notariats, als Anwalt wurde H. auf Antrag wieder zugelassen; die Zulassung wurde aber noch im gleichen Jahr gelöscht.
TK 33; JMBl. 33, S. 208; Pr.J.33, S. 868; *li; BArch, R 3001 PAK

Hagelberg, Ernst Dr.
12.7.1876 Berlin - Deportation 1942
priv.: Kaiserdamm 72, Charlottenburg
Kanzlei: Joachimsthaler Str. 43/44, Charlottenburg 2
RA und Notar, spezialisiert auf Grundbuch- und Notariatsrecht; nach der Machtübernahme der Nationalsozialisten 1933 Entzug des Notariats, als Anwalt wieder zugelassen; bis zum allgemeinen Berufsverbot 1938 tätig. Deportation am 19.10.1942 nach Riga.
TK 33; JMBl. 33, S. 208; LAB, Liste 15.10.33; *li; Liste 36; BArch, R 3001 PAK; MRRAK; BG; BdE; GB II

Hahn, Franz, JR
15.12.1869 Liegnitz - keine Angaben
priv.: Grolmanstr. 36, Charlottenburg
Kanzlei: Grolmanstr. 36, Charlottenburg
RA und Notar; nach der Machtübernahme der Nationalsozialisten 1933 Entzug des Notariats, als Anwalt wieder zugelassen; bis zum allgemeinen Berufsverbot 1938 als RA tätig. Emigration nach Südafrika am 17.5.1939.
TK 33; JMBl. 33, S. 208; *li; LAB, Liste 15.10.33; BArch, R 3001 PAK; MRRAK; BG

Halpert, Dodo Hans Dr.
22.8.1863 Quednau - 1938 Berlin
priv.: Güntzelstr. 61, Wilmersdorf
Kanzlei: Neue Bayreutherstr. 7, W 30
RA und Notar, war auch im Umfeld der Roten Hilfe aktiv; nach der Machtübernahme der Nationalsozialisten 1933 „auf Antrag als Notar entlassen", als Anwalt wieder zugelassen; bis zum allgemeinen Berufsverbot 1938 tätig; beging etwa 1938 Suizid.
JMBl. 33, S. 252; *li; LAB, Liste 15.10.33; Liste 36; BArch, R 3001 PAK; BG; Schneider, Schwarz, Schwarz; Ausk. Y. Arndt, Korr. Claus Arndt

Hamburger, Adolf Dr.
18.9.1887 Schwagrau - 17.10.1962 New York
priv.: Uhlandstr. 27, Charlottenburg
Kanzlei: Uhlandstr. 27, Charlottenburg
Absolvierte nach seinem Jurastudium ein Studium der Pharmazie; wurde mit dieser Kombination von Fachkenntnissen Spezialist auf dem Gebiet des Apothekenrechts und arbeitete auch als Syndikus des Deutschen Apothekerverbandes und Justitiar des „Kreditvereins Deutscher Apotheker"; stand der SPD nahe. Nach der Machtübernahme der Nationalsozialisten Berufsverbot als Anwalt und Notar im Frühjahr 1933; Emigration in die USA, New York, 1934; erneutes Jurastudium von sechs Semestern an der St. John's University; ab 1939 als Anwalt in New York niedergelassen; wurde einer der gefragten deutsch-amerikanischen Anwälte; juristischer Mitarbeiter der deutschsprachigen New Yorker Volkszeitung und später auch Berater des deutschen Generalkonsulats in New York; nach 1949 beim Landgericht Wiesbaden zugelassen, vor allem in Entschädigungsverfahren tätig. H. starb

169

im Oktober 1962 in New York an Herzversagen.
Br.B. 32; Liste d. nichtzugel. RA, 25.4.33; JMBl. 33, S. 282; BG; Pharmazeutische Zeitung 107 (1962), S. 1560 (Nachruf); Leimkugel, Frank: Wege jüdischer Apotheker, 2. Aufl. 1991, S. 30, 107f., 135

Hamburger, Alfred Dr.
10.2.1900 Berlin - November 1984
priv.: k.A.
Kanzlei: Stresemannstr. 11
RA am KG; nach der Machtübernahme der Nationalsozialisten Berufsverbot am 26.6.1933, vorher am Kammergericht zugelassen; Emigration in die USA; stellte dort 1940 einen Antrag für ein Stipendium; lebte zuletzt in New York; er starb 1984 im Alter von 84 Jahren.
Br.B. 32; Liste d. nichtzugel. RA, 25.4.33; JMBl. 33, S. 209; BArch, R 3001 PAK; NY Publ. Lib. (Am. Com.) Hamburger; SSDI (Fred H.)

Hamburger, Fritz Dr.
7.2.1883 Kattowitz - keine Angaben
priv.: Viktoria-Luise-Platz 10, Schöneberg
Kanzlei: Landshuter Str. 2, Schöneberg
Nach der Machtübernahme der Nationalsozialisten Berufsverbot im Frühjahr 1933. Emigration nach Dänemark, Kopenhagen, am 15.2.1934.
Br.B. 32; Liste d. nichtzugel. RA, 25.4.33; JMBl. 21.8.33, S. 267; BArch, R 3001 PAK; BG

Hamburger, Georg Dr.
10.4.1891 Berlin - 3.8.1944 Theresienstadt
priv.: Eisenzahnstr. 6, Halensee
Kanzlei: Kronenstr. 64/65, W 8
F. war im Alter von fünf Jahren getauft worden; 1908 Abitur; 1912 erstes Staatsexamen; Teilnahme am WK I (1915-18), dafür Unterbrechung des Referendariats; 1919 große Staatsprüfung. RA (seit 1919) und Notar (seit 1927); gehörte noch 1932 dem Vorstand der RAK an. Nach der Machtübernahme der Nationalsozialisten galt er als Jude; wurde nach 1933 weiter als Anwalt zugelassen, weil er unter die Ausnahmeregelung für „Frontkämpfer" fiel. H. vertrat u.a. Angehörige der Warenhaus-Familie Wertheim. 1935 wurde das

Notariat entzogen. Nach dem allgemeinen Berufsverbot für Anwälte 1938 wurde er als „Konsulent" zugelassen. Vorstandsmitglied des Reichsverbands nichtarischer Christen und später Mitglied des Paulusbundes; gehörte der Bekennenden Kirche, nach Kriegsbeginn auch dem Helferkreis der Gemeindevertretung an; korrespondierte mit dem Theologen Helmut Gollwitzer; beschäftigte sich mit theologischen Schriften, las die Bibel in Hebräisch und Griechisch, tauschte sich in der Dogmatischen Arbeitsgemeinschaft aus; half Karl Barths „Kirchliche Dogmatik", Bd. II/2 , mit einer Neuinterpretation einzelner Kapitel des Römerbriefes, aus dem Land zu schmuggeln. Die persönliche Bedrohung wuchs. Versuche zu fliehen scheiterten. Am 29.9.1941 berichtete er Gollwitzer von seiner Bitterkeit: „...[da] ich keinen Verwandten oder mir nahestehenden Menschen habe, der das mit mir trägt, da ich wirklich ganz allein hier zurückgeblieben bin ..."
1942, angesichts der verstärkten „Evakuierungen", nahm die Zahl der Suizide zu. H. suchte Gollwitzers Rat, ob man sich der Deportierung „in den Osten" durch den Freitod entziehen dürfe, und hielt Ausnahmen für gerechtfertigt. Gollwitzer versuchte ihn theologisch zu stützen und lehnte diesen Schritt generell ab. Im Oktober 1942 entging H. der ersten Deportierung. Am 21. Juni 1943 unterzeichnete er seine Vermögenserklärung, die seinen gesamten noch verbliebenen Besitz umfasste. Anschließend kam er ins Sammellager Große Hamburger Str. 26 in Berlin-Mitte. H. wurde am 30.6.1943 nach Theresienstadt deportiert. Dort hatte Arthur Goldschmidt bereits eine evangelische Gemeinde aufgebaut. H. hielt hier Bibelstunden, predigen durfte er nicht, da er nicht ordiniert war. Unterernährung hatte ihn so geschwächt, dass er eine Stunde abbrechen musste. Arthur Kaufmann erteilte ihm das Abendmahl: „Die Hingabe dieses schon fast vollendeten Menschen war erschütternd, und ohne Klage, wie ein Gebet, äußerte er, Gott habe ihn verschmäht." Anfang August 1944 starb H. an Tuberkulose.
*li; LAB, Liste 15.10.33; DJ 36, S. 314; Liste d. Kons., 15.4.39; BLHA, OFP-Akte; Naatz-Album; BG; ThG; GB II; Biogramm zu Georg Hamburger von Hartmut Ludwig, in: „Ihr Ende schaut an..." Evangelische Märtyrer des 20. Jahrhunderts, hg. v. Harald Schultze/Andreas Kurschat, Leipzig 2006

Hamburger, Karl Wilhelm, JR
14.5.1866 Görlitz - 7.1.1941
priv.: Nymphenburger Str. 1, Schöneberg
Kanzlei: Stresemannstr. 11, SW 11
RA und Notar; nach der Machtübernahme der Nationalsozialisten 1933 Entzug des Notariats; war noch 1936 als Anwalt tätig; starb 1941 im Alter von 74 Jahren.
*li; JMBl. 33, S. 208; LAB, Liste 15.10.33; Liste 36; BArch, R 3001 PAK; BG

Hamburger, Leopold Dr.
1.2.1900 Berlin - keine Angaben
priv.: k.A.
Kanzlei: Blücherplatz 2, SW 61
Nach der Machtübernahme der Nationalsozialisten Berufsverbot im Frühjahr 1933. Emigration 1936 nach Palästina.
Br.B. 32; Liste d. nichtzugel. RA, 25.4.33; JMBl. 21.8.33, S. 267; BArch, R 3001 PAK; BG

Hamburger, Sally
27.6.1882 Königshütte - Deportation 1942
priv.: Stolzenfelsstr. 2, Karlshorst
Kanzlei: Müllerstr. 177, N 65
RA und Notar; nach der Machtübernahme der Nationalsozialisten 1933 wieder zugelassen; Entzug des Notariats 1935; noch bis zum allgemeinen Berufsverbot 1938 als Anwalt tätig. Deportation am 28.3.1942 nach Piaski.
*li; LAB, Liste 15.10.33; DJ 36, S. 314; Liste 36; MRRAK; BArch, R 3001 PAK; BG; GB II

Hamburger, Werner
20.3.1901 Küstrin - keine Angaben
priv.: k.A.
Kanzlei: Kurfürstendamm 216, W 15
Nach der Machtübernahme der Nationalsozialisten Berufsverbot zum 20.5.1933.
Liste d. nichtzugel. RA, 25.4.33 (Nachtrag); JMBl. 33, S. 209; BArch, R 3001 PAK, PA

Hammer, Hans Hermann Dr.
2.11.1895 Berlin - Deportation 1942
priv.: k.A.
Kanzlei: Mauerstr. 80, W 8
Nach der Machtübernahme der Nationalsozialisten Berufsverbot zum 31.5.1933. H. emigrierte nach Frankreich. Dort holten ihn seine Verfolger ein; am 7.9.1942 wurde er von Drancy nach Auschwitz deportiert.
Liste d. nichtzugl. RA., 25.4.33; JMBl. 33, S. 209; BArch, R 3001 PAK, PA; BG; GB II

Hammerschlag, Heinz Erich Dr.
9.7.1902 - keine Angaben
priv.: Fasanenstr. 41 (1931)
Kanzlei: Kronenstr. 3, W 8
Nach der Machtübernahme der Nationalsozialisten Berufsverbot zum Juni 1933.
Br.B. 32; Liste d. nichtzugel. RA, 25.4.33; JMBl. 33, S. 209; BArch, R 3001 PAK

Hammerschmidt, Fritz
21.11.1894 Cottbus - Deportation 1944
priv.: Babelsberger Str. 52/Prinzregentenstr. 92, Wilmersdorf
Kanzlei: Kantstr. 19, Charlottenburg
RA am KG; führte gemeinsam mit seinem Bruder Walter H. eine Kanzlei. Nach der Machtübernahme der Nationalsozialisten 1933 Vertretungsverbot, anschließend wieder zugelassen und bis zum allgemeinen Berufsverbot 1938 als RA tätig. Musste später Zwangsarbeit leisten; Datum der Vermögenserklärung: 29.2.1944; Sammellager Schulstr. 78; Deportation am 9.3.1944 nach Auschwitz. Die Ehefrau, die ebenfalls deportiert worden war, überlebte Auschwitz, kam ins KZ Ravensbrück und wurde von alliierten Truppen befreit.
Adr.B. 32; Br.B. 32; Liste d. nichtzugel. RA, 25.4.33; *li; LAB, Liste 15.10.33; Liste 36; MRRAK; BArch, R 3001 PAK; BG; GB II; Hammer-

schmidt, Wolfgang: Spurensuche. Zur Geschichte der jüdischen Familie Hammerschmidt, Cottbus, Gießen 1996

Hammerschmidt, Walter
14.5.1900 Cottbus - Dezember 1938
priv.: k.A.
Kanzlei: Kantstr. 19, Charlottenburg
Walter H. praktizierte gemeinsam mit seinem Bruder Fritz H. in einer Kanzlei. Nach der Machtübernahme der Nationalsozialisten im Frühjahr 1933 Berufsverbot. Für die Jahre bis 1938 liegen keine Informationen vor. Nach der Pogromnacht im November 1938 wurde H. verhaftet und in das KZ Sachsenhausen verschleppt. Unmittelbar nach seiner Entlassung starb er im Dezember 1938 an einer Sepsis. Als Prof. Sauerbruch die Leiche obduzieren wollte, wurde sie von der Gestapo beschlagnahmt.
Adr.B. 32; Liste d. nichtzugel. RA 25.4.33; JMBl. 33, S. 253; BArch, R 3001 PAK; Göpp., S. 246; Hammerschmidt, Wolfgang: Spurensuche. Zur Geschichte der jüdischen Familie Hammerschmidt, Cottbus, Gießen 1996

Hammerstein, Julius Dr.
10.12.1879 Mohrungen - Deportation 1943
priv.: Romberger Str. 17, NO 18
Kanzlei: Frankfurter Str. 142, O 17
RA und Notar; nach der Machtübernahme der Nationalsozialisten 1933 Entzug des Notariats, als Anwalt bis zum allgemeinen Berufsverbot 1938 tätig. Deportation am 6.3.1943 nach Auschwitz.
JMBl. 33, S. 220; *li; LAB, Liste 15.10.33; Liste 36; BArch, R 3001 PAK; MRRAK; BG; GB II

Hanff, Paul
30.11.1891 Berlin - 25.11.1941 Kowno
priv.: k.A.
Kanzlei: Kurfürstendamm 197/98, W 15
RA und Notar; nach der Machtübernahme der Nationalsozialisten 1933 weiter zugelassen; Entzug des Notariats 1935; noch bis zum allgemeinen Berufsverbot 1938 als Anwalt tätig. H. wurde am 17.11.1941 nach Kowno deportiert und dort wenig später ermordet.
Adr.B. 32; Br.B. 32; *li; LAB, Liste 15.10.33; DJ 36, S. 314; Liste 36; MRRAK; BArch, R 3001 PAK; BG; BdE; GB II

Hannes, Martin Dr.
13.10.1881 Görlitz - keine Angaben
priv.: Kurfürstendamm 202, W 15
Kanzlei: Kurfürstendamm 202, W 15
RA und Notar; nach der Machtübernahme der Nationalsozialisten 1933 wieder zugelassen; Entzug des Notariats 1935; bis zum allgemeinen Berufsverbot 1938 als Anwalt tätig. Emigration nach Australien, Sydney, am 1.7.1939.
*li; LAB, Liste 15.10.33; DJ 36, S. 314; Liste 36; MRRAK; BArch, R 3001 PAK; BG

Hartstein, Willy Dr.
17.1.1901 Berlin - keine Angaben
priv.: k.A.
Kanzlei: Klosterstr. 43, C 2
Nach der Machtübernahme der Nationalsozialisten Berufsverbot im Frühjahr 1933. Emigration nach Palästina am 1.2.1939; später Rückkehr nach Berlin.
Br.B. 32; Liste der nichtzugel. RA, 25.4.33; JMBl. 33, S. 209; BArch, R 3001 PAK; BG

Hartwich, Waldemar, JR
26.12.1854 Letschin - 5.10.1941 Berlin
priv.: Königsallee 16 a bei Unger, Grunewald
Kanzlei: Nachodstr. 26, W 50

Nach der Machtübernahme der Nationalsozialisten wieder zugelassen; war noch bis 28.3.1938 als Anwalt tätig. 1941 im Altersheim der jüdischen Gemeinde, Iranische Str., verstorben.
Br.B. 32; *li; LAB, Liste 15.10.33; Liste 36; BArch, R 3001 PAK; BG

Harz, Moses Dr.
8.9.1905 Hadworna (Ostgalizien) - keine Angaben
priv.: k.A.
Kanzlei: Helmstedter Str. 26, Wilmersdorf
Nach der Machtübernahme der Nationalsozialisten Berufsverbot zum 12.6.1933.
Liste d. nichtzugel. RA, 25.4.33; JMBl. 33, S. 209; BArch, R 3001 PAK, PA

Hauptmann, Kurt Dr.
21.9.1892 Berlin - keine Angaben
priv.: k.A.
Kanzlei: Nollendorfstr. 11/12, W 30
Nach der Machtübernahme der Nationalsozialisten Berufsverbot im Frühjahr 1933.
Adr.B. 32; Jüd.Adr.B.; Liste d. nichtzugel. RA, 25.4.33; JMBl. 33, S. 253; BArch, R 3001 PAK

Hausen, Willy Dr.
11.9.1888 Zeitz - keine Angaben
priv.: Kaiserallee 212, W 15
Kanzlei: Kaiserallee 214/215, W 15
RA am KG und Notar; nach der Machtübernahme der Nationalsozialisten Vertretungsverbot im April 1933; Zulassung als Anwalt und Notar zum 9.6.1933 gelöscht.
Jüd.Adr.B.; Br.B. 32; Liste d. nichtzugel. RA, 25.4.33; BArch, R 3001 PAK

Haußmann, Fritz Dr.
10.11.1885 Ratibor - keine Angaben
priv.: k.A.
Kanzlei: Lietzenburger Str. 30
Teilnahme am WK I; RA und Notar, spezialisiert auf Handels- und Kartellrecht. Nach der Machtübernahme der Nationalsozialis-

ten 1933 wieder zugelassen; 1935 Entzug des Notariats, als Anwalt bis zum allgemeinen Berufsverbot 1938 tätig.
*li; LAB, Liste 15.10.33; TK 36; Liste 36; Philo-Lexikon, S. 604; MRRAK; BArch, R 3001 PAK

Hayn, Julius, JR
24.8.1870 Kempen - keine Angaben
priv.: Kohlisstr. 94, Mahlsdorf-Lichtenberg
Kanzlei: Friedrichstr. 192, W 8
RA und Notar; nach der Machtübernahme der Nationalsozialisten 1933 Entzug des Notariats, als Anwalt bis zum allgemeinen Berufsverbot 1938 tätig. Die Ehefrau galt als nicht-jüdisch.
JMBl. 33, S. 208; *li; LAB, Liste 15.10.33; Liste 36; MRRAK; BArch, R 3001 PAK; BG

Hayn, Louis (Ludwig)
8.5.1885 Leobschütz - keine Angaben
priv.: Falterweg 13, Grunewald
Kanzlei: Charlottenstr. 59, W 8
RA und Notar; nach der Machtübernahme der Nationalsozialisten Berufsverbot im Frühjahr 1933. Emigration nach Italien, Meran, dann nach Spanien, Palma de Mallorca; lebte später in Barcelona.
Adr.B. 32; Liste d. nichtzugel. RA 25.4.33; JMBl. 33, S. 203; BArch, R 3001 PAK; BG

Heidenfeld, Joachim Dr.
9.2.1879 Oppeln - nach 1950
priv.: Limonenstr. 25, Lichterfelde bzw. Eisenacher Str. 35, Schöneberg
Kanzlei: Elßholzstr. 23, W 57
RA und Notar; nach der Machtübernahme der Nationalsozialisten 1933 wieder zugelassen; Entzug des Notariats 1935; noch 1936 als Anwalt tätig. Emigration nach Südafrika, Johannesburg.
Adr.B. 32; LAB, Liste 15.10.33; DJ 36, S. 314; Liste 36; BArch, R 3001 PAK; BG: LAB,OFP-Akten; Ausk. Martin Glass

Heilborn, Gustav, JR
keine Angaben - 1938
priv.: k.A.
Kanzlei: Albrechtstr. 6, Steglitz
RA und Notar; nach der Machtübernahme der Nationalsozialisten 1933 Entzug des Notariats; war als Anwalt noch bis zum 24.12.1937 tätig; 1938 verstorben.
JMBl. 33, S. 208; *li; LAB, Liste 15.10.33; Liste 36; MRRAK

Heilborn, Theodor Dr.
8.9.1883 Kosel - Juli 1969
priv.: Kottbusser Damm 2, SW 29
Kanzlei: Kottbusser Damm 2, SW 29
RA und Notar; nach der Machtübernahme der Nationalsozialisten 1933 Entzug des Notariats; als Anwalt vermutlich noch bis zum allgemeinen Berufsverbot 1938 tätig. Emigration in die USA im Mai 1940, dort im Alter von 85 Jahren gestorben.
JMBl. 33, S. 208; *li; LAB, Liste 15.10.33; MRRAK (vermutlich fälschlich: Heilbronn); BArch, R 3001 PAK; SSDI; BG; Ausk. Vera Fassberg

Heilbronn, Arthur, JR
27.9.1865 Königsberg - 5.3.1943 Theresienstadt
priv.: Bamberger Str. 37, W 30/ Berchtesgadener Str. 14, Schöneberg
Kanzlei: Lindenstr. 81, SW 68
RA und Notar; nach der Machtübernahme der Nationalsozialisten 1933 Entzug des Notariats, als Anwalt bis zum allgemeinen Berufsverbot 1938 tätig. Danach Nachlasspfleger und Testamentsvollstrecker; Datum der Vermögenserklärung: 6.8.1942; Sammellager Große Hamburger Str. 26; Deportation am 2.9.1942 nach Theresienstadt, dort ein halbes Jahr später umgekommen.
JMBl. 33, S. 208; *li; LAB, Liste 15.10.33; Liste 36; MRRAK; BArch, R 3001 PAK; BG; ThG; GB II

Heilbut(h), Ilse Dr.
26.4.1904 Berlin - keine Angaben
priv.: k.A.
Kanzlei: Wassertorstr. 1, S 42
Nach der Machtübernahme der Nationalsozialisten Berufsverbot zum 10.6.1933.
Liste d. nichtzugel. RA, 25.4.33; JMBl. 33, S. 234; BArch, R 3001 PAK, PA

Heiman(n)sohn, Rudolf
7.6.1904 Berlin - Dezember 1977
priv.: k.A.
Kanzlei: Frankfurter Allee 87, O 112
Nach der Machtübernahme der Nationalsozialisten Berufsverbot zum 12.6.1933. Emigration in die USA, lebte in Queens in New York, änderte seinen Namen in Heimanson; im Alter von 73 Jahren gestorben.
Liste d. nichtzugel. RA, 25.4.33; JMBl. 33, S. 234; BArch, R 3001 PAK, PA; SSDI

Heims, Eduard Dr.
28.11.1884 Berlin - September 1964 Kalifornien
priv.: Mohrenstr. 54/55, W 8
Kanzlei: Markgrafenstr. 36, W 56
Beide Eltern von H., der bis 1917 Heymann hieß, waren bereits evangelischer Religion. Studierte Jura in Tübingen, Halle und Berlin; schloss sein Promotionsverfahren an der Berliner Friedrich-Wilhelms-Universität, die besonders hohe Anforderungen stellte, mit dem Prädikat summa cum laude ab; betätigte sich wissenschaftlich und theoretisch auf dem Gebiet des Strafrechts, Kirchenrechts und Völkerrechts. 1912-14 (Hilfs-)Richter in Berlin; 1914-19 Regierungsrat in der Außenhandelsabteilung des Auswärtigen Amtes; 1919-23 Mitarbeiter bei Walter Simons (u.a. 1920/21 Außenminister) und in der Reichsfinanzverwaltung sowie als Syndikus der Reichsvereinigung der Deutschen Industrie tätig; 1923-25 Zulassung als Rechtsanwalt beim KG, dann beim LG I-III; 1926-36 zugleich Generaldirektor der Gesellschaft für Hypothekenberatung mit Sitz in Berlin und Baltimore/USA. Nach der Machtübernahme der Nationalsozialisten Berufsverbot im Frühsommer 1933; 1937 Emigration in die USA nach Los Angeles; ließ sich als Farmer in Kalifornien nieder, wo er 1964 starb.
JMBl. 7.7.33; S. 209; Liste nicht zugel. RA, 25.4.33; BArch, R 3001 PAK, PA; BG; BHdE Bd. 1, S. 280; SSDI

Heine, Kurt Dr.
4.2.1889 Waren - keine Angaben
priv.: k.A.
Kanzlei: Niebuhrstr. 5, Charlottenburg
Nach der Machtübernahme der Nationalsozialisten Berufsverbot zum 13.6.1933.
Liste d. nichtzugel. RA, 25.4.33; JMBl. 33, S. 209; BArch, R 3001 PAK

Heinitz, Anton Dr.
24.12.1885 Berlin - keine Angaben
priv.: Salzbrunner Str. 42, Grunewald
Kanzlei: Charlottenstr. 55, W 8
Bruder von Günther H.; RA und Notar; nach der Machtübernahme der Nationalsozialisten wieder zugelassen; Entzug des Notariats 1935; als Anwalt bis zum allgemeinen Berufsverbot 1938 tätig. Emigration nach Großbritannien, London, am 28.9.1938. H.s Mutter nahm sich 1940 das Leben; sein Bruder Günther wurde 1943 in Auschwitz ermordet.
Adr.B. 32; *li; LAB, Liste 15.10.33; DJ 36, S. 314; Liste 36; MRRAK; BArch, R 3001 PAK; BG; Göpp., S. 247

Heinitz, Günther
21.1.1892 Berlin - Deportation 1943
priv.: Münchener Str. 37, W 30/ Französische Str. 13-14
Kanzlei: Charlottenstr. 55, W 8
RA am KG; in der Kanzlei des Vaters, Ernst H., die er nach dessen Tod mit seinem Bruder Anton H. weiterführte. Nach der Machtübernahme der Nationalsozialisten 1933 Vertretungsverbot. Ab 1939 im „Büro Grüber" (protestantische Hilfsorganisation für „nichtarische Christen") tätig (Registratur); zuletzt „Arbeitseinsatz" (Zwangsarbeit) im Weser-Flugzeugbau (ab 1.3.1941) am 3.2.1943 nach Auschwitz deportiert. Die Mutter nahm sich im Februar 1940 das Leben.
Adr.B. 32; TK 33; Liste d. nichtzugel. RA, 25.4.33; BArch, R 3001 PAK; BG; GB II; Göpp., S. 247

Hennig, Martin Dr.
23.2.1898 Neumark - keine Angaben
priv.: Steinplatz 2, Charlottenburg
Kanzlei: Joachimsthaler Str. 11, W 15
RA und Notar; nach der Machtübernahme der Nationalsozialisten 1933 wieder zugelassen; Entzug des Notariats 1935; war im Oktober 1936 noch als Anwalt tätig. Emigration nach Palästina 1936.
*li; LAB, 15.10.33; DJ 36, S. 314; Liste 36; BArch, R 3001 PAK; BG

Henoch, Robert Dr.
9.2.1884 - keine Angaben
priv.: Stromstr. 3, Charlottenburg
Kanzlei: Schadowstr. 4/5, NW 7
Im Oktober 1933 weiter als RA und Notar zugelassen; Zeitpunkt des Entzugs des Notariats (spätestens Ende 1935) nicht bekannt; noch mindestens bis Okt. 1936 als Anwalt tätig; Emigration in die USA, New York, im Mai 1939.
*li; LAB, 15.10.33; Liste 36; BArch, R 3001 PAK; BG; LAB, OFP-Akten, Nr. 349/44

Henschel, Ernst
14.10.1878 Breslau - keine Angaben
priv.: Claudiusstr. 13, NW 87
Kanzlei: Müllerstr. 177, N 65
RA und Notar; nach der Machtübernahme der Nationalsozialisten 1933 Entzug des Notariats; Zulassung als Anwalt wurde am 29.4.1938 gelöscht. Emigration nach Großbritannien, London, im September 1938.
JMBl. 33, S. 208; *li; LAB, 15.10.33; BArch, R 3001 PAK; BG

Henschel, Franz Dr.
1.6.1888 Berlin - keine Angaben
priv.: Johannisberger Str. 5, Wilmersdorf
Kanzlei: Taubenstr. 13, W 8
H. war Dissident; RA am KG und Notar; nach der Machtübernahme der Nationalsozialisten 1933 wieder zugelassen; Entzug des Notariats 1935; noch bis zum allgemeinen Berufsverbot 1938 als Anwalt tätig; überlebte und wurde nach 1945 wieder als Anwalt zugelassen.
*li; DJ 36, S. 314; Liste 36; MRRAK; BArch, R 3001, PAK; LAB, 15.10.33; LAB, RAK, PA Werthauer; Verz. zugel. Anw.45; BG

Henschel, Georg
19.3.1887 Berlin - keine Angaben
priv.: Oranienburger Str. 60-63, N 24
Kanzlei: An der Spandauer Brücke 9, C 2
RA am KG und Notar; nach der Machtübernahme der Nationalsozialisten am 3.7.1933 als Notar entlassen, am 10.11.1936 als RA gelöscht; vermutlich nach Dänemark emigriert.
Br.B. 32; *li; LAB, 15.10.33; BArch, R 3001 PAK; BG

Henschel, Martin, JR
keine Angaben - 1933
priv.: k.A.
Kanzlei: Friedrichstr. 72, W 8
RA und Notar; nach der Machtübernahme der Nationalsozialisten 1933 wieder zugelassen; wenig später verstorben.
TK 33; *li; LAB, 15.10.33; Pr.J. 33, S. 679; BArch, R 3001 PAK

Henschel, Moritz
17.2.1879 Breslau - ca.1947 Jerusalem
priv.: Lietzenburger Str. 8, W 15
Kanzlei: Lietzenburger Str. 30, W 15
Nahm am WK I teil, wurde mit dem EK II.Kl. ausgezeichnet. RA am KG und Notar; bis 1933 Mitglied des Vorstandes der Anwaltskammer Berlin; nach der Machtübernahme der Nationalsozialisten 1933 wieder zugelassen; Entzug des Notariats 1935; bis zum allgemeinen Berufsverbot 1938 als Anwalt tätig. Deportation am 16.6.1943 nach Theresienstadt. Dort war er der Leiter der Abteilung Freizeitgestaltung. H. überlebte das Lager und ging nach der Befreiung nach Palästina, wo er um 1947 starb.
TK 33; *li; Liste 36; MRRAK; BArch, R 3001 PAK; BG; Aufbau, N.Y., 12.10.1945; Ausk. Beate Meyer

Henschel, Richard Dr.
6.9.1889 Berlin - keine Angaben
priv.: k.A.
Kanzlei: Friedrichstr. 72, W 8
RA und Notar; nach der Machtübernahme der Nationalsozialisten Berufsverbot zum 14.7.1933. Er beantragte, wieder zugelassen zu werden, doch wurde sein Einsatz im WK I nicht als Fronteinsatz anerkannt. Emigration nach Lissabon, Portugal, am 1.4.1936.
Adr.B. 32; Liste d. nichtzugel. RA. 25.4.33; Pr.J. 33, S. 502; BArch, R 3001 PAK; BG

Hepner, Heinrich Dr.
31.10.1885 Görlitz - 10.7.1958 Chile
priv.: k.A.
Kanzlei: Potsdamer Str. 118 c, W 35
RA am KG und Notar; seit 1912 als Anwalt zugelassen, zuerst in der Kanzlei von > Dr. Eugen Fuchs; später Teilnahme am WK I als Verbindungsoffizier zwischen Rotem Kreuz und den Trupppen; 1921 Heirat mit Käthe Halberstam, Geburt dreier Kinder. Nach der Machtübernahme der Nationalsozialisten 1933 Entzug des Notariats; als Anwalt wieder zugelassen, bis zum allgemeinen Berufsverbot 1938 tätig. Im Zusammenhang mit dem Pogrom vom November 1938 wurde H. verhaftet und nach Sachsenhausen verschleppt, kam am 22.12.1938 wieder frei, nachdem er ein Kuba-Visum vorlegen konnte, dass seine Frau besorgt hatte. Die Familie reiste über die Niederlande und Großbritannien nach Kuba, konnte dort jedoch nicht an Land gehen, weil die Regierung inzwischen gewechselt hatte und die Visen für ungültig erklärte. Über Panama und Peru gelang es der Familie, nach Chile zu reisen und dort Aufnahme zu finden. Hier ist H. im Alter von 72 Jahren gestorben.

173

JMBl. 33, S. 208; *li; Liste 36; LAB, Liste 15.10.33; MRRAK; BArch, R 3001 PAK; BG; Ausk. Lore Hepner, 2006

Hepner, Julius Dr.
29.5.1886 Beuthen - keine Angaben
priv.: Von-der-Heydt-Str. 2, W 10
Kanzlei: Kaiser-Wilhelm-Str. 53, C 2
RA und Notar; noch 1932 Vorstandsmitglied der Anwaltskammer. Nach der Machtübernahme der Nationalsozialisten wieder zugelassen; Löschung des Notariats 1935, bis zum allgemeinen Berufsverbot 1938 als Anwalt tätig. Emigration nach Schweden, Stockholm. Die Ehefrau Marie galt als „arisch".
TK 33; *li; LAB, 15.10.33; TK 36; Liste 36; BArch, R 3001 PAK; BG

Herrmann, Max
9.3.1883 Breslau - keine Angabe
priv.: Nürnberger Str. 14/15, W 50
Kanzlei: Alexanderstr. 32
H. bestand 1910 sein zweites Staatsexamen; RA und Notar; nach der Machtübernahme der Nationalsozialisten 1933 Entzug des Notariats, Löschung als Anwalt erfolgte zum 10.9.1934, H. war schon im Oktober 1933 nicht mehr im Verzeichnis der Berliner Anwälte aufgeführt. Emigration nach Frankreich am 1.10.1933.
Jüd.Adr.B.; TK 33; JMBl. 33, S. 208; BArch, R 3001 PAK

Herrmann, Siegfried
6.5.1877 Wehlau - Deportation 1942
priv.: k.A.
Kanzlei: Alexanderstr. 55, O 27
RA und Notar; nach der Machtübernahme der Nationalsozialisten 1933 wieder zugelassen; 1935 Entzug des Notariats; bis zum allgemeinen Berufsverbot 1938 als Anwalt tätig. Deportation von Berlin am 13.1.1942 nach Riga.
TK 33; *li; LAB, 15.10.33; DJ 36, S. 314; Liste 36; MRRAK; BArch, R 3001 PAK; GB II; BArch R 1509 RSA

Herrnberg, Felix Dr.
1.7.1889 Allenstein - 27.3.1942 Litzmannstadt/Lodz
priv.: Eisenacher Str. 106, Schöneberg
Kanzlei: Ansbacher Str. 17, W 50
H. war der Schwager des von der NS-Presse besonders angefeindeten früheren Berliner Polizeipräsidenten Bernhard Weiß. Nach der Machtübernahme der Nationalsozialisten im April 1933 Vertretungsverbot, das wieder aufgehoben wurde, weil er als „Frontkämpfer" im Ersten Weltkrieg anerkannt wurde. 1935 Entzug des Notariats, 1936 wurde seine anwaltliche Zulassung gelöscht. H. wurde am 24.10.1941 nach Litzmannstadt/Lodz deportiert, wo er wenige Monate später umgekommen ist.
Br.B.32; Liste d. nichtzugel. RA, 25.4.33; JMBl. 33, S. 209; Liste 36; DJ 36, S. 314; BArch, R 3001 PAK, PA; BG; GB II

Herrnstadt, Ernst Dr.
16.10.1906 Gleiwitz - keine Angaben
priv.: k.A.
Kanzlei: Leipziger Str. 123 a, W 8
RA am KG (seit 1931); nach der Machtübernahme der Nationalsozialisten Berufsverbot zum 2.6.1933.
Liste d. nichtzugel. RA, 25.4.33; BArch, R 3001 PAK, PA

Hertzberg, Georg Dr.
17.11.1872 Neuruppin - 29.10.1942 Theresienstadt
priv.: Frobenstr. 27, W 35, Schöneberg
Kanzlei: Markt 4/5, Spandau
RA und Notar; nach der Machtübernahme der Nationalsozialisten 1933 wieder zugelassen; 1935 Entzug des Notariats, als Anwalt bis zum allgemeinen Berufsverbot 1938 tätig. Deportation am 27.8.1942 nach Theresienstadt. Dort ist H. nach wenigen Monaten umgekommen.
*li; LAB, 15.10.33; DJ 36, S. 315; MRRAK; BArch, R 3001 PAK; BG; ThG; GB II

Herz, Franz Dr.
12.3.1878 Jessnitz - 5.3.1943
priv.: Karlsruher Str. 28 bei Bernstein, Wilmersdorf-Halensee
Kanzlei: Köpenicker Str. 195, SO 36
RA und Notar; nach der Machtübernahme der Nationalsozialisten 1933 Entzug des Notariats; als Anwalt wieder zugelassen und bis 1937 tätig; starb 1943 eine Woche vor seinem 75. Geburtstag, in Weißensee beigesetzt.
TK 33; *li; LAB, 15.10.33; TK 36; Liste 36; BArch, R 3001 PAK; BG

Herzberg, Hans Dr.
22.6.1893 Essen - 1969 Sao Paulo, Brasilien
priv.: Württembergallee 26-27, Charlottenburg
Kanzlei: Nollendorfplatz 6, W 30
RA und Notar. Nach der Machtübernahme der Nationalsozialisten wieder zugelassen; 1935 Entzug des Notariats, als Anwalt bis zum allgemeinen Berufsverbot 1938 tätig. Emigration nach Brasilien 1939.
*li; LAB, 15.10.33; DJ 36, S. 315; MRRAK; BArch, R 3001 PAK; BG; BHdE Bd. 1, S. 290 (Rolf Herzberg)

Herzfeld, Arthur Dr.
15.8.1877 Dortmund - Deportation 1943
priv.: Martin-Luther-Str. 25, W 30, Schöneberg
Kanzlei: Seydelstr. 31, SW 19
RA und Notar; nach der Machtübernahme der Nationalsozialisten 1933 Notariatsentzug, Anwalt noch bis zum allgemeinen Berufsverbot 1938, später als Testamentsvollstrecker tätig. Datum der Vermögenserklärung: 28.2.1943, Deportation am 3.3.1943 nach Auschwitz.
Adr.B. 32; JMBl. 33, S. 253; *li; LAB, 15.10.33; Liste 36; MRRAK; BArch, R 3001 PAK; BG; GB II

Herzfeld, Joseph Dr.
18.12.1853 Neuss - 27.7.1939 Ritten/Südtirol
priv.: k.A.
Kanzlei: Französische Str. 13/14
H. hatte eine kaufmännische Ausbildung abgeschlossen, ab 1874 in einer Versicherungsbank in New York gearbeitet, 1878-80 an der Columbia Law School studiert; war von 1881-85 als Rechtsanwalt in New York tätig. 1885-87 Jurastudium in Berlin; RA seit 1892, später auch Notar. Reisen nach Kuba, Mexiko und Kanada. Durch seine Ausbildung tiefe Kenntnisse des angelsächsischen Rechts. 1887 Mitglied der SPD, von 1898-1906 und 1912-1918 Mitglied des Reichstags für die SPD. Engagierte sich besonders für die Angelegenheiten der Landarbeiter. Herzfeld gehörte innerhalb der SPD zu den Gegnern des Kriegs 1914, Mitgründer der USPD 1917, wechselte 1920 zur KPD, Reichstagsabgeordneter von 1920-24. Mitgründer und Anwalt der Roten Hilfe, Mitglied des Kuratoriums der Kinderheime der Roten Hilfe (die die Kinder versorgen sollten, wenn die Eltern inhaftiert wurden); Verteidiger für die KPD, u.a. im Tescheka-Prozess; war auch international für die Rote Hilfe aktiv.
Nach der Machtübernahme der Nationalsozialisten war H. als politisch aktiver Jurist gefährdet. Die RAK meldete im Mai 1933 an das Preußische Justizministerium, dass er seit dem „6. März 1925 ständiger Verteidiger im Auftrag der Roten Hilfe" war, zugleich wurde betont, dass er „nicht-arisch" sei. Berufsverbot 1933. Emigration im September 1933 in die Schweiz nach Zürich; übernahm dort im Alter von über 80 Jahren die

Vertretung deutscher Emigranten vor Schweizer Gerichten; zog dann nach Südtirol. Dort starb H. 1939 im Alter von 86 Jahren.
GHStA, Rep. 84a, Nr. 20363; JMBl. 33, S. 209; BArch, R 3001 PAK; Göpp., S. 287; Schneider, Schwarz, Schwarz, S. 160/61

Herzfeld, Robert Dr.
22.9.1888 Berlin - keine Angaben
priv.: k.A.
Kanzlei: Potsdamer Str. 129/130
War in den 1920er Jahren wie Joseph Herzfeld, mit dem er zeitweilig eine Bürogemeinschaft führte, Anwalt der Roten Hilfe. Nach der Machtübernahme der Nationalsozialisten Berufsverbot als zum 7. 8.1933. Bei H. wird neben der „nichtarischen Abstammung" (§ 1 Abs. 1 d. Ges. v. 7.4.1933) auch eine „kommunistischen Betätigung" (§ 3) als Begründung angegeben.
Liste d. nichtzugel. RA, 25.4.33; JMBl. 21.8.33, S. 267; BArch, R 3001 PAK, PA; Schneider, Schwarz, Schwarz, S. 162

Herzog, Hans Dr.
13.6.1891 Berlin - keine Angaben
priv.: k.A.
Kanzlei: Mohrenstr. 54/55, W 8
RA und Notar; nach der Machtübernahme der Nationalsozialisten wieder zugelassen; am 17.2.1935 wird die Zulassung auf Antrag gelöscht.
*li; LAB, 15.10.33; BArch, R 3001 PAK; DJ 36, S. 315

Herzog, Martin
7.4.1895 Posen - keine Angaben
priv.: k.A.
Kanzlei: Flemmingstr. 3, Steglitz
RA seit 1931; nach der Machtübernahme der Nationalsozialisten Berufsverbot zum 27.6.1933; im August 1933 Emigration nach Palästina.
Liste d. nichtzugel. RA, 25.4.33; JMBl. 33, S. 209; BArch, R 3001 PAK, PA; BG

Heydemann, Walter Dr.
3.6.1896 Berlin - keine Angaben
priv.: Meinekestr. 20, Charlottenburg
Kanzlei: Meinekestr. 20, W 15
Gehörte gemeinsam mit seinem Bruder einer jüdischen Studentenverbindung an, die sich in den 1920ern Schlägereien mit Nazigruppen lieferte. RA und Notar; 1933 wieder zugelassen; Entzug des Notariats 1935; bis zum allgemeinen Berufsverbot 1938 als Anwalt tätig. Emigration in die USA, New York, am 24.12.1938.
Adr.B. 32; *li; LAB, 15.10.33; DJ 36, S. 315; Liste 36; BArch, R 3001 PAK; MRRAK; BG; Ausk. E. Proskauer

Heymann, Adolf, JR
12.5.1861 Selchow - Deportation 1942
priv.: Blankenfeldstr. 4, C2, Mitte
Kanzlei: Blumenstr. 49, O 27
RA und Notar; nach der Machtübernahme der Nationalsozialisten 1933 Entzug des Notariats, als Anwalt bis zum allgemeinen Berufsverbot 1938 tätig. Deportation am 30.7.1942 nach Theresienstadt.
JMBl. 33, S. 208; *li; LAB, 15.10.33; MRRAK; BArch, R 3001, PAK; Naatz-Album („Andreas H."); BG; ThG; GB II

Heymann, Ernst Dr., JR
18.1.1888 Köln - keine Angaben
priv.: Fasanenstr. 58, W 15
Kanzlei: Badstr. 61, N 20
RA und Notar; nach der Machtübernahme der Nationalsozialisten 1933 wieder zugelassen; Entzug des Notariats 1935, als Anwalt bis zum allgemeinen Berufsverbot 1938 tätig. Emigration in die USA, New York, am 28.4.1939.
*li; LAB, 15.10.33; DJ 36, S. 315; BArch, R 3001 PAK; MRRAK; BG

Heymann, Hans Dr.
20.5.1882 Dortmund - keine Angaben
priv.: Bayreuther Str. 38, W 62
Kanzlei: Friedrich-Ebert-Str. 15, W 9
RA am KG und Notar; nach der Machtübernahme der Nationalsozialisten wieder zugelassen; als Anwalt bis zum allgemeinen Berufsverbot 1938 tätig, danach noch als „Konsulent" zugelassen. Emigration nach Australien, Sidney.
*li; LAB, Liste 15.10.33; BArch, R 3001 PAK; MRRAK; Liste der Kons. v. 23.2.1939; BG

Heymann, Hugo Dr., JR
keine Angaben
priv.: k.A.
Kanzlei: Brückenstr. 6 b, SO 16
RA und Notar; nach der Machtübernahme der Nationalsozialisten 1933 Entzug des Notariats; als Anwalt wieder zugelassen bis zum allgemeinen Berufsverbot 1938.
JMBl. 33, S. 208; *li; LAB, Liste 15.10.33; Liste 36; BArch, R 3001 PAK; MRRAK

Hilb, Karl Dr.
23.12.1894 Mannheim - keine Angaben
Kanzlei: Kronenstr. 66; W 8
G. hatte von 1915-1918 am WK I teilgenommen, war mit dem EK II. Kl. und der badischen silbernen Verdienstmedaille am Bande ausgezeichnet worden; war 1924 in Mannheim zur Anwaltschaft zugelassen worden, hatte sich dann 1926 in Haifa angesiedelt und in Jerusalem „palästinensisches und sonstiges vorderasiatisches, nämlich türkisches, syrisches, arabisches Recht und französisches und englisches Kolonialrecht" studiert, 1927 legte er die entsprechenden Examina ab, bis 1930 praktizierte er als Anwalt in Palästina. 1930 ging er zurück nach Deutschland und ließ sich als Anwalt in Berlin nieder. Nach der Machtübernahme der Nationalsozialisten beantragte H. am 10.4.1933 die Wiederzulassung zur Anwaltschaft, indem er auf seine Eigenschaft als „Frontkämpfer" hinwies. Der Nachweis des Eisernen Kreuzes II. Kl. reichte jedoch nicht. Durchaus selbstbewusst wies H. darauf hin, dass eine derartige Ehrung nur im Zusammenhang mit einem Fronteinsatz erfolgte. In der Personalakte finden sich keine weiteren persönlichen Schreiben von ihm. Im November 1933 meldete der Vorstand der RAK an den Kammergerichtspräsidenten, dass H. sich in Haifa, Palästina, aufhalte. Der Vizepräsident des KG, Goetsch, leitete daraufhin die Löschung ein. H.s Zulassung wurde zum 9.12.1933 gelöscht.
Adr.B. 33; Pr.J. 33, S. 839; BArch, R 3001 PAK, PA

Hilb, Robert Dr.
20.2.1891 Berlin - keine Angaben
priv.: k.A.
Kanzlei: Kurfürstenstr. 88, W 62
H. war evangelischer Religion; RA (seit 1921) und Notar (seit Februar 1933); nach der Machtübernahme der Nationalsozialisten Berufsverbot zum 31.5.1933.
Adr.B. 32; Liste d. nichtzugel. RA.; JMBl. 33, S. 253; BArch, R 3001 PAK, PA

Hiller, Gerhard
5.3.1906 Berlin - 8.8.1991
priv.: k.A.
Kanzlei: Nollendorfplatz 6, W 30
H. hatte das Königstädtische Gymnasium in Berlin besucht und 1924 das Studium aufgenommen, was nach dem Tod der Mutter (der Vater war bereits 1915 gestorben) nur unter Schwierigkeiten zu finanzieren war. Am 24.3.1932 wurde H. zur Anwaltschaft zugelassen, im Dezember desgleichen Jahres heiratete er. Nach der Machtübernahme der Nationalsozialisten stellte H. noch einen Antrag auf Wiederzulassung, da er aber keinen der Ausnahmegründe für sich geltend machen konnte, wurde ein Berufsverbot zum 6.7.1933 gegen ihn verhängt. Emigration in die USA, änderte seinen Vornamen in Gary, lebte zuletzt in Forest Hills, New York, starb im Alter von 85 Jahren.
Adr.B. 33; JMBl. 33, S. 234; BArch, R 3001 PAK, PA; SSDI

Hiller, Walter Dr.
4.9.1889 Berlin - Deportation 1941
priv.: k.A.
Kanzlei: Regensburger Str. 2, W 50
RA und Notar; nach der Machtübernahme der Nationalsozialisten wurde H. 1933 erst gelöscht, dann wieder zugelassen; Entzug des Notariats spätestens Ende 1935, war noch bis zum 5.4.1938 als Anwalt tätig. H. wurde am 1.11.1941 nach Lodz/Litzmannstadt deportiert.
Adr.B. 32; TK 36; Liste 36; BArch, R 3001 PAK; BG; GB II

Hintze, Walter Dr.
24.11.1904 Stettin - keine Angaben
priv.: Prinzregentenstr. 84, Wilmersdorf
Kanzlei: Lutherstr. 33, W 62
Nach der Machtübernahme der Nationalsozialisten galt H. als „Mischling", weil er ein jüdisches Großelternteil hatte. Er war evangelischer Religion. 1933 wieder zugelassen; noch 1940 als Anwalt tätig.
*li; LAB, Liste 15.10.33; Liste Mschlg. 36; Tel.B. 41; BG

Hirsch, Hermann
27.6.1885 Messingwerk - 1935 Jerusalem
priv.: Winklerstr. 28, Grunewald
Kanzlei: Winklerstr. 28, Grunewald
Nach der Machtübernahme der Nationalsozialisten 1933 wieder zugelassen. Emigration nach Palästina, Jerusalem, am 15.12.1934; dort 1935 im Alter von 50 Jahren gestorben.
TK 33; *li; BArch, R 3001 PAK; BG

Hirsch, Hugo, JR
26.1.1899 Grünberg/Schlesien - keine Angaben
priv.: Kurfürstendamm 14/15, W 50
Kanzlei: Kurfürstendamm 14/15, W 50
RA und Notar; nach der Machtübernahme der Nationalsozialisten 1933 wieder zugelassen; Entzug des Notariats 1935; noch bis zum allgemeinen Berufsverbot 1936 als Anwalt tätig.
Jüd.Adr.B.; *li; LAB, Liste 15.10.33; DJ 36, S. 315; Liste 36; MRRAK; BArch, R 3001 PAK

Hirsch, Martin Dr.
15.12.1890 Berlin - keine Angaben
priv.: Hoffmann-von-Fallersleben-Platz, Wilmersdorf
Kanzlei: Eichhornstr. 1, W 9
H. war Justitiar des Ignaz-Petschek-Konzerns; 1933 weiter zugelassen als RA und Notar; Entzug des Notariats spätestens Ende 1935; Emigration in die USA, San Francisco, 1938.
Adr.B. 32; *li; LAB, Liste 15.10.33; DJ 36, S. 315; BArch, R 3001 PAK; BG

Hirsch, Martin Dr.
31.10.1897 Rogasen - keine Angaben
priv.: k.A.
Kanzlei: Friedrichstr. 49 a, SW 68
RA seit 1925; nach der Machtübernahme der Nationalsozialisten Berufsverbot zum 23.6.1933.
Adr.B. 32; Liste d. nichtzugel. RA, 25.4.33; JMBl. 33, S. 253; BArch, R 3001 PAK, PA

Hirsch, Paul Dr., JR
keine Angaben
priv.: Knesebeckstr. 61, W 15
Kanzlei: Knesebeckstr. 61, W 15
RA am KG und Notar; nach der Machtübernahme der Nationalsozialisten 1933 Entzug des Notariats, als Anwalt wieder zugelassen bis zum allgemeinen Berufsverbot 1938.
TK 33; Jüd.Adr.B; JMBl. 33, S. 208; *li; LAB, Liste 15.10.33; Liste 36; MRRAK; BArch, R 3001 PAK

Hirsch, Salli Dr.
27.6.1885 Heinrichswalde, Ostpreußen - 21.11.1950 Jerusalem
priv.: k.A.
Kanzlei: Kurfürstendamm 234, W 50
1914-18 Kriegsteilnehmer, mit dem EK II ausgezeichnet; RA und Notar; Vorstandsmitglied in der Jüdischen Gemeinde Berlin und Funktionär in jüdischen und zionistischen Verbänden, u.a. Delegierter bei zionistischen Kongressen; machte wiederholt Reisen nach Palästina. Nach der Machtübernahme der Nationalsozialisten 1933 wieder zugelassen; 1935 Entzug des Notariats; Zulassung als Anwalt auf Antrag zum 4.11.1935 gelöscht. Emigration nach Palästina im November 1935; bis 1949 Mitarbeiter in einer Anwaltskanzlei in Jerusalem; weiter in zahlreichen Funktionen in Institutionen und Verbänden engagiert; verfasste auch Beiträge für die Zeitung Haaretz; starb 1950 in Jerusalem.
*li; LAB, Liste 15.10.33; BArch, R 3001 PAK; BG; BHdE Bd.1, S. 300 f.

Hirsch, Walter Dr.
7.4.1896 Schwetz - Deportation 1941
priv.: Tauentzienstr. 7, W 50
Kanzlei: Tauentzienstr. 7, W 50
RA und Notar; nach der Machtübernahme der Nationalsozialisten 1933 wieder zugelassen; 1935 Entzug des Notariats, war als Anwalt bis zum allgemeinen Berufsverbot 1938 tätig; danach als „Konsulent" zugelassen. Datum der Vermögenserklärung: 20.10.1941; kam ins Sammellager Levetzowstr. 7-8; Deportation am 24.10.1941 nach Litzmannstadt/Lodz.
*li; LAB, Liste 15.10.33; DJ 36, S. 315; MRRAK; Liste d. Kons., 15.4.39; BArch, R 3001 PAK; BG; GB II

Hirschberg, Erich Dr.
5.1.1883 Roggenau - 18.5.1961
priv.: Lietzensee-Ufer 9, Charlottenburg

Kanzlei: Lietzensee-Ufer 9, Charlottenburg
H. war evangelischer Religion; während des Studiums Mitglied einer (schlagenden) Studentenverbindung; RA (seit 1911) und Notar (seit 1924); vermutlich der Bruder von Oscar H.; hatte bis 1933 durchschnittliche Einnahmen von RM 30 000,- p.a.

Nach der Machtübernahme der Nationalsozialisten 1933 Entzug des Notariats; die Einnahmen reduzierten sich bis 1938 auf RM 6 000,- p.a. 1938 Entzug der Zulassung als Anwalt im Rahmen des allgemeinen Berufsverbots. Emigration nach China, Shanghai; Rückkehr 1947 nach Berlin; erhielt 1954 die Wiederzulassung als Anwalt und Notar.
JMBl. 33, S. 208; *li; LAB, Liste 15.10.33; BArch, R 3001 PAK; MRRAK; BG; LAB, RAK, PA

Hirschberg, Ernst Dr.
14.9.1894 Berlin - Deportation 1943
priv.: Fasanenstr. 42, W 15
Kanzlei: Prenzlauer Str. 18, C 25
RA und Notar; nach der Machtübernahme der Nationalsozialisten 1933 wieder zugelassen; 1935 Entzug des Notariats; war noch bis zum allgemeinen Berufsverbot 1938 als Anwalt tätig. Wurde später zur Zwangsarbeit verpflichtet und als Arbeiter bei Tornado, Müllerstr. 30, N 65, eingesetzt. Deportation am 12.1.1943 nach Theresienstadt; von dort am 28.9.1944 nach Auschwitz verschleppt.
*li; LAB, Liste 15.10.33; DJ 36, S. 315; Liste 36; BArch, R 3001 PAK; MRRAK; BG; GB II

Hirschberg, Franz Dr.
2.5.1893 Berlin - Deportation 1943
priv.: Ludwigkirchstr. 9, W 15
Kanzlei: Badstr. 60, N 20
RA und Notar; nach der Machtübernahme der Nationalsozialisten Löschung der Zulassung. Die offizielle Meldung von seinem Tod 1933 scheint unzutreffend zu sein, da H. nach Frankreich emigrierte. Dort von den Verfolgern eingeholt. Deportation am 4.3.1943 von Drancy nach Majdanek.
JMBl. 33, S. 282; Liste d. nichtzugel. RA, 25.4.33; BArch, R 3001 PAK; BG; GB II

Hirschberg, Hans Dr.
keine Angaben
priv.: k.A.
Kanzlei: Nollendorfstr. 15, Schöneberg (1932)
RA und Notar; nach der Machtübernahme der Nationalsozialisten Berufsverbot 1933.
Br.B. 32; JMBl. 33, S. 253; BArch, R 3001 PAK

Hirschberg, Oscar Dr.
19.10.1889 Roggenau - keine Angaben
priv.: Solinger Str. 7, NW 87
Kanzlei: k.A.
Nach der Machtübernahme der Nationalsozialisten Berufsverbot zum 6.6.1933. Emigration nach China, Shanghai, am 21.7.1939.
Liste d. nichtzugel. RA, 25.4.33; JMBl. 33, S. 234; BArch, R 3001 PAK, PA; BG

Hirschberg, Paul Dr., JR
2.1.1869 Posen - 5.10.1942 Theresienstadt
priv.: Waitzstr. 6, Charlottenburg
Kanzlei: Stresemannstr. 105, SW 11
Nach der Machtübernahme der Nationalsozialisten wieder zugelassen; bis zum allgemeinen Berufsverbot 1938 als Anwalt tätig. Deportation am 17.7.1942 nach Theresienstadt; dort wenige Wochen später umgekommen.
*li; LAB, Liste 15.10.33; Liste 36; BArch, R 3001 PAK; MRRAK; BG; ThG; GB II

Hirschel, Max Dr., JR
9.4.1861 - 18.2.1935
priv.: k.A.
Kanzlei: Bendlerstr. 17, W 35
Nach der Machtübernahme der Nationalsozialisten 1933 wieder als RA zugelassen; 1935 Tod im Alter von 74 Jahren, in Weißensee beigesetzt.
TK 33; *li; LAB, Liste 15.10.33; BArch, R 3001 PAK; BG

Hirschfeld, Erwin Dr.
1.5.1887 Dortmund - keine Angaben
priv.: Jenaer Str. 5, Wilmersdorf
Kanzlei: Jenaer Str. 17, Wilmersdorf
RA (seit 1919) und Notar (seit 1929); nach der Machtübernahme der Nationalsozialisten Berufsverbot zum 12.6.1933. Emigration nach Frankreich.
Br.B. 32; JMBl. 33, S. 220/1; Liste d. nichtzugel. RA, 25.4.33; BArch, R 3001 PAK, PA; Wolf, BFS

Hirschfeld, Georg Dr.
27.11.1879 Berlin - keine Angaben
priv.: Kaiser-Wilhelm-Str. 59, C 2 (1931)
Kanzlei: Kaiser-Wilhelm-Str. 59, C 2
RA und Notar, in einer Sozietät mit Ludwig H.; nach der Machtübernahme der Nationalsozialisten Entzug des Notariats 1933; war noch bis zum allgemeinen Berufsverbot 1938 als Anwalt tätig; lebte zum Zeitpunkt der Volkszählung 1939 in Deutschland.
Adr.B. 32; JMBl. 33, S. 208; *li; LAB, Liste 15.10.33; Liste 36; BArch, R 3001 PAK; MRRAK; VZ 39

Hirschfeld, Leo Dr.
19.4.1887 Berlin - 11.4.1933
priv.: Alexanderstr. 24
Kanzlei: Friedrichstr. 4
RA und Notar; starb im April 1933 kurz vor seinem 46. Geburtstag.
TK 33; JMBl. 28.4.33; BArch, R 3001 PAK, PA; BG

Hirschfeld, Ludwig
15.1.1893 Berlin - keine Angaben
priv.: k.A.
Kanzlei: Kaiser-Wilhelm- Str. 59, C 2
RA und Notar; in einer Sozietät mit Georg H.; nach der Machtübernahme der Nationalsozialisten 1933 wieder zugelassen; 1935 Entzug des Notariats; noch bis zum 1.4.1937 als Anwalt tätig.
*li; DJ 36, S. 315; Liste 36; BArch, R 3001 PAK; BG

Hirschfeld, Maurice
31.12.1899 Berlin - keine Angaben
priv.: k.A.
Kanzlei: Potsdamer Str. 35, Spandau
Nach der Machtübernahme der Nationalsozialisten Berufsverbot im Frühjahr 1933. Emigration am 27.12.1938 nach Palästina.
Br.B. 32; Liste d. nichtzugel. RA, 25.4.33; JMBl. 21.8.33; S.267; BArch, R 3001 PAK; BG

Hirschfeldt, Hermann, JR
26.10.1862 Bovin - 3.8.1942 Theresienstadt
priv.: Iranische Str. 3, N 65/ Bamberger Str. 31, Schöneberg
Kanzlei: Kaiser-Wilhelm-Str. 19, C 2
Nach der Machtübernahme der Nationalsozialisten wieder zugelassen; war noch bis zum allgemeinen Berufsverbot 1938 als Anwalt tätig. Deportation am 6.7.1942 nach Theresienstadt; dort knapp einen Monat später im Alter von 79 Jahren umgekommen.
TK 33; *li; LAB, Liste 15.10.33; BArch, R 3001 PAK; BG; ThG; GB II (Hirschfeld)

Hirschland, Karl Dr.
12.7.1881 Essen - 29.12.1946 USA
priv.: Maaßenstr. 13, W 62
Kanzlei: Lützowufer 17
RA (seit 1914) an den Landgerichten I-III; nach der Machtübernahme der Nationalsozialisten wurde seine Zulassung im Zuge der Zusammenlegung der Landgerichte zum Januar 1934 gelöscht. Emigration 1933 nach Frankreich, 1936 in die USA. Gegen ihn wurde ein Steuersteckbrief erlassen. Ende 1946 in den USA gestorben.
Br.B. 32; BArch, R 3001 PAK, PA; Wolf, BFS

Hirschowitz, Aron Dr.
22.3.1885 Insterburg - keine Angaben
priv.: Kurfürstendamm 173, W 15
Kanzlei: Linkstr. 30, W 9

177

RA und Notar; nach der Machtübernahme der Nationalsozialisten 1933 Entzug des Notariats, als Anwalt bis zum allgemeinen Berufsverbot 1938 tätig. Emigration, jedoch unterschiedliche Informationen zum Ziel: China, Shanghai am 9.12.1938, oder Honduras am 12.11.1940.
Br.B. 32; Pr.J. 33, S. 466; *li; LAB, Liste 15.10.33; BArch, R 3001 PAK; BG

Hirsch-Rheinshagen, Richard Dr.
keine Angaben
priv.: k.A.
Kanzlei: Lietzenburger Str. 7, W 15
RA am KG und Notar; nach der Machtübernahme der Nationalsozialisten Berufsverbot als Anwalt und Notar im Frühjahr 1933.
Br.B. 32; Liste d. nichtzugel. RA, 25.4.33; JMBl. 4.8.33

Hirsch-Wagner, Walter
11.3.1888 Göttingen - keine Angaben
priv.: k.A.
Kanzlei: Friedrichstr. 160
Teilnahme am WK I; RA bei den LG I-III (1919) und Notar (1929); nach der Machtübernahme der Nationalsozialisten Berufsverbot 1933; hielt sich 1934 in Salerno, Italien, auf; bemühte sich noch von dort aus in seinem Antrag auf Wiederzulassung vergeblich um die Anerkennung als „Frontkämpfer". H. blieb möglicherweise in Italien.
JMBl. 30.6.33; Liste nichtzugel. RA, 25.4.33; BArch, R 3001 PAK, PA

Hirschwald, Franz Dr.
16.2.1882 Berlin - keine Angaben
priv.: Uhlandstr. 165-166, W 15
Kanzlei: Behrenstr. 49, W 8
H. war evangelischen Glaubens; Fronteinsatz als Soldat im WK I.
RA und Notar; nach der Machtübernahme der Nationalsozialisten 1933 wieder zugelassen. Er galt als „Mischling", weil er zwei jüdische Großelternteile hatte;

praktizierte auch 1941 als Anwalt und Notar. H. überlebte und wurde nach 1945 wieder als Anwalt in West-Berlin zugelassen.
TK 33; *li; LAB, Liste 15.10.33, Liste Mschlg. 36; Tel.B. 41; Verz. zugel. Anw. 45; BG

Hoch, Rudolf Dr.
21.11.1891 Danzig - keine Angaben
priv.: Lietzenburger Str. 33, W 15
Kanzlei: Hardenbergstr. 19, Charlottenburg
RA am KG und Notar; nach der Machtübernahme der Nationalsozialisten 1933 wieder zugelassen; 1935 Entzug des Notariats, war bis zum allgemeinen Berufsverbot 1938 als Anwalt tätig. Emigration nach Großbritannien, London, am 15.4.1939.
*li; LAB, Liste 15.10.33; DJ 36, S. 315; BArch, R 3001 PAK; MRRAK; BG

Hoeniger, Franz Dr.
30.3.1875 Hohensalza - Berlin
priv.: Am Karlsbad 27, Tiergarten
Kanzlei: Am Karlsbad 27, Tiergarten
H. war Dissident. RA am KG und Notar; nach der Machtübernahme der Nationalsozialisten 1933 Entzug des Notariats; die Ehefrau Henriette galt als „arisch". Als Anwalt noch bis zum allgemeinen Berufsverbot 1938 tätig. H. beging Suizid, der Zeitpunkt und die näheren Umstände sind nicht bekannt.
JMBl. 33, S. 208; *li; LAB, Liste 15.10.33; Liste 36; BArch, R 3001 PAK; MRRAK; BG; GB II (CD-ROM)

Hoffmann, Bruno
22.11.1883 Lyck - keine Angaben
priv.: Hohenzollerndamm 47 a, Grunewald
Kanzlei: Hohenzollerndamm 47 a, Grunewald
RA und Notar; nach der Machtübernahme der Nationalsozia-

listen 1933 wieder zugelassen; Entzug des Notariats 1935; war noch bis zum allgemeinen Berufsverbot 1938 als Anwalt tätig. H. lebte in „privilegierter Mischehe", d.h. seine Frau galt als „arisch" und das Paar hatte gemeinsame Kinder. Er überlebte und wohnte nach der Befreiung im Berliner Bezirk Zehlendorf.
*li; LAB, Liste 15.10.33; DJ 36, S. 315; Liste 36; BArch, R 3001 PAK; MRRAK; Verz. zugel. Anw. 45; BG

Hoffnung, Rudolf Dr.
2.1.1889 Luckenwalde - keine Angaben
priv.: Französische Str. 49, W 8
Kanzlei: Unter den Linden 56
Hatte am WK I teilgenommen; RA seit 1924; nach der Machtübernahme der Nationalsozialisten Berufsverbot zum 6.6.1933. Sein Antrag auf Wiederzulassung war abgelehnt worden, weil sein Einsatz im WK I nicht als „Fronteinsatz" anerkannt wurde. Emigration nach Palästina.
Adr.B. 32; JMBl. 33, S. 209; Liste d. nichtzugel. RA, 25.4.33; BArch, R 3001 PAK, PA; BG

Hoffstaedt, Wilhelm, JR
keine Angaben
priv.: k.A.
Kanzlei: Innsbrucker Str. 5, Schöneberg
RA und Notar; nach der Machtübernahme der Nationalsozialisten 1933 Entzug des Notariats, als Anwalt bis zum allgemeinen Berufsverbot 1938 tätig.
TK 33; JMBl. 33, S. 208; *li; LAB, Liste 15.10.33; Liste 36; MRRAK

Hohenstein, Werner
26.5.1892 Stettin - keine Angaben
priv.: Grolmanstr. 32-33, Charlottenburg
Kanzlei: Grolmanstr. 32-33, Charlottenburg
H. zog als Kind mit seiner Familie nach Berlin und bestand 1911 das Abitur. Von 1911 bis 1914 studier-

te H. in Freiburg, München und Berlin Jura. Im März 1915 legte er „das Referendar-Examen am Kammergericht" ab. Anschließend war er Soldat, wurde schwer verwundet. Nach dem Referendariat bestand er 1922 das Assessorexamen und ging vorübergehend in den Justizdienst, wechselte aber später in die Wirtschaft und arbeitete als Syndikus bei einer Bank in Danzig. 1925 kehrte er nach Berlin zurück und ließ sich als Anwalt nieder, 1932 wurde er auch zum Notar ernannt.
Nach der Machtübernahme der Nationalsozialisten wurde H. als „Frontkämpfer" 1933 wieder zugelassen. Später schrieb er: „Ich hatte eine ausschließlich kommerzielle Praxis. Meine Klientel stammte aus dem Textilhandel der Großkonfektion, dem Öl- und Metallhandel. Mein Einkommen im 1. Jahr meiner Niederlassung im Jahre 1929 war etwa 6 000 Reichsmark, und bis zur Auswanderung ständig im Steigen, obwohl ich 1935 das mir im Jahre 1932 verliehene Notariat bereits wieder durch die Nürnberger Gesetze verlor."
1937 heiratete H. die 13 Jahre jüngere Meta Dorothea R., die als Ärztin arbeitete. Sie verlor wenig später, wie ihr Mann als Anwalt 1938, die Zulassung. Im Rahmen des reichsweiten Pogroms im November 1938 wurde H. verhaftet und im KZ Sachsenhausen interniert. Anfang Dezember kam er wieder frei. Das Paar hatte schon zuvor ein Einwanderungszertifikat für Palästina erhalten. Bei der Beantragung eines Passes mussten die Vermögensverhältnisse gegenüber der Oberfinanzdirektion offengelegt werden. Anschließend wurde dem Paar mitgeteilt: „.... hiervon gehen ab, die noch zu zahlenden 3 Raten der Judenvermögensabgabe mit ca. 3 200,- RM." H. hatte nach dem Berufsverbot noch die Zulassung

als „Konsulent" beantragt, die ihm gewährt wurde. Den Auswanderungsantrag nach Palästina bearbeitete das Palästina-Amt, die Passage beim Palestine & Orient Lloyd und die Fahrt am 22. März 1939 ab Triest auf dem Dampfer Galilea waren gebucht. Gerade noch rechtzeitig erhielt das Paar seine Pässe, aber das Einreisevisum war bis zum 31.12.1938 befristet und musste verlängert werden. Dafür forderte die Palästina-Treuhand-Stelle der Juden in Deutschland, Potsdamer Straße 72, 2. Hof, noch ein (reduziertes) Vorzeigegeld in Höhe von RM 10 500,-. Diese Regelung erfolgte im Rahmen des Havaara-Abkommens. Nach Zahlung der Summe erhielt H. ein „C-Certifikat" für die Einwanderung in Palästina. Insgesamt waren bereits mindestens RM 20 000,- an offizielle Stellen geflossen. Bis zum Tag der Abreise musste sich H. täglich bei seinem zuständigen Polizeirevier Grolmannstraße, Ecke Kurfürstendamm melden. Am 19.3.1939 verließ das Paar Berlin, um nach Triest zu reisen und dort das Schiff zu besteigen, das sie nach Haifa bringen sollte. Noch kurz vor der Abreise beantragte H. bei der Abt. II beim Polizeipräsidenten einen „Heimatschein". Dieser Heimatschein sollte zusätzlich zum Pass die Verbindung zu Deutschland dokumentieren und eine Rückkehr möglich machen. Doch die regelmäßige Verlängerung des Heimatscheins wurde mit Kriegsbeginn und Schließung des Konsulats in Palästina obsolet.
Das Leben im neuen Land war schwierig. „Da ich ein humanistisches Gymnasium besucht hatte, fehlten mir die nötigen Sprachkenntnisse in hebräischer und englischer Sprache. Um mich notdürftig über Wasser zu halten, habe ich versucht, einen Hausierhandel mit Kaffee anzufangen. Dieser brachte nächst nichts ein und musste bei Ausbruch des Krieges eingestellt werden, weil damals sofort die Zwangsbewirtschaftung von Lebensmitteln eingeführt, die Haushaltungen durch Lebensmittelkarten an bestimmte Geschäfte angeschlossen und dadurch der Zwischenhandel ausgeschlossen wurde." Eine weitere Unternehmung im Handel scheiterte. Frau H. durfte als Ärztin ebenfalls nicht ihren Beruf ausüben und konnte auf diese Weise nicht zum Lebensunterhalt beitragen. Das Paar verkaufte jegliches zu entbehrendes Eigentum; so eine Reihe von Möbeln, Bücher, Bilder, ein Grammophon, Kristall und Porzellan. Im Dezember 1945 konnte H. bei der American Porcellain Tooth Company Ltd. eine Anstellung finden. „Bis dahin war ich ohne Einkommen." In den 1950er Jahren stellte H. einen Antrag auf Wiedergutmachung. Im Mai 1960 wurde ihm ein Betrag von DM 8 000,- zugesprochen. Parallel dazu beantragte das Paar die Wiedereinbürgerung. Ob die beiden Deutschland jemals wiedergesehen haben, muss offen bleiben. Sie sind vermutlich in Tel Aviv in den 1980ern gestorben. Augenscheinlich hatten sie keine Kinder, ihre Unterlagen wurden von J. Schlör in einem Antiquariat in Tel Aviv gefunden.
*li; LAB, Liste 15.10.33; DJ 36, S. 315; MRRAK; Liste d. Kons. 38; BG; Schlör, J.: Von Berlin nach Tel Aviv, Menora 1994, S. 231-261

Holdheim, Gerhard Dr.
26.11.1892 - keine Angaben
priv.: k.A.
Kanzlei: Waitzstr. 6, Charlottenburg
Nach der Machtübernahme der Nationalsozialisten Berufsverbot im Frühjahr 1933.
Br.B. 32; Liste d. nichtzugel. RA, 25.4.33; JMBl. 33, S. 209; BArch, R 3001 PAK

Holdheim, Kurt Julius Dr.
9.8.1888 Berlin - 29.1.1949 Berlin
priv.: Schlüterstr. 45, W 15
Kanzlei: Tauentzienstr. 7 b, W 50
Gehörte während des Studiums einer schlagenden Verbindung an; Soldat im WK I; RA (seit 1919) und Notar (seit 1925) in einer Kanzlei mit > Arthur Hornthal, spezialisiert auf Miet- und Wohnungsrecht. Nach der Machtübernahme der Nationalsozialisten wieder zugelassen, weil er als „Frontkämpfer" anerkannt wurde; 1935 Entzug des Notariats; 1938 Berufsverbot als RA; wurde als „Konsulent" zugelassen. Emigration nach Palästina, Haifa, am 19.11.1939; kehrte 1947 nach Berlin zurück und erhielt die Wiederzulassung als Anwalt und Notar; starb 1949 in Berlin.
*li; LAB, Liste 15.10.33; DJ 36, S. 315; MRRAK; Liste d. Kons. v. 15.4.39; BArch, R 3001 PAK; LAB, RAK, PA; BG

Hollander, Gottfried Dr.
23.4.1876 Wreschen - Deportation 1943
priv.: Oranienburger Str. 3, später Nr. 4, C 2
Kanzlei: An der Spandauer Brücke 8, C 2
RA und Notar; nach der Machtübernahme der Nationalsozialisten 1933 wieder zugelassen; Entzug des Notariats 1935; als Anwalt bis zum allgemeinen Berufsverbot 1938 tätig. Deportation am 1.3.1943 nach Auschwitz.
Adr.B. 32; *li; LAB, Liste 15.10.33; BArch, R 3001 PAK; Naatz-Album; BG; GB II

Hollaender, Adolf Dr.
keine Angaben
priv.: k.A.
Kanzlei: Kurfürstenstr. 51, W 35
RA und Notar; nach der Machtübernahme der Nationalsozialisten Berufsverbot im Frühjahr 1933.

Br.B. 32; Liste d. nichtzugel. RA, 25.4.33; BArch, R 3001 PAK; Naatz-Album

Holländer, Karl Dr., JR
2.8.1868 Berlin - keine Angaben
priv.: Claudiusstr. 4 und Mahlerstr. 12, Dahlem (1933)
Kanzlei: Friedrichstr. 65 a, W 8
RA und Notar; trat im Oktober 1931 aus der Jüdischen Gemeinde aus; nach der Machtübernahme der Nationalsozialisten 1933 Entzug des Notariats, wurde auf Antrag als „Altanwalt" wieder zugelassen. Bot an, auf seine eigene Zulassung zugunsten seines Sohnes Ulrich H. zu verzichten. Dies wurde abgelehnt. H emigrierte 1933 nach Holland, Amsterdam. In den Justizakten ist

vermerkt: „inaktiv 1934". Gegen ihn wurde ein Steuersteckbrief erlassen.
JMBl. 33, S. 208; *li; LAB, Liste 15.10.33; BArch, R 3001 PAK; BG; Wolf, BFS

Holländer, Ludwig Dr.
5.8.1877 Berlin - 9.2.1936 Berlin
priv.: Hohenzollerndamm 196, Wilmersdorf
Kanzlei: Hohenzollerndamm 196, Wilmersdorf
Syndikus und später Direktor des CV Berlin; Gründer des Philo-Verlages; Vorstandsmitglied der DDP Berlin; nach der Machtübernahme der Nationalsozialisten 1933 Entzug des Notariats, als Anwalt bis zu seinem Tod im Februar 1936 zugelassen, in Weißensee beigesetzt.
JMBl. 33, S. 208; *li; LAB, Liste 15.10.33; BArch, R 3001 PAK; BG; Krach, S. 433

Holländer, Ulrich Gert Dr.
24.2.1904 Berlin - keine Angaben
priv.: k.A.
Kanzlei: Friedrichstr. 65 a, W 8 (vorher Taubenstr. 44)
RA am KG; Sohn von RA und Notar JR Dr. Karl H.; nach der Machtübernahme der Nationalsozialisten Berufsverbot zum 26.5.1933. Sein Vater bot dem Justizministerium an, auf seine Zulassung zugunsten seines Sohnes zu verzichten. Dieser Vorschlag wurde abgelehnt.
Br.B. 32; Liste d. nichtzugel. RA, 25.4.33; JMBl. 33, S. 203; BArch, R 3001 PAK, PA

Holz, Hans Dr.
27.3.1902 - Oktober 1970
priv.: k.A.
Kanzlei: Uhlandstr. 194 a, Charlottenburg (1932), später: Dorotheenstr. 64, NW 7
RA (seit 1930) und Notar; nach der Machtübernahme der Nationalsozialisten Berufsverbot zum 6.6.1933. Emigration in die USA, lebte zuletzt in Forest Hills, New York. Im Alter von 68 Jahren gestorben.
Adr.B. 32; Liste d. nichtzugel. RA, 25.4.33; JMBl. 33, S. 209; BArch, R 3001 PAK, PA; SSDI

Holz, Ignaz, JR
24.12.1853 Posen - keine Angaben
priv.: Fasanenstr. 28, Charlottenburg
Kanzlei: Kurfürstenstr. 105, W 62
RA und Notar; nach der Machtübernahme der Nationalsozialisten 1933 wieder zugelassen; Entzug des Notariats 1935; noch bis zum 22.8.1938 als Anwalt tätig.
*li; LAB, Liste 15.10.33; DJ 36, S. 315; Liste 36; BArch, R 3001 PAK; BG

Holz, Leonhard Dr.
11.7.1882 Berlin - 1945 Flossenbürg
priv.: k.A.
Kanzlei: Ludwigkirchplatz 12
RA seit 1910, später auch Notar; Soldat im WK I, verwundet und mit dem EK ausgezeichnet; Mitglied der SPD; 1920-21 Stadtverordneter; als Anwalt spezialisiert auf Mietrecht. Nach der Machtübernahme der Nationalsozialisten am 30.4.1933 im Berliner Landgericht von einem SA-Kommando die Treppe hintergeworfen und misshandelt. Mitte Mai 1933 Flucht mit seiner zweiten Frau nach Paris. Nach einem Zusatzstudium dort wieder als Anwalt tätig. Seine erste Frau und die gemeinsame Tochter folgten ebenfalls nach Paris; die Tochter ging mit ihrem Mann nach Kolumbien. Tod von H.s zweiter Frau.
H. und seine erste Frau Herta wurden 1940 in Frankreich interniert; am 27.3.1944 von Drancy nach Auschwitz deportiert, Herta H. wurde in Auschwitz ermordet. Ende Januar 1945 wurde H. von Auschwitz nach Mauthausen verschleppt, am 3.3.1945 weiter in das KZ Flossenbürg.
Br.B. 32; BArch, R 3001 PAK; BG; Verfolgte Berl. Stadtverordnete u. Magistratsmitgl.; GB II

Horn, Georg
9.4.1880 - 27.12.1936
priv.: Neue Königstr. 88, Prenzlauer Berg
Kanzlei: Neue Königstr. 40, NO 43
RA und Notar; nach der Machtübernahme der Nationalsozialisten 1933 Entzug des Notariats; als Anwalt wieder zugelassen; H. starb 1936 im Alter von 56 Jahren, er ist in Weißensee beigesetzt.
*li; BArch, R 3001 PAK; JMBl. 33, S. 220; BG

Hornthal, Arthur
keine Angaben - 1935
priv.: k.A.
Kanzlei: Tauentzienstr. 7 b, W 50
RA und Notar, in einer Kanzlei mit > Kurt Holdheim; nach der Machtübernahme der Nationalsozialisten 1933 Entzug des Notariats; als Anwalt wieder zugelassen, bis 1934 tätig; starb 1935.
Br.B. 32; JMBl. 33, S. 208; *li; LAB, Liste 15.10.33; BArch, R 3001 PAK

Horowitz, Simon Dr.
16.1.1884 Thorn - keine Angaben
priv.: Droysenstr. 15, Charlottenburg
Kanzlei: An der Spandauer Brücke 12, C 2
RA und Notar; nach der Machtübernahme der Nationalsozialisten 1933 Entzug des Notariats, als Anwalt wieder zugelassen; bis zum allgemeinen Berufsverbot 1938 tätig. Emigration nach Palästina, Tel Aviv, am 15.4.1939.
JMBl. 33, S. 208; *li; LAB, Liste 15.10.33; Liste 36; BG

Horrwitz, Hugo, JR
keine Angaben
priv.: k.A.
Kanzlei: Brückenallee 8, NW 87
RA und Notar; gemeinsame Kanzlei mit Walter H.; nach der Machtübernahme der Nationalsozialisten 1933 wieder zugelassen; 1935 Entzug des Notariats; als Anwalt bis zum allgemeinen Berufsverbot 1938 tätig.
*li; LAB, Liste 15.10.33; DJ 36, S. 315; Liste 36; MRRAK; BArch, R 3001 PAK

Horrwitz, Walter Dr.
20.3.1900 Berlin - keine Angaben
priv.: k.A.
Kanzlei: Brückenallee 8, NW 87
1933 legten Hugo H. und Walter H. ihre Kanzleien zusammen. Walter H. hatte vorher sein Büro in der Charlottenstr. 48. Im April 1933 Vertretungsverbot, auf Antrag wieder aufgehoben; war noch bis mindestens 1936 als Anwalt tätig.
Br.B. 32; Liste d. nichtzugel. RA, 25.4.33; *li; LAB, Liste 15.10.33; Liste 36; BArch, R 3001 PAK

Horwitz, Alfred
31.10.1876 Berlin - 18.2.1940
priv.: Lützowufer 10, Tiergarten
Kanzlei: Aschaffenburger Str. 19
H. war Dissident; RA und Notar; nach der Machtübernahme der Nationalsozialisten 1933 Entzug des Notariats; seine Ehefrau Katharina galt als nicht-jüdisch. Als Anwalt wieder zugelassen bis zum allgemeinen Berufsverbot 1938 tätig. H. starb 1940 im Alter von 63 Jahren.
JMBl. 33, S. 208; *li; LAB, Liste 15.10.33; Liste 36; BArch, R 3001 PAK; MRRAK; BG

Horwitz, Arthur
5.11.1882 Berlin - keine Angaben
priv.: Prinzregentstr. 23, Wilmersdorf
Kanzlei: Prinzregentstr. 23, Wilmersdorf
RA am KG und Notar; nach der Machtübernahme der Nationalsozialisten 1933 Entzug des Notariats, als Anwalt wieder zugelassen; bis zum allgemeinen Berufsverbot 1938 tätig. Emigration nach Paraguay, Montevideo, am 10.1.1939.

JMBl. 33, S. 266; *li; LAB, Liste 15.10.33; BArch, R 3001 PAK; MRRAK; BG

Horwitz, Heinrich Dr.
20.6.1899 - keine Angaben
priv.: k.A.
Kanzlei: Kurfürstenstr. 119, W 62
Nach der Machtübernahme der Nationalsozialisten Berufsverbot zum 10.6.1933; zog 1933 nach Stuttgart.
Adr.B. 32; Liste d. nichtzugel. RA, 25.4.33; JMBl. 33, S. 253; BArch, R 3001 PAK, PA

Hurtig, Franz
25.7.1900 Hannover - Deportation 1943
priv.: Niebuhrstr. 74, Charlottenburg
Kanzlei: Alexanderstr. 44, C 25
Nach der Machtübernahme der Nationalsozialisten Berufsverbot zum 7.6.1933, trotz seines Antrags auf Wiederzulassung, war sein freiwilliger Kriegsdienst nicht als „Fronteinsatz" anerkannt worden. Deportation am 19.2.1943 nach Auschwitz.
Adr.B. 32; Liste d. nichtzugel. RA 25.4.33; JMBl. 33, S. 253; BArch, R 3001 PAK, PA; BG; GB II

Hurwitz, Walter
18.12.1892 Berlin-Tegel - 1942 Deportation
priv.: Kurfürstendamm 201, W 15
Kanzlei: Kurfürstendamm 201, W 15
Nach der Machtübernahme der Nationalsozialisten wieder zugelassen, war noch 1936 als Anwalt tätig. Emigration nach Frankreich; Deportation aus Drancy am 10.8.1942 nach Auschwitz.
*li; LAB, Liste 15.10.33; Liste 36; BArch, R 3001 PAK; BG; GB II

I

Igel, Karl
25.5.1900 Kattowitz - keine Angaben
priv.: k.A.
Kanzlei: Greifswalder Str. 226, NO 55
Nach der Machtübernahme der Nationalsozialisten Berufsverbot zum 9.6.1933. Emigration im Sommer 1933 nach Palästina.
Liste d. nichtzugel. RA, 25.4.33; JMBl. 33, S. 234; BArch, R 3001 PAK; BG

Ilgner, Erich Dr.
1.1.1895 Berlin - keine Angaben
priv.: Meisenbusch 58, Zehlendorf-Machnow
Kanzlei: Neue Schönhauser Str.1, N 54
RA am KG, gemeinsam Kanzlei mit > Siegfried Bergmann und > Ernst Karfunkel. Nach der Machtübernahme der Nationalsozialisten Berufsverbot im Frühjahr 1933. Emigration nach Frankreich oder Belgien 1933.
Br.B. 32; Liste d. nichtzugel. RA, 25.4.33; JMBl. 33, S. 203; BArch, R 3001 PAK; BG

Illch, Max
20.8.1872 Frankfurt a. M. - keine Angaben
priv.: Tannenbergallee 3, Charlottenburg
Kanzlei: Charlottenstr. 56, W 8
1932 noch Vorstandsmitglied der RAK; nach der Machtübernahme der Nationalsozialisten 1933 Entzug des Notariats, als Anwalt wieder zugelassen. Emigration nach Italien, Rom, am 26.2.1936.
TK 33; *li; LAB, Liste 15.10.33; JMBl. 33, S. 220; Liste 36; BG

Imberg, Franz, JR
27.12.1865 Berlin - 3.2.1942 Berlin
priv.: Potsdamer Str. 113 (1941)
Kanzlei: Potsdamer Str. 113
RA und Notar; nach der Machtübernahme der Nationalsozialisten 1933 weiter zugelassen; Entzug des Notariats 1935; noch bis zum allgemeinen Berufsverbot 1938 als Anwalt tätig. Nahm sich am 3.2.1942 das Leben.
*li; LAB, Liste 15.10.33; DJ 36, S. 315; Liste 36; BArch, R 3001 PAK; MRRAK; Vz 39; GB II

Imberg, Leo
10.1.1879 Berlin - 14.9.1942 Theresienstadt
priv.: Richard-Wagner-Str. 5, Charlottenburg
Kanzlei: Sesenheimer Str. 29, Charlottenburg
RA und Notar; nach der Machtübernahme der Nationalsozialisten 1933 Entzug des Notariats; war noch bis zum 29.7.1936 als Anwalt tätig. Deportation am 28 8.1942 nach Theresienstadt, dort wenige Tage später umgekommen.
JMBl. 33, S. 208; *li; LAB, Liste 15.10.33; Liste 36; BG; ThG; GB II

Immerwahr, Kurt Dr.
3.3.1888 Berlin - 7.4.1942
priv.: Bleibtreustr. 27, W 15
Kanzlei: k.A.
Nach der Machtübernahme der Nationalsozialisten Berufsverbot im Frühjahr 1933; starb 1942 im Alter von 54 Jahren.
Jüd. Adr.B.; Liste d. nichtzugel. RA, 25.4.33; JMBl. 33, S. 209; BArch, R 3001 PAK; BG

Indig, Alexander Dr., JR
keine Angaben - 1934
priv.: k.A.
Kanzlei: Charlottenstr. 60, W 8
RA und Notar; nach der Machtübernahme der Nationalsozialisten 1933 Entzug des Notariats; „inaktiv 1934"; starb im gleichen Jahr.
*li; LAB, Liste 15.10.33; JMBl. 33, S. 208; BArch, R 3001 PAK

Isaac, Martin Dr.
keine Angaben
priv.: Schaperstr. 35, W 50
Kanzlei: Schaperstr. 35, W 50
RA und Notar; nach der Machtübernahme der Nationalsozialisten 1933 weiter zugelassen; als Anwalt bis zum allgemeinen Berufsverbot 1938 tätig. Emigration nach Palästina, Jerusalem.
*li; LAB, Liste 15.10.33; JMBl. 33, S. 208; BArch, R 3001 PAK; MRRAK; BG

Isaacsohn, Abraham, JR
30.10.1866 Brietzig - 25.9.1942 Theresienstadt
priv.: Mommsenstr. 6, Charlottenburg
Kanzlei: Mommsenstr. 6, Charlottenburg
RA und Notar; nach der Machtübernahme der Nationalsozialisten 1933 Entzug des Notariats, als Anwalt wieder zugelassen,

noch bis zum allgemeinen Berufsverbot 1938 tätig. Datum der Vermögenserklärung: 10.8.1942; Deportation am 17.8.1942 nach Theresienstadt; dort wenig später umgekommen.
JMBl. 33, S. 208; *li; LAB, Liste 15.10.33; Liste 36; BArch, R 3001 PAK; Naatz-Album; BG; ThG; GB II

Isaacsohn, Martin Dr.
14.12.1882 Rastenburg - keine Angaben
priv.: Kaiserstr. 22-24, C 25
Kanzlei: Kaiserstr. 22-24, C 25
RA (seit 1910) und Notar (seit 1924); nach der Machtübernahme der Nationalsozialisten beantragte I. die Wiederzulassung, ihm wurde jedoch trotz aller positiven Leumundsbekundungen das Notariat zum 28.6.1933 entzogen; am 2.10.1933 wurde er aus der Liste der zugelassenen Anwälte gelöscht. Emigration nach Frankreich am 1.10.1933.
Jüd.Adr.B.; JMBl. 33, S. 208; Pr.J. 33, S. 502; BArch R 3001 PAK, PA; BG

Isay, Hermann Prof. Dr.
7.9.1873 Berlin - 21.3.1938 Berlin
priv.: k.A.
Kanzlei: Maienstr. 2, W 62
RA (seit 1901) am KG und Notar; 1919 Privatdozent, seit 1925 Honorarprofessor an der TH Berlin. Nach der Machtübernahme der Nationalsozialisten 1933 Entzug des Notariats; 1934 Entlassung als Honorarprofessor; noch 1936 als Anwalt tätig. I. starb 1938 nach schwerer Krankheit.
Veröffentl.: Internationales Wettbewerbsrecht, Bd. I, Europa, zus. mit RA Mettetal, Paris, 1937
Br.B. 32; JMBl. 33, S. 208; *li; LAB, Liste 15.10.33; Liste 36; Göpp., S. 224

Isay, Rudolf Dr.
1.1.1886 Trier - 14.4.1956 Bonn
priv.: Maienstr. 2, W 62
Kanzlei: Maienstr. 2, W 62
I. war evangelischen Glaubens. Jurastudium in Heidelberg, Berlin und Bonn; 1908 Promotion; ließ sich als RA in Berlin nieder, später auch Notar; trat mit Veröffentlichungen zum Bergrecht hervor. Nach der Machtübernahme der Nationalsozialisten 1933 Entzug des Notariats, als Anwalt wieder zugelassen; gehörte dem Reichsverband nichtarischer Christen an; Emigration nach Brasilien am 24.10.1935; ging in den Urwald (Rolandia) und wurde dort Kaffeefarmer; 1951 Rückkehr nach Deutschland; Honorarprofessor an der Universität Bonn.
*li; LAB, Liste 15.10.33; JMBl. 33, S. 208; BArch, R 3001 PAK; Mitt. bl. Reichsverband nichtarischer Christen, 6.12.1934; BG; BHdE Bd. 2,1, S. 552; Göpp. S. 341; Isay, Rudolf: Aus meinem Leben, Weinheim 1960

Israel, Fritz Dr.
10.11.1902 - keine Angaben
priv.: Rosenheimer Str. 17, Schöneberg
Kanzlei: Friedrichstr. 208, SW 68
RA seit 1932; nach der Machtübernahme der Nationalsozialisten Berufsverbot zum 31.5.1933.
Liste d. nichtzugel. RA, 25.4.33; JMBl. 33, S. 209; BArch, R 3001 PAK

Israel, Georg R. Albrecht
13.7.1897 Berlin - 2.1.1986 Chertsey, England
priv.: Neidenburger Allee 7, Charlottenburg
Kanzlei: Reichskanzlerplatz 2, Charlottenburg
I. hatte in Berlin Jura studiert, legte hier auch das zweite Staatsexamen ab und wurde im Februar 1925 als RA zugelassen. Diverse Veröffentlichungen: im „Grundeigentum", im Reichs-Verwaltungsblatt und im Preußischen Verwaltungsblatt.
Nach der Machtübernahme der Nationalsozialisten im Frühjahr 1933 wurde er mit Berufsverbot belegt. I. war Dissident, seine Ehefrau Erna war nicht-jüdischer Herkunft. Außer dem Berufsverbot traf ihn auch ein Publikationsverbot, ein bereits angenommener Artikel wurde im Mai 1933 nicht mehr veröffentlicht, weil J. als Jude galt. Nach dem Berufsverbot blieb I. noch Generalvertreter für einen früheren Mandanten. Nach Angaben der Tochter war er ab November 1943 inhaftiert, zuerst im Sammellager Große Hamburger Straße, dann im Polizeigefängnis Alexanderplatz, anschließend – von Mai 1944 bis zum 21.4.1945, kurz vor Kriegsende – im Sammellager in der Schulstraße auf dem Gelände des Jüdischen Krankenhauses. Der Sohn starb im Zwangsarbeiterlager Großbeeren an Flecktyphus. Eine Tochter wurde mit einem Kindertransport nach Großbritannien gerettet. Nach der Befreiung arbeitete I. wieder in seinem Beruf. Spätestens ab 1950 praktizierte er als Rechtsanwalt und Notar in Berlin-Charlottenburg. Er starb 1986 im Alter von 88 Jahren bei einem Familienbesuch in Großbritannien.
Br.B. 32; Liste d. nichtzugel. RA, 25.4.33; JMBl. 21.8.33, S. 267; BArch, R 3001 PAK; BG; Ausk. Tochter Ruth B. 12/2001

Israel, Hugo Dr.
6.12.1885 Kassel - keine Angaben
priv.: Corneliusstr. 4 a, W 10
Kanzlei: Französische Str. 35-37
Ehemaliger Syndikus der Dresdner Bank; nach der Machtübernahme der Nationalsozialisten Berufsverbot im Frühjahr 1933. Emigration in die Niederlande, Amsterdam, 1933.
Br.B. 32; Liste d. nichtzugel. RA 25.4.33; JMBl. 33, S. 209; BArch, R 3001 PAK; BG

Israel, Paul
29.6.1876 Königsberg - keine Angaben
priv.: Hohenstaufenstr. 60 I, Schöneberg
Kanzlei: Wollankstr. 1, Pankow
RA und Notar; nach der Machtübernahme der Nationalsozialisten Berufsverbot im Frühjahr 1933; hat noch 1939 in Berlin gelebt.
Br.B. 32; Liste d. nichtzugel. RA, 25.4.33 (Nachtragsl.); BArch, R 3001 PAK; VZ 39

Israelski, Leopold
28.7.1873 - 19.5.1936
priv.: Kaiserdamm 23, Charlottenburg
Kanzlei: Alexanderplatz 5
RA und Notar; nach der Machtübernahme der Nationalsozialisten 1933 Entzug des Notariats; als Anwalt wieder zugelassen. Bis zu seinem Tod 1936 tätig, in Weißensee beigesetzt.
*li; LAB, Liste 15.10.33; JMBl. 33, S. 220; Liste 36; BG

Israelski, Werner Julius
12.5.1903 Dirschau - 9.6.1994
priv.: Bayernallee 36, Charlottenburg
Kanzlei: Klosterstr. 80/2, C 2
Nach der Machtübernahme der Nationalsozialisten Berufsverbot im Frühjahr 1933. Emigration in die USA, New York, nach dem 29.6.1938; hat zuletzt unter dem Namen Werner Illing in Los Angeles, Kalifornien, gelebt.
Adr.B. 32; Liste d. nichtzugel. RA, 25.4.33; JMBl. 33, S. 253; BArch, R 3001 PAK; BG; SSDI

Issing, Julius Dr., JR
keine Angaben
priv.: k.A.
Kanzlei: Fasanenstr. 44, W 15
RA und Notar; nach der Machtübernahme der Nationalsozialisten 1933 Entzug des Notariats, als Anwalt wieder zugelassen; Zulassung wurde am 19.7.1934 gelöscht.
JMBl. 33, S. 208; *li; LAB, Liste 15.10.33; BArch, R 3001 PAK

Ittmann, Julius
keine Angaben
priv.: k.A.
Kanzlei: Alexanderstr. 22, C 25
RA und Notar; nach der Machtübernahme der Nationalsozialisten 1933 Entzug des Notariats, als Anwalt wieder zugelassen, war noch bis zum 11.6.1936 tätig.
JMBl. 33, S. 208; *li; LAB, Liste 15.10.33; Liste 36; BArch, R 3001 PAK

Ivers, Hellmut Dr.
30.5.1903 Berlin - keine Angaben
priv.: Düsseldorfer Str. 5, W 5
Kanzlei: Bayreuther Str. 11, W 30
RA seit 1932; nach der Machtübernahme der Nationalsozialisten Berufsverbot zum 12.6.1933.
Liste d. nichtzugel. RA, 25.4.33; JMBl. 33, S. 234; BArch, R 3001 PAK, PA

J

Jackier, Alfred Dr.
9.10.1893 - keine Angaben
priv.: k.A.
Kanzlei: Wielandstr. 30, Charlottenburg
RA und Notar; nach der Machtübernahme der Nationalsozialisten Vertretungsverbot im April 1933, wieder zugelassen; Löschung als Anwalt und Notar am 25.4.1934. Emigration nach Palästina, Rückkehr nach Berlin nach 1945.
*li; Br.B. 32; LAB, Liste 15.10.33; BArch, R 3001 PAK, PA; Ausk. E. Proskauer

Jacob, Erwin
4.6.1901 Berlin - Februar 1983
priv.: k.A.
Kanzlei: Chausseestr. 31, N 4
Nach der Machtübernahme der Nationalsozialisten Berufsverbot im Sommer 1933; war dennoch weiter juristisch tätig. Emigration nach Kuba; stellte einen Antrag für ein Stipendium beim Am.Com.; erwarb die amerikanische Staatsbürgerschaft.
Liste d. nichtzugel. RA, 25.4.33; JMBl. 15.7.33; S. 221; BArch, R 3001 PAK; NY Publ. Lib.(Am. Com.) Jacob, E.; SSDI

Jacob, Siegfried Kurt Dr.
12.2.1884 Tremessen - 20.6.1954 Berlin
priv.: Niebuhrstr. 64, Charlottenburg
Kanzlei: Köpenicker Str. 114, SO 16
RA (seit 1912) und Notar (seit 1919); Soldat im WK I. Nach der Machtübernahme der Nationalsozialisten 1933 wieder zugelassen, weil er als „Frontkämpfer" anerkannt wurde; 1935 Entzug des Notariats; 1938 allgemeines Berufsverbot für jüdische Anwälte. J.s gesamtes Mobiliar und auch die Praxisausstattung wurde entschädigungslos von der Gestapo beschlagnahmt. J. schickte seine Frau und seinen Sohn nach England, er selbst wurde verhaftet und kam in ein KZ. Es gelang ihm jedoch, in ein Gefängnis überwiesen zu werden, in dem er bis zum Kriegsende blieb. 1947 erhielt J. die Wiederzulassung als Anwalt und Notar. Er praktizierte bis zu seinem Tod 1954 in der Müllerstr. 52. Als Folge der Haft war er oftmals so schwach, dass er seine Mandanten nur im Bett liegend empfangen konnte (er wohnte auch im Büro). An der Bürotür fand sich dann das Schild „Wegen Überfüllung geschlossen".
*li; LAB, Liste 15.10.33; MRRAK; BG; Ausk. E. Proskauer

Jacob, Walter Eugen Dr.
29.10.1887 Breslau - 2.2.1935
priv.: k.A.
Kanzlei: Hallesches Ufer 6, SW 11
RA und Notar; nach der Machtübernahme der Nationalsozialisten wieder als Anwalt zugelassen, sein Status als Jude wurde erst später ermittelt; bis zu seinem Tod im Februar 1935 als Anwalt tätig.
Br.B. 32; TK 33; LAB, Liste 15.10.33

Jacobi, Ludwig Dr.
9.6.1895 Nörenberg - Deportation 1944
priv.: Lindenallee 25/Knesebeckstr. 28/Droysenstr. 18, Charlottenburg
Kanzlei: Wilmersdorfer Str. 64, Charlottenburg
Nach der Machtübernahme der Nationalsozialisten wieder zugelassen; war noch bis zum allgemeinen Berufsverbot 1938 als Anwalt tätig. Zuletzt Leiter des Palästinamtes. Deportation am 2.2.1943 nach Theresienstadt; am 29.9.1944 nach Auschwitz verschleppt.
TK 33; *li; LAB, Liste 15.10.33; Liste 36; BArch, R 3001 PAK; MRRAK; BG; GB II; Göpp., S. 248

Jacobi, Max Dr.
12.5.1878 Insterburg - 13.8.1943 Theresienstadt
priv.: Rieppelstr. 2, Spandau-Siemensstadt
Kanzlei: Nonnendammallee 101, Siemensstadt
RA am Kammergericht; nach der Machtübernahme der Nationalsozialisten wieder zugelassen; die Zulassung wurde 1935 gelöscht. Datum der Vermögenserklärung: 18.1.1943, Sammellager Gerlachstr. 18-21; Deportation am 28.1.1943 nach Theresienstadt, dort ein halbes Jahr später umgekommen.
*li; LAB, Liste 15.10.33; BArch, R 3001 PAK; BG; ThG; GB II

Jacobowitz, Heinz Dr.
12.7.1906 - keine Angaben
priv.: Hufelandstr. 45, NO 55
Kanzlei: Königin-Augusta-Str. 7, W 9
RA seit 1932; nach der Machtübernahme der Nationalsozialisten Berufsverbot zum 31.5.1933.
TK 33; Liste d. nichtzugel. RA, 25.4.33; BArch, R 3001 PAK, PA

Jacobowitz, Ludwig
5.12.1890 Tost - keine Angaben
priv.: k.A.
Kanzlei: Alexanderplatz 1, C 25
RA und Notar; nach der Machtübernahme der Nationalsozialisten wieder zugelassen; 1935 Entzug des Notariats; Löschung der Zulassung als Anwalt vor November 1938. Emigration in die Niederlande.
TK 33; *li; LAB, Liste 15.10.33; BArch, R 3001 PAK; BG

Jacobowitz, Samuel Dr.
28.1.1885 Woinicz/Galizien - keine Angaben
priv.: k.A.
Kanzlei: Oranienburger Str. 59, N 24
Nach der Machtübernahme der Nationalsozialisten wieder zugelassen; war noch 1938 als Anwalt tätig.
TK 33; *li; Liste 36; BArch, R 3001 PAK

Jacobs, Hans Dr.
15.10.1902 Berlin-Neukölln - keine Angabe
priv.: Bergstr. 145, Neukölln
Kanzlei: Bergstr. 145, Neukölln
RA seit 1.4.1932; nach der Machtübernahme der Nationalsozialisten hielt er sich im Frühjahr 1933 in Spanien auf, beantragte aber dennoch die Wiederzulassung, dies wurde jedoch abgelehnt, da er „nicht arischer Abstammung" war. Die Zulassung wurde zum 5.9.1933 gelöscht. J. ging von Spanien in die Schweiz; hielt sich 1934 in Zürich auf.
BArch, R 3001 PAK, PA (Bl. 16, 23.8.1933); Pr.J. 33, S. 443; BG

Jacobs, Heinrich Dr.
14.4.1902 Deutsch-Wilmersdorf - August 1981
priv.: k.A.
Kanzlei: Potsdamer Str. 138, W 9
J. hatte beide Staatsexamina mit „gut" bestanden, war 1928 als RA am KG zugelassen worden, arbeitete in Bürogemeinschaft mit > Dr. Harri Wolff. Nach der Machtübernahme der Nationalsozialisten beantragte er im April 1933 die Wiederzulassung. Der Antrag wurde abgelehnt, weil er „nicht arischer Abstammung" war und keinen der Ausnahmegründe für sich geltend machen konnte, das bedeutete Berufsverbot.
Emigration in die USA, lebte zuletzt in New York, änderte seinen Vornamen in John; starb 1981 im Alter von 79 Jahren.

Liste d. nichtzugel. RA, 25.4.33 (Nachtrag); JMBl. 33, S. 203; BArch, R 3001 PAK; SSDI

Jacobsohn, Carl (Karl), JR
23.(29.?)7.1866 Nakel - 31.3.(1.4.?)1938
priv.: Berliner Allee 5, Weißensee und Bolivarallee 5, Charlottenburg
Kanzlei: Bergstr. 145, Neukölln
RA am KG und Notar; nach der Machtübernahme der Nationalsozialisten wieder zugelassen; 1935 Entzug des Notariats; 1936 noch als Anwalt tätig; starb 1938 im Alter von 71 Jahren.
*li; LAB, Liste 15.10.33; DJ 36, S. 315; Liste 36; BArch, R 3001 PAK; BG

Jacobsohn, Ernst Dr.
keine Angaben
priv.: k.A.
Kanzlei: Linkstr. 39, W 9
RA und Notar; nach der Machtübernahme der Nationalsozialisten wieder zugelassen; am 1.11.1935 wurde die Zulassung „auf Antrag gelöscht", nachdem das Notariat mit dem allgemeinen Berufsverbot für jüdische Beamte entzogen worden war.
*li; LAB, Liste 15.10.33; BArch, R 3001 PAK

Jacobsohn, Friedrich (Fritz) Dr.
20.5.1888 Berlin - 28.7.1936 Berlin
priv.: Spicherstr. 7, W 15
Kanzlei: Kalkreuthstr. 4, W
Nach der Machtübernahme der Nationalsozialisten 1933 wieder als Anwalt zugelassen. J. starb 1936 im Alter von 48 Jahren an den Spätfolgen einer Kriegsverletzung.
Br.B. 32; *li; LAB, Liste 15.10.33; Liste 36; BArch, R 3001 PAK; BG

Jacobsohn, Hans Dr.
12.2.1905 Goldap - 31.3.1972
priv.: k.A.
Kanzlei: Warmbrunner Str. 33, Grunewald
RA am KG; evangelischer Religion; zunächst Anwalt in der Kanzlei > Erich und > Paul Simon sowie > Erich Cohn, Königstr. 50. Nach der Machtübernahme der Nationalsozialisten 1933 zeitweilig Vertretungsverbot, dann wieder zugelassen. Blieb vom allgemeinen Berufsverbot 1938 ausgenommen, da er als „Mischling" galt; war noch bis mindestens 1941 tätig, u.a. für die NITAG; entging Verfolgungsmaßnahmen, weil seine Unterlagen bei den Behörden durch eine Bombe vernichtet wurden; ging nach 1945 erst nach Hamburg, später als Vorstandsmitglied der NITAG nach Kassel; starb 1972.
TK 33; Liste d. nichtzugel. RA, 25.4.33; *li; Liste Mschl. 36; Tel. B. 41; BArch, R 3001 PAK; VZ 39; Auskunft des Schwiegersohns

Jacobsohn, Julian Dr.
10.3.1902 - Dezember 1966
priv.: k.A.
Kanzlei: Große Frankfurter Str. 115, NO 18
RA seit 1931 bei den LG I-III und beim AG Pankow; nach der Machtübernahme der Nationalsozialisten beantragte er im Frühjahr 1933 die Wiederzulassung, konnte aber keinen der Ausnahmegründe für sich anführen; in der Folge wurde er mit Berufsverbot belegt. Emigration in die USA, dort lebte er zuletzt in New York.
Liste d. nichtzugel. RA, 25.4.33; JMBl. 33, S. 253; BArch, R 3001 PAK, PA; BG; SSDI

Jacobsohn, Julian Dr., JR
11.6.1866 Posen - keine Angaben
priv.: Taubertstr. 5, Grunewald
Kanzlei: Wielandstr. 25, W 15
RA und Notar; nach der Machtübernahme der Nationalsozialisten Notariatsentzug 1933, als Anwalt wieder zugelassen; als Anwalt bis zum allgemeinen Berufsverbot 1938 tätig.
JMBl. 33, S. 208; *li; LAB, Liste 15.10.33; Liste 36; BArch, R 3001 PAK; MRRAK

Jacobsohn, Kurt Dr.
2.9.1897 Deutsch-Eylau - Deportation 1944
priv.: Große Hamburger Str. 26, N 4; Gieselerstr. 12, Wilmersdorf, C 2; Monbijouplatz 4
Kanzlei: Kurfürstendamm 37, W 15

RA und Notar; nach der Machtübernahme der Nationalsozialisten wieder zugelassen; 1935 Entzug des Notariats; Berufsverbot als RA 1938, noch als „Konsulent" tätig; war ab 1942 Ordner im Sammellager Große Hamburger Str. 26 und beim Abholdienst eingesetzt. > Bruno Blau bezeichnet ihn als „Spitzel" für die Gestapo. J. hatte vermutlich auf diese Weise versucht, der Deportation zu entgehen. Er wurde dennoch am 20.2.1944 verhaftet und am 23.2.1944 nach Theresienstadt deportiert. Von dort wurde er am 15.5.1944 nach Auschwitz verschleppt.
*li; Br.B.32; LAB, Liste 15.10.33; DJ 36, S. 315; MRRAK; Liste d. Kons. 15.4.39; Tel.B. 41; Naatz-Album; BG; GB II; Blau, B., Vierzehn Jahre Not und Schrecken, S. 70

Jacobsohn, Robert Dr.
25.2.1900 Berlin - keine Angaben
priv.: Friedrichstr. 226-227, SW 68
Kanzlei: Lindenstr. 16/17
Nach der Machtübernahme der

Nationalsozialisten Berufsverbot im Frühjahr 1933. Emigration nach Brasilien, Rio de Janeiro, am 20.8.1936; nach 1945 Rückkehr nach Berlin; lebte in Wilmersdorf.
Br.B. 32; Liste d. nichtzugel. RA, 25.4.33; JMBl. 33, S. 209; BArch, R 3001, PAK; BG

Jacobsohn, Sally Dr.
9.11.1876 Schönlanke - keine Angaben
priv.: Giesebrechtstr. 16, Charlottenburg
Kanzlei: Giesebrechtstr. 16, Charlottenburg
Nach der Machtübernahme der Nationalsozialisten wieder zugelassen; war noch bis zum allgemeinen Berufsverbot 1938 als Anwalt tätig. Emigration nach Kuba, Havanna, dann USA, Houston.
Liste 36; LAB, Liste 15.10.33; BArch, R 3001 PAK; MRRAK; BG

Jacobson, Günther Dr.
8.10.1896 - keine Angaben
priv.: k.A.
Kanzlei: Friedrichstr. 131, N 24
RA am KG; nach der Machtübernahme der Nationalsozialisten 1933 wieder zugelassen.
*li; LAB, Liste 15.10.33; BArch, R 3001 PAK

Jacobson, Julius Dr., JR
keine Angaben
priv.: k.A.
Kanzlei: Invalidenstr. 134, N 4
Nach der Machtübernahme der Nationalsozialisten wieder zugelassen; starb 1934.
*li; LAB, Liste 15.10.33; BArch, R 3001 PAK

Jacoby, Albrecht Georg Dr.
25.5.1898 Berlin - 1.1.1953
priv.: Meinekestr. 26, Charlottenburg
Kanzlei: Meinekestr. 26, Charlottenburg
RA und Notar; nach der Machtübernahme der Nationalsozialisten Berufsverbot im Frühjahr 1933. Emigration über die Schweiz nach Großbritannien, London, am 8.10.1938.
Br.B. 32; Liste d. nichtzugel. RA, 25.4.33; JMBl. 33, S. 209; BArch, R 3001 PAK; BG

Jacoby, Alfred Dr.
24.5.1885 - keine Angaben
priv.: k.A.
Kanzlei: Behrenstr. 37, W 8
Nach der Machtübernahme der Nationalsozialisten wieder zugelassen; war noch 1936 als Anwalt tätig.
TK 33; *li; Liste d. nichtzugel. RA, 25.4.33 (Nachtrag; hier Jakobi); LAB, Liste 15.10.33; Liste 36; BArch, R 3001 PAK

Jacoby, Ernst Dr.
13.12.1878 Berlin - Deportation 1942
priv.: Bayerische Str. 6/ Salzburger Str. 17 (Juni 1942), Schöneberg
Kanzlei: Motzstr. 53, W 30
RA und Notar; nach der Machtübernahme der Nationalsozialisten 1933 wieder zugelassen; 1935 Entzug des Notariats; als Anwalt bis zum Berufsverbot 1938 tätig, danach als „Konsulent. Datum der Vermögenserklärung: 27.3.1942; Deportation am 28.3.1942 nach Piaski.
*li; LAB, Liste 15.10.33; DJ 36, S. 315; Liste 36; Liste d. Kons.; BG; GB II

Jacoby, Gerhard Dr. jur. et rer. pol.
30.7.1891 Berlin - 19.8.1960 New York
priv.: Bregenzer Str. 19, W 15
Kanzlei: Rankestr. 30, W 50
1912 Staatsexamen; 1913 Promotion Dr. jur.; 1914-18 Kriegsteilnehmer, ausgezeichnet mit dem EK II; 1921 Promotion zum Dr. rer. pol. Würzburg; ab 1921 RA in Berlin, zugelassen am KG, später auch Notar; Sozietät mit > Wenzel Goldbaum; spezialisiert auf Urheber- und Theaterrecht; tätig u.a. für den S. Fischer Verlag, die UFA und viele Bühnenkünstler und Schriftsteller; Mitgründer und Syndikus der GEMA. Nach der Machtübernahme der Nationalsozialisten 1933 wieder zugelassen; 1935 Entzug des Notariats; im gleichen Jahr Emigration über Frankreich nach Palästina, Jerusalem; dort als Rechts- und Wirtschaftsberater tätig; 1937 in die USA mit Touristenvisum, nach Zwischenaufenthalt in Kanada mit regulärem Einreisevisum; 1939-60 beim World Jewish Congress; 1949-60 Vertreter des WJC bei der Unesco; 1951-52 auch WJC-Vertreter in Deutschland; an der Gründung des Zentralrats der Juden in Deutschland beratend beteiligt; 1960 in New York gestorben.
*li; LAB, Liste 15.10.33; DJ 36, S. 315; BG; BHdE Bd. I, S. 326; Göpp., S. 289

Jacoby, Gustav Dr.
10.3.1904 New York - August 1985
priv.: k.A.
Kanzlei: Bregenzerstr. 4, W 15
1905 Rückkehr der Familie nach Deutschland; ab 1922 Jurastudium in Freiburg i.Br., Berlin und Leipzig; 1927 Promotion. Nach der Machtübernahme der Nationalsozialisten Berufsverbot als RA im Frühjahr 1933; Emigration in die USA im Juni 1933; 1933-35 erneutes Jurastudium an der Universität New York und der Columbia University; zugleich als Sachverständiger für deutsches Recht tätig; nahm wieder die US-Staatsbürgerschaft an; ab 1936 als RA in New York zugelassen; in jüdischen und anderen Institutionen und Verbänden engagiert.
Liste d. nichtzugel. RA, 25.4.33; BArch, R 3001 PAK; BG; BHdE Bd. I, S. 326; Jewish Immigrants ... in the U.S.A., Oral History, S. 51-52; SSDI

Jacoby, Hellmut
5.7.1903 - keine Angaben
priv.: k.A.
Kanzlei: Wartburgstr. 19, Schöneberg
RA beim LG II. Nach der Machtübernahme der Nationalsozialisten Berufsverbot im Frühjahr 1933.
Liste d. nichtzugel. RA, 25.4.33; JMBl. 33, S. 209; BArch, R 3001 PAK

Jacoby, Max Dr.
19.11.1874 Braunsberg - 7.1.1942 Berlin
priv.: Aschaffenburger Str. 20, W 30
Kanzlei: Potsdamer Str. 84 a, W 57
RA und Notar; nach der Machtübernahme der Nationalsozialisten 1933 Entzug des Notariats, als Anwalt wieder zugelassen; noch bis zum allgemeinen Berufsverbot 1938 als Anwalt tätig. 1942 im Jüdischen Krankenhaus verstorben.
JMBl. 33, S. 208; *li; LAB, Liste 15.10.33; Liste 36; BArch, R 3001 PAK; MRRAK; VZ 39; BG; LAB, OFP-Akten

Jacoby, Moritz S.
11.6.1883 Berlin - 18.8.1942 Riga
priv.: Landhausstr. 25 a, Wilmersdorf
Kanzlei: Landsberger Str. 83, C 25
RA und Notar; nach der Machtübernahme der Nationalsozialisten 1933 wieder zugelassen; 1935 Entzug des Notariats; noch bis mindestens 1936 als Anwalt tätig; am 15.8.1942 nach Riga deportiert, dort kurz nach der Ankunft ermordet.
*li; LAB, Liste 15.10.33; DJ 36, S. 315; Liste 36; BArch, R 3001 PAK; BdE; GB II; Ausk. Dr. Hermann Simon

Jacusiel, Alfred Dr.
9.2.1901 Berlin - keine Angaben
priv.: Spandauer Str. 9, C 2
Kanzlei: Mohrenstr. 51, W 8
RA am KG, daneben publizierte

er; nach der Machtübernahme der Nationalsozialisten Berufsverbot im Frühjahr 1933. Alfred J. war der Sohn von Kurt J.
Br.B. 32; Liste d.nichtzugel. RA, 25.4.33; JMBl. 33, S. 203; BArch, R 3001 PAK, PA

Jacusiel, Hans Dr.
27.6.1903 - keine Angaben
priv.: k.A.
Kanzlei: Fasanenstr. 30, W 15
RA seit 1928; nach der Machtübernahme der Nationalsozialisten Berufsverbot zum 31.5.1933. Hans J. war der Sohn von Kurt J.
Br.B. 32; Liste d. nichtzugel. RA, 25.4.33; JMBl. 33, S. 220; BArch, R 3001 PAK

Jacusiel, Kurt, JR
24.6.1868 Schwetz - keine Angaben
priv.: Mohrenstr. 51, W 8
Kanzlei: Mohrenstr. 51, W 8
Kanzlei gemeinsam mit seinem Halbbruder Max J.; war der Vater von Alfred und Hans J.; nach der Machtübernahme der Nationalsozialisten 1933 Entzug des Notariats, als Anwalt wieder zugelassen bis zum allgemeinen Berufsverbot 1939. Emigration nach Chile, Santiago de Chile.
JMBl. 33, S. 208; li; LAB, Liste 15.10.33; BArch, R 3001 PAK; MRRAK; BG

Jacusiel, Max Dr.
4.6.1882 Berlin - keine Angaben
priv.: Sven-Hedin-Str. 20, Zehlendorf
Kanzlei: Mohrenstr. 51, W 8
Kanzlei gemeinsam mit seinem Halbbruder Kurt J.; nach der Machtübernahme der Nationalsozialisten 1933 Entzug des Notariats, als Anwalt wieder zugelassen. Emigration in die Niederlande, Amsterdam, am 15.1.1936.
JMBl. 33, S. 208; *li; LAB, Liste 15.10.33; BArch, R 3001 PAK; BG

Jaffa, Sally Dr.
15.7.1879 Insterburg - keine Angaben
priv.: Seebergsteig 19, Wilmersdorf, Grunewald
Kanzlei: Dircksenstr. 26/27, C 25

RA und Notar; nach der Machtübernahme der Nationalsozialisten Entzug des Notariats 1935; war als Anwalt noch bis zum allgemeinen Berufsverbot 1938 tätig. Emigration nach Großbritannien, London.
*li; LAB, Liste 15.10.33; DJ 36, S. 315; Liste 36; BArch, R 3001 PAK; MRRAK; BG

Jaffé, Elisabeth
18.9.1901 - keine Angaben
priv.: k.A.
Kanzlei: Maaßenstr. 25, W 30
RAin am KG (seit 1928); nach der Machtübernahme der Nationalsozialisten Berufsverbot zum 2.6.1933.
Br.B. 32; Liste d. nichtzugel. RA, 25.4.33; BArch, R 3001 PAK, PA

Jaffé, Leo Dr.
13.8.1889 Zduny - keine Angaben
priv.: k.A.
Kanzlei: Am Karlsbad 21
RA (seit 1924) und Notar (1930). Nach der Machtübernahme der Nationalsozialisten Emigration August 1933 nach Palästina, Haifa; in Israel als Vertreter für Lebensversicherungen tätig; kehrte im Juni 1956 nach Deutschland zurück; wurde am 22.8.1956 als Anwalt und am 31.8.1956 als Notar wieder zugelassen; zog 1959 nach München und ließ sich dort als RA nieder.
Br.B. 32; TK 33, BArch, R 3001, PAK; LAB, RAK; PA

Jaffe, Max Dr.
15.7.1883 Wreschen - keine Angaben
priv.: Bayerischer Platz 6, W 30
Kanzlei: Bayerischer Platz 6, W 30
RA und Notar; nach der Machtübernahme der Nationalsozialisten 1933 wieder zugelassen; Entzug des Notariats spätestens 1935; Zulassung als Anwalt wurde am 31.3.1936 gelöscht. Emigration nach Palästina, Tel Aviv.
TK 33; *li; LAB, Liste 15.10.33; BArch, R 3001 PAK; BG

Jaffé, Walter Dr.
25.4.1876 Berlin - keine Angaben
priv.: Prager Str. 7, Wilmersdorf
Kanzlei: Zimmerstr. 87, SW 68
RA und Notar; nach der Machtübernahme der Nationalsozialisten 1933 wieder zugelassen; Entzug des Notariats spätestens 1935; gehörte dem Reichsverband nichtarischer Christen an. Emigration nach Frankreich, Paris, am 31.8.1938.
*li; LAB, Liste 15.10.33; BArch, R 3001 PAK; Mitt.bl. Reichsverband nichtarischer Christen, 6.12.1934; BG

Jalowicz, Hermann Dr.
12.6.1877 Berlin - 18.3.1941 Berlin
priv.: Prenzlauer Str. 9, Mitte
Kanzlei: Prenzlauer Str. 19 a, C 25
J. entstammte einer wenig vermögenden, religiös gesetzestreuen Familie. Sein Jurastudium finanzierte er sich als Werkstudent. Während des WK I war er als Soldat beim Kriegsgericht in den eroberten Ostgebieten tätig. Schon während seines Studiums engagierte er sich im Sinne des Zionismus, war Mitglied des Turnvereins Bar-Kochba und redigierte dessen monatliches Verbandsorgan, die Jüdische Turnzeitung. Nach dem WK I eröffnete er eine eigene Kanzlei (später mit Notariat); seine Frau stand dem Büro vor. J. war ein Jurist mit ausgeprägtem Gerechtigkeitssinn. Kaufmännische Aspekte interessierten ihn hingegen nicht. Nach der Machtübernahme der Nationalsozialisten wurde J. auf seinen Antrag hin wieder zugelassen, da er als „Frontkämpfer" anerkannt wurde. Das Notariat wurde ihm entzogen; 1935 besuchte er die 2. Makkabiade in Palästina, bei den Reisekosten unterstützten ihn Freunde. Wegen der mehrjährigen Krankheit seiner Frau kam eine Emigration nicht in Betracht. Nach ihrem Tod im Juni 1938 gab er Kanzlei und Wohnung auf, das Mobiliar musste „verschleudert" werden. Das Versprechen des Palästina-Amtes auf ein Zertifikat zur Auswanderung nach Palästina wurde nicht gehalten. J.s finanzielle Lage war prekär. Als ehemaliger Notar, der damals Beamtenstatus innehatte, erhielt er lediglich eine kleine Pension.

1938 bemühte sich J. nicht mehr um die Zulassung als „Konsulent",

da die zu erwartenden Einnahmen nicht die Kosten der Kanzlei gedeckt hätten. Er starb 1941 im Alter von 63 Jahren, „seine Lebenskraft war gebrochen." (Enkel Hermann Simon).
*li; LAB, Liste 15.10.33; DJ 36, S. 315; Liste 36; BArch, R 3001 PAK; MRRAK; BG; Ausk. H. Simon, CJ

Jandorf, Julius Dr.
24.5.1882 Hengstfeld - keine Angaben
priv.: k.A.
Kanzlei: Mauerstr. 53, W 8
RA und Notar; nach der Machtübernahme der Nationalsozialisten 1933 Entzug des Notariats, als Anwalt wieder zugelassen bis zur Löschung am 10.12.1935.
*li; LAB, Liste 15.10.33; JMBl. 33, S. 208; Liste 36; BArch, R 3001 PAK

Jankuhn, Alfred
7.3.1906 Berlin - keine Angaben
priv.: Ilmenauer Str. 2, Wilmersdorf
Kanzlei: Mittelstr. 25, NW 7
Nach der Machtübernahme der Nationalsozialisten 1933 wieder zugelassen, dies war ein ungewöhnlicher Vorgang, da er weder „Altanwalt" noch „Frontkämpfer" gewesen sein kann, als Ausnahmegrund kann 1933 lediglich in Betracht gekommen sein, dass sein Vater im WK I gefallen war. Eine Überprüfung anhand der Akten ist nicht möglich, da sie verloren gegangen sind. J. war evangelischen Glaubens, galt als „Mischling 1. Grades" und konnte noch 1941 praktizieren; überlebte und wohnte nach der Befreiung in Wilmersdorf.
*li; Liste Mschlg. 36; BArch, R 3001 PAK; Tel.B. 41; Verz. zugel. Anw. 45; BG

Jarecki, Jacob, JR
17.8.1862 Wreschen - 15.10.1942 Theresienstadt
priv.: Gerlachstr. 18-21, C 2 (Altersheim der Jüd. Gemeinde)
Kanzlei: Prinzregentenstr. 6, Wilmersdorf
RA und Notar; nach der Machtübernahme der Nationalsozialisten 1933 Entzug des Notariats; noch bis zum allgemeinen Berufsverbot 1938 als Anwalt tätig. Deportation am 14.9.1942 nach Theresienstadt; dort einen Monat später umgekommen.
JMBl. 33, S. 208; *li; LAB, Liste 15.10.33; Liste 36; BArch, R 3001 PAK; BG; ThG; GB II

Jarecki, Samuel
keine Angaben - 1.6.1938
priv.: k.A.
Kanzlei: Potsdamer Str. 118 c, W 35
RA und Notar; nach der Machtübernahme der Nationalsozialisten 1933 Entzug des Notariats; 1936 noch als Anwalt tätig; 1938 verstorben.
JMBl. 33, S. 208; *li; LAB, Liste 15.10.33; Liste 36

Jessel, Herbert Dr.
20.5.1892 Breslau - keine Angaben
priv.: Westfälische Str. 17
Kanzlei: Unter den Linden 8, W 8
RA am KG; nach der Machtübernahme der Nationalsozialisten wieder zugelassen; bis zum allgemeinen Berufsverbot 1938 als Anwalt tätig. Emigration nach Großbritannien, Surrey, am 22.8.1939.
*li; LAB, Liste 15.10.33; Liste 36; MRRAK; BG

Joachim, Günther
8.3.1880 Berlin - 29.3.1933 Berlin
priv.: k.A.
Kanzlei: Königstr. 53/54; C 2
RA seit 1928; SPD-Mitglied. J. wurde im März 1933 von SA verschleppt und in der SA-Kaserne Jüdenstraße und im ULAP inhaftiert und umgebracht. Sein Tod wurde erst im September 1933 angezeigt (JMBl.). J. wurde in Weißensee beigesetzt.
Br.B. 32; TK 33; JMBl. 2.9.33, S. 281; BArch, R 3001 PAK; BG; Friedh.W.Sterbereg.; Krach, S. 434; Schilde u.a., S. 63, 215; Sandvoss 1994, S. 34

Joachim, Walter
16.9.1891 Berlin - 29.10.1942 Riga
priv.: Kantstr. 33, Charlottenburg
Kanzlei: Goethepark 26, Charlottenburg
Nach der Machtübernahme der Nationalsozialisten Berufsverbot im Frühjahr 1933. Datum der Vermögenserklärung: 21.10.1942; Deportation am 26.10.1942 nach Riga; dort kurz nach der Ankunft am ermordet.
Br.B. 32; JMBl. 33, S. 221; Liste d. nichtzugel. RA, 25.4.33; BArch, R 3001 PAK; BG; BdE; GB II

Joachimczyk, Willy Dr.
6.7.1883 Posen - 1.7.1942 Auschwitz
priv.: Tirpitzufer 64, W 35
Kanzlei: Friedrichstr. 187/188, W 8
RA und Notar; nach der Machtübernahme der Nationalsozialisten 1933 wieder zugelassen; 1935 Entzug des Notariats; noch bis zum allgemeinen Berufsverbot 1938 als Anwalt tätig. Unter unbekannten Umständen nach Auschwitz verschleppt und dort am 1.7.1942 ermordet.
*li; LAB, Liste 15.10.33; DJ 36, S. 315; Liste 36; MRRAK; BG; GB II; Ausk. Weißleder

Joel, Günther Dr.
keine Angaben
priv.: k.A.
Kanzlei: Französische Str. 35/39, W 56
Nach der Machtübernahme der Nationalsozialisten 1933 wieder als Anwalt zugelassen, galt als „Mischling", 1936 noch tätig; er überlebte und war nach 1945 wieder als Anwalt und Notar zugelassen.
*li; LAB, 15.10.33; Liste Mschlg. 36; TK 36; BArch, R 3001 PAK; Verz. zugel. Anw. 45

Jolenberg, Hans
1.10.1891 Berlin - keine Angaben
priv.: k.A.
Kanzlei: Dorotheenstr. 19, NW 7
RA seit 1918; nach der Machtübernahme der Nationalsozialisten Berufsverbot Anfang Juni 1933.
Br.B. 32; Liste d. nichtzugel. RA, 25.4.33 (hier: Jelenberg); JMBl. 7.7.33; S. 209; BArch, R 3001 PAK, PA

Jonas, Albert Dr.
3.3.1898 Berlin - März 1985
priv.: k.A.
Kanzlei: Französische Str. 28, W 56
RA am KG (seit 1924); nach der Machtübernahme der Nationalsozialisten Berufsverbot zum 20.5.1933. Emigration in die USA, lebte zuletzt in New York.
Br.B. 32; Liste d. nichtzugel. RA, 25.4.33; BArch, R 3001 PAK, PA; SSDI

Jonas, Fritz
24.5.1891 Berlin - keine Angaben
priv.: k.A.
Kanzlei: Französische Str. 15, W 8
RA und Notar; auch im Rechtsschutzauftrag der Roten Hilfe tätig. Nach der Machtübernahme meldete der Vorstand der RAK im Mai 1933 an das Preußische Justizministerium, dass J. „laut Mitteilung des SS-Abschnittes III" Honorar von der Roten Hilfe empfangen habe, zugleich wurde betont, dass er „nicht-arisch" sei. J. wurde wenig später mit Berufsverbot belegt. Emigration nach China, Shanghai; lebte 1952 in Brasilien.
GHStA, Rep. 84a, Nr. 20363; Liste d. nichtzugel. RA, 25.4.33 (Nachtrag); JMBl. 33, S. 209; BArch, R 3001 PAK; BG; Schneider, Schwarz, Schwarz, S. 171

Jonas, Ludwig Dr.
24.11.1875 Sagan - Deportation 1942
priv.: Rosenheimer Str. 22, Schöneberg
Kanzlei: Rosenheimer Str. 22, Schöneberg
RA und Notar; nach der Machtübernahme der Nationalsozialisten 1933 wieder zugelassen; Entzug des Notariats 1935; war noch bis zum allgemeinen Berufsverbot 1938 als Anwalt tätig. Datum der Vermögenserklärung: 9.8.1942; Sammellager Große Hamburger Str. 26; Deportation am 19.8.1942 nach Theresienstadt; am 16.5.1944 nach Auschwitz verschleppt.
*li; LAB, Liste 15.10.33; Liste 36; BArch, R 3001 PAK; BG; GB II

Jonas, Max Dr.
19.6.1903 Fränkisch-Crumbach - keine Angaben
priv.: Lindenallee 28, Charlottenburg
Kanzlei: Schöneberger Ufer 42, W 35
Nach der Machtübernahme der Nationalsozialisten Berufsverbot im Frühjahr 1933. Emigration nach Großbritannien im November 1933.
Br.B. 32; Liste d. nichtzugel. RA, 25.4.33; JMBl. 33, S. 220; BArch, R 3001 PAK; BG

Joseph, Benno
2.9.1873 Nakel - keine Angaben
priv.: Kronprinzenstr. 8, Weißensee
Kanzlei: Badstr. 26, N 20
RA und Notar; nach der Machtübernahme der Nationalsozialisten 1933 Entzug des Notariats; war noch bis zum allgemeinen Berufsverbot 1938 als Anwalt tätig.
JMBl. 33, S. 208; *li; LAB, Liste 15.10.33; Liste 36; BArch, R 3001 PAK

Joseph, Eugen Dr.
8.5.1882 Berlin - Deportation 1942
priv.: Neue Ansbacher Str. 7 a; Gustloffstr. 55, Charlottenburg
Kanzlei: Potsdamer Str. 37, W 35
RA und Notar; nach der Machtübernahme der Nationalsozialisten wieder zugelassen; Entzug des Notariats 1935; noch bis zum allgemeinen Berufsverbot 1938 als Anwalt tätig. Datum der Vermögenserklärung: 24.11.1942; Sammellager Große Hamburger Str. 26; Deportation am 29.11.1942 nach Auschwitz.
*li; LAB, Liste 15.10.33; DJ 36, S. 315; Liste 36; BArch, R 3001 PAK; MRRAK; BG; GB II

Joseph, Otto Hermann
31.1.1897 Berlin - keine Angaben
priv.: Paulsborner Str. 92, W 15
Kanzlei: Jägerstr. 18, Mitte
RA am KG und Notar; nach der Machtübernahme der Nationalsozialisten Aufgabe der Kanzlei. Die weiteren Quellen sind widersprüchlich: vermutlich Emigration 1934 nach Frankreich, Paris. Gegen J. wurde ein Steuersteckbrief erlassen.
Br.B. 32; Pr.J. 33, S. 773; BArch, R 3001 PAK; BG; Wolf, BFS

Josephsen, Albert
21.9.1878 Neutomischel - keine Angaben
priv.: Aschaffenburger Str. 5 bei Müller, Wilmersdorf
Kanzlei: Unter den Linden 60, NW 7
RA und Notar; nach der Machtübernahme der Nationalsozialisten 1933 Entzug des Notariats, als Anwalt wieder zugelassen; bis zum allgemeinen Berufsverbot 1938 tätig; gehörte dem Reichsverband nichtarischer Christen an.
JMBl. 33, S. 208; *li; LAB, Liste 15.10.33; MRRAK; BG; LAB, Liste 15.10.33; BArch, R 3001 PAK; Mitt.bl. Reichsverband nichtarischer Christen, 6.12.1934

Josephsen, Georg
8.1.1876 Neutomischel - keine Angaben
priv.: k.A.
Kanzlei: Hardenbergstr. 9 a, Charlottenburg
RA am KG; nach der Machtübernahme der Nationalsozialisten Berufsverbot im Frühjahr 1933.
JMBl. 33, S. 253; Liste d. nichtzugel. RA, 25.4.33; BArch, R 3001 PAK; BG

Josephsen, Richard
15.6.1880 - keine Angaben
priv.: k.A.
Kanzlei: Hardenbergstr. 9 a, Charlottenburg
RA und Notar; nach der Machtübernahme der Nationalsozialisten 1933 Entzug des Notariats, als Anwalt wieder zugelassen; Zulassung am 12.10.1935 gelöscht.
JMBl. 33, S. 208; *li; LAB, Liste 15.10.33; BArch, R 3001 PAK

Juda, Alfred Dr.
16.6.1904 Berlin - keine Angaben
priv.: k.A.
Kanzlei: Neue Königstr. 10, NO 43
RA seit 1931; nach der Machtübernahme der Nationalsozialisten Berufsverbot zum 31.5.1933. Emigration am 20.8.1939 nach Großbritannien, London.
Liste d. nichtzugel. RA, 25.4.33; JMBl. 33, S. 209; BArch, R 3001 PAK; BG

Juda, Josef Dr.
4.7.1901 - keine Angaben
priv.: k.A.
Kanzlei: Behrenstr. 23, W 8
RA seit 1930; nach der Machtübernahme der Nationalsozialisten Berufsverbot zum 12.6.1933.
Liste d. nichtzugel. RA, 25.4.33; JMBl. 33, S. 253; BArch, R 3001 PAK, PA

Judesis, Arthur
26.4.1889 Königsberg - 10.11.1938 Berlin

priv.: k.A.
Kanzlei: Taubenstr. 21, W 8
RA und Notar; nach der Machtübernahme der Nationalsozialisten 1933 wieder zugelassen; 1935 Entzug des Notariats, als Anwalt bis zum 19.11.1937 tätig. J. kam im Zusammenhang mit dem Pogrom am 10.11.1938 im Alter von 49 Jahren ums Leben.
*li; LAB, Liste 15.10.33; DJ 36, S. 315; Liste 36; BArch, R 3001 PAK; Naatz-Album; BG; GB II

Juliusberger, Erich Dr.
24.4.1886 Breslau - Deportation 1943
priv.: Königin-Augusta-Str. 48
Kanzlei: Potsdamer Str. 134; Potsdamer Str. 123 a, W 35; Nürnberger Str. 66, Schöneberg
J. hatte 1908 sein erstes Staatsexamen in Breslau bestanden, sein zweites 1913, von 1914 bis zur Entlassung 1919 Kriegsdienst, vor allem an der Westfront, mehrfach ausgezeichnet, u.a. mit dem EK II. Kl. RA (seit 1914) und Notar (seit 1924). Nach der Machtübernahme der Nationalsozialisten 1933 Entzug des Notariats, als Anwalt wieder zugelassen; bis zum allgemeinen Berufsverbot 1938 als

Anwalt tätig; praktizierte zuletzt in der Privatwohnung; wurde zur Zwangsarbeit herangezogen und als Arbeiter eingesetzt. Datum der Vermögenserklärung: 11.1.1943; Sammellager Große Hamburger Str. 26; Deportation am 29.1.1943 nach Auschwitz. - Erich J. war vermutlich der Bruder von Fritz J.
TK 33; Pr.J. 33, S. 390; *li; TK 36, S. 53; Tel.B. 38; LAB, Liste 15.10.33; Liste 36; BArch, R 3001 PAK, PA; MRRAK; BG; GB II

Juliusberger, Fritz Dr.
6.3.1884 Breslau - 30.1.1943 Auschwitz
priv.: Knesebeckstr. 22, Charlottenburg
Kanzlei: Unter den Linden 14, W 8
J. hatte sich von der jüdischen Religion gelöst. Nach der Machtübernahme der Nationalsozialisten 1933 Entzug des Notariats, als Anwalt wieder zugelassen bis zum allgemeinen Berufsverbot 1938; die Ehefrau Klara galt als nicht-jüdisch. J. wurde unter unbekannten Umständen nach Auschwitz deportiert und dort am 30.1.1943 ermordet.
TK 33; BR. B. 32; JMBl. 33, S. 208; *li; Liste 36; BArch, R 3001 PAK; MRRAK; BG; GB II

Just, Arthur Dr.
21.2.1895 Berlin - keine Angaben
priv.: Kurfürstendamm 216, W 15
Kanzlei: Kurfürstendamm 216, W 15
Nach der Machtübernahme der Nationalsozialisten wieder zugelassen bis zum allgemeinen Berufsverbot 1938 als Anwalt tätig.
*li; LAB, Liste 15.10.33; Liste 36; BArch, R 3001 PAK; MRRAK; BG

K

Kahlenberg, Hermann Dr.
5.1.1876 Bremen - keine Angaben
priv.: Fasanenstr. 48, Wilmersdorf
Kanzlei: Lützow-Ufer 5 a, W 35
Nach der Machtübernahme der Nationalsozialisten 1933 wieder zugelassen; am 24.4.1934 Zulassung gelöscht. Emigration in die Niederlande, Amsterdam, am 30.6.1938, später nach Großbritannien, London.
*li; LAB, Liste 15.10.33; BArch, R 3001 PAK; BG: LAB, OFP-Akten

Kahn, Bernhard Dr.
13.1.1887 - keine Angaben
priv.: k.A.
Kanzlei: Hohenzollernstr. 25, W 35
Nach der Machtübernahme der Nationalsozialisten wieder zugelassen; war noch bis zum allgemeinen Berufsverbot 1938 als Anwalt tätig; vermutlich nach Shanghai emigriert.
*li; LAB, 15.10.33; Liste 36; BArch, R 3001 PAK; MRRAK

Kahn, Heinrich Dr.
27.4.1902 - keine Angaben
priv.: k.A.
Kanzlei: Barbarossastr. 21, W 30
K. war 1931 auch im Rechtsschutzauftrag der Roten Hilfe tätig. Nach der Machtübernahme der Nationalsozialisten Berufsverbot im Frühjahr 1933.
Liste d. nichtzugel. RA, 25.4.33 (Nachtrag); JMBl. 33, S. 203; BArch, R 3001 PAK; Schneider, Schwarz, Schwarz, S. 173

Kahn, Rudolf Dr.
15.10.1896 Germersheim - keine Angaben
priv.: k.A.
Kanzlei: Friedrich-Ebert-Str. 15, W 9
Nach der Machtübernahme der Nationalsozialisten 1933 wieder zugelassen; am 20.11.1936 wurde die Zulassung gelöscht; emigrierte vermutlich nach Shanghai.
TK 33; *li; Liste 36; BG; LAB, Liste 15.10.33; BArch, R 3001 PAK; Ausk. E. Proskauer

Kahn, Wilhelm Dr.
28.4.1903 - keine Angaben
priv.: k.A.
Kanzlei: Schmidtstr. 24/25, SO 16
Nach der Machtübernahme der Nationalsozialisten Berufsverbot im Frühjahr 1933.
Liste d. nichtzugel. RA, 25.4.33; JMBl. 33, S. 253; BArch, R 3001 PAK

Kaiser, Hermann Georg Dr.
13.1.1904 Mardorf - 14.10.1992
priv.: k.A.
Kanzlei: Friedrichstr. 166
1922-25 Jurastudium in Marburg, Gießen und Frankfurt a. M.; 1925 erstes Staatsexamen; 1927 Promotion; 1929 zweites Staatsexamen; ab Dezember 1929 RA in Berlin, zugelassen am KG. Nach der Machtübernahme der Nationalsozialisten Berufsverbot 1933; im Mai 1938 von der Gestapo in Rostock als Spitzel verdächtigt, daraufhin Emigration über Belgien nach Großbritannien; ab Februar 1940 in den USA; zunächst Inhaber eines Zulieferungsbetriebs für die Ölindustrie, ab 1949 einer Erdöl- und Gasgesellschaft; engagierte sich in zahlreichen Institutionen und Verbänden; lebte zuletzt in Tulsa, Oklahoma.
Br.B. 32; BArch, R 3001 PAK; Pr.J. 33, S. 502; BG; BHdE Bd. 1, S. 344; SSDI

Kalisch, Hans Dr.
29.9.1877 Berlin - keine Angaben
priv.: k.A.
Kanzlei: Motzstr. 58, W 30
RA und Notar; nach der Machtübernahme der Nationalsozialisten 1933 Entzug des Notariats, als Anwalt wieder zugelassen - bis zum allgemeinen Berufsverbot 1938 tätig. K.s Ehefrau galt als nicht-jüdisch.
JMBl. 33, S. 220; *li; Liste 36; BArch, R 3001 PAK

Kalischer I, Fritz Dr.
14.12.1881 Berlin - 6.8.1964 Tessin
priv.: Meineckestr. 4, Charlottenburg
Kanzlei: Potsdamer Str. 138, W 9
RA am KG (seit 1912); K. war evangelischer Religion, hatte von 1915 bis Kriegsende am WK I teilgenommen; arbeitete in Bürogemeinschaft mit > Dr. Hans Kaufmann. Nach der Machtübernahme der Nationalsozialisten 1933 wurde K. wieder zugelassen; er konnte geltend machen, dass er sowohl „Frontkämpfer" als auch „Altanwalt" war. 1936 wurde er in „Schutzhaft" genommen, ihm wurde ein Devisenvergehen vorgeworfen. Inzwischen wurden seine Büroräume geschlossen, selbst der eingesetzte Vertreter RA Alfred Maaß erhielt erst nach einem Antrag beim Innenministerium Zutritt.

Der Generalstaatsanwalt beim Landgericht lehnte die Eröffnung eines Hauptverfahrens gegen K. ab, weil keine ausreichenden Anhaltspunkte vorlagen. Zu diesem Zeitpunkt befand sich K. seit einem halben Jahr in „Schutzhaft" und war der Gestapo unterstellt. K. setzte nach der Freilassung seine Tätigkeit fort bis zum allgemeinen Berufsverbot 1938. Um den Zwangsnamen Israel zu vermeiden, nannte er sich nun Feleg Kalischer. Er wurde noch als „Konsulent" zugelassen. Da K. in einer „Mischehe" lebte, mit seiner Frau auch zwei Kinder hatte, die Ehe somit als „privilegiert" galt, war er eine gewisse Zeit noch geschützt. 1942 entschloss sich das Paar, Berlin zu verlassen, und zog in ein Ferienhaus der Familie in Bad Schwarzbach im Isergebirge in Schlesien. Von dort musste Frau Kalischer einige Male nach Berlin, um ihre Lebensmittelkarten verlängern zu lassen. In Berlin war die Familie nicht abgemeldet, um weitere Nachforschungen zu vermeiden. In Bad Schwarzbach hieß es, dass sich Fritz K. in Berlin aufhielte. Er tauchte auf diese Weise unter. Die Tochter im Schulalter war über die Situation informiert und wusste, dass sie zu schweigen hatte. Für den Gefahrenfall war im Schornstein des Hauses ein Versteck für Fritz K. eingerichtet. Die Haushälterin und Kinderfrau des jüngsten Kindes, Tante Minna, hielt treu zur Familie. Sie hatte miterleben müssen, wie ihre frühere Dienstherrin, für die sie 20 Jahre gearbeitet und die sie sehr geliebt hatte, plötzlich mit unbekanntem Ziel abgeholt wurde, weil sie Jüdin war. Unterstützt auch von einigen eingeweihten Nachbarn, überstand die Familie die Zeit der Bedrängnis.
Mit Vormarsch der sowjetischen Truppen war aber die Sicherheit noch nicht gänzlich erreicht. So kam es noch zu einem Überfall, weil das Gerücht gestreut wurde, dass „bei dem Juden" etwas zu holen sei. Fritz K. konnte aber nach Kriegsende selbstbewusst in anderen Fällen Übergriffe abwehren, indem er auf seinen Judenstern verwies. K. zog 1946 zurück nach Berlin und ließ sich umgehend als Anwalt nieder. Seine frühere Sekretärin übernahm wieder ihre alte Stelle. Er verlegte sein Büro von der Grolmannstraße in die Mommsenstr. 22.
Br.B. 32; TK 33; *li; LAB, Liste 15.10.33; Liste 36; BArch, R 3001 PAK, PA; MRRAK; Verz. zugel. Anw. 45; Ausk. der Tochter

Kalischer, Ernst
19.3.1881 Berlin - keine Angaben
priv.: Potsdamer Str. 121, W 35
Kanzlei: Potsdamer Str. 129/130, W 9
RA und Notar; nach der Machtübernahme der Nationalsozialisten 1933 Entzug des Notariats, als Anwalt wieder zugelassen, Löschung am 17.9.1936; Emigration nach Brasilien, Rio de Janeiro, am 8.9.1936.
JMBl. 33, S. 208; *li; LAB, Liste 15.10.33; Liste 36; BArch, R 3001 PAK; BG

Kallmann, Arthur Dr.
16.4.1873 Stargard - 14.3.1943 Theresienstadt
priv.: Geisbergstr. 41, W 30
Kanzlei: Geisbergstr. 41, W 30

Seit ca. 1903 niedergelassener Anwalt an den Landgerichten I-III, später auch Notar; veröffentlichte den Deutschen Juristen-Kalender (1914 u. 1930). K. hatte eigentlich Richter werden wollen, hierfür hätte er sich jedoch nach den informellen Regeln der preußischen Justizverwaltung taufen lassen müssen. Dies lehnte er ab, obwohl er überhaupt nicht religiös war, berichtet sein Sohn. Nach der Machtübernahme der Nationalsozialisten 1933 wurde K. als „Altanwalt" wieder zugelassen, allerdings wurde ihm das Notariat entzogen. K. praktizierte bis zum allgemeinen Berufsverbot 1938. Datum der Vermögenserklärung: 11.8.1942; Sammellager Gerlachstr. 18-21; Deportation am 3.10.1942 nach Theresienstadt, wo er am 14.3.1943 ums Leben kam. Seine Ehefrau wurde im Oktober 1944 nach Auschwitz verschleppt und dort ermordet. Die Tochter Eva K., geb. 20.3.1921 in Berlin, wurde am 26.10.1942 nach Riga deportiert und dort am 29.10.1942 ermordet. Der Sohn der Familie, Helmut (geb. 1922), wurde 1938 unbegleitet nach Großbritannien geschickt. Nach Ausbruch des Krieges in Großbritannien als feindlicher Ausländer („alien enemy") interniert, schließlich nach Kanada verschifft und dort weiter interniert. 1943 kam er frei und hielt sich mit verschiedenen Jobs über Wasser. 1946 begann er in Toronto ein musikwissenschaftliches Studium, wurde später Professor und Fachmann für kanadische Musik.
JMBl. 33, S. 208; *li; LAB, Liste 15.10.33; Liste 36; BArch, R 3001 PAK; MRRAK; BG; ThG; GB II; Ausk. Helmut Kallmann (Sohn) 1999, 2006; Ausst. AoR, Kanada

Kallmann, Curt
9.5.1885 Berlin - keine Angaben
priv.: Bendlerstr. 8
Kanzlei: Bellevuestr. 14, W 9
RA und Notar; nach der Machtübernahme der Nationalsozialisten wieder zugelassen; 1935 Entzug des Notariats; noch bis zum allgemeinen Berufsverbot 1938 als Anwalt tätig. Emigration nach Schweden.
*li; LAB, Liste 15.10.33; DJ 36, S. 315; Liste 36; BArch, R 3001 PAK; MRRAK; BG

Kallmann, Siegmund Dr.
11.3.1887 Reetz - keine Angaben
priv.: Tempelhofer Ufer 1 c, SW 61
Kanzlei: Tempelhofer Ufer 1 c, SW 61
RA und Notar; nach der Machtübernahme der Nationalsozialisten wurde ihm das Notariat entzogen, er gab seine Tätigkeit auf; emigrierte 1934 in die Schweiz. Gegen K. wurde ein Steuersteckbrief erlassen.
Br.B. 32; TK 33; Pr.J. 33, S. 466; Wolf, BFS

Kalischer, Fritz
15.10.1884 Berlin - keine Angaben
priv.: k.A.
Kanzlei: Friedrichstr. 93, NW 7
RA am KG (seit 1915); nach der Machtübernahme der Nationalsozialisten beantragte K. im April 1933 die Wiederzulassung als Anwalt. In der an den Preußischen Justizminister adressierten (geforderten) Loyalitätserklärung schrieb er: „Euer Excellenz beehre ich mich mit Bezug auf den Erlaß vom 5. April 1933 ... zu erklären, daß ich die durch die Tatsachen geschaffene Lage anerkenne ..." Laut Bearbeitervermerk war diese Erklärung unzureichend. In der Folge wurde K. mit Berufsverbot belegt. Emigration nach Großbritannien, Northfields, am 2.7.1938.
Br.B. 32; TK 33; Liste d. nichtzugel. RA, 25.4.33; JMBl. 33, S. 203; BArch, R 3001 PAK, PA; BG

Kamm, Dagobert
18.6.1890 - keine Angaben
priv.: k.A.
Kanzlei: Große Frankfurter
Str. 121, NO 18
RA und Notar; nach der Machtübernahme der Nationalsozialisten wieder zugelassen; 1935 Entzug des Notariats; war noch bis zum 7.11. 1937 als Anwalt tätig.
*li; LAB, Liste 15.10.33; DJ 36, S. 315; Liste 36; BArch, R 3001 PAK

Kamnitzer, Eugen
23.6.1881 Gilgenburg - keine Angaben
priv.: Düsseldorfer Str. 51, W 15
Kanzlei: Königstr. 49, C 2
RA und Notar; nach der Machtübernahme der Nationalsozialisten 1933 Entzug des Notariats, als Anwalt bis zum allgemeinen Berufsverbot zugelassen. Emigration nach Brasilien, Rio de Janeiro, am 17.2.1939.
JMBl. 33, S. 208; *li; LAB, Liste 15.10.33; BArch, R 3001 PAK; MRRAK; BG

Kann, Richard Dr.
5.11.1874 Hannover - 6.12.1942 Berlin
priv.: Neue Ansbacher Str. 6, W 50, Tiergarten
Kanzlei: Schöneberger Ufer 46, W 35
Bekannter Zivilrechtler, RA am KG und Notar; K. war vor 1933 Mitglied des Vorstandes der Berliner Anwaltskammer und der juristischen Landesprüfungskommission. Nach der Machtübernahme der Nationalsozialisten 1933 Entzug des Notariats, als Anwalt bis zum allgemeinen Berufsverbot 1938 tätig; danach als „Konsulent" zugelassen. Er beging 1942 gemeinsam mit seiner Ehefrau Susanne angesichts der drohenden Deportation Suizid, er ist in Weißensee beigesetzt.
Veröffentl.: u.a. Zeitschrift für Deutschen Zivilprozess

JMBl. 33, S. 208; *li; LAB, Liste 15.10.33; Liste 36; Philo-Lexikon, S. 604; Liste d. Kons. 15.4.39; MRRAK; BG; GB II; Göpp., S.233

Kantorowicz, Fritz
19.11.1885 Posen - keine Angaben
priv.: k.A.
Kanzlei: Joachimsthaler Str. 16, W 15
RA und Notar; nach der Machtübernahme der Nationalsozialisten 1933 Entzug des Notariats, als Anwalt bis zum allgemeinen Berufsverbot 1938 tätig. Tauchte unter und überlebte.
JMBl. 33, S. 208; *li; LAB, Liste 15.10.33; Liste 36; BArch, R 3001 PAK; BG

Kantorowicz, Ludwig Dr.
5.5.1900 Samter - keine Angaben
priv.: k.A.
Kanzlei: Kaiserstr. 25 a, C 25
RA seit 1927; nach der Machtübernahme der Nationalsozialisten Berufsverbot zum 10.6.1933. Emigration nach Großbritannien.
Br.B. 32; JMBl. 33, S. 253; Liste d. nichtzugel. RA, 25.4.33; BArch, R 3001 PAK, PA; BG

Kantorowicz, Max Dr.
6.9.1876 Posen - keine Angaben
priv.: k.A.
Kanzlei: Neue Königstr. 19 c, NO 43
RA und Notar; vermutlich Syndikus der Komischen Oper; nach der Machtübernahme der Nationalsozialisten 1933 Entzug des Notariats, als Anwalt noch bis zum allgemeinen Berufsverbot 1938 tätig. Emigration nach Bolivien am 3.6.1939.
JMBl. 33, S. 208; *li; LAB, Liste 15.10.33; Liste 36; MRRAK; BG

Kareski, Paul Dr.
9.2.1884 Posen - 29.10.1942 Riga
priv.: Landsberger Str. 66/67, C 25, Mitte
Kanzlei: Landsberger Str. 66/67, C 25
RA und Notar; nach der Machtübernahme der Nationalsozialisten 1933 Entzug des Notariats,

als Anwalt wieder zugelassen; 1936 noch tätig; zuletzt ehrenamtlicher Prüfer bei der Jüdischen Kultusvereinigung. Datum der Vermögenserklärung: 20.10.1942, Deportation am 26.10.1942 nach Riga. Dort wurde K. kurz nach der Ankunft ermordet.
JMBl. 33, S. 208; *li; LAB, Liste 15.10.33; Liste 36; BArch, R 3001 PAK; BG; BdE; GB II

Karfunkel, Ernst
28.11.1880 Berlin - keine Angaben
priv.: k.A.
Kanzlei: Neue Schönhauser Str. 1, N 54
RA und Notar; nach der Machtübernahme der Nationalsozialisten 1933 Entzug des Notariats, als Anwalt bis zum allgemeinen Berufsverbot 1938 tätig. Emigration.
JMBl. 33, S. 220; *li; LAB, Liste 15.10.33; Liste 36; BArch, R 3001 PAK; MRRAK; BG

Karger, Alfred Joseph Dr.
26.5.1891 Magdeburg - keine Angaben
priv.: Wielandstr. 15, Charlottenburg/ Krottnauerstr. 22, Zehlendorf
Kanzlei: Fasanenstr. 77, Charlottenburg
RA und Notar; nach der Machtübernahme der Nationalsozialisten 1933 Berufsverbot. Emigration nach Ecuador am 16.10.1941; höchstwahrscheinlich nach Deutschland zurückgekehrt.
Adr.B. 32; TK 33; JMBl. 33, S. 253; BArch, R 3001 PAK; BG; BAK, Kartei schulpfl. Kinder; BAK, Emigrations- u. Sterbedatei; LAB, OFP-Akten; BAP, 15.09 RSA

Karger, Fritz Dr.
13.5.1903 Berlin - keine Angaben
priv.: Von-der-Heydt-Str. 4, W 35
Kanzlei: Hallesches Ufer 16, SW 11
RA am LG I-III und AG Berlin-Mitte. Nach der Machtübernahme der Nationalsozialisten 1933 Berufs-

verbot. 1936 Emigration in die Schweiz, Basel.
Adr.B. 32; TK 33; JMBl. 33, S. 220; BArch, R 3001 PAK; BG; BHdE Bd. I, S. 349 (Heinz Karger)

Karpen, Alfred Dr.
28.6.1890 Berlin - keine Angaben
priv.: Motzstr. 81, Wilmersdorf
Kanzlei: Motzstr. 51, Wilmersdorf
RA am KG und Notar; nach der Machtübernahme der Nationalsozialisten wieder zugelassen; stand in engerem Kontakt zu > Dagobert

Pincus; Entzug des Notariats 1935; Berufsverbot als Anwalt 1938, dann noch als „Konsulent" tätig; überlebte „untergetaucht"; erhielt nach 1945 die Wiederzulassung; praktizierte bis zur Vollendung seines 87. Lebensjahres,1977, in der Xantener Str. 16, dann erfolgte die Löschung auf eigenen Wunsch.
*li; LAB, Liste 15.10.33; DJ 36, S. 315; Liste 36; MRRAK; Liste d. Kons. V. 15.4.39; Verz. zugel. Anw.45; LAB, RAK, PA; BG

Karsen, Arthur Dr.
30.8.1881 - keine Angaben
priv.: Kaiserstr. 30-32, Spandau
Kanzlei: Markt 1, Spandau
Anwalt und Notar; nach der Machtübernahme der Nationalsozialisten 1933 Entzug des Notari-

ats, als Anwalt wieder zugelassen; bis zum allgemeinen Berufsverbot 1938 tätig; gehörte dem Reichsverband nichtarischer Christen an. Emigration nach Großbritannien im April/Mai 1939.
JMBl. 33, S. 208; *li; LAB, Liste 15.10.33; MRRAK; Mitt.bl. Reichsverband nichtarischer Christen, 6.12.1934; BG

Kaskel, Joseph
13.3.1892 Posen - 5.9.1989 USA
priv.: Habelschwerter Allee 26, Zehlendorf-Dahlem
Kanzlei: Friedrichstr. 79 a, W 8

RA am KG (seit 1922) und Notar (seit 1927); war evangelischen Glaubens; Soldat im WK I. Nach der Machtübernahme der Nationalsozialisten 1933 wieder zugelassen, weil er als „Frontkämpfer" anerkannt wurde; Entlassung als Notar am 28.1.1936; Berufsverbot als Anwalt 1938. Emigration in die USA; nach Kriegsende Aufbau einer Kanzlei, die bilaterale Mandate betreute; befreit von der Residenzpflicht wurde K. 1960 wieder als RA in Berlin zugelassen; gehörte 1967 dem Vorstand der American Association of Former European Jurists, N.Y., an; änderte seinen Namen in Kaskell, lebte zuletzt in New York, starb im Alter von 97 Jahren.
*li, LAB, Liste 15.10.33; DJ 36, S. 315; BArch, R 3001 PAK; MRRAK; LBI, NY; BG; LAB, RAK PA; American Association of Former European Jurists, LBI Ar 6546

Kassel, Heinrich
26.2.1882 - 1.3.1937
priv.: k.A.
Kanzlei: Pariser Platz 6, NW 7
RA am KG und Notar; nach der Machtübernahme der Nationalsozialisten 1933 Entzug des Notariats, als Anwalt bis zu seinem Tod 1937 tätig.
JMBl. 33, S. 208; *li; LAB, Liste 15.10.33; Liste 36; BArch, R 3001 PAK

Katschak, Alfred Dr.
21.11.1892 - 25.2.1938
priv.: k.A.
Kanzlei: Behrenstr. 14/16, W 8
Nach der Machtübernahme der Nationalsozialisten weiter zugelassen, sein Status als „jüdischer" Anwalt war erst im Laufe des Jahres 1933 ermittelt worden. K. starb im Februar 1938 im Alter von 46 Jahren.
LAB, Liste 15.10.33; BArch, R 3001 PAK

Katschke, Hans
10.4.1902 - keine Angaben
priv.: Aschaffenburger Str.23, Wilmersdorf (1931)
Kanzlei: Charlottenstr. 71, W 8
Nach der Machtübernahme der Nationalsozialisten Berufsverbot im Frühjahr 1933. Emigration nach Südamerika, wahrscheinlich nach Montevideo.
Br.B. 32; Jüd.Adr.B.; JMBl. 33, S. 253; BArch, R 3001 PAK; Ausk. E. Proskauer

Katschke, Walter
20.8.1893 Berlin - keine Angaben
priv.: Giesebrechtstr. 18, Charlottenburg
Kanzlei: Landshuter Str. 18, W 30
RA und Notar; nach der Machtübernahme der Nationalsozialisten 1933 wieder zugelassen; Entzug des Notariats 1935; bis zum allgemeinen Berufsverbot 1938 als Anwalt tätig. Emigration nach Großbritannien, London, am 31.12.1938, später vermutlich nach Palästina/Israel.
*li; LAB, Liste 15.10.33; DJ 36, S. 315; BArch, R 3001 PAK; MRRAK; BG; Ausk. E. Proskauer

Katz, Arthur Dr.
6.9.1902 - keine Angaben
priv.: k.A.
Kanzlei: Neue Promenade 3, C 2
RA am Kammergericht; Berufsverbot im Frühjahr 1933. Emigration nach Palästina.
Liste d. nichtzugel. RA, 25.4.33; BArch, R 3001 PAK; BG

Katz, Erich Dr.
28.4.1893 Marienburg - keine Angaben
priv.: k.A.
Kanzlei: Kronenstr. 64, W 8
RA und Notar; nach der Machtübernahme der Nationalsozialisten auf eigenen Antrag hin wieder zugelassen, im gleichen Jahr aber dennoch gelöscht; später vermutlich als Handelsvertreter tätig.
*li; LAB, Liste 15.10.33; Pr.J. 33, S. 633; BArch, R 3001 PAK; Naatz-Album; BG

Katz, Ernst Rudolf Dr.
10.7.1894 - keine Angaben
priv.: k.A.
Kanzlei: Joachimsthaler Str. 25/26, W 15
Nach der Machtübernahme der Nationalsozialisten 1933 wieder zugelassen; bis zum 1.5.1938 als Anwalt tätig.
*li; LAB, Liste 15.10.33; Liste 36; BArch, R 3001 PAK

Katz, Gerhard Dr.
31.3.1906 Berlin - Mai 1975
priv.: k.A.
Kanzlei: Eisenzahnstr. 65, Halensee
Nach der Machtübernahme der Nationalsozialisten Berufsverbot zum 10.6.1933, Emigration am 4.11.1938 in die USA, Boston; änderte seinen Vornamen in Gerald.
Liste d. nichtzugel. RA, 25.4.33; JMBl. 33, S. 221; BArch, R 3001 PAK; SSDI; BG

Katz, Hanna Dr.
23.10.1895 Berlin - 28.7.1982 New York
priv.: Waitzstr. 7, Charlottenburg
Kanzlei: Schadowstr. 1 b, NW 7
Hanna K. hatte als erste Frau an der juristischen Fakultät der Berliner Friedrich-Wilhelms-Universität mit einer Dissertation unter dem Titel „Lücken im Arbeitsvertrag" promoviert. 1930 ließ sie sich als RAin nieder. Sie durfte nach der Machtübernahme der Nationalsozialisten 1933 nach einigen Schwierigkeiten weiter als Anwältin tätig sein, weil sie der International Law Association, hier dem Trade Mark Committee, angehörte, wo sie das Amt der Schriftführerin bekleidete. Dieses Amt knüpfte sich an die anwaltliche Zulassung. Um zu verhindern, dass ein englischer Vertreter nachrückte, wurde ihr die Zulassung als Anwältin 1933 weiter gewährt, obwohl sie nicht die Anforderungen des Anwaltsgesetzes vom 7.4.1933 erfüllte.

Als Fürsprecher setzten sich der Reichsbund Deutschnationaler Juristen, die Industrie- und Handelskammer Berlin und das Auswärtige Amt ein.

Nach dem Berufsverbot 1938 war sie noch als einzige Frau als „Konsulentin" tätig. Neben ihrer Anwaltstätigkeit war sie Dolmetscherin für Englisch. Bevor K. aus Deutschland fliehen konnte, plünderten sie verschiedene staatliche Stellen aus, später wurden ihre in Deutschland deponierten Wertsachen bei ihrem (jüdischen) Generalbevollmächtigten beschlagnahmt. Hanna K. emigrierte am 6.6.1941 in die USA, New York, wo sie erneut Jura studierte und mit dem Bachelor of Law abschloss, wenig später legte sie auch die „bar examination" ab. Zwischenzeitlich konnte sie amerikanische Staatsbürgerin werden. 1946 wurde sie wieder Anwältin, Schwerpunkt ihrer Tätigkeit war Warenzeichenrecht, Recht gegen den unlauteren Wettbewerb und Antitrustrecht.
1954 erlangte sie unter Befreiung der Residenzpflicht in Berlin wieder die Zulassung als Anwältin. K. war Mitglied der Association of the Bar of the City of New York und der American Bar Association. Daneben war sie in verschiedenen Gremien jüdischer Organisationen aktiv. Sie gehörte 1967 dem Vorstand der American Association of Former European Jurists an. 1982 starb sie im Alter von 86 Jahren.
LAB, A Rep. 343, AG Köpenick, Vertr.V.; *li; LAB, Liste 15.10.33; Liste 36; Liste d. Kons. 15.3.39; BArch, R 3001 PAK, PA; LAB, B Rep 025-05 nr. 1852/55 (WGA); BG; LBI NY; American Association of Former European Jurists, LBI Ar 6546, Otto and Frances Walter Foundation, NY; Juristinnen; Ausst. AoR, NY

Katz, Herbert
6.(7.)5.1902 Schneidemühl - 17.5.1943 Auschwitz
priv.: Müllerstr. 154, N 65, Wedding
Kanzlei: Müllerstr. 154, N 65, Wedding
Nach der Machtübernahme der Nationalsozialisten Berufsverbot zum 12.6.1933. K. wurde am 19.4.1943 nach Auschwitz deportiert und dort am 17.5.1943 ermordet.
Liste d. nichtzugel. RA, 25.4.33; JMBl. 33, S. 253; BArch, R 3001 PAK, PA; VZ 39; BG; GB II

Katz, Leo, JR
26.11.1870 Zabrze - vor August 1951
priv.: k.A.
Kanzlei: Tiergartenstr. 2, W 35
RA und Notar; nach der Machtübernahme der Nationalsozialisten 1933 Entzug des Notariats, war als Anwalt noch 1936 tätig. Emigration am 25.9.1941 nach Uruguay, Montevideo.
JMBl. 33, S. 208; *li; LAB, Liste 15.10.33; Liste 36; BG

Katz, Siegfried
12.8.1887 Rastenburg - 29.10.1942 Riga
priv.: Sächsische Str. 75, W 15, Wilmersdorf
Kanzlei: Seydelstr. 3, SW 19
RA und Notar; nach der Machtübernahme der Nationalsozialisten 1933 wieder zugelassen; Entzug des Notariats 1935; war als Anwalt noch bis zum allgemeinen Berufsverbot 1938 tätig; praktizierte zuletzt in seiner Privatwohnung. Deportation am 26.10.1942 nach Riga, dort kurz nach der Ankunft ermordet.
*li; LAB, Liste 15.10.33; DJ 36, S. 315; Liste 36; BArch, R 3001 PAK; MRRAK; BG; BdE; GB II

Katz, Walter Dr.
5.1.1893 Falkenberg - 20.2.1943 Auschwitz
priv.: Kantstr. 129, Charlottenburg
Kanzlei: Brückenstr. 1, SO 16, später Alexanderstr. 42, C 2
RA und Notar; nach der Machtübernahme der Nationalsozialisten wieder zugelassen; 1935 Entzug des Notariats; war bis zum allgemeinen Berufsverbot 1938 als Anwalt, später noch als „Konsulent" tätig. Die Ehefrau Gertrud galt als „arisch". K. „...ist am 13.1.43 in ein KZ eingewiesen worden" (Gestapo, 16.12.1943). Er wurde in Auschwitz ermordet.
*li; LAB, Liste 15.10.33; DJ 36, S. 315; MRRAK; Liste d. Kons. v. 15.4.39; BArch, R 3001 PAK; BG; GB II

Katz, Willy Dr.
29.12.1892 - keine Angaben
priv.: k.A.
Kanzlei: Friedrichstr. 204
Nach der Machtübernahme der Nationalsozialisten Berufsverbot im Frühjahr 1933.
Br.B. 32; Liste d. nichtzugel. RA, 25.4.33; JMBl. 33, S. 195; BArch, R 3001 PAK

Katzenstein, Martin Dr.
8.3.1886 Eschwege - 1948 Chile
priv.: Lentzeallee 5 a, Dahlem
Kanzlei: Potsdamer Str. 124, W 9
RA und Notar; war zeitweilig Sozius von > Prof. Max Alsberg; nach der Machtübernahme der Nationalsozialisten 1933 wieder zugelassen, verlegte aber die Kanzlei einige Häuser weiter in die Potsdamer Str. 118 c, ein Haus, in dem bereits vier andere Kanzleien ansässig waren. 1935 Entzug des Notariats; war noch bis zum allgemeinen Berufsverbot 1938 als Anwalt tätig. K. emigrierte am 27.7.1939 nach Santiago de Chile, wo er 1948 starb.
Adr.B. 32; *li; LAB, Liste 15.10.33; DJ 36, S. 315; Liste 36; BArch, R 3001 PAK; MRRAK; BG; Ausk. Irene Schmied, NY, 2001

Katzenstein, Max Dr.
6.3.1890 Frankfurt a. Main - keine Angaben
priv.: Sybelstr. 62, Charlottenburg
Kanzlei: Bleibtreustr. 32, W 15
Nach der Machtübernahme der Nationalsozialisten Berufsverbot im Frühjahr 1933. Emigration nach Palästina, Jerusalem, am 22.8.1934.
Liste d. nichtzugel. RA, 25.4.33; JMBl. 33, S. 234; BArch, R 3001 PAK; BG

Katzenstein, Werner Dr.
4.3.1893 Berlin - keine Angaben
priv.: k.A.
Kanzlei: Apostel-Paulus-Str. 18, Schöneberg
RA am KG und Notar; nach der Machtübernahme der Nationalsozialisten wieder zugelassen. Emigration 1934. Gegen ihn wurde ein Steuersteckbrief erlassen.
*li; LAB, Liste 15.10.33; BArch, R 3001 PAK; Wolf, BFS

Kauffmann, Werner Dr.
7.11.1901 Berlin - 18.3.1970
priv.: k.A.
Kanzlei: Alt-Moabit 110, NW 40
J. galt nach der Machtübernahme der Nationalsozialisten nach den sog. Rassegesetzen als „Mischling", sein Vater war Jude. K. selbst war evangelischer Religion. Zuerst Mitglied der DNVP, wechselte er 1933 zur SPD. Doch scheint diese

Mitgliedschaft nicht weiter bekannt geworden zu sein. Entscheidender für seine Laufbahn als Jurist war seine „Rassezugehörigkeit". So wurde seine Richterlaufbahn 1933 beendet: „Auf Grund des damaligen Gesetzes zur Bereinigung des Berufsbeamtentums [wurde K.] beurlaubt und Ende Juli 1933 [als Gerichtsassessor aus dem Justizdienst] verabschiedet ... Nach langen Bemühungen und mehrfachen Ablehnungen durch die Rechtsanwaltskammer, den Kammergerichtspräsidenten und den Rechtswahrerbund gelang es [K.] schließlich, durch Fürsprache des im damaligen Preußischen Justizministerium beschäftigten Ministerialdirektors Dr. Nadler ... im Wege einer Übergangshärteregelung [die] Zulassung als Rechtsanwalt in Berlin zu erwirken." (Lebenslauf 1946) K. durfte bis zum Ende des NS-Regimes den Beruf ausüben. Dabei war er verschiedenen Benachteiligungen ausgesetzt. So wurde er z.B. nicht in den Rechtswahrerbund aufgenommen, was „bei den Mandanten zu ständigen unerfreulichen Auseinandersetzungen und Aufklärungen führte. Hinzu kommt der Ausschluss von Verteidigungen beim Volksgerichtshof, von Vertretungen beim Arbeitsgericht, von Vormundschaften und Pflegschaften, von Offizialverteidigungen und meist auch von Armensachen." K. konnte seiner Zwangsverpflichtung für die OT durch den glücklichen Umstand entgehen, dass seine Akten beim Arbeitsamt Charlottenstraße rechtzeitig verbrannten, wie er in seinem Lebenslauf schreibt. K. wurde 1945 umgehend wieder als Anwalt und Notar, wenn auch erst vorläufig, zugelassen. Er schied 1952 aus der Rechtsanwaltschaft aus, als er zum Senatsdirigent in der Justizverwaltung ernannt wurde.
JMBl. 4.8.33; Liste Mschlg. 36; Tel. B. 41; LAB, RAK, PA; Verz. zugel. Anw. 45; Ausk. Landesverw. Amt

Kaufmann, Bruno Paul
28.10.1881 Berlin - keine Angaben
priv.: Auerbachstr. 4, Grunewald
Kanzlei: Jägerstr. 12, W 8
RA und Notar; nach der Machtübernahme der Nationalsozialisten 1933 wieder zugelassen; Entzug des Notariats 1935; als Anwalt bis zum allgemeinen Berufsverbot 1938 tätig, danach noch als „Konsulent" zugelassen. Emigration nach Großbritannien (oder in die USA) am 31.1.1939.
*li; LAB, Liste 15.10.33; DJ 36, S. 315; BArch, R 3001 PAK; MRRAK; Liste der Kons. v. 23.2.1939; BG

Kaufmann, Hans
14.5.1901 Berlin - keine Angaben
priv.: Laubenheimer Str. 20, Wilmersdorf
Kanzlei: Markobrunnerstr. 1, Wilmersdorf
RA seit 1929; nach der Machtübernahme der Nationalsozialisten erst Vertretungsverbot am 31.5.1933, dann Berufsverbot im Frühsommer 1933, die Löschung erfolgte im Juli 1933.
Jüd.Adr.B.; TK 33; LAB, A Rep. 343, AG Köpenick, Vertr.V.; JMBl. 33, S. 253; BArch R 3001 PAK, PA

Kaufmann, Hans Dr.
2.2.1885 - ca.1944
priv.: Lützowstr. 97, W 35
Kanzlei: Potsdamer Str. 138, W 9
K kämpfte als Offizier im WK I an der Westfront, u.a. vor Verdun, zuletzt im Rang eines Oberleutnants. Er wurde schwer verwundet (am Kiefer und an der Schulter, war später beim Sprechen und Essen stark beeinträchtigt), wurde mit dem EK II.Kl. ausgezeichnet. RA (seit 1912) und Notar (seit 1919); war seit 1918 Mitglied der Deutschen Staatspartei (DDP), gehörte seit 1925 dem Reichsbanner an.
Nach der Machtübernahme der Nationalsozialisten wieder zugelassen. 1935 weigerte sich K., im Zuge der allgemeinen „Entfernung von jüdischen Notaren", sein Notariat aufgeben, musste sich letztendlich aber doch fügen. Kurze Zeit später wurde er wegen „Devisenschieberei" angeklagt und am 28.5.1936 in „Schutzhaft" genommen, offensichtlich hatte er bei der Transferierung von Geld ins Ausland mitgeholfen. Bei der Urteilsbemessung war seine anwaltliche Tätigkeit und das Bewusstsein über die Schwere seiner Tat besonders berücksichtigt worden. Er wurde zu acht Jahren Zuchthaus verurteilt. Kurz vor seiner Entlassung aus dem Zuchthaus Luckau verstarb K. an einer Krankheit. Seine anwaltliche Zulassung war am 4.9.1936 im Zusammenhang mit seiner Inhaftierung gelöscht worden.
Jüd.Adr.B.; Br.B. 32; *li; LAB, Liste 15.10.33; Liste 36; BArch, R 3001 PAK, PA; Blau, Vierzehn Jahre ..., S. 35; BG

Kaufmann, Lothar Dr.
18.4.1901 - keine Angaben
priv.: Starnberger Str. 6, Schöneberg
Kanzlei: Mittelstr. 18, NW 7
RA seit 1929; nach der Machtübernahme der Nationalsozialisten Berufsverbot zum 12.6.1933. Emigration nach Großbritannien, London.
Liste d. nichtzugel. RA, 25.4.33; JMBl. 33, S. 220; BArch, R 3001 PAK, PA; BG

Kaufmann, Max Dr.
4.8.1885 - keine Angaben
priv.: k.A.
Kanzlei: Kurfürstendamm 46, W 15
RA und Notar; nach der Machtübernahme der Nationalsozialisten 1933 wieder zugelassen; galt als „Mischling". Emigration nach Brasilien.
*li; LAB, Liste 15.10.33; Liste Mschlg. 36; BArch, R 3001 PAK; BG

Kayser, Franz Dr.
2.7.1897 Berlin-Weißensee - Juni 1983
priv.: Reichstr. 2, Charlottenburg
Kanzlei: Kaiserdamm 82, Charlottenburg 9
War im Oktober 1933 weiter als RA zugelassen; Berufsverbot spätestens 1938; Emigration in die USA, New York, am 1.9.1938, änderte dort seinen Vornamen in Francis, lebte zuletzt in New York.
TK 33; *li; LAB, Liste 15.10.33; BArch, R 3001 PAK; MRRAK; BG; SSDI

Keidanski, Alfred
19.8.1904 Berlin-Charlottenburg - August 1976
priv.: k.A.
Kanzlei: Niebuhrstr. 56, Charlottenburg
Nach der Machtübernahme der Nationalsozialisten Berufsverbot zum 12.6.1933. Emigration in die USA, änderte seinen Namen in Keidanz, lebte zuletzt in New York.
Liste d. nichtzugel. RA, 25.4.33; JMBl. 33, S. 209; BArch, R 3001 PAK, PA; SSDI

Kempner, Friedrich Dr.
20.7.1892 Berlin - Juli 1981
priv.: Matthäikirchplatz 13, W 35
Kanzlei: Markgrafenstr. 46, W 8
RA und Notar; nach der Machtübernahme der Nationalsozialisten wieder zugelassen; 1935 Entzug des Notariats; als Anwalt bis zum allgemeinen Berufsverbot 1938 tätig. Emigration in die USA, wo er zuletzt in New York gelebt hat; hatte seinen Vornamen in Frederick geändert.
*li; LAB, Liste 15.10.33; BArch, R 3001 PAK; BG; SSDI

Kempner, Ludwig
10.7.1876 Berlin - 17.12.1942
priv.: Kaiserdamm 27, Charlottenburg
Kanzlei: Neue Königstr. 6, NO 43
Nach der Machtübernahme der Nationalsozialisten wieder zugelassen, war bis zum allgemeinen Berufsverbot 1938 als Anwalt tätig; starb 1942 im Alter von 66 Jahren, ist in Weißensee beigesetzt.
*li; LAB, Liste 15.10.33; Liste 36; MRRAK; BG

Kienitz, Gustav
1.12.1859 Landsberg/Warthe - keine Angaben
priv.: Goethepark 11 (1939)
Kanzlei: Schloßstr. 18, Pankow
Nach der Machtübernahme der Nationalsozialisten 1933 weiter zugelassen, war evangelischen Glaubens; galt als „Mischling"; konnte daher auch nach dem allgemeinen Berufsverbot 1938 als Anwalt tätig sein; lebte noch 1941 in Berlin.
*li; LAB, Liste 15.10.33; Liste Mschl. 36; Tel.B. 41

Kiewe, Hans Dr.
27.12.1890 - 2.9.1963 Santiago de Chile
priv.: k.A.
Kanzlei: Kochstr. 19, SW 68
RA und Notar; nach der Machtübernahme der Nationalsozialisten Berufsverbot im Frühjahr 1933. Emigration nach Chile; dort 1963 im Alter von 72 Jahren gestorben.
Br.B. 32; Liste d. nichtzugel. RA, 25.4.33; JMBl. 33, S. 234; BArch, R 3001 PAK; Dok. Jüd. Museum Berlin 93/3/44

Kirchheimer, Hilde, geb. Rosenfeld, spätere Neumann
13.4.1905 Berlin - 11.9.1959 Berlin
priv.: k.A.
Kanzlei: Joachimstaler Str. 41, Charlottenburg
Tochter des RA und linken SPD-Politikers > Kurt Rosenfeld; war Dissidentin; Realgymnasium in Berlin; Jurastudium in Freiburg i. Br., Berlin und Bonn; Mitglied marxistischer Studentengruppen; ab 1925 Mitglied der SPD in Berlin; Referendariat in Berlin und Erfurt; heiratete den > RA Otto Kirchheimer, 1930 wurde eine Tochter geboren; 1932 wurde sie RAin am Kammergericht, übernahm auch Mandate im Rechtsschutzauftrag der Roten Hilfe. Nach der Machtübernahme der Nationalsozialisten durch mehrere Faktoren gefährdet: eigene politische Tätigkeit, Tochter eines aktiven Vaters, zudem von der Herkunft her Jüdin. Im April 1933 Flucht nach Frankreich; in Deutschland wurde offiziell das Berufsverbot zum 13.7.1933 ausgesprochen; 1933-1939 Funktionärin der MOPR/Internationalen Roten Hilfe; Mitarbeit im Verteidigungskomitee für die Angeklagten des Reichstagsbrandprozesses und in der Internationalen Juristen-Vereinigung; 1935 ging K. auf Einladung für ein Jahr in die Sowjetunion zum juristischen Studium; 1936 Beitritt zur KPD; sie kehrte nach Frankreich zurück, wo sie im Frühjahr 1940 für einen Monat in Rieucros (bei Pamiers) interniert wurde; 1941 Emigration über die USA nach Mexiko. Im gleichen Jahr wurde sie von Otto Kirchheimer geschieden, der bereits längere Zeit in den USA lebte; heiratete den Arzt Rudolf Neumann (1899-1962, u.a. 1936 Leiter des Sanitätsdienstes der Internationalen Brigaden in Spanien). Mitarbeit in politischen und kulturellen Exilvereinigungen (u.a. Bewegung Freies Deutschland; Heinrich-Heine-Klub) und in Exilzeitschriften (Demokratische Post). Im Frühjahr 1947 gemeinsam mit ihrem Mann Rückkehr nach Ost-Berlin; Beitritt zur SED; übernahm ab 1947 verschiedene Aufgaben beim Aufbau des Justizwesens in der SBZ, dann in der DDR, u.a. 1949-1950 Präsidentin des LG Berlin (Ost) und 1950-1953 Magistratsdirektorin für Justiz in Berlin; zugleich stellvertretende Leiterin der Abteilung Justiz im Zentralvorstand der SED, unterrichtete an der Parteihochschule Karl Marx beim Zentralkomitee der SED; enge Zusammenarbeit mit Hilde Benjamin; 1953-1959 Chefredakteurin der Zeitschrift „Neue Justiz"; 1958-1959 hauptamtliche Sekretärin der Vereinigung Demokratischer Juristen Deutschlands; 1958 wurde K. der Vaterländische Verdienstorden in Bronze verliehen, ein Jahr später der Orden Banner der Arbeit; sie starb 1959 in Berlin.
Liste d. nichtzugel. RA, 25.4.33; JMBl. 33, S. 282; BArch, R 3001, PAK, PA; BHdE, Bd. 1; Benjamin, Hilde u.a.(Hg.): Zur Geschichte der Rechtspflege der DDR 1945-1949, Berlin 1976; Brentzel, Marianne: Die Machtfrau. Hilde Benjamin 1902-1989. Berlin 1997, S. 389; Wer war wer in der DDR?, Berlin 2000; Schneider, Schwarz, Schwarz, S. 224/25; Juristinnen, 2006, S. 280/81; Ausk. Frank Schale, 2005/06

Kirchheimer, Otto Dr.
11.11.1905 Heilbronn - 22.11.1965 Silversprings
priv.: k.A.
Kanzlei: Zikadenweg 78, Eichkamp
K. studierte Jura, Philosophie und Soziologie; Promotion bei Carl Schmitt; gehörte der linken SPD an, veröffentlichte in der von Rudolf Hilferding herausgegebenen Zeitschrift „Gesellschaft". Enger Kontakt zu > Franz L. Neumann und > Ernst Fraenkel, bei denen er seine Anwaltsstation während des Referendariats absolvierte. Heirat mit Hilde Rosenfeld, geb. Kirchheimer, 1930 Geburt einer Tochter; RA seit 1932; betätigte sich neben seiner Anwaltstätigkeit als Lehrer an Gewerkschaftsschulen. Nach der Machtübernahme der Nationalsozialisten Berufsverbot am 13.7.1933. Emigration mit seiner Frau nach Paris, später allein in die USA; dort am Institut für Sozialforschung in New York tätig; 1943 bis 1955 wissenschaftlicher Berater des State Department; 1955 übernahm er eine Professur für Politische Wissenschaft an der New School of Social Research, 1962 wurde er Professor für Public Law and Government an der Columbia University, New York. Durch zahlreiche Gastprofessuren leistete er Aufbauarbeit für das Fachgebiet der Politischen Wissenschaft in Deutschland. Nach seinem Tod in den USA wurde er wunschgemäß

in seiner Geburtsstadt Heilbronn beigesetzt.
Veröffentl.: Politische Justiz, 1. Aufl. Neuwied 1965; Von der Weimarer Republik zum Faschismus: Die Auflösung der demokratischen Rechtsordnung; Politik und Verfassung. Frankfurt a.M., 1964
Liste d. nichtzugel. RA, 25.4.33; JMBl. 21.8.33; BArch, R 3001 PAK, PA; Bleek, Wilhelm: Geschichte der Politikwissenschaft in Deutschland, München 2001; Schale, Frank: Zwischen Engagement und Skepsis. Eine Studie zu den Schriften von Otto Kirchheimer, Baden-Baden 2006

Kirsch, Leonhard Dr.
1.12.1896 Obornik - keine Angabe
priv.: k.A.
Unter den Linden 61, NW 7
K. hatte das erste Staatsexamen 1919 in Celle bestanden, das zweite 1923. Nach der Machtübernahme der Nationalsozialisten wurde die Zulassung am 18.12.1933 gelöscht.
Jüd.Adr.B.; Pr.J. 33, S. 868; BArch R 3001, PAK, PA

Kirschbaum, Moritz Dr., JR
31.1.1864 Dortmund - 29.9.1942 Theresienstadt
priv.: Jenaer Str. 5, Wilmersdorf
Kanzlei: Schwerinstr. 27, Zehlendorf

Nach der Machtübernahme der Nationalsozialisten wieder zugelassen; war noch 1936 als Anwalt tätig. Deportation am 11.9.1942 nach Theresienstadt; dort nur wenige Tage später ums Leben gekommen.
*li; LAB, Liste 15.10.33; Liste 36; BG; ThG; GB II

Kirschberg, Paul Dr.
30.4.1883 - 22.6.1934
priv.: k.A.
Kanzlei: Potsdamer Str. 37, W 35
RA am KG und Notar; nach der Machtübernahme der Nationalsozialisten 1933 Entzug des Notariats, als Anwalt wieder zugelassen; starb 1934 im Alter von 51 Jahren und wurde in Weißensee beigesetzt.
JMBl. 33, S. 208; *li; LAB, Liste 15.10.33; BArch, R 3001 PAK; BG

Kirschner, Heinrich Heimann, JR
14.4.1865 Posen - 19.10.1942 Theresienstadt
priv.: Bayreuther Str. 13, W 30
Kanzlei: Neue Kantstr. 32, Charlottenburg
RA und Notar; nach der Machtübernahme der Nationalsozialisten 1933 Entzug des Notariats; war als Anwalt noch bis zum allgemeinen Berufsverbot 1938 tätig. Deportation am 3.10.1942) nach Theresienstadt, dort zwei Wochen später umgekommen.
JMBl. 33, S. 208; *li; LAB, Liste 15.10.33; Liste 36; MRRAK; ,BG; ThG; GB II

Klausner, Edith Dr., verh. Speer
16.6.1879 Berlin - 28.5.1941
priv.: Augsburger Str. 71, W 50
Kanzlei: Augsburger Str. 71, W 50
In K.s Familie wurden den Töchtern die gleichen Bildungschancen eingeräumt wie den Söhnen. K.s ältere drei Schwestern hatten selbstbewusst ihre Berufe gewählt, waren Medizinerin, Romanistin und Bildhauerin geworden. K. übernahm 1904 als Sozialarbeiterin ihre erste Stelle im sog. Arbeitsnachweis, einer Arbeitsvermittlungsstelle, die zur Armenverwaltung gehörte. Es wurden Arbeitsstellen im industriellen Bereich, aber auch im krankenpflegerischen und kaufmännischen vermittelt. Nach Ausbruch des WK I sorgte sie für den Aufbau eigener Werkstätten, in denen Frauen in kürzester Zeit für qualifizierte Stellen angelernt wurden, um in der Industrie zu arbeiten. Nach Kriegsende gab K. 1920 ihre Position auf und studierte Staats- und Rechtswissenschaften; 1922 promovierte sie an der Universität Tübingen mit einer Dissertation zum Thema „Arbeitsnachweis und Arbeitsvertrag". 1929 wurde sie die erste Richterin am Arbeitsgericht. Ende 1931 ließ sie sich als RAin am LG I-III und am AG Berlin-Mitte nieder. In dieser Zeit hatte sie einen Jahresverdienst von ca. RM 20 000,- p.a. und unterstützte ihre Schwester Judith Speer, die Bildhauerin, und deren Mann sowie einen Neffen.
Nach der Machtübernahme der Nationalsozialisten wurde sie im Frühjahr 1933 mit Berufsverbot belegt. K.s Schwester Judith war früh gestorben, K. gab ihre großen Räumlichkeiten auf und zog zu ihrem Schwager Paul Speer in eine kleinere Wohnung in der Kleiststraße, gemeinsam bereisten sie Italien. 1934 heirateten sie; der Ehemann galt als nicht-jüdisch. Aus ihrer früheren Tätigkeit erhielt sie eine Pension, mit der sie ihren Mann und dessen Sohn unterstützte. Ihre Schwestern emigrierten in die USA, eine starb bald und hinterließ K. ihr Vermögen, die andere half ebenfalls materiell. 1939 soll K. laut der Volkszählungsunterlagen im Justizministerium gearbeitet haben. Im Mai 1941 starb K. im Alter von 61 Jahren nach einem Schlaganfall, sie ist in Weißensee beigesetzt.
Adr.B. 33; TK 33; Liste d. nichtzugel. RA, 25.4.33; JMBl. 33, S. 267; BG; Juristinnen, S. 413-1415

Klee, Alfred Dr.
21.1.1875 Berlin - 1943 Westerbork
priv.: Tauentzienstr. 13, Charlottenburg
Kanzlei: Tauentzienstr. 13, Charlottenburg
Jurastudium in Heidelberg, Berlin, München und Bonn; 1901 erstes Staatsexamen; 1902 Promotion in Heidelberg; seit 1902 RA in Berlin, später auch Notar; war eng mit > Sammy Gronemann befreundet; als Funktionär aktiv in der Jüdischen Gemeinde zu Berlin und in

zionistischen Organisationen; engagierte sich als RA für die gerichtliche Verfolgung von Antisemiten. Nach der Machtübernahme der Nationalsozialisten Entzug des Notariats, als Anwalt bis zum allgemeinen Berufsverbot 1938 tätig; zeitweise im Präsidialausschuss der Reichsvertretung; Hausdurchsuchung durch die Gestapo, daraufhin am 15.11.1938 Flucht in die Niederlande, nach Rotterdam; im Sommer 1943 mit Familienangehörigen verhaftet und in das KZ Westerbork verschleppt, dort unter nicht näher bekannten Umständen gestorben. K.s Frau wurde nach Bergen-Belsen verschleppt. Sie erhielt ein Palästina-Visum, ihre Bitte, die Enkelinnen mitnehmen zu dürfen, wurde abgelehnt. Sie blieb bei ihnen und ist im Lager verhungert. Sie wurde in einem der Massengräber beigesetzt.
Pr.J. 33, S. 390; *li; LAB, Liste 15.10.33; Liste 36; MRRAK; DJ 1938, S. 2019; BG; GB II; BHdE Bd. 1, S. 368; Göpp., S. 250

Klein, Caesar, JR
keine Angaben - 1.10.1935
priv.: k.A.
Kanzlei: Grünstr. 4, Köpenick
RA und Notar; nach der Machtübernahme der Nationalsozialisten 1933 wieder zugelassen; starb 1935.
*li; LAB, Liste 15.10.33

Kleyff, Bruno
2.4.1888 - April 1967
priv.: k.A.
Kanzlei: Potsdamer Str. 129/130, W 9
RA und Notar; nach der Machtübernahme der Nationalsozialisten 1933 wieder zugelassen; Entzug des Notariats 1935; noch bis zum allgemeinen Berufsverbot 1938 als Anwalt tätig. Emigration in die USA, änderte seinen Namen in Clive, lebte zuletzt in Queens, New York.
*li; LAB, Liste 15.10.33; Liste 36; BArch, R 3001 PAK; SSDI

Knoche, Fritz Dr.
19.1.1886 Berlin - 7.9.1942 Auschwitz
priv.: Motzstr. 81, Wilmersdorf
Kanzlei: Motzstr. 51, Wilmersdorf
RA am KG und Notar; nach der Machtübernahme der Nationalsozialisten 1933 Entzug des Notariats, als Anwalt wieder zugelassen; war noch 1936 als Anwalt tätig. Emigration in die Niederlande, Amsterdam; 1942 von Westerbork nach Auschwitz deportiert, dort ermordet.
JMBl. 33, S. 220; *li; LAB, Liste 15.10.33; Liste 36; BArch, R 3001 PAK; BG; GB II

Knopf, Albert, JR
18.6.1863 - 26.11.1936
priv.: Güntzelstr., Wilmersdorf
Kanzlei: Mittelstr. 57/58, NW 7
RA und Notar; nach der Machtübernahme der Nationalsozialisten 1933 Entzug des Notariats, als Anwalt wieder zugelassen; war noch bis zu seinem Tod als Anwalt tätig; starb 1936 im Alter von 83 Jahren und wurde in Weißensee beigesetzt.
JMBl. 33, S. 208; *li; LAB, Liste 15.10.33; Liste 36; BG: Friedh.W. Sterbereg.

Knopf, Harry Dr.
14.1.1887 Berlin - keine Angaben
priv.: Uhlandstr. 28, W 15
Kanzlei: Kurfürstendamm 185, W 15
RA und Notar, in einer gemeinsamen Kanzlei mit > Hans Liebrecht und > Ernst Asch; nach der Machtübernahme der Nationalsozialisten 1933 Entzug des Notariats; bis zum Berufsverbot 1938 als RA zugelassen. Emigration nach Palästina.
Jüd.Adr.B.; Br.B. 32; *li; LAB, Liste 15.10.33; Liste 36; BArch, R 3001 PAK; BG

Kober, Leopold
30.1.1876 Schildberg - keine Angaben
priv.: Traunsteiner Str. 61, W 30
Kanzlei: Oranienstr. 47a, S 42
RA und Notar; nach der Machtübernahme der Nationalsozialisten 1933 wieder zugelassen; Entzug des Notariats 1935; bis zum allgemeinen Berufsverbot 1938 als Anwalt zugelassen. Emigration in die Niederlande, Amsterdam, von dort vermutlich in die USA.
*li; LAB, Liste 15.10.33; DJ 36, S. 315; Liste 36; MRRAK; BG

Kobylinski, Martin Dr.
1.1.1886 Berlin - keine Angaben
priv.: Speyerer Str. 19, W 30, Schöneberg
Kanzlei: Kronenstr. 76, W 8
RA und Notar; nach der Machtübernahme der Nationalsozialisten 1933 Entzug des Notariats; war noch bis zum allgemeinen Berufsverbot 1938 als Anwalt tätig. Emigration in die USA, Chicago, 1939.
JMBl. 33, S. 208; *li; LAB, Liste 15.10.33; Liste 36; BArch, R 3001 PAK; MRRAK; BG

Koch, Ernst (später: Ernesto) Dr.
30.9.1892 Berlin - keine Angaben
priv.: Sachsenplatz 12, Charlottenburg
Kanzlei: Charlottenstr. 56, W 8
Jurastudium in Freiburg, Heidelberg und Berlin; 1914-18 Kriegsteilnehmer; ab 1921 RA, zuletzt zugelassen am LG I-III, später auch Notar; gemeinsame Kanzlei mit > Fritz Koch; seit 1923 verheiratet mit der Psychoanalytikerin Lucy Adelheid, geb. Schwalbe. Nach der Machtübernahme der Nationalsozialisten wieder zugelassen; Ende 1935 Entzug des Notariats; bis zum 1.10.1936 als RA zugelassen. Emigration nach Brasilien, Sao Paulo; 1936-37 Teilhaber einer kleinen Lampenfabrik; ab 1937 angestellter Mitarbeiter in einem Anwaltsbüro; in der Jüdischen Gemeinde Sao Paolo engagiert, 1956-67 Vorstandsmitglied und Präsident, dann Ehrenpräsident; als Jurist in Entschädigungsangelegenheiten tätig; lebte 1975 in Sao Paolo.
TK 33; *li; LAB, Liste 15.10.33; DJ 36, S. 315; Liste 36; BArch, R 3001 PAK; BG; BHdE Bd. 1, S. 376

Koch, Fritz Dr.
11.2.1887 Berlin - keine Angaben
priv.: Dahlmannstr. 23, Charlottenburg
Kanzlei: Charlottenstr. 56, W 8
RA am KG und Notar; gemeinsame Kanzlei mit Ernst Koch; nach der Machtübernahme der Nationalsozialisten 1933 wieder zugelassen; Entzug des Notariats 1935; noch bis zum 1.10.1936 als RA zugelassen.
*li; LAB, Liste 15.10.33; BArch, R 3001 PAK

Koch, Richard Dr.
22.7.1873 Berlin - keine Angaben
priv.: Sybelstr. 65, Charlottenburg
Kanzlei: Alexanderstr. 58, O 27
RA (seit 1900) und Notar (seit 1912); war evangelischen Glaubens; in den 1920er Jahren Mitglied der DVP, später der DNVP. Es stellte sich erst 1935 heraus, dass er als „Mischling 1. Grades" anzusehen war, K. behielt seine Zulassung und praktizierte 1941 noch; in seiner Personalakte finden sich Vermerke, wonach er ab Sommer 1944 in den Ruhestand versetzt werden sollte. Ein letzter Vermerk stammt vom Februar 1945; K. scheint überlebt zu haben und nach München gegangen zu sein.
TK 33; BArch, R 3001 PAK, PA; Tel.B.41

Koch, Richard M.
29.7.1895 Berlin - keine Angaben
priv.: Bayreuther Str. 38, W 62
Kanzlei: Leipziger Str. 54/56, SW 19
K. hatte von 1914 bis zur Entlassung 1919 „Heeresdienst" geleistet, hatte in Galizien und in Flandern gekämpft, war in britische Gefangenschaft geraten. Nach der Freilassung Beendigung der juristischen Ausbildung, Niederlassung als RA (1925), später auch Notar (1927); hatte seinen ursprünglichen Namen Cohn in Koch geändert, was später in verschiedenen Schreiben erwähnt wurde. Nach der Machtübernahme der Nationalsozialisten wurde ein Vertretungsverbot ausgesprochen, dass jedoch wieder aufgehoben wurde, nachdem K. als „Frontkämpfer" anerkannt worden war. 1935 Entzug des Notariats, war noch bis zum allgemeinen Berufsverbot 1938 als Anwalt tätig, zuvor war ihm noch eine Missbilligung ausgesprochen worden, weil er wegen Mietwuchers verurteilt worden war. (Er hatte eine Wohnung an eine Mandantin vermietet.) Nach dem Berufsverbot wurde er 1939 noch als „Konsulent" zugelassen.
TK 33; *li; LAB, Liste 15.10.33; DJ 36, S. 315 ; Liste 36 ; BArch, R 3001 PAK, PA; MRRAK (Richard M. K.)

Kocheim, Edmund Dr.
4.11.1884 Posen - 17.1.1950
priv.: Kurfürstendamm 66, W 15
Kanzlei: Potsdamer Str. 29, W 35
RA (seit 1912) und Notar (seit 1920); nach der Machtübernahme der Nationalsozialisten wieder zugelassen; 1935 Zulassung als Notar entzogen, als Anwalt bis zum allgemeinen Berufsverbot 1938 tätig. Die Ehefrau Herta galt als nicht-jüdisch. Das Paar emigrierte nach China, Shanghai, wo es von April 1940 bis Juli 1947 lebte. Rückkehr nach Berlin. K. wurde wieder als Rechtsanwalt und Notar zugelassen. Er praktizierte in W 15, Bayerische Str. 31. K. starb 1950 im Alter von 75 Jahren.
*li; LAB, Liste 15.10.33; DJ 36, S. 315; BArch, R 3001 PAK; MRRAK; LAB, RAK, PA; BG

Kochmann, Ludwig
8.6.1886 Ostrowo - keine Angaben
priv.: Motzstr. 40, Schöneberg
Kanzlei: Potsdamer Str. 79, W 57
RA und Notar; nach der Machtübernahme der Nationalsozialisten 1933 wieder zugelassen; Entzug des Notariats 1935; bis zum allgemeinen Berufsverbot 1938 tätig.
*li; LAB, Liste 15.10.33; DJ 36, S. 315; Liste 36; BArch, R 3001 PAK; MRRAK; BG

Kochmann, Walther Dr.
6.3.1888 Dresden - 3.9.1936
priv.: k.A.
Kanzlei: Friedrichstr. 85, W 8
RA und Notar, die Kanzlei verzeichnete regen Zulauf, zudem war K. Syndikus eines Industrieverbandes; nach der Machtübernahme der Nationalsozialisten 1933 wieder zugelassen; Entzug des Notariats 1935, Wegbrechen der Mandate. Die Entwicklung trieb K. im Alter von 48 Jahren in den Suizid. Seine Witwe und die Tochter konnten sich, unterstützt von Widerstandskreisen, retten.
*li; LAB, Liste 15.10.33; DJ 36, S. 315; Liste 36; BArch, R 3001 PAK; BG; Ausk. Dahns, 2003

Koch-Weser, Erich
26.2.1875 Bremerhaven - 19.10.1944 Fazenda Janita, Brasilien
priv.: k.A.
Kanzlei: Viktoriastr. 4 a, W 35
K. studierte nach dem Abitur in Oldenburg; 1893 bis 1897 Studium in München (Volkswirtschaft, Jura); er war evangelischer Religion; 1901 bis 1909 Bürgermeister in Delmenhorst, bis 1913 Stadtdirektor in Bremerhaven, bis 1919 Oberbürgermeister in Kassel; Mitglied im Oldenburger Landtag (1901 bis 1909), in der Bremer Bürgerschaft (1909 bis 1913) und im Preußischen Herrenhaus (1913 bis 1918); 1918 Gründungsmitglied der DDP, 1924 bis 1930 deren Vorsitzender. Sein politisches Ziel war es, Deutschland als gegliederten Einheitsstaat zu entwickeln, bei Erhaltung Preußens und einer stärkeren Eigenständigkeit der Provinzen. 1919 für die DDP Mitglied der Weimarer Nationalversammlung, dann bis 1930 Reichstagsabgeordneter; 1919 bis 1921 Reichsinnenminister; Juni 1928 bis Mai 1929 Reichsjustizminister; musste aus Proporzgründen zurücktreten, an seine Stelle rückte ein Zentrumsmann. Die Presse unterschiedlicher politischer Couleur bedauerte seinen Rücktritt. Zulassung als Anwalt am KG, später auch als Notar; gemeinsame Kanzlei mit > Alfred Carlebach und seinem Sohn Reimer K. Mitglied der Ständigen Deputation des Deutschen Juristentages bis 1933. Nach der Machtübernahme der Nationalsozialisten war K. schon wegen seiner politischen Vergangenheit sehr exponiert. Erst später wurde bekannt, dass er als „Mischling" galt, da seine Mutter aus einer jüdischen Familie stammte. Im April 1933 mit einem Vertretungsverbot belegt. Der Entzug der Zulassung als Anwalt und Notar, der im Justiz- und Ministerialblatt mitgeteilt wurde, scheint wieder aufgehoben worden zu sein, denn 1936 hat K. noch praktiziert.
Emigration nach Brasilien; kaufte eine Kaffeeplantage und gründete mit anderen Flüchtlingen aus Deutschland die Gemeinde Rolandia im Bundesstaat Parana; starb 1944 im Alter von 67 Jahren. Sein Enkel Caio K. wurde im gleichen Jahr in Brasilien geboren.
Liste d. nichtzugel. RA, 25.4.33; TK 33; JMBl. 33, S. 234; JMBl. 33, S. 282; *li; LAB, Liste Mschlg. 36; TK 36; BArch, R 3001, PAK, PA; Ausstell. AoR, 2000; Auerbach Hellmuth, Kurzbiogr. in: Benz/Graml: Biographisches Lexikon zur Weimarer Republik 1988, S. 186/187

Koch-Weser, Reimer
3.7.1906 Delmenhorst - keine Angaben
priv.: k.A.
Kanzlei: Viktoriastr. 4 a, W 35
RA seit den 1920ern, Sohn und Partner von Erich K.. Nach der Machtübernahme der Nationalsozialisten weiter zugelassen, offensichtlich war seine teilweise jüdische Herkunft erst später bekannt geworden, denn im Oktober 1933 wurde er noch ohne Kennzeichnung im Verzeichnis der Berliner Anwälte (*li) aufgeführt, was aber alsbald korrigiert wurde. Am 10.10.1934 Löschung der Zulassung. K. hatte sich in die USA begeben. Er hat später wahrscheinlich gemeinsam mit seiner Familie und seinem Vater in Brasilien gelebt, sein Sohn Caio wurde dort geboren.
TK 33; *li; Korr. Liste arischer Anw., 15.10.33; BArch, R 3001 PAK, PA

Koepke, Willi Dr.
keine Angaben
priv.: k.A.
Kanzlei: Unter den Linden 71, W 8
Hatte am WK I teilgenommen, war evangelischer Religion. K. wurde erst nach 1933 zugelassen; offensichtlich war seine „nicht-arische" Herkunft zunächst nicht bekannt; galt 1936 als „Mischling"; war mit diesem Status noch bis in den Krieg hinein als Anwalt tätig. K. hat den Krieg überlebt und wurde umgehend wieder als Anwalt und Notar zugelassen.
TK 36; Liste Mschlg. 36; Tel.B. 41; BArch, R 3001 PAK; Verz. zugel. Anw. 45

Köhler, Alfred Dr.
26.1.1876 Berlin - 27.10.1970
priv.: Kantstr. 4, Charlottenburg
Kanzlei: Kantstr. 4, Charlottenburg
RA und Notar; nach der Machtübernahme der Nationalsozialisten 1933 wieder zugelassen; 1935 Entzug des Notariats; noch bis zum allgemeinen Berufsverbot 1938 als Anwalt tätig. K. geriet immer wieder in Gefahr: „Ich bin gelegentlich einer Juden-Razzia auf der Straße verhaftet und im Polizeigefängnis Alexanderplatz inhaftiert worden." Im Jahr 1942 kam er aus dem Sammellager Große Hamburger Straße wieder frei. Offensichtlich war er verhaftet worden, um deportiert zu werden. Seine gleichzeitig verhafteten Schwestern wurden im KZ ermordet. K. überlebte und wohnte nach der Befreiung in Wilmersdorf. Er wurde 1945 wieder als Anwalt zugelassen; starb 1970 im Alter von 94 Jahren.
*li; LAB, Liste 15.10.33; DJ 36, S. 315; Liste 36; MRRAK; BG; LAB, RAK, PA

Kohn, Alfred
9.10.1894 Karlsbad - keine Angaben
priv.: k.A.
Kanzlei: Blücherstr. 4
RA und Notar; nach der Machtübernahme der Nationalsozialisten wieder zugelassen; 1935 Entzug des Notariats; Zulassung als Anwalt 1937 gelöscht.
*li; DJ 36, S. 315; Liste 36; BArch, R 3001 PAK

Kollenscher, Max Dr.
27.9.1875 Posen - Anfang 1937
priv.: Altonaer Str. 21, NW 87
Kanzlei: Kurfürstendamm 61, W 15
RA und Notar; Vorstandsmitglied der Jüdischen Gemeinde zu Berlin. Emigration nach Palästina, Jerusalem, am 15.7.1933; Zulassung wurde erst 1935 gelöscht; gegen K. wurde ein Steuersteckbrief erlassen.
JMBl. 33, S. 208; *li; LAB, Liste 15.10.33; BG; Wolf, BFS; Göpp., S. 224f. (mit z.T. abweichenden Angaben)

Kolsen, Hermann, JR
13.12.1859 Schwerin - 26.8.1942
priv.: Barbarossastr. 50, W 30; Prinzregentenstr. 78, Wilmersdorf
Kanzlei: Prinzregentenstr. 78, Wilmersdorf
RA und Notar; war evangelischen Glaubens; nach der Machtübernahme der Nationalsozialisten 1933 wieder zugelassen; 1935 Entzug des Notariats; noch 1936 als Anwalt tätig; beging 1942 im Alter von 83 Jahren Selbstmord, vermutlich angesichts der drohenden Deportation.
*li; LAB, Liste 15.10.33; Liste 36; BG; GB II

Königsberger, Alfons Dr.
8.11.1878 - 7.11.1933
priv.: Motzstr. 31, Schöneberg
Kanzlei: Potsdamer Str. 119
RA und Notar; nach der Machtübernahme der Nationalsozialisten Berufsverbot im Frühjahr 1933; starb im gleichen Jahr, einen Tag vor seinem 55. Geburtstag; er wurde in Weißensee beigesetzt.
Br.B. 32; TK 33; Liste d. nichtzugel. RA, 25.4.33; BG

Königsberger, Hans Dr.
18.2.1895 - 10.1.1934
priv.: Kunz-Buntschuh-Str. 7, Wilmersdorf-Grunewald
Kanzlei: Meinekestr. 11, W 15
RA am KG und Notar; nach der Machtübernahme der Nationalsozialisten 1933 wieder zugelassen; starb 1934 im Alter von 38 Jahren; in Weißensee beigesetzt.
*li; LAB, Liste 15.10.33; BArch, R 3001 PAK; BG

Königsberger, Ludwig Dr.
17.12.1898 Berlin - 11.6.1976
priv.: k.A.
Kanzlei: Augsburger Str. 46, W 50
K. erhielt für seine Verdienste von 1914-18 eine Ehrennadel. Nach der Machtübernahme der Nationalsozialisten Berufsverbot im Frühjahr 1933; Emigration nach Großbritannien. K. wurde nach 1945 wieder in Berlin als Anwalt zugelassen und war Spezialist für Wiedergutmachungsfälle; so vertrat er u.a. einen Fall, in dem es um die Anerkennung der ununterbrochenen Dienstzeit für alle Pensionsberechtigten ging.
Br.B. 32; Liste d. nichtzugel. RA, 25.4.33; BArch, R 3001 PAK; Ausk. d. Sohnes, 10/01

Königsberger, Semmy
24.7.1900 Pleschen - Deportation 1942
priv.: k.A.
Kanzlei: Lothringer Str. 54, N 54
Nach der Machtübernahme der Nationalsozialisten Berufsverbot zum 12. 6.1933. Deportation am 28.3.1942 nach Piaski.
Liste d. nichtzugel. RA, 25.4.33; JMBl. 33, S. 253; BArch, R 3001 PAK, PA; BG; GB II

Koplowitz, Leo Dr.
24.3.1884 Gogolin - keine Angaben
priv.: Dorotheenstr. 64, NW 7
Kanzlei: Dorotheenstr. 64, NW 7
RA und Notar; nach der Machtübernahme der Nationalsozialisten 1933 Entzug des Notariats, als Anwalt zugelassen bis zum allgemeinen Berufsverbot 1938. Emigration nach Großbritannien, London, vor dem 28.11.1938.
JMBl. 33, S. 234; *li; LAB, Liste 15.10.33; Liste 36; BArch, R 3001 PAK; MRRAK; BG (Koplowotz)

Korach, Carl Dr.
11.10.1887 Berlin - Juni 1982
priv.: Kurfürstendamm 93, Wilmersdorf
Kanzlei: Leipziger Str. 114, W 8
RA und Notar; im Oktober 1933 weiter zugelassen; nach der Machtübernahme der Nationalsozialisten 1933 wieder zugelassen; 1935 Entzug des Notariats; als Anwalt bis zum allgemeinen Berufsverbot tätig. Emigration in die USA, wo er in Queens, New York, lebte und im Alter von 94 Jahren starb.
*li; LAB, Liste 15.10.33; DJ 36, S. 315; Liste 36; BArch, R 3001 PAK; MRRAK; BG; SSDI

Korn, Alfred Dr., JR
keine Angaben
priv.: k.A.
Kanzlei: Kaiser-Wilhelm-Str. 89, Lankwitz
RA und Notar; nach der Machtübernahme der Nationalsozialisten 1933 wieder zugelassen; am 17.10.1934 wurde seine Zulassung gelöscht.
*li; LAB, Liste 15.10.33

Korn, Kurt
3.8.1899 - November 1982
priv.: k.A.
Kanzlei: Oranienburger Str. 60/63, N 24
Nach der Machtübernahme der Nationalsozialisten Berufsverbot zum 10.6.1933. Emigration in die USA, lebte zuletzt in Queens, New York.
Br.B. 32; Liste d. nichtzugel. RA, 25.4.33; JMBl. 33, S. 220; BArch, R 3001 PAK, PA; SSDI

Kornicker, Gerhard
20.10.1903 Breslau - keine Angaben
priv.: k.A.
Kanzlei: Leipziger Str. 30, W 8
K. war, wie er selbst von sich sagte, „national gesinnt", gleichwohl nach der Machtübernahme der Nationalsozialisten zum 26.5.1933 Berufsverbot.
Br.B. 32; Liste d. nichtzugel. RA, 24.5.33; JMBl. 33, S. 203; BArch, R 3001 PAK, PA

Kosterlitz, Arthur Dr.
9.8.1885 Strehlitz - keine Angaben
priv.: Passauer Str. 14, Schöneberg
Kanzlei: Kurfürstendamm 224, W 15
RA und Notar; nach der Machtübernahme der Nationalsozialisten 1933 wieder zugelassen; 1935 Entzug des Notariats; als Anwalt bis zum allgemeinen Berufsverbot 1938 tätig. Emigration nach Großbritannien, London, am 1.12.1938.
*li; LAB, Liste 15.10.33; DJ 36, S. 315; Liste 36; BArch, R 3001 PAK; MRRAK; BG

Kosterlitz, Martin
27.2.1891 Pleß - März 1968
priv.: k.A.
Kanzlei: Budapester Str. 26, W 62
RA und Notar; nach der Machtübernahme der Nationalsozialisten wieder zugelassen; 1935 Entzug des Notariats; war noch bis zum 23. 9. 1937 als Anwalt tätig. Emigration in die USA, lebte zuletzt in Oakland, Kalifornien.
*li; LAB, Liste 15.10.33; Liste 36; BArch, R 3001 PAK; BG; SSDI

Kozower, Philipp
29.1.1894 Berlin - Deportation 1943
priv.: Oranienburger Str. 9-10, C 2, Mitte
Kanzlei: Poststr. 12, C 2
RA und Notar, nach der Machtübernahme der Nationalsozialisten 1933 wieder zugelassen; Entzug des Notariats 1935; als Anwalt bis zum allgemeinen Berufsverbot 1938 tätig. Vorstandsmitglied der Reichsvereinigung sowie der JKV, für die er auch als Dezernent tätig war. Am 28.1.1943 nach Theresienstadt deportiert, von dort am 12.10.1944 nach Auschwitz verschleppt.

*li; LAB, Liste 15.10.33; DJ 36, S. 315; Liste 36; BArch, R 3001 PAK; MRRAK; BG; GB II; Göpp., S. 251; Naatz-Album

Krämer, Ludwig Dr.
30.8.1898 Giessen - 5.5.1989
priv.: k.A.
Kanzlei: Joachimsthaler Str. 43/44, Charlottenburg
RA am KG; nach der Machtübernahme der Nationalsozialisten Berufsverbot im Frühjahr 1933. Emigration in die USA, änderte seinen Namen in Lewis Kramer; lebte zuletzt in New York.
Br.B. 32; Liste d. nichtzugel. RA, 25.4.33; JMBl. 21.8.33, S. 266; BArch, R 3001 PAK; SSDI

Kraus, Martin
10.10.1885 Berlin - Oktober 1968 New York
priv.: Prinzenstr. 42, SW 19
Kanzlei: Prinzenstr. 42, SW 19
RA und Notar; nach der Machtübernahme der Nationalsozialisten 1933 Entzug des Notariats; als Anwalt wieder zugelassen, noch bis zum allgemeinen Berufsverbot 1938 tätig. Emigration in die USA, New York, wo er 1968 starb.
JMBl. 33, S. 208; *li; LAB, Liste 15.10.33; Liste 36; BArch, R 3001 PAK; BG; SSDI; Ausk. Cohn-Lempert

Kremm, Fritz Dr.
29.1.1893 Friesack - Deportation 1943
priv.: Münchener Str. 45, W 30, Schöneberg
Kanzlei: Potsdamer Str. 114, W 35
Nach der Machtübernahme der Nationalsozialisten wieder zugelassen; war noch bis zum allgemeinen Berufsverbot 1938 als Anwalt tätig. Wurde später in Berlin zur Zwangsarbeit herangezogen, zuletzt bei Fa. Willi A. Sasse eingesetzt. Datum der Vermögenserklärung: 5.3.1943; Sammellager Große Hamburger Str. 26; Deportation am 17.3.1943 nach Theresienstadt, von dort am 28.9.1944 nach Auschwitz verschleppt.
*li; LAB, Liste 15.10.33; Liste 36; BArch, R 3001 PAK; MRRAK; BG; GB II

Krohn, Hugo Dr.
13.1.1881 Pyritz - keine Angaben
priv.: Wittelsbacher Str. 18 oder 15, Wilmersdorf
Kanzlei: Wittelsbacher Str. 15
RA und Notar; nach der Machtübernahme der Nationalsozialisten 1933 Entzug des Notariats, als Anwalt wieder zugelassen, war noch bis 1938 als Anwalt tätig. Emigration nach Großbritannien, London, am 27.5.1939.
JMBl. 33, S. 208; *li; LAB, Liste 15.10.33; Liste 36; BArch, R 3001 PAK; MRRAK; BG

Kroll, Siegfried
13.10.1902 - keine Angaben
priv.: k.A.
Kanzlei: Würzburger Str. 6, W 50
RA seit 1931; nach der Machtübernahme der Nationalsozialisten Berufsverbot zum 12.6.1933.
Liste d. nichtzugel. RA, 25.4.33; JMBl. 21.8.33, S. 267; BArch, R 3001 PAK, PA

Kroner, Ludwig
14.6.1906 - keine Angaben
priv.: k.A.
Kanzlei: Schellingstr. 6, W 9
Nach der Machtübernahme der Nationalsozialisten bemühte sich K. intensiv, das drohende Berufsverbot abzuwenden, vergeblich: Berufsverbot zum 13.6.1933. Emigration nach Palästina im Oktober 1933.
TK 33; Liste d. nichtzugel. RA, 25.4.33; JMBl. 33, S. 253; BArch, R 3001 PAK, PA; BG

Kronheim, Siegbert
4.5.1886 Samotschin - 26.1.1943 Theresienstadt
priv.: Trautenaustr. 16, Wilmersdorf; Schillerstr. 14, Charlottenburg
Kanzlei: Anhalter Str. 4, SW 11
RA und Notar; nach der Machtübernahme der Nationalsozialisten 1933 weiter zugelassen; Entzug des Notariats 1935; war noch bis zum allgemeinen Berufsverbot 1938 als Anwalt tätig. Datum der Vermögenserklärung: 17.9.1942; Sammellager Große Hamburger Str. 26; Deportation am 21.9.1942 nach Theresienstadt, dort vier Monate später umgekommen.
*li; LAB, Liste 15.10.33; DJ 36, S. 315; Liste 36; MRRAK; BG; ThG; GB II

Krotoschiner, Kurt Dr.
21.3.1897 Berlin - keine Angaben
priv.: Sächsische Str. 71, W 15 (1932)
Kanzlei: Kurfürstendamm 211, W 15
RA am KG; nach der Machtübernahme der Nationalsozialisten wurde seine Zulassung „gelöscht: 23.6.1933".
Br.B. 32; Jüd.Adr.B.; JMBl. 7.7.33; BArch, R 3001 PAK

Krüger, Hans
7.1.1903 - keine Angaben
priv.: k.A.
Kanzlei: Motzstr. 37, Wilmersdorf
Nach der Machtübernahme der Nationalsozialisten Berufsverbot im Frühjahr 1933. Emigration in die Niederlande am 17.8.1933.
Liste d. nichtzugel. RA, 25.4.33; JMBl. 33, S. 253; BArch, R 3001 PAK

Kuhn, Werner Julius
2.6.1899 Berlin - keine Angaben
priv.: Kurfürstendamm 175-176, Wilmersdorf
Kanzlei: Kleiststr. 34, W 62
Nach der Machtübernahme der Nationalsozialisten 1933 wieder zugelassen; war noch bis zum allgemeinen Berufsverbot 1938 als Anwalt tätig. Emigration nach Australien, Sydney.
*li; Liste 36; MRRAK; BG

Kümmel, Hugo
16.12.1904 Dortmund - keine Angaben
priv.: k.A.
Kanzlei: Bülowstr. 44, W 57
Nach der Machtübernahme der Nationalsozialisten Berufsverbot im Juli 1933.
Liste d. nichtzugel. RA, 25.4.33; JMBl. 33, S. 253; BArch, R 3001 PAK

Kuntz, Siegfried
3.10.1871 - 24.1.1937
priv.: Bülowstr. 85, Schöneberg
Kanzlei: Bülowstr. 85, W 57
RA und Notar; nach der Machtübernahme der Nationalsozialisten 1933 wieder zugelassen; Entzug des Notariats 1935; war bis zu seinem Tod 1937 als Anwalt tätig; starb im Alter von 65 Jahren, in Weißensee beigesetzt.
*li; LAB, Liste 15.10.33; DJ 36, S. 315; Liste 36; BG

Kunz, Bruno, Dr.
2.5.1881 Xions - keine Angaben
priv.: Meinekestr. 3, Charlottenburg
Kanzlei: Kurfürstendamm 216, W 15
RA und Notar; nach der Machtübernahme der Nationalsozialisten 1933 Entzug des Notariats; war noch bis zum allgemeinen Berufsverbot 1938 als RA zugelassen. Emigration am 10.12.1940.
*li; LAB, Liste 15.10.33; JMBl. 33, S. 208; Liste 36; MRRAK; BG

Kunz, Georg
4.3.1898 Görlitz - Deportation 1943
priv.: Lützowstr. 60 a, W 35
Kanzlei: Genthiner Str. 16, W 35
RA seit 1927; nach der Machtübernahme der Nationalsozialisten Berufsverbot zum 10.6.1933. Deportation am 14.10.1943 nach Auschwitz.
Br.B. 32.; Liste d. nichtzugel. RA, 25.4.33; JMBl. 33, S. 253; BArch, R 3001 PAK, PA 65347; BG; GB II

Kurnik, Karl Dr.
15.5.1888 Stettin - keine Angaben
priv.: Paulsborner Str. 75, Wilmersdorf
Kanzlei: Königstr. 220/221, C 2
RA und Notar; nach der Machtübernahme der Nationalsozialisten 1933 wieder zugelassen; Entzug des Notariats 1935. Emigration in die Schweiz, Zürich, vor dem 16.5.1938; 1940 auf Kuba, Havanna.
*li; LAB, Liste 15.10.33; DJ 36, S. 315; Liste 36; BArch, R 3001 PAK; MRRAK; BG: LAB, OFP-Akten; Naatz-Album

Kurtzig, Arnold Dr.
7.12.1898 Grünberg - Oktober 1973
priv.: Charlottenbrunner Str. 46, Wilmersdorf
Kanzlei: An der Spandauer Brücke 14, C2
Verteidiger auch im Umfeld der Roten Hilfe; Bruder von Paul K., mit dem er assoziiert war; nach der Machtübernahme der Nationalsozialisten Berufsverbot 1933. K.s Zulassung wurde im Juni 1933 an allen drei Landgerichten gelöscht. Emigration nach Frankreich am 27.2.1933, ging später offenkundig in die USA, lebte zuletzt in Arlington, Virginia; starb 1973 im Alter von 74 Jahren.
Liste d. nichtzugel. RA, 25.4.33 (Nachtrag); JMBl. 33, S. 221; BArch R 3001 PAK; BG; Schneider, Schwarz, Schwarz, S. 186; SSDI

Kurtzig, Paul
25.10.1899 Grünberg - keine Angaben
priv.: k.A.
Kanzlei: An der Spandauer Brücke 14, C 2
Als Anwalt 1926 im Rechtsschutzauftrag der Roten Hilfe tätig; Bruder und Sozius von Arnold K.; nach der Machtübernahme der Nationalsozialisten Berufsverbot 1933, die Zulassung wurde am 20.7.1933 gelöscht.
Liste d. nichtzugel. RA, 25.4.33 (Nachtrag); JMBl. 21.8.33; BArch, R 3001 PAK; Schneider, Schwarz, Schwarz, S. 186/87

Kurzweg, Alfred
7.12.1882 Chemnitz - 14.2.1943 Theresienstadt
priv.: Prinzregentenstr. 3, Wilmersdorf
Kanzlei: Münzstr. 24, C 25
RA und Notar; nach der Machtübernahme der Nationalsozialisten 1933 wieder zugelassen; Entzug des Notariats 1935; war noch bis zum allgemeinen Berufsverbot 1938 als Anwalt tätig, danach als „Konsulent". Datum der Vermögenserklärung: 17.8.1942, Deportation am 3.10.1942 nach Theresienstadt, dort im Februar 1943 umgekommen.
*li; LAB, Liste 15.10.33; Liste 36; Liste d. Kons. v. 15.4.39; BG; ThG; GB II

Kuttner, Erich Dr.
16.12.1892 Forst - 15.12.1955

priv.: Kleiststr. 23, W 62
Kanzlei: Friedrichstr. 44, SW 68
Meldete sich freiwillig als Soldat zum WK I; RA am KG (seit 1921) und Notar (seit 1928); nach der Machtübernahme der Nationalsozialisten 1933 wieder zugelassen, weil er als „Frontkämpfer" anerkannt wurde; 1935 Entlassung als Notar; war noch bis zum allgemeinen Berufsverbot 1938 als Anwalt tätig. Emigration nach Argentinien. K. war verheiratet

und hatte eine Tochter. Kehrte zurück und wurde 1952 als Anwalt in Berlin wieder zugelassen.
*li; LAB, Liste 15.10.33; DJ 36, S. 315; Liste 36, BArch, R 3001 PAK, PA 65464; MRRAK; BG: BAP, 15.09 RSA; LAB, RAK, PA

Kuttner, Hermann
22.7.1886 Berlin - keine Angaben
priv.: Potsdamer Str. 39 a
Kanzlei: Potsdamer Str. 39/39 a
RA (seit 1913) und Notar; nach der Machtübernahme der Nationalsozialisten Entzug des Notariats zum 30.6.1933; als Anwalt wieder zugelassen; bis zum allgemeinen Berufsverbot 1938 tätig. Emigration am 26.8.1939.
Br.B. 32; JMBl. 33, S. 208; Liste 36; BArch, R 3001 PAK, PA; BG; Naatz-Album

Kuznitzky, Heinz Georg Dr.
25.5.1889 Halle a.d. Saale - keine Angaben
priv.: Laubenheimer Str. 1, Wilmersdorf
Kanzlei: Unter den Linden 54/55
RA und Notar; nach der Machtübernahme der Nationalsozialisten Emigration am 1.5.1933.
Br.B. 32; JMBl. 33, 26.5.33; BArch, R 3001 PAK; BG

L

Labischin, Kurt Dr.
24.8.1900 Posen - keine Angaben
priv.: k.A.
Kanzlei: Zimmerstr. 92-93, SW 68
Nach der Machtübernahme der Nationalsozialisten Berufsverbot im Frühjahr 1933; hat vermutlich das NS-Regime überlebt.
Br.B. 32; Liste d. nichtzugel. RA, 25.4.33; JMBl. 21.8.33, S. 267; BArch, R 3001 PAK

Lachmann, Heinz Ulrich Dr.
23.8.1898 Bremen - keine Angaben
priv.: Salzbrunner Str. 27
Kanzlei: Viktoriastr. 10, W 10
RA und Notar in einer gemeinsamen Kanzlei mit Kurt Lachmann; nach der Machtübernahme der Nationalsozialisten 1933 wieder zugelassen; Notariat im November 1935 entzogen; als Anwalt bis zum allgemeinen Berufsverbot 1938 tätig. Emigration nach Großbritannien.
*li; LAB, Liste 15.10.33; DJ 36, S. 315; Liste 36; BArch, R 3001 PAK; MRRAK; BG

Lachmann, Jean
9.10.1879 - 20.2.1936
priv.: Eisenzahnstr. 66
Kanzlei: Königstr. 20/21, C 2
RA und Notar; nach der Machtübernahme der Nationalsozialisten 1933 wieder zugelassen; Notariat 1935 entzogen; starb 1936, in Weißensee beigesetzt.
*li; LAB, Liste 15. 10.33; BG: Friedh.W.Sterbereg.

Lachmann, Kurt Dr.
1.1.1886 (1888?) Berlin - vermutlich 1938
priv.: Konstanzer Str. 5, W 15
Kanzlei: Viktoriastr. 10, W 10
RA und Notar in gemeinsamer Kanzlei mit Heinz Lachmann; war 1927 aus der Jüdischen Gemeinde ausgetreten; nach der Machtübernahme der Nationalsozialisten 1933 Entzug des Notariats; war noch 1936 als Anwalt tätig; vermutlich 1938 verstorben.
Jüd.Adr.B.; JMBl. 33, S. 208; *li; LAB, Liste 15.10.33; Liste 36; BG

Lachmann, Leo, JR
5.9.1865 - 14.6.1936
priv.: k.A.
Kanzlei: Alexanderstr. 42, O 27
RA und Notar; nach der Machtübernahme der Nationalsozialisten 1933 Entzug des Notariats, als Anwalt wieder zugelassen; 1936 im Alter von 70 Jahren gestorben, in Weißensee beigesetzt.
JMBl. 33, S. 208; *li; LAB, Liste 15.10.33; Liste 36; BG

Lachmann, Max
keine Angaben
priv.: k.A.
Kanzlei: Kaiser-Allee 104, Friedenau
RA am KG und Notar; nach der Machtübernahme der Nationalsozialisten 1933 wieder zugelassen; Entzug des Notariats 1935; noch bis zum allgemeinen Berufsverbot 1938 als Anwalt tätig.
Br.B. 32; *li; LAB, Liste 15.10.33; DJ 36, S. 315; Liste 36; MRRAK

Lachotzki, Werner Dr.
22.11.1904 Beeskow - keine Angaben
priv.: Neue Kantstr. 28 (1939)
Kanzlei: Uhlandstr. 194 a, Charlottenburg
Nach der Machtübernahme der Nationalsozialisten Berufsverbot im Frühjahr 1933; lebte 1939 noch in Berlin; hat mit großer Sicherheit das NS-Regime überlebt und später wieder als Jurist gearbeitet.
Liste d. nichtzugel. RA, 25.4.33; JMBl. 33, S. 220; BArch, R 3001 PAK; VZ 39

Lachs, Reinhold Dr.
20.10.1894 Berlin - keine Angaben
priv.: k.A.
Kanzlei: Händelstr. 18, NW 87
1912-16 Jurastudium in Berlin und Freiburg i. Br.; 1915-16 Kriegsteilnehmer; 1918 Promotion Heidelberg; 1922-21 Gerichtsassessor in Berlin; 1922-25 als Jurist im deutschen Verrechnungsbüro für Vorkriegsschulden tätig; ab 1925 RA in Berlin, zuletzt am LG I-III. Nach der Machtübernahme der Nationalsozialisten Berufsverbot im Frühjahr 1933. Emigration nach Großbritannien im Juli 1933; 1934-37 erneutes Jurastudium; 1937 Zulassung zur Anwaltskammer London; 1939-45 Assistant to Counsel in Chambers; 1940 kurzzeitig interniert; 1945-47 Rechtsberater der deutschen Abteilung im Foreigns Office; 1947 Rechtsberater der Kontrollkommission für Deutschland; 1947-1950 RA; ab 1950 Hauptgeschäftsführer, ab 1956 Syndikus bei der Jew. Trust Corp. for Germany; 1969 pensioniert; lebte 1977 in Großbritannien, London.
Br.B. 32; TK 33; Liste d. nichtzugel. RA, 25.4.33; JMBl. 33, S. 253, BArch, R 3001 PAK; BG; BHdE 1980, Bd. 1, S. 408

Ladewig, Fritz, JR
28.5.1870 Criwitz - keine Angaben
priv.: Bundesratufer 1, Tiergarten
Kanzlei: Müllerstr. 177, N 65
RA und Notar; nach der Machtübernahme der Nationalsozialisten im April 1933 Vertretungsverbot, Entzug des Notariats, als Anwalt wieder zugelassen; gehörte dem Reichsverband nichtarischer Christen an; Zulassung wurde am 30.8.1935 „auf Antrag" gelöscht. Emigration.
Liste d. nichtzugel. RA, 25.4.33; *li; LAB, Liste 15.10.33; BG; Mitt. bl. Reichsverband nichtarischer Christen, 6.12.1934

Ladewig, Hans Carl
6.9.1886 Berlin - keine Angaben
priv.: Kronenstr. 4/5, W 8
Kanzlei: Kronenstr. 4/5, W 8

RA und Notar; Sozietät mit > Max Lichtwitz und > Ernst Loewe; nach der Machtübernahme der Nationalsozialisten 1933 wieder zugelassen; 1935 Entzug des Notariats; die Zulassung wurde am 11.9.1937 gelöscht. Emigration nach Italien.
*li; LAB, Liste 15.10.33; DJ 36, S. 315; Liste 36; Naatz-Album; BG

Lagro, Max Dr.
6.9.1874 Nakel - Deportation 1942
priv.: Konstanzer Str. 59, Wilmersdorf/ Knesebeckstr. 68-69, Joachimsthaler Str. 7-8 ?, Charlottenburg
Kanzlei: Knesebeckstr. 68/69, Charlottenburg
RA und Notar; nach der Machtübernahme der Nationalsozialisten 1933 Entzug des Notariats; als Anwalt noch bis zum allgemeinen Berufsverbot 1938 tätig. Zuletzt Zwangsarbeiter bei Iris Type GmbH, SO 36, Kottbusser Ufer 41; Datum der Vermögenserklärung: 23.8.1942; Deportation am 5.9.1942 nach Riga.
*li; LAB, Liste 15.10.33; Liste 36; BG; BdE; GB II

Lamm, Fritz Dr.
21.12.1876 Görlitz - 3.12.1942 Sachsenhausen
priv.: Blumes Hof 15, W 15, Tiergarten
Kanzlei: Rosenheimer Str. 23, W 30
RA und Notar; seit 1908 auch für die Jüdische Gemeinde zu Berlin tätig; 1924 Syndikus und dann stellvertretender Vorsitzender des Wohlfahrts- und Jugendamtes der Gemeinde; Dozent in Wohlfahrtskursen. Nach der Machtübernahme der Nationalsozialisten 1933 Entzug des Notariats, als Anwalt noch bis zum allgemeinen Berufsverbot 1938 tätig. 1942 als Geisel für geflüchtete Mitarbeiter der Jüdischen Gemeinde in Sachsenhausen erschossen.
JMBl. 33, S. 208; *li; LAB, Liste 15.10.33; Liste 36; BG; GB II; Göpp., S. 252

Lamm, Richard Dr.
12.8.1889 Berlin - keine Angaben
priv.: Achenbachstr. 13, W 50
Kanzlei: Achenbachstr. 13, W 50
RA, zugleich beteiligt an Damenkonfektionsbetrieb Gebr. Lamm oHG; nach der Machtübernahme der Nationalsozialisten wieder zugelassen; 1934 Zulassung auf Antrag gelöscht. Emigration nach Frankreich, Paris, am 1.9.1938.
*li; LAB, Liste 15.10.33; BArch, R 3001 PAK; BG

Landau, Adolf, JR
15.5.1862 Bingen - 6.8.1943 Theresienstadt
priv.: Walter-Fischer-Str.2, Wilmersdorf
Kanzlei: Grolmanstr. 32/33, Charlottenburg
Nach der Machtübernahme der Nationalsozialisten wieder zugelassen, war noch bis zum allgemeinen Berufsverbot 1938 tätig. Deportation am 17.3.1943 nach Theresienstadt, dort wenige Monate später verstorben.
TK 33; *li; LAB, Liste 15.10.33; Liste 36; BG; ThG; GB II

Landau, Felix Dr., JR
keine Angaben - 13.4.1935
priv.: k.A.
Kanzlei: Unter den Linden 39, NW 7
RA und Notar; nach der Machtübernahme der Nationalsozialisten 1933 wieder zugelassen; L. starb 1935.

TK 33; *li; LAB, Liste 15.10.33; Naatz-Album

Landau, Ludwig Dr.
24.8.1882 Berlin - 19.9.1951 London
priv.: k.A.
Kanzlei: Kleiststr. 15, W 62
Nach der Machtübernahme der Nationalsozialisten wieder zugelassen; war noch bis zum allgemeinen Berufsverbot 1938 als Anwalt tätig. Emigration nach Großbritannien; dort 1951 gestorben.
TK 33; *li; LAB, Liste 15.10.33; Liste 36; BArch, R 3001 PAK; MRRAK; BG

Landsberg, Ernst Dr.
13.1.1883 Berlin - keine Angaben
priv.: Uhlandstr. 169/170, W 15
Kanzlei: Uhlandstr. 169/170, W 15
RA und Notar; nach der Machtübernahme der Nationalsozialisten 1933 Entzug des Notariats, als Anwalt noch tätig bis zum allgemeinen Berufsverbot 1938. Emigration nach Uruguay, Mercedes; 1948 nach Südafrika, Kapstadt.
JMBl. 33, S. 220; *li; LAB, Liste 15.10.33; Liste 36; BArch, R 3001 PAK; MRRAK; BG

Landsberg, Franz
17.7.1880 Berlin - keine Angaben
priv.: Gerkrathstr. 8, Zehlendorf-Nikolassee
Kanzlei: Hinter der katholischen Kirche 2, W 8
RA und Notar; nach der Machtübernahme der Nationalsozialisten 1933 Entzug des Notariats, als Anwalt noch bis zum allgemeinen Berufsverbot 1938 tätig. Emigration nach Großbritannien, London, am 7.6.1939.
JMBl. 33, S. 208; *li; LAB, Liste 15.10.33; Liste 36; MRRAK; BArch, R 3001 PAK; BG

Landsberg, Hans Dr.
24.6.1882 Berlin - keine Angaben
priv.: Kufsteiner Str. 5, Schöneberg
Kanzlei: Berchtesgadener Str. 27, Schöneberg
RA und Notar; nach der Machtübernahme der Nationalsozialisten 1933 Entzug des Notariats, als Anwalt noch bis zum allgemeinen Berufsverbot 1938 tätig. Die Ehefrau Gertrud, geb. Pakebusch, galt als nicht-jüdisch.
JMBl. 33, S. 220; *li; LAB, Liste 15.10.33; Liste 36; BArch, R 3001 PAK; MRRAK; BG

Landsberg, Hans Julius
4.5.1890 Berlin - Oktober 1973
priv.: Uhlandstr. 169, W 15, Charlottenburg
Kanzlei: Meinekestr. 22, Charlottenburg
RA am KG (seit 1922) und Notar (seit dem 9.1.1933) nach der Machtübernahme der Nationalsozialisten 1933 Berufsverbot. L. erinnerte sich: „Infolge der nationalsozialistischen Judengesetzgebung verlor ich als Jude die Zulassung als Rechtsanwalt

und die Beamtenstellung als Notar ..." 1939 Emigration nach Chile; kehrte zurück und wurde 1967 wieder als Anwalt in Berlin zugelassen.
Br.B. 32; Liste d. nichtzugel. RA, 25.4.33; JMBl. 33, S. 203; BArch, R 3001 PAK; BG: BAP 15.09 RSA; LAB, OFP-Akten; LAB, RAK, PA

Landsberg, Otto Dr.
4.12.1869 Rybnik, Oberschlesien - 9.12.1957 Baarn, Niederlande
priv.: Südwestkorso 21, Friedenau
Kanzlei: Dorotheenstr. 29
Nach dem Abitur Jurastudium 1887-1890 in Berlin; 1890 Eintritt in die SPD; 1895 Niederlassung als RA in Magdeburg; 1903-1909 Stadtverordneter in Magdeburg; 1912 Reichstagsmandat; in der SPD-Reichstagsfraktion Exponent des rechten Flügels; vertrat 1914 mit Beginn des Ersten Weltkriegs eine nationale Politik und setzte sich für die Bewilligung der Kriegskredite ein; in der Novemberrevolution 1918/19 einer von drei SPD-Vertretern im Rat der Volksbeauftragten; 1919 Mitglied der Weimarer Nationalversammlung; wurde im Februar 1919 Reichsjustizminister und später Mitglied der Delegation bei den Verhandlungen zum Versailler Vertrag; trat aus Protest gegen die Bedingungen des Friedensvertrages von seinem Ministeramt zurück; 1920-1923 Gesandter in Belgien, Brüssel; 1924 Rückkehr nach Berlin und Niederlassung als RA, später auch als Notar zugelassen; 1924-1933 erneut Mitglied des Reichstages, einer der Rechtsexperten der SPD-Fraktion; 1925 im Münchener Beleidigungsprozess um den Vorwurf des sog. Dolchstoßes gegen Ebert Rechtsbeistand des Reichspräsidenten. L. praktizierte seinen Glauben nicht, engagierte sich aber politisch gegen den Antisemitismus. Nach der Machtübernahme der Nationalsozialisten im Frühjahr 1933 Berufsverbot; im August 1933 Emigration über die Tschechoslowakei, die Schweiz und Belgien in die Niederlande; 1938 vom Deutschen Reich ausgebürgert; lebte nach der deutschen Besetzung der Niederlande von 1940-1945 untergetaucht, versteckt von Freunden; blieb nach Kriegsende in den Niederlanden, wo er 1957 starb.
Br.B. 32; JMBl. 33, 2.6.33; Liste d. nichtzugel. RA, 25.4.33; BArch, R 3001 PAK; BG; BHdE Bd. 1, S. 415; Benz/Graml: Biographisches Lexikon, 1988

Landsberg, Willy Dr.
21.7.1884 Berlin - keine Angabe
priv.: k.A.
Kanzlei: Chausseestr. 16, N 4
RA und Notar; sein Großvater hatte sich bereits taufen lassen, L. war selbst evangelischer Religion. Nach der Machtübernahme der Nationalsozialisten 1933 galt er als „Mischling"; als Notar gem. § 3 d. Ges. vom 7.4.33 entlassen, daraufhin Aufgabe der Kanzlei im Oktober 1933.
Br.B. 32; JMBl. 33, S. 208; Pr.J. 33, S. 532; BArch R 3001 PAK, PA

Landsberger, Richard (Robert) Dr.
10.4.1873 Berlin - 15.11.1941 Berlin
priv.: k.A.
Kanzlei: Tempelhofer Ufer 23/24, SW
RA und Notar; nach der Machtübernahme der Nationalsozialisten 1933 Entzug des Notariats; als Anwalt noch bis zum allgemeinen Berufsverbot 1938 tätig; starb 1941 im Jüdischen Krankenhaus im Alter von 68 Jahren.
JMBl. 33, S. 208; *li; LAB, Liste 15.10.33; Liste 36; MRRAK; BG

Landsberger, Arthur, JR
keine Angaben
priv.: Köpenicker Str. 108, SO 16
Kanzlei: Kantstr. 29, Charlottenburg
RA, Justizrat und Notar (nicht zu verwechseln mit dem gleichnamigen Autor, der ebenfalls Jurist war); nach der Machtübernahme der Nationalsozialisten 1933 Entzug des Notariats, als Anwalt bis zum allgemeinen Berufsverbot 1938 tätig.
Adr.B. 31; Jüd.Adr.B.; JMBl. 33, S. 208; *li; LAB, Liste 15.10.33; Liste 36; MRRAK

Landsberger, Egon Dr.
18.2.1896 Berlin - 30.1.1941 Dachau
priv.: Stierstr. 5, Schöneberg
Kanzlei: Markgrafenstr. 43, W 56
Nach der Machtübernahme der Nationalsozialisten wieder zugelassen, war noch bis zum allgemeinen Berufsverbot 1938 als Anwalt tätig; die Ehefrau Jenny, geb. Weichert, galt als nicht-jüdisch; am 3.7.1940 unter unbekannten Umständen ins KZ Sachsenhausen verschleppt, von dort am 5.9.1940 in das KZ Dachau verbracht; Ende Januar 1941 in Dachau ermordet.
*li; LAB, Liste 15.10.33; Liste 36; BArch, R 3001 PAK; MRRAK; BG; GB II

Landsberger, Friedrich Dr.
24.5.1889 Rosenberg - keine Angaben
priv.: Hohenzollerndamm 47 a, Wilmersdorf
Kanzlei: Kurfürstendamm 206/2207, W 15
Nach der Machtübernahme der Nationalsozialisten wieder zugelassen, war noch bis zum allgemeinen Berufsverbot 1938 als Anwalt tätig. Emigration am 14.12.1939.
*li; LAB, Liste 15.10.33; Liste 36; BArch, R 3001 PAK; MRRAK; BG

Landsberger, Hans Herbert Dr.
19.6.1905 Berlin - 14.7.1981 Ridgefield, USA
priv.: Invalidenstr. 111, NW 4
RA am KG; nach der Machtübernahme der Nationalsozialisten Berufsverbot im Frühjahr 1933. Emigration nach Frankreich, Paris; 1939 interniert, 1942 nach Spanien entkommen; 1943 in die USA, New York, übergesiedelt.
Liste d. nichtzugel. RA, 25.4.33; JMBl. 33, S. 203; BArch, R 3001 PAK; BG; SSDI

Landsberger, Kurt Dr.
20.2.1890 Berlin - 27.10.1978
priv.: k.A.
Kanzlei: Friedrich-Ebert-Str. 1, W 9
Nahm am WK I teil; war Dissident, seine Ehefrau war nicht-jüdischer Herkunft; seit 1921 als Anwalt zugelassen; 1927 zum Notar bestellt; in einer Sozietät mit Leopold Landsberger. Nach der Machtübernahme der Nationalsozialisten 1933 wieder zugelassen, weil er als „Frontkämpfer" anerkannt wurde; 1935 Entzug des Notariats; bis zum Berufsverbot 1938 als Anwalt tätig, dann noch als „Konsulent". Nach dem Pogrom 1938 ins KZ Sachsenhausen verschleppt, kam wieder frei. Mit seiner Tätigkeit als „Konsulent" verbesserte sich seine wirtschaftliche Lage; ihm gelang es, geschützt durch die „Mischehe", zu überleben. Nach Ende des Krieges wurde am 8.7.1945 wieder als Anwalt zugelassen. L. gehörte dem ersten Vorstand der Rechtsanwaltskammer an und blieb Mitglied des Gremiums bis zum 13.2.1963, war zugleich Vorsitzender des Ehrengerichts bis zum 6.5.1952 und vom 7.5.1952 bis 19.2.1958 Beisitzer des Ehrengerichtssenats. L. wohnte und praktizierte 1949 als Rechtsanwalt und Notar in Charlottenburg, Schlüterstr. 53.
*li; LAB, Liste 15.10.33; DJ 36,

S. 315; Liste 36; MRRAK; Liste d. Kons., 15.4.39; BG; LAB, RAK, PA; Ausk. B. Dombek

Landsberger, Leopold Dr.
26.2.1887 - keine Angaben
priv.: k.A.
Kanzlei: Friedrich-Ebert-Str. 1, W 9
RA und Notar, in einer Sozietät mit Kurt Landsberger. Nach der Machtübernahme der Nationalsozialisten 1933 wieder zugelassen; Entzug des Notariats 1935; 1936 noch als Anwalt tätig; vermutlich nach Holland emigriert.
*li; LAB, Liste 15.10.33; DJ 36, S. 315; Liste 36; BArch, R 3001 PAK

Landshoff, Fritz Dr.
1.1.1885 - 19.3.1938
priv.: Kottbusser Damm 9, SW 29
Kanzlei: Dresdener Str. 3, SO 36
RA und Notar; nach der Machtübernahme der Nationalsozialisten 1933 Entzug des Notariats, als Anwalt noch 1936 tätig, praktizierte zuletzt in der Privatwohnung; starb im März 1938 im Alter von 53 Jahren, in Weißensee beigesetzt.
JMBl. 33, S. 208; *li; LAB, Liste 15.10.33; Liste 36; BArch, R 3001 PAK; BG; Fried.W. Sterbereg.

Landshut, Arnold
30.5.1900 Neumark - keine Angaben
priv.: k.A.
Kanzlei: Frankfurter Allee 18, O 34
RA seit 1925; nach der Machtübernahme der Nationalsozialisten Berufsverbot zum 7.6.1933; Emigration nach Palästina im Oktober 1933.
Br.B. 32; JMBl. 33, S. 234; Liste d. nichtzugel. RA, 25.4.33; BArch, R 3001 PAK, PA; BG

Lange, Kurt
keine Angaben - April 1933
priv.: Neue Ansbacher Str. 12, W 50
Kanzlei: Berliner Str. 9, Wilmersdorf
Der RA und Notar Kurt L. nahm sich angesichts der Ereignisse im April 1933 das Leben. Er ging nahe dem Schwedischen Pavillon in den Wannsee.
Jüd.Adr.B.; Br.B. 32; Wochenblatt für den Synagogenbezirk Erfurt, 21.4.1933; JMBl. 28.4.1933

Langenbach, Otto Dr.
keine Angaben
priv.: k.A.
Kanzlei: Potsdamer Str. 129/130, W 9
RA am KG und Notar; nach der Machtübernahme der Nationalsozialisten 1933 Entzug des Notariats, war noch 1936 als Anwalt tätig.
JMBl. 33, S. 208; *li; LAB, Liste 15.10.33; Liste 36

Laserstein, Botho Dr.
31.7.1901 Chemnitz - 9.3.1955
priv.: k.A.
Kanzlei: Kurfürstendamm 14/15, W 50
RA seit 1928 in der Kanzlei > Max Chodziesner; veröffentlichte neben seiner anwaltlichen Tätigkeit politische Essays (u.a. in der „Weltbühne") und Filmkritiken. Nach der Machtübernahme der Nationalsozialisten meldete der Vorstand der RAK dem Preußischen Justizministerium, dass L. „mehrere Artikel in den kommunistischen Zeitungen ‚Berlin am Morgen' und ‚Welt am Abend'" veröffentlicht habe, zugleich wurde betont, dass er „nichtarisch" sei. Er wurde im Juni 1933 Berufsverbot belegt. L. emigrierte 1933 nach Frankreich; war dort 1936-1940 Übersetzer im französischen Postministerium; 1940-1951 Gymnasiallehrer für Englisch und Deutsch an katholischen Internaten, zuletzt in Dijon. Seine Frau und seine Tochter wurden 1943 aus Frankreich deportiert und umgebracht. Auch seine Eltern und sein Bruder wurden Opfer der Shoa. L. kehrte 1951 nach Deutschland zurück und übernahm ab 1.8.1951 „probeweise und jederzeit widerruflich" eine Stelle als Staatsanwalt in Düsseldorf; sprach sich in Publikationen gegen die Wiederbewaffnung und die immer wieder diskutierte Wiedereinführung der Todesstrafe aus; engagierte sich publizistisch auch für die Rechte von Homosexuellen, die durch den weiterhin gültigen Paragraphen 175 in der verschärften Fassung von 1935 immer noch von strafrechtlicher Verfolgung bedroht waren; wegen seines Engagements, das Kritik an der Justizbürokratie einschloss, Mitte 1953 als Amtsrichter nach Essen strafversetzt. Zugleich begannen die vorgesetzten Dienstbehörden mit verdeckten Ermittlungen, auch durch haltlose Unterstellungen, Gründe für eine Entlassung aus dem Staatsdienst zu finden. Schließlich wurde L. Anfang 1955 aus dem Staatsdienst entlassen, weil es ihm „aus anlagebedingten Gründen auch in Zukunft nicht gelingen (würde), sich dem Berufsbild des Richters oder Staatsanwalts anzupassen und auch nur annähernd ein Berufsethos zu verkörpern, das von Vertretern dieses Standes zu erwarten (sei)" (Aktenvermerk des Justizministeriums NRW, 19.11.1954). L. stand damit vor dem wirtschaftlichen Ruin (auch weil ein seit 1951 anhängiges Entschädigungsverfahren in Berlin nicht vorankam). Nach der Kündigung versuchte er ein erstes Mal, sich das Leben zu nehmen. Er bemühte sich vergeblich um Aufnahme als Bruder in die Benediktiner-Abtei Maria Laach. Am 9. März 1955 beging er Suizid.
Veröffentl.: zahlreiche politische Essays und Filmkritiken
GHStA, Rep. 84a, Nr. 20363; JMBl. 33, S. 282; BArch, R 3001, PAK; Ausk. E. Proskauer; Hoven, Herbert (Hg.): Der unaufhaltsame Selbstmord des Botho Laserstein, Frankfurt/M.1990; Göpp., S. 345/6

Latte, Felix
19.4.1886 Berlin - keine Angaben
priv.: Barbarossastr. 44, W 30
Kanzlei: Stresemannstr. 103
RA am KG und Notar; nach der Machtübernahme der Nationalsozialisten 1933 wieder zugelassen; 1935 Entzug des Notariats; als Anwalt bis zum allgemeinen Berufsverbot 1938 tätig. Emigration nach China, Shanghai, am 8.5.1939.
*li; LAB, Liste 15.10.33; DJ 36, S. 315; Liste 36; MRRAK; BG

Latte, Max, JR
13.6.1857 - 10.11.1934
priv.: Martin-Luther-Str. 88, W 30
Kanzlei: Martin-Luther-Str. 88, W 30
RA und Notar; im Oktober 1933 weiter zugelassen; starb 1934 im Alter von 77 Jahren.
*li; LAB, Liste 15.10.33; BG; Friedh.W.Sterbereg.

Lazar, Walter
4.9.1880 Königsberg - Deportation 1943
priv.: Grolmanstr. 32, Charlottenburg
Kanzlei: Neue Kantstr. 1, Charlottenburg
RA und Notar; nach der Machtübernahme der Nationalsozialisten 1933 wieder zugelassen; Entzug des Notariats 1935, als Anwalt noch bis zum allgemeinen Berufsverbot 1938 tätig. Datum der Vermögenserklärung: 7.1.1943; Sammellager Große Hamburger Str. 26; Deportation am 12.1.1943 nach Auschwitz.
*li; LAB, Liste 15.10.33; DJ 36, S. 315; Liste 36; MRRAK; BArch, R 3001 PAK; BG; GB II

Lazarus, Hans Dr.
19.12.1887 Berlin - keine Angaben
priv.: k.A.
Kanzlei: Potsdamer Str. 122/123, W 35
RA (seit 1918) und Notar (seit 1929); nach der Machtübernahme

der Nationalsozialisten Berufsverbot zum 9.6.1933.
Br.B. 32; Liste d. nichtzugel. RA, 25.4.33; JMBl. 33, S. 209; BArch, R 3001 PAK, PA

Lebin, Ernst Dr., JR
keine Angaben
priv.: k.A.
Kanzlei: Friedrichstr. 44, SW 68
RA und Notar; nach der Machtübernahme der Nationalsozialisten 1933 Entzug des Notariats; als Anwalt noch bis zum allgemeinen Berufsverbot 1938 tätig. Nach Angaben des Neffen seines Sozius > Dr. Erich Kuttner soll L. 1938 verhaftet worden sein, kam wieder frei, starb aber bald darauf an den Folgen der Haft.
TK 33; JMBl. 33, S. 208; *li; LAB, Liste 15.10.33; Liste 36; Ausk. Gorski

Ledermann, Franz
16.10.1889 Hirschberg - keine Angaben
priv.: Genthiner Str. 5, Schöneberg
Kanzlei: Genthiner Str. 5 a, Schöneberg
RA und Notar; nach der Machtübernahme der Nationalsozialisten Berufsverbot im Frühjahr 1933; Emigration in die Niederlande, Amsterdam am 1.10.1933.
Br.B.32; JMBl. 33, S. 221; Liste d. nichtzugel. RA, 25.4.33; BArch, R 3001 PAK; BG: LAB, OFP-Akten

Leffmann, Ernst Dr.
23.4.1899 Köln - 22.3.1972 Arnheim
priv.: k.A.
Kanzlei: Fasanenstr. 67, W 15
Hatte eine der Staatsprüfungen mit der selten vergebenen Note „sehr gut" bestanden; RA seit 1926. Nach der Machtübernahme der Nationalsozialisten Berufsverbot zum 13.7.1933. Zu diesem Zeitpunkt befand sich L. aber schon nicht mehr im Land, er hatte Deutschland am 20.3.1933 verlassen. Zuvor, am 8.3.1933, hatte er einen Vortrag beim Gewerkschaftsbund gehalten. SA-Männer, die diese Veranstaltung stürmten, misshandelten L. Er wurde am nächsten Morgen schwer verletzt zu Hause abgeliefert. Sein Gehörgang war mit einem Gewehrkolben zerschlagen worden, außerdem trug er eine Blutvergiftung davon. L. flüchtete aus Deutschland. Im August 1933 ließ er sich mit seiner Frau und zwei Kindern in Arnheim nieder und gründete eine chemische Fabrik. Vom Dezember 1942 bis zum Oktober 1943 lebten er, seine Frau und die Tochter versteckt, wurden jedoch entdeckt und über das Sammellager Westerbork nach Bergen-Belsen deportiert. Der Sohn konnte an einem anderen Ort untertauchen.
Im April 1945 wurde die Familie mit Tausenden anderen Häftlingen in Richtung Theresienstadt weitertransportiert. Durch die vorrückende Front irrte der Zug 14 Tage ziellos durch Deutschland und blieb am 20. April 1945 im Langennaundorfer Forst bei Tröbitz im heutigen Landkreis Elbe-Elster stehen, da eine zerstörte Eisenbahnbrücke die Weiterfahrt verhinderte. Die Rote Armee befreite am 23. April 1945 über 2.500 todkranke Menschen aus den Viehwaggons.
L. wandte sich nach der Befreiung wieder seinem juristischen Beruf zu. 1953 erhielt er die „endgültige Zulassung" als Anwalt am Kammergericht in Berlin; von der Residenzpflicht befreit, blieb er in Arnheim wohnen. 1960 übernahm er einen Lehrauftrag für Bankrecht an der Universität Köln. Er arbeitete auch an der 9. Aufl. (1969) des Kommentars zum Gesetz gegen den unlauteren Wettbewerb von Alfred Rosenthal mit. L. starb 1972 in Arnheim.
Br.B. 32; Liste d. nichtzugel. RA, 25.4.33; JMBl. 21.8.33, S: 267; BArch, R 3001 PAK, PA; Ausk. E.J. Numann, 2.11.1999

Lehmann, Alfred Dr.
7.1.1898 Berlin - keine Angaben
priv.: Freisinger Str. 15, W 30
Kanzlei: Nassauische Str. 36, Wilmersdorf
RA am KG und Notar; nach der Machtübernahme der Nationalsozialisten 1933 wieder zugelassen; Entzug des Notariats 1935; noch bis zum allgemeinen Berufsverbot 1938 als Anwalt tätig; hat mit hoher Sicherheit das NS-Regime überlebt und später wieder als Jurist gearbeitet.
*li; LAB, Liste 15.10.33; DJ 36, S. 315; Liste 36; MRRAK; BG

Lehmann, Georg Dr.
keine Angaben - April 1933
priv.: Innsbrucker Str. 29, Schöneberg
Kanzlei: Am Karlsbad 29
RA und Notar; nahm sich angesichts der Verhältnisse im April 1933 mit Tabletten das Leben.
Jüd.Adr.B.; Br.B. 32; Wochenblatt für den Synagogenbezirk Erfurt, 21.4.1933; JMBl. 26.5.1933

Lehmann, Manfred Dr.
23.9.1897 - keine Angaben
priv.: Weberstr. 51, NO 15
Kanzlei: Bayerische Str. 33, W 30
Nach der Machtübernahme der Nationalsozialisten wieder zugelassen; am 4.10.1937 wurde die Zulassung gelöscht. Emigration nach Palästina.
Br.B. 32; *li; LAB, Liste 15.10.33; Liste 36; BArch, R 3001 PAK; BG

Leidert, Heinrich Dr.
26.8.1879 Deutsch-Nettkow - keine Angaben
priv.: Am Karlsbad 2, W 35
Kanzlei: Am Karlsbad 2, W 35
RA und Notar; nach der Machtübernahme der Nationalsozialisten 1933 Entzug des Notariats; als Anwalt noch bis zum allgemeinen Berufsverbot 1938 tätig. Die Ehefrau Elisabeth, geb. Knüppel, galt als nicht-jüdisch; Emigration nach China, Shanghai, am 21.8.1939; 1947 Rückkehr nach Berlin, Steglitz.
JMBl. 33, S. 208; *li; LAB, Liste 15.10.33; Liste 36; MRRAK; BG

Leiser, Hermann
26.8.1880 Thorn - 25.5.1937 Berlin
priv.: k.A.
Kanzlei: Schönhauser Allee 87
RA und Notar; nach der Machtübernahme der Nationalsozialisten 1933 Entzug des Notariats, als Anwalt wieder zugelassen; L. starb 1937 im Alter von 57 Jahren, nach der Erinnerung seines Sohnes, des Filmemachers Erwin Leiser, vor Kummer. Er ist auf dem Jüdischen Friedhof Weißensee beigesetzt. Seine Frau floh nach England, der Sohn Erwin folgte ihr über Schweden.
Br.B. 32; JMBl. 33, S. 208; *li; Liste 36; BArch, R 3001 PAK; BG; Ausk. Renée Gundelach

Lelewer, Hermann Dr.
9.8.1891 Posen - 20.7.1946 Tel Aviv
priv.: k.A.
Kanzlei: Tauentzienstr. 13, W 50
Studium in Berlin, Freiburg i.Br. und Heidelberg; 1913 Promotion in Berlin; bereiste 1913 Palästina; 1914-18 Kriegsteilnehmer; ab 1919 RA am KG, später auch Notar; Syndikus des Verbands

Deutscher Schriftsteller; Mitglied der Repräsentantenversammlung der Jüdischen Gemeinde Berlin; Funktionär in zionistischen Organisationen und jüdischen Sportverbänden, u.a. verantwortlich für die Durchführung der 1. Welt-Makkabiah 1932 in Palästina. Nach der Machtübernahme der Nationalsozialisten Berufsverbot im Frühjahr 1933. Emigration nach Großbritannien im März 1933, nach Palästina 1934; Direktor der Jibaneh, einer Organisation für Landankauf in Palästina; aktiver Funktionär der jüdischen Sportbewegung; 1946 in Tel Aviv gestorben.
Br.B. 32; TK 33; Liste d. nichtzugel. RA, 25.4.33; JMBl. 4.8.33, S. 253; BArch, R 3001 PAK; BG; BHdE Bd. 1, S. 429/30

Lemchen, Heinrich
23.11.1879 Czarnikau - keine Angaben
priv.: Adalbertstr. 7, SO 36
Kanzlei: Adalbertstr. 7, SO 36
RA und Notar; nach der Machtübernahme der Nationalsozialisten 1933 wieder zugelassen; 1935 Entzug des Notariats. Emigration nach Brasilien, Porto Alegre, am 30.12.1936; Zulassung als Anwalt wurde erst 1938 gelöscht.
*li; LAB, Liste 15.10.33; DJ 36, S. 315; Liste 36; BG: LAB, OFP-Akten

Lenk, Arthur
30.4.1882 Berlin - keine Angaben
priv.: Kleine Präsidentenstr. 3
Kanzlei: Kleine Präsidentenstr. 3
RA und Notar; nach der Machtübernahme der Nationalsozialisten 1933 Entzug des Notariats, als Anwalt wieder zugelassen; Ehrengerichtsverfahren im Mai 1936, in der Folge Entziehung der Zulassung.
JMBl. 33, S. 220; *li; Liste 36; BG: LAB, OFP-Akten; LAB, Rep. 68; Acc. 3017 Nr. 23; BArch, R 3001 PAK

Lenzen, Felix Dr., JR
10.1.1866 Trebnitz - keine Angaben
priv.: Helmstedter Str. 12, Wilmersdorf
Kanzlei: Leipziger Str. 105, W 8
RA und Notar; nach der Machtübernahme der Nationalsozialisten 1933 Entzug des Notariats, als Anwalt bis zum allgemeinen Berufsverbot 1938 tätig; gehörte dem Reichsverband nichtarischer Christen an.
JMBl. 33, S. 220; *li; LAB, Liste 15.10.33; Liste 36; MRRAK; BG; Mitt.bl. Reichsverband nichtarischer Christen, 6.12.1934

Lenzen, Georg
16.11.1875 Schwiebus - keine Angaben
priv.: Schönhauser Allee 8, N 54
Kanzlei: Knesebeckstr. 72/73, Charlottenburg
RA und Notar; nach der Machtübernahme der Nationalsozialisten 1933 Entzug des Notariats, als Anwalt bis zum allgemeinen Berufsverbot 1938 tätig; konnte noch vor Kriegsbeginn emigrieren; lebte in Brasilien bei einer Tochter aus erster Ehe.
JMBl. 33, S. 208; *li; LAB, Liste 15.10.33; Liste 36; MRRAK; BG; LAB, OFP-Akten; Ausk. F. Dudzus, 03/00

Leopold, Botho Dr.
21.6.1900 Hannover - keine Angaben
priv.: k.A.
Kanzlei: Heilbronner Str. 13, W 30
RA seit 1932; nach der Machtübernahme der Nationalsozialisten Berufsverbot zum 27.5.1933. Emigration in die Niederlande.
Liste d. nichtzugel. RA, 25.4.33; JMBl. 33, S. 203; BArch, R 3001 PAK; BG

Less, Siegfried Dr.
25.6.1893 - keine Angaben
priv.: k.A.
Kanzlei: Schönhauser Allee 136, N 58
Nach der Machtübernahme der Nationalsozialisten Berufsverbot im Frühjahr 1933.
Liste d. nichtzugel. RA, 25.4.33; JMBl. 33, S. 209; BArch, R 3001 PAK

Lesser, Alfred Dr.
26.1.1885 Berlin - keine Angaben
priv.: Stromstr. 4, Charlottenburg
Kanzlei: Kurfürstendamm 224, W 15
RA und Notar; nach der Machtübernahme der Nationalsozialisten 1933 Entzug des Notariats, als Anwalt noch bis zum allgemeinen Berufsverbot 1938 tätig. Die Ehefrau Rosa, geb. 1899, galt als „arisch"; 1938 Inhaftierung in Sachsenhausen; nach der Freilassung Emigration nach Australien, Melbourne, am 30.4.1939.
JMBl. 33, S. 208; *li; LAB, Liste 15.10.33; Liste 36; BArch, R 3001 PAK; MRRAK; BG

Lesser, Friedrich Karl
19.7.1871 Berlin - keine Angaben
priv.: Grunewaldstr. 46, Schöneberg
Kanzlei: Habsburger Str. 12, W 30
RA am KG und Notar; Rittmeister a.D.; nach der Machtübernahme der Nationalsozialisten 1933 Entzug des Notariats, als Anwalt wieder zugelassen; L. war evangelischer Religion, seine Ehefrau galt als nicht-jüdisch, er selbst als „Mischling"; gehörte dem Reichsverband nichtarischer Christen an; praktizierte 1941 noch.
*li; LAB, Liste 15.10.33, Liste Mschlg. 36; Tel.B. 41; BG: BAP, 15.09 RSA; Mitt.bl. Reichsverband nichtarischer Christen, 6.12.1934

Lesser, Ludwig
20.10.1882 Königsberg - keine Angaben
priv.: Landhausstr. 13, Wilmersdorf
Kanzlei: Tiergartenstr. 2, W 35
RA und Notar; nach der Machtübernahme der Nationalsozialisten Vertretungsverbot im April 1933, auf Antrag wieder zugelassen; 1935 Entzug des Notariats, als Anwalt bis zum allgemeinen Berufsverbot tätig. L.s Ehefrau Elsbeth galt als nicht-jüdisch. Emigration in die USA am 12.10.1939.
Liste d. nichtzugel. RA, 25.4.33; *li; LAB, Liste 15.10.33; DJ 36, S. 315; Liste 36; BArch, R 3001 PAK; MRRAK; BG

Lesser, Martin Dr.
9.3.1884 - 25.1.1935
priv.: k.A.
Kanzlei: Charlottenstr. 55, W 8
RA und Notar; nach der Machtübernahme der Nationalsozialisten 1933 Entzug des Notariats, als Anwalt wieder zugelassen. L. starb 1935 im Alter von 50 Jahren.
JMBl. 33, S. 208; *li; BG; Walk, S. 223

Leszynsky, Eduard Dr.
1877 Hameln - 1952 Kfar Jedidjah, Israel
priv.: Lynarstr. 3, Grunewald
Kanzlei: Bayreuther Str. 36, W 62
L. wandte sich frühzeitig dem Zionismus zu; Mitbegründer der Hasmonea; RA am LG I-III und Notar; nach der Machtübernahme der Nationalsozialisten 1933 Entzug des Notariats, die Zulassung als Anwalt wurde am 18.6.1935 gelöscht. 1935 emigrierte er mit seiner Familie nach Palästina; dort an der Entwicklung von Jaarot Hakarmel beteiligt.
Br.B. 32; Adr.B. 33; TK 33; JMBl. 33, S. 208; *li (Leszynski); LAB, Liste 15.10.33; Walk; BHdE Bd. 2.2, S. 713 (Rudolf Leszynski); Ausk. Maria Haendcke-Hoppe-Arndt

Levi, Alfred Dr.
27.11.1877 Nordhausen - keine Angaben
priv.: Zähringerstr. 26, Wilmersdorf
Kanzlei: Hubertusallee 14, Grunewald
Nach der Machtübernahme der

Nationalsozialisten wieder zugelassen; war noch bis zum 16.9.1938 als Anwalt tätig. L. hatte sich vom jüdischen Glauben gelöst, seine Ehefrau Charlotte war nicht-jüdisch; L. überlebte und wohnte nach der Befreiung unter seiner angestammten Anschrift.
TK 33; *li; LAB, Liste 15.10.33; Liste 36; BG

Levin-Goldschmidt, Robert Dr., JR
3.5.1863 Berlin - 9.3.1936 Berlin
priv.: k.A.
Kanzlei: Französische Str. 557/58, W 8
RA am LG I-III und Notar. Nach der Machtübernahme der Nationalsozialisten 1933 Entzug des Notariats, als Anwalt wieder zugelassen. L. starb 1936 im Alter von 73 Jahren in Berlin.
TK 33; JMBl. 33, S. 220; *li; LAB, Liste 15.10.33; Liste 36; BG; BHdE Bd. 1, S. 240 (Hubert B. Grant)

Levinsohn, Heinrich
7.6.1894 Berlin - 1945 Palästina
priv.: k.A.
Kanzlei: Dorotheenstr. 77/78, NW 7
L. war neben seiner anwaltlichen Tätigkeit aktiv im Kampf gegen den Antisemitismus. RA und Notar; nach der Machtübernahme der Nationalsozialisten 1933 wieder zugelassen. L.s Zulassung wurde am 1.10.1935 gelöscht. Auswanderung nach Palästina; dort in der Organisation der Einwanderer aus Mitteleuropa (Irgun Olej Merkas Europa) tätig.
TK 33; *li; LAB, Liste 15.10.33; BArch, R 3001 PAK; Walk, S. 226

Levot, Hans Dr.
3.4.1896 Köln - keine Angaben
priv.: Kaiserkorso 152, Tempelhof
Kanzlei: Kaiserkorso 152, Tempelhof
L. war katholischer Religion; hatte am WK I teilgenommen; nach der Machtübernahme der Nationalsozialisten 1933 wieder zugelassen, weil er als „Frontkämpfer" anerkannt wurde. L. galt als „Mischling", seine Ehefrau als nicht-jüdisch; praktizierte auch noch 1941. Er überlebte und wurde nach 1945 wieder als Anwalt und Notar zugelassen.
TK 33; *li; LAB, Liste 15.10.33; Liste Mschlg. 36; Tel.B. 41; Verz. zugel. Anw. 45; BG

Levy, Arthur Dr.
keine Angaben
priv.: Rosenthaler Str. 34/35, N 54
Kanzlei: Rosenthaler Str. 34/35, N 54
Nach der Machtübernahme der Nationalsozialisten wieder zugelassen, war noch bis zum allgemeinen Berufsverbot 1938 als Anwalt tätig.
*li; LAB, Liste 15.10.33; Liste 36; MRRAK

Levy, Arthur Dr.
keine Angaben
priv.: k.A.
Kanzlei: Friedrichstr. 208, SW 68
RA und Notar; nach der Machtübernahme der Nationalsozialisten 1933 wieder zugelassen; Entzug des Notariats spätestens 1935; war noch bis zum allgemeinen Berufsverbot 1938 als Anwalt tätig.
*li; LAB, Liste 15.10.33; Liste 36; MRRAK

Levy, Ernst Dr.
23.12.1881 - 26.3.1934
priv.: Westfälische Str. 17, Wilmersdorf
Kanzlei: Kurfürstendamm 216, W 15
RA und Notar; nach der Machtübernahme der Nationalsozialisten 1933 wieder zugelassen; laut handschriftlicher Eintragung in der im Landesarchiv befindlichen, bearbeiteten Liste vom 15.10.1933 soll er am 26.3.1934 im Alter von 53 Jahren gestorben sein
*li; LAB, Liste 15.10.33

Levy, Felix Dr.
10.10.1886 Königsberg - 10.1.1955 Düsseldorf
priv.: Reichstr. 84, Charlottenburg
Kanzlei: Ritterstr. 11, S 42
RA und Notar; nach der Machtübernahme der Nationalsozialisten 1933 wieder zugelassen; 1935 Entzug des Notariats, als Anwalt weiter tätig. 1936 sorgte er dafür, dass seine beiden Kinder mit seiner Schwester in Südtirol leben konnten. Zur Zeit der Pogromnacht 1938 besuchte L seine Familie dort. Er wurde telefonisch davor gewarnt, nach Deutschland zurückzukehren. Die Kinder wurden nach England geschickt. L. selbst erhielt erst Ende 1939 ein Visum und ging nach Ecuador. Er ließ sich in Quito nieder, wo er die Kriegsjahre verbrachte. Nach Kriegsende kam er nach Europa zurück, zunächst nach London. In Zusammenarbeit mit der British Control Commission fand er eine Stelle in Deutschland. In Düsseldorf wurde er noch für anderthalb Jahre bis zu seiner Pensionierung als Landesgerichtsrat tätig.
*li; LAB, Liste 15.10.33; DJ 36, S. 315; Liste 36; BArch, R 3001 PAK; BG; Ausk. RAin Erdmann; Ausk. Sohn L. B. Levy, 7.12.98/ 8.1.99

Levy, Fred Dr.
27.9.1898 - April 1981
priv.: Kaiserallee 17, W 15
Kanzlei: Joachimsthaler Str. 3, Charlottenburg

L. hatte als Soldat im WK I den linken Arm verloren. RA und Notar; nach der Machtübernahme der Nationalsozialisten 1933 wieder zugelassen, weil er als „Frontkämpfer" anerkannt wurde; Entzug des Notariats 1935; nach dem Berufsverbot 1938 als Anwalt, bis 1941 als „Konsulent" tätig, Emigration 1941 in die USA; beantragte dort ein Stipendium. Der Antrag wurde abgelehnt, weil er zu alt und zudem schwerbeschädigt war. L. hatte Schwierigkeiten, seinen Lebensunterhalt zu bestreiten, da er wegen seiner Schwerbeschädigung nur bestimmte Arbeiten verrichten konnte. Lebte zuletzt in New York, starb im Alter von 82 Jahren.
*li; LAB, Liste 15.10.33; Liste 36; Liste d. Kons. v. 15.4.39; Naatz-Album; NY Publ. Lib. (Am. Com.) Levy, Fred; BG; SSDI

Levy, Friedrich Franz
20.10.1888 Berlin - keine Angaben
priv.: k.A.
Kanzlei: Friedrichstr. 208, SW 68
RA (seit 1919) und Notar (seit 1929); nach der Machtübernahme

der Nationalsozialisten Berufsverbot im Frühjahr 1933. Emigration im Dezember 1933 nach Palästina.
Br.B. 32; Liste d. nichtzugel. RA, 25.4.33; BArch, R 3001 PAK, PA; BG

Levy, Georg Dr.
26.8.1879 - 5.3.1938
priv.: Engeldamm 8, Mitte
Kanzlei: Köpenicker Str. 103, SO 16
RA und Notar; nach der Machtübernahme der Nationalsozialisten 1933 Entzug des Notariats; als Anwalt noch 1936 tätig, in einer Kanzlei gemeinsam mit Hans L.; starb 1938 im Alter von 58 Jahren und wurde in Weißensee beigesetzt.
JMBl. 33, S. 208; *li; LAB, Liste 15.10.33; Liste 36; BG: Friedh. W.Sterbereg.

Levy, Hans
15.4.1885 Berlin - 30.11.1941 Riga
priv.: Engeldamm 8, SO 16, Mitte
Kanzlei: Köpenicker Str. 103, SO 16
RA und Notar; nach der Machtübernahme der Nationalsozialisten wieder zugelassen; 1935 Entzug des Notariats; war noch bis zum allgemeinen Berufsverbot 1938 als Anwalt tätig, in einer Kanzlei Georg L. Wurde zur Zwangsarbeit herangezogen, zuletzt als Fahrer; Datum der Vermögenserklärung: 24.11.1941; Sammellager Levetzowstr. 7-8; Deportation am 27.11.1941 nach Riga; dort kurz nach der Ankunft am 30.11.1941 ermordet.
*li; LAB, Liste 15.10.33; DJ 36, S. 315; Liste 36; BArch, R 3001 PAK; MRRAK; BG; BdE; GB II

Levy, Hans J.
18.12.1902 - keine Angaben
priv.: k.A.
Kanzlei: Landsberger Allee 125, NO 18
RA seit 1929; nach der Machtübernahme der Nationalsozialisten Berufsverbot zum 7.6.1933. Emigration über Frankreich nach Australien, Sydney.
Br.B. 32; Liste d. nichtzugel. RA, 25.4.33; JMBl. 33, S. 221; BArch, R 3001 PAK; BG

Levy, Hugo, JR
keine Angaben
priv.: Seydelstr. 13, C 19
Kanzlei: Seydelstr. 13, C 19
RA und Notar; nach der Machtübernahme der Nationalsozialisten 1933 Entzug des Notariats. Emigration nach Palästina 1935/36.
JMBl. 33, S. 220; *li; LAB, Liste 15.10.33; Liste 36; BG

Levy, Jack (Jakob)
6.5.1889 - keine Angaben
priv.: Landhausstr. 2, Wilmersdorf
Kanzlei: Tauentzienstr. 6
L. hatte am WK I teilgenommen, u.a. als Ballonbeobachter an der großen Flandernschlacht. RA (seit 1920) und Notar (seit 1930); nach der Machtübernahme der Nationalsozialisten ließ er sich aus gesundheitlichen Gründen beurlauben, reiste nach Palästina, kehrte 1934 zurück. Das Notariat wurde entzogen; bis 1935 war über die Zulassung als Anwalt nicht entschieden. Emigration 1939.
Br.B. 32; TK 33; BArch, R 3001 PAK, PA; BG

Levy, Kurt Dr.
24.7.1898 Guben - Deportation 1943
priv.: Trautenaustr. 20, Motzstr. 74, Wilmersdorf
Kanzlei: Motzstr. 35, W 30
RA am KG und Notar; nach der Machtübernahme der Nationalsozialisten 1933 wieder zugelassen; 1935 Verlust des Notariats; als Anwalt bis zum allgemeinen Berufsverbot 1938 tätig, dann noch als „Konsulent" zugelassen; Mitarbeiter der Reichsvereinigung der Juden in Deutschland. Deportation am 16.6.1943 nach Theresienstadt; von dort am 28.10.1944 nach Auschwitz verschleppt.
*li; LAB, Liste 15.10.33; DJ 36, S. 315; Liste 36; MRRAK; Liste d. Kons. v. 15.3.1939; BArch, R 3001 PAK; BG; GB II

Levy, Martin
11.2.1878 Berlin - Deportation 1943
priv.: Habsburger Str. 11, Schöneberg
Kanzlei: Schwäbische Str. 29, W 30; später: Potsdamer Str. 31 a
RA und Notar; nach der Machtübernahme der Nationalsozialisten 1933 Entzug des Notariats, als Anwalt bis zum allgemeinen Berufsverbot 1938 tätig. Ehefrau Olga, geb. Schwahn, war nichtjüdischer Herkunft. L. wurde zuletzt als Arbeiter zur Zwangsarbeit herangezogen; Datum der Vermögenserklärung: 1.3.1943; Deportation am 4.3.1943 nach Auschwitz.
Br.B. 32; * li; LAB, Liste 15.10.33; DJ 36, S. 315; Liste 36; MRRAK; BG; GB II

Levy, Rudolf Dr.
15.10.1892 - keine Angaben
priv.: k.A.
Kanzlei: Badensche Str. 13, Wilmersdorf
Nach der Machtübernahme der Nationalsozialisten Berufsverbot im Frühjahr 1933.
Liste d. nichtzugel. RA, 25.4.33; JMBl. 33, S. 221; BArch, R 3001 PAK

Levy, Siegbert Dr.
2.2.1891 - keine Angaben
priv.: k.A.
Kanzlei: Kantstr. 8, Charlottenburg
RA und Notar; nach der Machtübernahme der Nationalsozialisten Berufsverbot im Frühjahr 1933. Emigration nach Brasilien, Sao Paulo, im April 1939.
Br.B. 32; Liste. d. nichtzugel. RA, 25.4.33; JMBl. 33, S. 234; BArch, R 3001 PAK; BG

Lewek, Leo Dr.
12.11.1889 - 24.4.1936
priv.: k.A.
Kanzlei: Meraner Str. 11, Schöneberg
RA und Notar; nach der Machtübernahme der Nationalsozialisten 1933 wieder zugelassen; 1935 Entzug des Notariats; als Anwalt noch bis zu seinem Tod 1936 tätig; starb im Alter von 46 Jahren.
*li; LAB, Liste 15.10.33; Liste 36; BArch, R 3001 PAK

Lewin, Alfred Dr.
18.5.1902 - 30.1.1993
priv.: k.A.
Kanzlei: Mohrenstr. 48, W 8
RA am KG; nach der Machtübernahme der Nationalsozialisten Berufsverbot im Frühjahr 1933. Emigration über die Tschechoslowakei im September 1933, später in die USA; lebte dort zuletzt in Los Angeles, Kalifornien.
Br.B. 32; Liste d. nichtzugel. RA, 25.4.33; JMBl. 33, S. 209; BArch, R 3001 PAK; BG; SSDI

Lewin, Heinrich Dr.
12.1.1887 - keine Angaben
priv.: k.A.
Kanzlei: Frankfurter Allee 85, O 112
Nach der Machtübernahme der Nationalsozialisten Berufsverbot als RA und Notar im Frühjahr 1933.

Br.B. 32; Liste d. nichtzugel. RA, 25.4.33; BArch, R 3001 PAK; Naatz-Album

Lewin, Martin Dr.
29.9.1884 Berlin - keine Angaben
priv.: Meinekestr. 5, W 15
Kanzlei: Friedrichstr. 77, W 8
RA und Notar; nach der Machtübernahme der Nationalsozialisten 1933 Entzug des Notariats; war noch bis zum allgemeinen Berufsverbot 1938 als Anwalt tätig. Emigration nach Panama am 12.12.1940.
JMBl. 33, S. 208; *li; LAB, Liste 15.10.33; Liste 36; BArch, R 3001 PAK; MRRAK; BG

Lewin-Bauer, Arthur Dr.
18.2.1885 Berlin - keine Angaben
priv.: Bayerische Str. 9, Schöneberg
Kanzlei: Königstr. 48, C 2
RA am KG und Notar; nach der Machtübernahme der Nationalsozialisten 1933 wieder zugelassen; 1935 Entzug des Notariats; als Anwalt noch bis zum allgemeinen Berufsverbot 1938 tätig. Emigration nach Übersee.
*li; LAB, Liste 15.10.33; DJ 36, S. 315; Liste 36; BArch, R 3001 PAK; MRRAK; BG

Lewinneck, Siegfried
22.12.1883 - 22.2.1937
priv.: k.A.
Kanzlei: Neue Schönhauer Str. 10, N 54
RA und Notar; nach der Machtübernahme der Nationalsozialisten 1933 wieder zugelassen; Entzug des Notariats 1935; starb 1937 im Alter von 54 Jahren; in Weißensee beigesetzt.
*li; LAB, Liste 15.10.33; DJ 36, S. 315; Liste 36; BArch, R 3001 PAK; BG

Lewinnek, Ernst Dr.
7.4.1898 Schwedt - keine Angaben
priv.: k.A.
Kanzlei: Gertraudenstr. 23, C 19
RA seit 1924; nach der Machtübernahme der Nationalsozialisten Berufsverbot zum 10.6.1933. L. emigrierte im Juni 1940 nach China, Shanghai.
Br.B. 32; Liste d. nichtzugel. RA, 25.4.33; JMBl. 33, S. 253; BArch, R 3001 PAK; BG

Lewinski, Moritz
6.10.1881 - keine Angaben
priv.: k.A.
Kanzlei: Neue Königstr. 43, NO 43
RA und Notar; nach der Machtübernahme der Nationalsozialisten 1933 Entzug des Notariats, war als Anwalt noch bis zum allgemeinen Berufsverbot 1938 tätig; überlebte, wohnte nach 1945 in Spandau.
JMBl. 33, S. 208; *li; LAB, Liste 15.10.33; Liste 36; BArch, R 3001 PAK; MRRAK; BG

Lewinsky, Hans Benjamin Dr.
12.10.1907 Berlin - keine Angaben
priv.: Heilbronner Str. 13, Schöneberg
Kanzlei: Stresemannstr. 12, SW 11
Nach der Machtübernahme der Nationalsozialisten Berufsverbot im Frühjahr 1933. Emigration in die USA am 23.12.1938.
Liste d. nichtzugel. RA, 25.4.33; JMBl. 33, 17.6.33; BArch, R 3001 PAK; BG

Lewinsohn, Alfred
28.8.1885 - keine Angaben
priv.: k.A.
Kanzlei: Breite Str. 40, Pankow
RA und Notar; nach der Machtübernahme der Nationalsozialisten 1933 Entzug des Notariats; wurde am 14.8.1936 in der Anwaltsliste gelöscht; bereits im November 1935 nach Palästina emigriert.
JMBl. 33, S. 208; *li; LAB, Liste 15.10.33; Liste 36; BArch, R 3001 PAK; BG

Lewinsohn, Georg Dr.
16.1.1880 Berlin - Deportation 1943
priv.: Potsdamer Str. 16, Tiergarten
Kanzlei: Eichhornstr. 8, W 9
RA und Notar; nach der Machtübernahme der Nationalsozialisten am 3.7.1933 als Notar entlassen; Zulassung als Anwalt wurde am 17.10.1935 gelöscht. Datum der Vermögenserklärung: 5.3.1943; Deportation am 6.3.1943 nach Auschwitz.
JMBl. 33, S. 220; *li; LAB, Liste 15.10.33; BArch, R 3001 PAK; BG; GB II

Lewinsohn, Josef Dr.
3.5.1882 Elbing - Deportation 1942
priv.: Rückertstr. 8, N 54, Mitte
Kanzlei: Lennéstr. 10, W 9
RA und Notar; nach der Machtübernahme der Nationalsozialisten 1933 Entzug des Notariats; war noch bis zum allgemeinen Berufsverbot 1938 als Anwalt tätig. Deportation am 25.1.1942 nach Riga.
JMBl. 33, S. 220; *li; LAB, Liste 15.10.33; Liste 36; MRRAK; BG; GB II

Lewinsohn, Max Dr., JR
15.11.1871 Berlin - 12.2.1943 Auschwitz
priv.: Mommsenstr. 66, Charlottenburg
Kanzlei: Landsberger Str. 66/67, C 25
RA und Notar; nach der Machtübernahme der Nationalsozialisten 1933 Entzug des Notariats; Zulassung als Anwalt wurde am 1.1.1937 gelöscht. Emigration in die Niederlande; aus Westerbork am 9.2.1943 nach Auschwitz deportiert. Dort wurde L. am Tag nach der Ankunft ermordet.
*li; LAB, Liste 15.10.33; Liste 36; BG; GB II

Lewy, Fritz Dr.
23.8.1898 Insterburg - keine Angaben
priv.: Turiner Str. 48, N 65, Wedding
Kanzlei: Neue Königstr. 19 c, NO 43
Nach der Machtübernahme der Nationalsozialisten 1933 wieder zugelassen, war noch bis zum allgemeinen Berufsverbot 1938 als Anwalt tätig. L. hatte sich vom jüdischen Glauben gelöst. Seine Ehefrau Charlotte galt als nichtjüdisch, die Ehe nach den NS-Kriterien als „privilegiert", da das Paar gemeinsame Kinder hatte. L. wurde ab 1943 zur Zwangsarbeit herangezogen. Er überlebte und erhielt nach 1945 die Wiederzulassung als Anwalt.
TK 33; *li; LAB, Liste 15.10.33; Liste 36; BArch, R 3001 PAK; MRRAK; LAB, RAK, PA Werthauer; Entschädigungsbehörde Berlin, Akte 3531 (E. Bukofzer); BG

Lewy, Georg
2.2.1880 - 19.6.1939
priv.: Olivaer Platz 4, Wilmersdorf
Kanzlei: Kurfürstendamm 38/39, W 15
RA und Notar; nach der Machtübernahme der Nationalsozialisten 1933 wieder zugelassen; Entzug des Notariats 1935; noch bis zum allgemeinen Berufsverbot 1938 als Anwalt tätig; starb im Juni 1939, in Weißensee beigesetzt.
*li; LAB, Liste 15.10.33; DJ 36, S. 315; Liste 36; BArch, R 3001 PAK; MRRAK; BG

Leyser, Benno Dr.
31.5.1879 Berlin-Charlottenburg - Deportation 1943
priv.: Berliner Str. 111, Charlottenburg
Kanzlei: Berliner Str. 127, Charlottenburg
RA und Notar; nach der Machtübernahme der Nationalsozialisten 1933 Entzug des Notariats,

war noch bis zum allgemeinen Berufsverbot 1938 als Anwalt tätig. Datum der Vermögenserklärung: 28.12.1942, Sammellager Große Hamburger Str. 26, Deportation am 12.1.1943 nach Auschwitz.
JMBl. 33, S. 208; *li; LAB, Liste 15.10.33; Liste 36; BG; GB II

Leyser, Fritz
10.11.1883 Königsberg - keine Angaben
priv.: Meierottostr. 10, Wilmersdorf
Kanzlei: k.A.
RA und Notar; nach der Machtübernahme der Nationalsozialisten 1933 Entzug des Notariats. Am 11.6.1934 wurde die Zulassung als Anwalt gelöscht. Emigration nach Spanien.
JMBl. 33, S. 208; BArch, R 3001 PAK; BG

Licht, Ernst Dr.
24.9.1900 Berlin - 15.8.1940 Sachsenhausen
priv.: k.A.
Kanzlei: Martin-Luther-Str.90, W 30
L. hatte sich freiwillig zum Kriegsdienst gemeldet, war aber unmittelbar, nachdem er eingezogen worden war, lebensbedrohlich an Typhus erkrankt, wurde anschließend entlassen. Ließ sich als Anwalt in Berlin nieder; nach der Machtübernahme der Nationalsozialisten wurde seine Teilnahme am WK I nicht als Fronteinsatz anerkannt; Berufsverbot zum 31.5.1933. L. wollte noch emigrieren; als er sich 1940 doch zur Flucht entschloss, war es zu spät. Er und seine Frau wurden beim Grenzübertritt nach den Niederlanden festgenommen und in Gelsenkirchen inhaftiert. Von dort wurde L. nach Sachsenhausen deportiert, wo er am 15.8.1940 ums Leben kam; seine Frau starb in Ravensbrück.
Liste d. nichtzugel. RA, 25.4.33; JMBl. 33, S. 209; BArch, R 3001 PAK, PA; BG; GB II; Ausk. d. Sohns von L. Königsberger, 10/2001

Lichtwitz, Max
7.5.1902 Berlin - 16.12.1942 Auschwitz
priv.: Kantstr. 30, Charlottenburg
Kanzlei: Kronenstr. 4/5, W 8
Sozietät mit > Hans Carl Ladewig und > Ernst Loewe; nach der Machtübernahme der Nationalsozialisten Vertretungsverbot im April 1933; anschließend wieder zugelassen; war noch bis zum allgemeinen Berufsverbot 1938 tätig; danach noch als „Konsulent" zugelassen, vermutlich nur 1939 (auf Briefbogen vom 28.7.1939 ist der Beruf durchgestrichen); zuletzt Angestellter der Jüdischen Kultusverwaltung (JKV).
Datum der Vermögenserklärung: 5.12.1942, Sammellager Große Hamburger Str. 26; Deportation am 9.12.1942 nach Auschwitz; dort sechs Tage nach der Ankunft ermordet.
Br.B. 32; Liste d. nichtzugel. RA, 25.4.33; *li; LAB, Liste 15.10.33; Liste 36; BArch, R 3001 PAK; MRRAK; NY Publ. Lib. (Am.Com.) Jacob, Erwin (dort als Fürsprecher genannt); BG; GB II; Naatz-Album

Liebeck, Siegfried Dr.
12.1.1885 - keine Angaben

priv.: k.A.
Kanzlei: Königin-Augusta-Str. 7, W 9
RA und Notar; nach der Machtübernahme der Nationalsozialisten 1933 wieder zugelassen; 1935 Entzug des Notariats; war noch 1936 als Anwalt tätig.
*li; LAB, Liste 15.10.33; DJ 36, S. 315; Liste 36

Liebenthal, Robert Dr., JR
24.11.1854 Memel - 6.9.1942
priv.: k.A.
Kanzlei: Martin-Luther-Str. 25
RA am KG und Notar; nach der Machtübernahme der Nationalsozialisten Berufsverbot im Frühjahr 1933.
Br.B. 32; Liste d. nichtzugel. RA, 25.4.33; BG

Liebenthal, Werner Dr.
20.1.1888 Berlin - keine Angaben
priv.: k.A.
Kanzlei: Martin-Luther-Str. 25, Schöneberg
RA (seit 1920) und Notar (seit 1926); nach der Machtübernahme der Nationalsozialisten Berufsverbot zum 6.7.1933.
JMBl. 33, S. 221; BArch, R 3001 PAK, PA

Liebenwalde, Heinrich
16.3.1890 Berlin - 29.10.1942 Riga
priv.: k.A.
Kanzlei: Münzstr. 19, C 25
RA (seit 1918) und Notar (seit 1928); nach der Machtübernahme der Nationalsozialisten Berufsverbot zum 27.5.1933. L. wurde am 26.10.1942 nach Riga deportiert und dort kurz nach der Ankunft ermordet.
Liste d. nichtzugel. RA, 25.4.33; JMBl. 33, S. 209; BArch, R 3001 PAK; BG; BdE; GB II

Lieber, Fritz Dr.
7.11.1905 Kossow/Galizien - keine Angaben
priv.: k.A.
Kanzlei: Wallnertheaterstr. 23, O 27
R. wurde am 3.3.1933 noch als RA zugelassen; umgehend wurde gegen ihn am 12.6.1933 ein Berufsverbot verhängt.
Jüd.Adr.B.; Liste nichtzugel. RA, 25.4.33; JMBl. 28.7.33, S. 234; BArch, R 3001 PAK, PA

Liebert, Kurt (Curt) Dr.
9.12.1882 - 16.6.1942
priv.: k.A.
Kanzlei: Ritterstr. 42/43, SW 68
RA und Notar; nach der Machtübernahme der Nationalsozialisten 1933 wieder zugelassen; Entzug des Notariats 1935; noch bis zum allgemeinen Berufsverbot 1938 als Anwalt tätig. Tod 1942 im Alter von 59 Jahren.
*li; LAB, Liste 15.10.33; DJ 36, S. 315; Liste 36; BArch, R 3001 PAK; MRRAK; BG

Liebes, Curt Dr.
21.3.1892 Posen - 24.12.1951
priv.: Prager Platz 6, Wilmersdorf
Kanzlei: Prager Platz 6, Wilmersdorf
RA am KG und Notar; nach der Machtübernahme der Nationalsozialisten 1933 wieder zugelassen; Emigration.
*li; LAB, Liste 15.10.33; BArch, R 3001 PAK; BG

Liebling, Karl Dr.
22.9.1873 Leipzig - keine Angaben
priv.: An der Spandauer Brücke 7, C 2
Kanzlei: An der Spandauer Brücke 4-5, C 2
RA und Notar; nach der Machtübernahme der Nationalsozialisten 1933 Entzug des Notariats, als Anwalt noch bis zum allgemeinen Berufsverbot 1938 tätig. Emigration nach Großbritannien, London, am 14.3.1939.
JMBl. 33, S. 208; *li; LAB, Liste 15.10.33; Liste 36; MRRAK; Naatz-Album; BG

Liebrecht, Hans Dr.
12.1.1899 - keine Angaben
priv.: k.A.
Kanzlei: Kurfürstendamm 185, W 15
Nach der Machtübernahme der Nationalsozialisten 1933 wieder zugelassen, war bis zum allgemeinen Berufsverbot 1938 als Anwalt tätig. Emigration.
Br.B. 32; *li; LAB, Liste 15.10.33; Liste 36; BArch, R 3001 PAK; BG: LAB, OFP-Akten

Liedtke, Ernst
25.7.1875 Christburg - 17.12.1933 Berlin
priv.: Blumeshof 13, W 35
Kanzlei: Blumeshof 13, W 35
L. hatte in Königsberg studiert; Heirat 1910; ließ sich 1914 taufen; drei Töchter. Teilnahme am WK I (geheimdienstliche Tätigkeit). Nach dem Abschluss der juristischen Ausbildung Syndikus u.a. bei Bosbau & Knauer, danach RA am KG. Nach der Machtübernahme der Nationalsozialisten 1933 Entzug des Notariats, als Anwalt wieder zugelassen, verfiel jedoch zusehends. L. starb nach Angaben seiner Frau im Dezember 1933 „an gebrochenem Herzen", weil er die Situation nicht verwinden konnte. Zu seiner Beerdigung versammelte sich eine große Trauergemeinde.
TK 33; JMBl. 33, S. 220; *li; Ausk. des Enkels, A. Liedtke sowie S. May

Liemann, Willy
14.9.1892 - keine Angaben
priv.: k.A.
Kanzlei: Westarpstr. 1, W 30
Nach der Machtübernahme der Nationalsozialisten 1933 wieder zugelassen, war noch 1936 als Anwalt tätig.
Br.B. 32; *li; LAB, Liste 15.10.33; Liste 36; BArch, R 3001 PAK

Liepmann, Kurt Dr.
21.7.1887 Oschersleben - vor dem 15.5.1942
priv.: Xantener Str. 15 a, W 15, Wilmersdorf
Kanzlei: Königstr. 22/24, C 2, (zuletzt in der Privatwohnung) Nach der Machtübernahme der Nationalsozialisten wieder zugelassen, war noch bis mindestens 1936 als Anwalt tätig. Emigration nach Belgien 1939; 1942 in Frankreich im Internierungslager Camp de la Plage in Argelés sur Mer, an der Grenze zu Spanien gelegen, inhaftiert; dort verstorben.
*li; LAB, Liste 15.10.33; Liste 36; BArch, R 3001 PAK; BG: LAB OFP-Akten

Lindemann, Hugo
30.1.1874 - 16.1.1936
priv.: k.A.
Kanzlei: Potsdamer Str. 118, W 35
RA und Notar; nach der Machtübernahme der Nationalsozialisten 1933 Entzug des Notariats, als Anwalt wieder zugelassen.
JMBl. 33, S. 220; *li; LAB, Liste 15.10.33; BG

Lindenstrauß, Erich
30.8.1899 - vor 1969
priv.: k.A.
Kanzlei: Motzstr. 14, W 30
RA und Notar; Bruder von Leo und Walter L.; RA seit 1926; nach der Machtübernahme der Nationalsozialisten Berufsverbot zum 10.6.1933, obwohl er Soldat im WK I gewesen sein soll. Er emigrierte 1933 als Erster aus seiner Familie nach Palästina und übernahm eine Tätigkeit im Havaara-Büro, um für einen möglichst weitreichenden Transfer von jüdischem Eigentum nach Palästina zu sorgen. Später wurde das Büro nach Ägypten verlagert, Erich L. kehrte 1939 nach Palästina zurück und ließ sich in Jerusalem nieder. Mittlerweile lebten auch seine vier Brüder und seine Schwester im Lande. L. ging in die Verwaltung, arbeitete nach der Gründung des Staates Israel im Staatsdienst.
Br.B. 32; Liste d. nichtzugel. RA, 25.4.1933; JMBl. 33, S. 253; BArch, R 3001 PAK, PA; Ausk. Nichte Alisa Rosen, Konf. 6/99

Lindenstrauß, Leo Dr.
8.4.1897 - vor 1967
priv.: k.A.
Kanzlei: Monbijouplatz 12, N 24
Soldat im WK I; RA und Notar, hatte sich auf Familienrecht spezialisiert; Bruder von Erich und Walter L.; nach der Machtübernahme der Nationalsozialisten 1933 wieder zugelassen; 1935 Entzug des Notariats, als Anwalt noch kurze Zeit zugelassen, emigrierte im Januar 1936 nach Palästina, ebenso wie seine Brüder Erich und Walter L. Obwohl überzeugter Zionist, hätte er Deutschland nie verlassen, wenn er nicht dazu gedrängt worden wäre. Sich auf das Leben in dem noch wenig entwickelten Palästina einzustellen, fiel L. und seiner Familie besonders schwer, weil eines der drei Kinder behindert war. Mit verschiedenen Tätigkeiten versuchte L. für den Lebensunterhalt zu sorgen, so arbeitete er u.a. für eine Reise- und Versicherungsagentur, die teilweise auch den Transport von Orangen organisierte. Nach Ausbruch des Krieges sank die Nachfrage sowohl für Reisen als auch für Orangen. Die notwendigen finanziellen Mittel für eine weitere juristische Ausbildung fehlten; er übernahm eine Stelle in der Verwaltung, arbeitete für die israelische Regierung, nachdem der Staat Israel gegründet worden war.
*li; LAB, Liste 15.10.33; DJ 36, S. 315; Liste 36; BArch, R 3001 PAK; BG; Ausk. Tochter Alisa Rosen, Konf. 6/1999

Lindenstrauß, Walter
12.3.1904 - 1977 Haifa
priv.: k.A.
Kanzlei: Große Hamburger Str. 20, N 24
RA seit 1930; Jüngster der Brüder Lindenstrauß; Berufsverbot zum 13.7.1933. Emigration im März 1939 nach Palästina. L. gelang es, sich in Palästina gut einzuleben.

Nach der Gründung des Staates Israel wurde er Direktor der Industrie-Bank in Haifa; zeitweilig übernahm er das Amt eines Stadtrats, war später Ehrenbürger. Er starb 1977, inzwischen ist eine Straße in Haifa nach ihm benannt worden.
Br.B. 32; Liste d. nichtzugel. RA, 25.4.33; JMBl. 21.8.33, S. 267; BArch, R 3001 PAK, PA; Ausk. Micha L., Sohn, 06/06

Linz, Walter Dr.
14.1.1898 - keine Angaben
priv.: k.A.
Kanzlei: Lützowstr. 83, W 35
Nach der Machtübernahme der Nationalsozialisten 1933 wieder zugelassen, war noch bis zum allgemeinen Berufsverbot 1938 als Anwalt tätig.
*li; LAB, Liste 15.10.33; Liste 36; BArch, R 3001 PAK; MRRAK

Lion, Max Dr.
8.6.1883 Dortmund - 2.12.1951 New York
priv.: Kurfürstendamm 188, W 15
Kanzlei: Kurfürstendamm 188/189, W 15
Studierte Rechtswissenschaften, Philosophie und Musik in Genf, Lausanne, München und Berlin; 1901 Promotion Dr. jur.; RA (seit 1911, zuletzt am LG I-III und AG Berlin-Mitte) und Notar (seit 1924) in Berlin; 1920-1933 Dozent für Steuer- und Finanzrecht an der Handelshochschule Berlin; 1927-1933 Herausgeber der Vierteljahresschrift für Steuer- und Finanzrecht. Nach der Machtübernahme der Nationalsozialisten 1933 als Entzug des Notariats und der Lehrberechtigung, als Anwalt wieder zugelassen. 1935 Emigration in die Niederlande, Amsterdam; 1937 in die USA, New York; starb 1951 in New York.
TK 33; JMBl. 33, S. 220; *li; LAB, Liste 15.10.33; BArch, R 3001 PAK; Philo-Lexikon, S. 604; BG; BHdE Bd.2,2, S. 734; Göpp., S. 299; Walk, S. 238

Lion, Paul Dr.
8.2.1895 Bonn - 3.7.1942 Auschwitz
priv.: k.A.
Kanzlei: Friedrichstr. 175, W 8
RA seit 1925; nach der Machtübernahme der Nationalsozialisten Berufsverbot zum 13.6.1933. L. war evangelisch; zog später wieder in seine Geburtsstadt Bonn; am 22.6.1942 nach Auschwitz deportiert und dort ermordet.
Br.B. 32; Liste d. nichtzugel. RA, 25.4.33; JMBl. 33, S. 253; BArch, R 3001 PAK, PA; GB II

Lipmann-Wulf, Fritz, JR
4.2.1871 Berlin - Juni 1941 Berlin
priv.: Keithstr. 12 bzw. 25, Tiergarten
Kanzlei: Kronenstr. 8/9, W 8
RA am LG I-III, AG Berlin-Mitte und Notar; war evangelischer Religion; nach der Machtübernahme der Nationalsozialisten 1933 Entzug des Notariats; noch bis zum allgemeinen Berufsverbot 1938 als Anwalt tätig. Beging im Juni 1941 Suizid in Berlin.
TK 33; JMBl. 33, S. 208; *li; LAB, Liste 15.10.33; Liste 36; MRRAK; BG; g; GB II; BHdE, Bd. 2,2, S. 734 (Peter Lipman-Wulf)

Lippmann, Carl (Karl) Dr.
3.6.1892 Berlin - keine Angaben
priv.: Kurfürstendamm 196
Kanzlei: Kurfürstendamm 233, W 50
RA und Notar; nach der Machtübernahme der Nationalsozialisten 1933 wieder zugelassen; 1935 Entzug des Notariats; war noch bis Ende 1935 als Anwalt zugelassen. Emigration 1935. Gegen ihn wurde ein Steuersteckbrief erlassen.
*li; LAB, Liste 15.10.33; DJ 36, S. 315; Liste 36; BArch, R 3001 PAK; BG; Wolf, BFS

Lipschitz, Alfred (Aron)
2.10.1884 Flatow - keine Angaben
priv.: Wielandstr. 38, Charlottenburg
Kanzlei: Behrenstr. 30, W 8
RA und Notar; nach der Machtübernahme der Nationalsozialisten 1933 Entzug des Notariats; war noch bis zum allgemeinen Berufsverbot 1938 als Anwalt tätig. Emigration in die Niederlande, Amsterdam, am 27.5.1939.
JMBl. 33, S. 208; *li; Liste 36; BArch, R 3001 PAK; MRRAK; BG

Lipschitz, Hans Dr.
22.1.1893 - keine Angaben
priv.: k.A.
Kanzlei: Mommsenstr. 31, Charlottenburg 4
RA am KG; nach der Machtübernahme der Nationalsozialisten wieder zugelassen, noch 1936 als Anwalt tätig.
*li; LAB, Liste 15.10.33; Liste 36; BArch, R 3001 PAK

Lissauer, Fritz Dr.
20.10.1874 Berlin - 7.3.1937 Berlin
priv.: k.A.
Kanzlei: Berliner Str. 4, Wilmersdorf
L. war neben seiner anwaltlichen Tätigkeit auch Komponist von Liedern und Opern. Nach der Machtübernahme der Nationalsozialisten 1933 Entzug des Notariats; gehörte wahrscheinlich der Jüdischen Reformgemeinde zu Berlin an; arbeitete bis zu seinem Tod im März 1937 als Anwalt.
JMBl. 33, S. 208; *li; LAB, Liste 15.10.33; Liste 36; Walk, S. 240; SLW, Freiheit und Bindung, S. 299

Lißner, Jakob, JR
1.12.1869 Wronke - Deportation 1943
priv.: Pfalzburger Str. 24, W 15, Wilmersdorf
Kanzlei: Neue Königstr. 70
RA und Notar; nach der Machtübernahme der Nationalsozialisten 1933 Entzug des Notariats; war noch bis zum allgemeinen Berufsverbot 1938 als Anwalt tätig. Deportation am 17.3.1943 nach Theresienstadt; von dort am 18.5.1944 nach Auschwitz verschleppt.
JMBl. 33, S. 208; *li; LAB, Liste 15.10.33; Liste 36; MRRAK; BG; GB II (Jacob L.)

Littauer, Alfred
17.3.1890 Berlin - Deportation 1942
priv.: k.A.
Kanzlei: Greifswalder Str. 46
RA und Notar; nach der Machtübernahme der Nationalsozialisten Berufsverbot als Anwalt und Notar im Frühjahr 1933. Emigration nach Frankreich. Von Drancy am 10.8.1942 nach Auschwitz deportiert.
Br.B. 32; JMBl. 33, S. 266; Pr.J. 33, S. 391; BArch, R 3001 PAK; BG; GB II

Litten, Hans Joachim Dr.
19.6.1903 Halle a.d. Saale - 4.2.1938 Dachau
priv.: k.A.
Kanzlei: Königstr. 20/21
L. war seit 1928 Anwalt in Berlin;

Bekannt wurde er mit seinen Verteidigungen von kommunistischen Arbeitern, die sich mit Nationalsozialisten Schlägereien geliefert hatten (u.a. Felseneck-Prozess). Im Eden-Palast-Prozess 1931 vernahm L. als Zeugen Adolf Hitler; durch seine geschickte Fragestrategie erschien Hitler äußerst kläglich. Daraus resultierte

eine tiefe Feindschaft Hitlers gegen L.
L., Sohn einer christlichen Mutter und eines jüdischen Vaters und ebenfalls Protestant, verstand sich als Streiter für Gerechtigkeit. Eher ein Einzelgänger und Schöngeist, wurde er durch seinen unermüdlichen Einsatz für Arbeiter, Kommunisten, teilweise auch im Rechtsschutzauftrag der Roten Hilfe, als Vertreter der „linken Anwaltschaft" angesehen. Nach dem Reichstagsbrand 1933 wurde L. festgenommen und in mehrere Konzentrationslager verschleppt. Während seiner Haft verhängten die Justizbehörden ein Berufsverbot gegen ihn. Seine Mutter bemühte sich vergeblich, auch auf den höchsten Ebenen, um eine Freilassung. L. wurde in der Haft immer wieder brutal gefoltert. Dennoch arbeitete er – bis zu seinem Tod – an einer Übersetzung des „Heliand", eines ca. 830 entstandenen altsächsischen Epos, das in Stabreimversen die Lebensgeschichte Christi darstellt. 1938 nahm sich Litten im Alter von 34 Jahren im KZ Dachau das Leben.
Liste nichtzugel. RA, 25.4.33; JMBl. 33, S. 203; BArch, R 3001 PAK; BG; g; GB II; Aufbau (NY), 01.08.47; BHdE Bd. 2,2, S. 737 (Fritz Julius Litten); Litten, Irmgard: Eine Mutter kämpft. Rudolstadt 1947; Krach, S. 434; Schneider, Schwarz, Schwarz, S.197-202; Ausst. AoR, 2004; Ausk. RA Abesser

Littmann, Ernst
14.4.1904 - keine Angaben
priv.: Berliner Str. 143, Charlottenburg
Kanzlei: Belle-Alliance-Str. 106, SW 61
RA und Notar; nach der Machtübernahme der Nationalsozialisten 1933 Entzug des Notariats; Zulassung als Anwalt am 6.8.1935 gelöscht. Emigration nach Dänemark, Kopenhagen.
JMBl. 33, S. 266; *li; LAB, Liste 15.10.33; BArch, R 3001 PAK; BG

Littmann, Herbert
2.5.1903 Berlin - keine Angaben
priv.: k.A.
Kanzlei: Helmstedter Str. 5, Wilmersdorf
Nach der Machtübernahme der Nationalsozialisten Berufsverbot zum 10.6.1933. Emigration nach Palästina im Oktober 1935.
Liste d. nichtzugel. RA, 25.4.33; JMBl. 7.7.33, S. 209; BArch, R 3001 PAK, PA; BG

Löb, Abraham Dr.
20.4.1884 - 3.11.1937
priv.: Güntzelstr. 3, Wilmersdorf
Kanzlei: Güntzelstr. 3, Wilmersdorf
RA und Notar; nach der Machtübernahme der Nationalsozialisten 1933 Entzug des Notariats; als Anwalt noch 1936 tätig; 1937 im Alter von 53 Jahren gestorben; in Weißensee beigesetzt.
JMBl. 33, S. 208; *li; LAB, Liste 15.10.33; Liste 36 (Lön); BArch, R 3001 PAK; BG; Friedh.W. Sterbereg.

Löb, Alexander, JR
11.2.1868 Elberfeld - keine Angaben
priv.: Prager Str. 23, W 50
Kanzlei: Prager Str. 23, W 50
Nach der Machtübernahme der Nationalsozialisten wieder zugelassen, war noch bis zum allgemeinen Berufsverbot 1938 als Anwalt tätig. Emigration über Belgien nach Argentinien, Buenos Aires, am 24.1.1939.
*li; LAB, Liste 15.10.33; Liste 36; MRRAK; BG; LAB, OFP-Akten

Loebinger, Günther Dr.
17.11.1899 Schlesiengrube - 1.11.1944 Auschwitz
priv.: Brandenburgische Str. 38, W 15, Wilmersdorf
Kanzlei: Friedrichstr. 182, W 8
RA am KG; nach der Machtübernahme der Nationalsozialisten wieder zugelassen, war bis zum allgemeinen Berufsverbot 1938 als Anwalt tätig, danach noch als „Konsulent". Datum der Vermögenserklärung: 18.6.1943; Sammellager Große Hamburger Str. 26; Deportation am 1.7.1943 nach Theresienstadt; von dort aus am 28.10.1944 nach Auschwitz verschleppt, wo er kurz nach der Ankunft ermordet wurde.
Br.B. 32; *li; LAB, Liste 15.10.33; Liste 36; MRRAK; BG; GB II

Loebinger, Rudolf Dr.
29.1.1901 Berlin - keine Angaben
priv.: k.A.
Kanzlei: Unter den Linden 39, NW 7
RA am KG; nach der Machtübernahme der Nationalsozialisten Berufsverbot zum 10.6.1933.
Br.B. 32; Liste d. nichtzugel. RA, 25.4.33; JMBl. 33, S. 209; BArch, R 3001 PAK, PA

Loeser, Erich Dr.
12.1.1908 Berlin - keine Angaben
priv.: k.A.
Kanzlei: Konstanzer Str. 64, W 15
Nach der Machtübernahme der Nationalsozialisten Berufsverbot zum 12.6.1933.
Liste d. nichtzugel. RA, 25.4.33; JMBl. 33, S. 267; BArch, R 3001 PAK, PA

Loevy, Fritz Dr.
26.12.1895 - keine Angaben
priv.: Köpenicker Str. 32, SO 16
Kanzlei: Köpenicker Str. 32, SO 16
RA und Notar; nach der Machtübernahme der Nationalsozialisten kurzzeitig Vertretungsverbot, ab Ende April wieder in Prozessen zugelassen, aber Entzug des Notariats; als Anwalt bis zum allgemeinen Berufsverbot 1938 tätig. Emigration nach Großbritannien, Edgeware (nach Angaben der Polizei im Jahre 1939 geflüchtet), später nach Brasilien.
Br.B. 32; Liste d. nichtzugel. RA, 25.4.33 (Nachtragsliste); *li; LAB, Liste 15.10.33; BArch, R 3001 PAK; DJ 36, S. 315; MRRAK; BG

Loewe, Adolf, JR
25.4.1860 - 1.3.1937 Berlin
priv.: Am Friedrichshain 34, Prenzlauer Berg
Kanzlei: Am Friedrichshain 34, Prenzlauer Berg
RA und Notar; nach der Machtübernahme der Nationalsozialisten 1933 Entzug des Notariats, war noch 1936 als Anwalt tätig; starb 1937 kurz vor seinem 67. Geburtstag; er wurde in Weißensee beigesetzt.
JMBl. 33, S. 220; *li; LAB, Liste 15.10.33; Liste 36; BG

Loewe, Alfons, JR
30.12.1868 Rogasen - 28.12.1938
priv.: Fürstenweg 1, Spandau
Kanzlei: Potsdamer Str. 40, Spandau
RA und Notar; nach der Machtübernahme der Nationalsozialisten 1933 Entzug des Notariats, als Anwalt noch bis zum allgemeinen Berufsverbot 1938 zugelassen; ab Anfang 1937 in der übernommenen Praxis eines ausgewanderten Kollegen tätig, die er aber Ende des Jahres wegen ausbleibender Mandate wieder aufgeben musste. Die Ehefrau Katharine galt als nicht-jüdisch. L. beging Ende 1938 Suizid. Seit Februar 1999 ist nach L. in Spandau, Ortsteil Staaken, eine Straße benannt.
JMBl. 33, S. 208; *li; LAB, Liste 15.10.33; Liste 36; MRRAK; BG; GB II; Ausk. Flechtmann

Loewe, Arthur
27.12.1886 Berlin - 12.4.1942 Litzmannstadt/Lodz
priv.: Schillerstr. 15, Charlottenburg
Kanzlei: Marburger Str. 17, W 50
RA und Notar; nach der Machtübernahme der Nationalsozialisten wieder zugelassen; Entzug des Notariats 1935, als Anwalt bis zum allgemeinen Berufsverbot 1938 tätig. Musste Zwangsarbeit leisten, wurde dabei als

Arbeiter eingesetzt; Deportation am 27./29.10.1941 nach Litzmannstadt/Lodz; dort im April 1942 umgekommen.
*li; LAB, Liste 15.10.33; DJ 36, S. 315; Liste 36; BArch, R 3001 PAK; MRRAK; Naatz-Album; BG; GB II

Loewe, Edith, geb. Schless
30.7.1903 Leipzig
priv.: Helmstedter Str. 26, Wilmersdorf
Kanzlei: Stresemannstr. 12, SW 11
Nach der Machtübernahme der Nationalsozialisten Berufsverbot im Frühjahr 1933. Emigration nach Frankreich, Neuilly, am 1.11.1933. Edith L. war die Ehefrau von Erich L., beide überlebten das NS-Regime; Edith L. lebte 2000 in Paris.
Liste d. nichtzugel. RA, 25.4.33; BArch, R 3001 PAK; BG; Ausk. RA Lang, 2000

Loewe, Erich Dr.
23.9.1889 Breslau - keine Angaben
priv.: Helmstedter Str. 26, Wilmersdorf
Kanzlei: Stresemannstr. 12, SW 11
RA und Notar; Berufsverbot im Frühjahr 1933. Emigration nach Frankreich, Neuilly, am 1.11.1933. Erich L. war der Ehemann von Edith L., beide überlebten.
Br.B. 32; Liste d. nichtzugel. RA, 25.4.33; JMBl. 33, S. 220/1; BArch, R 3001 PAK; BG

Loewe, Ernst Dr.
19.12.1878 Berlin - keine Angaben
priv.: Nassauische Str. 64, Wilmersdorf
Kanzlei: Kronenstr. 4/5, W 8
RA und Notar in Sozietät mit > Hans Carl Ladewig und > Max Lichtwitz; nach der Machtübernahme der Nationalsozialisten 1933 wieder zugelassen; Entzug des Notariats 1935; noch bis zum allgemeinen Berufsverbot 1938 als Anwalt tätig; lebte 1939 noch in Berlin. Emigration nach Argentinien.
*li; LAB, Liste 15.10.33; DJ 36, S. 315; Liste 36; MRRAK; BG: LAB, OFP-Akten, Akte L., Dorothea; VZ 39

Loewe, Fritz
3.12.1873 Loslau - 7.3.1941
priv.: k.A.
Kanzlei: Französische Str. 28, W 8
RA und Notar; nach der Machtübernahme der Nationalsozialisten 1933 Entzug des Notariats, als Anwalt bis zum Berufsverbot 1938 tätig, in einer Sozietät mit Martin L. Fritz L. starb 1941 im Alter von 78 Jahren. Er wurde in Weißensee beigesetzt.
JMBl. 33, S. 220; *li; LAB, Liste 15.10.33; Liste 36; MRRAK; BG

Loewe, Josef Dr.
20.9.1878 Berlin - keine Angaben
priv.: Friedrichstr. 42, SW 68
Kanzlei: Friedrichstr. 41/42, SW 68 
RA und Notar; nach der Machtübernahme der Nationalsozialisten 1933 Entzug des Notariats, Zulassung als Anwalt wurde gelöscht am 7.5.1938. L. galt als „Mischling".
BR.B. 32, JMBl. 33, S. 208; *li; LAB, Liste Mschl. 36; Naatz-Album; BG

Loewe, Martin Dr.
31.1.1881 - 11.8.1938 Berlin
priv.: Meinekestr. 16-17, Wilmersdorf
Kanzlei: Französische Str. 28, W 8
Arbeitete in einer Sozietät mit Fritz L.; nach der Machtübernahme der Nationalsozialisten 1933 Entzug des Notariats, als Anwalt noch 1936, wahrscheinlich bis zu seinem Tod im August 1938 als Anwalt tätig.
*li; LAB, Liste 15.10.33; Liste 36; BG

Loewe, Walter
1.10.1903 Berlin - keine Angaben
priv.: Lichtensteinallee 2 a, W 35
Kanzlei: Krausenstr. 15, W 8

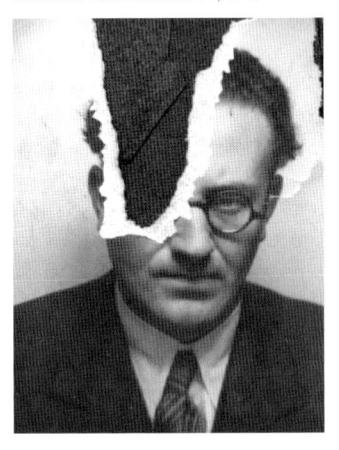

RA seit 1929; stand der DVP nahe; nach der Machtübernahme der Nationalsozialisten Berufsverbot zum 26.5.1933.
Br.B. 32; Liste d. nichtzugel. RA., 25.4.33; JMBl. 33, S. 220; BArch, R 3001 PAK, PA; Naatz-Album

Loewenberg, Albert, JR
keine Angaben
priv.: k.A.
Kanzlei: k.A.
RA und Notar; nach der Machtübernahme der Nationalsozialisten 1933 Entzug des Notariats; im Oktober 1933 nicht im Berliner Verzeichnis der Anwälte aufgeführt ist, vermutlich Aufgabe der Kanzlei.
JMBl. 33, S. 208

Loewenberg, Fritz Dr.
13.7.1898 Bromberg - keine Angaben
priv.: Nestorstr. 3, Wilmersdorf
Kanzlei: Taubenstr. 21, W 8
Nach der Machtübernahme der Nationalsozialisten 1933 wieder zugelassen; war noch 1936 als Anwalt tätig. Emigration nach Argentinien, Buenos Aires, am 4.7.1938.
*li; LAB, Liste 15.10.33; Liste 36; BArch, R 3001 PAK; BG

Loewenberg, Georg
28.7.1891 - keine Angaben
priv.: Helmstedter Str. 30, Wilmersdorf
Kanzlei: Mohrenstr. 48, W 8
RA und Notar; nach der Machtübernahme der Nationalsozialisten Berufsverbot im Frühjahr 1933. Emigration nach Palästina im Oktober 1933.
Br.B. 32; Liste d. nichtzugel. RA., 25.4.33; JMBl. 33, S. 221; BG

Loewenberg, Hermann Dr.
4.9.1903 - keine Angaben
priv.: k.A.
Kanzlei: Steglitzer Str. 27
Nach der Machtübernahme der Nationalsozialisten Berufsverbot im Frühjahr 1933. Emigration nach Portland, Oregon/USA.
Br.B. 32; Liste d. nichtzugel. RA, 25.4.33; JMBl. 33, S. 220; BArch, R 3001 PAK; BG

Loewenberg, Julius, JR
9.10.1870 Straßburg/ Westpr. - 1934
priv.: Podbielskiallee 8, Zehlendorf
Kanzlei: Habsburger Str. 12, W 30
L. trat 1919 aus der Jüdischen Gemeinde aus; nach der Machtübernahme der Nationalsozialisten 1933 Entzug des Notariats, als Anwalt wieder zugelassen, im gleichen Jahr Emigration in die Tschechoslowakei, Karlsbad; 1934 verstorben.
Br.B. 32; JMBl. 33, S. 208; *li; LAB, Liste 15.10.33; BG; Wolf, BFS

Loewenberg, Kurt
14.4.1907 - keine Angaben
priv.: k.A.
Kanzlei: Steglitzer Str. 27, W 35
Nach der Machtübernahme der Nationalsozialisten Berufsverbot zum 9.6.1933. Emigration im August 1933 nach Palästina.
Liste d. nichtzugel. RA, 25.4.33; JMBl. 33, S. 234; BArch, R 3001 PAK, PA; BG

Loewenfeld, Erwin Dr.
18.6.1888 Berlin - keine Angaben
priv.: An der Heerstr. 88, Charlottenburg
Kanzlei: Rathenower Str. 78, NW 21
RA und Notar; war mit Heinrich Freund und Udo Rukser Gründer und Herausgeber der Zeitschrift „Ostrecht"; nach der Machtübernahme der Nationalsozialisten 1933 wieder zugelassen; Entzug des Notariats 1935, bis zum allgemeinen Berufsverbot 1938 als Anwalt tätig. Emigration gemeinsam mit seinem Bruder Günther L. nach Großbritannien, London, am 10.3.1939; arbeitete dort als Jurist; wurde Anwalt am Supreme Court und Mitglied der juristischen Fakultät Cambridge (1960).
*li; LAB, Liste 15.10.33; DJ 36, S. 315; Liste 36; BG: LAB, OFP-Akten; Osteuropa-Recht, Sonderdr. 1/1960, S. 3

Loewenfeld, Günther Dr.
10.10.1885 - keine Angaben
priv.: k.A.
Kanzlei: Rathenower Str. 78, NW 21
RA und Notar; nach der Machtübernahme der Nationalsozialisten 1933 wieder zugelassen; Entzug des Notariats 1935; war bis zum allgemeinen Berufsverbot 1938 als Anwalt tätig., Emigration 1939 gemeinsam mit seinem Bruder Erwin L. nach Großbritannien.
*li; LAB, Liste 15.10.33; DJ 36, S. 315; Liste 36

Loewenstein, Arthur
30.12.1886 Lessen - Deportation 1942
priv.: Lessingstr. 7, Tiergarten
Kanzlei: Neue Schönhauser Str. 10, N 54
RA und Notar; nach der Machtübernahme der Nationalsozialisten 1933 wieder zugelassen; Entzug des Notariats bis spätestens Ende 1935; noch bis zum allgemeinen Berufsverbot 1938 als Anwalt tätig. Datum der Vermögenserklärung: 19.7.1942; Sammellager Große Hamburger Str. 26; Deportation am 23.7.1942 nach Theresienstadt; von dort am 1.10.1944 nach Auschwitz verschleppt.
*li; LAB, Liste 15.10.33; Liste 36; BArch, R 3001 PAK; MRRAK; BG; GB II

Loewenstein, Emil Dr.
30.10.1878 - 6.5.1933
priv.: Wilmersdorfer Str. 93, Charlottenburg
Kanzlei: Königstr. 22-24
L. starb im Mai 1933 im Alter von 54 Jahren, er wurde in Weißensee beigesetzt.
Br.B. 32; JMBl. 9.6.33, S. 28; Naatz-Album; BG

Loewenstein, Georg Dr.
8.2.1887 Lessen - Oktober 1941 Litzmannstadt/Lodz
priv.: k.A.
Kanzlei: An der Spandauer Brücke 4/5
RA und Notar; nach der Machtübernahme der Nationalsozialisten Berufsverbot im Frühjahr 1933. Am 18.10.1941 nach Litzmannstadt/Lodz deportiert; dort im Oktober 1941 umgekommen.
Br.B. 32; Liste d. nichtzugel. RA, 25.4.33; JMBl. 33, S. 209; BArch, R 3001 PAK; BG; GB II

Löwenstein, Otto
10.11.1883 Woldenburg - keine Angaben
priv.: Gasteinerstr. 8, Wilmersdorf
Kanzlei: Schönhauser Allee 108, N 113
RA und Notar; nach der Machtübernahme der Nationalsozialisten 1933 wieder zugelassen; Entzug des Notariats 1935; bis zum allgemeinen Berufsverbot 1938 als Anwalt tätig. Emigration nach Großbritannien, London, am 12.5.1939.
*li; LAB, Liste 15.10.33; DJ 36, S. 315; Liste 36; BG

Löwenstein, Siegfried Dr., JR
8.9.1867 Emmerich - keine Angaben
priv.: Siegmundshof 9, NW 87
Kanzlei: Siegmundshof 1, NW 87
RA und Notar; nach der Machtübernahme der Nationalsozialisten 1933 Entzug des Notariats; L. beantragte noch seine Wiederzulassung als Anwalt, was er auch erreichte; noch im Anwaltsverzeichnis vom Oktober 1933 aufgeführt. Emigration zur gleichen Zeit, im September 1933, in die USA.
*li; LAB, Liste 15.10.33; BG

Löwenthal, Fritz Dr.
15.9.1888 München - 28.8.1956 Valdorf, Westfalen
priv.: k.A.
Kanzlei: Lützowplatz 14, W 62
Studium der Rechts- und Staatswissenschaften in Berlin und München; 1914 Gerichtsassessor; 1918 Ratsassessor und Syndikus eines Handelsgremiums in Bamberg; ließ sich im gleichen Jahr als Anwalt in Nürnberg nieder; 1922 Syndikus in Stuttgart; ab 1927 Rechtsanwalt in Berlin. 1928 wurde er Mitglied der KPD und gleichfalls Mitglied der Internationalen Juristischen Vereinigung; war als Anwalt im Rechtsschutzauftrag der Roten Hilfe tätig; 1930-1932 Reichstagsabgeordneter der KPD; 1930-1931 Redakteur der Revue der Internationalen Juristischen Vereinigung (Erscheinen 1931 eingestellt).
Nach der Machtübernahme der Nationalsozialisten meldete im Mai 1933 der Vorstand der RAK an das Preußische Justizministerium, dass L. Verteidiger im Felseneck-Prozess sowie in anderen Strafverfahren Vertreter der Roten Hilfe gewesen und nicht-arisch sei. Wenig später wurde L. mit Berufsverbot belegt. Umgehende Emigration über Frankreich in die UdSSR. Nach Kriegsende Rückkehr nach Deutschland, 1946 wurde L. Leiter der Abt. Justizaufsicht der Zentralverwaltung für die Justiz in der SBZ, obwohl er zu Ulbricht im Moskauer Exil eine deutliche Distanz aufgebaut hatte. Die Verhältnisse in den sowjetisch besetzten Zonen entsprachen nicht L.s Verständnis eines sozialistischen Rechtsstaates. Seine kritische Haltung brachte

er in dem Buch „Der neue Geist von Potsdam" zum Ausdruck. Im Mai 1947 ging er nach Westdeutschland, wurde dort Mitglied der SPD. Der Vertrieb seines Buches wurde von der britischen Besatzungszone unterbunden, die näheren Umstände sind nicht bekannt. L. wurde Mitglied des Parlamentarischen Rates. Im Mai 1949 wurde er nach öffentlichen Angriffen aus der SPD-Fraktion ausgeschlossen. Er starb 1956 im Alter von 66 Jahren in Westfalen.
Veröffentl.: Der Neue Geist von Potsdam, Hamburg 1948
GHStA, Rep. 84a, Nr. 20363; Liste d. nichtzugel. RA, 25.4.33 (Nachtrag); BG; BArch, R 3001, PAK; BHdE Bd. 1, S. 457/58; Schneider, Schwarz, Schwarz, S. 205/06; Ausk. Flechtmann, 7/00

Löwenthal, Georg Dr.
22.4.1898 Brandenburg - keine Angaben
priv.: k.A.
Kanzlei: Stresemannstr. 163, SW 11
Nach der Machtübernahme der Nationalsozialisten Berufsverbot im Frühjahr 1933.
Liste d. nichtzugel. RA, 25.4.33 (Nachtrag); JMBl. 33, S. 209 (Loewenthal); BArch, R 3001 PAK

Loewenthal, Max Dr.
28.1.1880 Berlin - keine Angaben
priv.: Bayreuther Str. 42, W 62
Kanzlei: Bayreuther Str. 42, W 62
RA und Notar; nach der Machtübernahme der Nationalsozialisten 1933 wieder zugelassen; Entzug des Notariats 1935; noch 1936 als Anwalt tätig. Emigration nach Großbritannien, London.
*li; LAB, Liste 15.10.33; DJ 36, S. 315; Liste 36; BG

Loewenthal-Landeck, Carl Dr.
keine Angaben
priv.: k.A.
Kanzlei: Bülowstr. 100, W 57
RA und Notar; nach der Machtübernahme der Nationalsozia-

listen Berufsverbot 1933.
Br.B. 32; Liste d. nichtzugel. RA, 25.4.33; JMBl. 21.8.33, S.267

Löwy, Adolf Dr.
keine Angaben
priv.: k.A.
Kanzlei: Zimmerstr. 92/93, SW 68
RA und Notar; nach der Machtübernahme der Nationalsozialisten 1933 Entzug des Notariats, war noch bis zum allgemeinen Berufsverbot 1938 als Anwalt tätig.
JMBl. 33, S. 208; *li; LAB, Liste 15.10.33; Liste 36; MRRAK

Loewy, James Dr.
13.5.1873 Moschin - 19.1.1943 Theresienstadt
priv.: Nordweg 64, Oranienburg-Eden
Kanzlei: Luitpoldstr. 30, W 30
RA und Notar; nach der Machtübernahme der Nationalsozialisten 1933 wieder zugelassen; Entzug des Notariats 1935; war noch 1936 als Anwalt tätig. Zuletzt in Radinkendorf bei Beeskow, südöstlich von Berlin, wohnhaft; Deportation von Berlin nach Theresienstadt am 28.10.1942, dort drei Monate später umgekommen.
*li; LAB, Liste 15.10.33; DJ 36, S. 315; Liste 36; BG; ThG; GB II

Loewy, Käthe Dr.
7.2.1905 Schlesien - Juli 1994 Hamburg
priv.: k.A.
Kanzlei: Berchtesgadener Str. 5, W 30
L. wuchs in Berlin auf, studierte in Berlin, Bonn und Freiburg; wurde im März 1933 noch als Anwältin zugelassen; wenig später wurde sie im Frühjahr mit Berufsverbot belegt. Sie hing romantisch-schwärmerisch zionistischen Idealen an; 1938 Emigration nach Palästina; Heirat mit RA Fritz Manasse, der 1935 nach Südafrika emigriert war und seiner Frau jetzt nach Palästina folgte; dort leitete sie das Selbsthilfewerk

ehemaliger Deutscher „Hillachut olej germania", arbeitete in einer Frauenorganisation zum Schutz orientalischer Juden u.a.m. 1949 Rückkehr des Paares nach Deutschland; in Hamburg wurde sie zur Richterin ernannt. M. (früher Loewy) war aktiv in der Gesellschaft für Christlich-jüdische Zusammenarbeit, sie suchte immer die Verständigung; preußische Tugenden, ein ausgeprägter Gerechtigkeitssinn und handfester Humor begleiteten sie ein Leben lang. Ihr Mann war bis ins hohe Alter als Anwalt tätig.
Liste d. nichtzugel. RA, 25.4.33; JMBl. 33, S. 220; BArch, R 3001 PAK; Ausk. Witwer, HH; Vorstand der Ges. für christlich-jüdische Zusammenabeit in Hamburg: Annäherungen. 50 Jahre christlich-jüdische Zusammenarbeit in Hamburg, Hamburg 2002

Loewy, Siegbert, JR
27.5.1876 Berlin - 8.8.1942
priv.: Mommsenstr. 7, Charlottenburg
Kanzlei: Friedrichstr. 106, N 24
RA (seit 1903) und Notar (seit 1919); Mitglied der SPD; 1921 wählte ihn die Stadtverordnetenversammlung zum stellvertretenden Mitglied im Preußischen Staatsrat; Ende der 1920er Jahre als Notar beim Abschluss von

Grundstücksgeschäften eingesetzt, daneben auch Schlichter in Enteignungsverfahren. Nach der Machtübernahme der Nationalsozialisten 1933 noch als Stadtverordneter gewählt. Im gleichen Jahr Entzug des Notariats, als Anwalt wieder zugelassen. Wurde von NS-Staatskommissar Lippert bedrängt, Zahlungen an die Stadt zu leisten; Verhaftung. L. floh mit seiner Frau und drei Kindern, es wurde nach dem Paar gefahndet. Emigration 1936 nach Italien. Die Deutsche Anwalts- und Notarversicherung meldete an den Oberfinanzpräsidenten, das L. 1942 im Ausland gestorben sei.
*li; LAB, Liste 15.10.33; Pr.J. 33, S. 466; Liste 36; BG; Verfolgte Stadtverordn.u.Mag.mitgl., S. 277; Wolf, BFS

Lomnitz, Arthur
27.8.1876 Berlin - 23.5.1941 Berlin
priv.: Gervinusstr. 20, Charlottenburg
Kanzlei: Alexanderstr. 56, O 27
RA und Notar; nach der Machtübernahme der Nationalsozialisten 1933 Entzug des Notariats; noch 1936 als Anwalt tätig. Im Mai 1941 im Jüdischen Krankenhaus Berlin im Alter von 64 Jahren gestorben.
JMBl. 33, S. 208; *li; LAB, Liste 15.10.33; Liste 36; BG

Looser, Günther
11.4 1904 - Juli 1984
priv.: k.A.
Kanzlei: Konstanzer Str. 64, W 15
Nach der Machtübernahme der Nationalsozialisten Berufsverbot im Frühjahr 1933. Emigration in die USA, lebte zuletzt in Los Angeles.
Liste d. nichtzugel. RA, 25.4.33; JMBl. 21.8.33, S. 267; BArch, R 3001 PAK; SSDI

Lorch, Herbert Dr.
20.1.1902 - keine Angaben
priv.: k.A.
Kanzlei: Motzstr. 51, Wilmersdorf
Nach der Machtübernahme der

Nationalsozialisten Berufsverbot im Frühjahr 1933. Emigration nach Großbritannien im November 1933.
Liste d. nichtzugel. RA, 25.4.33; JMBl. 33, S. 220; BArch, R 3001 PAK; BG

Löwenfeld, Otto
25.10.1898 - keine Angaben
priv.: k.A.
Kanzlei: Passauer Str. 36, W 50
Nach der Machtübernahme der Nationalsozialisten Berufsverbot im Frühjahr 1933.
Liste d. nichtzugel. RA, 25.4.33; JMBl. 21.8.33; S. 267; BArch, R 3001 PAK

Lubinski, Georg Dr.
22.3.1902 Berlin - 1.1.1974 Jerusalem
priv.: Niebuhrstr. 11a, Charlottenburg
Kanzlei: k.A.
Jurastudium in Berlin und Frankfurt a. M.; 1927 Promotion; Niederlassung als RA in Berlin, zuletzt mit Zulassung am LG I-III und AG Berlin-Mitte; war neben seiner anwaltlichen Tätigkeit Leiter der zionistischen Jugendbewegung in Deutschland und Generalsekretär des Reichsausschusses der jüdischen Jugendverbände. Nach der Machtübernahme der Nationalsozialisten Berufsverbot im Frühjahr 1933; 1933-38 Leiter der Abteilung für Berufsausbildung der Reichsvertretung, damit auch für die Auswandererhilfe zuständig; Mitglied u.a. von Hechaluz u. Poale Zion; 1938 Emigration nach Palästina, nannte sich nun Giora Lotan; in Wohlfahrtsorganisationen tätig; nach der Gründung des Staates Israel sozialpolitisch engagiert, 1959-60 Minister für Sozialhilfe und 1969 Minister für Arbeit; starb 1974 in Jerusalem.
TK 33; Liste d. nichtzugel. RA, 25.4.33; JMBl. 33, S. 220; BArch, R 3001 PAK; BG; BHdE, Bd. 1, S. 461; Walk, S. 248

Lublinsky, Eugen
10.12.1882 - 10.10.1934
priv.: Grolmanstr. 36, Charlottenburg
Kanzlei: Grolmanstr. 36, Charlottenburg
RA und Notar; nach der Machtübernahme der Nationalsozialisten 1933 Entzug des Notariats, als Anwalt wieder zugelassen. L. starb 1934 im Alter von 51 Jahren, in Weißensee beigesetzt.
JMBl. 33, S. 208; *li; LAB, Liste 15.10.33; BG

Lubszynski, Julius Dr., JR
4.11.1869 Posen - 24.10.1939
priv.: Admiral-von-Schröder-Str. 8, W 35
Kanzlei: Königin-Augusta-Str. 23, W 35
RA und Notar; nach der Machtübernahme der Nationalsozialisten 1933 wieder zugelassen; Entzug des Notariats 1935; noch bis zum allgemeinen Berufsverbot 1938 als Anwalt tätig. Emigration in die USA, New York, wo er wenig später gestorben ist.
*li; LAB, Liste 15.10.33; DJ 36, S. 315; Liste 36; MRRAK; BG

Luft, Gerhard Dr.
28.2.1889 Leobschütz - keine Angaben
priv.: Grunewaldstr. 46, Schöneberg
Kanzlei: Forststr. 33, Steglitz
Nach der Machtübernahme der Nationalsozialisten wieder zugelassen, war noch bis zum allgemeinen Berufsverbot 1938 als Anwalt tätig (später unter der Anschrift Ritterstr. 54, SW 68); war getauft, gehörte dem Reichsverband nichtarischer Christen an.
*li; LAB, Liste 15.10.33; Liste 36; BArch, R 3001, PAK; MRRAK; BG; Mitt.bl. Reichsverband nichtarischer Christen, 6.12.1934

Lüpschütz, Alfons, Dr.
24.7.1881 Berlin - Deportation 1942
priv.: Bülowstr. 28, W 57
Kanzlei: Bülowstr. 28, W 57
RA und Notar; nach der Machtübernahme der Nationalsozialisten 1933 wieder zugelassen; Entzug des Notariats 1935; noch bis zum allgemeinen Berufsverbot 1938 als Anwalt tätig. Emigration nach Frankreich; Deportation von Drancy nach Auschwitz am 14.8.1942.
Br.B. 32; *li; LAB, Liste 15.10.33; DJ 36, S. 315; Liste 36; MRRAK; BG; GB II

Lurje, Max
18.5.1882 Stettin - Deportation 1943
priv.: Hektorstr. 12, Wilmersdorf
Kanzlei: k.A.
Nach der Machtübernahme der Nationalsozialisten Berufsverbot 1933. Deportation am 19.2.1943 nach Auschwitz.
BArch, R 3001 PAK; BG; GB II

Lustig, Max Dr.
31.7.1881 Berlin - 11.3.1971 Berlin
priv.: Ulricistr. 21, Zehlendorf
Kanzlei: Budapester Str. 33, W 62
RA (seit 1909) und Notar (seit 1919); hatte am WK I teilgenommen. Bei den Wahlen im November 1932 wählte er die DVP. L. war protestantischen Glaubens, die Ehefrau Käthe war nichtjüdischer Herkunft. Nach der Machtübernahme der Nationalsozialisten 1933 wieder zugelassen. Die Zulassungen wurden ihm, nach eigenen Angaben, 1935 durch ein Ehrengerichtsverfahren mit Hinweis auf seine „rassische Abstammung" entzogen. L. war dann noch bis 1944 als Syndikus tätig. Im gleichen Jahr wurde er zwangsweise zu Tiefbauarbeiten im Arbeitslager Jena verpflichtet. L. überlebte das NS-Regime. Im April 1947 wurde er wieder als Anwalt zugelassen, dann jedoch zum Richteramt verpflichtet. Nach der Pensionierung mit Erreichen der Altersgrenze bemühte er sich erneut um die Zulassung als RA, die ihm erteilt wurde. Bis zu seinem Tod im Alter von 89 Jahren war er als Anwalt tätig.
*li; LAB, Liste 15.10.33; BG; Verz. zugel. Anw. 45; LAB, RAK, PA

Lutz, Hans Dr.
keine Angaben
priv.: Eichenallee 66, Charlottenburg
Kanzlei: Behrenstr. 23, W 8
RA und Notar; nach der Machtübernahme der Nationalsozialisten 1933 Entzug des Notariats, war noch bis zum allgemeinen Berufsverbot 1938 als Anwalt tätig. (Er war einer der Fälle, in denen es den Nationalsozialisten 1938 nur unter Schwierigkeiten gelang, den Begriff „Jude" anzuwenden.) L. überlebte und wurde nach 1945 gleich wieder als Anwalt und Notar zugelassen.
JMBl. 33, S. 208; *li; LAB, Liste 15.10.33; Liste 36; BArch, R 3001 PAK, PA, Bl. 30; Schreiben des RMJ an KG-Präsidenten, s. BArch, R 3001/62210, Bl. 30; MRRAK; Verz. zugel. Anw. 45

M

Maass, Ernst
23.1.1887 Stettin - 10.11.1963 Berlin
priv.: Pfalzburger Str. 82, W 15
Kanzlei: Wallstr. 1, Mitte
M. hatte am WK I teilgenommen, ihm war das EK II. Kl. verliehen worden. RA (seit 1919) und Notar (seit 1928). Nach der Machtübernahme der Nationalsozialisten wieder zugelassen; 1935 Entzug des Notariats; noch bis zum allgemeinen Berufsverbot 1938 als Anwalt tätig. 1942 wurde er inhaftiert und der Spionage beschuldigt, weil er sich ein Visum für die Schweiz hatte besorgen wollen. Er kam wieder frei. 1943 wurde er erneut verhaftet und in "Judengewahrsam" genommen. Im gleichen Jahr wurde er zwangsweise als Abrissarbeiter eingesetzt. Die Ehefrau Margarete galt als nicht-jüdisch, damit lebte L. in "Mischehe". Er überlebte den Lagereinsatz und wohnte nach 1945 unter obiger Anschrift.
Br.B. 32; LAB, Liste 15.10.33; DJ 36, S. 315; Liste 36; BArch, R 3001 PAK; MRRAK; Verz. zugel. Anw. 45; BG; Ausk. Sohn

Machol, Kurt Dr.
19.2.1904 Herne - Deportation 1942
priv.: Yorckstr. 88, SW 61, Kreuzberg
Kanzlei: Kaiser-Wilhelm-Str. 4, Niederschönhausen
M. war evangelischen Glaubens; nach der Machtübernahme der Nationalsozialisten im April 1933 Vertretungsverbot, auf Antrag wieder zugelassen; war noch bis zum allgemeinen Berufsverbot 1938 tätig, danach noch als "Konsulent". Datum der Vermögenserklärung: 24.9.1942, Deportation am 24./26.9.1942 nach Raasiku bei Reval/Tallinn.
*li; LAB, Liste 15.10.33; Liste 36; BArch, R 3001 PAK; MRRAK; BG; BdE; GB II

Magnus, Julius Dr. Dr., JR
6.9.1867 Berlin - 15.5.1944 Theresienstadt
priv.: Blumeshof 13, W 35
Kanzlei: Maaßenstr. 27, W 62
RA am KG (seit 1898), später auch Notar. Spezialist für Urheber- und Patentrecht, Wettbewerbsrecht, Gewerblichen Rechtsschutz und Internationales Recht, zahlreiche Publikationen. Daneben war er über 18 Jahre Schriftleiter der Juristischen Wochenschrift (JW), herausgegeben vom Deutschen Anwaltverein. M. hatte die JW zu auch international anerkannter Größe entwickelt. Hier wurde der juristischen Diskussion ein Forum für zentrale Fragestellungen geboten, damit trug die Schrift wesentlich zur Rechtsentwicklung der Weimarer Republik bei. Nach der Machtübernahme der Nationalsozialisten musste M. sofort seine Position als Schriftleiter der JW aufgeben. Ihm wurde schon 1933 das Notariat entzogen; als RA war er bis zum allgemeinen Berufsverbot 1938 tätig. Victor Klemperer berichtet in seinem Tagebuch vom 9. Oktober 1936, wie Justizrat Magnus für einen gemeinsamen Freund, Dr. jur. James Breit (Protestant jüdischer Herkunft), die Traueransprache in Dresden-Tolkewitz gehalten hat. Am 25.8.1939 floh Magnus nach Holland, wurde aber dort von den Verfolgern eingeholt. Im Sommer 1943 wurde er in das KZ Westerbork verschleppt, am 25.1.1944 von dort über Bergen-Belsen nach Theresienstadt deportiert. Dort ist er vermutlich verhungert. Die letzte überlieferte Auskunft zu Julius Magnus stammt von > JR Georg Siegmann, selbst zu dieser Zeit in Theresienstadt, der an den Anwaltsbeamten Willi Naatz geschrieben hat.
Veröffentl. u.a.: Die Höchsten Gerichte der Welt, 1929; Die Notlage der Anwaltschaft, 1930; Zivilprozessrecht, 1931; Schriftleiter der JW
JMBl. 33, S. 208; *li; LAB, Liste 15.10.33; Liste 36; MRRAK; Postkarte Siegmann an Naatz; BG; GB II; Göpp., S. 253; Ausst. AoR

Mainzer, Max Dr.
10.1.1902 Berlin - 16.9.1987 Los Angeles
priv.: Lützowplatz 3, W 62
Kanzlei: Wichmannstr. 10, W 9
Nach der Machtübernahme im Frühjahr 1933 Berufsverbot. Emigration in die USA, starb 1987 im Alter von 85 Jahren.
TK 33; S. 49; Br.B.32; BArch, R 3001 PAK; JMBl. 33, S. 220; BG; SSDI

Mainzer, Otto Dr.
26.11.1903 - 28.6.1995 New York
priv.: k.A.
Kanzlei: Wormser Str. 4, W 8
M. hatte u.a. bei Prof. Dr. Hugo Sinzheimer in Frankfurt studiert, heiratete dessen Tochter Gertrud, die ebenfalls Juristin war. RA am KG; nach der Machtübernahme der Nationalsozialisten Berufsverbot im Frühjahr 1933. Emigration in die USA, arbeitete erneut als Jurist; lebte in New York, wo er im Alter von 91 Jahren gestorben ist.
Liste d. nichtzugel. RA, 25.4.33; JMBl. 33, S. 203; BArch, R 3001 PAK; SLW, unveröffentlichte Fraenkel-Biografie

Makower, Felix, JR
1863 Berlin - 31.1.1933 Berlin
priv.: k.A.
Kanzlei: Potsdamer Str. 131
RA und Notar; neben seiner anwaltlichen Tätigkeit in zahlreichen jüdischen Organisationen aktiv: Mitbegründer des Verbandes der deutschen Juden; Vorstandsmitglied des CV; 1924-27 Vorstandsmitglied der Jüdischen Gemeinde zu Berlin und Leiter des Jüdischen Knabenwaisenhauses Pankow; starb zum Zeitpunkt der Machtübernahme der Nationalsozialisten.
Br.B. 32; JMBl. 24.2.33; Walk, S. 252

Malinowski, Wolf
13.6.1882 Pleschen - Deportation 1943
priv.: Rolandstr. 4/Am Schlachtensee 38, Zehlendorf
Kanzlei: Kurfürstenstr. 15/16
Nach der Machtübernahme der Nationalsozialisten 1933 Berufsverbot. Wurde zuletzt als Zwangsarbeiter eingesetzt; Deportation am 17.5.1943 nach Auschwitz.
Br.B. 32; JMBl. 33, S. 209; BG; GB II

Mamlok, Gerhard Dr.
11.8.1897 Greifswald - Deportation 1942
priv.: Kantstr. 49, Charlottenburg
Kanzlei: Alexanderstr. 5, C 25
RA am KG; nach der Machtübernahme der Nationalsozialisten wieder zugelassen, war bis zum allgemeinen Berufsverbot 1938 als Anwalt tätig, danach als "Konsulent" zugelassen. Datum der Vermögenserklärung: 29.8.1942, Deportation am 5.9.1942 nach Riga.
*li; LAB, Liste 15.10.33; Liste 36; Liste der Kons. v. 15.4.39; MRRAK; BG; BdE; GB II

Manasse, Martin Dr.
9.11.1881 Breslau - Dezember 1970
priv.: Xantener Str. 1, W 15
Kanzlei: Kronenstr. 3, W 8
RA und Notar; nach der Machtübernahme der Nationalsozialisten 1933 Entzug des Notariats, als Anwalt wieder zugelassen bis zur Löschung am 1.5.1937. Emigration am 12.5.1937 in die USA; lebte zuletzt in San Francisco,

Kalifornien.
Br.B. 32; JMBl. 33, S. 208; *li; LAB, Liste 15.10.33; Liste 36; BG; SSDI

Manasse, Sally, JR
25.4.1863 Filehne - 10.1.1941 Berlin
priv.: Berkaer Str. 32-35, Wilmersdorf
Kanzlei: Klosterstr. 10
RA und Notar; nach der Machtübernahme der Nationalsozialisten 1933 Entzug des Notariats, als Anwalt wieder zugelassen bis zur Löschung am 1.5.1937. M. starb Anfang 1941 im Jüdischen Altersheim in Wilmersdorf, er wurde in Weißensee beigesetzt.
JMBl. 33, S. 208; *li; LAB, Liste 15.10.33; Liste 36; BG

Manheim, Siegfried
13.7.1879 - keine Angaben
priv.: Keithstr. 14 a
Kanzlei: Fasanenstr. 28, W 15
RA und Notar; nach der Machtübernahme der Nationalsozialisten 1933 Entzug des Notariats; M. beantragte noch seine Wiederzulassung als Anwalt, die ihm auch gewährt wurde, gab dann aber doch seine Tätigkeit auf. Emigration nach Palästina, Tel Aviv.
TK 33; JMBl. 33, S. 208; *li; Pr.J. 33, S. 598; BG

Mann, Fritz Alexander
11.8.1907 Frankenthal - 1992 (?)
priv.: k.A.
Kanzlei: Bamberger Str. 44, Schöneberg; Lützowplatz 3, W 35
1926-28 Jurastudium in Genf, München und Berlin; 1930 Promotion an der Berliner Universität; Niederlassung als RA mit Zulassung am LG I-III, zugleich Assistent von Martin Wolff an der juristischen Fakultät der Berliner Universität. Nach der Machtübernahme der Nationalsozialisten Berufsverbot 1933. Emigration nach Großbritannien, London, im Mai 1933; änderte seinen Vornamen in Frederick, studierte und promovierte noch einmal; ließ sich als RA nieder; bekleidete wichtige Ämter und engagierte sich in jüdischen Organisationen; trat mit zahlreichen Fachveröffentlichungen hervor; erhielt viele Auszeichnungen, u.a. das Große Bundesverdienstkreuz und die Ehrendoktorwürde der Universität Kiel; Honorarprofessor der Universität Bonn; lebte 1975 in London; starb Ende 1991/Anfang 1992. Die Universität Bonn hielt am 8.2.1992 eine Trauerfeier für ihn ab.
TK 33; JMBl. 33, S. 253; BG: LAB, OFP-Akten; BHdE Bd. 2, 2, S. 769; Ausk. E. Proskauer

Mannheimer, Carl Dr., JR
14.6.1861 Beuthen - keine Angaben
priv.: Holsteinische Str. 37, Steglitz
Kanzlei: Bamberger Str. 44, W 30
RA und Notar; nach der Machtübernahme der Nationalsozialisten 1933 Entzug des Notariats, als noch 1936 tätig.
TK 33; JMBl. 33, S. 208 (Karl M.); *li; LAB, Liste 15.10.33; Liste 36; BG

Mannheimer, Friedrich Dr.
keine Angaben
priv.: k.A.
Kanzlei: Tauentzienstr. 12, W 50
Nach der Machtübernahme der Nationalsozialisten Berufsverbot im Frühjahr 1933.
Br.B. 32; Liste d. nichtzugel. RA, 25.4.33

Mannheimer, Ludwig Dr.
27.8.1887 Oranienburg - keine Angaben
priv.: Bechstedter Weg 1, Wilmersdorf
Kanzlei: Friedrichstr. 11, SW 68
RA und Notar, Sozius von > Kurt Maschke, übernahm die Verteidigung des Aachener Redakteurs Sattler, der eine Rede Ernst Thälmanns veröffentlicht hatte; im Umfeld der Roten Hilfe aktiv; nach der Machtübernahme der Nationalsozialisten 1933 wieder zugelassen; Entzug des Notariats 1935; noch bis zum allgemeinen Berufsverbot 1938 als Anwalt tätig: Emigration nach China, Shanghai, 1939.
*li; DJ 36, S. 315; Liste 36; MRRAK; BG; Schneider, Schwarz, Schwarz, S. 209/10

Marba, Theodor, JR
21.11.1862 Berlin - 21.3.1941 Kroatien
priv.: Wittelsbacher Str. 18, Wilmersdorf
Kanzlei: Oberwallstr. 20 a, W 8
Nach der Machtübernahme der Nationalsozialisten 1933 wieder als Anwalt zugelassen. Emigration nach Jugoslawien, dort 1941 verstorben.
TK 33; *li; LAB, Liste 15.10.33; Liste 36; BG: LAB, OFP-Akten

Marcus, Alfred Dr.
9.6.1876 Posen - 29.1.1944 Theresienstadt
priv.: Mommsenstr. 50 / Wielandstr. 10, Charlottenburg
Kanzlei: Kantstr. 49, Charlottenburg 4
Nach der Machtübernahme der Nationalsozialisten 1933 wieder zugelassen, war noch bis zum allgemeinen Berufsverbot 1938 als Anwalt tätig; langjähriger Mitarbeiter der Jüdischen Kultusverwaltung. Datum der Vermögenserklärung: 10.5.1943, Deportation am 19.5.1943 nach Theresienstadt; dort Anfang 1944 umgekommen.
TK 33; *li; LAB, Liste 15.10.33; Liste 36; MRRAK; BG; ThG; GB II

Marcus, Eduard, JR
15.4.1868 Berlin - 24.6.1940 Berlin
priv.: Hubertusallee 27, Grunewald
Kanzlei: Joachimsthaler Str. 43/44, Charlottenburg
RA und Notar; nach der Machtübernahme der Nationalsozialisten 1933 Entzug des Notariats, als Anwalt wieder zugelassen bis zur Löschung am 19.11.1937. Starb 1940 im Alter von 72 Jahren und wurde in Weißensee beigesetzt.
Br.B. 32; *li; LAB, Liste 15.10.33; Liste 36; BG

Marcus, John Dr.
26.12.1896 - keine Angaben
priv.: k.A.
Kanzlei: Lietzenburger Str. 45, W 15
Hatte am WK I teilgenommen, jedoch nicht im Kampfeinsatz; RA seit 1929; nach der Machtübernahme der Nationalsozialisten Berufsverbot 1933, seine Militärzeit wurde nicht als „Fronteinsatz" anerkannt. Emigration nach Palästina im September 1933.
Br.B. 32; Liste d. nichtzugel. RA, 25.4.33; JMBl. 33, S. 209; BArch, R 3001 PAK, PA; BG

Marcus, Ludwig Dr.
4.3.1901 - keine Angaben
priv.: k.A.
Kanzlei: Marktstr. 1, Reinickendorf
Nach der Machtübernahme der Nationalsozialisten Berufsverbot im Frühjahr 1933.
Br.B. 32; Liste d. nichtzugel. RA, 25.4.33; JMBl. 21.8.33, S. 267; BArch, R 3001 PAK

Marcus, Paul
keine Angaben - 12.1.1935
priv.: k.A.
Kanzlei: Kurfürstendamm 155a, Wilmersdorf
Nach der Machtübernahme der Nationalsozialisten 1933 wieder als Anwalt zugelassen.
TK 33; *li; LAB, Liste 15.10.33

Marcuse, Erich Dr.
12.2.1885 - 30.11.1941 Riga
priv.: k.A.
Kanzlei: Nestorstr. 43, Halensee
Nach der Machtübernahme der Nationalsozialisten Berufsverbot im Frühjahr 1933. Deportation am 27.11.1941 nach Riga, dort noch am Tag der Ankunft ermordet.

Br.B. 32; Liste d. nichtzugel. RA, 25.4.33; JMBl. 33, S. 221; BArch, R 3001 PAK; BG; BdE; GB II

Marcuse, Hans Dr.
19.4.1898 Berlin - keine Angaben
priv.: Kurfürstendamm 185, W 15
Kanzlei: Schöneberger Ufer 34, W 35
Nach der Machtübernahme der Nationalsozialisten 1933 wieder zugelassen, als Anwalt noch bis 1936 tätig. Emigration nach Belgien, Brüssel, 1936.
*li; LAB, Liste 15.10.33; Liste 36; BArch, R 3001 PAK; BG

Marcuse, Martin Dr.
keine Angaben - vor Mai 1961
priv.: Von-der-Heydt-Str. 16, W 10
Kanzlei: Budapester Str. 29, W 62
RA und Notar; nach der Machtübernahme der Nationalsozialisten 1933 Entzug des Notariats. Emigration nach Palästina im Mai 1933; hatte offensichtlich einen Antrag auf Wiederzulassung gestellt, war noch in den Listen vom Oktober 1933 verzeichnet; blieb jedoch dauerhaft im Ausland.
JMBl. 33, S. 208; *li; LAB, Liste 15.10.33; BG

Marcuse, Paul Dr.
keine Angaben
priv.: k.A.
Kanzlei: Leipziger Str. 115/116, W 8
Fachmann für Steuerrecht. M. war noch 1932 Vorst.-Mitgl. der RAK. Nach der Machtübernahme der Nationalsozialisten wieder zugelassen bis zur Löschung am 20.3.1936.
TK 33; *li; LAB, Liste 15.10.33; Liste 36; Philo-Lexikon, S. 604

Marcuse, Richard Dr.
3.7.1893 Berlin - 28.2.1944 Theresienstadt
priv.: Kleiststr. 13, W 62/ Potsdamer Str. 111, W 35, Schöneberg
Kanzlei: Bellevuestr. 11 a, W 8
RA und Notar; nach der Machtübernahme der Nationalsozialisten 1933 Vertretungsverbot; wieder zugelassen; Entzug des Notariats 1935; als Anwalt bis zum allgemeinen Berufsverbot 1938 tätig; danach als „Konsulent" tätig. Datum der Vermögenserklärung: 3.10.1942, Deportation am 3.10.1942 nach Theresienstadt, dort im Februar 1944 umgekommen.
*li; LAB, Liste 15.10.33; DJ 36, S. 315; Liste 36; Liste d. Kons., 15.4.39; MRRAK; BG; ThG; GB II

Marcuse, Siegmund, JR
keine Angaben - 6.11.1938
priv.: Geisbergstr. 41, W 30
Kanzlei: Geisbergstr. 2, W 30
RA und Notar; nach der Machtübernahme der Nationalsozialisten 1933 Entzug des Notariats, als Anwalt noch bis 1936 tätig. 1938 unter ungeklärten Umständen gestorben.
JMBl. 33, S. 208; *li; LAB, Liste 15.10.33; Liste 36; Naatz-Album; BG

Marcuse, Theodor, JR
30.7.1867 - 26.3.1935
priv.: Clausewitzstr. 7, Charlottenburg
Kanzlei: Schöneberger Ufer 34, W 35
RA und Notar; nach der Machtübernahme der Nationalsozialisten 1933 Entzug des Notariats, als Anwalt wieder zugelassen, starb 1935 im Alter von 67 Jahren, in Weißensee beigesetzt.
JMBl. 33, S. 208; *li; LAB, Liste 15.10.33; BG

Maretzki, Ernst Dr.
21.8.1884 - keine Angaben
priv.: k.A.
Kanzlei: Potsdamer Str. 129/130, W 9
RA am KG und Notar; nach der Machtübernahme der Nationalsozialisten 1933 wieder zugelassen; Entzug des Notariats 1935; als Anwalt noch 1936 tätig.
*li; DJ 36, S. 315; Liste 36; BArch, R 3001 PA

Margolinski, Siegfried
20.2.1876 Deutsch-Eylau - keine Angaben
priv.: Würzburger Str. 1, W 50
Kanzlei: Würzburger Str. 1, W 50
RA und Notar; nach der Machtübernahme der Nationalsozialisten 1933 Entzug des Notariats, Zulassung als Anwalt wurde 1936 gelöscht. Emigration im gleichen Jahr.
*li; LAB, Liste 15.10.33; Liste 36; BG

Margoninsky, Eduard, JR
keine Angaben
priv.: k.A.
Kanzlei: Potsdamer Str. 96, W 57
RA und Notar, in einer Sozietät mit Helmut M. (vermutlich der Bruder); nach der Machtübernahme der Nationalsozialisten 1933 Entzug des Notariats, war noch bis März 1938 als Anwalt tätig.
JMBl. 33, S. 208; *li; LAB, Liste 15.10.33; Liste 36

Margoninsky, Helmut Dr.
22.5.1899 - keine Angaben
priv.: k.A.
Kanzlei: Potsdamer Str. 96, W 57
RA am KG, in einer Sozietät mit Eduard M. (vermutlich der Bruder); nach der Machtübernahme der Nationalsozialisten 1933 wieder zugelassen; war noch 1936 als Anwalt tätig.
*li; LAB, Liste 15.10.33; Liste 36; BArch, R 3001 PAK

Markson, Hans Dr.
27.8.1901 Gera - keine Angaben
priv.: Nikolsburger Platz 1, Wilmersdorf
Kanzlei: k.A.
Nach der Machtübernahme der Nationalsozialisten Berufsverbot 1933. Emigration nach Palästina, Tel Aviv, 1935.
JMBl. 33, S. 220; BArch, R 3001 PAK; BG: BLHA, OFP-Akten (Marksohn)

Markus, Alfred Dr.
6.1.1906 Berlin - 1979
priv.: k.A.
Kanzlei: Scheffelstr. 5, Lichtenberg
1932 Zulassung als RA; verteidigte Mitglieder des Reichsbanners; Mitglied der Zionistischen Vereinigung für Deutschland. Nach der Machtübernahme der Nationalsozialisten Berufsverbot zum 12.6.1933; zur Vorbereitung der Emigration Volontär in einer Klempnerei; Emigration in die USA; lebte von Unterstützungszahlungen seiner Familie und arbeitete u.a. als Verkäufer und Buchhalter; legte 1947 das Examen als staatlich zugelassener Buchprüfer ab; 1948-70 als Buchprüfer in eigener Firma tätig, engagierte sich als Berater für Wiedergutmachungsangelegenheiten und in jüdischen Organisationen; lebte 1978 in Pittsburg.
Liste d. nichtzugel. RA, 25.4.33; JMBl. 33, S. 220; BArch, R 3001 PAK, PA; BG; BHdE Bd. 1, S. 478; Walk, S. 256

Markuse, Max
10.5.1883 - keine Angaben
priv.: k.A.
Kanzlei: Prager Platz 6, Wilmersdorf
Nach der Machtübernahme der

Nationalsozialisten 1933 wieder zugelassen, Anwalt bis zum allgemeinen Berufsverbot 1938.
*li; LAB, Liste 15.10.33; Liste 36; BArch, R 3001 PAK; MRRAK

Markwald, Alexander, JR
31.1.1857 - 9.2.1935 Berlin
priv.: Kurfürstenstr. 21/22, W 57
Kanzlei: Kurfürstenstr. 21/22, W 57
RA und Notar; nach der Machtübernahme der Nationalsozialisten 1933 wieder zugelassen; 1935 in Berlin im Alter von 78 Jahren verstorben, in Weißensee beigesetzt.
*li; LAB, Liste 15.10.33; Liste 36; BG

Markwald, Richard Dr.
20.3.1880 Berlin - keine Angaben
priv.: Nachodstr. 24, Wilmersdorf
Kanzlei: Motzstr. 53, W 30
RA am KG und Notar; nach der Machtübernahme der Nationalsozialisten 1933 Entzug des Notariats, war noch bis zum allgemeinen Berufsverbot 1938 als Anwalt tätig. Emigration nach Argentinien, Buenos Aires, am 20.11.1939.
JMBl. 33, S. 208; *li; LAB, Liste 15.10.33; MRRAK; BG

Marwitz, Bruno Dr., JR
16.6.1870 Angermünde - Dezember 1940 Berlin
priv.: Fregestr. 59, Schöneberg
Kanzlei: Friedrich-Ebert-Str. 7, W 9
RA und Notar; nach der Machtübernahme der Nationalsozialisten 1933 (od. 1935, abweichende Angaben) Entzug des Notariats; als Anwalt bis zum 30.1.1938 tätig; ab Ende 1938 im Büro des RA > Dr. Schönberg beschäftigt, der als „Konsulent" zugelassen war. „M. starb an gebrochenem Herzen. An der Trauerfeier ... nahm die RAin Dr. Margarete von Erffa teil und hatte die Gelegenheit, sich mit Dr. Schönberg länger zu unterhalten, ein Friedhof war eine der wenigen Örtlichkeiten, an denen man nicht von Wachtmeistern oder sonstigen neugierigen Personen verfolgt wurde. M.s Gattin wurde später bei einem Fluchtversuch in die Schweiz verhaftet und in ein Konzentrationslager verschleppt." (Göpp.)
Veröffentl.: Kommentar zum Urheberrecht
JMBl. 33, S. 208; *li; LAB, Liste 15.10.33; DJ 36, S. 315; Liste 36; MRRAK; BG; Göpp., S. 226

Marx, Arthur Dr.
11.4.1879 Köln - Deportation 1943
priv.: Dahlmannstr. 30
Kanzlei: Friedrichstr. 81, W 8
Nach der Machtübernahme der Nationalsozialisten 1933 wieder zugelassen, war noch bis zum allgemeinen Berufsverbot 1938 als Anwalt tätig. Deportation am 29.1.1943 nach Auschwitz.
*li; LAB, Liste 15.10.33; Liste 36; MRRAK; BG; GB II

Marx, Hans Dr.
15.1.1898 - keine Angaben
priv.: k.A.
Kanzlei: Jägerstr. 62 a, W 8
Nach der Machtübernahme der Nationalsozialisten wieder zugelassen, war noch bis zum Oktober 1937 als Anwalt tätig.
*li; LAB, Liste 15.10.33; Liste 36; BArch, R 3001 PAK

Maschke, Kurt Dr.
5.1.1894 Konitz - keine Angaben
priv.: Lietzenburger Str. 17, W 15
Kanzlei: Friedrichstr. 11, SW 48
RA am KG und Notar; war neben > Ludwig Mannheimer Verteidiger in einem Prozess gegen den Redakteur Sattler, der eine Rede Ernst Thälmanns in der Aachener Volkszeitung veröffentlicht hatte. Nach der Machtübernahme der Nationalsozialisten 1933 wieder zugelassen; Entzug des Notariats 1935; war noch bis zum allgemeinen Berufsverbot 1938 als Anwalt tätig.
*li; LAB, Liste 15.10.33; Liste 36; BArch, R 3001 PAK; MRRAK; BG; Schneider, Schwarz, Schwarz, S. 212

Masur, Oskar Dr.
12.7.1882 Breslau - keine Angaben
priv.: Nassauische Str. 64 bei Grünwald, Wilmersdorf
Kanzlei: Potsdamer Str. 78, W 57
RA am KG und Notar; nach der Machtübernahme der Nationalsozialisten 1933 wieder zugelassen; Entzug des Notariats 1935; war noch bis zum allgemeinen Berufsverbot 1938 als Anwalt tätig. Emigration nach Großbritannien, Cambridge.
*li; LAB, Liste 15.10.33; DJ 36, S. 315; Liste 36; MRRAK; BG

Mathias, Georg Dr.
1.1.1893 - keine Angaben
priv.: Courbièrestr. 16
Kanzlei: Taubenstr. 35, W 8
RA und Notar; nach der Machtübernahme der Nationalsozialisten 1933 wieder zugelassen; Entzug des Notariats 1935; Zulassung als Anwalt wurde 1938 gelöscht.
*li; LAB, Liste 15.10.33; DJ 36, S. 315; Liste 36; BArch, R 3001 PAK; BG

Mathias, Karl
24.12.1881 Köln - keine Angaben
priv.: Württembergallee 25
Kanzlei: Steinplatz 2, Charlottenburg
RA und Notar; nach der Machtübernahme der Nationalsozialisten 1933 Entzug des Notariats; war noch 1936 als Anwalt tätig. Emigration über Italien nach Uruguay, Montevideo, im September 1936.
JMBl. 33, S. 208; *li; LAB, Liste 15.10.33; Liste 36; BG

Mathis, Emil Albert Paul Dr.
20.6.1884 Rittergut Bruse, Kr. Glogau - keine Angaben
priv.: Bozener Str. 3, Schöneberg
Kanzlei: Bozener Str. 3, Schöneberg
Nach der Machtübernahme der Nationalsozialisten Kanzlei im Frühjahr 1933 aufgegeben. Emigration nach Frankreich, Paris, am 30.6.1934.
Br.B. 32; JMBl. 33, 5.5.33; S. 137; BArch, R 3001 PAK; BG

Mattersdorf, Franz August, JR
29.9.1863 Breslau - 4.10.1942 Theresienstadt
priv.: Droysenstr. 18/ Mommsenstr. 26, Charlottenburg
Kanzlei: Lützowplatz 5, W 62
RA und Notar; nach der Machtübernahme der Nationalsozialisten 1933 Entzug des Notariats, war als Anwalt noch bis zum allgemeinen Berufsverbot 1938 tätig. Deportation am 24.9.1942 nach Theresienstadt, dort wenige Tage nach der Ankunft umgekommen.
JMBl. 33, S. 208; *li; LAB, Liste 15.10.33; Liste 36; BG; ThG; GB II

Mautner, Richard Dr.
keine Angaben
priv.: Giesebrechtstr. 9
Kanzlei: Brunnenstr. 25, N 31
RA am KG; beauftragt durch den Rechtsschutz der Roten Hilfe übernahm M. 1932 die Verteidigung von Mandanten, die meist wegen schweren Landfriedensbruchs und Aufruhr nach Auseinandersetzungen mit Nationalsozialisten angeklagt worden waren. Diese Aktivitäten blieben nicht unbemerkt, nach der Machtübernahme der Nationalsozialisten meldete im Mai 1933 der Vorstand der RAK dem Preußischen Justizministerium, dass M. nach Angaben des SS-Abschnittes III Zahlungen der Roten Hilfe erhalten habe. M. wurde in der Folge in keinem Anwaltsverzeichnis mehr geführt.
Jüd.Adr.B.; TK 33; GHStA, Rep. 84a, Nr. 20363; Schneider, Schwarz, Schwarz, S. 213

May, Bruno Dr.
8.7.1883 Ratibor - keine Angaben
priv.: Meinekestr. 2, Charlottenburg, W 15
Kanzlei: Meinekestr. 2, Charlottenburg, W 15
RA und Notar; nach der Machtübernahme der Nationalsozialisten 1933 Entzug des Notariats, war noch bis zum allgemeinen Berufsverbot 1938 als Anwalt tätig.
JMBl. 33, S. 208; *li; LAB, Liste 15.10.33; Liste 36; BArch, R 3001 PAK; MRRAK; BG

May, Max Dr.
13.7.1883 Meiningen - 26.4.1943
priv.: Auguststr. 14-15, N 4, Mitte; Bamberger Str. 36, W 15; Bayerische Str. 2 (Kanzleiadresse Mai 42), Schöneberg
Kanzlei: Kronenstr. 64/65, W 8
RA und Notar; nach der Machtübernahme der Nationalsozialisten wieder zugelassen; 1935 Entzug des Notariats, war bis zum allgemeinen Berufsverbot 1938 als Anwalt tätig, danach noch als „Konsulent"; starb 1943 im Alter von knapp 60 Jahren.
*li; LAB, Liste 15.10.33; DJ 36, S. 315; Liste 36; MRRAK; Liste d. Kons. v. 15.4.39; BG

Mayer, Jacques Dr.
19.10.1898 Frankfurt/M. - keine Angaben
priv.: Freisinger Str. 7, Schöneberg
Kanzlei: Kurfürstendamm 233, W 50
Nach der Machtübernahme der Nationalsozialisten wieder zugelassen, bis zum allgemeinen Berufsverbot 1938 als Anwalt tätig.
*li; LAB, Liste 15.10.33; Liste 36; BArch, R 3001 PAK; MRRAK (J.Meyer); BG

Mayer, Ludwig
24.12.1880 Neidenstein - 27.8.1943 Shanghai
priv.: Nollendorfstr. 16, Schöneberg
Kanzlei: Nollendorfplatz 6, W 30
RA am KG und Notar; nach der Machtübernahme der Nationalsozialisten 1933 Entzug des Notariats, war noch bis zum allgemeinen Berufsverbot 1938 als Anwalt tätig. Emigration nach China, Shanghai, am 4.5.1939, dort 1943 verstorben.
Jüd.Adr.B; JMBl. 33, S. 208; *li; LAB, Liste 15.10.33; Liste 36; MRRAK; BG

Mayer, Ludwig Dr.
keine Angaben
priv.: Fritz-Eitel-Str. 12, Zehlendorf
Kanzlei: Anhalter Str. 3
RA und Notar; nach der Machtübernahme der Nationalsozialisten 1933 Berufsverbot. M. überlebte und wurde nach 1945 wieder als Anwalt und Notar zugelassen.
Jüd.Adr.B.; Br.B. 32; JMBl. 33, S. 282; Verz. zugel. Anw. 45

Mayer, Max Dr.
4.2.1897 Straßburg - keine Angaben
priv.: Martin-Luther-Str. 55, Schöneberg
Kanzlei: Andreasstr. 32, O 27
RA und Notar; nach der Machtübernahme der Nationalsozialisten Berufsverbot im Frühjahr 1933; gleich anschließend Emigration nach Frankreich.
Jüd.Adr.B; ; Br.B. 32; Liste d. nichtzugel. RA, 25.4. 33; JMBl. 33, 17.6.33; BG

Mayer-Mahr, Robert
16.5.1904 Berlin - Deportation 1942
priv.: k.A.
Kanzlei: Schweinfurthstr. 62, Dahlem
Nach der Machtübernahme der Nationalsozialisten Berufsverbot im Juli 1933. Emigration nach Frankreich. Am 4.9.1942 von Drancy nach Auschwitz deportiert.
Liste d. nichtzugel. RA, 25.4.33; JMBl. 28.7.33, S. 234; BArch, R 3001 PAK; VZ 39; BG II

Mehlich, Martin Dr.
31.12.1876 Nagradowice - 18.8.1942 Riga
priv.: Sächsische Str. 5, Wilmersdorf
Kanzlei: Fasanenstr. 22, W 15
RA und Notar, war auch Rechtsberater der Deutschen Waffen- und Munitionsfabrik. Nach der Machtübernahme der Nationalsozialisten 1933 Entzug des Notariats, war als Anwalt noch 1936 tätig. Wurde zur Zwangsarbeit herangezogen und zuletzt als Fabrikarbeiter eingesetzt; Datum der Vermögenserklärung: 14.8.1942; Deportation am 15.8.1942 nach Riga, dort am Tag der Ankunft ermordet.
*li; LAB, Liste 15.10.33; Liste 36; BG; BdE; GB II

Meinhardt, Peter Dr.
14.3.1903 Berlin - keine Angaben
priv.: Rauchstr. 11, W 35
Kanzlei: Margaretenstr. 8, W 10
Nach der Machtübernahme der Nationalsozialisten Berufsverbot im Frühjahr 1933. Emigration nach Großbritannien, London.
Br.B. 32; Liste d. nichtzugel. RA, 25.4.33; BArch, R 3001 PAK; BG

Meinhardt, William Dr.
28.8.1872 Schwedt - 31.5.1955 London
priv.: Rauchstr. 11, W 35
Kanzlei: Krausstr. 16, Grunewald
1914 Vorstandsmitglied der Deutsche Gasglühlicht AG (Auer-Gesellschaft); 1919 geschäftsführender Vorsitzender der Osram GmbH KG; Vorstandsmitglied des Reichsverbandes der Deutschen Industrie; Patentrechtsspezialist; Vorstandsmitglied der Osram-Gesellschaft, Mitglied der internationalen Handelskammer. Zugleich war M. als Anwalt und Notar zugelassen. Nach der Machtübernahme der Nationalsozialisten 1933 Entzug des Notariats; als Anwalt bis zum allgemeinen Berufsverbot 1938 tätig. Emigration nach Großbritannien am 24.11.1938.
Br.B. 32; JMBl. 33, S. 220; *li; LAB, Liste 15.10.33; Liste 36; MRRAK; BG; Göpp., S. 303; Walk, S. 261; Ausk. Strauß, 06/01

Meissner, Salomon
24.3.1882 Schildberg - Deportation 1943
priv.: Bamberger Str.31, W 30
Kanzlei: Lindenstr. 15, SW 68
RA und Notar; nach der Machtübernahme der Nationalsozialisten 1933 Entzug des Notariats, war noch bis zum allgemeinen Berufsverbot 1938 als Anwalt tätig. Deportation am 4.3.1943 nach Auschwitz.
JMBl. 33, S. 208; *li; LAB, Liste 15.10.33; Liste 36; MRRAK (Salo M.); BG; GB II

Memelsdorf, Wilhelm Dr.
20.1.1895 - keine Angaben
priv.: k.A.
Kanzlei: Taubenstr. 32, W 8
RA und Notar; nach der Machtübernahme der Nationalsozialisten 1933 wieder zugelassen; Entzug des Notariats 1935; noch bis Oktober 1937 als Anwalt tätig; vermutlich emigriert.
*li; LAB, Liste 15.10.33; DJ 36, S. 315; Liste 36; BArch, R 3001 PAK, PA

Mendel, Sidney Dr.
1885 - 1967 New York
priv.: k.A.
Kanzlei: Potsdamer Str. 96, W 57
Nach der Machtübernahme der Nationalsozialisten wieder zugelassen, war noch bis zum allgemeinen Berufsverbot 1938 als Anwalt tätig; setzte sich für die Freilassung von Internierten ein. Emigration über Belgien in die USA.
*li; LAB, Liste 15.10.33; Liste 36; MRRAK; Walk, S. 263

Mendelsohn, Bruno Dr.
13.11.1888 Königsberg - 1.12.1942 Berlin
priv.: Tharandter Str. 5, Wilmersdorf
Kanzlei: Mittelstr. 63, NW
RA (seit 1919) und Notar (seit 1929); nach der Machtübernahme der Nationalsozialisten Berufsverbot zum 8.6.1933; dann Mitarbeiter der Jüdischen Gemeinde (Wirtschaftshilfe). M. war eine von mehreren Geiseln, die 1942 als Vergeltung für geflohene Mitarbeiter der Gemeindeverwaltung erschossen wurden.
Br.B. 32; JMBl. 33, S. 234; BArch, R 3001 PAK, PA; BG; GB II; Göpp., S. 255

Mendelsohn, Conrad Dr.
5.1.1881 - 22.2.1933
priv.: Lützowufer 13, Tiergarten
Kanzlei: Lützowufer 13, Tiergarten
RA und Notar; starb kurz nach der Machtübernahme der Nationalsozialisten im Alter von 52 Jahren; er wurde in Weißensee beigesetzt.
Br.B. 32; JMBl. 10.3.33; BG

Menke, Walter
21.7.1902 Berlin - keine Angaben
priv.: Sächsische Str. 8, Wilmersdorf
Kanzlei: Friedrichstr. 85
RA am KG; nach der Machtübernahme der Nationalsozialisten Berufsverbot 1933. Emigration in die USA, New York, am 5.11.1936.
JMBl. 30.6.33, S. 203; BArch, R 3001 PAK; BG

Meschelsohn, Max, JR
keine Angaben - 1934
priv.: k.A.
Kanzlei: Französische Str. 21, W 8
RA und Notar; M. war auch der Syndikus der A. Wertheim AG. Nach der Machtübernahme der Nationalsozialisten 1933 wieder zugelassen; starb 1934.
*li; LAB, Liste 15.10.33

Meseritz, Johannes Dr.
31.3.1884 Berlin - keine Angaben
priv.: Klopstockstr. 29, NW 87
Kanzlei: Reinickendorfer Str. 2, N 65
RA und Notar, betätigte sich Anfang der 1930er Jahre im Rechtsschutzauftrag der Roten Hilfe. Nach der Machtübernahme der Nationalsozialisten Berufsverbot. Emigration nach Palästina.
JMBl. 33, S. 220/1; BArch, R 3001 PAK; BG; Schneider, Schwarz, Schwarz, S. 217

Messow, Kurt
9.12.1888 Berlin - keine Angaben
priv.: Prenzlauer Str. 17, C 2
Kanzlei: Jerusalemer Str. 13, SW 19
RA und Notar; nach der Machtübernahme der Nationalsozialisten 1933 wieder zugelassen; Entzug des Notariats 1935; als Anwalt bis zum allgemeinen Berufsverbot tätig, danach noch als „Konsulent" zugelassen. M. überlebte das NS-Regime und wohnte im Dezember 1945 in Berlin.
*li; LAB, Liste 15.10.33; DJ 36, S. 315; Liste 36; BArch, R 3001 PAK; BG

Metz, Hans
21.9.1875 Minden - 12.8.1943 Theresienstadt
priv.: Joachim-Friedrich-Str. 16, Wilmersdorf; Pestalozzistr. 54 a, Schillerstr. 57, Charlottenburg
Kanzlei: Bismarckstr. 66, Charlottenburg
RA und Notar; nach der Machtübernahme der Nationalsozialisten 1933 Entzug des Notariats; noch bis zum allgemeinen Berufsverbot 1938 als Anwalt tätig; übernahm die Abwesenheitspflegschaft für RA > Ernst Kalischer und weitere Pflegschaften. Datum der Vermögenserklärung: 14.3.1943; Sammellager Große Hamburger Str. 26; Deportation am 17.3.1943 nach Theresienstadt, dort ein knappes halbes Jahr später umgekommen.
JMBl. 33, S. 208; *li; LAB, Liste 15.10.33; Liste 36; BG; ThG, GB II

Meumann, Richard Dr.
16.12.1880 Berlin - Deportation 1942
priv.: Gieselerstr. 23/ Bayerische Str. 9, Wilmersdorf
Kanzlei: Schönhauser Allee 6/7, N 54
RA und Notar; nach der Machtübernahme der Nationalsozialisten 1933 wieder zugelassen; Entzug des Notariats 1935; noch bis zum allgemeinen Berufsverbot 1938 als Anwalt tätig; zuletzt als „Hilfskonsulent". Verhaftung am 24.9.1942; Deportation mit dem Transport von Frankfurt/M. über Berlin am 24./26.9.1942 nach Raasiku bei Reval/Tallinn.
*li; DJ 36, S. 315; Liste 36; MRRAK; BG; BdE; GB II

Meyer, Edmund Dr.
15.11.1882 Lodz - 4.7.1939 Berlin
priv.: Treuchtlinger Str. 10, Schöneberg
Kanzlei: Blücherstr. 4, SW 61
RA und Notar; nach der Machtübernahme der Nationalsozialisten 1933 Entzug des Notariats; war noch 1936 als Anwalt tätig; die Ehefrau Elsa galt als nichtjüdisch. M. starb 1939 im Alter von 56 Jahren, er wurde in Weißensee beigesetzt.
TK 33; JMBl. 33, S. 208 (Eduard M.); *li; LAB, Liste 15.10.33; Liste 36; BArch, R 3001 PAK; Naatz-Album; BG

Meyer, Erich
16.5.1888 Berlin - 22.11.1943 Berlin
priv.: Bismarckstr. 107, Charlottenburg
Kanzlei: Eichbornstr. 48, Reinickendorf

RA und Notar (seit 1930); Mitglied der schlagenden Studentenverbindung Pomerania-Silesia. M. nahm am WK I teil, geriet in französische Gefangenschaft, aus der er entfliehen konnte. Er wurde mit dem EK II ausgezeichnet und erhielt das Verwundetenabzeichen in schwarz. M. war national eingestellt und unterstützte 1932 inhaltlich und materiell eine SA-Truppe in seiner Nachbarschaft. Nach der Machtübernahme der Nationalsozialisten war umgehend bekannt, dass M. als „nichtarisch" galt; er war evangelischen Glaubens. Da sein Vater jüdischer Religion war galt er als „Mischling I. Grades". Als „Frontkämpfer" wurde er 1933 wieder zugelassen. 1935 behielt er die Zulassung als Notar; seine Studentenverbindung schloss ihn wegen eines generell gefassten „Nichtarierbeschlusses" aus. Im März 1936 fragte die RAK nach der „Rassezugehörigkeit" der Ehefrau; die 1924 geschlossene Ehe wurde 1937 geschieden (die geschiedene Frau

wurde später vermutlich im Rahmen der „Euthanasie" getötet). Das allgemeine Berufsverbot 1938 wurde auf M. nicht angewendet, da er als „Mischling" galt. 1939 trat M. aus der evangelischen Glaubensgemeinschaft aus. Er lernte eine Frau kennen, die er heiraten wollte, und beantragte 1940 die „Genehmigung zur Eheschließung" mit dem „arischen" Fräulein P. Diese wurde ihm mit Verweis auf seinen „Mischlingsstatus" verweigert. Im gleichen Jahr wurde eine Tochter geboren; wenig später denunzierte ein Nachbar das Paar. Die Gestapo verlangte daraufhin die Trennung. Fräulein P. zog mit der Tochter nach Falkensee, wo sich das Paar weiterhin heimlich traf. 1943 Jahr wurde ein Sohn geboren. Im November 1943 kam M. bei einem Luftangriff auf Berlin ums Leben, seine Handakte war in Falkensee untergebracht und überstand die Zeit. Die Ehe mit Frau P. wurde nach 1945 anerkannt. M.s Tochter wurde als Kind von einem norwegischen Ehepaar aufgenommen und lebt in Norwegen.
*li; TK 36; Liste 36; Adr.B. 38; BG; Ausk. und Unterlagen Steinar Bugge (Enkel) 1/99 u. 6/99

Meyer, Erich Dr.
14.8.1897 Berlin - 25.1.1972 Berlin
priv.: Frankfurter Allee 68, O 112
Kanzlei: Frankfurter Allee 68, O 112
M. hatte drei Jahre am WK I teilgenommen, eingesetzt an der Westfront; RA seit 1925. Nach der Machtübernahme der Nationalsozialisten wurde er als „Frontkämpfer" anerkannt und konnte nach 1933 weiter als RA arbeiten bis zum allgemeinen Berufsverbots 1938. 1936 wurde M. denunziert und verhaftet, aus Mangel an Beweisen wieder entlassen; 1938 erneut verhaftet, wegen „Beleidigung des Führers"; kam nach einer Amnestie wieder frei; arbeitete nach dem Berufsverbot 1938 noch als „Konsulenten-Hilfsarbeiter"; August 1941 bis Februar 1943

Zwangsarbeit als Transportarbeiter bei der Firma Weber & Co., Berlin-Treptow. Nach Februar 1943 tauchte M. unter und lebte in der Nähe von Potsdam. Einmal begegnete ihm ein früherer Kollege. Er trat unauffällig an M. heran und sagte: „Schön, dass Sie noch leben!" Solche Erlebnisse hielten M. aufrecht, doch die Zeit der Verfolgung und ständigen Bedrohung zehrte ihn körperlich stark aus. Nach Ende des Nationalsozialismus wurde M. an alliierten Militärgerichten als Anwalt zugelassen. Am 5.6.1947 erhielt er die allgemeine Zulassung als Anwalt.
*li; LAB, Liste 15.10.33; MRRAK; BG; LAB, OFP-Akten; BAP, 15.09 RSA; LAB, RAK, PA; Verz. zugel. Anw. 45; Ausk. Sohn Albert Meyer

Meyer, Ernst Dr.
7.9.1889 Berlin - 28.11.1940 Chelm
priv.: Landesheilanstalt Eberswalde/ Orber Str. 9, Wilmersdorf/ Wilhelmsaue 136 (bis 25.10.35)/ Karlsruher Str. 7, Wilmersdorf
Kanzlei: Bamberger Str. 59, W 62
RA und Notar; nach der Machtübernahme der Nationalsozialisten 1933 wieder zugelassen; Entzug des Notariats 1935; Zulassung als Anwalt wurde am 15.10.1936 gelöscht. M. wurde im Sommer 1940 nach Chelm bei Lublin deportiert, wo er Ende November 1940 ums Leben kam.
*li; LAB, Liste 15.10.33; DJ 36, S. 315; Liste 36; BArch, R 3001 PAK; BG; GB II

Meyer, Fedor
keine Angaben - 2.3.1936
priv.: k.A.
Kanzlei: Wilmersdorfer Str. 51, Charlottenburg
RA und Notar; nach der Machtübernahme der Nationalsozialisten 1933 Entzug des Notariats; war bis zu seinem Tod 1936 als Anwalt tätig.
JMBl. 33, S. 208; *li; LAB, Liste 15.10.33; Liste 36

Meyer, Georg, JR
keine Angaben
priv.: Friedrich-Wilhelm-Str. 37, Zehlendorf
Kanzlei: Wittenbergplatz 2, W 62
RA und Notar; nach der Machtübernahme der Nationalsozialisten 1933 wieder zugelassen, verlegte aber seine Kanzlei; Entzug des Notariats 1935; war noch 1936 als Anwalt tätig.
Adr.B. 32; *li; DJ 36, S. 315; Liste 36

Meyer, Georg Dr.
1.7.1892 Berlin - keine Angaben
priv.: Grolmanstr. 40, Charlottenburg
Kanzlei: Mauerstr. 94, W 8
Berufsverbot im Frühjahr 1933; emigrierte am 7.9.1933 nach Frankreich, Paris.
Br.B. 32; Liste d. nichtzugel. RA, 25.4.33; JMBl. 33, S. 282; BArch, R 3001 PAK; BG

Meyer, Hans Adalbert Dr.
13.11.1881 Berlin - keine Angaben
priv.: Kurfürstendamm 216, Charlottenburg
Kanzlei: Kurfürstendamm 216, Charlottenburg
RA am KG und Notar; nach der Machtübernahme der Nationalsozialisten 1933 Entzug des Notariats; war noch 1936 als Anwalt tätig. Emigration nach Belgien, Antwerpen, im November 1938 (oder am 2.1.1939); M. überlebte die NS-Herrschaft.
*li; LAB, Liste 15.10.33; Liste 36; BG

Meyer, Hans Martin
22.5.1876 Berlin - 3.2.1943 Theresienstadt
priv.: Tempelhofer Ufer 34, SW 11, Kreuzberg
Kanzlei: Tempelhofer Ufer 34, SW 11, Kreuzberg
Nach der Machtübernahme der Nationalsozialisten wieder zugelassen, war noch bis zum allgemeinen Berufsverbot 1938 als Anwalt tätig. Datum der Vermögenserklärung: 7.10.1942; Sammellager Große Hamburger Str. 26; Deportation am 29.10.1942 nach Theresienstadt, dort drei Monate später Anfang Februar 1943 umgekommen.
*li; LAB, Liste 15.10.33; Liste 36; MRRAK; BG; ThG; GB II

Meyer, Hermann
1.2.1901 Berlin - 1972 Jerusalem
priv.: k.A.
Kanzlei: Neue Friedrichstr. 4, C 2
Mitglied der zionistischen Jugendbewegung; 1924-37 Gründer und Direktor der Soncino-Gesellschaft der Freunde des jüdischen Buches; RA beim LG Berlin; Berufsverbot im Frühjahr 1933; Emigration nach Palästina 1937, dort als Verleger, v.a. auf dem Gebiet der Kartographie, Buchhändler und Antiquar tätig; starb 1972 in Jerusalem.

Liste d. nichtzugel. RA, 25.4.33 (Nachtrag); JMBl. 33, S. 253; BArch, R 3001 PAK; BG; BHdE, Bd 1, S. 497

Meyer, Hugo Dr.
9.12.1877 Dramburg - Deportation 1942
priv.: Meierottostr. 6, W 15, Wilmersdorf
Kanzlei: Leipziger Str. 110, W 8
RA und Notar; nach der Machtübernahme der Nationalsozialisten 1933 wieder zugelassen; Entzug des Notariats 1935; war noch bis zum allgemeinen Berufsverbot 1938 als Anwalt tätig. Wurde zur Zwangsarbeit herangezogen, zuletzt als Fabrikarbeiter; Deportation am 5.9.1942 nach Riga.
*li; LAB, Liste 15.10.33; DJ 36, S. 315; Liste 36; MRRAK; BG; BdE; GB II

Meyer, Julius Dr.
1.3.1873 Berlin - Deportation 1943
priv.: Schlüterstr. 45, W 15, Charlottenburg
Kanzlei: Kurfürstendamm 23 (bzw. 65), W 15
RA und Notar; nach der Machtübernahme der Nationalsozialisten 1933 Entzug des Notariats, zeitweilig Vertretungsverbot, jedoch später wieder zugelassen, bis zum allgemeinen Berufsverbot 1938 tätig. 1943 Deportation nach Auschwitz.
Br.B. 32; Liste d. nichtzugel. RA, 25.4.33; JMBl. 33, S. 208; *li; LAB, Liste 15.10.33; Liste 36; MRRAK; BG; GB II

Meyer, Julius Lyonel Dr.
12.7.1901 - Juli 1968
priv.: k.A.
Kanzlei: Frankfurter Allee 14, O 34
Nach der Machtübernahme der Nationalsozialisten Vertretungsverbot im April 1933, dann Berufsverbot. Emigration in die USA; stellte dort einen Antrag auf ein Stipendium; wurde abgelehnt, weil sein Eindruck nicht den Vorstellungen der Mittelgeber entsprach; er starb 1968.
TK 33; Liste d. nichtzugel. RA, 25.4.33; JMBl. 33, S. 209; BArch, R 3001 PAK; NY Publ. Lib.(Am. Com.) Meyer, Julius L.; SSDI

Meyer, Kurt Dr.
4.9.1894 Stargard - keine Angaben
priv.: Zimmerstr. 3/4, SW 68
Kanzlei: Zimmerstr. 3/4 SW 68
RA und Notar; nach der Machtübernahme der Nationalsozialisten 1933 wieder zugelassen; Entzug des Notariats 1935; bis zum 8.11.1937 als Anwalt zugelassen. Emigration nach Großbritannien, London.
*li; LAB, Liste 15.10.33; DJ 36, S. 315; Liste 36; BG

Meyer, Leopold
30.5.1873 Konitz - 25.2.1941
priv.: Waitzstr. 16, Charlottenburg
Kanzlei: Waitzstr. 16, Charlottenburg
RA und Notar; nach der Machtübernahme der Nationalsozialisten 1933 Entzug des Notariats, war noch bis zum allgemeinen Berufsverbot 1938 als Anwalt tätig; starb 1941 im Alter von 67 Jahren, in Weißensee beigesetzt.
Br.B. 32; JMBl. 33, S. 208; *li; LAB, Liste 15.10.33; Liste 36; MRRAK; BG

Meyer, Manfred Dr.
29.11.1898 - keine Angaben
priv.: k.A.
Kanzlei: Oranienstr. 61, S 42
Nach der Machtübernahme der Nationalsozialisten erst Vertretungs-, dann Berufsverbot im Frühjahr 1933.
Br.B. 32; Liste d. nichtzugel. RA, 24.5.33; JMBl. 33, S. 234; BArch, R 3001 PAK

Meyer, Max Dr., JR
14.4.1863 Stavenhagen - 1.1.1943 Theresienstadt
priv.: Passauer Str. 8-9, W 50
Kanzlei: Oranienstr. 61, S 42
RA und Notar; nach der Machtübernahme der Nationalsozialisten 1933 Entzug des Notariats, war noch bis zum allgemeinen Berufsverbot 1938 als Anwalt tätig. Datum der Vermögenserklärung: 31.8.1942; Sammellager Artilleriestr. 31; Deportation am 14.9.1942 nach Theresienstadt, dort umgekommen.
JMBl. 33, S. 208; *li; LAB, Liste 15.10.33; Liste 36; MRRAK; BG; ThG; GB II

Meyer, Michael Dr.
ca.1871 Blankenburg - 1956 Berlin
priv.: Niebuhrstr. 6, Charlottenburg
Kanzlei: Niebuhrstr. 6, Charlottenburg
Wuchs in einer religiös traditionell eingestellten Familie im Harz auf; studierte nach dem Abitur Jura. Während der Referendarzeit machte ihn ein Freund, Arthur Ruppin, mit den Ideen des Zionismus vertraut. M. ließ sich 1909 in Berlin als Anwalt nieder und spezialisierte sich auf Handels-, Grundstücks- und Mietrecht; wurde auch zum Notar bestellt; nahm am WK I teil. Nach der Machtübernahme der Nationalsozialisten 1933 Entzug des Notariats, als Anwalt wieder zugelassen, weil er als „Frontkämpfer" und „Altanwalt" anerkannt wurde; bis zum allgemeinen Berufsverbot 1938 als Anwalt tätig; arbeitete ab 1939 ehrenamtlich im Palästina-Amt in Berlin, das die Auswanderung nach Palästina leitete. M. gelangte im August 1940 mit einem der letzten Transporte nach Palästina. Er überlebte die Explosion der Patria im Hafen von Haifa; wurde Beamter der Mandatsregierung; ab 1952 als Entschädigungsanwalt tätig. M. starb auf einer Dienstreise nach Berlin, er wurde in Israel beigesetzt.
TK 33; *li; LAB, Liste 15.10.33; Liste 36; MRRAK; BG; Richarz, Monika: Jüdisches Leben in Deutschland, Stuttgart 1982, S. 367

Meyer, Paul, JR
keine Angaben
priv.: k.A.
Kanzlei: Magdeburger Str. 34, W 35
Nach der Machtübernahme der Nationalsozialisten 1933 wieder zugelassen, am 20.7.1937 wurde die Zulassung „auf Antrag gelöscht".
TK 33; *li; LAB, Liste 15.10.33

Meyer, Robert Dr.
27.9.1884 Berlin - 25.11.1938 Sachsenhausen
priv.: Prager Platz 6, Wilmersdorf
Kanzlei: Prager Platz 6, Wilmersdorf
RA und Notar; nach der Machtübernahme der Nationalsozialisten 1933 Entzug des Notariats, war noch bis zum allgemeinen Berufsverbot 1938 als Anwalt tätig. M. wurde im Rahmen der Massenverhaftungswelle nach der Pogromnacht im November 1938 verhaftet; kam im KZ Sachsenhausen ums Leben.
JMBl. 33, S. 208; *li; LAB, Liste 15.10.33; Liste 36; BArch, R 3001 PAK; MRRAK; BG; GB Sachsenhausen; GB II

Meyer, Siegfried Dr.
17.1.1872 Bernburg - 19.9.1942 Theresienstadt
priv.: Leibnizstr. 73, Charlottenburg; Münchener Str. 34, Schöneberg
Kanzlei: Grunewaldstr. 446, Schöneberg
RA und Notar; nach der Machtübernahme der Nationalsozialisten 1933 Entzug des Notariats, war noch 1936 als Anwalt tätig. Datum der Vermögenserklärung: 8.7.1942; Sammellager Große Hamburger Str. 26; Deportation am 16.7.1942 nach Theresienstadt, dort zwei Monate später umgekommen.
JMBl. 33, S. 208; *li; LAB, Liste 15.10.33; Liste 36; BG; ThG; GB II

Meyer, Werner Dr.
31.7.1899 Delmenhorst - Januar 1979
priv.: k.A.
Kanzlei: Hermannstr. 226, Neukölln
RA (seit 1929); nach der Machtübernahme der Nationalsozialisten 1933 wieder zugelassen. Emigration in die USA; ließ sich in Harrisburg, Pennsylvania, nieder; beantragte ein Stipendium beim Am. Com., zog den Antrag jedoch wieder zurück, weil er sich nur für einen „durchschnittlichen Anwalt" hielt und die Altersgrenze bereits überschritten hatte. Aus seinem Antrag wird ersichtlich, wie dringend M. auf das Stipendium angewiesen gewesen wäre. Er starb 1979 im Alter von 79 Jahren.
*li; LAB, Liste 15.10.33; Liste 36; BArch, R 3001 PAK; NY Publ.Lib. (Am.Com.) Meyer, Werner; SSDI

Meyerheim, Rolf
11.2.1902 - keine Angaben
priv.: k.A.
Kanzlei: Hardenbergstr. 13, Charlottenburg
Nach der Machtübernahme der Nationalsozialisten Berufsverbot im Frühjahr 1933.
Br.B. 32; Liste d. nichzugel. RA, 25.4.33; JMBl. 33, S. 209; BArch, R 3001 PAK

Meyerstein, Eduard
26.3.1871 Berlin - 6.7.1942 Jerusalem
priv.: k.A.
Kanzlei: Wannseestr. 12, Neubabelsberg
M. war Sohn der Frau, auf die die literarisch bekannt gewordenen Figur „Jettchen Gebert" aus dem Roman Georg Herrmanns zurückging. M.s Schwerpunkt war Wirtschaftsrecht, er war am KG zugelassen und auch Notar. Seit 1908 war er der Syndikus der Industrie- und Handelskammer zu Berlin. Nach der Machtübernahme der Nationalsozialisten 1933 Entzug des Notariats. Zuvor hatte die Industrie- und Handelskammer eine „Bitte" an jüdische Notare verschickt, in der darum nachgesucht wurde, „zur Vermeidung der Entladung des Volkszorns auf die Rechte aus der Zulassung als Notar zu verzichten." Dies wurde durch die zwangsweise Entlassung hinfällig. M. war noch bis zum allgemeinen Berufsverbot 1938 als Anwalt tätig. Berichtet wird die Anekdote, dass M., als 1937 ein SA-Mann ihn wegen einer Spende ansprach, erwiderte, dass er nichts geben könne, „da ich Juden bin." Darauf der SA-Mann: „Das kann ja jeder behaupten."
Emigration nach Palästina im Dezember 1938, wohin schon seine Frau und seine Kinder gegangen waren; starb 1942 in Jerusalem.
JMBl. 33, S. 208; *li; Liste 36; MRRAK; BG; Ausk. Ruth U. Liebstaedter; David Arad, Konf. 06/1999 u. Ausk. 08/2006

Meyners, Felix Dr., JR
keine Angaben
priv.: k.A.
Kanzlei: Pariser Str. 21/22, W 15
RA und Notar; nach der Machtübernahme der Nationalsozialisten 1933 Entzug des Notariats, war noch 1936 als Anwalt tätig.
Br.B. 32; JMBl. 33, S. 208; *li; Liste 36

Michaeli, Wilhelm Dr.
10.3.1889 - keine Angaben
priv.: Johann-Sigismund-Str. 20, Wilmersdorf
Kanzlei: Bellevuestr. 6a, W 9
RA am KG und Notar; nach der Machtübernahme der Nationalsozialisten Berufsverbot 1933. Emigration nach Schweden, Stockholm, am 16.12.1933.
Adr.B. 33; TK 33; JMBl. 33, S. 203; BG

Michaelis, Alfred Dr.
23.11.1898 Neustettin - keine Angaben
priv.: Apostel-Paulus-Str. 26 (1929), Schöneberg
Kanzlei: Kantstr. 49, Charlottenburg
Nach der Machtübernahme der Nationalsozialisten im April 1933 Vertretungsverbot, später wieder zugelassen; war bis zum allgemeinen Berufsverbot 1938 als Anwalt tätig.
Liste d. nichtzugel. RA, 25.4.33; *li; LAB, Liste 15.10.33; Liste 36; BArch, R 3001 PAK; DJ 38, S. 1901; MRRAK; BG

Michaelis, Alfred Dr.
15.1.1903 - keine Angaben
priv.: k.A.
Kanzlei: Wichmannstr. 28, W 62
Nach der Machtübernahme der Nationalsozialisten erst Vertretungs-, dann Berufsverbot im Frühjahr 1933. Emigration.
Liste d. nichtzugel. RA, 25.4.33; JMBl. 33, S. 253; BArch, R 3001 PAK; Ausk. E.Proskauer

Michaelis, Hans Dr.
11.12.1875 Berlin - 12.8.1942
priv.: Joachim-Friedrich-Str. 43, Wilmersdorf
Kanzlei: Kleine Präsidentenstr. 3, C 2
RA und Notar; nach der Machtübernahme der Nationalsozialisten 1933 Entzug des Notariats, noch bis zum allgemeinen Berufsverbot 1938 als Anwalt tätig. Beging 1942 Suizid durch Gift angesichts der bevorstehenden Deportation.
JMBl. 33, S. 208; *li; LAB, Liste 15.10.33; Liste 36; BArch, R 3001 PAK; MRRAK; BG; GB II; Göpp., S. 235

Michaelis, Max Dr., JR
23.10.1865 Meseritz - Deportation 1942
priv.: Kantstr. 120-121, Charlottenburg
Kanzlei: Jägerstr. 18, W 8
RA und Notar; nach der Machtübernahme der Nationalsozialisten 1933 Entzug des Notariats, war noch bis zum allgemeinen Berufsverbot 1938 als Anwalt tätig. Deportation am 30.7.1942 nach Theresienstadt; von dort am 26.9.1942 nach Treblinka verschleppt.
JMBl. 33, S. 208; *li; LAB, Liste 15.10.33; Liste 36; MRRAK; BG; GB II

Michaelis, Max
8.10.1885 Berlin - Deportation 1942
priv.: Pariser Str. 30/31, W 15
Kanzlei: Pariser Str. 30/31, W 15
RA am KG und Notar; nach der Machtübernahme der Nationalsozialisten wieder zugelassen; Entzug des Notariats 1935, bis zum allgemeinen Berufsverbot 1938 als Anwalt tätig, danach noch als „Konsulent". Datum der Vermögenserklärung: 20.6.1942; Deportation am 24./26.6.1942 nach Minsk.
*li; LAB, Liste 15.4.33; DJ 36, S. 315; Liste 36; MRRAK; Liste d. Kons. v. 15.10.1939; BG; GB II

Michaelis, Paul
22.10.1889 - keine Angaben
priv.: Magdeburger Str. 26, W 35
Kanzlei: Kurfürstendamm 14/15, W 50
Nach der Machtübernahme der Nationalsozialisten Berufsverbot 1933. Emigration nach Palästina im Juni 1934.
Adr.B. 33; Liste d. nichtzugel. RA, 25.4.33; JMBl. 33, S. 253; BG

Michalski, Julius Dr.
11.4.1890 - keine Angaben
priv.: Kurfürstendamm 23, W 15
Kanzlei: Französische Str. 49, W 8
RA und Notar; nach der Machtübernahme der Nationalsozialisten wieder zugelassen; 1935 Entzug des Notariats; war noch 1936 als Anwalt tätig. Emigration nach Südafrika am 16.5.1937.
*li; LAB, Liste 15.10.33; DJ 36, S. 315; Liste 36; BArch, R 3001 PAK; BG

Michel, Alfred Dr.
18.7.1903 - 5.9.1933 Berlin
priv.: Lindenallee 25, Charlottenburg
Kanzlei: Schlüterstr. 22/23, Charlottenburg
Nach der Machtübernahme der Nationalsozialisten Berufsverbot im Sommer 1933; starb im September 1933 im Alter von 30 Jahren, in Weißensee beigesetzt.
JMBl. 28.7.33, S. 234; BArch, R 3001 PAK; BG

Michelsohn, Felix Dr.
20.4.1878 Königsberg - keine Angaben
priv.: Levetzowstr. 13 a, NW 87
Kanzlei: Friedrichstr. 65 a, W 8
RA und Notar; nach der Machtübernahme der Nationalsozialisten 1933 wieder zugelassen; 1935 Entzug des Notariats; war noch bis zum allgemeinen Berufsverbot 1938 als Anwalt tätig.
*li; LAB, Liste 15.10.33; DJ 36, S. 315; Liste 36; MRRAK; BG

Milchner, Erich Dr., JR
keine Angaben - 1937
priv.: k.A.
Kanzlei: Bahnhofstr. 5, Zossen
RA und Notar; nach der Machtübernahme der Nationalsozialisten 1933 wieder zugelassen; Entzug des Notariats spätestens Ende 1935; war bis zu seinem Tod 1937 als Anwalt tätig.
*li; LAB, Liste 15.10.33; Liste 36

Miodowski, Martin
23.8.1889 - keine Angaben
priv.: k.A.
Kanzlei: Potsdamer Str. 123 a, W 35
RA am KG und Notar; nach der Machtübernahme der Nationalsozialisten 1933 wieder zugelassen; Entzug des Notariats 1935, war bis zum allgemeinen Berufsverbot 1938 als Anwalt tätig. Seine Ehefrau galt als nicht-jüdisch; Emigration nach Australien 1939.
*li; LAB, Liste 15.10.33; DJ 36, S. 315; Liste 36; BArch, R 3001 PAK; MRRAK; BG

Mittwoch, Felix Dr.
1887 Schrimm - 1959 Haifa
priv.: k.A.
Kanzlei: Mohrenstr. 16, W 8
M. war aktiver Zionist; RA und Notar; nach der Machtübernahme der Nationalsozialisten Berufsverbot 1933; danach in der Auswandererberatung tätig. 1938 Emigration in die Niederlande; 1940 in Westerbork, später in Bergen-Belsen interniert; 1944 im Zuge eines Austauschprogramms zur Übersiedelung nach Palästina freigekommen.
Br.B. 32; Liste d. nichtzugel. RA, 25.4.33; JMBl. 33, S. 209; Walk, S. 269

Moral, Reinhard Dr.
5.7.1894 Berlin - 30.4.1958 Berlin
priv.: Schmargendorfer Str. 12, Friedenau
Kanzlei: Schmargendorfer Str. 12, Friedenau
M. war evangelischen Glaubens, nahm am WK I teil; RA und Notar. Nach der Machtübernahme der Nationalsozialisten galt er als „Mischling 1. Grades" (sein Vater war Jude). Formell durfte M. bis Kriegsende seine Tätigkeit als Anwalt und Notar ausüben, doch gingen die Mandate und Einnahmen schon ab 1933 deutlich zurück. Daher versuchte er u.a. mit juristischen Repetitorien seinen Lebensunterhalt zu sichern. 1935 wurde ihm diese Tätigkeit von der Gestapo untersagt. Er beriet dann jüdische Auswanderer. 1944 sollte er von der Organisation Todt zwangsverpflichtet werden, was wegen seines schlechten Gesundheitszustandes nicht möglich war. Dennoch wurde er zu Bau- und Kanalisationsarbeiten herangezogen. Nach dem Ende des NS-Regimes wurde M. wieder als Anwalt und Notar zugelassen. Er erwarb sich hohes Ansehen in der Stadt und begründete die Vereinigung Berliner Strafverteidiger mit.
*li; LAB, Liste 15.10.33; Tel.B. 41; Verz. zugel. Anw. 45; LAB, RAK, PA; BG

Morgenroth, Max Dr.
keine Angaben
priv.: k.A.
Kanzlei: Burgstr. 26, C 2
Nach der Machtübernahme der Nationalsozialisten wieder zugelassen, war noch bis zum allgemeinen Berufsverbot 1938 als Anwalt tätig.
*li; LAB, Liste 15.10.33; Liste 36; MRRAK

Mosczytz, Siegfried
1.10.1899 Berlin - keine Angaben
priv.: Landsberger Str. 59, C 25
Kanzlei: Potsdamer Str. 32 a, W 35
RA (seit 1930); nach der Machtübernahme der Nationalsozialisten Berufsverbot im Sommer 1933. Emigration.
Jüd.Adr.B.; LAB, Liste nichtzugel. RA, 25.4.33; JMBl. 28.7.33, S: 234; BArch, R 3001 PAK; BG; Ausk. Werner Wolff

Moser, Franz Dr.
16.6.1899 - Juli 1959
priv.: Mauerstr. 80, W 8
Kanzlei: Mauerstr. 80, W 8
Nach der Machtübernahme der Nationalsozialisten wieder zugelassen; war noch bis zum allgemeinen Berufsverbot 1938 als Anwalt tätig. Emigration in die USA, änderte seinen Vornamen in Frank.
*li; LAB, Liste 15.10.33; Liste 36; MRRAK; BArch, R 3001, PAK, PA; SSDI

Moser, Werner Dr.
21.10.1879 Neustadt bei Danzig - keine Angaben
priv.: Achenbachstr. 6, W 50
Kanzlei: Ludwigkirchplatz 2, W 15
M. war evangelischen Glaubens, RA und Notar. Nach der Machtübernahme der Nationalsozialisten wieder zugelassen. Emigration in die Schweiz, Zürich, am 30.5.1938.
*li; LAB, Liste 15.10.33; Liste 36; BG

Moses, Fritz Dr.
2.9.1897 Berlin - keine Angaben
priv.: Holsteiner Ufer 11, NW 87
Kanzlei: Klosterstr. 70, C
M. war RA, von 1925 bis zum 25.2.1933 beim AG Berlin-Mitte und den LG I-III zugelassen; Zulassung gelöscht wegen Umzugs nach Belgard (Pommern); war kurzzeitig dort als Anwalt zugelassen. Später Emigration nach Palästina.
Br.B. 32; JMBl. 10.3.33; BArch, R 3001 PAK; BG

Moses, Gustav Dr.
24.12.1871 Witkowo - 8.2.1944 Theresienstadt
priv.: Krausnickstr. 18, Mitte
Kanzlei: Friedrichstr. 131, N 24
RA und Notar; nach der Machtübernahme der Nationalsozialisten 1933 wieder zugelassen; 1935 Entzug des Notariats; noch bis zum allgemeinen Berufsverbot 1938 als Anwalt tätig. Deportation nach Theresienstadt am 13.1.1943, dort ein Jahr später umgekommen.
*li; LAB, Liste 15.10.33; DJ 36, S. 315; Liste 36; MRRAK; BG; ThG; GB II

Moses, Siegfried Dr.
3.5.1887 Lautenburg - 14.1.1974 Tel Aviv
priv.: k.A.
Kanzlei: Kurfürstendamm 234, W 50
RA am KG; schon seit seiner Jugend zionistisch orientiert; 1931-36 Mitglied der Repräsentantenversammlung der Jüdischen Gemeinde Berlin. Nach der Machtübernahme der Nationalsozialisten 1933 Entzug des Notariats. 1933-37 Vorsitzender der Zionistischen Vereinigung für Deutschland, außerdem Vizepräsident der Reichsvertretung. M. gab seinen Beruf um 1936 angesichts laufend zurückgehender Einnahmen auf und entschloss sich im September 1937 zur Emigration

nach Palästina. Dort ließ er sich in Tel Aviv nieder. Das Haus, in dem noch zwei weitere Berliner Juristen wohnten, war von einem Bauhaus-Architekten entworfen worden. 1937-38 Geschäftsführer des Transfer-Abkommens Havaara; 1939-49 öffentlicher Buchprüfer, Revisor und Einkommensteuerfachmann. Noch während des Krieges machte sich M. Gedanken über die juristische Klärung der Ansprüche der Juden gegen den deutschen Staat. M. wurde später Leiter des Israelischen Rechnungshofes. Er war 1956-74 Vorsitzender des Council of Jews from Germany und des Leo Baeck Institute.
JMBl. 33, S. 208; *li; LAB, Liste 15.10.33; Liste 36; BHdE Bd. 1, S. 509; Göpp., S. 304; Ausk. Dr. G. Meyer; Tramer, H.: In zwei Welten. Siegfried Moses zum 75. Geburtstag, Tel Aviv 1962

Moses, Wilhelm
1.3.1882 - nach 1946
priv.: Kottbusser Damm 76 (1929), Neukölln
Kanzlei: Kottbusser Damm 24, S 59
RA und Notar; nach der Machtübernahme der Nationalsozialisten 1933 wieder zugelassen; Entzug des Notariats 1935; Löschung der Anwaltszulassung mit der Emigration in die Niederlande am 1.1.1938. M.s Ehefrau galt als nicht-jüdisch. Er lebte 1946 in Amsterdam.
*li; LAB, Liste 15.10.33; DJ 36, S. 315; Liste 36; BG

Mosheim, Rudolf Dr.
28.4.1889 - keine Angaben
priv.: k.A.
Kanzlei: Behrenstr. 35/37, W 8
Nach der Machtübernahme der Nationalsozialisten wieder zugelassen, war noch bis zum allgemeinen Berufsverbot 1938 als Anwalt tätig.
*li; LAB, Liste 15.10.33; Liste 36; BArch, R 3001 PAK; MRRAK

Mosler, Alfred Dr.
5.2.1883 Gleiwitz - Juli 1963
priv.: Leistikowstr. 2, Charlottenburg
Kanzlei: Schinkelplatz 1/4, W 56
Nach der Machtübernahme der Nationalsozialisten wieder zugelassen, war noch bis zum allgemeinen Berufsverbot 1938 als Anwalt tätig. Emigration nach Großbritannien im März 1939, später in die USA, Beverly Hills.
*li; LAB, Liste 15.10.33; Liste 36; MRRAK; BG; SSDI

Mosse, Walter
26.9.1886 - Oktober 1973
priv.: k.A.
Kanzlei: Siegmundstr. 6, W 10
Nach der Machtübernahme der Nationalsozialisten Berufsverbot im Frühjahr 1933. Emigration in die USA; lebte zuletzt in New York.
Br.B. 32; Liste d. nichtzugel. RA, 25.4.33; JMBl. 33, S. 209; BArch, R 3001 PAK; SSDI

Moszkowski, Richard Dr.
10.5.1885 Berlin - 1959 Chicago
priv.: Caspar-Theyss-Str. 5, Grunewald
Kanzlei: Französische Str. 55/56, W 8
RA am KG; war seit 1920 zugleich Berater und Gutachter der Reichskreditgesellschaft. Nach der Machtübernahme der Nationalsozialisten wieder zugelassen, war bis zum allgemeinen Berufsverbot 1938 als Anwalt tätig. Emigration in die USA; beantragte 1940 ein Stipendium, wurde vermutlich abgelehnt. M. starb 1959 im Alter von 74 Jahren.
TK 33; *li; LAB, Liste 15.10.33; Liste 36; MRRAK; BG; BHdE 1933 Bd. 2,2, S. 836 (Steven A. Moszkowski); NY Publ.Lib. (Am.Com.)

Mühsam-Werther, Georg Dr., JR
keine Angaben - 1936
priv.: k.A.
Kanzlei: Dorotheenstr. 42, NW 7
RA und Notar; nach der Machtübernahme der Nationalsozialisten 1933 wieder zugelassen; Entzug des Notariats 1935; war vermutlich bis zu seinem Tod 1936 als Anwalt tätig.
*li; LAB, Liste 15.10.33; DJ 36, S. 315; Liste 36

Müller, Georg Dr.
6.5.1885 Berlinchen - keine Angaben
priv.: Neue Ansbacher Str. 7a, Schöneberg
Kanzlei: Neue Ansbacher Str. 7a, W 50
RA am KG; nach der Machtübernahme der Nationalsozialisten 1933 wieder zugelassen. Emigration in die USA, New York.
*li; LAB, Liste 15.10.33; BG

Müller, Johannes Dr.
6.11.1893 Berlin - keine Angaben
priv.: Waltraudstr. 27, Zehlendorf
Kanzlei: Waltraudstr. 27, Zehlendorf
Nach der Machtübernahme der Nationalsozialisten 1933 wieder zugelassen. 1934 Emigration nach Frankreich, Neuilly-sur-Seine. Gegen M. wurde ein Steuersteckbrief erlassen. Seine Ehefrau Edith wurde aus Frankreich deportiert und in Auschwitz ermordet.
*li; LAB, Liste 15.10.33; BArch, R 3001 PAK; BG; Wolf, BFS

Müller, Josef Dr.
18.9.1881 Nürnberg - 9.10.1934
priv.: Brandenburgische Str. 28, W 15
Kanzlei: Potsdamer Str. 134 a, W 9
Nach der Machtübernahme der Nationalsozialisten 1933 Entzug des Notariats, Kanzlei wurde aufgegeben. M. starb im Oktober 1934 im Alter von 53 Jahren.
Br.B. 32; Pr.J. 33, S. 466; LAB, Liste 15.10.33

Müller, Siegbert Dr.
11.7.1895 Hirschberg - Oktober 1975
priv.: Kurfürstendamm 184, W 15
Kanzlei: Kurfürstendamm 184, W 15
RA am KG und Notar; nach der Machtübernahme der Nationalsozialisten im April 1933 Vertretungsverbot; anschließend wieder zugelassen; Entzug des Notariats 1935; bis zum allgemeinen Berufsverbot 1938 tätig, danach noch als „Konsulent"; wurde als solcher bei einem Verfahren wegen Devisenvergehens im Völkischen Beobachter (28.1.1939) abgebildet. Emigration in die USA, Baltimore, am 22.11.1939. Sein zurückgelassenes Eigentum wurde versteigert. M. lebte zuletzt in Queens, New York.
TK 33; Liste d. nichtzugel. RA, 25.4.33; *li; LAB, Liste 15.10.33; DJ 36, S. 315; Liste 36; VB 28.1.1939; MRRAK; BG; Ausk. Grischa Worner, 20.11.2000; SSDI (Bert Muller); Ausk. Grischa Worner, 11/00

Munk, Richard Dr.
4.12.1881 Posen - keine Angaben
priv.: Schorlemerallee 19, Zehlendorf
Kanzlei: Friedrich-Ebert-Str. 7, W 9
M. war noch 1932 Vorstandsmitglied der RAK. Nach der Machtübernahme der Nationalsozialisten 1933 Entzug des Notariats, war bis zum allgemeinen Berufsverbot 1938 als Anwalt

tätig. Emigration nach Chile am 14.6.1939.
TK 33; JMBl. 33, S. 208; *li; LAB, Liste 15.10.33; Liste 36; MRRAK; BG

Munk, Walter Dr.
29.12.1873 Berlin - keine Angaben
priv.: Viktoria-Luise-Platz 9, Schöneberg
Kanzlei: Taubenstr. 8/9, W 8
Nach der Machtübernahme der Nationalsozialisten wieder zugelassen. Emigration nach Palästina, Haifa, am 12.1.1937, zugleich wurde die Zulassung gelöscht.
*li; Liste 36; BG

Munter, Hans Dr.
8.1.1902 - März 1956
priv.: k.A.
Kanzlei: Alexanderstr. 38, C 25
RA; enge Zusammenarbeit mit > Dr. Siegfried Benjamin und > Martin Freund. Nach der Machtübernahme der Nationalsozialisten Berufsverbot im Frühjahr 1933. Emigration in die USA, dort im Alter von 54 Jahren gestorben.
Br.B. 32, Liste d. nichtzugel. RA, 25.4.33; JMBl. 33, S. 209; BArch, R 3001, PAK; SSDI

Münz, Josef Dr.
19.12.1876 Kempen - keine Angaben
priv.: Dahlmannstr. 13, Charlottenburg
Kanzlei: Schlüterstr. 39, Charlottenburg
RA und Notar; nach der Machtübernahme der Nationalsozialisten 1933 Entzug des Notariats, war noch bis zum allgemeinen Berufsverbot 1938 als Anwalt tätig. Emigration nach Palästina, Jerusalem, am 6.12.1938.
JMBl. 33, S. 208; *li; LAB, Liste 15.10.33; Liste 36; MRRAK; BG

Münzer, Felix Dr.
13.11.1868 Tschepplau - keine Angaben
priv.: Bleibtreustr. 24, Charlottenburg
Kanzlei: Meinekestr. 21, W 15
RA und Notar; nach der Machtübernahme der Nationalsozialisten 1933 Entzug des Notariats, Zulassung als Anwalt wurde am 5.11.1937 gelöscht. Emigration in die USA, Pasadena, Kalifornien.
JMBl. 33, S. 208; *li; LAB, Liste 15.10.33; Liste 36; BG

Münzer, Hans
10.5.1901 - keine Angaben
priv.: k.A.
Kanzlei: Tauentzienstr. 9, W 50
RA am KG; nach der Machtübernahme der Nationalsozialisten Entzug der Zulassung zum 9.6.1933. Bis 1937 war M. noch als Anwalt in Beuthen (Oberschlesien) tätig. Er überlebte und wurde 1947 wieder in Berlin als Anwalt zugelassen.
Liste d. nichtzugel. RA, 25.4.33; JMBl. 33, S. 203; BArch, R 3001 PAK; Verz. zugel. Anw. 45; LAB, RAK, PA Werthauer

N

Nachum, Gerhard
30.9.1904 - 4.2.1943 Auschwitz
priv.: Bayernallee 19, Charlottenburg
Kanzlei: Potsdamer Str. 106, W 35
Nach der Machtübernahme der Nationalsozialisten Berufsverbot im Frühjahr 1933; betätigte sich danach als Metallhändler für die Fa. Schlesinger & Nachum. Am 12.1.1943 nach Auschwitz deportiert, wo er drei Wochen nach der Ankunft ermordet wurde.
Br.B. 32; Liste d. nichtzugel. RA, 25.4.33; JMBl. 21.8.33, S. 267; BArch, R 3001 PAK; BG; GB II

Nagel, Karl Heinz Dr.
17.10.1904 Berlin - keine Angaben
priv.: Neue Königstr. 70, Mitte
Kanzlei: Kleiststr. 15, W 62
Nach der Machtübernahme der Nationalsozialisten Berufsverbot im Frühjahr 1933. Emigration nach Palästina im August 1933.
Liste nichtzugel. RA, 25.4.33; JMBl. 4.8.33, S. 253; BArch, R 3001 PAK; LAB; BG

Narewczewitz, Albert Dr.
22.12.1894 Eschwege - Deportation 1943
priv.: Innsbrucker Str.1, Schöneberg
Kanzlei: Friedrichstr. 49 a, GW 68
Nach der Machtübernahme der Nationalsozialisten 1933 wieder zugelassen, war als Anwalt bis zum allgemeinen Berufsverbot 1938 tätig; arbeitete zuletzt bei der Reichsvereinigung der Juden in Deutschland. Deportation nach Auschwitz am 12.3.1943.
*li; LAB, Liste 15.10.33; Liste 36; BArch, R 3001 PAK; MRRAK; BG; GB II

Nast, Leo Dr.
18.10.1879 Marienburg - 21.2.1943 Theresienstadt
priv.: Meinekestr. 26, W 15
Kanzlei: Suarezstr. 5, Charlottenburg
RA und Notar; nach der Machtübernahme der Nationalsozialisten 1933 wieder zugelassen; Entzug des Notariats 1935; bis zum allgemeinen Berufsverbot 1938 noch als Anwalt tätig; später bei der Jüdischen Kultusverwaltung beschäftigt. Sammellager Gerlachstr. 18-21; Deportation nach Theresienstadt am 20.11.1942, dort zwei Monate später umgekommen.
*li; LAB, Liste 15.10.33; DJ 36, S. 315; Liste 36; MRRAK; BG; ThG; GB II

Nathansohn, Bruno Dr.
11.12.1891 Berlin - 29.10.1942 Riga
priv.: Rykestr. 10, NO 55
Kanzlei: Zimmerstr. 79/80, SW 68
RA und Notar; nach der Machtübernahme der Nationalsozialisten Berufsverbot im Frühjahr 1933; war zuletzt im Jüdischen Krankenhaus als Pflichtarbeiter eingesetzt. Deportation nach Riga am 26.10.1942; dort am Tag der Ankunft ermordet.
Br.B. 32; Liste d. nichtzugel. RA, 25.4.33; JMBl. 21.8.33, S. 267; BG; BdE; GB II

Nauenberg, Ernst Dr.
17.11.1883 - keine Angaben
priv.: k.A.
Kanzlei: Neue Grünstr. 17, GW 19
Nach der Machtübernahme der Nationalsozialisten 1933 wieder zugelassen; N.s Zulassung wurde am 14.6.1935 auf Antrag gelöscht.
*li; LAB, Liste 15.10.33; BArch, R 3001 PAK, PA

Nauenberg, Hans Dr.
27.1.1894 Berlin - keine Angaben
priv.: Sybelstr. 11, Charlottenburg
Kanzlei: Grolmanstr. 51, Charlottenburg

RA und Notar; nach der Machtübernahme der Nationalsozialisten 1933 wieder zugelassen; Entzug des Notariats 1935; bis zum allgemeinen Berufsverbot 1938 als Anwalt tätig. Emigration nach Argentinien.
*li; LAB, Liste 15.10.33; DJ 36, S. 315; Liste 36; MRRAK; BG

Naumann, Alfred Dr., JR
21.4.1865 - 11.7.1938
priv.: Prinzregentenstr. 91, Wilmersdorf
Kanzlei: Lessingstr. 50, NW 87
RA und Notar; nach der Machtübernahme der Nationalsozialisten 1933 Entzug des Notariats; war noch 1936 als Anwalt tätig; starb 1938 im Alter von 73 Jahren; in Weißensee beigesetzt.
Br.B. 32; Pr.J. 33, S. 390; *li; LAB, Liste 15.10.33; Liste 36; BG: LAB, OFP-Akten; Friedh.W.Sterbereg.

Naumann, Max Dr.
12.1.1875 Berlin - 1939 Berlin
priv.: k.A.
Kanzlei: Französische Str., W 8
Teilnahme am WK I, bekleidete den Rang eines Majors, für seine besonderen Leistungen mit dem EK 1. Kl. ausgezeichnet; Mitbegründer des Verbandes nationaldeutscher Juden, ab 1921 dessen Präsident (bis zum Verbot 1935); Mitglied der Jüdischen Reformgemeinde zu Berlin. RA und Notar; nach der Machtübernahme der Nationalsozialisten 1933 wieder zugelassen, da er als „Frontkämpfer" anerkannt wurde; 1935 Entzug des Notariats, als Anwalt bis zum allgemeinen Berufsverbot 1938 zugelassen; 1935 zeitweilig inhaftiert; N. starb 1939 im Alter von 64 Jahren.
Veröffentl.: Hg. der Zeitschrift „Der nationaldeutsche Jude".
*li; DJ 36, S. 315; Liste 36; MRRAK; BG; Göpp., S. 227; Krach, S.434; SLW: Freiheit und Bindung, S. 163-166, 182

Neimann, Kurt Dr.
28.12.1877 Neidenburg - 12.3.1944 Theresienstadt
priv.: Parkstr. 22, Weißensee
Kanzlei: Wilmersdorfer Str. 143/144, Charlottenburg
RA und Notar; nach der Machtübernahme der Nationalsozialisten 1933 Entzug des Notariats, war noch bis zum allgemeinen Berufsverbot 1938 als Anwalt tätig. Deportation nach Theresienstadt am 14.9.1942, dort im März 1944 umgekommen.
JMBl. 33, S. 220; *li; LAB, Liste 15.10.33; Liste 36; MRRAK; BG; ThG (Neumann); GB II

Nelson, Erich Dr.
26.3.1881 Berlin - 16.8.1961 Berlin
priv.: Meraner Str. 19, Schöneberg
Kanzlei: Lützowstr. 82, W 35
RA (seit 1911) und Notar (seit 1921); Spezialist für Verkehrsrecht, insbesondere Haftpflichtfragen, hierzu verschiedene Veröffentlichungen; von 1930-1933 Vorstandsmitglied des Berliner Anwaltsvereins und Vorsitzender des Schlichtungsausschusses. N. hatte Einnahmen von RM 30-40 000,- p.a., die auf große Mandate für die Reichskredit AG und andere Banken und Versicherungen zurückzuführen waren. Nach der Machtübernahme der Nationalsozialisten 1933 Entzug des Notariats, war als Anwalt bis zum allgemeinen Berufsverbot 1938 tätig, danach drei Monate als „Konsulent". Die Einnahmen hatten sich 1939 auf ein Drittel der von 1933 reduziert.
Nach der Pogromnacht wurde er am 11.11.1938 verhaftet und in das KZ Sachsenhausen bei Oranienburg verschleppt. Bei seiner Entlassung im Dezember 1938 musste er eine Verpflichtungserklärung unterschreiben, auszuwandern. N., protestantischen Glaubens, ging mit seiner Ehefrau, die nicht-jüdisch war, nach Großbritannien, London. Dort studierte er englisches Zivilrecht und bereitete sich auf die Prüfung als Bachelor of Law vor. 1946 kehrte er nach Deutschland zurück und wurde wieder als RA zugelassen. Zwischenzeitlich hatte er für die britische Militärregierung gearbeitet.
JMBl. 33, S. 208; *li; LAB, Liste 15.10.33; Liste 36; MRRAK; BG; LAB, RAK PA

Nesselroth, Fritz Dr.
1.7.1895 - keine Angaben
priv.: Luitpoldstr. 23, Schöneberg
Kanzlei: Hardenbergstr. 24, Charlottenburg
RA und Notar; nach der Machtübernahme der Nationalsozialisten 1933 wieder zugelassen; Entzug des Notariats 1935; noch 1936 als Anwalt tätig; vermutlich emigriert.
Br.B. 32; *li; DJ 36, S. 315; Liste 36; BG

Netter, Oscar Dr.
11.5.1878 - 1937 Palästina
priv.: Freiherr-vom-Stein-Str. 10, Schöneberg
Kanzlei: Kronenstr. 64/65, W 8
RA und Notar, spezialisiert auf Handels- und Kartellrecht. Nach der Machtübernahme der Nationalsozialisten 1933 Entzug des Notariats; war noch bis 22.4.1936 als Anwalt zugelassen. Emigration nach Palästina, Jerusalem, dort im Alter von 69 Jahren gestorben.
JMBl. 33, S. 220 (Oskar N.); *li; LAB, Liste 15.10.33; Adr.B. 34; Liste 36; BG

Neulaender, Robert Dr.
24.10.1889 Berlin - keine Angaben
priv.: Düsseldorfer Str. 58 a, Wilmersdorf
Kanzlei: Kleiststr. 42, W 62
Nach der Machtübernahme der Nationalsozialisten 1933 wieder zugelassen, war bis zum allgemeinen Berufsverbot 1938 als Anwalt tätig. (N: war einer derjenigen, für die es den Nationalsozialisten 1938 nur unter Schwierigkeiten gelang, den Begriff „Jude" anzuwenden.) Er ist vermutlich emigriert.
*li; LAB, Liste 15.10.33; Liste 36; Schreiben des RMJ an KG-Präsidenten, s. BArch, R 3001/62210, Bl. 30; MRRAK; BG

Neumann, Franz Leopold Dr. Ph.D.
23.5.1900 Kattowitz - 2.9.1954 Visp, Schweiz
priv.: Dernburgstr. 32, Charlottenburg
Kanzlei: Alte Jakobstr. 155
hatte überwiegend in Frankfurt a. M. studiert, gehörte dort einem Zirkel sozialistischer Studenten an; empfing Impulse von Prof. Hugo Sinzheimer und legte ein Schwergewicht seiner Arbeit auf

das Arbeitsrecht; Mitglied der SPD; RA in Berlin (seit 1927), Sozius von > Ernst Fraenkel; gleichzeitig Berater verschiedener deutscher Gewerkschaften und Dozent an der Deutschen Hochschule für Politik.
Nach der Machtübernahme der Nationalsozialisten erst Vertretungsverbot, dann Berufsverbot im Frühjahr 1933; die Kanzlei befand sich im Gebäude der Metallarbeitergewerkschaft und wurde Anfang Mai von SA-Trupps gestürmt, Flucht im Mai 1933

nach Großbritannien, London; promovierte dort am 25.5.1936 ein weiteres Mal, diesmal an der London School of Economics and Political Science mit der Dissertation „The Governance of the Rule of Law"; ging 1936 in die USA, nach New York; wurde dort Mitglied des International Institute of Social Research. Beschäftigte sich unter politologischen Gesichtspunkten mit dem Nationalsozialismus, Ergebnis dieser Forschung ist das Buch „Behemoth", das 1942 erschien. Von 1942-1945 im Office of Strategic Services (OSS) tätig, hier der Research & Analysis Branch zugeordnet. 1948 wurde der gänzliche Wechsel zur politischen Wissenschaft vollzogen: N. war zunächst Visiting Professor, dann 1950 Full Professor of Public Law and Government der Columbia University. In dieser Funktion wurde er auch zum Lehrer des jungen Raul Hilberg („Die Vernichtung der europäischen Juden. Die Gesamtgeschichte des Holocaust"). Er hielt Kontakt zu Deutschland und war maßgeblich am Aufbau der Freien Universität Berlin und dem Aufbau der eigenständigen Disziplin Politische Wissenschaft beteiligt; 1954 verunglückte er bei einem Autounfall tödlich.
Veröffentl.: Behemoth. Struktur und Praxis des Nationalsozialismus 1933-1944, New York, 1944; Die Grundrechte, Handbuch der Theorie und Praxis; 1954; Wirtschaft, Staat, Demokratie. Aufsätze 1930-1954. Frankfurt a. M.1978.
Adr.B. 33; Liste d. nichtzugel. RA, 25.4.33; LAB, Liste 15.10.33; NY Pub. Lib. (Am.Com.) Neumann, F.; BG: BHdE Bd. 2,2, S. 856; Söllner, Alfons: Franz L. Neumann – Skizzen zu einer intellektuellen und politischen Biographie, in: Franz L. Neumann: Wirtschaft, Staat, Demokratie, Aufsätze 1930-1954, Frankfurt a. M 1978; Raul Hilberg/ Alfons Söllner: Das Schweigen zum Sprechen bringen. Beitrag in: Diner, Dan (Hg.): Zivilisationsbruch. Denken nach Auschwitz, Frankfurt a. M. 1988, S. 175-200; Göpp. S. 354

Neumann, Fritz Simon Dr.
8.9.1891 Berlin - 4.3.1965 Tel Aviv
priv.: Wissmannstr. 21
Kanzlei: Wissmannstr. 21
Nach der Machtübernahme der Nationalsozialisten 1933 wieder zugelassen, am 3.8.1936 wurde die Zulassung gelöscht. Emigration nach Palästina.
Adr.B. 33; *li; LAB, Liste 15.10.33; Liste 36

Neumann, Georg, JR
keine Angaben
priv.: k.A.
Kanzlei: Charlottenstr. 86, SW 68
Nach der Machtübernahme der Nationalsozialisten wurde 1933 die Zulassung als Anwalt und Notar gelöscht.
Adr.B. 33; TK 33; JMBl. 33, 17.6.33, S. 184/5

Neumann, Heinrich Dr.
keine Angaben
priv.: k.A.
Kanzlei: Burggrafenstr. 3, Schöneberg
RA und Notar; nach der Machtübernahme der Nationalsozialisten 1933 Entlassung als Notar. Am 30.11.1935 wurde die Zulassung als Anwalt auf Antrag gelöscht.
*li; JMBl. 33, S. 220; LAB, Liste 15.10.33; BG

Neumann, Kurt
14.4.1888 - keine Angaben
priv.: k.A.
Genthiner Str. 29, W 35
Zuerst als Anwalt in Königsberg zugelassen, Umzug nach Berlin, am 17.2.1932 Zulassung in Berlin; nach der Machtübernahme der Nationalsozialisten Berufsverbot 1933.
Adr.B. 33; JMBl. 33, 17.6.33, S. 184; BArch, R 3001 PAK

Neumann, Oskar Dr.
6.9.1889 Hamburg - Deportation 1944
priv.: Clausewitzstr. 5, Charlottenburg
Kanzlei: Königin-Augusta-Str. 7, W 9
N. war katholischer Religion. RA am KG; nach der Machtübernahme der Nationalsozialisten 1933 wieder zugelassen, war noch bis zum allgemeinen Berufsverbot 1938 als Anwalt tätig; gehörte dem Reichsverband nichtarischer Christen an. Deportation am 10.8.1944 nach Auschwitz.
*li; LAB, Liste 15.10.33; Liste 36; Mitt.bl. Reichsverband nichtarischer Christen, 6.12.1934; MRRAK; BG; GB II

Neumann, Rudolf
3.7.1904 Berlin - 9.10.1975 New York
priv.: k.A.
Kanzlei: Augsburger Str. 46, W 50
1923-26 Studium in Berlin; 1927 Promotion in Leipzig; 1927-33 Assistent an der Berliner Universität; RA am KG, zugleich Wirtschaftsberater, arbeitete eng mit seiner Ehefrau Eva N. zusammen. Nach der Machtübernahme der Nationalsozialisten Berufsverbot im Frühjahr 1933; emigrierte 1933 gemeinsam mit seiner Frau über die Niederlande in die Schweiz. 1939 ging das Paar in die USA. N. änderte seinen Namen in Randolph Henry Newman. 1939-44 Wirtschaftsberater, nach erneutem juristischen Examen wieder als RA zugelassen; 1946-48 Ankläger für das US-Kriegsministerium beim Nürnberger Kriegsverbrecherprozess; 1950-53 beim US-Oberkommando in Deutschland als Leiter des IG-Farben-Kontrollbüros; praktizierte dann als RA in New York, Spezialist für Wiedergutmachungsangelegenheiten.
Liste d. nichtzugel. RA, 25.4.33; BG; BHdE Bd. 1, S. 532; SSDI; Ausk. Dr.Y. Arndt.

Noah, Albert, JR
28.1.1863 Moschin - 6.8.1942
priv.: Weinmeisterstr. 1, C 54
Kanzlei: Weinmeisterstr. 1, C 54
Sozius von Hans N., vermutlich sein Vater; nach der Machtübernahme der Nationalsozialisten 1933 Entzug des Notariats, als Anwalt bis zum allgemeinen Berufsverbot 1938 tätig. Albert N. starb 1942 im Alter von 79 Jahren, er wurde in Weißensee beigesetzt.
JMBl. 33, S. 220; *li; LAB, Liste 15.10.33; Liste 36; MRRAK; BG

Noah, Hans Dr.
17.4.1899 - keine Angaben
priv.: k.A.
Kanzlei: Weinmeisterstr. 1, N 54
Sozius von Albert N. (vermutlich sein Sohn); RA am Kammergericht; nach der Machtübernahme der Nationalsozialisten wieder zugelassen, war noch bis zum allgemeinen Berufsverbot 1938 als Anwalt tätig.
Br.B. 32; *li; LAB, Liste 15.10.33; Liste 36; BArch, R 3001 PAK, PA; MRRAK

Norden, Erich Dr.
27.4.1899 - März 1979 New York
priv.: k.A.
Kanzlei: Potsdamer Str. 96, W 57
RA seit 1925, zuvor während des Referendariats u.a. im Büro > Fliess. Nach der Machtübernah-

me der Nationalsozialisten 1933 wieder zugelassen, am 9.9.1936 in die USA ausgewandert, zeitgleich wurde die Zulassung gelöscht. Er lebte zuletzt in Queens, New York.
*li; LAB, Liste 15.10.33; Liste 36; BArch, R 3001 PA; Naatz-Album; SSDI; Ausk. Dorothee Fliess, 3.1.1999

Nothmann, Rudolf
23.5.1891 Berlin - keine Angaben
priv.: Bismarckstr. 97-99, Charlottenburg
Kanzlei: Wilhelmstr. 44, W 8
RA und Notar; nach der Machtübernahme der Nationalsozialisten 1933 wieder zugelassen; Entzug des Notariats 1935; noch bis zum allgemeinen Berufsverbot 1938 als Anwalt tätig. Emigration nach Französisch-Indochina, am 24.1.1939; später vermutlich nach Palästina.
*li; LAB, Liste 15.10.33; DJ 36, S. 315; Liste 36; MRRAK; BG

Nürnberg, Herbert Dr.
31.7.1896 Berlin - März 1983
priv.: Turmstr. 6, NW 21
Kanzlei: Turmstr. 6, NW 21
Nach der Machtübernahme der Nationalsozialisten 1933 wieder zugelassen, war noch 1936 als Anwalt tätig. Emigration in die USA am 1.7.1938; änderte seinen Namen in Nurnberg, lebte zuletzt in New York.
*li; LAB, Liste 15.10.33; Liste 36; BArch, R 3001 PAK; SSDI; BG

Nussbaum, Arthur Dr.
31.1.1877 Berlin - 22.11.1964 New York
priv.: k.A.
Kanzlei: Lützowufer 24, W 62
Ab 1904 RA, zugelassen am KG; ab 1914 Dozent an der Berliner Universität; Funktionär des CV. Nach der Machtübernahme der Nationalsozialisten 1933 wieder als RA zugelassen, als Universitätsdozent entlassen. 1934 Emigration in die USA, New York; übernahm dort eine Professur an der Columbia University (bis 1950); war Spezialist für internationales Privatrecht und trat mit zahlreichen Publikationen hervor, die auch rechtliche und ökonomische Aspekte verknüpften; starb 1964 im Alter von 86 Jahren in New York.
Veröffentl. u.a.: Deutsches internationales Privatrecht, 1932; Money in the Law, 1939; Principles of Private International Law, 1942; Concise History of the Law of Nations, 1947
*li; LAB, Liste 15.10.33; Liste 36; BG; BHdE Bd. 2,2, S. 869; NY Publ. Lib.(Am.Com.) Kurt Jacobsohn

Nußbaum, Julius Dr.
20.11.1874 Berlin - keine Angaben
priv.: Kaiserallee 26, Wilmersdorf
Kanzlei: Kaiserallee 26, Wilmersdorf
RA am KG und Notar; nach der Machtübernahme der Nationalsozialisten 1933 Entzug des Notariats, war noch bis zum allgemeinen Berufsverbot 1938 als Anwalt tätig. Emigration nach Schweden, Stockholm, am 2.9.1938.
JMBl. 33, S. 220; *li; LAB, Liste 15.10.33; Liste 36; MRRAK; BG; Ausk. E. Proskauer

O

Oborniker, Alfred
25.11.1885 - 7.5.1936
priv.: Duisburger Str. 59, Wilmersdorf
Kanzlei: Oranienburger Str. 59, N 24
RA am KG und Notar, übernahm auch Mandate im Rechtsschutzauftrag der Roten Hilfe. Nach der Machtübernahme der Nationalsozialisten 1933 wieder zugelassen; Entzug des Notariats 1935; war noch bis zu seinem Tod 1936 als Anwalt tätig; starb 1936 im 51. Lebensjahr, in Weißensee beigesetzt.
*li; LAB, Liste 15.10.33; DJ 36, S. 315; Liste 36; BG; Göpp., S. 370; Schneider, Schwarz, Schwarz, S. 227

Oettinger, Ernst Dr.
8.12.1881 Marienwerder - 3.12.1953 Berlin
priv.: Wehlauer Str. 3, NO 55
Kanzlei: Rheinstr. 6/7, Friedenau
O. war evangelischen Glaubens; RA (seit 1912) und Notar (seit 1919); Anhänger der DVP. Nach der Machtübernahme der Nationalsozialisten 1933 wieder zugelassen; 1935 Entzug des Notariats, bis zum allgemeinen Berufsverbot 1938 als Anwalt tätig. Die jährlichen Einkünfte, die sich 1931 auf RM 22 400,- beliefen, reduzierten sich ab 1933 kontinuierlich von RM 7.000,- (1934) auf 2.500,- (1938). Nach dem Berufsverbot lag sein Jahreseinkommen bei RM 800,-. 1943 wurde O. „zum Arbeitsdienst herangezogen und zwar zuerst zu Aufräumungsarbeiten in fliegerbeschädigten Häusern, später als Metallarbeiter". O. blieb von den Deportationen ausgenommen, vermutlich weil er in einer „Mischehe" mit einer als „arisch" geltenden Frau verheiratet war. Er überlebte das NS-Regime und wohnte nach 1945 in Schöneberg. Er wurde umgehend wieder als Anwalt und Notar zugelassen.
*li; DJ 36, S. 315; Liste 36; MRRAK; Verz. zugel. Anw. 45; LAB, RAK, PA; BG

Ohnstein, Max
1.7.1879 Posen - Deportation 1943
priv.: Meinekestr. 26, W 15
Kanzlei: Tauentzienstr. 7 b, W 50
RA und Notar; nach der Machtübernahme der Nationalsozialisten 1933 Entzug des Notariats, war als Anwalt noch bis zum allgemeinen Berufsverbot 1938 tätig. Deportation am 12.3.1943 nach Auschwitz.
JMBl. 33, S. 208; *li; LAB, Liste 15.10.33; Liste 36; BArch, R 3001 PAK, PA (Elkeles); MRRAK; BG; GB II

Olden, Rudolf Dr.
14.1.1885 Stettin - 17.9.1940 Atlantik
priv.: k.A.
Kanzlei: Joachimsthaler Str. 38
O. war ein bekannter Strafverteidiger, der auch in politischen Prozessen, u.a. als Verteidiger von Carl von Ossietzky auftrat. Neben der Anwaltstätigkeit war O. publizistisch tätig (Berliner Tageblatt) und aktiv in der Liga

für Menschenrechte. O. initiierte, nachdem eine Großveranstaltung der Liga am 3.2.1933 verboten worden war, einen Kongress unter dem Titel „Das freie Wort" am 19.2.1933. Rund 1.000 Künstler, Journalisten, Politiker und Wissenschaftler kamen in der Kroll-Oper zusammen.

In der Reichstagsbrandnacht wurde O. gewarnt, dass „man überall Oppositionelle verhafte". Am nächsten Tag vertrat er noch einen Fall beim Amtsgericht. Als er erfuhr, dass „seine Wohnung beobachtet würde und die Gestapo bereits beim Landgericht auf ihn warte, benachrichtigte er seine Frau, übernachtete bei einem Freund, fuhr am nächsten Tag nach Süden und floh auf Skiern über die Grenze zur Tschechoslowakei." (Müller, S. 187)

Im Mai 1933 veröffentlichte er in Prag in einer ersten Fassung „Hitler der Eroberer". 1934 gingen O. und seine Frau Ika nach Paris. Hier erarbeitete O. im Auftrag des Comité des Juives eine der ergiebigsten zeitgenössischen Darstellungen der nationalsozialistischen Judenverfolgung, das „Schwarzbuch über die Lage der Juden in Deutschland". In Deutschland wurde gegen O. im Frühjahr 1933 ein Berufsverbot als Anwalt verhängt. Im Dezember 1936 erfolgte seine Ausbürgerung. O. verlegte seinen Wohnsitz von Paris nach London. Dort brachte er seine dritte große Biografie, nach Stresemann und Hitler, über Hindenburg heraus. Er arbeitete intensiv schriftstellerisch, aber seine Einkünfte blieben gering. Gleichwohl setzte er seine ganze Kraft daran, über den deutschen PEN-Club (seiner Ansicht nach aber „eine Illusion"), im Exil den in alle Welt verstreuten, Not leidenden deutschen Schriftstellern Hilfe zukommen zu lassen – durch Unterstützungsaktionen, Bettelbriefe und Appelle an englische und amerikanische Organisationen.

Der nun Staatenlose wurde 1939 nach Kriegsbeginn in Großbritannien zum „feindlichen Ausländer" erklärt. Er kam in ein Internierungslager. Als er einen Ruf der New School of Social Research, New York, erhielt, bestiegen Ika und Rudolf O. die *City of Benares*, die zweijährige Tochter war bereits mit einem separaten Kindertransport vorausgeschickt worden. Bei der Überfahrt auf dem Atlantik wurde das Schiff von dem deutschen U-Boot U 48 torpediert. Ika und Rudolf O. kamen dabei mit vielen anderen ums Leben.

Veröffentl. (Auswahl): Der Justizmord an Jakubowsky, Berlin 1928; Stresemann, Berlin 1929; Das Wunderbare oder Die Verzauberung. Propheten in deutscher Krise, Berlin 1932; Das Schwarzbuch über die Lage der Juden in Deutschland, Paris 1934; Hitler der Eroberer, Ausgabe Amsterdam 1936; Hindenburg oder der Geist der preußischen Armee, Paris 1935.
Liste d. nichtzugel. RA, 25.4.33; JMBl. 33, S. 266; Müller, Ingo: Beitrag zu Rudolf Olden, in: Kritische Justiz (Hg.): Streitbare Juristen. Eine andere Tradition. Baden-Baden 1988, S. 180-192; Göpp., S. 306/7; Krach, S. 435

Ollendorff, Friedrich Dr.
14.3.1889 Breslau - keine Angaben
priv.: Niebuhrstr. 11, Charlottenburg
Kanzlei: k.A.
RA am KG; nach der Machtübernahme der Nationalsozialisten wurde die Zulassung im Sommer 1933 gelöscht.
TK 33 (Ollendorf); JMBl. 33, S. 266; BG

Oppenheim, Franz Dr.
30.5.1891 - 29.9.1942 Sachsenhausen
priv.: Lutherstr. 31/32, W 62
Kanzlei: Jerusalemer Str. 13, SW 19
RA am KG und Notar; nach der Machtübernahme der Nationalsozialisten 1933 Entzug des Notariats, als Anwalt wieder zugelassen; gab vor 1936 seine Tätigkeit auf. 1942 im KZ Sachsenhausen umgekommen.
Adr.B. 33; *li; BG; GB Sachsenhausen; GB II

Oppenheim, Max Dr.
12.2.1883 Berlin - 29.8.1942 Auschwitz
priv.: Pariser Str. 23 (53), Wilmersdorf
Kanzlei: Königstr. 22/24, C 2
RA und Notar; nach der Machtübernahme der Nationalsozialisten 1933 Entzug des Notariats, als Anwalt noch bis zum allgemeinen Berufsverbot 1938 tätig, 1939 Emigration nach Frankreich. Deportation von Drancy nach Auschwitz am 24.8.1942, dort wenige Tage nach der Ankunft in den Gaskammern ermordet.
JMBl. 33, S. 208; *li; Liste 36; Naatz-Album; MRRAK; BG; GB II

Oppenheimer, Ernst
23.3.1890 Marsberg - September 1978
priv.: Nürnberger Str. 16, W 50
Kanzlei: Nürnberger Str. 16, W 50
RA und Notar; nach der Machtübernahme der Nationalsozialisten 1933 wieder zugelassen; Entzug des Notariats 1935, als Anwalt bis zum allgemeinen Berufsverbot 1938 tätig. 1939 Emigration in die USA, lebte zuletzt in Kalifornien.
*li; DJ 36, S. 315; Liste 36; MRRAK; BG; SSDI

Oppenheimer, Fritz Dr.
10.3.1898 Berlin - 6.2.1968 Nairobi, Kenia
priv.: Großadmiral-Prinz-Heinrich-Str. 6, W 35
Kanzlei: Regentenstr. 2, W 10
1915-18 Soldat im WK I, verwundet, mit dem EK ausgezeichnet; nach Kriegsende Studium in Berlin, Freiburg und Breslau; 1922 Promotion in Breslau; 1924-25 Studienaufenthalte in Paris und London; ab 1925 RA in Berlin, zuletzt zugelassen am LG I-III und AG Berlin-Mitte, später auch Notar; spezialisiert auf internationales Recht. Nach der Machtübernahme der Nationalsozialisten 1933 wieder zugelassen; Entzug des Notariats 1935, war noch 1936 als Anwalt tätig. Emigration nach Großbritannien 1936; 1936-40 u.a. Rechtsberater des Kronanwalts und des Finanzministeriums; 1940 Wechsel in die USA; arbeitete 1940-43 in einer RA-Kanzlei mit; wurde amerikanischer Staatsbürger; 1943-46 bei der US-Armee, wurde Oberstleutnant; 1945-46 bei der US-Militärverwaltung in Deutschland,

verantwortlich für Gesetz- und Gerichtsreform; verfasste 1946 das »Gesetz zur Befreiung von Nationalsozialismus und Militarismus«. Der Alliierte Kontrollrat übernahm das Gesetz unverändert als Direktive Nr. 38 und machte es bindend für alle Besatzungszonen; ab 1947-48 für das US-Außenministerium tätig; ab 1948 RA-Kanzlei in New York; weiter für US-Regierungsbehörden tätig, u.a. 1950 bei der Londoner Schuldenkonferenz. O. starb kurz vor seinem 70. Geburtstag 1968 in Kenia.
TK 33; *li; Liste 36; BG: LAB, OFP-Akten; BHdE Bd. 1, S. 542; Dietmar Nix: Entnazifizierung (AK Zeitgeiststudien)

Oppenheimer, Georg, JR
23.4.1862 Sprottau - 12.8.1942 Theresienstadt
priv.: Iranische Str. 2, N 65 (Jüd. Krankenhaus)
Kanzlei: Grolmanstr. 34/35, Charlottenburg
RA und Notar; nach der Machtübernahme der Nationalsozialisten 1933 Entzug des Notariats, als Anwalt noch bis zum allgemeinen Berufsverbot 1938 tätig. Am 14.7.1942 aus dem Jüdischen Krankenhaus in Berlin nach Theresienstadt deportiert; dort vier Wochen später umgekommen.
Adr.B. 33; JMBl. 33, S. 208; *li; Liste 36; MRRAK; BG; ThG; GB II

Oppenheimer, Ludwig Dr.
keine Angaben
priv.: Waldseestr. 8, Hermsdorf
Kanzlei: Wilhelmstr. 44, W 8
RA am KG und Notar; nach der Machtübernahme der Nationalsozialisten 1933 Entzug des Notariats, war noch 1936 als Anwalt tätig; soll in die Niederlande emigriert sein.
Adr.B. 33; JMBl. 33, S. 208; *li; Liste 36

Oppenheimer, Stefan
16.3.1885 Mainz - Mai 1964
priv.: Kufsteiner Str. 2, Schöneberg
Kanzlei: Leipziger Str. 123a, W 8
Nach der Machtübernahme der Nationalsozialisten 1933 wieder zugelassen, war bis zum allgemeinen Berufsverbot 1938 als Anwalt tätig. Emigration nach Frankreich am 26.6.1939, später in die USA gegangen, änderte seinen Vornamen in Stephen, lebte zuletzt in New York.
*li; Liste 36; MRRAK; Naatz-Album; BG; SSDI

Oppenheimer, Werner Dr.
24.11.1901 Berlin - keine Angaben
priv.: Schillstr. 18, W 62
Kanzlei: Schellingstr. 5, W 9
Nach der Machtübernahme der Nationalsozialisten Berufsverbot im Frühjahr 1933. Emigration am 7.6.1933 nach Dänemark, Kopenhagen.
Liste d. nichtzugel. RA, 25.4.33; JMBl. 4.8.33, S. 253; BG

Orlipski, Gustav Dr.
4.2.1887 Bromberg - Deportation 1942
priv.: Ansbacher Str. 26, Schöneberg
Kanzlei: Nürnberger Str. 22, W 50
RA und Notar; nach der Machtübernahme der Nationalsozialisten Berufsverbot im Frühjahr 1933; später Mitarbeiter der Jüdischen Gemeinde. Datum der Vermögenserklärung: 1.6.1942; Sammellager Levetzowstr. 7-8; Deportation am 13.6.1942 nach Sobibor.
Br.B. 32; Liste d. nichtzugel. RA, 25.4.33; JMBl. 33, S. 221; BG; GB II

Ostberg, Ernst Dr.
14.2.1880 Berlin - 22.1.1943 Theresienstadt
priv.: Klopstockstr. 9, NW 87
Kanzlei: Kottbusser Damm 5, S 59
RA und Notar, seine Frau Elsa arbeitete in seiner Kanzlei mit; nach der Machtübernahme der Nationalsozialisten 1933 wieder zugelassen, 1935 Entzug des Notariats, als Anwalt bis zum allgemeinen Berufsverbot 1938 tätig, danach noch als „Konsulent". Datum der Vermögenserklärung: 2.10.1942; Deportation am 3.10.1942 nach Theresienstadt, dort im Januar 1943 umgekommen. O.s Ehefrau wurde im Mai 1944 von Theresienstadt nach Auschwitz verschleppt.
*li; DJ 36, S. 315; Liste 36; MRRAK; Liste d. Kons. v. 15.4.39; BG; ThG; GB II

P

Paechter, Curt
7.4.1888 Crossen - Deportation 1942
priv.: Nassauische Str. 61, Wilmersdorf
Kanzlei: Mauerstr. 39, W 8
Nach der Machtübernahme der Nationalsozialisten 1933 wieder zugelassen, war noch bis zum allgemeinen Berufsverbot 1938 als Anwalt tätig. Deportation am 30.10.1942 nach Theresienstadt; von dort am 9.10.1944 nach Auschwitz verschleppt.
*li; Liste 36; MRRAK; BG; GB II

Pakscher, Benno, JR
6.9.1859 Posen - keine Angaben
priv.: Witzlebenplatz 6, Charlottenburg
Kanzlei: Kurfürstendamm 29, W 15
Nach der Machtübernahme der Nationalsozialisten 1933 wieder zugelassen; war noch bis zum allgemeinen Berufsverbot 1938 als Anwalt tätig.
*li; Liste 36; MRRAK; BG

Pauly, Richard Dr.
10.1.1883 Berlin - keine Angaben
priv.: Wielandstr. 41, Charlottenburg
Kanzlei: Warschauer Str. 26, O 34
RA (seit 1912) und Notar (seit 1924); nach der Machtübernahme der Nationalsozialisten 1933 Entzug des Notariats zum 1.7.1933, wäre als „Altanwalt" wieder zugelassen worden, gab aber die Zulassung zum 24.7.1933 zurück.
Jüd.Adr.B.; Br.B. 32; JMBl. 33, S. 208; BArch, R 3001 PAK, PA

Pechner, Hanns Günter
11.9.1905 Berlin - keine Angaben
priv.: k.A.
Kanzlei: Jägerstr. 18, W 8
1924-28 Jurastudium in München und Berlin; ab Oktober 1931 RA in Berlin, zugelassen am KG. P. war evangelischer Religion. Nach der Machtübernahme der Nationalsozialisten Berufsverbot 1933; in der Widerstandsarbeit im Umfeld der sozialistischen Gruppe Neu Beginnen; kurzzeitig in Haft im Zuchthaus Luckau; Flucht vor drohender KZ-Einweisung am 19.3.1939 über die Schweiz nach Frankreich, Paris; 1940 zurück in die Schweiz; in Exilorganisationen aktiv; 1946 Rückkehr nach Frankreich; bis 1953 Buchdrucker in Paris; ging im März 1954 als Mitarbeiter der URO nach Berlin; ließ sich dann als RA und Notar in Berlin nieder, spezialisiert auf Wiedergutmachungsfragen; lebte 1977 in West-Berlin.
Adr.B. 33; Pr.J. 33, S. 502; BArch, R 3001 PAK; BG; BHdE Bd. 1, S. 551

Peisach, Lothar
6.6.1888 Glogau - keine Angaben
priv.: Konstanzer Str. 12 a
Kanzlei: Colditzstr. 2, Tempelhof
Nach der Machtübernahme der Nationalsozialisten 1933 wieder zugelassen, war bis zum allgemeinen Berufsverbot 1938 als Anwalt, danach noch als „Konsulent" tätig. P. s Ehefrau galt als nicht-jüdisch. Emigration in die USA nach dem 21.7.1941.
Adr.B. 33; *li; Liste 36; MRRAK; BG

Peiser, Georg, JR
2.3.1898 Jarotschin - keine Angaben
priv.: Zietenstr. 16, Schöneberg
Kanzlei: Potsdamer Str. 129/ 130
RA und Notar; nach der Machtübernahme der Nationalsozialisten 1933 Entzug des Notariats, als Anwalt wieder zugelassen; 1936 nicht mehr tätig. Emigration nach Chile am 4.12.1939.
TK 33; JMBl. 33, S. 220; *li; BG

Peltason, Walther Dr.
6.6.1887 Plauen - Mai 1985
priv.: Schopenhauerstr. 44, Nikolassee
Kanzlei: Motzstr. 72, W 30
RA und Notar; nach der Machtübernahme der Nationalsozialisten 1933 wieder zugelassen; Entzug des Notariats 1935; als Anwalt bis zum allgemeinen Berufsverbot 1938 tätig, danach noch als „Konsulent". Emigration am 31.3.1939, ging in die USA, lebte zuletzt im Staat New York.
*li; DJ 36, S. 315; MRRAK; Liste d. Kons. v. 15.4.39; BArch, R 3001 PAK; BG; SSDI

Peyser, Walther Dr.
29.12.1882 Schöneck - 25.2.1953
priv.: k.A.
Kanzlei: Berliner Str. 141, Charlottenburg

RA (seit 1912), später auch Notar; nach der Machtübernahme der Nationalsozialisten 1933 wieder zugelassen, da er als „Altanwalt" galt; Entzug des Notariats 1935; bis zum allgemeinen Berufsverbot 1938 als Anwalt tätig. Vor 1933 beliefen sich seine Einkünfte auf durchschnittlich RM 40 000,- p.a., ab 1933 sanken sie auf RM 6.000,- RM (1933), 4.000,- (1934), 2.000,- (1935), schließlich auf 1.000,- (1938). P.s Ehefrau war nicht-jüdischer Herkunft. Er wurde ab 1941 zur Zwangsarbeit herangezogen und als Arbeiter erst bei den Charlottenburger Motorenwerken (Rüstung), dann bei der Deutschen Reichsbahn, später bei Friedrich Vogt, Flaschengroßhandel (Nachtwächter) eingesetzt. Sein jährliches Einkommen betrug max. RM 1.450,-. P. überlebte das NS-Regime; wohnte in Charlottenburg. Am 5.6.1947 erhielt er die Wiederzulassung als RA.
Br.B. 32; *li; DJ 36, S. 315; Liste 36; MRRAK; Verz. zugel. Anw. 45; LAB, RAK, PA; BG

Pfeffermann, Bruno Dr.
10.1.1881 Görlitz - keine Angaben
priv.: Lietzenburger Str. 13
Kanzlei: Lietzenburger Str. 13
RA und Notar; nach der Machtübernahme der Nationalsozialisten 1933 Entzug des Notariats, als Anwalt wieder zugelassen, war noch bis zum allgemeinen Berufsverbot 1938 tätig. Emigration nach Palästina.
JMBl. 33, S. 208; *li; Liste 36; MRRAK; BG

Philipp, Herbert
10.11.1890 - 6.5.1934
priv.: Sybelstr. 62, Charlottenburg
Kanzlei: Hardenbergstr. 24, Charlottenburg
Nach der Machtübernahme der Nationalsozialisten 1933 Berufsverbot als RA und Notar; starb 1934 im Alter von 53 Jahren, in Weißensee beigesetzt.
Br.B. 32; Liste d. nichtzugel. RA, 25.4.33; JMBl. 33, S. 195; BArch, R 3001 PAK; BG

Philipp, Richard Dr.
27.8.1880 Stolp - keine Angaben
priv.: Rosenheimer Str. 15/ Bozener Str. 9, Schöneberg
Kanzlei: Bülowstr. 28, W 57
RA am KG und Notar, Sozius von > Hans Beermann und > Alfons Lüpschütz. Nach der Machtübernahme der Nationalsozialisten 1933 wieder zugelassen; Entzug des Notariats 1935; noch bis zum allgemeinen Berufsverbot 1938 als Anwalt tätig. Emigration in die USA, am 14.3.1940; lebte 1947 in New York.
*li, Br.B. 32; DJ 36, S. 315 Liste 36; MRRAK; BG

Philipp, Rudolf
14.3.1882 Frankfurt /Oder - Deportation 1942
priv.: Regensburger Str. 23
Kanzlei: Regensburger Str. 23
Nach der Machtübernahme der Nationalsozialisten wurde die Zulassung Ende 1933 gelöscht. P. wurde am 13.1.1942 aus dem Polizeigefängnis Berlin nach Riga deportiert.
Adr.B. 33; Pr.J. 33, S. 807; BG; BdE; GB II

Philippsborn, Siegfried
11.3.1887 Quedlinburg - keine Angaben
priv.: k.A.
Kanzlei: Motzstr. 68, W 30
RA seit 1919; nach der Machtübernahme der Nationalsozialisten Berufsverbot zum 9.6.1933. War 1941 als Arbeiter bei Warnecke & Böhm, Weißensee, zur Zwangsarbeit eingesetzt.
Liste d. nichtzugel. RA, 25.4.33; JMBl. 33, S. 234; BArch, R 3001 PAK, PA ; BG

Philippson, Arthur
22.10.1888 Braunschweig - keine Angaben
priv.: k.A.
Kanzlei: Unter den Linden 56, NW 7
RA (seit 1920) und Notar (1930); nach der Machtübernahme der Nationalsozialisten 1933 Berufsverbot im Juni 1933.
Br.B. 32; JMBl. 33, S. 220/1; BArch, R 3001 PAK, PA

Philipsborn, Alexander Dr.
21.11.1882 Berlin - keine Angaben
priv.: Markgraf-Albrecht-Str. 14, Halensee
Kanzlei: Nikolsburger Str. 8/9, Wilmersdorf
RA am KG und Notar; nach der Machtübernahme der Nationalsozialisten 1933 Entzug des Notariats, war noch bis zum allgemeinen Berufsverbot 1938 als Anwalt tätig. Emigration nach Belgien, Brüssel.
JMBl. 33, S. 220; *li; Liste 36; DJ 38, S. 1705; BG

Philipsborn, Georg
3.10.1901 Stralsund - keine Angaben
priv.: k.A.
Kanzlei: Tauentzienstr. 10, W 50
RA seit 1927 in gemeinsamer Kanzlei mit > Willy Bachwitz; nach der Machtübernahme der Nationalsozialisten 1933 Berufsverbot zum 9. 6.1933.
Br.B. 32; JMBl. 33, S. 220; BArch, R 3001 PAK, PA

Pick, Ernst
7.11.1884 Cosel - keine Angaben
priv.: k.A.
Kanzlei: Kaiser-Wilhelm-Platz 4, Schöneberg
RA seit 1912, Notar seit 1927, Sozius von > Dagobert Auerbach; hatte im WK I bei der Marine gedient; zum 8.7.1933 als Notar entlassen; als Anwalt noch bis zum allgemeinen Berufsverbot 1938 tätig.
Br.B. 32; JMBl. 33, S. 220; *li, Liste 36; MRRAK; BArch, R 3001 PAK, PA

Pick, Felix Dr., JR
13.5.1871 - keine Angaben
priv.: Bamberger Str. 59, W 50
Kanzlei: Bamberger Str. 59, W 50
War noch 1932 Vorstandsmitglied der RAK; nach der Machtübernahme der Nationalsozialisten 1933 Entzug des Notariats; bis zum allgemeinen Berufsverbot 1938 als Anwalt tätig. Emigration 1938 in die Schweiz.
JMBl. 33, S. 220; *li; Liste 36; MRRAK; BG; Krach, S.435

Pick, Fritz
27.5.1887 Lissa - keine Angaben
priv.: Kurfürstendamm 64, Pension Olympic, Friedrichstr. 221
Kanzlei: Friedrichstr. 221, SW 48
RA und Notar, daneben Justitiar der UFA; nach der Machtübernahme der Nationalsozialisten 1933 wieder zugelassen; Entzug des Notariats 1935; noch bis zum allgemeinen Berufsverbot 1938 als Anwalt tätig. Emigration in die Niederlande, Amsterdam; Rückkehr nach Deutschland, lebte 1951 in München.
*li; DJ 36, S. 315; Liste 36; BArch, R 3001 PAK; MRRAK; BG; Ausk. Werner Wolff, 22.9.1998

Pick, Max Dr.
27.11.1879 - 21.3.1937
priv.: k.A.
Kanzlei: Steglitzer Str. 54, W 35
RA und Notar; nach der Machtübernahme der Nationalsozialisten 1933 Entzug des Notariats, war noch 1936 als Anwalt tätig; beging 1937 im Alter von 58 Jahren Suizid.
JMBl. 33, S. 220; *li; Liste 36; BG

Pick, Rudolf Dr.
15.8.1892 Ostrowo - 30.11.1941 Riga
priv.: k.A.
Kanzlei: Brückenallee 13, NW 87
RA (seit 1924), später auch Notar; nach der Machtübernahme der Nationalsozialisten im April 1933 Vertretungsverbot, wieder zugelassen, 1935 Entzug des Notariats, bis 1936 als Anwalt tätig. Zuletzt Leiter des Palästina-Amtes; begleitete einen Jugendtransport nach Palästina, kehrte aber zu seiner Familie nach Berlin zurück. Deportation am 27.11.1941 nach Riga; wurde dort am Tag der Ankunft ermordet.

Liste d. nichtzugel. RA, 25.4.33; *li; DJ 36, S. 315; Liste 36; BArch, R 3001 PAK; Naatz-Album ; BG; BdE; GB II; Göpp. S. 257; Walk, S. 295

Pick, Walter Dr.
2.8.1901 - keine Angaben
priv.: Bamberger Str. 59, W 50
Kanzlei: Belle-Alliance-Platz 4, SW 61
Nach der Machtübernahme der Nationalsozialisten Berufsverbot im Frühjahr 1933. Emigration nach Großbritannien, London.
Br.B. 32; Liste d. nichtzugel. RA, 25.4.33; JMBl. 33, S. 253; BArch, R 3001 PAK; BG

Pickardt, Ludwig Dr.
keine Angaben
priv.: k.A.
Kanzlei: Uhlandstr. 24, Charlottenburg
RA und Notar; nach der Machtübernahme der Nationalsozialisten 1933 Entzug des Notariats, daraufhin Aufgabe der Kanzlei. Vermutlich Emigration nach Frankreich, Paris.
Br.B. 32; JMBl. 33, S. 209; Pr.J. 33, S. 679; Naatz-Album

Pincus, Alfred Dr.
8.7.1892 Dortmund - 15.1.1945 Bergen-Belsen
priv.: Xantenerstraße 10, W 15
Kanzlei: Gontardstr. 5, C 25
RA und Notar; nach der Machtübernahme der Nationalsozialisten meldete der Vorstand der RAK im Mai 1933 an das Preußische Justizministerium, dass P. die Verteidigung im Felseneck-Prozess übernommen hatte, zugleich wurde betont, dass er „nicht-arisch" sei. Er wurde kurz darauf mit Berufsverbot belegt. Emigration 1936 nach Holland. Gegen ihn wurde ein Steuersteckbrief erlassen. P. kam Anfang 1945 im KZ Bergen-Belsen ums Leben. Seine Ehefrau und der Sohn überlebten das NS-Regime und gingen in die USA.
Br.B. 32; GHStA, Rep. 84a, Nr. 20363; Liste d. nichtzugel. RA, 25.4.33; JMBl. 33, S. 209; BG; GB II; Wolf, BFS

Pincus, Dagobert Dr.
18.6.1886 Lötzen - 23.8.1958 Berlin
priv.: Zähringerstr. 38 a, Wilmersdorf
Kanzlei: Kurfürstendamm 229, W 50

RA (seit 1913) und Notar (seit 1924); Teilnahme am WK I. Nach der Machtübernahme der Nationalsozialisten beantragte er die Wiederzulassung, wurde aber nicht als „Frontkämpfer"

anerkannt. Da er sich jedoch vor 1914 als Anwalt niedergelassen hatte, durfte er weiter praktizieren, das Notariat wurde ihm jedoch entzogen. 1938 fiel er unter das allgemeine Berufsverbot für jüdische Anwälte.
P. wurde am 10. November 1938 verhaftet und kam in das KZ Sachsenhausen. Am 7.12.1938 wurde er wieder entlassen, nach Unterzeichnung einer Verpflichtungserklärung auszuwandern. P.s Ehefrau war nicht-jüdisch und ging mit ihm am 12.6.1939 nach Frankreich. Dort lebte das Paar bis zum 19.10.1948. In Frankreich war P. Mitglied der Union des Immigrés Allemands Antinazis, einer anerkannten Résistance-Gruppe. Unter der Vichy-Regierung war P. zweimal im Camp de la Braconne (1939 u. 1940) inhaftiert. P.s Mutter, Julie Pincus, geb. Glass, wurde von Berlin nach Theresienstadt deportiert und kam dort ums Leben. Im Oktober 1948 kehrte P. nach Berlin zurück. Bekannte äußerten ihr Unverständnis, in diese Stadt zu gehen, die viele lieber heute als morgen verlassen würden. Dennoch bemühte er sich engagiert und mit der Unterstützung von Kollegen um seine erneute Wiederzulassung als Anwalt, die ihm am 7.12.1948 erteilt wurde. Die zuerst eröffnete Praxis in Köpenick gab er wegen des einsetzenden politischen Drucks auf und ließ sich 1950 in Halensee nieder; P. lebte später in Charlottenburg.
Br.B. 32; JMBl. 33, S. 209; *li; Liste 36; BArch, R 3001 PAK; BG; LAB, RAK, PA

Pincus, Ernst Dr.
2.2.1904 Posen - keine Angaben
priv.: Aschaffenburger Str. 13, W 30
Kanzlei: Budapester Str. 29, W 62
RA am KG seit 1930; nach der Machtübernahme der Nationalsozialisten Berufsverbot zum 9.6.1933. Emigration nach Dänemark im August 1933.
Br.B. 32; Liste d. nichtzugel. RA, 25.4.33; JMBl. 33, S. 203; BArch, R 3001 PAK; PA; BG

Pincus, Harry Dr.
3.7.1883 Königsberg - 2.4.1950 Berlin
priv.: Rathenower Str. 4, NW 40
Kanzlei: Rathenower Str. 4, NW 40
P. war 1920 aus der jüdischen Religionsgemeinschaft ausgetreten und hatte den röm.-kath. Glauben angenommen. P.s Ehefrau war nicht-jüdischer Herkunft und Christin, er war Mitglied der Zentrumspartei. P. spezialisierte sich auf die juristischen Fragen im Zusammenhang mit dem neu aufgekommenen Medium Rundfunk und war beratend für die Reichsrundfunkgesellschaft aktiv. Nach der Machtübernahme der Nationalsozialisten 1933 entfielen diese Mandate und P.s Einnahmen reduzierten sich von durchschnittlich RM 18 000,- p.a. (1931, 1932) auf 550,- (1935), 250,- (1936), 150,- (1937) und 280,- (1938). Vor allem der Entzug des Notariats 1933 bewirkte die Haupteinbuße der Einnahmen. Er war als Anwalt bis zum allgemeinen Berufsverbot 1938 tätig.
P. gehörte dem Reichsverband nichtarischer Christen an. Er wurde nach 1938 als Lager- bzw. Hilfsarbeiter in einer Fabrik zwangsverpflichtet. Nach der Befreiung wurde er Abteilungsleiter beim Berliner Rundfunk. Am 2.4.1948 wurde P. wieder als Anwalt zugelassen. Er lebte bis zu seinem Tod 1950 in Charlottenburg.
Zahlreiche Veröffentl. zum Rundfunkrecht ab 1928
JMBl. 33, S. 209; *li; Liste 36; BArch, R 3001 PAK; Mitt. bl.Reichsverband nichtarischer Christen, 6.12.1934; MRRAK; Verz. zugel. Anw. 45; LAB, RAK, PA; BG

Pincus, Ludwig Dr.
keine Angaben
priv.: Müllerstr. 177, N 65
Kanzlei: Badstr. 61, N 20
RA und Notar; nach der Machtübernahme der Nationalsozialisten 1933 Entzug des Notariats, P. war noch bis zum allgemeinen Berufsverbot 1938 als Anwalt tätig; vermutlich emigriert.
JMBl. 33, S. 209; *li; Liste 36; DJ 38, S. 1705; BG

Pincuß, Leo
7.7.1889 Berlin - keine Angaben
priv.: Invalidenstr. 113, Mitte
Kanzlei: Chausseestr. 111/112, N 4
RA und Notar; nach der Machtübernahme der Nationalsozialisten 1933 wieder zugelassen; Entzug des Notariats 1935; noch bis zum allgemeinen Berufsverbot 1938 als Anwalt tätig; vermutlich emigriert.
*li; DJ 36, S. 315; Liste 36; BArch, R 3001 PAK; MRRAK; BG

Pindar, Kurt Dr.
2.2.1885 Königsberg - keine Angaben
priv.: k.A.
Kanzlei: Unter den Linden 15, W 8
RA (seit 1913) und Notar (seit 1929); im Adressbuch 1933 sind seine Sprechzeiten angegeben: wochentags 11-12 und 4-6, Sonnabend nur 11-12. Nach der Machtübernahme der Nationalsozialisten 1933 Entzug des Notariats, als Anwalt wieder zugelassen, weil er als „Altanwalt" anerkannt wurde; er war noch bis zum 10.6.1938 als Anwalt tätig. P. hatte 1922 seinen Namen von ehemals „Pincus" geändert, worauf bei verschiedenen Gelegenheiten besonders hingewiesen wurde. Namentlich wurde er in einer Polemik gegen jüdische Anwälte angeführt (siehe Lippert, Julius: Im Strom der Zeit, Berlin 1942, S. 86-89, hier: 88).
Adr.B. 33; JMBl. 33, S. 220; *li; Liste 36; BArch R 3001 PAK; PA; Ausk. Flechtmann

Pinkus, Martin
keine Angaben
priv.: k.A.
Kanzlei: Markstr. 1 (heute Residenzstr.), Reinickendorf
RA und Notar; nach der Machtübernahme der Nationalsozialisten 1933 wieder zugelassen; Entzug des Notariats 1935; war noch bis zum allgemeinen Berufsverbot 1938 als Anwalt tätig.
*li; DJ 36, S. 315 (Pincus); Liste 36; MRRAK

Pinn, Georg, JR
19.10.1867 - keine Angaben
priv.: Bülowstr. 18, Schöneberg
Kanzlei: Bülowstr. 19, W 57
RA und Notar; nach der Machtübernahme der Nationalsozialisten 1933 Entzug des Notariats, war noch bis zum allgemeinen Berufsverbot 1938 als Anwalt zugelassen; Emigration.
JMBl. 33, S. 220; *li; Liste 36; MRRAK; BG

Pinner, Albert Dr., JR
1857 Berlin - 1933
priv.: k.A.
Kanzlei: Markgrafenstr. 46
RA am LG I-III und Notar; Vorstandsmitglied des Berliner Anwaltvereins und des DAV, 1932 als letzter jüdischer Jurist in einer Festschrift offiziell gewürdigt;

starb 1933 im Alter von 76 Jahren in der Emigration.
Diverse Veröffentl. zum Handelsrecht
Br.B. 32; TK 33; BG; BHdE Bd. 1, S 562 (Heinz Albert Pinner); Krach, S. 435

Pinner, Ernst
24.7.1889 Kosten - 20.8.1947 Israel
priv.: k.A.
Kanzlei: Linkstr. 19, W 9
RA und Notar; nach der Machtübernahme der Nationalsozialisten 1933 wieder zugelassen; Entzug des Notariats 1935; noch bis zum allgemeinen Berufsverbot 1938 als Anwalt tätig. Emigration am 28.8.1939 nach Palästina, Tel Aviv; dort 1947 im Alter von 58 Jahren gestorben.
*li; DJ 36, S. 315; Liste 36; BArch, R 3001 PAK; MRRAK; BG

Pinner, Heinz Dr.
20.2.1893 Berlin - September 1986
priv.: Eichenallee 24, Charlottenburg
Kanzlei: Markgrafenstr. 46, W 8
1914-18 Kriegsteilnehmer; 1919 Promotion in Greifswald; RA und Notar; war evangelischer Religion und mit einer Ullstein-Tochter verheiratet; bis 1933 Aufsichtsratmitglied der Ullstein AG. Nach der Machtübernahme der Nationalsozialisten 1933 wieder zugelassen; Entzug des Notariats 1935; war noch bis zum allgemeinen Berufsverbot 1938 als Anwalt tätig. Im Juni 1939 Emigration mit Frau und Kindern in die Schweiz, im Dezember 1941 in die USA, Los Angeles; studierte Buchprüfung und wurde als Steuerfachmann Teilhaber einer Wirtschaftsprüfungsfirma; wurde von der Residenzpflicht befreit und ab 1947 am OLG Düsseldorf als RA zugelassen, Fachmann für Wiedergutmachung; lebte 1978 in Los Angeles. 1979 Ehrenmitglied des DAV.
Veröffentl.: Aktienrechts-Kommentar, Staub/Pinner

TK 33; *li; DJ 36, S. 315; Liste 36; MRRAK; SSDI; BG; BHdE Bd. 1, S. 562 (mit Vornamen Heinz Albert); BAP, 15.09 RSA; Jewish Immigrants ... in the U.S.A., Oral History, S. 96; Ausk. Liselotte K.

Pinner, Leo David
24.12.1861 - 23.5.1938
priv.: Güntzelstr. 2, Wilmersdorf
Kanzlei: Kronprinzenufer 11, NW 40
RA und Notar; nach der Machtübernahme der Nationalsozialisten 1933 wieder zugelassen, 1935 Entzug des Notariats, war noch 1936 als Anwalt tätig; starb 1938 im Alter von 77 Jahren; in Weißensee beigesetzt.
Adr.B. 33; *li; DJ 36, S. 315; Liste 36; BG

Pinner, Paul
28.4.1884 Erfurt - 1.11.1941
priv.: Helmstedter Str. 23, Wilmersdorf
Kanzlei: Martin-Luther-Str. 79, W 30
RA am KG und Notar; nach der Machtübernahme der Nationalsozialisten 1933 Entzug des Notariats, war noch bis zum allgemeinen Berufsverbot 1938 als Anwalt tätig; starb 1941 im Alter von 57 Jahren; in Weißensee beigesetzt.
JMBl. 33, S. 220; *li; Liste 36; MRRAK; BG

Pinner, Sally
5.12.1880 Graudenz - 20.8.1939
priv.: Wallnertheaterstr. 7, C 2
Kanzlei: An der Spandauer Brücke 1 b, C 2
Nach der Machtübernahme der Nationalsozialisten 1933 wieder zugelassen, war noch bis zum allgemeinen Berufsverbot 1938 als Anwalt tätig; starb 1939 im Alter von 59 Jahren; in Weißensee beigesetzt.
TK 33; *li; Liste 36; MRRAK; BG

Pinner, Sigismund, JR
keine Angaben
priv.: k.A.
Kanzlei: Alexanderstr. 14a, O 27
RA und Notar; nach der Machtübernahme der Nationalsozialisten nach 1933 weiter zugelassen; Entzug des Notariats 1935; war noch 1936 als Anwalt tätig.
Br.B. 32; *li; DJ 36, S. 315; Liste 36

Pinthus, Heinrich Dr.
25.10.1884 Berlin - 24.7.1938
priv.: Waitzstr. 13, Charlottenburg
Kanzlei: Waitzstr. 13
RA am KG und Notar; nach der Machtübernahme der Nationalsozialisten 1933 Entzug des Notariats, war noch 1936 als Anwalt tätig; starb 1938 im Alter von 53 Jahren; in Weißensee beigesetzt.
JMBl. 33, S. 220; *li; Liste 36; BArch, R 3001 PAK; BG

Pitsch, Erich
10.2.1883 Berlin - 2.11.1939 Berlin
priv.: Bleibtreustr. 47
Kanzlei: Alexanderufer 1, NW 40
RA (seit 1911) und Notar (seit 1923); P. war evangelischer Religion. Nach der Machtübernahme der Nationalsozialisten 1933 Entzug des Notariats, er wurde als „Altanwalt" anerkannt, deshalb wieder als Anwalt zugelassen. P. galt als „Mischling", seine Ehefrau als nicht-jüdisch, aus diesem Grund blieb er als Anwalt über das allgemeine Berufsverbot 1938 hinaus zugelassen. Er starb 1939 im Alter von 56 Jahren in Berlin.
JMBl. 33, S. 209; *li; Liste Mschlg. 36; BArch, R 3001 PAK, PA; BG

Placzek, Michaelis, JR
25.12.1860 Schwersenz - keine Angaben
priv.: Joachimsthaler Str. 21 bei Wolff, W 15
Kanzlei: Joachimsthaler Str. 13, W 15
RA und Notar; nach der Machtübernahme der Nationalsozialisten 1933 wieder zugelassen; 1935 Entzug des Notariats; war noch bis zum allgemeinen Berufsverbot 1938 als Anwalt tätig. Emigration am 13.8.1941 mit der Familie nach Uruguay.
*li; DJ 36, S. 315; Liste 36; BG

Platz, Alfred Dr.
26.6.1890 Köln - keine Angaben
priv.: Oldenburgallee 61, Charlottenburg
Kanzlei: Behrenstr. 20, W 8
RA und Notar; nach der Machtübernahme der Nationalsozialisten 1933 Entzug des Notariats, als Anwalt wieder zugelassen. Emigration in die Niederlande, Amsterdam, am 2.5.1934; kehrte nach Deutschland zurück.
JMBl. 33, S. 220; *li; BArch, R 3001 PAK; BG

Plaut, Leo Dr.
29.4.1900 Willingshausen - keine Angaben
priv.: k.A.
Kanzlei: Potsdamer Str. 76, W 57
RA seit 1926; war am Felseneck-Prozess beteiligt (es ging um die Vorgänge in einer Laubenkolonie, bei denen es zu einer gewaltsamen Auseinandersetzung zwischen rechten und linken Gruppen gekommen war). In seiner Personalakte findet sich der Hinweis, dass er in diesem Prozess kommunistischen Anwälten „energisch entgegengetreten" sei. Offensichtlich machte P. aus seiner konservativen Haltung kein Hehl. Trotz seiner politischen Einstellung meldete im Mai 1933 der Vorstand der RAK an das Preußische Justizministerium, dass P. sich einer „Anzeige des Leiters der Ortsgruppe Märzhausen der N.S.D.A.P." zufolge kommunistisch betätigen würde, zugleich wurde betont, dass er „nicht-arisch" sei. Zum 31.5.1933 wurde er mit Berufsverbot belegt.
Br.B. 32; GHStA, Rep. 84a, Nr. 20363; Liste d. nichtzugel. RA, 25.4.33; JMBl. 33, S. 209; BArch, R 3001 PAK, PA

Pleuss, Wilhelm Dr.
25.11.1905 Lüneburg - keine Angaben
priv.: k.A.
Kanzlei: Nymphenburger Str. 11, Schöneberg
P. war RA am KG; nach der Machtübernahme der Nationalsozialisten scheint nicht umgehend P.s Herkunft bekannt geworden zu sein; er war evangelischer Religion; 1936 galt er als „Mischling", durch diesen Status durfte er bis mindestens 1941 weiter als Anwalt praktizieren.
Adr.B. 32; Liste Mschlg. 36; Tel. B. 41; BG

Plonski, Herbert Dr.
5.6.1878 Zirke - Deportation 1942
priv.: Elisabethufer 1 (heute Hoffmanndamm), SO 36
Kanzlei: Elisabethufer 34, SO 36
RA und Notar; nach der Machtübernahme der Nationalsozialisten 1933 Entzug des Notariats, war noch bis zum allgemeinen Berufsverbot 1938 als Anwalt tätig. Verhaftung am 19.12.1941; am 25.1.1942 nach Riga deportiert.
JMBl. 33, S. 209; *li; Liste 36; MRRAK; BG; BdE; GB II

Plonski, Hugo, JR
3.1.1858 Neustadt - 21.11.1942 Berlin
priv.: Stühlinger Str. 11 b, Karlshorst
Kanzlei: Stühlinger Str. 11 b, Karlshorst
RA und Notar; nach der Machtübernahme der Nationalsozialisten 1933 Entzug des Notariats, als Anwalt wieder zugelassen, gab seine Tätigkeit vor 1936 auf. P. starb Ende 1942 im Polizeigefängnis Berlin-Alexanderplatz.
JMBl. 33, S. 220; *li; BG; GB II

Polke, Albert Dr.
9.7.1889 Berlin - keine Angaben
priv.: Laubacher Str. 56, Wilmersdorf
Kanzlei: Potsdamer Str. 22 b, W 9
RA und Notar; nach der Machtübernahme der Nationalsozialisten Vertretungsverbot im Frühjahr 1933, anschließend wieder zugelassen; 1935 Entzug des Notariats; als Anwalt noch bis zum allgemeinen Berufsverbot 1938 tätig. Emigration in die USA, New York; 1952 als Public Accountant in New York tätig.
Br.B. 32; Liste d. nichtzugel. RA, 25.4.33; *li; Liste 36; BArch, R 3001 PAK; BG

Pollack, Erich Dr.
27.10.1882 Köslin - 11.10.1956 Berlin
priv.: k.A.
Kanzlei: Kurfürstendamm 13, W 50
RA (seit 1911), daneben soll er sich als juristischer Repetitor betätigt haben. Nach der Machtübernahme der Nationalsozialisten wurde P. 1933 verhaftet, nachdem er durch die Vertretung eines sich im Ausland aufhaltenden Mandanten, einem „Generaldirektor Scheuer aus der Getreidewirtschaft", aufgefallen war. Er wurde von zwei Staatspolizeibeamten persönlich verfolgt. P. kam in das Polizeigefängnis am Alexanderplatz, wo er in einem lichtlosen, feuchten Kellerraum mit zahlreichen anderen Gefangenen zusammengepfercht wurde. Später wurde er in das Militärgefängnis in Spandau bzw. das alte Zuchthaus in Brandenburg/Havel überstellt. Nur durch die Anstrengungen von P.s Ehefrau Hildegard, die nicht-jüdisch und unter dem Künstlernamen Ingrid Lindstroem als Opern- und Operettensängerin bekannt geworden war, kam P. aus der Haft wieder frei. 1936 wurde P.s Zulassung als Anwalt gelöscht. Die Frau wurde wegen des Einsatzes für ihren Ehemann aus der Reichskulturkammer ausgeschlossen, was einem Auftrittsverbot gleichkam. 1943 und 1944 wurde P., der evangelischen Glaubens war, erneut verhaftet, einmal „von der Straße weg" wegen eines angeblichen „Sternvergehens", das andere Mal nach Denunziation einer Frau von Bonin, in deren Ortsgruppenbezirk das Ehepaar nach seiner Ausbombung eingewiesen worden war. P. wurde zwangsweise als Arbeiter verpflichtet, er überlebte die Verfolgung und wohnte nach 1945 in Charlottenburg. Materiell hatte er nach 1933 als Repetitor seinen Lebensunterhalt gesichert. Im Mai 1947 beantragte P. die Wiederzulassung als RA. Nach einem mehr als zweieinhalbjährigen Prüfungsverfahren wurde er am 10.1.1950 als Anwalt wieder zugelassen.
Br.B. 32; TK 33; *li; Liste 36; BG; LAB, RAK, PA

Pommer, Martin Dr.
22.6.1888 - August 1982
priv.: k.A.
Kanzlei: Lindenstr. 7, SW 68
RA und Notar; nach der Machtübernahme der Nationalsozialisten 1933 wieder zugelassen; Entzug des Notariats 1935, war noch bis zum allgemeinen Berufsverbot 1938 als Anwalt tätig. Emigration in die USA, lebte zuletzt im Staat Ohio.
*li; DJ 36, S. 315; Liste 36; BArch, R 3001 PAK; MRRAK; BG; SSDI

Posener, Erwin
17.1.1904 Berlin - keine Angaben
priv.: k.A.
Kanzlei: Nollendorfplatz 7, W 30
Nach der Machtübernahme der Nationalsozialisten Berufsverbot im Frühjahr 1933.
Liste d. nichtzugel. RA, 25.4.33; JMBl. 28.7.33, S. 234; BArch, R 3001 PAK

Posener, Paul Dr.
keine Angaben
priv.: k.A.
Kanzlei: Prager Platz 4, Wilmersdorf
RA und Notar; nach der Machtübernahme der Nationalsozialisten wurde 1933 erst das Notariat entzogen, dann die Zulassung auch als Anwalt gelöscht.
Adr.B. 33; JMBl. 33, S. 220 u. S. 234

Präger, Alfred Dr.
11.2.1902 Neustadt a.d.Orla - 19.12.1993
priv.: Am Karlsbad 1 a, W 35
Kanzlei: Kaiserstr. 38, C 25
Studium in Berlin; 1926 Promotion in Leipzig; 1927-30 im Preußischen Justizministerium; RA (seit 1931); seit 1914 Mitglied der Zionistischen Vereinigung für Deutschland; SPD-Mitglied und Anwalt der Partei. Nach der Machtübernahme der Nationalsozialisten 1933 untergetaucht; Berufsverbot im Frühjahr 1933; Emigration in die USA im Mai 1933; 1933-35 erneutes Jurastudium, daneben Arbeit in einer Juwelenschleiferei; 1937 Anwaltsexamen; ab 1938 RA in New York; wurde mit zahlreichen kommunalen (Ehren-)Ämtern betraut, war enger Mitarbeiter der Zeitschrift Aufbau; starb 1993 im Alter von 91 Jahren.
TK 33; Liste d. nichtzugel. RA, 25.4.33; JMBl. 28.7.33, S. 234; BArch R 3001 PAK, PA 71128; BG; BHdE Bd. 1, S. 574; SSDI

Prager, Arthur, JR
keine Angaben
priv.: k.A.
Kanzlei: Südwestkorso 2, Friedenau
Nach der Machtübernahme der Nationalsozialisten im Frühjahr 1933 als Anwalt gelöscht.
Adr.B. 33; TK 33; JMBl. 33, 5.5.33

Prasse, Herbert Dr.
21.10.1894 Danzig - Deportation 1944
priv.: Kaiserdamm 85, Charlottenburg
Kanzlei: Kaiserdamm 85, Charlottenburg
Nach der Machtübernahme der Nationalsozialisten 1933 wieder zugelassen, war noch 1936 als Anwalt tätig. Emigration, wahrscheinlich in die Niederlande. Kam in das Lager Westerbork; von dort am 4.9.1944 nach Theresienstadt deportiert; am 16.10.1944 nach Auschwitz verschleppt.
TK 33; *li; Liste 36; BG; GB II

Preis, Siegfried
19.5.1872 Königshütte - keine Angaben
priv.: Bissingzeile 17, Tiergarten
Kanzlei: Potsdamer Str. 32 a, W 35
RA und Notar; nach der Machtübernahme der Nationalsozialisten 1933 Entzug des Notariats, war noch bis zum allgemeinen Berufsverbot 1938 als Anwalt tätig.
Br.B. 32; JMBl. 33, S. 209; *li; Liste 36; BArch, R 3001 PAK; MRRAK; BG

Preuß, Hans
11.6.1900 Berlin - August 1978
priv.: Frankfurter Allee 285
Kanzlei: k.A.
Nach der Machtübernahme der Nationalsozialisten erst Vertretungsverbot, dann Berufsverbot zum 5.5.1933. Emigration in die USA, lebte zuletzt in San Francisco.
Liste d. nichtzugel. RA, 25.4.33; Br.B. 32; JMBl. 33, S.163; BArch, R 3001 PAK; BG; SSDI

Preuß, Hans Helmuth
19.12.1901 Berlin - 4.12.1983 Paris
priv.: Landgrafenstr. 10, W 62
Kanzlei: Herwarthstr. 4
P. trat Ende 1932 aus der Jüdischen Gemeinde aus; nach der Machtübernahme der Nationalsozialisten Berufsverbot zum 6.7.1933; ging nach Paris, wo er ein Ergänzungsstudium absolvierte; 1939 Einbürgerung; 1940 gemeinsam mit der Mutter Else, geb. Liebermann, der Witwe des Rechtswissenschaftlers und Politikers Hugo Preuß, Flucht nach Südfrankreich, dann illegal in die Schweiz; bei Kriegsende Rückkehr nach Paris; arbeitete dort als RA; starb 1983 in Paris.
Br.B. 32; JMBl. 33, S. 234; BArch, R 3001 PAK; BG; Ausk. Prof. Christoph Müller, Hugo-Preuß-Gesellschaft; Website der Hugo-Preuß-Gesellschaft

Preuss, Julius
24.6.1887 Deutsch-Krone - keine Angaben
priv.: k.A.
Kanzlei: Chausseestr. 118, N 4
RA und Notar; nach der Machtübernahme der Nationalsozialisten Berufsverbot im Sommer 1933.
Br.B.32; Liste d. nichtzugel. RA, 25.4.33; JMBl. 21.8.33, S. 266; BArch, R 3001 PAK

Priebatsch, Ludwig Dr.
18.8.1899 Berlin - 15.12.1987
priv.: k.A.
Kanzlei: Tauentzienstr. 14, W 50
RA seit 1924; nach der Machtübernahme der Nationalsozialisten Berufsverbot zum 9.6.1933. Emigration in die USA, änderte seinen Namen in Priebat, lebte zuletzt in Kalifornien.
Adr.B. 32; Liste d. nichtzugel. RA, 25.4.33; JMBl. 4.8.33, S. 253; BArch, R 3001 PAK; SSDI

Priester, Harry, JR
26.6.1865 Memel - 6.1.1943
priv.: Hohenstaufenstr. 36, Schöneberg
Kanzlei: Zimmerstr. 21, SW 68
RA und Notar; nach der Machtübernahme der Nationalsozialisten 1933 Entzug des Notariats, war noch bis zum allgemeinen Berufsverbot 1938 als Anwalt tätig; starb 1943 im Alter von 77 Jahren, in Weißensee beigesetzt.
JMBl. 33, S. 220; *li; Liste 36; MRRAK; BG

Priester, Siegfried Dr.
29.10.1898 Landsberg - keine Angaben
priv.: Wielandstr. 22, Schöneberg
Kanzlei: Leonhardstr. 6, Charlottenburg
RA am KG; nach der Machtübernahme der Nationalsozialisten 1933 wieder zugelassen, war noch bis zum allgemeinen Berufsverbot 1938 als Anwalt tätig.
TK 33; *li; Liste 36; BArch, R 3001 PAK; MRRAK

Pringsheim, Ernst Dr.
20.11.1901 Oppeln - keine Angaben
priv.: Hebbelstr. 16, Charlottenburg
Kanzlei: Schellingstr. 6
Nach der Machtübernahme der Nationalsozialisten Berufsverbot 1933. Emigration am 12.3.1938 nach Südamerika.
Br.B. 32; Liste der nichtzugel. RA, (8. Nachtragsliste v. 24.7.33); Pr.J. 33, S. 532; BArch, R 3001 PAK; BG

Prinz, Arthur
18.11.1886 Berlin - keine Angaben
priv.: k.A.
Kanzlei: Fasanenstr. 22, W 15
RA am KG und Notar; nach der Machtübernahme der Nationalsozialisten 1933 wieder zugelassen, 1935 Entzug des Notariats, war noch bis zum allgemeinen Berufsverbot 1938 als Anwalt tätig. P. überlebte das NS-Regime und wurde nach 1945 wieder als Anwalt und Notar zugelassen.
*li; DJ 36, S. 315; Liste 36; BArch, R 3001 PAK; MRRAK; Verz. zugel. Anw. 45; BG

Prinz, Heinrich
18.10.1878 Krotoschin - Deportation 1943
priv.: Hohenzollerndamm 96, Zehlendorf
Kanzlei: Pallasstr. 10/11, W 57
RA am KG und Notar; nach der Machtübernahme der Nationalsozialisten 1933 Entzug des Notariats; P. war bis 1936 als Anwalt tätig. Emigration in die Niederlande, Amsterdam, 1937. Nach Auskunft der Tochter sind ihre Eltern von Amsterdam aus 1943 deportiert worden.
Br.B. 32; JMBl. 33, S. 220; *li; Liste 36; DJ 38, S. 1705; BG; Ausk. d. Tochter

Priwin, Jakob
19.4.1885 Graudenz - keine Angaben
priv.: k.A.
Kanzlei: Kurfürstendamm 24, W 15
RA und Notar; nach der Machtübernahme der Nationalsozialisten 1933 wieder zugelassen, 1935 Entzug des Notariats; als Anwalt noch bis zum allgemeinen Berufsverbot 1938 tätig.
*li; DJ 36, S. 315; Liste 36; BArch, R 3001 PAK; MRRAK

Pröll, Rudolf
keine Angaben - 15.2.1944
priv.: Invalidenstr. 111, N 4
Kanzlei: Neustädtische Kirchstr. 15, NW 7
RA am KG und Notar; nach der Machtübernahme der Nationalsozialisten 1933 wieder zugelassen; galt als „Mischling 2. Grades" und konnte daher auch nach 1938 bis zu seinem Tode 1944 weiter als Anwalt tätig sein.
*li; Liste Mschlg. 36; BArch, R 3001 PAK

Proskauer, Max E. Dr.
19.12.1902 Berlinchen - 16.6.1968 Berlin
priv.: k.A.
Kanzlei: Schwäbische Str. 3, W 30
RA am KG; nach der Machtübernahme der Nationalsozialisten Berufsverbot im Frühjahr 1933. P. stellte keinen Antrag auf Wiederzulassung. Emigration unmittelbar nach dem Boykottag am 1.4.1933 über Paris nach Palästina, gemeinsam mit der Ehefrau Erna, die ebenfalls Juristin war. In Palästina bemühte sich P., Zugang zum britisch orientierten Rechtssystem zu finden, erwarb dort jedoch nie eine Zulassung als Anwalt. Seine Frau baute eine Wäscherei auf und sorgte auf diese Weise für den Lebensunterhalt des Paares. In den 1950er Jahren kehrten beide nach Berlin zurück. Hier ließ sich P. wieder als Anwalt nieder. Seine Frau, von der er sich getrennt hatte, führte die Kanzlei nach seinem Tod 1968 fort.
Br.B. 32; Liste d. nichtzugel. RA, 25.4.33; JMBl. 33, S. 203; BArch, R 3001, PAK; Proskauer, Erna, Wege und Umwege, Frankfurt a. M. 1996

Proskauer, Oskar Dr.
3.8.1879 Bauerwitz, Schlesien - keine Angaben
priv.: k.A.
Kanzlei: Mommsenstr. 21, Charlottenburg
Herbst 1899 Abitur am Gymnasium zu St. Maria Magdalena in Breslau; ein Jahr „Maschinenbaueleve" bei der Königl. Werkstätteninspektion Breslau IV; Studium Maschinenbau an der TH Berlin 1900-1905; !905/06 bei der Firma J.M.Voith in Heidenheim an der Brenz; 1906-10 Jurastudium in Breslau; erstes Staatsexamen 1910, Mai 1910 Promotion. RA und Notar; nach der Machtübernahme der Nationalsozialisten Berufsverbot im Frühjahr 1933. Lebenslauf in der Dissertation Oskar Proskauers, Stabi; Br.B. 32; Liste d. nichtzugel. RA, 25.4.33; JMBl. 33, S. 220/1

Prytek, Oskar Dr.
2.10.1882 Osnabrück - 25.7.1942 Sachsenhausen
priv.: Konstanzer Str. 10, Wilmersdorf
Kanzlei: Seydelstr. 31, SW 19
RA und Notar; nach der Machtübernahme der Nationalsozialisten 1933 wieder zugelassen; spätestens Ende 1935 Entzug des Notariats; 1936 Zulassung als Anwalt gelöscht. P. kam 1942 im KZ Sachsenhausen ums Leben.
*li; Liste 36; BArch, R 3001 PAK; BG; GB Sachsenhausen; GB II

Pulvermacher, Ralph Dr.
18.4.1890 Kempen - keine Angaben
priv.: Spichernstr. 19, W 50
Kanzlei: Spichernstr. 19, W 50
RA am KG und Notar; nach der Machtübernahme der Nationalsozialisten Berufsverbot im Frühjahr 1933; Emigration nach Palästina, Tel Aviv.
Adr.B. 32; Liste d. nichtzugel. RA, 25.4.33; JMBl. 33, S. 203; BArch, R 3001 PAK; BG

Q

Quaatz, Reinhold Georg Dr.
8.5.1876 Berlin - 15.8.1953 Berlin
priv.: k.A.
Kanzlei: Dessauer Str. 26
War evangelischer Religion; besuchte das Gymnasium in Berlin; 1894 Abitur; studierte Volkswirtschaft und Jura in Jena und Berlin; war im Referendariat von 1904-1913 Beamter bei den preußischen Staatseisenbahnen; im WK I für die Organisation von Militärtransporten verantwortlich, Koordinator des kriegswichtigen Ruhr-Mosel-Verkehrs und für die Kohleversorgung im Westen des Deutschen Reichs zuständig; hatte Kontakte in wichtige Banken- und Industriekreise, u.a. zu Hugo Stinnes, Emil Kirdorf, Albert Vögler und Alfred Hugenberg; 1919 Geheimer Regierungsrat und Vortragender Rat im Preußischen Ministerium der Öffentlichen Arbeiten; 1920 Promotion an der Universität Köln; 1920-1923 Erster Syndikus der Handelskammer Essen und Leiter mehrerer wirtschaftlicher Verbände; 1920-1933 Mitglied des Reichstages, 1920-1924 für die DVP, dann aus Ablehnung der Stresemann'schen Verständigungspolitik für die DNVP; unterstützte in der DNVP den Flügel um Alfred Hugenberg, der 1928 zum Parteivorsitzenden gewählt wurde (und 1933 mit Hitler koalierte); war als scharfer, kompromissloser Debattenredner und Verfasser von Zeitungsartikeln bekannt, der sich auch rassistisch-antisemitischer, völkischer Schlagworte bediente; 1924 RA in Berlin; 1931 im Vorstand der Dresdner Bank als Vertreter des Reichs. Nach der Machtübernahme musste Q. aus dem Vorstand der Dresdner Bank ausscheiden, da er nach den rassistischen NS-Kriterien als „Mischling" galt, trotz seiner völkisch-nationalen Gesinnung und seiner engen Kontakte in die DNVP. Er behielt aber seine Zulassung als Anwalt und konnte auch nach dem allgemeinen Berufsverbot 1938 weiter praktizieren. Er ist letztmalig im Branchenbuch 1939 als RA verzeichnet. Im Oktober 1944 wurde Q., der mit einem Pfarrer der Bekennenden Kirche eng befreundet war, von der Gestapo verhört, blieb aber ansonsten unbehelligt.
Q. überlebte das NS-Regime. Nach dem Einmarsch der Roten Armee vom örtlichen Kommandanten zum Bürgermeister in Lichtenrade ernannt, aber bereits Mitte Juni 1945 aus politischen Gründen wieder entlassen; engagierte sich von nun an ausschließlich im kirchlichen Bereich, wurde zum Vorsitzenden des Evangelischen Bruderrats in Lichtenrade gewählt und gehörte der Provinzialsynode Berlin-Brandenburg der Evangelischen Kirche an; war maßgeblich am Wiederaufbau der Kirchlichen Hochschule Berlin beteiligt, hielt dort auch Vorlesungen über Weltanschauungsfragen und soziologische Tagesprobleme und war Mitglied des Hochschulkuratoriums, ab ca. 1948 Kurator; gehörte zu den Mitbegründern der CDU in Berlin, auch wenn er parteipolitisch nicht mehr aktiv wurde.
Br.B. 32; TK 33; TK 36; Liste Mschlg. 36; Br.B. 39; BG; Walk, S. 304; Hermann Weiß/Paul Hoser, Einleitung zur Edition: Die Deutschnationalen und die Zerstörung der Weimarer Republik. Aus dem Tagebuch von Reinhold Quaatz 1928-1933, München 1989

R

Rabau, Alfred Dr.
17.6.1896 Berlin - 1958 Tel Aviv, Israel
priv.: Kurfürstendamm 145
Kanzlei: Klosterstr. 83/85, C 2
Vorstandsmitglied der Jüdischen Gemeinde Berlin; Zionist; RA am KG und Notar; nach der Machtübernahme der Nationalsozialisten 1933 wieder zugelassen; 1935 Entzug des Notariats; war bis zum allgemeinen Berufsverbot 1938 als Anwalt tätig. Emigration in die Niederlande, Amsterdam, im März 1939, dann nach Palästina; während des Krieges für die Insassen der KZ Westerbork und Bergen-Belsen in den Niederlanden tätig; 1945 Rückkehr nach Palästina; starb 1958 in Tel Aviv.
TK 33; *li; Liste 36; DJ 36, S. 315; MRRAK; BArch, R 3001 PAK; BG; BHdE, Bd. 2,2, S. 733 (Ernst Mordechai Rabau); Walk

Rabbinowitz, Julius
12.5.1886 Königsberg - keine Angaben
priv.: Budapester Str. 8
Kanzlei: Friedrich-Ebert-Str. 4; später: Kurfürstendamm 175/76
R. war neben der Tätigkeit in seiner Praxis Direktor einer Aktiengesellschaft; als RA zugelassen bei den LG I-III; nach der Machtübernahme der Nationalsozialisten 1933 Berufsverbot. Emigration nach Frankreich, Paris. Gegen ihn wurde ein Steuersteckbrief erlassen.
Br.B. 32; TK 33; JMBl. 33, S. 209; Wolf, BFS

Radt, Heinrich Dr.
2.10.1876 - 25.11.1934 Berlin
priv.: k.A.
Kanzlei: Müllerstr. 6, N 65
RA und Notar; nach der Machtübernahme der Nationalsozialisten 1933 wieder zugelassen; starb 1934 im Alter von 58 Jahren, er wurde auf dem Jüdischen Friedhof in Weißensee beigesetzt.
*li; BG

Rahmer, Erwin Dr.
22.6.1886 Berlin - keine Angaben
priv.: k.A.
Kanzlei: Unter den Linden 48/49
RA und Notar; nach der Machtübernahme der Nationalsozialisten Berufsverbot im Frühjahr 1933.
Br.B. 32; Liste d. nichtzugel. RA, 25.4.33; JMBl. 21.8.33; BArch, R 3001 PAK

Raphael, Max Dr.
29.8.1899 Posen - keine Angaben
priv.: k.A.
Kanzlei: Burgstr. 28, C 2
Gemeinsame Kanzlei mit > Richard Auerbach; nach der Machtübernahme der Nationalsozialisten Berufsverbot im Frühjahr 1933. Emigration am 12.6.1939 nach Bolivien, La Paz.
Br.B. 32; Liste d. nichtzugel. RA, 25.4.33; BArch, R 3001 PAK; BG

Rathe, Heinrich
27.6.1906 Hamburg - keine Angaben
priv.: k.A.
Kanzlei: Hauptstr. 34/35, Schöneberg
RA seit 1931; nach der Machtübernahme der Nationalsozialisten Berufsverbot zum 26.5.1933. Die RAK hatte am 11.5.1933 noch dem PrMJ gemeldet, dass R. die SA in einem Schriftsatz verächtlich gemacht habe, dabei wurde betont, dass er „nicht-arisch" sei.
TK 33; Liste d. nichtzugel. RA, 25.4.33; GHStA, Rep. 84a, Nr. 20363; JMBl. 33, S. 209; BArch, R 3001 PAK

Rathe, Kurt
6.10.1892 - keine Angaben
priv.: k.A.
Kanzlei: Behrenstr. 49, W 8
R. nahm den jungen > Werner Wolff in seine Kanzlei als Partner auf. Wichtigster Mandant war die Berliner Commerzbank. R. sollte zudem vermutlich die Iduna-Versicherung sanieren. R. war Sozialdemokrat. Daher beantragte er im April 1933 nicht die Wiederzulassung, sondern ging als politischer Gegner der Nationalsozialisten nach Paris ins Exil. Er überlebte das NS-Regime und ließ sich nach 1945 in Frankfurt nieder.
Br.B. 32; BArch, R 3001 PA; Pr.J. 33, S. 502; Ausk. Werner Wolff

Rawitz, Kurt
18.9.1903 - keine Angaben
priv.: k.A.
Kanzlei: Nürnberger Str. 14/15, W 50
RA seit 1928; nach der Machtübernahme der Nationalsozialisten Berufsverbot zum 8.6.1933.
Br.B. 32; Liste d. nichtzugel. RA, 25.4.33; JMBl. 33, S. 267; BArch, R 3001 PAK

Redlich, Hans Dr.
28.10.1893 Breslau - keine Angaben
priv.: Bundesallee 11, Charlottenburg
Kanzlei: Meinekestr. 26, W 15
RA und Notar; nach der Machtübernahme der Nationalsozialisten 1933 wieder zugelassen; Entzug des Notariats 1935; bis zum allgemeinen Berufsverbot 1938 als Anwalt, dann noch als „Konsulent" tätig. Emigration nach Großbritannien im April 1939.
*li; DJ 36, S. 315; Liste 36; MRRAK; BArch, R 3001 PAK; Liste d. Kons. 39; Naatz-Album; BG

Rehfisch, Hans-José Dr.
10.4.1891 Berlin - 9.6.1960 Schuls, Schweiz
priv.: k.A.
Kanzlei: Württembergallee 26, Charlottenburg

R. nahm am WK I teil. RA seit 1921, zugleich Syndikus einer Filmgesellschaft. Bereits ab 1913 veröffentlichte R. verschiedene Dramen, spätestens nach dem Erfolg des Stücks „Wer weint um Juckenack?" (1925) widmete er sich hauptsächlich der Schriftstellerei. Er war Leiter des Verbands deutscher Bühnenschriftsteller und Komponisten, blieb aber offensichtlich noch als Anwalt zugelassen.
Nach der Machtübernahme der Nationalsozialisten wurde ihm am 23.6.1933 als Rechtsanwalt Berufsverbot erteilt. Er wurde verhaf-

tet, kam aber wieder frei, weil die SA-Männer ihn mit Erwin Piscator verwechselt hatten. R. ging nach Wien und 1936 nach London, wo er Präsident des Clubs deutscher Kulturschaffender wurde. 1944 gab er die Geschichte der deutschen Widerstandsbewegung aus vier Jahrhunderten in der Anthologie „In Tyrannos" (deutsche Erstausgabe 2004) heraus. Von 1947 bis 1949 war er in New York Dozent an der New School for Social Research, zeitweilig musste er als Präzisionsschleifer seinen Lebensunterhalt verdienen. 1950 kehrte R. nach Europa und bald auch nach Deutschland zurück. Er schrieb erfolgreich Dramen, daneben auch Drehbücher. Wie schon in der Weimarer Republik mit dem Stück „Die Affäre Dreyfus" (1929) wählte er sozialkritische Themen, z.B. in der Heimkehrer-Tragödie „Oberst Chabert" oder in „Jenseits der Angst", einem Stück, das die Verantwortung von Wissenschaftlern im Hinblick auf die Kernspaltung problematisiert. Dieses Stück war umstritten und wurde in der Bundesrepublik teilweise kurzfristig abgesetzt. R. benutzte folgende Pseudonyme: Georg Turner, René Kestner, Sydney Phillips. 1956 wurde ihm das Bundesverdienstkreuz Erster Klasse verliehen. Er starb 1960 in der Schweiz, wurde in Berlin auf dem Dorotheenstädtischen Friedhof beigesetzt.
Liste d. nichtzugel. RA 25.4.33; BArch, R 3001 PAK, PA; Munzinger-Archiv; Konvolut Jens Brüning; www.literaturport.de

Reich, Hans Dr.
27.10.1890 Berlin - Deportation 1942
priv.: Wullenweberstr. 3, NW 87
Kanzlei: Kurfürstendamm 188/189, W 15
RA und Notar; nach der Machtübernahme der Nationalsozialisten 1933 wieder zugelassen; 1935 Entzug des Notariats; bis zum allgemeinen Berufsverbot 1938 als Anwalt tätig, danach noch als „Konsulent" zugelassen. Deportation am 26.8.1942 nach Theresienstadt, von dort am 28.9.1944 nach Auschwitz verschleppt.
*li; DJ 36, S. 315; Liste 36; MRRAK; BG; GB II

Reich, Hellmut
11.5.1901 - keine Angaben
priv.: k.A.
Kanzlei: Jägerstr. 20, W 8
Nach der Machtübernahme der Nationalsozialisten trotz Antrags auf Wiederzulassung Berufsverbot im Sommer 1933, es fehlten angeblich ausreichende Erklärungen.
Jüd.Adr.B.; Adr.B. 33; TK 33; JMBl. 33, S. 234; BArch, R 3001 PAK, PA

Reiche, Erwin Dr.
20.1.1894 Berlin - keine Angaben
priv.: k.A.
Kanzlei: Wichmannstr. 5, W 62
RA am KG und Notar; nach der Machtübernahme der Nationalsozialisten Berufsverbot im Frühjahr 1933.
Br.B. 32; Liste d. nichtzugel. RA, 25.4.33; JMBl. 33, S. 203; BArch, R 3001 PAK

Reiche, Martin Dr., JR
29.11.1859 Berlin - keine Angaben
priv.: Landhausstr. 42, Wilmersdorf
Kanzlei: Landhausstr. 42, Wilmersdorf
Nach der Machtübernahme der Nationalsozialisten 1933 wieder als Anwalt zugelassen, war 1936 nicht mehr tätig.
TK 33; *li; BG

Reichmann, Hans Dr.
9.3.1900 Hohensalza - 24.5.1964 Wiesbaden
priv.: Emser Str. 44, W 15
Kanzlei: Mommsenstr. 45, Charlottenburg
1919-22 Jurastudium in Berlin, Freiburg und Greifswald; 1924 Promotion; gehörte als Student der schlagenden jüdischen Verbindung Kartell-Convent an; 1926-27 RA in Hindenburg/Oberschlesien, zugleich Syndikus des Landesverbands Oberschlesien des CV; ab 1927 Syndikus, später Direktor des CV in Berlin; wies beständig auf die Gefahr des Antisemitismus hin; verheiratet mit Dr. Eva R., leitende Mitarbeiterin des CV; niedergelassen als RA seit 1929.
Nach der Machtübernahme der Nationalsozialisten zum 26.5.1933 Berufsverbot; 1938 im November nach der Pogromnacht verhaftet, im KZ Sachsenhausen bis Dezember 1938 interniert; wieder freigekommen. Emigration im April 1939 über die Niederlande nach Großbritannien, London; nach Kriegsbeginn 1940 für sieben Monate auf der Isle of Man interniert, weil er als feindlicher Ausländer galt; 1946/47 Geschäftsführer der HIAS (Hebrew Immigrant Aid Society). Ab 1949 Mitarbeiter des United Restitution Office (URO), London, ab 4.3.1955 Generalsekretär des URO; ab 1949 auch Mitglied des Präsidiums des Council of Jews from Germany, stellvertretender Vorsitzender der Association of Jewish Refugees (AJR); Mitarbeit am Leo Baeck Institute, London. 1964 in Deutschland während einer beruflichen Reise gestorben.
TK 33; JMBl. 33, S. 209; BG; LAB, OFP-Akten; BHdE Bd. 1, S. 592; BArch, R 3001 PAK; Walk; S. 308; Lowenthal, S. 188; Krach, S.435; Göpp., S. 309/10

Reimer, Eduard Dr.
8.12.1896 Berlin - keine Angaben
priv.: Theodor-Fritsch-Allee 34, Zehlendorf
Kanzlei: Maienstr. 2, W 62
R. hatte am WK I teilgenommen. RA am KG; nach der Machtübernahme der Nationalsozialisten wieder zugelassen, doch als „nicht arisch" gekennzeichnet; er galt als „Mischling"; mit diesem Status konnte er auch 1941 noch als Anwalt praktizieren. Überlebte das NS-Regime.
*li; BG: BAP, 15.09 RSA; Liste Mschlg. 36; BArch, R 3001 PAK; Tel.B. 41

Reimer, Ernst Dr.
5.12.1897 Berlin - keine Angaben
priv.: Theodor-Fritsch-Allee 34, Zehlendorf
Kanzlei: Mohrenstr. 10, W 8
Hatte am WK I teilgenommen; nach der Machtübernahme der Nationalsozialisten wieder zugelassen, aber als „nicht arisch" gekennzeichnet; R. galt als „Mischling"; er war evangelischer Religion.
*li; Liste Mschlg. 36; BG

Reis, Theodor Dr.
31.12.1884 Karlsruhe - 11.6.1950 Berlin
priv.: In den Zelten 20, NW 40
Kanzlei: Jägerstr. 12
RA am KG; nach der Machtübernahme der Nationalsozialisten 1933 Berufsverbot. Seine Ehefrau Luise galt als nicht-jüdisch, er selbst war katholischen Glaubens, die Ehe galt als sog. „Mischehe". 1938 wurde R. für sieben Wochen im Konzentrationslager Sachsen-

hausen inhaftiert; kam wieder frei. 1942 erneute Haft für eine Woche durch die Gestapo. R. überlebte. Nach einer vorläufigen Zulassung erhielt er im Januar 1950 die endgültige Zulassung als Anwalt, nur wenige Monate später starb er in Berlin.
Br.B. 32; JMBl. 33, S. 203; BArch R 3001, PAK; Verz. zugel. Anw. 45; LAB, RAK, PA

Reiwald, Paul Dr.
26.5.1895 Berlin - 11.8.1951 Basel
priv.: k.A.
Kanzlei: Charlottenstr. 53
RA am KG und Notar; Zulassung im Herbst 1933 gelöscht. Emigration 1933 nach Brüssel; ging für kurze Zeit nach Palästina, wegen des schwierigen Klimas Rückkehr nach Brüssel; bei Kriegsausbruch in der Schweiz in den Ferien, blieb dort; hielt u.a. Vorlesungen über Massenpsychologie; ab 1950 in Basel ansässig.
Veröffentl.: Moabit - Verbrecher und Verteidiger, 1933; Vom Geist der Massen, Handbuch der Massenpsychologie, 1946; Die Gesellschaft und ihre Verbrecher, 1948 bzw. 1973, hrsg. von H.Jäger und T. Moser.
Adr.B. 32; Pr.J. 33, S. 502; BArch, R 3001 PAK; Göpp., S. 310

Remak, Paul Dr.
3.8.1877 Posen - keine Angaben
priv.: Am Birkenhügel 8, Zehlendorf
Kanzlei: Ritterstr. 64, SW 68
RA und Notar; nach der Machtübernahme der Nationalsozialisten 1933 Entzug des Notariats, bis zum allgemeinen Berufsverbot 1938 als Anwalt tätig. Emigration mit seiner Frau Gertrud nach China, Shanghai, am 5.10.1940.
JMBl. 33, S. 220; *li; Liste 36; MRRAK; BG

Richter, Hans Dr.
10.8.1876 Berlin - 13.11.1955 Berlin
priv.: Hohenzollernstr. 9, Wannsee
Kanzlei: Hohenzollernstr. 9, Wannsee
R. hatte am WK I teilgenommen. RA und Notar; nach der Machtübernahme der Nationalsozialisten 1933 wieder zugelassen. Er galt nun als „Mischling 1.Grades" und konnte daher über das allgemeine Berufsverbot 1938 hinaus als Anwalt praktizieren. Seine Einnahmen hielten sich in beschränktem Rahmen und stiegen erst nach 1942 wieder leicht an. R. erklärt diesen Umstand: „Seit 1942, als Hitlers Rückzug begann, erhöhten sich meine beruflichen Einnahmen dadurch, dass die Klienten sich wieder zu einem Anwalt trauten, der als Halbjude und Nazigegner bekannt war." Anfang 1945 wurde R. „wegen Rasse" doch noch zur Aufgabe seines Berufs gezwungen. Er überlebte das NS-Regime und wurde nach 1945 wieder als Rechtsanwalt und Notar zugelassen. R. starb 1955 im Alter von 79 Jahren.
*li; Tel.B. 41; Verz. zugel. Anw. 45; LAB, RAK, PA; BG

Richter, Walter
10.12.1887 Filehne - keine Angaben
priv.: Kaiserallee 192, Wilmersdorf
Kanzlei: Schillstr. 9, W 62
RA und Notar; nach der Machtübernahme der Nationalsozialisten 1933 Verlust des Notariats, daraufhin Löschung auch der Anwaltszulassung. Emigration am 15.8.1933.
Adr.B. 33 (Walther R.); JMBl. 33, S. 266; Pr.J. 33, S. 807; BArch, R 3001 PAK; BG

Riegelhaupt, Manek Dr.
2.1.1899 Przemysl - Dezember 1978
priv.: Prinzregentenstr. 42, Wilmersdorf
Kanzlei: Friedrichstr. 136, N 24
R. hatte vom März 1917 bis zum November 1918 Kriegsdienst im österreichisch-ungarischen Heer geleistet. 1920 wurde er in Deutschland eingebürgert. Im Februar 1928 ließ er sich als Anwalt in Berlin nieder. Die Einkünfte waren gering und R. betätigte sich mit Genehmigung nebenbei als Grundstücksverwalter. Doch die Lage verbesserte sich nicht grundlegend. Dennoch hatte R. Verständnis für die Lage seiner Mandanten und verfolgte ihre Angelegenheiten, selbst wenn er nicht das ihm zustehende volle Honorar zu erwarten hatte. In der Folge eines derartigen Falles wurde er bei der Kammer wegen der Erhebung zu niedriger Gebühren, also Verstoßes gegen die Gebührenordnung angezeigt. Der Vorgang wurde sogar in der Presse behandelt. Die Einnahmen der anwaltlichen Tätigkeit blieben gering. Als R. nach der Übernahme eines Mandats im Rechtsschutzauftrag der Roten Hilfe nicht umgehend das Honorar erstattet wurde, mahnte er im März 1931. Doch auch die Rote Hilfe hatte finanzielle Schwierigkeiten und verwies auf die leeren Kassen. Ende August 1931 konnten ihm dann 86,55 RM ausgezahlt werden. Nach der Machtübernahme der Nationalsozialisten wurde am 23.5.1933 seine Zulassung zurückgenommen, im Juni 1933 gelöscht wegen „nicht-arischer Abstammung und Betätigung im kommunistischen Sinne". In der Personalakte sind R.s Bemühungen nachzuvollziehen, weiter zugelassen zu werden. Doch es blieb bei dem Berufsverbot; eventuell wurde auch die Einbürgerung widerrufen. Emigration in die USA; R. starb 1978 im Alter von 79 Jahren.
Br.B. 32; JMBl. 33, S. 209; BArch, R 3001 PAK, PA; SSDI; Schneider, Schwarz, Schwarz, S. 237-239

Riegner, Heinrich
26.1.1878 - 26.12.1964 New York
priv.: k.A.
Kanzlei: Joachimsthaler Str. 41, Charlottenburg (1932)
RA. seit 1907; „Frontkämpfer" im WK I; war mit > RA Kurt Rosenfeld assoziiert; noch 1932 Vorstandsmitglied der RAK. Nach der Machtübernahme der Nationalsozialisten 1933 zeitweilig Vertretungsverbot, die Prüfung des Antrags nahm einige Zeit in Anspruch, er wurde als „Frontkämpfer" und „Altanwalt" anerkannt und wieder zugelassen, aber es wurde das Notariat entzogen. Doch „inzwischen hatte sich die Klientel verlaufen", berichtete sein Sohn. R. verlegte seine Kanzlei nach Bernau, war bis zum allgemeinen Berufsverbot 1938 als Anwalt zugelassen. Emigration mit der Familie 1938 in die USA, wo er 1964 im Alter von 86 Jahren starb. Sein Sohn, 1933 noch Referendar, wurde später Mitglied des Jüdischen Weltkongresses. Er starb im Dezember 2001.
Liste d. nichtzugel. RA, 25.4.33; Pr.J. 33, S. 633; *li; Liste 36; MRRAK; Krach, S. 436; Ausk. d. Sohnes Gerhard Riegner, 1998

Riesenfeld, Friedrich Dr.
23.6.1888 Königshütte - keine Angaben
priv.: k.A.
Kanzlei: Jägerstr. 18, W 8
RA und Notar; nach der Machtübernahme der Nationalsozia-

listen Berufsverbot im Juni 1933. Emigration am 8.11.1933 nach Frankreich, Paris.
Br.B. 32; Liste d. nichtzugel. RA, 25.4.33; JMBl. 33, S. 203; BArch, R 3001 PAK; BG

Riess, Ernst Dr.
19.8.1879 Breslau - keine Angaben
priv.: Niebuhrstr. 77, Charlottenburg
Kanzlei: Mauerstr. 81, W 8
RA und Notar; nach der Machtübernahme der Nationalsozialisten 1933 Entzug des Notariats; bis zum allgemeinen Berufsverbot 1938 als Anwalt tätig. Zu seinem weiteren Schicksal gibt es widersprüchliche Angaben: Nach der Datenbank zum Berliner Gedenkbuch soll R. am 14.8.1939 nach Chile, Valparaiso, emigriert sein, nach der Erinnerung von Dorothee Fliess beging er Suizid.
JMBl. 33, S. 220; *li; Liste 36; MRRAK; BG; Ausk. Dorothee Fliess, 3.1.1999

Ritter, Ernst Dr.
12.6.1903 Breslau - keine Angaben
priv.: k.A.
Kanzlei: Dircksenstr. 26/27, C 25
Nach der Machtübernahme der Nationalsozialisten Berufsverbot im Juni 1933; emigrierte vermutlich nach Palästina, Haifa.
Br.B. 32; Liste d. nichtzugel. RA, 25.4.33; JMBl. 33, S. 209; BArch, R 3001 PAK; BG

Ritter, Hans
12.5.1901 Orzegow/ Schlesien - keine Angaben
priv.: Schwäbische Str. 9, Schöneberg
Kanzlei: Berliner Allee 238, Weißensee
RA seit 1928; nach der Machtübernahme der Nationalsozialisten Berufsverbot im Juli 1933. R. war verheiratet und hatte ein Kind. Emigration nach Palästina im Januar 1935.
Liste nichtzugel. RA, 25.4.33; JMBl.

4.8.33, S. 253; BArch, R 3001 PAK, PA R 22/72425; BG: BLHA, Pr.Br. Rep. 36 A, Dev.st., Nr. A 3506

Rittler, Wilhelm, JR
30.8.1867 Tuchel - 16.11.1941 Litzmannstadt/Lodz
priv.: Alte Schönhauser Str. 33/34, N 54
Kanzlei: Alte Schönhauser Str. 33/34, N 54
RA und Notar; nach der Machtübernahme der Nationalsozialisten 1933 Entzug des Notariats, war bis zum allgemeinen Berufsverbot 1938 als Anwalt tätig. Deportation nach Litzmannstadt/Lodz am 24.10.1941, dort drei Wochen später umgekommen.
JMBl. 33, S. 220; *li; Liste 36; MRRAK; BG; GB II

Roetter, Friedrich Dr.
21.3.1888 Berlin - 24.10.1953 East Orange/New York, USA
priv.: Kaiserallee 74, Wilmersdorf
Kanzlei: Rankestr. 5, W 50
Offizier im WK I, ausgezeichnet mit dem EK I; RA und KG und Notar; Mitglied der DNVP. Nach der Machtübernahme der Nationalsozialisten 1933 wieder zugelassen; verteidigte auch politische Gegner des Nationalsozialismus (u.a. Offizialverteidiger von Ernst Thälmann); März bis Juni 1935 in Gestapo-Haft. Gegen R. wurde ein Verfahren vor dem Ehrengericht angestrengt. Nach der Entlassung aus der Haft 1935 Flucht nach Frankreich; trat mit Vorträgen und Veröffentlichungen, v.a. zum Thälmann-Prozess und zur NS-Justiz hervor; im Rahmen der Thälmann-Kampagne Aufenthalte in Zürich, London, Prag und Schweden. Gegen R. wurde ein Steuersteckbrief erlassen. Er gelangte 1939 in die USA, nach New York. Dort beantragte er am 29.12.1939 ein Stipendium des American Comitee for the Guidance of the Professional Personnel für ein Studium an einer amerikanischen Law School.

R. wurde jedoch wegen seines Alters abgelehnt. Seine Lage war verzweifelt, da er wegen einer Behinderung nur eingeschränkt arbeitsfähig war, zugleich aber für den Lebensunterhalt der fünfköpfigen Familie aufzukommen hatte. Arbeitete 1940-45 als Radiokommentator; 1942-45 Mitarbeiter des OSS (Office for Strategic Services) für Auswertung von ausländischer Presse, daneben Studium der Politischen Wissenschaften; ab 1947 Dozent an einem College in East Orange, New York. R. starb 1953 im Alter von 65 Jahren.
*li; NY Publ.Lib. (Am. Com.) Roetter; BG: BHdE Bd. I, S. 609; Wolf, BFS

Ronau, Kurt
6.11.1899 Berlin - keine Angaben
priv.: Konstanzer Str. 59, W 15
Kanzlei: Konstanzer Str. 59, W 15
Nach der Machtübernahme der Nationalsozialisten wieder zugelassen, war bis zum allgemeinen Berufsverbot 1938 als Anwalt tätig; vermutlich später emigriert.
*li; Liste 36; MRRAK; BArch, R 3001 PAK; BG

Rosenbaum, Berthold Dr.
18.7.1885 Schneidemühl - keine Angaben
priv.: Von-der-Heydt-Str. 9, W 35
Kanzlei: Von-der-Heydt-Str. 5, W 35
RA und Notar; nach der Machtübernahme der Nationalsozialisten 1933 Entzug des Notariats, war bis zum allgemeinen Berufsverbot 1938 als Anwalt tätig. Emigration in die USA, New York, am 28.3.1941.
*li; Liste 36; MRRAK; BG

Rosenbaum, Fritz
25.8.1897 Berlin - keine Angabe
priv.: Plantage 10-11, Spandau
Kanzlei: Potsdamer Str. 35, Spandau
Soldat im WK I von 1916-1918; RA seit 1927. Nach der Machtübernahme der Nationalsozialisten

1933 wieder zugelassen. Emigration nach Palästina; Zulassung wurde 1935 gelöscht. Nach 1945 Rückkehr nach Berlin, Tätigkeit für die URO, später wieder nach Israel gegangen.
Br.B. 32; *li; BArch, R 3001 PAK, PA; BG; Ausk. E.Proskauer

Rosenbaum, Kurt Dr.
29.1.1903 Gießen - Oktober 1986
priv.: k.A.
Kanzlei: Berliner Allee 241, Weißensee
Nach der Machtübernahme der Nationalsozialisten Berufsverbot im Frühjahr 1933. Emigration in die USA im April 1934, lebte zuletzt in Suffolk, New York.
Br.B. 32; Liste d. nichtzugel. RA, 25.4.33; JMBl. 21.8.33; BArch, R 3001 PAK; BG; SSDI

Rosenberg, Bruno
8.8.1885 Samotschin - keine Angaben
priv.: Kurfürstendamm 230, W 50
Kanzlei: Kurfürstendamm 230, W 50
RA und Notar; nach der Machtübernahme der Nationalsozialisten 1933 Entzug des Notariats, weiter als RA zugelassen. Emigration nach Großbritannien, London.
JMBl. 33, S. 220; *li; BG

Rosenberg, Curt Dr.
19.8.1890 Berlin - keine Angaben
priv.: k.A.
Kanzlei: Badstr. 60, N 20
RA und Notar; nach der Machtübernahme der Nationalsozialisten 1933 Entzug des Notariats, war noch 1936 als Anwalt tätig Emigration in die Niederlande.
Pr.J. 33, S. 390; *li; Liste 36; BArch, R 3001 PAK; BG

Rosenberg, Hugo, JR
30.12.1874 - keine Angaben
priv.: k.A.
Kanzlei: Nassauische Str. 2, Wilmersdorf
RA am KG und Notar; nach der

Machtübernahme der Nationalsozialisten 1933 Entzug des Notariats, als Anwalt wieder zugelassen; 1936 nicht mehr tätig.
JMBl. 33, S. 220; *li; BG

Rosenberg, Kurt Dr.
25.5.1876 Berlin - 20.4.1964 Edinburgh, Schottland
priv.: Schlüterstr. 32, Charlottenburg
Kanzlei: Stresemannstr. 103, SW 11
R. war als Referendar an der Verteidigung von Karl Liebknecht beteiligt; nahm als Soldat am WK I teil und wurde für seinen Kampfeinsatz ausgezeichnet; war verheiratet und Vater von drei Kindern; R. war gläubig, besuchte die Neue Synagoge in der Oranienburger Str.; Mitglied der SPD und im Vorstand der Baugenossenschaft Steglitz. Nach der Machtübernahme der Nationalsozialisten wurde R. wieder als RA und Notar zugelassen, 1935 Entzug des Notariats, er war noch bis zum allgemeinen Berufsverbot 1938 als Anwalt tätig. In seiner Kennkarte von 1939 heißt es unter Beruf: „ohne".
R. emigrierte mit seiner Frau nach Großbritannien, wo schon ein Sohn lebte, und ließ sich in Schottland, Glasgow, nieder. 1940 wurde er wie viele deutsche Flüchtlinge auf der Isle of Man interniert. Er empfand die Zeit dort nicht als Belastung, sondern vielmehr als intellektuell sehr anregend, weil unter den Internierten viele Akademiker waren. Seine Erfahrungen standen damit im klaren Gegensatz zu denen seines Sohnes, der nach Kanada deportiert wurde und dort mit wachhabenden Soldaten konfrontiert war, die nicht zwischen deutschen Nazis und Flüchtlingen aus Deutschland, die vor den Nazis geflohen waren, unterscheiden wollten. R. veröffentlichte ein Buch über internationales Eherecht und eine Biografie über Disraeli. Er starb 1964 kurz vor seinem 88. Geburtstag im Kreis seiner Familie.
*li; DJ 36, S. 315; Liste 36; MRRAK; BG; Ausk. Tochter Miriam Whitfield

Rosenberg, Ludwig
6.8.1880 Posen - keine Angaben
priv.: Kurfürstendamm 146, Charlottenburg
Kanzlei: Kurfürstendamm 146, Charlottenburg
RA und Notar; nach der Machtübernahme der Nationalsozialisten 1933 wieder zugelassen, 1935 Entzug des Notariats, war noch bis zum allgemeinen Berufsverbot 1938 als Anwalt tätig; auch bis mindestens 1935 Präsident der Akiba Eger Loge, die zur Bnai Brith gehörte. Emigration vor September 1939 nach Großbritannien.
Adr.B. 32; *li; DJ 36, S. 315; Liste 36; MRRAK; BArch, R 3001 PAK, PA (E. Rosenberg); BG

Rosenberg, Martin
5.11.1903 - keine Angabe
priv.: Bandelstr. 12, NW 12
Kanzlei: Ritterstr. 80, SW 68
RA seit 1931; nach der Machtübernahme der Nationalsozialisten Berufsverbot zum 8.6.1933. Emigration 1933 nach Palästina.
Liste d. nichtzugel. RA, 25.4.33; JMBl.33, S. 253; BArch, R 3001 PAK, PA; BG

Rosenberg, Max Dr.
30.12.1884 Landsberg - keine Angaben
priv.: k.A.
Kanzlei: Alexanderstr. 13, O 27
RA und Notar; nach der Machtübernahme der Nationalsozialisten 1933 Berufsverbot.
Adr.B. 33; TK 33; JMBl. 33, S. 253; BArch R 3001 PAK

Rosenberg, Werner Dr.
6.6.1903 Berlin - 3.5.1957 New York
priv.: k.A.
Kanzlei: Kurfürstendamm 11, W 50
Studium in Würzburg und Berlin; in Studentenorganisationen und in der studentischen Selbstverwaltung aktiv, u.a. 1923 im AStA Berlin; zugleich Mitglied im Hauptvorstand des CV und Mitarbeiter der CV-Zeitung; 1930 Promotion in Breslau; ab 1930 RA, später auch Notar in Berlin. Nach der Machtübernahme der Nationalsozialisten Berufsverbot im Frühjahr 1933; bis 1938 einer der Direktoren des Hilfsvereins, der sich v.a. für die jüdische Emigration einsetzte; 1938 Vertreter des Hilfsvereins auf der Flüchtlingskonferenz von Evian; emigrierte 1938 in die USA; nach erneutem Jurastudium als RA in New York zugelassen; Vertrauensanwalt des deutschen Generalkonsulats in New York; dort 1957 im Alter von 53 Jahren gestorben.
TK 33; Liste d. nichtzugel. RA, 25.4.33; JMBl. 33, S. 221; BArch, R 3001 PAK; BG; BHdE Bd. I, S. 613

Rosenberger, Arthur Dr., JR
1.3.1872 Berlin - 19.12.1942 London
priv.: Darmstädter Str. 7, W 15
Kanzlei: Nikolsburger Platz 2, Wilmersdorf
RA und Notar; nach der Machtübernahme der Nationalsozialisten 1933 Entzug des Notariats; bis zum allgemeinen Berufsverbot 1938 als Anwalt tätig. Emigration nach Großbritannien, London.
TK 33; JMBl. 33, S. 220; *li; Liste 36; MRRAK; BG

Rosendorff, Richard Dr.
keine Angaben
priv.: k.A.
Kanzlei: Behrenstr. 50/52, W 8
RA und Notar; nach der Machtübernahme der Nationalsozialisten 1933 Entzug des Notariats, war 1936 nicht mehr als Anwalt tätig; vermutlich in die Schweiz emigriert, da er dort noch 1942 wissenschaftlich veröffentlicht hat.
Veröffentl. u.a.: Das internationale Steuerrecht des Erdballs, Basel 1942
JMBl. 33, S. 220; *li

Rosenfeld, Georg, JR
keine Angaben - 18.6.1936
priv.: Archivstr. 8, Dahlem
Kanzlei: Paulsborner Str. 13, Halensee
RA und Notar; nach der Machtübernahme der Nationalsozialisten 1933 Entzug des Notariats, war noch bis zu seinem Tod 1936 als Anwalt tätig.
Adr.B. 33; JMBl. 33, S. 220; *li; Liste 36

Rosenfeld, Hans Dr.
6.3.1888 Berlin - keine Angaben
priv.: k.A.
Kanzlei: Französische Str. 21, W 8
RA und Notar; nach der Machtübernahme der Nationalsozialisten 1933 wieder zugelassen.
*li; BArch, R 3001 PAK

Rosenfeld, Julius Dr.
22.8.1887 Karlsruhe - keine Angaben
priv.: k.A.
Kanzlei: Kurfürstendamm 136, Wilmersdorf
RA seit 1913; nahm am WK I teil. Im Februar 1933 zum Notar ernannt, Löschung auf Antrag zum Juli 1933.
JMBl. 10.2.33, 21.8.33; BArch, R 3001 PAK, PA

Rosenfeld, Kurt Dr.
1.2.1877 Marienwerder - 25.9.1943 New York
priv.: Lärchenweg 28, Berlin-Eichkamp
Kanzlei: Joachimsthaler Str. 41
1896-99 Studium der Rechtswissenschaften und Volkswirtschaft in Freiburg i. Br. und Berlin; ab 1905 RA in Berlin; 1914-18 Kriegs-

teilnehmer; bereits während des Studiums Eintritt in die SPD; 1910-20 Stadtverordneter in Berlin; 1917 Mitbegründer der USPD; November 1918 bis Januar 1919 preußischer Justizminister; Mitglied der verfassungsgebenden preußischen Landesversammlung; 1920-32 Mitglied des Reichstags für die USPD, dann für die SPD; zählte in der SPD zur Linksopposition; wurde aus der SPD ausgeschlossen und gehörte 1931 zu den Mitgründern der zwischen SPD und KPD angesiedelten SAP; als RA prominenter Verteidiger in politischen Prozessen (u.a. Rosa Luxemburg, Kurt Eisner, Carl v. Ossietzky); Mitglied der Liga für Menschenrechte. War der Bruder von Siegfried R. und Vater von RAin > Hilde Kirchheimer. Gemeinsam mit Hugo Sinzheimer übernahm er in einem der bedeutenden politischen Prozesse der Weimarer Republik, dem Bullerjahn-Prozess, in dem es um die Folgen des Versailler Vertrages ging. Der bereits inhaftierte Bullerjahn kam nach dem auf Initiative seiner Verteidiger wiederaufgenommenen Verfahren frei. R. hatte sich von der jüdischen Religion gelöst, war Dissident. Nach der Machtübernahme der Nationalsozialisten hätte er 1933 als „Altanwalt" die Wiederzulassung geltend machen können. Er wurde mit Berufsverbot wegen kommunistischer Betätigung belegt. Der Vorstand der RAK meldete R. im Mai 1933 dem Preußischem Justizministerium als Verteidiger von Ossietzky und hob hervor, dass er „nicht arisch" war. Emigration 1933 erst in die Tschechoslowakei, dann nach Paris. Gegen ihn wurde ein Steuersteckbrief erlassen. Im Herbst 1933 in London Mitorganisator des Gegenprozesses zum Reichstagsbrandprozess; gelangte 1934 in die USA; setzte sich für den Zusammenschluss der Hitler-Gegner in der Volksfront ein. Er starb 1943 im Alter von 76 Jahren in New York.
JMBl. 4.8.33, S. 253; GHStA, Rep. 84a, Nr. 20363; BG; BHdE Bd. 1, S. 614, Göpp., S. 311; Krach, S. 436 (mit abweich.Ang.); Ausk. Krumeder 10/2001

Rosenfeld, Siegfried
22.3.1874 Marienwerder - November 1947
priv.: Adolf-Scheidt- Platz. 8, Tempelhof
Kanzlei: k.A.
Zulassung als RA 1904; zwischen 1914 und 1919 Kriegsteilnahme; vor 1919 auch zum Notar ernannt; 1923 Löschung der Zulassung und Ernennung zum Kammergerichtsrat, später wurde er zum Ministerialrat und nachfolgend zum Ministerialdirigent ernannt. R., der auch Preußischer Landtagsabgeordneter für die SPD war, wurde im Zuge politischer „Bereinigungen" im November 1932 in den einstweiligen Ruhestand versetzt. Er beantragte 1933 beim Kammergerichtspräsidenten die erneute Zulassung als Anwalt, was zum 16.3.1933 erfolgte. Im April 1933 wurde seine Zulassung umgehend wieder gelöst, sein Antrag auf Wiederzulassung wurde lange bearbeitet und geprüft. Im Oktober 1933 kam der Landgerichtspräsident zu folgendem Ergebnis: R.s „Eintragung in die ... Rechtsanwaltsliste war mit Rücksicht auf seine nichtarische Abstammung unterblieben."
R. war und wurde damit nicht wieder zugelassen, er war mit Berufsverbot belegt. Sicher war es von Belang, dass sein Bruder der politisch aktive RA Kurt R. war. R. wurde 1934 in Berlin inhaftiert. Er kam wieder frei und zog nach Icking in die Nähe von München. Am 4.6.1938 beantragte er die Genehmigung für die Verlegung seines Wohnsitzes nach Argentinien, wo sich bereits seine älteste Tochter als Kindermädchen aufhielt. Die Gestapo hatte nichts gegen die Ausreise einzuwenden, R. emigrierte mit seinen beiden jüngeren Kindern nach Großbritannien, wo er nach Kriegsbeginn auf der Isle of Man als „feindlicher Ausländer" interniert wurde (Juni-September 1940); er starb 1947; nach Argentinien war er nicht mehr gelangt.
BArch, R 3001 PAK, PA; BG; Ausk. Krumeder 2001

Rosenfeld, Waldemar Dr.
1.3.1887 Moskau - keine Angaben
priv.: Heilbronner Str. 26, Schöneberg
Kanzlei: Prager Str. 23, Wilmersdorf
Nach der Machtübernahme der Nationalsozialisten Berufsverbot im Frühjahr 1933. Emigration nach Großbritannien, London, am 1.6.1939.
Adr.B. 32; Liste d. nichtzugel. RA, 25.4.33; JMBl. 33, S. 195; BArch, R 3001 PAK; BG

Rosenthal, Alfred Dr.
13.2.1875 Moers - keine Angaben
priv.: k.A.
Kanzlei: Sachsallee 30/34, Dahlem
RA am KG; nach der Machtübernahme der Nationalsozialisten wurde gegen R. im April 1933 ein Vertretungsverbot verhängt, das aber aufgehoben wurde. Im Oktober 1933 war er wieder zugelassen. Emigration über mehrere Zwischenstationen nach Argentinien, Mar del Plata.
Liste d. nichtzugel. RA, 25.4.33; *li; BArch, R 3001, PAK; Göpp., S. 312

Rosenthal, Curt
20.6.1882 Frankenstein - 2.3.1943 Großbeeren
priv.: Prinzregentenstr. 6, Wilmersdorf
Kanzlei: Potsdamer Str. 24/25, W 35 (Loeser & Wolff-Haus) bis Anfang 1938; Uhlandstr. bis Ende 1938
RA am KG und Notar; nahm am WK I teil. Nach der Machtübernahme der Nationalsozialisten 1933 Entzug des Notariats; war bis zum allgemeinen Berufsverbot 1938 als Anwalt tätig. R.s Ehefrau Katharina war vermutlich nicht jüdisch. Im Rahmen der Verhaftungswelle nach dem Novemberpogrom wurde auch R. verhaftet und kam vom 10.11. bis zum 16.12.1938 ins KZ Sachsenhausen. Er wurde später noch einmal verhaftet und in ein „Arbeitserziehungslager" eingewiesen. R. starb im März 1943 im Alter von 61 Jahren in Großbeeren, vermutlich im dortigen „Arbeitserziehungslager"
*li; Liste 36; MRRAK; BArch, R 3001 PAK, PA; BG; GB II

Rosenthal, Edwin
20.1.1884 Berlin - 28.8.1933 Berlin
priv.: Hardenbergstr. 1, Charlottenburg
Kanzlei: Molkenmarkt 12-13
RA und Notar; R. hatte am WK I teilgenommen, war Mitglied im Reichsverband zur Bekämpfung der Sozialdemokratie und im Deutschen Flottenverein. Er starb 1933 im Alter von 49 Jahren, bevor sein Antrag auf Wiederzulassung abschließend beschieden werden konnte.
Br.B. 32; BArch, R 3001 PAK, PA; Pr.J. 33, S. 442; BG

Rosenthal, Felix
23.6.1879 Königsberg - 27.10.1964 Berlin
priv.: Altonaer Str. 18, NW 87
Kanzlei: Klosterstr. 69, C 2
RA und Notar; war evangelischen Glaubens; nahm am WK I teil und wurde als Soldat mehrfach ausgezeichnet; wählte bei den letzten freien Wahlen die DVP. Nach der Machtübernahme der Nationalsozialisten 1933 Entzug des Notariats, war bis zum allgemeinen Berufsverbot 1938 als Anwalt tätig; übernahm dann bis 1941 Vermögensverwaltungen. 1942 war er juristischer Hilfsarbeiter bei einem „Konsulenten"; 1943 als Bauarbeiter für das Bezirksamt Schöneberg zwangsverpflichtet. Deportiert am 10.1.1944 nach Theresienstadt. R. überlebte, kehrte nach Berlin zurück und wurde 1946 als Anwalt und Notar wieder zugelassen.
JMBl. 33, S. 209; *li; Liste 36; MRRAK; Verz. zugel. Anw. 45; LAB, RAK, PA; BG

Rosenthal, Fritz
30.8.1884 Beuthen - 29.10.1968 Berlin
priv.: Kurfürstendamm 93, Wilmersdorf
Kanzlei: Kurfürstendamm 93, Wilmersdorf
RA und Notar; war evangelischen Glaubens; nahm am WK I teil; seit 1924 als Anwalt niedergelassen, vorher in der Industrie tätig; wählte bei den letzten freien Wahlen die DVP. Nach der Machtübernahme der Nationalsozialisten 1933 wieder zugelassen; Entzug des Notariats 1935, war bis zum allgemeinen Berufsverbot 1938 als Anwalt tätig. Ab 1943 tauchte er unter, lebte in einer Kellerwohnung in der Wexstr. 49 in Wilmersdorf. Er wurde 1947 als Anwalt und Notar wieder zugelassen. R. starb 1968 im Alter von 84 Jahren in Berlin.
*li; DJ 36, S. 315; Liste 36; MRRAK; Verz. zugel. Anw. 45; BG; LAB, RAK, PA

Rosenthal, Hans Bruno Dr.
22.12.1894 Bernburg - keine Angaben
priv.: Klosterstr. 43, C 2
Kanzlei: Klosterstr. 43, C 2
RA und Notar; nach der Machtübernahme der Nationalsozialisten 1933 wieder zugelassen; 1935 Entzug des Notariats, war bis zum allgemeinen Berufsverbot 1938 als Anwalt tätig. Emigration nach Bolivien, La Paz, am 27.2.1939.
*li; DJ 36, S. 315; Liste 36; MRRAK; BG

Rosenthal, Hans Dr.
2.3.1887 Seelow - keine Angaben
priv.: Kommandantenstr. 51, SW 19
Kanzlei: Reinickendorfer Str. 2, N 65
RA und Notar; war evangelischen Glaubens; nach der Machtübernahme der Nationalsozialisten 1933 wieder zugelassen; 1935 Entzug des Notariats, war bis zum allgemeinen Berufsverbot 1938 als Anwalt tätig. Seine Ehefrau galt als nicht-jüdisch, die Ehe als privilegiert. R. überlebte das NS-Regime und wurde umgehend wieder als Anwalt und Notar zugelassen.
*li; DJ 36, S. 315; Liste 36; MRRAK; BArch, R 3001 PAK; Verz. zugel. Anw. 45; BG

Rosenthal, Harry Dr.
21.3.1882 Berlin - keine Angaben
priv.: k.A.
Kanzlei: Unter den Linden 57/58
RA und Notar; nach der Machtübernahme der Nationalsozialisten 1933 wieder zugelassen; 1935 Entzug des Notariats, war bis zum allgemeinen Berufsverbot 1938 als Anwalt, später noch als „Konsulent" tätig. 
*li; DJ 36, S. 315; Liste 36; MRRAK; Naatz-Album; BG

Rosenthal, Heinz Dr.
12.6.1904 Schöneberg - keine Angaben
priv.: Goethestr. 11, Lichterfelde
Kanzlei: Potsdamer Str. 114, W 35
Nach der Machtübernahme der Nationalsozialisten Berufsverbot im Frühjahr 1933.
Liste d. nichtzugel. RA, 25.4.33 (Nachtrag); BArch, R 3001 PAK; BG

Rosenthal, James Yaakov
29.9.1905 Berlin - 11.9.1997 Jerusalem
priv.: k.A.
Kanzlei: Krausnickstr. 19, N 24
Studierte Jura in Berlin und Freiburg i.Br.; Referendariat im Kammergerichtsbezirk; am 3.12.1932 als Anwalt beim LG II zugelassen; engagierte sich in der Jugend- und Fürsorgearbeit der Jüdischen Gemeinde. Nach der Machtübernahme der Nationalsozialisten Berufsverbot im Frühjahr 1933. R. war Zionist, er liebte zugleich die deutsche Kultur. 1933 Emigration nach Palästina; 1933-35 journalistische Umschulung; ab 1936 als Herausgeber von Zeitungen und Redakteur tätig; ab 1949 Redaktionsmitglied von „Haaretz", bis 1970 Parlamentskorrespondent und Redakteur für juristische Fragen; 1997 in Jerusalem gestorben.
Liste d. nichtzugel. RA, 25.4.33; JMBl. 4.8.33, S. 253; BArch, R 3001, PAK; BG; BHdE Bd. I, S. 617; Ausk. der Ehefrau; Ausk. Knobloch

Rosenthal, Ludwig
keine Angaben
priv.: k.A.
Kanzlei: Helmstedter Str. 20, Wilmersdorf
RA und Notar; nach der Machtübernahme der Nationalsozialisten 1933 Entzug des Notariats, war noch 1936 als Anwalt tätig.
JMBl. 33, S. 220; *li; Liste 36

Rosenthal, Walter
keine Angaben
priv.: k.A.
Kanzlei: Budapester Str. 29, W 62
RA am KG und Notar; nach der Machtübernahme der Nationalsozialisten 1933 Entzug des Notariats, war noch 1936 als Anwalt tätig.
JMBl. 33, S. 220; *li; Liste 36

Rosentreter, Isaak
17.1.1883 Gollantsch - keine Angaben
priv.: Niebuhrstr. 11, Charlottenburg
Kanzlei: Alexanderstr. 42, O 27

RA und Notar; nach der Machtübernahme der Nationalsozialisten 1933 wieder zugelassen; Entzug des Notariats 1935; noch 1936 als Anwalt tätig. 1936 Emigration; gegen ihn wurde ein Steuersteckbrief erlassen.
*li; DJ 36, S. 315; Liste 36; BG; BArch, R 3001 PAK; Naatz-Album; Wolf, BFS

Rosenzweig, Anna Dr., geb. Kaiser-Blüth
16.1.1898 Naumburg - keine Angaben
priv.: k.A.
Kanzlei: Sybelstr. 9, Charlottenburg
Nach der Machtübernahme der Nationalsozialisten Berufsverbot im Frühjahr 1933. Emigration nach Belgien 1935; dort im Hilfskomitee für jüdische Flüchtlinge aktiv; Mitglied von Bnai Brith und Vizepräsidentin der Womens International Zionist Organization (WIZO).
Liste d. nichtzugel. RA, 25.4.33; JMBl. 33, S. 234; BArch, R 3001 PAK; BG (R., Aenne): BHdE Bd. 1, S. 618 (Arthur Max Moritz Rosenzweig)

Rosenzweig, Max Dr.
9.7.1888 Zielenzig - 9.4.1967 Berlin
priv.: Fasanenstr. 29, W 15
Kanzlei: Tauentzienstr. 8, W 50
RA seit 1914, später auch Notar; nahm am WK I teil; Mitglied in zionistischen Verbänden. Nach der Machtübernahme der Nationalsozialisten 1933 wieder zugelassen; Mitte 1935 Zulassung gelöscht; Emigration nach Palästina 1935, Tel Aviv; 1942-45 Beamter bei der Mandatsverwaltung; ab 1948 im israelischen Handelsministerium; 1954 Rückkehr nach Berlin; wieder als RA zugelassen.
TK 33; *li; DJ 5.7.35, S. 950; BArch, R 3001 PAK; BG: gelöscht BHdE Bd. 1, S. 618; LAB, RAK, PA

Rosner, Alfred Dr.
28.2.1898 Köln - keine Angaben
priv.: k.A.
Kanzlei: Mauerstr. 80, W 8
RA am KG; nach der Machtübernahme der Nationalsozialisten 1933 wieder zugelassen, war noch 1936 als Anwalt tätig.
*li; Liste 36; BArch, R 3001 PAK

Roth, Emil
keine Angabe - vor dem 4.8.1933
priv.: k.A.
Kanzlei: Hardenbergstr. 1 a, Charlottenburg
RA und Notar; nach der Machtübernahme der Nationalsozialisten wurde 1933 das Notariat entzogen, weil er „nicht arisch" war, wenig später ist R. gestorben.
Adr.B. 33; TK 33; JMBl. 33, S. 209, S. 252

Rothberg, Alfred Dr.
15.12.1903 Lemberg - keine Angaben
priv.: k.A.
Kanzlei: Nürnberger Platz 3, W 50
Nach der Machtübernahme der Nationalsozialisten Berufsverbot im Frühjahr 1933; hat überlebt und nach 1945 in der Justiz in Nordrhein-Westfalen gearbeitet.
Liste d. nichtzugel. RA, 25.4.33; JMBl. 4.8.33, S.253; BArch, R 3001 PAK

Rothe, Friedrich Dr.
18.10.1873 Guben - 27.11.1956
priv.: Fontanestr. 9, Steglitz
Kanzlei: Französische Str. 47, W 8
RA (seit 1901) und Notar (seit 1912); nahm am WK I teil; war deutschnational eingestellt; 1927-1933 Mitglied des Vorstands der Berliner Rechtsanwaltskammer, ab 1929 stellvertretender Vorsitzender. Nach der Machtübernahme der Nationalsozialisten 1933 wieder zugelassen. R. galt als „Mischling", aus diesem Grund konnte er über das allgemeine Berufsverbot 1938 hinaus als Anwalt und Notar praktizieren. R. erzielte nach eigenen Angaben hohe Einnahmen, was zum größeren Teil auf die Mandate der Knorr-Bremse AG, die Nederlandse Bankinstelling und zwei Immobiliengesellschaften zurückzuführen war. Er überlebte; über die genauen Umstände machte er in den Entnazifizierungsunterlagen keine Angaben. Nach 1945 wurde R. wieder als RA und Notar zugelassen und arbeitete bis über seinen 80. Geburtstag hinaus.
TK 33; *li; Liste Mschlg. 36; BArch, R 3001 PAK; Tel.B. 41; Verz. zugel. Anw. 45; LAB, RAK, PA; BG

Rothe, Gerhart Dr.
26.11.1903 Berlin-Schöneberg - keine Angaben
priv.: Altensteinstr. 58, Dahlem
Kanzlei: Düsseldorfer Str. 35 a, W 15
Sohn von Friedrich R.; nach der Machtübernahme der Nationalsozialisten 1933 wieder zugelassen. R. galt als „Mischling 2. Grades", seine Ehefrau als nicht-jüdisch, durch seinen Status konnte R. über das allgemeine Berufsverbot 1938 hinaus als Anwalt praktizieren. R. überlebte das NS-Regime und ließ sich nach 1945 in München nieder.
*li; Liste Mschlg. 36; BG; Tel.B. 41

Rothe, Wilhelm Dr., JR
24.11.1853 - 23.12.1938 Berlin
priv.: Hölderlinstr. 11, Mitte
Kanzlei: Gillstr. 2 a, Grunewald
RA und Notar; nach der Machtübernahme der Nationalsozialisten 1933 wieder zugelassen; 1935 Entzug des Notariats; war noch 1936 als Anwalt zugelassen; starb im Dezember 1938 im Alter von 84 Jahren.
*li; DJ 36, S. 315; Liste 36; BG

Rothenberg, Adolf, JR
1.9.1861 - 2.3 1935 Berlin
priv.: Prager Str. 36, W 50 (1932)
Kanzlei: Prager Str. 36, W 50
RA und Notar; nach der Machtübernahme der Nationalsozialisten Löschung der Zulassung im April 1933; starb 1935 im Alter

von 73 Jahren, wurde auf dem Jüdischen Friedhof in Weißensee beigesetzt.
Jüd.Adr.B.; JMBl. 13.4.33; BG

Rother, Kurt
27.3.1893 Berlin - keine Angaben
priv.: Geisbergstr. 37, W 30
Kanzlei: Werderstr. 3-4
RA und Notar; nach der Machtübernahme der Nationalsozialisten 1933 Aufgabe der Kanzlei. Emigration in die USA, New York, vermutlich 1933.
Adr.B. 32; JMBl. 33, S. 195; BArch, R 3001 PAK; BG

Rothkugel, Karl Dr.
18.7.1886 Berlin - Deportation 1942
priv.: Karl-Schrader-Str. 1, W 30
Kanzlei: Landsberger Str. 83, C 25
RA und Notar; nach der Machtübernahme der Nationalsozialisten im Frühjahr 1933 Vertretungsverbot als Anwalt und Entzug des Notariats; im Oktober 1933 wieder als RA zugelassen; bis zum allgemeinen Berufsverbot 1938 als Anwalt tätig. Wurde zur Zwangsarbeit herangezogen und zuletzt als Arbeiter bei der Deutschen Waffen- u. Munitionsfabrik oder der Deutschen Reichsbahn eingesetzt. Datum der Vermögenserklärung: 13.10.1942; Deportation am 19.10.1942 nach Riga.
Br.B. 32; Liste d. nichtzugel. RA, 25.4.33; *li; Liste 36; MRRAK; BArch, R 3001 PAK; BG; BdE; GB II

Rothkugel, Leon Dr.
4.12.1883 Berlin - keine Angaben
priv.: Schwäbische Str. 5, W 30
Kanzlei: Schwäbische Str. 5, W 30
Mitglied der Jüdischen Reformgemeinde zu Berlin; nach der Machtübernahme der Nationalsozialisten 1933 wieder zugelassen; war 1936 nicht mehr tätig
*li; BArch, R 3001 PAK

Rothschild, Ernst
27.9.1883 Berlin - Deportation 1943
priv.: Mommsenstr. 55, Charlottenburg
Kanzlei: Potsdamer Str. 49
RA (seit 1912) und Notar (seit 1929); nach der Machtübernahme der Nationalsozialisten 1933 Entzug des Notariats. Gegen R. wurde ein Ehrengerichtsverfahren durchgeführt. In einem weiteren Verfahren wurde R. entmündigt, zugleich verlor er die anwaltliche Zulassung. Sammellager Große Hamburger Str. 26; Deportation am 29.10.1943 nach Auschwitz.
Adr.B. 32; BArch, R 3001 PAK, PA; JMBl. 33, 12.5.33; BG; GB II

Rothschild, John
19.2.1885 Berlin - keine Angaben
priv.: Salzburger Str. 14, Schöneberg
Kanzlei: Lützowufer 19 b, W 35
RA am KG; nach der Machtübernahme der Nationalsozialisten 1933 wieder zugelassen, Ende 1933 Zulassung gelöscht. Emigration in die Niederlande, Amsterdam.
Br.B. 32; JMBl. 33, S. 209; *li; BArch, R 3001 PAK; BG; LAB, OFP-Akten

Rothschild, Paul
4.2.1867 Trier - 29.3.1943 Theresienstadt
priv.: Prager Str. 35, W 50 (1932)
Kanzlei: k.A.
Nach der Machtübernahme der Nationalsozialisten Berufsverbot Mitte 1933. R. wurde am 5.11.1942 von Berlin nach Theresienstadt deportiert, wo er Ende März 1943 ums Leben kam.
Jüd.Adr.B.; JMBl. 7.7.33, S. 209; VZ 39; BG; ThG; GB II

Rothstein, Fritz Dr.
27.4.1896 Berlin - Deportation 1944
priv.: k.A.
Kanzlei: Klosterstr. 88/90, C 2
RA und Notar; nach der Machtübernahme der Nationalsozialisten 1933 wieder zugelassen; Entzug des Notariats 1935; noch bis 1936 als Anwalt tätig. Vermutlich Emigration in die Niederlande, verhaftet, in Westerbork inhaftiert, am 26.2.1944 nach Theresienstadt deportiert, von dort am 29.9.1944 nach Auschwitz verschleppt.
*li; DJ 36, S. 315; Liste 36; BArch, R 3001 PAK; BG; GB II

Ruge, Helmut Dr.
keine Angaben
priv.: Heimat 82, Zehlendorf
Kanzlei: Unter den Linden 10, NW 7
Nach der Machtübernahme der Nationalsozialisten galt R. als „Mischling", aus diesem Grund durfte er über das allgemeinen Berufsverbot 1938 hinaus praktizieren; war bis mindestens 1941 als RA tätig.
TK 33; Liste Mschlg. 36; Tel.B. 41

Ruhemann, Hans Dr.
9.5.1900 Berlin - keine Angaben
priv.: Lietzenburger Str. 31, W 15
Kanzlei: Salzburger Str. 31
Nach der Machtübernahme der Nationalsozialisten 1933 Berufsverbot. Emigration über die Niederlande nach Argentinien, Buenos Aires, im Februar 1938.
Adr.B. 32; TK 33; JMBl. 33, 12.5.33; BArch, R 3001 PAK; BG

Ruhm, Ernst Dr.
20.8.1876 Königsberg - keine Angaben
priv.: Helmstedter Str. 8, Wilmersdorf
Kanzlei: Königstr. 49, C 2
RA und Notar; nach der Machtübernahme der Nationalsozialisten 1933 Entzug des Notariats, war bis zum allgemeinen Berufsverbot 1938 als Anwalt tätig.
TK 33; JMBl. 33, S. 209; *li; Liste 36; MRRAK; Naatz-Album; BG

Russ, Georg Dr.
8.5.1893 Berlin - keine Angaben
priv.: k.A.
Kanzlei: Joachimsthaler Str. 30 bzw. 25/26, W 15
RA und Notar; nach der Machtübernahme der Nationalsozialisten Berufsverbot zum 8. 6. 1933. Emigration im September 1933 nach Palästina.
Br.B. 32; Liste d. nichtzugel. RA, 25.4.33; JMBl. 33, S. 221; BArch, R 3001 PAK, PA; BG

Rynarzewski, Benno Dr.
9.4.1893 Labischin - Deportation 1942
priv.: Sächsische Str. 10-11, Wilmersdorf
Kanzlei: Rankestr. 31/32, W 50
RA und Notar; nach der Machtübernahme der Nationalsozialisten 1933 wieder zugelassen; Entzug des Notariats 1935; noch mindestens bis 1936 als Anwalt zugelassen. Emigration in die Tschechoslowakei, Prag, 1938; aus Prag Anfang 1941 nach Theresienstadt deportiert, von dort am 9.1.1942 nach Riga verschleppt.
*li; DJ 36, S. 315; Liste 36; BArch, R 3001 PAK; BG (Rynarschweski); GB II

< Dr. Ernst Ruhm

S

Saalfeld, Bernhard H. Dr.
28.11.1890 Berlin - keine Angaben
priv.: Barbarossastr. 23, W 30
Kanzlei: Barbarossastr. 23, W 30
Nach der Machtübernahme der Nationalsozialisten 1933 wieder zugelassen, war noch 1936 als Anwalt tätig. 1936 Emigration in die Niederlande, Den Haag.
TK 33; *li; Liste 36; BG

Sabersky, Fritz Dr.
3.7.1880 Seehof - 1952 Los Angeles
priv.: Lützowplatz 5, W 62
Kanzlei: Bellevuestr. 14, W 9
Nahm am WK I teil; RA am LG I-III und Notar; nach der Machtübernahme der Nationalsozialisten 1933 wieder zugelassen, Ende 1935 Entzug des Notariats; mindestens bis 1936 als Anwalt zugelassen. Emigration über die Schweiz in die USA, Los Angeles, am 25.8.1938; dort für jüdische Emigranten tätig; später als Anwalt auf Wiedergutmachungsangelegenheit spezialisiert.
Br.B. 32; TK 33; *li; DJ 36, S. 315; Liste 36; BArch, R 3001 PAK; BG: LAB, OFP-Akten; Walk, S. 322

Sachs, Alfred Dr.
23.4.1891 Berlin - Deportation 1943
priv.: Münchener Str. 21-22
Kanzlei: Neue Königstr. 70
RA am KG und Notar; nach der Machtübernahme der Nationalsozialisten 1933 Berufsverbot. Emigration nach Frankreich, Paris. Deportation am 20.11.1943 von Drancy nach Auschwitz.
Adr.B. 32; TK 33; JMBl. 21.8.33, S. 266; BArch, R 3001 PAK; BG; GB II

Sachs, Benno, JR
10.2.1870 Glatz - 9.11.1943 Theresienstadt
priv.: Lützowstr. 42, W 35
Kanzlei: Lützowstr. 42, W 35
RA und Notar; nach der Machtübernahme der Nationalsozialisten 1933 zeitweise vom Notariat entbunden, 1935 Entzug des Notariats; bis zum allgemeinen Berufsverbot 1938 als Anwalt tätig. Verhaftung am 8.10.1942; Sammellager Große Hamburger Str. 26; Deportation am 29.10.1942 nach Theresienstadt, dort wenige Tage nach der Ankunft umgekommen.
TK 33; JMBl. 33, S. 209; *li; DJ 36, S. 315; Liste 36; MRRAK; BG; GB II

Sachs, Ernst
31.8.1888 Berlin - keine Angaben
priv.: Duisburger Str. 6/Helmstedter Str. 2 (1939), Wilmersdorf
Kanzlei: Potsdamer Str. 123 b, W 35
RA am KG und Notar; früher evangelisch, dann konfessionslos; nach der Machtübernahme der Nationalsozialisten 1933 wieder zugelassen, war noch 1936 als Anwalt tätig; galt als „Mischling"; vermutlich emigriert, hielt sich 1951 in den USA auf.
Br.B. 32; TK 33, 1936; *li; BArch, R 3001 PAK; VZ 39; BG

Sachs, Franz Dr.
20.5.1893 Beuthen - 30.11.1941 Riga
priv.: Bechstedter Weg 13 bei Joseph, Wilmersdorf
Kanzlei: Gervinusstr. 11, Charlottenburg
RA und Notar; nach der Machtübernahme der Nationalsozialisten 1933 wieder zugelassen; Entzug des Notariats spätestens Ende 1935; verlor seine Zulassung als RA vor dem allgemeinen Berufsverbot 1938; versuchte aus Deutschland zu flüchten und Teile seines Vermögens ins Ausland zu transferieren; dabei am 1.10.1938 festgenommen. Ihm wurde der Prozess gemacht, was der *Völkische Beobachter* genüsslich unter dem Titel „Winnetou mit den Mokkatassen" ausschlachtete (s. Ausgabe vom 28.1.1939 mit Bild). S. wurde zu zweieinhalb Jahren Haft verurteilt. Er kam vermutlich nicht mehr frei. Datum der Vermögenserklärung: 27.11.1941; deportiert am 27.11.1941 nach Riga, dort kurz nach der Ankunft ermordet.
Br.B. 32; TK 33; *li; BArch, R 3001 PAK; VB 28.1.1938; BG; BdE; GB II

Sachs, Kurt Dr.
6.9.1890 - keine Angaben
priv.: k.A.
Kanzlei: Leipziger Str. 121, W 8
RA und Notar; nach der Machtübernahme der Nationalsozialisten 1933 wieder zugelassen; 1935 Entzug des Notariats, war bis zum allgemeinen Berufsverbot 1938 als Anwalt, dann noch als „Konsulent" tätig bis zum 9.1.1945; weiterer Lebensweg unbekannt.
TK 33; *li; DJ 36, S. 315; Liste 36; MRRAK; VZ 39; BG

Sachs, Rudolf
2.10.1902 Berlin - 1978 Berlin
priv.: k.A.
Kanzlei: Neue Friedrichstr. 69
Trat als Anwalt auch in politischen Prozessen auf, verteidigte u.a. Sozialisten und Kommunisten; gehörte selbst einer unabhängigen sozialistischen Vereinigung an. Nach der Machtübernahme der Nationalsozialisten 1933 Berufsverbot; ging erst nach Kopenhagen, dann nach Paris, weil er in Dänemark wegen der fehlenden Sprachkenntnisse keine Chance zur Berufsausübung sah. Nach Kriegsbeginn wurde er in einem Lager in Frankreich als „feindlicher Ausländer" interniert; in dieser Zeit heiratete er; mit seiner Frau gelang ihm die Flucht in die USA, dort am 13.6.1941 angekommen; Niederlassung in New York; arbeitete als Versicherungsvertreter, in den 1950er Jahren für die URO tätig, dann Studium an der New School for Social Research, Abschluss 1962; wurde 1967 Dozent für Soziologie am Manchester Comm. College; trat 1972 den Ruhestand; starb 1978 in Berlin, vermutlich auf einer Reise.
Adr.B. 32; Liste d. nichtzugel. RA, 25.4.33; JMBl. 33, S. 203; BArch, R 3001 PAK; LBI, Sachs, Rudolf; BG; Jewish Immigrants ... in the U.S.A., Oral History, S. 107

Saenger, Léon Dr.
26.2.1877 Stettin - keine Angaben
priv.: Prinzregentenstr. 1, Wilmersdorf
Kanzlei: Budapester Str. 14, W 50
RA und Notar; nach der Machtübernahme der Nationalsozialisten 1933 Entzug des Notariats. Die Ehefrau galt als nicht-jüdisch, S. selbst als „Mischling".
TK 33; JMBl. 33, S. 220; *li; LAB, Liste Mschlg. 36; BArch, R 3001 PAK; BG

Salier, Georg Dr.
3.12.1877 Berlin - 1971 USA
priv.: Bundesratufer 7, NW 21
Kanzlei: Claudiusstr. 11
RA und Notar; nach der Machtübernahme der Nationalsozialisten wieder zugelassen; 1935 Entzug des Notariats; war wahrscheinlich bis zu seiner Emigration am 9.12.1936 als Anwalt tätig; ging zuerst in die Niederlande, dann in die USA. Gegen ihn wurde ein Steuersteckbrief erlassen. Er starb 1971 in den USA.
TK 33; *li; DJ 36, S. 315; Liste 36; BG; Wolf, BFS

Salinger, Ernst Dr.
13.5.1882 - keine Angaben
priv.: k.A.
Kanzlei: Oranienstr. 2, SO 36
RA und Notar; nach der Machtübernahme der Nationalsozialisten 1933 wieder zugelassen,

Ende 1935 Entzug des Notariats; war bis zum allgemeinen Berufsverbot 1938 als Anwalt tätig.
Adr.B. 32; TK 33; *li; DJ 36, S. 315; Liste 36; MRRAK; BG

Salinger, Werner Dr.
27.4.1896 - keine Angaben
priv.: k.A.
Kanzlei: Afrikanische Str. 88
RA am KG; nach der Machtübernahme der Nationalsozialisten gab er seine anwaltliche Tätigkeit in Berlin 1933 auf. Die RAK meldete an das Preußische Justizministerium, dass S. mit der Roten Hilfe in Verbindung stünde, dabei wurde betont, dass er „nicht arisch" sei.
Br.B. 32; Adr.B. 32; GHStA, Rep. 84a, Nr. 20363; JMBl. 33, S. 282; BArch, R 3001 PAK, PA

Salomon, Adolf, Geh. JR
21.12.1848 - 7.11.1934 Berlin
priv.: Magdeburger Str. 31, W 35
Kanzlei: Magdeburger Str. 31, W 35
RA und Notar; nach der Machtübernahme der Nationalsozialisten 1933 wieder zugelassen; starb 1934 im Alter von 85 Jahren, auf dem Jüdischen Friedhof in Weißensee beigesetzt.
TK 33; *li; BG

Salomon, Alfred Dr., JR
4.5.1863 Czarnikau - 11.2.1940
priv.: Ludwig-Hoffmann-Hospital, Pankow
Kanzlei: Jenaer Str. 8
RA am KG und Notar; nach der Machtübernahme der Nationalsozialisten 1933 wieder zugelassen; gab seine anwaltliche Tätigkeit vor Ende 1935 auf. S. starb 1940 im Alter von 76 Jahren, auf dem Jüdischen Friedhof in Weißensee beigesetzt.
Br.B. 32; TK 33; *li; BG

Salomon, Ernst Dr.
1.12.1886 Berlin - 30.11.1941 Riga
priv.: k.A.
Kanzlei: Königsgrätzer Str., 75/75a, SW 11
RA und Notar; nach der Machtübernahme der Nationalsozialisten 1933 wieder zugelassen; 1935 Entzug des Notariats, war bis zum allgemeinen Berufsverbot 1938 als Anwalt tätig. Zuletzt wohnhaft in Kleinmachnow; Deportation am 27.11.1941 nach Riga, dort kurz nach der Ankunft ermordet.
TK 33; *li; DJ 36, S. 315; Liste 36; BArch, R 3001 PAK; MRRAK; BG; BdE; GB II

Salomon, Fritz Dr.
22.5.1891 - keine Angaben
priv.: Sächsische Str. 5, Wilmersdorf
Kanzlei: Kurfürstendamm 199, W 15
RA und Notar; nach der Machtübernahme der Nationalsozialisten 1933 wieder zugelassen; 1935 Entzug des Notariats, war noch bis mindestens 1936 als Anwalt tätig. Emigration in die USA, New York.
TK 33; *li; DJ 36, S. 315; Liste 36; TK 1936; BG

Salomon, Heinrich
17.8.1884 Tiegenhof - 30.11.1941 Riga
priv.: Barbarossastr. 32 a, Schöneberg
Kanzlei: Martin-Luther-Str. 19, W 30
RA am KG und Notar; nach der Machtübernahme der Nationalsozialisten 1933 Entzug des Notariats, war bis zum allgemeinen Berufsverbot 1938 als Anwalt tätig. Deportation am 27.11.1941 nach Riga, dort kurz nach der Ankunft ermordet.
TK 33; JMBl. 33, S. 209; *li; Liste 36; MRRAK; BArch, R 3001 PAK; BG; BdE; GB II

Salomon, Hermann
20.10.1881 Posen - keine Angaben
priv.: Prager Str. 33, W 50; Sodener Str. 30, Wilmersdorf (1945)
Kanzlei: Fasanenstr. 72, W 15
RA am KG und Notar; nach der Machtübernahme der Nationalsozialisten 1933 Entzug des Notariats, war bis zum allgemeinen Berufsverbot 1938 als Anwalt tätig. Überlebte untergetaucht; wohnte im Dezember 1945 in Berlin-Wilmersdorf; wurde als Anwalt wieder zugelassen, emigrierte aber 1946 in die USA.
TK 33; JMBl. 33, S. 220; *li; Liste 36; MRRAK; BArch, R 3001 PAK; Verz. zugel. Anw. 45; BG

Salomon, Kurt
25.1.1907 Berlin - keine Angaben
priv.: Barstr. 39, Wilmersdorf
Kanzlei: k.A.
Nach der Machtübernahme der Nationalsozialisten Berufsverbot zum August 1933. Emigration am 15.3.1936 nach Palästina.
JMBl. 33, S. 282; BArch, R 3001 PAK; BG

Salomon, Max Dr.
keine Angaben - 1935/1936
priv.: Pariser Str. 32, W 15
Kanzlei: Oranienburger Str. 58, N 24
RA am LG I-III; bis Herbst 1935 in den Anwaltslisten verzeichnet; Ende 1935/Anfang 1936 gestorben.
TK 33; *li; TK 36; DJ 36, S. 23

Salomon, Paul
10.2.1887 Schivelbein - Deportation 1943
priv.: Maikowskistr. 107, Charlottenburg
Kanzlei: Jägerstr. 61, W 8
RA und Notar; nach der Machtübernahme der Nationalsozialisten 1933 wieder zugelassen; Ende 1935 Entzug des Notariats, war bis zum allgemeinen Berufsverbot 1938 als Anwalt tätig. Wurde zur Zwangsarbeit herangezogen, zuletzt als Arbeiter eingesetzt; Datum der Vermögenserklärung: 28.2.1943; Sammellager Levetzowstr. 7-8; Deportation am 2.3.1943 nach Auschwitz.
TK 33; *li; DJ 36, S. 315; Liste 36; MRRAK; BArch, R 3001 PAK; BG; GB II; Naatz-Album

Salomon, Philipp Dr., JR
10.2.1867 Landsberg - 27.4.1941
priv.: Württembergallee 8, Charlottenburg
Kanzlei: Lützowstr. 67
RA am KG und Notar; nach der Machtübernahme der Nationalsozialisten 1933 Entzug des Notariats, war bis zum allgemeinen Berufsverbot 1938 als Anwalt tätig; starb 1941 im Alter von 74 Jahren, auf dem Jüdischen Friedhof in Weißensee beigesetzt.
TK 33; JMBl. 33, S. 220; *li; Liste 36; MRRAK; BG

Salomon, Richard Dr.
25.6.1894 Berlin-Charlottenburg - Deportation 1942
priv.: Gervinustr. 24, Charlottenburg
Kanzlei: Uhlandstr. 163, W 15
RA am KG und Notar; nach der Machtübernahme der Nationalsozialisten 1933 wieder zugelassen; Entzug des Notariats 1935, war bis zum allgemeinen Berufsverbot 1938 als Anwalt tätig. Deportation

am 14.12.1942 nach Auschwitz.
TK 33; *li; DJ 36, S. 315; Liste 36; MRRAK; BArch, R 3001 PAK; BG; GB II

Salomon, Samuel Dr.
27.7.1884 - keine Angaben
priv.: k.A.
Kanzlei: Friedrichstr. 72, W 8
RA und Notar; nach der Machtübernahme der Nationalsozialisten 1933 Entzug des Notariats; vor Herbst 1935 in den Anwaltslisten gelöscht.
TK 33; JMBl. 33, 220; *li; BArch, R 3001 PAK

Salomon, Wolff Dr.
1.3.1888 - keine Angaben
priv.: Kaiserkorso 4, Tempelhof
Kanzlei: Belle-Alliance-Str. 11
RA am KG und Notar; nach der Machtübernahme der Nationalsozialisten Berufsverbot im Frühjahr 1933; Emigration.
Adr.B. 32; TK 33; Liste d. nichtzugel. RA, 25.4.33; JMBl. 33, S. 209; BArch, R 3001 PAK; BG

Salomonski, Georg Dr.
12.4.1895 Berlin - keine Angaben
priv.: k.A.
Kanzlei: Kufsteiner Str. 20, Schöneberg
RA am KG und Notar; nach der Machtübernahme der Nationalsozialisten Berufsverbot zum 20.6.1933. Emigration nach Palästina, betrieb dort in den ersten Jahren in Haifa ein Café, später Jurist in der israelischen Einkommenssteuerbehörde.
Br.B. 32; TK 33; Liste d. nichtzugel. RA, 25.4.33; JMBl. 33, S. 253; BArch, R 3001 PAK, PA; Ausk. RA Joel Levi, Tel Aviv

Salz, Benno, JR
keine Angaben
priv.: k.A.
Kanzlei: Bamberger Str. 48, Schöneberg
RA und Notar; nach der Machtübernahme der Nationalsozialisten 1933 wieder zugelassen, vor Herbst 1935 in den Anwaltslisten gelöscht.
Br.B. 32; TK 33; *li

Salz, Walter
6.6.1897 Berlin - Deportation 1942
priv.: k.A.
Kanzlei: Kaiserdamm 19, Charlottenburg
Nach der Machtübernahme der Nationalsozialisten Berufsverbot im Frühjahr 1933. Deportation am 28.3.1942 nach Piaski.
Liste d. nichtzugel. RA, 25.4.33 (Nachtrag); BG; GB II

Samoje, Ferdinand
19.1.1875 Ratibor - 10.4.1937 Berlin
priv.: k.A.
Kanzlei: Berliner Str. 157, Wilmersdorf
RA seit 1906, zuletzt am KG, und Notar; Spezialist für Arbeitsrecht; hatte am WK I teilgenommen; war noch 1932 Vorstandsmitglied der RAK, seit 1929 Vorsitzender des Ehrengerichts, Mitglied des Hauptvorstandes des CV, Mitbegründer des Reichsbundes jüdischer Frontsoldaten (R.j.F.), Vertrauensmann des Zusammenschlusses der nichtarischen Anwaltschaft. Nach der Machtübernahme der Nationalsozialisten 1933 wieder zugelassen; Ende 1935 Entzug des Notariats; beging 1937 Suizid.
TK 33; *li; Liste 36; BG: Friedh. W.Sterbereg.; Wolf, BFS; Göpp., S. 228; Ausk. Dorothee Fliess, 3.1.1999

Samolewitz, Leopold Dr.
23.11.1883 Berlin - keine Angaben
priv.: Fasanenstr. 66, W 15
Kanzlei: Bayreuther Str. 41, W 62
Nahm am WK I teil; RA am KG und Notar. Nach der Machtübernahme der Nationalsozialisten 1933 wieder zugelassen; 1935 Entzug des Notariats, war als Anwalt bis zum allgemeinen Berufsverbot 1938, danach noch als „Konsulent" tätig. Emigration nach Palästina.
TK 33; *li; DJ 36, S. 315; Liste 36; MRRAK; Liste d. Kons., 31.12.38; BArch, R 3001 PAK; BG

Samter, Albert
11.5.1902 Berlin - keine Angaben
priv.: k.A.
Kanzlei: Köpenicker Str. 39, SO 16
War aus der Jüdischen Gemeinde ausgetreten; nach der Machtübernahme der Nationalsozialisten Berufsverbot im Frühjahr 1933.
TK 33; Liste d. nichtzugel. RA, 25.4.33 (Nachtrag); JMBl. 17.6.33; BArch, R 3001 PAK; BG

Samter, Gottfried Dr.
22.10.1884 Liegnitz - 7.2.1959 Berlin
priv.: Linkstr. 42, W 9
Kanzlei: Linkstr. 42, W 9
Kämpfte als Soldat im WK I und wurde mit dem EK I. Kl. ausgezeichnet; RA (seit 1914) und Notar (seit 1925). Nach der Machtübernahme der Nationalsozialisten 1933 wieder zugelassen; Ende 1935 Entzug des Notariats, war bis zum allgemeinen Berufsverbot 1938 als RA, bis 1939 als „Konsulent" tätig. Emigration nach Palästina, arbeitete in Jerusalem als Taxifahrer; 1954 Wiederzulassung als Anwalt und Rückkehr nach Berlin; 1955 wieder als Notar bestellt; starb 1959 in Berlin.
TK 33; *li; DJ 36, S. 315; Liste 36; MMRAK; Liste d. Kons. v. 31.12.38; BArch, R 3001 PAK; BG: LAB, RAK, PA

Samuel, Felix Dr.
8.3.1888 - 24.4.1937
priv.: Martin-Luther-Str. 42, Schöneberg
Kanzlei: Landsberger Str. 92, NO 18
RA und Notar; nach der Machtübernahme der Nationalsozialisten 1933 wieder zugelassen; Ende 1935 Entzug des Notariats, war noch bis mindestens 1936 als Anwalt tätig; starb im April 1937 im Alter von 49 Jahren und wurde auf dem Jüdischen Friedhof in Weißensee beigesetzt.
TK 33; *li; DJ 36, S. 315; Liste 36; BG

Sandak, Alfred Dr.
keine Angaben
priv.: k.A.
Kanzlei: Schaperstr. 6 a, W 50
RA und Notar; nach der Machtübernahme der Nationalsozialisten 1933 Entzug des Notariats, war noch bis zur Emigration am 11.3.1936 als Anwalt tätig.
Adr.B. 32; TK 33; JMBl. 33, S. 209; *li; Liste 36; DJ 36, S. 454

Sandberg, Gustav, JR
19.2.1856 Posen - 28.12.1940 Berlin, Jüd. Krankenhaus
priv.: k.A.
Kanzlei: Kottbusser Str. 6, SO 36
„S. war seit 1914 Anwalt in Berlin. Er war im Vorstand der Jüdischen Reformgemeinde, heiratete in eine alt-etablierte ‚Mischfamilie', blieb dabei ein liberal bewusster Jude und stolzer Deutscher, ein sehr freundlicher, beliebter Mann – großzügig und kultiviert. Als Anwalt hatte er nie viel verdient, was aber kein Problem bedeutete, da seine Frau ‚Geld mitgebracht' hatte. Er vertrat ganz besonders Mitglieder der ‚Unterschichten', darunter vor allem Zigeuner. Denen wurde immer wieder Betrug beim Pferdeverkauf vorgeworfen (Zähne zugespitzt, damit die Pferde jünger erscheinen). S. vertrat sie selbst dann, wenn sie ihn nicht entlohnen konnten. Nach 1918 hatte die Familie einen Teil ihres Vermögens verloren, war aber immer noch sehr wohlhabend, lebte in einer schönen Wohnung am Kurfürstendamm." So beschrieb der Enkel, Prof. Grenville, S. im Febr. 1997. Nach der Machtübernahme der Nationalsozialisten wurde S. wieder zugelassen; 1935 wurde ihm das Notariat entzogen, er

war noch bis ca. 1936 als Anwalt tätig. Der Enkel weiter: „Als Kind erinnere ich mich an die Zeit nach 1933. Die Großeltern mussten mit meinen Eltern in eine bescheidene Wohnung am Hohenzollerndamm ziehen. Mein Vater, der Landgerichtsdirektor war, wurde zwangsweise 1933 pensioniert. In dieser Zeit bezeugten die früheren Mandanten dem alten Sandberg ihre Loyalität. Wenn Sinti und Roma durch Berlin kamen, hinterließen sie einen Korb mit Eiern und anderen Esswaren vor unserer Tür. Jede Woche schickte mein Großvater meinen Bruder zu einem gewissen Bäckerladen. Er sollte an der Hintertür anklopfen und sagen: ‚Ich komme von Justizrat Sandberg‘, dann wurde ein Korb mit Backwaren überreicht. Mein Großvater starb vor der Deportation 1941 im Jüdischen Krankenhaus an der Iranischen Straße. Meine Großmutter, hoch in ihren siebziger Jahren, wurde 1942 deportiert und ermordet."
TK 33; *li; DJ, 36, S. 315; Liste 36; BG; Ausk. Prof. J.A.S. Grenville, Großbritannien

Sandelowsky, Selmar
16.3.1888 Nordenburg - keine Angaben
priv.: k.A.
Kanzlei: Motzstr. 37, Wilmersdorf
RA und Notar; nach der Machtübernahme der Nationalsozialisten 1933 wieder zugelassen; Ende 1935 Entzug des Notariats, war bis mindestens 1936 als Anwalt tätig.
TK 33; *li; DJ 36, S. 315; Liste 36; BArch, R 3001 PAK

Sander, Eugen Dr., JR
keine Angaben
priv.: Vopeliuspfad 5, Zehlendorf
Kanzlei: Wittenbergplatz 1, W 62
RA am KG und Notar; war noch 1932 Vorstandsmitglied der RAK; nach der Machtübernahme der Nationalsozialisten 1933 wieder zugelassen; Ende 1935 Entzug des Notariats, war bis zum allgemeinen Berufsverbot 1938 als Anwalt tätig, zuletzt in seiner Wohnung.
TK 33; *li; DJ 36, S. 315; Liste 36; Tel.B. 38; MRRAK

Sandheim, Heinz Dr.
2.8.1899 Berlin - keine Angaben
priv.: Kurfürstendamm 184, W 15
Kanzlei: Kurfürstendamm 182/183, W 15
Nach der Machtübernahme der Nationalsozialisten 1933 wieder zugelassen, war bis zum allgemeinen Berufsverbot 1938 als Anwalt tätig. Emigration nach Großbritannien, London; lebte 1952 in Wembley, änderte seinen Vornamen in Henry.
TK 33; *li; Liste 36; MRRAK; BG

Sass, Heinrich
4.8.1891 Gutstadt, Ostpreußen - keine Angaben
priv.: k.A.
Kanzlei: Taubenstr. 21, W 56
Nach der Machtübernahme der Nationalsozialisten Berufsverbot zum 19.6.1933. Emigration am 9.5.1940 nach China, Shanghai.
Br.B. 32; TK 33; Liste d. nichtzugel. RA, 25.4.33; JMBl. 33, S. 234; BArch, R 3001 PAK, PA; BG

Schachian, Herbert Prof. Dr.
5.5.1888 Berlin - September 1971
priv.: Rauchstr. 8
Kanzlei: Hinter der Katholischen Kirche 1, W 56
RA und Notar, zugleich Dolmetscher für Englisch und Französisch, verwandt mit Julius Sch., dessen Sozius er war. Nach der Machtübernahme der Nationalsozialisten 1933 Entzug des Notariats; in den Anwaltslisten vor Herbst 1935 gelöscht. Emigration in die Niederlande, Amsterdam, später in die USA gegangen, lebte zuletzt in New York.
Adr.B. 33; TK 33; *li; Pr.J. 33, S. 390; BArch, R 3001 PAK; BG; SSDI

Schachian, Julian Dr.
2.6.1880 Berlin - 29.10.1942 Riga
priv.: Schleswiger Ufer 6, Tiergarten
Kanzlei: Friedrichstr. 63, W 8
RA und Notar; nach der Machtübernahme der Nationalsozialisten 1933 Entzug des Notariats, war bis zum allgemeinen Berufsverbot 1938 als Anwalt tätig. Deportation am 26.10.1942 nach Riga, dort am Tag der Ankunft ermordet.
TK 33; JMBl. 33, S. 220; *li; Liste 36; MRRAK; BArch, R 3001 PAK; BG; BdE; GB II

Schachian, Julius, JR
keine Angaben
priv.: k.A.
Kanzlei: Hinter der Katholischen Kirche 1, W 56
RA und Notar, in Sozietät mit Herbert Sch.; nach der Machtübernahme der Nationalsozialisten 1933 wieder zugelassen; vor Herbst 1935 in den Anwaltslisten gelöscht.
TK 33; *li

Schachnow, Julian Dr.
keine Angaben - 1936
priv.: k.A.
Kanzlei: Wichmannstr. 28, W 62
RA und Notar; nach der Machtübernahme der Nationalsozialisten 1933 Entzug des Notariats; war noch bis zu seinem Tod 1936 als Anwalt tätig.
TK 33; JMBl. 33, S. 220; *li; Liste 36

Schachtel, Ernst Dr.
26.6.1903 - November 1975
priv.: k.A.
Kanzlei: Frankfurter Allee 79, O 112
Nach der Machtübernahme der Nationalsozialisten Berufsverbot im Frühjahr 1933; in seinem Antrag auf Wiederzulassung betont er, dass er und seine Soziien den Angestellten nicht gekündigt hatten. Emigration in die USA, änderte seinen Vornamen in Ernest, starb 1975 im Alter von 72 Jahren.
Br.B. 32; TK 33; Liste d. nichtzugel. RA, 25.4.33; JMBl. 33, S. 253; BArch, R 3001 PAK, PA, bes. Bl. 6; SSDI; Ausk. E. Proskauer

Schachtel, Jacob, JR
3.10.1867 Schmierzycze - keine Angaben
priv.: Frankfurter Allee 79, O 112
Kanzlei: Frankfurter Allee 79, O 112
RA am KG und Notar; nach der Machtübernahme der Nationalsozialisten 1933 wieder zugelassen. 1934 Emigration nach Palästina, Haifa.
TK 33; *li; BG; Ausk. E. Proskauer

Schaefer, Ernst Dr.
15.2.1891 Berlin - keine Angaben
priv.: Leonhardstr. 4, Charlottenburg
Kanzlei: Ehrenbergstr. 11/14, O 17
Nach der Machtübernahme der Nationalsozialisten 1933 wieder zugelassen, war bis zum allgemeinen Berufsverbot 1938 als Anwalt tätig. Emigration; wurde später Mitarbeiter der URO.
TK 33; *li; Liste 36; MRRAK; BArch, R 3001 PAK; BG; Ausk. Werner Wolff, 22.9.1998

Schatzky, Georg Dr.
11.8.1878 Breslau - keine Angaben
priv.: Niebuhrstr. 4, Charlottenburg
Kanzlei: Kurfürstenstr. 127, W 62
RA am KG und Notar; Mitglied im Republikanischen Richterbund. Nach der Machtübernahme der Nationalsozialisten 1933 Entzug des Notariats, war bis zum allgemeinen Berufsverbot 1938 als Anwalt tätig. Emigration nach Großbritannien, London, im August 1939.
TK 33; MvRRB; JMBl. 33, S. 220; *li; Liste 36; MRRAK; BG

Schaul, Hans Dr.
13.12.1905 Hohensalza - 10.5.1988
priv.: k.A.
Kanzlei: Friedrichstr. 78, W 8
Ab 1915 Gymnasium in Frankfurt/Oder; 1925-1928 Studium Jura und Wirtschaftswissenschaften in Berlin, Freiburg i. Br. und Heidelberg; schloss sich dem Sozialistischen Studentenbund an; 1932 Zulassung zur Anwaltschaft; Berufsverbot im Frühjahr 1933; Emigration nach Frankreich 1933; 1936-1938 Teilnahme am Spanischen Bürgerkrieg als Soldat in den Internationalen Brigaden; 1937 Eintritt in die KP Spaniens; 1938 Rückkehr nach Frankreich, in Paris im Hilfskomitee für die deutschen Spanienkämpfer tätig; 1939 Wechsel in die KPD; ab September 1939 mit Kriegsbeginn bis 1944 in Internierungslagern festgehalten und in Arbeitskompanien eingesetzt, zuletzt in Djelfa in Algerien. In erster Ehe mit der Kinderbuchautorin Ruth Rewald verheiratet, die 1942 in Frankreich von der Gestapo verhaftet und vermutlich in Auschwitz ermordet wurde, auch die gemeinsame Tochter Anja wurde 1944 aus Frankreich nach Auschwitz deportiert und ermordet.
Sch. ging 1944 in die UdSSR, dort u.a. als Politinstruktor in Kriegsgefangenenlagern und als Lehrer an Antifa-Schulen tätig; 1948 Rückkehr nach Deutschland in die SBZ; 1948-1951 in der staatlichen Wirtschaftsverwaltung und -planung; 1951-1956 Professor und Prorektor an der Hochschule für (Plan-) Ökonomie; 1956-1972 Chefredakteur der „Einheit", des theoretischen Organs der SED, bis 1976 im Redaktionskollegium der Zeitschrift, dann ehrenamtlicher Mitarbeiter beim ZK der SED, Abt. Internationale Verbindungen; starb 1988, in Berlin beigesetzt.
Liste d. nichtzugel. RA, 25.4.33; JMBl. 4.8.33, S. 253; BArch, R 3001 PAK; BG; BHdE Bd. 1, S. 641; Wer war wer in der DDR?, Berlin 2000; diverse Internet-Artikel

Scheer, Hermann Gustav
11.6.1886 Oldenburg - 15.11.1947 Berlin
priv.: Kaiserdamm 18, Charlottenburg
Kanzlei: Kaiserdamm 18, Charlottenburg
Nahm am WK I teil; nach der Machtübernahme der Nationalsozialisten 1933 wieder zugelassen; galt als „Mischling" und durfte daher auch über das allgemeine Berufsverbot 1938 hinaus praktizieren, wenn auch eingeschränkt, da er z.B. keine Armenrechtssachen übernehmen durfte; Mitte 1943 vom Kammergerichtspräsidenten als eines der „Nichtmitglieder des NS-Rechtswahrerbundes" dem Arbeitsamt gemeldet, weil seine „Anwaltschaft nicht kriegswichtig" eingeschätzt wurde. Sch. schreibt dazu: „Es gelang mir, die Anwaltschaft neben meiner Tätigkeit als Syndikus der Firma Gebr. Hertling in Berlin-Charlottenburg, der ich vom Arbeitsamt zugewiesen wurde, aufrecht zu erhalten." Sch. überlebte das NS-Regime und wurde umgehend wieder als Anwalt und Notar zugelassen.
TK 33; *li; LAB, Liste Mschlg. 36; BG; LAB, RAK, PA

Schendel, Kurt Dr.
7.2.1904 Berlin - keine Angaben
priv.: k.A.
Kanzlei: Potsdamer Str. 114, W 35
Nach der Machtübernahme der Nationalsozialisten Berufsverbot zum 15.6.1933.
TK 33; Liste d. nichtzugel. RA, 25.4.33; JMBl. 4.8.33, S. 253 (Curt Sch.); BArch, R 3001 PAK, PA

Scherek, Leo Dr.
1893 Posen - 1962 Israel
priv.: k.A.
Kanzlei: Alt-Moabit 86 c
RA seit 1920; war in zahlreichen zionistischen Organisationen tätig. Nach der Machtübernahme der Nationalsozialisten im Sommer 1933 Berufsverbot; 1937-1939 Mitglied der Repräsentantenversammlung der Jüdischen Gemeinde; nach dem Pogrom im November 1938 im KZ interniert. Emigration nach der Freilassung nach Palästina; dort in der Organisation der Einwanderer aus Mitteleuropa (Irgun Olej Merkas Europa) aktiv; starb 1962 in Israel.
Br.B. 32; TK 33; JMBl. 4.8.33, S. 253; Liste nichtzugel. RA, 25.4.33; Walk, S. 329

Schereschewsky, Benno Dr.
17.5.1907 Königsberg - keine Angaben
priv.: k.A.
Kanzlei: Taubenstr. 23, W 56
RA am KG; nach der Machtübernahme der Nationalsozialisten Berufsverbot im Frühjahr 1933.
Liste d. nichtzugel. RA, 25.4.33; JMBl. 21.8.33, S. 266; BArch, R 3001 PAK

Scherman, Georg Dr.
18.9.1881 Potsdam-Nowawes - 1.11.1952 Berlin
priv.: Kurfürstendamm 36, W 15
Kanzlei: Fredericiastr.13, Charlottenburg

War evangelischer Religion; nahm am WK I teil; RA am LG I-III und Notar. Nach der Machtübernahme der Nationalsozialisten 1933 Entzug des Notariats; galt als „Mischling" und war mit einer Frau verheiratet, die als nicht-jüdisch galt; konnte aus diesem Grund über das allgemeine Berufsverbot 1938 hinaus praktizieren; wurde später „auf Veranlassung der Gestapo strafrechtlich und ehrengerichtlich verfolgt und nach dem 20. Juli 1944 von der ‚Aktion Mitte' miterfasst." (eigene Angaben im Entnazifizierungsverfahren); sollte zu Enttrümmerungsarbeiten herangezogen werden, wurde aber wegen seines schlechten körperlichen Zustandes hiervon freigestellt. Büro und Wohnung wurden 1943 und 1944 ausgebombt. Über seine schwierigen Lebensumstände äußerte sich Sch. nur zurückhaltend: „Während der Nazizeit [war ich] schweren beruflichen Schädigungen und Verfolgungen ausgesetzt. So wurde ich u.a. von der Vertretung sämtlicher staatlicher und städtischer Behörden ausgeschlossen, bekam keine Armensachen mehr zugewiesen, durfte auch nicht als Pfleger oder Vormund bestellt werden." Nach Kriegsende wurde Sch. erst vorläufig, ab 1947 auf Dauer wieder als Anwalt zugelassen.
TK 33; JMBl. 33, S. 220; *li; BArch, R 3001 PAK; Tel.B. 41; Verz. zugel. Anw. 45; LAB, RAK, PA

Schey, Oskar
29.7 1897 Allenstein - keine Angaben
priv.: Kastanienallee, 23, Charlottenburg
Kanzlei: Friedrichstr. 131, N 24
RA am KG und Notar; nach der Machtübernahme der Nationalsozialisten 1933 wieder zugelassen; Ende 1935 Entzug des Notariats, war bis zum allgemeinen Berufsverbot 1938 als Anwalt tätig. Emigration.
TK 33; *li; DJ 36, S. 315; Liste 36; MRRAK; BArch, R 3001 PAK; BG

Schidwigowski, Paul Dr.
27.8.1895 Gadderbaum/Westf.
- 25.5.1943 Auschwitz
priv.: Sächsische Str. 67, W 15, Düsseldorfer Str. 58a (1940)
Kanzlei: Fasanenstr. 73, W 15,
Nahm am WK I teil; bestand beide juristische Staatsexamina mit „gut"; seit 1927 als Anwalt zugelassen. Nach der Machtübernahme der Nationalsozialisten 1933 wieder zugelassen, war bis zum allgemeinen Berufsverbot 1938 als Anwalt tätig, von 1938 bis 1943 als „Konsulent" zugelassen, vertrat in dieser Funktion einzelne Familienangehörige des Warenhausunternehmens Wertheim, aber auch frühere Kollegen, wie RAin
> Hanna Katz, anschließend „Konsulenten-Hilfsarbeiter".
Datum der Vermögenserklärung: 14.1.1943; Sammellager Große Hamburger Str. 26; Deportation am 19.4.1943 nach Auschwitz, dort einen Monat später ermordet.
TK 33; *li; Liste 36; MRRAK; BArch, R 3001 PAK; PA; BG; GB II; Ladwig-Winters: Wertheim I; BLHA, OFP-Akte Katz

Schiffmann, Wolf
keine Angaben
priv.: k.A.
Kanzlei: Alexanderpl. 1, C 25, Berolina-Haus
Nach der Machtübernahme der Nationalsozialisten 1933 wieder zugelassen, war bis zum allgemeinen Berufsverbot 1938 als Anwalt tätig.
TK 33; *li; Liste 36; BArch, R 3001 PAK; Naatz-Album

Schildberger, Hermann Dr.
4.10.1899 Berlin - 24.9.1974 Melbourne, Australien

priv.: k.A.
Kanzlei: Paul-Singer-Str. 6
Studierte 1917-20 Jura, Philosophie und Musik in Berlin, Frankfurt a. M., Greifswald und Würzburg; 1920 Promotion Dr. jur. in Greifswald; dann Musikkritiker bei einer Lokalzeitung in Gleiwitz, Oberschlesien; 1926 Rückkehr nach Berlin und Beginn des Referendariats; ab 1927 Musikdirektor der Jüdischen Reformgemeinde zu Berlin; in dieser Funktion maßgeblich verantwortlich für Musikaufnahmen von liturgischen Gesängen mit namhaften Künstlern, so z.B. Paula Lindberg und Josef Schmidt; nach dem zweiten Staatsexamen ab 1930 RA am LG I-III; betätigte sich neben seiner anwaltlichen Tätigkeit als Kulturfunktionär des Preußischen Landesverbandes der Jüdischen Gemeinden (bis 1938). Nach der Machtübernahme der Nationalsozialisten 1933 Berufsverbot; bis 1938 in der Leitung des Jüdischen Kulturbundes; Emigration mit seiner Familie im März 1939 über Großbritannien nach Australien; im Juli 1939 Ankunft in Melbourne; arbeitete dort als Musikdirigent am Tempel Beth Israel und leistete damit Aufbauarbeit für die australische Musikkultur insgesamt. Für seine Verdienste wurde ihm der Order of the British Empire verliehen.
Br.B. 32; TK 1933; JMBl. 33, S. 220; BArch, R 3001 PAK; BG: BHdE Bd. 2,2, S. 1032; Walk, S. 330; Die Musiktradition der Jüdischen Reformgemeinde zu Berlin, 1998

Schiller, Robert Dr.
29.4.1900 - keine Angaben
priv.: k.A.
Kanzlei: Ansbacher Str. 51, W 50
RA am KG; nach der Machtübernahme der Nationalsozialisten Berufsverbot im Frühjahr 1933.
Br.B. 32; TK 33; Liste d. nichtzugel. RA, 25.4.33; JMBl. 33, S. 209; BArch, R 3001 PAK

Schindler, Arthur, JR
30.5.1871 Beuthen - 21.9.1942 Theresienstadt
priv.: Pestalozzistr. 53, Charlottenburg
Kanzlei: Zimmerstr. 92, SW 68
RA und Notar; nach der Machtübernahme der Nationalsozialisten 1933 Entzug des Notariats, als Anwalt wieder zugelassen, war bis zum allgemeinen Berufsverbot 1938 tätig. Deportation am 28.8.1942 nach Theresienstadt, dort drei Wochen später umgekommen.
Br.B. 32; TK 33; JMBl. 33, S. 220; *li; Liste 36; MRRAK; BG; ThG; GB II

Schindler, Ernst Dr.
26.3.1875 Brieg - 12.6.1950
priv.: Potsdamer Str. 14, W 9
Kanzlei: Bülowstr. 100, W 57
Nahm am WK I teil; RA und Notar; wählte bei den letzten freien Wahlen die SPD; erzielte vor 1933 ein Einkommen von durchschnittlich rund RM 20 000,- p.a.; nach der Machtübernahme der Nationalsozialisten 1933 Entzug des Notariats, war bis zum allgemeinen Berufsverbot 1938 als Anwalt tätig. Sch.s Ehefrau galt als nicht-jüdisch, damit lebte er in „Mischehe": Erhielt nach 1940 eine jährliche Rente des Anwalts-Ruhevereins. Sch. wurde am 2.11.1943 von der Gestapo verhaftet und blieb bis zum 22.4.1945 in Haft. Sch. überlebte das NS-Regime und wurde 1947 wieder als RA zugelassen.
TK 33; *li; Liste 36; MRRAK; Verz. zugel. Anw. 45; LAB, RAK, PA; BG

Schindler, Fritz Dr.
12.1.1903 - keine Angaben
priv.: k.A.
Kanzlei: Charlottenstr. 60, W 8
Nach der Machtübernahme der Nationalsozialisten Berufsverbot im Frühjahr 1933.
Br.B. 32; TK 33; Liste d. nichtzugel. RA, 25.4.33; JMBl. 4.8.33, S. 253; BArch, R 3001 PAK

Schindler, Julius Dr.
28.2.1885 Lautenburg - Deportation 1942
priv.: Augsburger Str. 21, W 50; Ansbacher Str. 9, W 50
Kanzlei: Ansbacher Str. 9, W 50

RA und Notar; nach der Machtübernahme der Nationalsozialisten 1933 wieder zugelassen; Ende 1935 Entzug des Notariats, war als Anwalt bis zum allgemeinen Berufsverbot 1938 tätig, dann noch als „Konsulent" zugelassen. Deportation am 14.9.1942 nach Theresienstadt, von dort am 23. 10. 1944 nach Auschwitz verschleppt.
TK 33; *li; DJ 36, S. 315; Liste 36; MRRAK; Liste d. Kons. v. 15.3.39; BG; GB II

Schindler, Kurt
13.4.1885 Antonienhütte - 22.10.1942 Riga
priv.: Schillingstr. 1, C 2, Mitte
Kanzlei: Blumenstr. 94, O 27
Nach der Machtübernahme der Nationalsozialisten wieder zugelassen, war bis zum allgemeinen Berufsverbot 1938 als Anwalt tätig. Wurde zur Zwangsarbeit herangezogen, zuletzt als Arbeiter eingesetzt; Datum der Vermögenserklärung: 16.10.1942; Deportation am 19.10.1942 nach Riga, dort am Tag der Ankunft ermordet.
TK 33; *li; Liste 36; MRRAK; BArch, R 3001 PAK; BG; BdE; GB II

Schindler, Walter Dr.
1.2.1897 Rybnik - 1953 Berlin
priv.: Carmerstr. 4, Charlottenburg; Pariser Str. 32, Eisenzahnstr. 65, Wilmersdorf
Kanzlei: Pariser Str. 20, W 15
RA seit 1930; nach der Machtübernahme der Nationalsozialisten 1933 wieder zugelassen, war bis zum allgemeinen Berufsverbot 1938 als Anwalt, danach als „Konsulent" tätig (bis 1942);1938 nach der Pogromnacht im KZ Sachsenhausen inhaftiert; wieder freigekommen, Flucht vor der Gestapo; lebte unter falschem Namen; arbeitete bis zur Befreiung bei der Flettnerlüfter GmbH, Mariendorf. Nach 1945 in Wilmersdorf wohnhaft; erhielt umgehend die Zulassung als Anwalt und Notar

und firmierte mit seiner Kanzlei wieder unter der alten Adresse.
TK 33; *li; Liste 36; MRRAK; BArch, R 3001 PAK; Verz. zugel. Anw. 45; LAB, RAK, PA; BG

Schitkowski, Walter
8.5.1898 Berlin - Deportation 1942
priv.: Berchtesgadener Str. 2-3, W 30
Kanzlei: Kurfürstendamm 14, W 50
Nach der Machtübernahme der Nationalsozialisten Vertretungsverbot im April 1933, wenig später wieder zugelassen, war bis zum allgemeinen Berufsverbot 1938 als Anwalt tätig; arbeitete zuletzt als Sachbearbeiter. Deportation mit dem Transport am 24./26.6.1942 nach Minsk.
Br.B. 32; TK 33; Liste d. nichtzugel. RA, 25.4.33; *li; Liste 36; MRRAK; BArch, R 3001 PAK; BG; GB II

Schlesinger, Alexander Dr.
16.12.1893 Petersburg - keine Angaben
priv.: Windscheidstr. 36, Charlottenburg (1932)
Kanzlei: Hardenbergstr. 27, Charlottenburg
RA seit 1926; nach der Machtübernahme der Nationalsozialisten Berufsverbot im Juni 1933.
Jüd.Adr.B.; TK 33; JMBl. 15.7.33, S. 220; BArch, R 3001 PAK, PA

Schlesinger, Edgar H. Dr.
1.1.1904 Berlin - Januar 1968
priv.: k.A.
Kanzlei: Wallotstr. 8 a, Grunewald
Ließ sich 1929 als RA in Berlin nieder, war zeitweilig auch in London tätig, ab 1930 dann nur in Berlin; nach der Machtübernahme der Nationalsozialisten Berufsverbot im Frühjahr 1933; betätigte sich danach als Hausverwalter; ging in die Niederlande, studierte erneut Jura. Emigration 1939 in die USA, beantragte dort ein Stipendium des Am. Com. for the Guidance of the Professional Personnel; starb 1968 im Alter von 64 Jahren.

Br.B. 32; TK 33; JMBl. 33, S. 253; BArch, R 3001 PAK; NY Publ. Lib. (Am. Com.) Schlesinger, E.; SSDI

Schlesinger, Ernst Dr., JR
12.12.1865 Oberglogau - 21.9.1942 Theresienstadt
priv.: Kaiserallee 207, Wilmersdorf
Kanzlei: Belle-Alliance-Platz 20, SW 61
RA und Notar; nach der Machtübernahme der Nationalsozialisten 1933 Entzug des Notariats; als Anwalt bis zum allgemeinen Berufsverbot 1938 tätig. Datum der Vermögenserklärung: 12.8.1942; deportiert am 4.9.1942 nach Theresienstadt, dort nach wenigen Tagen umgekommen.
TK 33; JMBl. 33, S. 220; *li; Liste 36; MRRAK; BG; ThG; GB II; Göpp., S. 259

Schlesinger, Hans Georg Dr.
1.3.1902 Gleiwitz - keine Angaben
priv.: Badenallee 1, Charlottenburg
Kanzlei: k.A.
Nach der Machtübernahme der Nationalsozialisten Berufsverbot im Frühjahr 1933.
TK 33; JMBl. 33, S. 234; BArch, R 3001 PAK; Naatz-Album; BG (geb. 1.2.02)

Schlesinger, Hans Dr.
30.1.1883 Berlin - Deportation 1942
priv.: Niebuhrstr. 76, Charlottenburg
Kanzlei: Kurfürstenstr. 98
Sch. war evangelischen Glaubens; RA am LG I-III; nach der Machtübernahme der Nationalsozialisten Berufsverbot im Frühjahr 1933. Datum der Vermögenserklärung: 29.12.1941; Deportation am 25.1.1942 nach Riga.
Br.B. 32; Liste d. nichtzugel. RA, 25.4.33; JMBl. 33, S. 234; BArch, R 3001 PAK; BG; BdE; GB II (Johannes Sch.)

Schlesinger, Hans Dr.
27.2.1888 Oppeln - 1.4.1945 Auschwitz
priv. Mommsenstr. 12, Charlottenburg
Kanzlei: Linkstr. 42, W 9
Sch. nahm am WK I teil und wurde schwer verwundet; erhielt das Eiserne Kreuz I. und II. Kl. RA am KG und Notar, in der Sozietät > Abrahamsohn, Ludwig, Fürth, Samter und Schlesinger. Nach der Machtübernahme der Nationalsozialisten 1933 wieder zugelassen; 1935 Entzug des Notariats, war bis zum allgemeinen Berufsverbot 1938 als Anwalt tätig, dann noch als „Konsulent" zugelassen. Deportation gemeinsam mit seiner Frau am 3.10.1942 nach Theresienstadt; von dort am 6.10.1944 nach Auschwitz verschleppt; später für tot erklärt. Der Sohn

der Familie wurde nach der Pogromnacht 1938 nach Den Haag, Niederlande, geschickt. Nach der Besetzung der Niederlande wurde er inhaftiert, erst im KZ Westerbork, später in Theresienstadt, dann in Auschwitz. Im Oktober 1944 kam er nach Dresden zur Zwangsarbeit in die Munitionsfabrik HASAG in Meuselwitz, wo er von amerikanischen Truppen befreit wurde.
TK 33; *li; DJ 36, S. 315; Liste

36; Liste d. Kons. 39; BG; GB II; Ausk. Sohn F.G. Schlesinger, 13.1./20.9.1999

Schlesinger, Heinz
keine Angaben
priv.: k.A.
Kanzlei: Helmstedter Str. 11, Wilmersdorf
RA am KG; nach der Machtübernahme der Nationalsozialisten Berufsverbot im Frühjahr 1933.
TK 33; Liste d. nichtzugel. RA, 25.4.33; JMBl. 4.8.33, S. 253; BArch, R 3001 PAK

Schlesinger, Kurt Dr.
3.9.1900 Berlin - September 1984
priv.: Meinekestr. 11, W 15, Charlottenburg
Kanzlei: Leipziger Str. 105, W 8
Nach der Machtübernahme der Nationalsozialisten Vertretungsverbot im Frühjahr 1933, später wieder zugelassen, Verlegung der Kanzlei von der Leipziger Straße in die Privatwohnung; war bis zum allgemeinen Berufsverbot 1938 als Anwalt tätig. Emigration nach Südafrika, Johannesburg, am 8.3.1939; ging später in die USA, wo er 84-jährig starb.
Adr.B. 33; TK 33; Liste d. nichtzugel. RA, 25.4.33; *li; Liste 36; MRRAK; BArch, R 3001 PAK; BG; SSDI

Schlesinger, Max Dr.
4.1.1900 Görlitz - keine Angaben
priv.: k.A.
Kanzlei: Kottbusser Str. 6, SO 36
Nach der Machtübernahme der Nationalsozialisten Berufsverbot im Frühjahr 1933. Emigration nach Südafrika.
Br.B. 32; TK 33; Liste d. nichtzugel. RA, 25.4.33; JMBl. 4.8.33, S. 253; BArch, R 3001, PAK; BG

Schlesinger, Robert
25.4.1892 Berlin - Deportation 1942
priv.: Schönhauser Allee 136, N 58
Kanzlei: Beethovenstr. 2, NW 40
Sch. war evangelischen Glaubens; nach der Machtübernahme der Nationalsozialisten 1933 wieder als Anwalt zugelassen, war bis zum allgemeinen Berufsverbot 1938 als RA, dann als „Konsulent" tätig. Datum der Vermögenserklärung: 18.9.1942, verabschiedete sich von seinen engsten Freunden, kam ins Sammellager Große Hamburger Str. 26; Deportation am 24.9.1942 nach Theresienstadt, von dort am 18.12.1943 nach Auschwitz verschleppt.
TK 33; *li; Liste 36; MRRAK; Liste d. Kons., 31.12.38; BG; GB II

Schlesinger, Selmar Dr., JR
23.8.1869 Landeshut/Schlesien - 10.9.1942 (1941?) Berlin
priv.: k.A.
Kanzlei: Friedrichstr. 39, Friedrichshagen
RA am LG I-III, am AG Köpenick und Notar; nach der Machtübernahme der Nationalsozialisten 1933 wieder zugelassen, Ende 1935 Entzug des Notariats, war bis zum allgemeinen Berufsverbot 1938 als Anwalt tätig; starb 1941 oder 1942 in Berlin.
TK 1933; *li; Liste 36; MRRAK; BG; BHdE Bd. 2,2, S. 1035 (Kurt Schlesinger); Lüdersdorf, Gerd: Es war ihr Zuhause, Berlin o.J., S. 56

Schlesinger, Walter Dr.
18.1.1907 Berlin - keine Angaben
priv.: k.A.
Kanzlei: Hasenheide 72, S 59
S. wurde im September 1932 zugelassen und war einer der jüngsten Anwälte Berlins. Nach der Machtübernahme der Nationalsozialisten beantragte er im April 1933 die Wiederzulassung. In der Personalakte ist nur ein roter Strich oben eingetragen, das bedeutete: Berufsverbot. Emigration nach Britisch-Indien, Rangoon.
BArch R 3001 PAK, PA; JMBl. 33, S. 221; BG

Schlimmer, Ludwig Dr.
15.1.1887 Obersitzko - 31.5.1941 New York
priv.: Westarpstr. 3, W 30
Kanzlei: Stresemannstr. 30, SW 11
RA und Notar; nach der Machtübernahme der Nationalsozialisten 1933 Entzug des Notariats, war bis zum allgemeinen Berufsverbot 1938 als Anwalt tätig. Emigration in die USA über Spanien am 19.3.1941; laut Brief der Witwe gestorben „eine Woche nach unserer Ankunft an einer Typhuserkrankung, die er sich auf dem spanischen Schiff *Magellanes* zugezogen hat."
TK 33; JMBl. 33, S. 220; *li; Liste 36; MRRAK; BArch, R 3001 PAK; BG

Schlomann, Benno, JR
8.2.1862 Schirwindt - keine Angaben
priv.: Parkstr. 96, Zehlendorf
Kanzlei: Jägerstr. 61, W 8
RA und Notar; nach der Machtübernahme der Nationalsozialisten 1933 wieder zugelassen. Emigration nach Italien.
TK 33; *li; BG

Schloßmann, Georg
keine Angaben
priv.: k.A.
Kanzlei: Hortensienplatz 1, Lichterfelde
Nach der Machtübernahme der Nationalsozialisten wieder zugelassen, war noch bis mindestens 1936 als Anwalt tätig.
TK 33; *li; Liste 36

Schmitthoff, Maximilian Dr.
24.3.1903 Berlin - 1990
priv.: Behrenstr. 26 a, W 8
Kanzlei: k.A.
Sohn von RA > Hermann Schmulewitz; änderte seinen Namen in Schmitthoff; Studium in Berlin und Freiburg i. Br.; 1927 Promotion in Berlin; RA am Kammergericht; zugleich Assistent von Prof. Martin Wolff an der juristischen Fakultät der Berliner Universität und Berichterstatter im Reichstagsausschuss zum Aktienrecht. Nach der Machtübernahme der Nationalsozialisten Berufsverbot 1933; Emigration nach Großbritannien, London, im September 1933; schloss 1936 ein erneutes Studium mit dem Master of Law ab; änderte die Vornamen in Clive Macmillan; ab 1936 als RA in London zugelassen; 1940-45 Dienst bei der britischen Armee; 1948-1971 Universitätsdozent in London; übernahm zahlreiche Gastprofessuren, war Berater von internationalen Organisationen und erhielt viele Auszeichnungen; lebte 1978 in Großbritannien, London.
Br.B. 32; TK 1933; JMBl. 33, S. 203; BArch, R 3001 PAK; BG; BHdE 1933, Bd.I; Göpp., S. 315; Walk, S. 332; Oxford Dictionary of National Biography, Sept. 2004

Schmoller, Ernst Dr.
8.4.1892 Fankfurt a. M. - 26.12.1939 Berlin
priv.: Niebuhrstr. 77, Charlottenburg
Kanzlei: Kaiser-Wilhelm-Str. 34
RA und Notar; nach der Machtübernahme der Nationalsozialisten 1933 wieder zugelassen; Ende 1935 Entzug des Notariats; bis zum allgemeinen Berufsverbot 1938 als Anwalt zugelassen; starb im Dezember 1939 im Alter von 47 Jahren, in Berlin beigesetzt.
TK 33; *li; DJ 36, S. 315; Liste 36; MRRAK; BArch, R 3001 PAK; BG

Schmulewitz, Hermann
10.7.1870 Jutroschin - 1943 Großbritannien
priv.: Flensburger Str. 23, NW 87
Kanzlei: Alexanderplatz 10, C 25
RA am LG I-III und Notar; nach der Machtübernahme der Nationalsozialisten 1933 Entzug des Notariats; bis zum allgemeinen Berufsverbot 1938 als Anwalt zugelassen. Emigration nach

Großbritannien, London, am 23.2.1939; folgte seinem Sohn Maximilian Schmitthoff ins Exil; 1943 in Großbritannien gestorben.
TK 1933; JMBl. 33, S. 220; *li; Liste 36; MRRAK; BG; BHdE 1933, Bd. I, S. 656 (Sohn: Schmitthoff, Maximillian)

Schneidemühl, Fritz
5.3.1898 Berlin - keine Angaben
priv.: Bozener Str. 9
Kanzlei: Hermannplatz 2/3, S 59
Nach der Machtübernahme der Nationalsozialisten 1933 wieder zugelassen, war noch bis mindestens 1936 als Anwalt tätig; Emigration 1937 nach Österreich, lebte dort in Wien; später USA.
TK 33; *li; Liste 36; BArch, R 3001 PAK; Wolf, BFS; Ausk. Cann

Schneider, Albert
14.3.1892 Berlin - keine Angaben
priv.: Brückenallee 8/Hindersinstr. 14, NW 40
Kanzlei: Kronprinzenufer 2, NW 40
RA und Notar; nach der Machtübernahme der Nationalsozialisten 1933 Entzug des Notariats, war bis zum allgemeinen Berufsverbot 1938 als Anwalt tätig; Emigration nach Großbritannien, London, im Juli 1939.
TK 33; Pr.J. 33, S. 466; *li; Liste 36; MRRAK; BArch, R 3001 PAK; BG

Schneider, Erich Dr.
19.3.1885 Koschmin - keine Angaben
priv.: Kantstr. 76, Charlottenburg
Kanzlei: Kantstr. 76, Charlottenburg
RA und Notar; nach der Machtübernahme der Nationalsozialisten 1933, Entzug des Notariats 1935, war bis zum allgemeinen Berufsverbot 1938 als Anwalt tätig. Emigration nach Chile.
TK 33; *li; DJ 36, S. 315; Liste 36; MRRAK; BArch, R 3001 PAK; BG

Schneider, Karl Dr.
17.8.1882 Koschmin - keine Angaben
priv.: Kaiser-Wilhelm-Str. 57, C 2
Kanzlei: Kaiser-Wilhelm-Str. 57, C 2
Sch. war Dissident; RA und Notar; nach der Machtübernahme der Nationalsozialisten 1933 wieder zugelassen; Ende 1935 Entzug des Notariats, war bis zum allgemeinen Berufsverbot 1938 als Anwalt tätig.
*li; DJ 36, S. 315; Liste 36; BArch, R 3001 PAK; MRRAK; BG: LAB, OFP-Akten; BAP, 15.09 RSA

Schnitzer, Adolf Dr.
30.7.1889 Berlin - 12.1.1989 Genf
priv.: k.A.
Kanzlei: Mohrenstr. 48, W 8
RA und Notar; nach der Machtübernahme der Nationalsozialisten Berufsverbot im Frühjahr 1933. Emigration über die Schweiz nach Frankreich, Annemasse, am 1.10.1933. 1948-1959 Privatdozent und Lehrbeauftragter an der Universität Genf, 1960-1966 Universität Luxemburg (Droit comparé de la Famille); ab 1946 Rechtsberater verschiedener Organisationen in Genf; 1948-1952 für die Internationale Organisation der Flüchtlinge tätig, 1953-1973 Chef des Bureau international des déclarations de décès des personnes disparues (UN); Ehrendoktorwürde der Universitäten Genf und Uppsala.
Br.B. 32; TK 33; Liste d. nichtzugel. RA, 25.4.33; JMBl. 33, S. 209; BArch, R 3001 PAK; BG; Göpp. S. 315

Schocken, Leo Dr.
2.3.1898 - keine Angaben
priv.: k.A.
Kanzlei: Friedrichstr. 131, N 24
RA am KG; nach der Machtübernahme der Nationalsozialisten Berufsverbot im Frühjahr 1933.
TK 33; Liste d. nichtzugel. RA, 25.4.33; BArch, R 3001 PAK

Schoenfeld, Julius Dr.
18.6.1894 Posen - 23.10.1942
priv.: Nassauische Str. 5, Wilmersdorf
Kanzlei: Krausenstr. 9, W 8
RA und Notar; nach der Machtübernahme der Nationalsozialisten Berufsverbot im Frühjahr 1933, dann beim Palästina-Amt der Jüdischen Gemeinde Berlin tätig; Verwaltungsdirektor des Jüd. Krankenhauses Berlin. Beging gemeinsam mit seiner Ehefrau Suizid, nachdem er sich geweigert hatte, auf Aufforderung der Gestapo Mitarbeiter für die Deportation zu benennen. Er wurde auf dem Jüdischen Friedhof in Weißensee beigesetzt.
Br.B. 32; Liste d. nichtzugel. RA, 25.4.33; JMBl. 4.8.33, S. 253; BArch, R 3001 PAK; BG; g; Göpp. S. 236; Walk, S. 334

Schoenfeldt, Herbert S. Dr.
26.5.1895 Landeck - 29.6.1956 Bad Godesberg
priv.: Aschaffenburger Str. 16, Schöneberg
Kanzlei: Behrenstr. 25, W 8
Freiwilliger im WK I, an der Westfront in Frankreich verwundet; RA und Notar; Syndikus des Bankhauses Mendelsohn & Co. Nach der Machtübernahme der Nationalsozialisten 1933 wieder zugelassen; Ende 1935 Entzug des Notariats, war mindestens bis 1936 als Anwalt zugelassen. 1938 Emigration über die Schweiz nach Frankreich, 1940 über Spanien und Portugal in die USA; 1946-48 Mitarbeit bei der Vorbereitung und Durchführung der Kriegsverbrecherprozesse, 1948-56 Rechtsanwalt, Rechtsberater der JRSO (Jewish Resitution Successor Org.); 1956 Deutschland-Direktor der Conference on Jewish Material Claims against Germany (Claims Conference).
TK 1933; *li; DJ 36, S. 315; Liste 36; BArch, R 3001 PAK; BG; BHdE Bd. I, S. 663; Göpp. S. 360; Wolf, BFS

Schoenlank, Bernhard, JR
27.3.1867 - 15.8.1937 Berlin
priv.: k.A.
Kanzlei: Jägerstr. 4, W 8
RA und Notar; nach der Machtübernahme der Nationalsozialisten 1933 Entzug des Notariats; bis mindestens 1936 als Anwalt tätig.
TK 33; JMBl. 33, S. 220; *li; Liste 36; BG

Schoenlank, Hugo
keine Angaben
priv.: k.A.
Kanzlei: Berliner Str. 6, Tegel
RA und Notar; nach der Machtübernahme der Nationalsozialisten 1933 wieder zugelassen; gab vor 1936 seine Kanzlei auf.
TK 33; *li

Schoeps, Gustav Dr., JR
keine Angaben
priv.: k.A.
Kanzlei: Alexanderstr. 53, C 25
RA und Notar; nach der Machtübernahme der Nationalsozialisten 1933 Entzug des Notariats; als RA wieder zugelassen; vor Herbst 1935 in den Anwaltslisten gelöscht.
Br.B. 32; TK 33; JMBl. 33, S. 220; *li

Scholle, Sigurd
9.3.1893 Danzig - Mai 1971
priv.: Sybelstr. 11, Charlottenburg
Kanzlei: Taubenstr. 46, W 8
RA und Notar; nach der Machtübernahme der Nationalsozialisten Berufsverbot im Frühjahr 1933. Emigration nach Frankreich, Paris, später in die USA; lebte zuletzt in New York.
Br.B. 32; TK 33; Liste d. nichtzugel. RA, 25.4.33; JMBl. 4.8.33, S. 253; BArch, R 3001 PAK; BG; SSDI

Schönbeck, Friedrich (Fritz)
17.12.1888 Nordhausen - 1.9.1971 London
priv.: Bleibtreustr. 27, W 15
Kanzlei: Stresemannstr. 4, SW 11, später Kurfürstendamm 186, Charlottenburg

Studierte Jura in Berlin und München; 1915-18 Kriegsteilnehmer; Mitglied der SPD; 1919-20 Hilfsarbeiter im Reichswirtschaftsministerium; 1920-30 im preußischen Finanzministerium, ab 1927 Ministerialrat; spielte als Referent in der Krongutverwaltung eine führende Rolle bei der Regelung der Eigentumsverhältnisse zwischen Staat und Haus Hohenzollern; 1931 Justitiar der Preußischen Staatstheater, dann RA am KG, zugleich Syndikus der Deutschen Arbeiterbank (bis 1933); Mitglied im Republikanischen Richterbund. Nach der Machtübernahme der Nationalsozialisten 1933 kurze Zeit in Haft; war bis zum allgemeinen Berufsverbot 1938 als Anwalt, dann noch als „Konsulent" zugelassen. Emigration nach Großbritannien August 1939; nach 1945 Berater des Generalkonsulats in London und Leiter des Deutschen Amts für Wertpapierbereinigung in London.
TK 1933; MvRRB; *li; Liste 36; MRRAK; Liste d. Kons. v. 15.3.1939; BArch, R 3001 PAK; BG; BHdE 1933, Bd. 1, S. 662; Göpp., S. 315; Walk, S. 333; Schreiben C. Arndt, 15.8.1999; Landesverwaltungsamt Berlin, 19.4.2000; Auskunft H. Jäckel; Ausk. Dr. Y Arndt

Schönberg, Curt
20.1.1894 Kreuz/Ostbahn - 10.11.1948
priv.: Kaiserdamm 86, Charlottenburg
Kanzlei: Brückenallee 9, NW 87
Nahm am WK I teil; RA seit 1922, zuletzt am KG, und Notar (seit 1929). Sch.s durchschnittliches Einkommen lag zwischen RM 20-25 000,- p.a.; wählte bei den letzten freien Wahlen die DDP. Nach der Machtübernahme der Nationalsozialisten 1933 wieder zugelassen, 1935 Verlust des Notariats, war bis zum allgemeinen Berufsverbot 1938 als Anwalt tätig, dann „Konsulent" bzw. bis 1945 „Hilfskonsulent". Seine Ehefrau galt als nicht-jüdisch, aufgrund des gemeinsamen Kindes handelte es sich um eine sog. „privilegierte Mischehe". Die wesentlichen Einkommenseinbußen traten erst 1943 ein. Sch. überlebte, war aber nach einem Unfall gehbehindert. Er erhielt 1946 die Wiederzulassung als RA.
TK 33; *li; DJ 36, S. 315 (Kurt Sch.); MRRAK; Verz. zugel. Anw. 45; LAB, RAK, PA; BG

Schönberg, Karl Dr.
20.8.1893 Berlin - Deportation 1943
priv.: Mommsenstr. 52, Charlottenburg; Xantener Str. 16, Wilmersdorf
Kanzlei: Friedrich-Ebert-Str. (Hermann-Göring-Str.) 7, W 9
RA und Notar; nach der Machtübernahme der Nationalsozialisten 1933 wieder zugelassen; Ende 1935 Entzug des Notariats, war bis zum allgemeinen Berufsverbot 1938 als Anwalt tätig, u.a. für die emigrierte Autorin Else Lasker-Schüler; dann noch als „Konsulent" zugelassen; musste 1942 innerhalb von kurzer Zeit seine Praxis räumen, da „eine im Rahmen des Vierjahresplanes tätige Gesellschaft, die unbedingt kriegswichtige Aufgaben zu erfüllen hat[te], einziehen [wollte]." (OFP-Akten); später Verhaftung; Sammellager Große Hamburger Str. 26; Deportation am 19.4.1943 nach Auschwitz.
TK 33; *li; DJ 36, S. 315; Liste 36; MRRAK; Liste d. Kons. v. 15.3.39; BG; LAB, OFP-Akten; GB II; Ausk. Flechtmann, 7/2000

Schottländer, Erich Dr.
20.5.1898 Halle a.d. Saale - keine Angaben
priv.: Köpenicker Str. 48/49
Kanzlei: Köpenicker Str. 48/49
Nach der Machtübernahme der Nationalsozialisten Berufsverbot im Frühjahr 1933. Emigration nach Großbritannien, London, am 29.3.1935. Sch.s Ehefrau galt als nicht-jüdisch, Sch. selbst hatte sich vom Glauben gelöst.
Br.B. 32; TK 33; Liste d. nichtzugel. RA, 25.4.33; JMBl. 4.8.33, S. 253; BArch, R 3001 PAK; BG

Schreiber, Ernst Dr.
20.7.1898 Leipzig - keine Angaben
priv.: Bamberger Str. 22 bei Kohn, Wilmersdorf
Kanzlei: Leipziger Str. 108, W 8
RA und Notar; nach der Machtübernahme der Nationalsozialisten 1933 Entzug des Notariats, war bis zum allgemeinen Berufsverbot 1938 als Anwalt tätig; 1939 Emigration nach Frankreich, Paris.
TK 33; Pr.J. 33, S. 243; *li; Liste 36; MRRAK; BArch, R 3001 PAK; BG

Schreuer, Felix Dr.
15.10.1880 - 25.5.1933
priv.: Burggrafenstr. 20, Zehlendorf
Kanzlei: Potsdamer Str. 126
RA und Notar; nach der Machtübernahme der Nationalsozialisten 1933 Entzug des Notariats; starb Ende Mai 1933 im Alter von 53 Jahren.
Adr.B. 33; TK 33; JMBl. S. 220, 281; BArch, R 3001 PAK; BG

Schulenburg, Günther Dr. von
27.5.1893 Berlin - keine Angaben
priv.: k.A.
Kanzlei: Marburger Str. 9, W 50
Sch. war evangelischer Religion; Fronteinsatz im WK I, zuletzt als Oberstleutnant; nach der Machtübernahme der Nationalsozialisten 1933 wieder als Anwalt zugelassen. Sch. galt als „Mischling" und blieb daher von dem allgemeinen Berufsverbot 1938 ausgenommen, praktizierte aber 1941 nicht mehr.
TK 33; *li; LAB, Liste Mschlg. 36; BArch, R 3001 PAK

Schwabach, Hans
5.8.1889 Berlin - vor 1942, Frankreich
priv.: Elßholzstr. 4, W 57
Kanzlei: Friedrichstr. 79 a
RA und Notar; Kanzlei 1933 aufgegeben; laut RSA: 1938 „unbekannt abgemeldet"; Emigration nach Frankreich, dort vor 1942 gestorben.
Adr.B. 33; TK 33; BArch, R 3001 PAK; BG; LAB, OFP-Akten

Schwabe, Walter Dr.
9.7.1882 Göttingen - keine Angaben
priv.: Brüderstr. 2-3, Lichterfelde
Kanzlei: Reichstagsufer 9, NW 7
RA am KG, Teilhaber des Bankhauses Schwabe & Co. Nach der Machtübernahme der Nationalsozialisten 1933 wieder zugelassen, war bis zum allgemeinen Berufsverbot 1938 als Anwalt tätig. Im gleichen Jahr Emigration in die Niederlande, Amsterdam; lebte 1947 in Großbritannien, Wimbledon.
TK 33; *li; Liste 36; MRRAK; BArch, R 3001 PAK; BG

Schwarz, Ernst
10.6.1882 Berlin - Deportation 1943
priv.: Knesebeckstr. 77 bei Weinberg, Charlottenburg
Kanzlei: Kurfürstendamm 14, W 50
RA und Notar; nach der Machtübernahme der Nationalsozialisten 1933 wieder zugelassen; Ende 1935 Entzug des Notariats, war bis zum allgemeinen Berufsverbot 1938 als Anwalt zugelassen. Wurde zur Zwangsarbeit herangezogen, zuletzt als Arbeiter (Nagler) bei Paul Gelling & Co., Holzspezialitäten, Kurfürstendamm 15, W 15, eingesetzt; Datum der Vermögenserklärung: 19.11.1942; deportiert am 4.3.1943 nach Auschwitz.
*li; DJ 36, S. 315; MRRAK; BArch, R 3001 PAK; BG; GB II

Schwarz, Fritz
21.2.1891 - keine Angaben
priv.: Wittelsbacherstr. 12, Wilmersdorf
Kanzlei: Mittelstr. 118, NW 7
RA und Notar; nach der Machtübernahme der Nationalsozialisten 1933 wieder zugelassen; Ende 1935 Entzug des Notariats, war bis zum allgemeinen Berufsverbot 1938 als Anwalt tätig, dann als „Konsulent" zugelassen; Verhaftung wegen Verteidigung einer Kommunistin. 1939 Emigration nach Großbritannien, seine Mutter wurde nach seiner Flucht mehrfach verhört.
Br.B. 32; TK 33; *li; DJ 36, S. 315; Liste 36; MRRAK; Liste d. Kons., Jan.39; BArch, R 3001, PAK, PA; BG

Schwarz, Walter C. Dr.
11.2.1906 Berlin-Charlottenburg - 17.8.1988 Zürich
priv.: k.A.
Kanzlei: Taubenstr. 21, W 56
Wurde im Mai 1932 als Anwalt am KG zugelassen; nach der Machtübernahme der Nationalsozialisten bemühte sich Sch. 1933 um die Wiederzulassung, auch sein Vater, Benno Sch., schrieb an den Reichskommissar für das Preußische Justizministerium und legte die patriotische Gesinnung, die in der Familie gepflegt wurde, dar: schon Sch.s Großvater hatte an der Schlacht von Königgrätz teilgenommen. Sch. konnte jedoch keinen der gesetzlichen Ausnahmegründe für sich in Anspruch nehmen, es wurde ein Berufsverbot zum 15.6.1933 verhängt, weil er „nicht arischer Abstammung ist". Emigration Anfang 1938 nach Palästina; 1940-1944 bei der Royal Air Force in Afrika eingesetzt; 1944 Anwalt; verfasste zusammen mit Siegfried Moses einen Kommentar zum Einkommenssteuerrecht in Palästina; 1950 bei der Jewish Agency in München tätig; 1952 Promotion in Heidelberg; 1952-1967 RA in Berlin; ab 1958 Bearbeiter bzw. Mitarbeiter der Zeitschrift „RzW", 1963-1981 ihr Herausgeber. bzw. Mitherausgeber.
Liste d. nichtzugel. RA, 25.4.33; BArch, R 3001 PAK, PA; Göpp., S.360/61

Schwarz, Walter
10.2.1896 Bonn - keine Angaben
priv.: k.A.
Kanzlei: Badensche Str. 54; Schöneberg
Sch. hatte am WK I teilgenommen, wie fünf seiner Brüder, von denen einer gefallen war. RA seit 1927; nach der Machtübernahme der Nationalsozialisten 1933 wieder zugelassen, bis zum allgemeinen Berufsverbot 1938 als Anwalt tätig. Emigration 1939; lebte 1952 in Großbritannien, London.
Br.B. 32; *li; Liste 36; BArch, R 3001 PAK, PA; BG

Schwarzbart, Bernhard
13.9.1902 - keine Angaben
priv.: k.A.
Kanzlei: Friedrichstr. 190, W 8

Nach der Machtübernahme der Nationalsozialisten Berufsverbot im Frühjahr 1933.
TK 33; Liste d. nichtzugel. RA, 25.4.33; JMBl. 4.8.33, S. 253; BArch, R 3001 PAK; Naatz-Album

Schwarzer, Hans Dr.
6.10.1900 Wilmersdorf - Februar 1981
priv.: Darmstädter Str. 7, W 15
Kanzlei: Spicherstr. 24/25, W 50
Nach der Machtübernahme der Nationalsozialisten Berufsverbot im Frühjahr 1933. Emigration in die USA, änderte seinen Vornamen in John, lebte zuletzt in Beverly Hills.
Br.B. 32; Jüd.Adr.B.; TK 33; Liste d. nichtzugel. RA, 25.4.33; JMBl. 7.7.33, S. 209; BArch, R 3001 PAK, PA; SSDI

Schweitzer, Ernst Emil Dr.
11.5.1891 Breslau - keine Angaben
priv.: k.A.
Kanzlei: Neue Winterfeldtstr. 20
RA und Notar am LG I-III und am AG Schöneberg; Mitglied der Liga für Menschenrechte. Nach der Machtübernahme der Nationalsozialisten im Frühjahr 1933 Berufsverbot. Flucht nach Danzig, 1939 nach Frankreich.
Br.B. 32; TK 33; Liste d. nichtzugel. RA, 25.4.33; JMBl. 33, S. 209; BArch, R 3001 PAK; Krach, S. 436

Schwenk, Felix Dr.
27.10.1879 Grottkau - 31.1.1942 Riga
priv.: Kurfürstenstr. 34, W 35
Kanzlei: Potsdamer Str. 27, W 35
Nach der Machtübernahme der Nationalsozialisten 1933 wieder zugelassen, war bis zum allgemeinen Berufsverbot 1938 als Anwalt tätig. Datum der Vermögenserklärung: 5.1.1942; Deportation am 25.1.1942 nach Riga, dort am Tag nach der Ankunft ermordet.
TK 33; *li; Liste 36; MRRAK; BG; BdE; GB II

Schwersenz, Manfred Dr.
20.10.1893 Hohensalza - keine Angaben
priv.: Zähringerstr. 19/Nürnberger Str. 37 bei Cabalcao
Kanzlei: Uhlandstr. 45
RA am KG und Notar; nach der Machtübernahme der Nationalsozialisten Berufsverbot im Frühjahr 1933. Sch.s Ehefrau galt als nichtjüdisch, das Paar ließ sich 1935 scheiden. Emigration nach Italien, Bolzano, und Großbritannien, London, vor dem 30.11.1939.
Br.B. 32; TK 33; Liste d. nichtzugel. RA, 25.4.33; JMBl. 33, S. 203; BG

Seegall, Hermann Dr., JR
16.2.1856 Berlin - 16.7.1937 Berlin-Lichterfelde
priv.: Marienstr. 5, Lichterfelde
Kanzlei: Wilhelmstr. 38, SW 68
RA am KG und Notar; nach der Machtübernahme der Nationalsozialisten 1933 wieder zugelassen; Ende 1935 Entzug des Notariats; war noch bis mindestens 1936 als Anwalt tätig, starb 1937 in Berlin.
TK 33; *li; DJ 36, S. 315; Liste 36; BG

Seelig, Ernst Dr.
4.2.1871 Leipzig - keine Angaben
priv.: Kurfürstenstr. 43, W 35
Kanzlei: Kurfürstenstr. 43, W 35
RA und Notar; nach der Machtübernahme der Nationalsozialisten 1933 Entzug des Notariats, war bis mindestens 1936 als Anwalt tätig.
TK 33; JMBl. 33, S. 220; *li; Liste 36; BG

Seelig, Ludwig Dr.
keine Angaben
priv.: k.A.
Kanzlei: Marburger Str. 17
Nach der Machtübernahme der Nationalsozialisten im Oktober 1933 wieder als Anwalt zugelassen.
TK 33; *li

Seelig, Meinhard Dr.
27.6.1895 Wissek - keine Angaben
priv.: k.A.
Kanzlei: Friedrichstr. 209, SW 68
Nach der Machtübernahme der Nationalsozialisten Berufsverbot zum 14.6.1933. Emigration nach Großbritannien, London.
Br.B. 32; TK 33; Liste d. nichtzugel. RA, 25.4.33; JMBl. 21.8.33, S. 267; BArch, R 3001 PAK; BG

Seelig, Walter Dr.
12.11.1904 Berlin-Charlottenburg - keine Angaben
priv.: k.A.
Kanzlei: Rosenthaler Str. 44, N 54
Nach der Machtübernahme der Nationalsozialisten Berufsverbot im Frühjahr 1933. Emigration in die USA, New York.
TK 33; Liste d. nichtzugel. RA, 25.4.33; JMBl. 4.8.33, S. 253; BArch, R 3001 PAK; BG

Seelmann, Ernst
13.12.1894 Aachen - 26.1.1945 Buchenwald
priv.: Landshuter Str. 35, Schöneberg
Kanzlei: Joachimsthaler Str. 21, W 15
RA und Notar; nach der Machtübernahme der Nationalsozialisten 1933 wieder zugelassen; Ende 1935 Entzug des Notariats, war bis zum allgemeinen Berufsverbot 1938 als Anwalt tätig. Emigration in die Niederlande am 5.10.1938. Am 18.1.1944 von Westerbork nach Theresienstadt deportiert, von dort am 28.9.1944 nach Auschwitz verschleppt, am 26.1.1945 im KZ Buchenwald umgekommen.
TK 33; *li; DJ 36, S. 315; Liste 36; MRRAK; BArch, R 3001 PAK; BG; g; GB II

Segall, Hellmut Dr.
29.3.1899 Königs Wusterhausen - keine Angaben
priv.: Giesebrechtstr. 18, Charlottenburg
Kanzlei: Kleiststr. 34, W 62
Nach der Machtübernahme der Nationalsozialisten 1933 wieder zugelassen, war mindestens bis Anfang 1936 als Anwalt tätig. Emigration nach Großbritannien, London, im September 1936.
TK 33; *li; Liste 36; BArch, R 3001 PAK; BG

Segall, Julius Dr.
22.3.1886 Berlin - keine Angaben
priv.: Kantstr. 149, Charlottenburg
Kanzlei: Friedrichstr. 71, W 8
RA und Notar; nach der Machtübernahme der Nationalsozialisten 1933 wieder zugelassen; Ende 1935 Entzug des Notariats, war bis zum allgemeinen Berufsverbot 1938 als Anwalt tätig. Emigration nach Australien, Sydney.
TK 33; *li; DJ 36, S. 315; Liste 36; MRRAK; BArch, R 3001 PAK; BG

Selbiger, Leo Dr.
18.4.1875 Tuchel - 16.7.1942
priv.: Viktoria-Luise-Platz 12 a
Kanzlei: Viktoria-Luise-Platz 12 a
RA am KG und Notar; nach der Machtübernahme der Nationalsozialisten 1933 wieder zugelassen; Ende 1935 Entzug des Notariats, war bis zum allgemeinen Berufsverbot 1938 als Anwalt tätig; 1942 im Alter von 67 Jahren gestorben und auf dem Jüdischen Friedhof in Weißensee beigesetzt.
TK 33; *li; DJ 1936, S. 315; Liste 36; MRRAK; BG

Seligmann, Martin Dr.
10.7.1900 Berlin - keine Angaben
priv.: Brahmsstr. 19, Wilmersdorf
Kanzlei: Potsdamer Str. 32 a, W 35
Nach der Machtübernahme der Nationalsozialisten 1933 wieder zugelassen, war bis zum allgemeinen Berufsverbot 1938 als Anwalt tätig; vermutlich emigriert – Vermerk „abgemeldet am 28.2.1939".
Br.B. 32; TK 33; *li; Liste 36; MRRAK; BArch, R 3001 PAK; BG

Seligsohn, Arnold Dr., JR
13.9.1854 Samotschin (Posen) - 3.2.1939 Berlin
priv.: k.A.
Kanzlei: Knesebeckstr. 45, W 15
RA und Notar, in Sozietät mit Julius, seinem Sohn, und Martin S., seinem Neffen, Spezialist auf dem Gebiet des Gewerblichen Rechtsschutzes und des Patentrechts. Nach der Machtübernahme der Nationalsozialisten 1933 wieder zugelassen; Ende 1935 Entzug des Notariats, war bis zum allgemeinen Berufsverbot 1938 als Anwalt tätig; Mitglied in versch. gemeinnützigen jüdischen Vereinen; starb 1939 in Berlin.
TK 33; *li; DJ 1936, S. 315; Liste 36; MRRAK; BG: LAB, OFP-Akten; Göpp., S.228; Walk, S. 340; Konvolut J. Levi.

Seligsohn, Ernst Dr.
4.7.1903 Berlin - 10.2.1983 Tel Aviv
priv.: k.A.
Kanzlei: Knesebeckstr. 45, W 15
Sohn von Martin S., in der dritten Generation Jurist in der Seligsohn-Familie, sie bildeten gemeinsam eine Sozietät. In seiner Jugend war er Mitglied der „Kameraden", einer Jugendorganisation, die sich als Gegenstück zum zionistischen „BlauWeiß" verstand. Nach der Machtübernahme der Nationalsozialisten wurde S. zum 20.6.1933 mit Berufsverbot belegt und schloss sich nun dem Alija an. Es gelang ihm, seine Eltern zu überzeugen, Deutschland zu verlassen und nach Palästina zu gehen. Emigration am 26.2.1934 nach Palästina, Tel Aviv; anfänglich war S. Patentanwalt, seit 1940 Anwalt, übte seinen Beruf bis zu seinem Lebensende aus, befasste sich schwerpunktmäßig mit Urheber- und Markenrecht.
Br.B. 32; TK 33; Liste d. nichtzugel. RA, 25.4.33; JMBl. 4.8.33, S. 253; BArch, R 3001 PAK, PA; Ausk. Arnan Gabrieli, Konf. 6/1999; Konvolut J.Levi

Seligsohn, Felix, JR
19.9.1868 Berlin - 29.7.1942
priv.: Schönhauser Allee 22, N 54, Prenzlauer Berg (Altersheim d. Jüd. Gemeinde)
Kanzlei: Französische Str. 59, W 8
RA und Notar; nach der Machtübernahme der Nationalsozialisten 1933 Entzug des Notariats, war bis zum allgemeinen Berufsverbot 1933 als Anwalt zugelassen. Beging Ende Juli 1942 im Alter von 74 Jahren Suizid, vermutlich angesichts der drohenden Deportation, er wurde auf dem Jüdischen Friedhof in Weißensee beigesetzt.
Br.B. 32, TK 33; Pr.J. 33, S. 502; *li; Liste 36; MRRAK; BG; GB II

Seligsohn, Franz Dr.
15.9.1880 Berlin - keine Angaben
priv.: Fasanenstr. 30, W 15
Kanzlei: Fasanenstr. 30, W 15
RA am KG und Notar; nach der Machtübernahme der Nationalsozialisten 1933 wieder zugelassen; Ende 1935 Entzug des Notariats, war bis zum allgemeinen Berufsverbot 1938 als Anwalt tätig, dann als „Konsulent" zugelassen. Emigration nach Chile, Valparaiso, am 8.3.1939; lebte 1950 in London.
TK 33; *li; LAB, Liste 15.10.33; DJ 36, S. 315; Liste 36; MRRAK; BArch, R 3001 PAK; BG

Seligsohn, Julius Dr.
7.5.1890 Berlin - 28.2.1942 Sachsenhausen
priv.: Meinekestr. 22, Charlottenburg
Kanzlei: Knesebeckstr. 45, Charlottenburg
Nahm am WK I teil und wurde mit hohen Kriegsorden ausgezeichnet; gehörte später dem Reichsbund

jüdischer Frontsoldaten an; hatte beide Staatsexamen mit „gut" abgeschlossen. RA und Notar; Sozius von Arnold S. (seinem Vater), Ernst und Martin S. Nach der Machtübernahme der Nationalsozialisten 1933 wieder zugelassen; in seinem Antrag sind die üblichen Bearbeitungsvermerke zu finden: roter Strich für „nichtarisch", grüner Strich für „Frontkämpfer", hier noch durch ein grünes Kreuz ergänzt (Träger des EK I. und II. Kl.). Im „Fragebogen zur Durchführung des Gesetzes zur Wiederherstellung des Berufsbeamtentums vom 7.4.1933" schreibt S. auf die Frage nach der „arischen Abstammung": „Ich bin Jude und meine sämtlichen Vorfahren, die ich zurückverfolgen kann, waren preußische Juden." Ende 1935 Entzug des Notariats; bis 1938 als Anwalt zugelassen. Mitglied des Präsidialausschusses der Reichsvertretung, für die Auswandererberatung zuständig. S. schickte seine Frau und seine beiden Kinder ins sichere Ausland, blieb aber selbst in seiner Heimatstadt Berlin. Im November 1940 verhaftet, am 18.3.1941 in das KZ Sachsenhausen verschleppt; dort Ende Februar 1942 einer Lungenentzündung erlegen.
TK 33; * li; LAB, Liste 15.10.33; DJ 36, S. 315; Liste 36; MRRAK; BArch, R 3001 PAK, PA; BG; GB Sachsenhausen; GB II; Juden in Preußen, 4.Aufl. 1983; Göpp. S. 259; Konvolut J. Levi

Seligsohn, Martin, JR
27.10.1868 Berlin - 26.12.1942 Tel Aviv, Palästina
priv.: k.A.
Kanzlei: Knesebeckstr. 45, W 15
RA am KG und Notar; Sozius von Arnold, Ernst und Julius S., seinem Sohn. Über 40 Jahre hinweg waren Arnold S. und er, verwandtschaftlich Cousins zweiten Grades, Partner und hatten sich als Kanzlei auf Patent-, Marken- und Urheberrecht spezialisiert. Nach der Machtübernahme der Nationalsozialisten 1933 Entzug des Notariats, er wurde als „Altanwalt" anerkannt und wieder zugelassen. Die anwaltliche Zulassung wurde 1934 gelöscht, als er sich auf Drängen seines Sohnes Ernst entschloss, Deutschland zu verlassen. Emigration nach Palästina, Tel Aviv, wo sich die Familie sowie weitere Angehörige in der Shivtei Israel Street (heute Ruppin St.) niederließen. S. starb 1942 im Alter von 74 Jaren in Tel Aviv.
TK 33; LAB, Liste nichtzugel. RA, 15.4.33; JMBl. 33, S. 220; *li; BG; Konvolut J. Levi

Seligsohn-Netter, Julius Dr.
10.12.1884 Berlin - keine Angaben
priv.: Ilmenauer Str. 11, Wilmersdorf
Kanzlei: Oppenstr. 87/97, Adlershof
Nach der Machtübernahme der Nationalsozialisten 1933 wieder zugelassen, war mindestens bis 1936 als Anwalt tätig. Emigration am 14.4.1938 nach Großbritannien.
TK 33; *li; LAB, Liste 15.10.33; Liste 36; BArch, R 3001 PAK; BG; LAB, OFP-Akten

Selowsky, Karl Dr.
16.2.1889 Dresden - keine Angaben
priv.: Cicerostr. 54, Wilmersdorf
Kanzlei: Behrenstr. 20, W 8
RA und Notar; nach der Machtübernahme der Nationalsozialisten 1933 wieder zugelassen; Ende 1935 Entzug des Notariats, war bis zum allgemeinen Berufsverbot 1938 als Anwalt tätig, dann als „Konsulent". Emigration nach Frankreich, Paris, im Mai 1939. Lebte 1949 in Freiburg.
TK 33; *li; LAB, Liste 15.10.33; DJ 36, S. 315; Liste 36; MRRAK; Liste d. Kons.v. 15.3.39; BArch, R 3001 PAK, PA; BG

Selowsky, Kurt
ca.1890 - keine Angaben
priv.: k.A.
Kanzlei: Dorotheenstr. 77/78, NW 7
Vertrat als Anwalt den Jakob-Michael-Konzern; nach der Machtübernahme der Nationalsozialisten im Frühjahr 1933 zeitweilig Vertretungsverbot, noch im gleichen Jahr wieder zugelassen; am 17.12.1934 wurde die Zulassung gelöscht, Emigration nach Australien.
TK 33; Liste d. nichtzugel. RA, 25.4.33; *li; LAB, Liste 15.10.33; Ausk. Werner Wolff, 22.9.1998

Selten, Ernst Dr.
25.9.1885 Berlin - Deportation 1942
priv.: Kuno-Fischer-Platz 1, Charlottenburg
Kanzlei: Friedrichstr. 236, SW 68
RA am KG und Notar; nach der Machtübernahme der Nationalsozialisten 1933 Entzug des Notariats, war bis zum allgemeinen Berufsverbot 1938 als Anwalt tätig. Deportiert mit dem Transport vom 24./26.6.1942 nach Minsk.
TK 33; JMBl 33, S. 220; *li; LAB, Liste 15.10.33; Liste 36; MRRAK; BArch, R 3001 PAK; BG; GB II

Selten, Franz Dr.
5.10.1881 Berlin - 11.2.1943 Theresienstadt
priv.: Barbarossastr. 52, W 30; Traunsteiner Str. 10, Innsbrucker Str. 44, Schöneberg
Kanzlei: Schönhauser Allee 6/7, N 54
RA am KG und Notar; nach der Machtübernahme der Nationalsozialisten 1933 wieder zugelassen, Ende 1935 Entzug des Notariats, war bis zum allgemeinen Berufsverbot 1938 als Anwalt tätig, dann als „Konsulent". Datum der Vermögenserklärung: 12.8.1942; Sammellager Große Hamburger Str. 26; Deportation am 31.8.1942 nach Theresienstadt, dort im Februar 1943 umgekommen.
Br.B. 32; TK 33; *li; LAB, Liste 15.10.33; DJ 36, S. 315; Liste 36; MRRAK; Liste d. Kons., 15.3.39; BArch, R 3001 PAK; BG; ThG; GB II

Selten, Fritz Dr.
4.9.1875 - 27.9.1942 Theresienstadt
priv.: Mommsenstr. 2, Charlottenburg
Kanzlei: Rankestr. 31/32, W 50
RA und Notar; Mitglied der Justizprüfungskommission; nach der Machtübernahme der Nationalsozialisten 1933 Entzug des Notariats, war bis zum allgemeinen Berufsverbot 1938 als Anwalt tätig, praktizierte zuletzt in der eigenen Wohnung. Am 17.7.1942 nach Theresienstadt deportiert, dort Ende September 1942 umgekommen.
TK 33; JMBl. 33, S. 220; *li; LAB, Liste 15.10.33; Liste 36; MRRAK; VZ 39; BG; ThG; GB II

Semon, Hans M. Dr.
23.5.1890 - keine Angaben
priv.: Leonhardtstr. 19, Charlottenburg
Kanzlei: Berliner Str. 82, Neukölln
RA am LG Berlin und AG Neukölln; nach der Machtübernahme der Nationalsozialisten mit Berufsverbot belegt; wurde noch durch die Volkszählung 1939 erfasst.
Adr.B. 33; Pr.J. 33, S. 565; VZ 39

Senff, Adolph, JR
27.12.1855 - 11.2.1934 Berlin
priv.: Kurfürstendamm 46, Charlottenburg
Kanzlei: Französische Str. 57/58, W 8
RA und Notar; nach der Machtübernahme der Nationalsozialisten 1933 wieder zugelassen; 1934 im Alter von 79 Jahren gestorben und auf dem Jüdischen Friedhof in Weißensee beigesetzt.
TK 33; *li; LAB, Liste 15.10.33; BG

Senff, Werner
22.6.1892 Berlin - 3.7.1943 Auschwitz
priv.: k.A.
Kanzlei: Französische Str. 57
RA am LG I-III; Berufsverbot im Frühjahr 1933. Deportiert am 19.4.1943 nach Auschwitz, dort ermordet.
Br.B. 32; TK 33; Liste d. nichtzugel. RA, 25.4.33; JMBl. 21.8.33, S. 267; BArch, R 3001 PAK; BG; g; GB II

Senger, Hans Dr.
11.8.1900 Berlin - keine Angaben
priv.: Augustastr. 65
Kanzlei: Grolmanstr. 37, Charlottenburg
S. hatte noch für ein halbes Jahr am WK I teilgenommen; RA seit 1925; stellte nach der Machtübernahme der Nationalsozialisten 1933 einen Antrag auf Wiederzulassung; wurde jedoch nicht als „Frontkämpfer" anerkannt mit der Folge, dass er mit Berufsverbot belegt wurde.
Jüd.Adr.B.; Adr.B. 33; TK 33; JMBl. 33, S. 282; BArch, R 3001 PAK

Sieburg, Felix Dr.
2.4.1884 Posen - keine Angaben
priv.: Martin-Luther-Str. 26, Schöneberg
Kanzlei: Potsdamer Str. 71, W 57
RA am KG und Notar; nach der Machtübernahme der Nationalsozialisten 1933 Entzug des Notariats, war bis zum allgemeinen Berufsverbot 1938 als Anwalt tätig. Emigration nach Großbritannien; lebte 1951 in Oxford.
TK 33; JMBl. 33, S. 220; *li; LAB, Liste 15.10.33; Liste 36; MRRAK; BArch, R 3001 PAK; BG

Siegel, Siegfried Kurt
12.11.1885 Meiningen - keine Angaben
priv.: Ahornallee 7, Charlottenburg
Kanzlei: Prager Platz 6, Wilmersdorf
Nach der Machtübernahme der Nationalsozialisten 1933 wieder zugelassen, war mindestens bis 1936 als Anwalt tätig. Emigration nach Chile, Vina del Mar, am 25.6.1937; lebte dort noch 1950.
TK 33; *li; Liste 36; LAB, Liste 15.10.33; BArch, R 3001 PAK; BG

Siegel, Walter Dr.
28.4.1899 Brieg - keine Angaben
priv.: Duisburger Str. 7, Wilmersdorf
Kanzlei: Potsdamer Str. 129/130, W 9
RA und Notar; nach der Machtübernahme der Nationalsozialisten 1933 wieder zugelassen; Ende 1935 Entzug des Notariats, war bis zum allgemeinen Berufsverbot 1938 als Anwalt tätig. Emigration nach Schweden, Malmö, im Mai 1940; lebte 1946 in Stockholm.
TK 33; *li; DJ 36, S. 315; Liste 36; LAB, Liste 15.10.33; MRRAK; BArch, R 3001 PAK; BG

Siegmann, Georg Dr., JR
21.5.1869 Berlin - Deportation 1943

priv.: Lützowstr. 77, W 35
Kanzlei: Lindenstr. 112, SW 68
Justizrat S. war als Anwalt beim LG I-III und AG Tempelhof zugelassen, er war auch als Notar tätig. Bei der Machtübernahme der Nationalsozialisten war er 63 Jahre alt. Als „Altanwalt", der bereits vor 1914 zugelassen worden war, wurde sein Antrag 1933 auf Wiederzulassung bewilligt, allerdings wurde ihm das Notariat im Sommer 1933 entzogen. S. war bis zum allgemeinen Berufsverbot 1938 tätig. Am 2.7.1942 unterzeichnete er seine Vermögenserklärung, er lebte zu diesem Zeitpunkt im Jüdischen Altersheim in der Lützowstr. 48. Zwei Wochen später, am 16.7.1943, wurden Siegmann und seine Frau nach Theresienstadt deportiert. Von dort schickte er noch im August 1944 eine Karte an den Anwaltsbeamten Naatz und informierte diesen vom Tod des bekannten Justizrates > Julius Magnus. S. selbst wurde am 28.10.1944 von Theresienstadt nach Auschwitz verschleppt.
Br.B. 32; TK 33; JMBl. 33, S. 220; *li; LAB, Liste 15.10.33; Liste 36; MRRAK; BG: BAK, GB; BAP, 15.09 RSA, LAB, OFP-Akten; Karte Naatz; GB II; Naatz-Album

Sieskind, Jacob Dr.
7.2.1874 St.Petersburg - keine Angaben
priv.: Kaiserdamm 10, Charlottenburg
Kanzlei: Friedrichstr. 234, SW 68
RA und Notar; nach der Machtübernahme der Nationalsozialisten Vertretungsverbot im Frühjahr 1933, als RA und Notar gelöscht, dann im Herbst 1933 wieder zugelassen; Ende 1935 Entzug des Notariats, war bis zum allgemeinen Berufsverbot 1938 als Anwalt zugelassen. Emigration nach Schweden, Stockholm, am 13.2.1940.
TK 33; Liste d. nichtzugel. RA, 25.4.33; JMBl. 21.8.33, S. 267; Pr.J. 33, S. 532; LAB, Liste 15.10.33; Korr. Liste der arischen Anw., 15.10.33; DJ 36, S. 315 (Jakob S.); Liste 36; MRRAK; Naatz-Album; BG

Silber, Erwin Dr.
16.5.1902 Berlin - 7.9.1987
priv.: k.A.
Kanzlei: Frankfurter Allee 181, Lichtenberg
Nach der Machtübernahme der Nationalsozialisten Berufsverbot im Frühjahr 1933. Emigration in die USA, lebte zuletzt in Cleveland, Ohio.
TK 33; Liste d. nichtzugel. RA, 25.4.33; JMBl. 33, S. 209; BArch, R 3001 PAK; SSDI

Silberberg, Rudolf Dr.
5.6.1878 - 23.3.1937
priv.: Neue Winterfeldtstr. 43, Schöneberg
Kanzlei: Nürnberger Str. 13, W 50
Nach der Machtübernahme der Nationalsozialisten 1933 wieder zugelassen, war mindestens bis 1936 als Anwalt tätig; 1937 im Alter von 59 Jahren gestorben und auf dem Jüdischen Friedhof in Weißensee beigesetzt.
TK 33; *li; LAB, Liste 15.10.33; Liste 36; BG

Silbermann, David Dr., JR
keine Angaben - 1.5.1937
priv.: k.A.
Kanzlei: Waitzstr. 7, Charlottenburg
Nach der Machtübernahme der Nationalsozialisten 1933 wieder zugelassen, war bis mindestens 1936 als Anwalt tätig; im Mai 1937 gestorben.
TK 33; *li; LAB, Liste 15.10.33; Liste 36

Silbermann, Fritz Dr.
5.5.1895 Berlin - 28.1.1943 Theresienstadt
priv.: Yorckstr. 65, Kreuzberg
Kanzlei: Kantstr. 8, Charlottenburg
Nach der Machtübernahme der Nationalsozialisten Vertretungsverbot im April 1933, im Herbst wieder zugelassen; mit dem allgemeinen Berufsverbot Ende 1938 in den Anwaltslisten gelöscht. Bereits im August 1938 Emigration in die Tschechoslowakei; aus Prag am 18.8.1942 nach Theresienstadt deportiert, dort Ende Januar 1943 umgekommen.
TK 33; Nachtragsliste, 25.4.33; *li; LAB, Liste 15.10.33; Liste 36; MRRAK; BG; GB II

Silberschmidt, Ludwig Dr.
8.12.1883 Bocholt - keine Angaben
Kanzlei: Tauentzienstr. 12 a, W 50
S. war 1931 auf eigenen Wunsch aus dem Amt als Notar entlassen worden, während eines längeren Urlaubs wurde als Vertreter RA > Hans Fraustaedter eingesetzt. 1933 war S. als Anwalt am AG Charlottenburg zugelassen. Nach der Machtübernahme der Nationalsozialisten meldete im Sommer 1933 der Vorstand der RAK, dass S., der als Religion „mosaisch" angegeben hatte, „nichtarischer Abstammung" und unbekannt verzogen sei. Die Zulassung als RA wurde zum Oktober 1933 gelöscht.
Pr.J. 33, S. 633; BArch, R 3001 PAK, PA

Silberstein, Alfred Dr.
7.8.1897 Berlin-Charlottenburg - August 1971
priv.: Schönhauser Allee 144
Kanzlei: Burgstr. 29, C 2
RA und Notar; nach der Machtübernahme der Nationalsozialisten Vertretungsverbot im April 1933, dann wieder zugelassen; Ende 1935 Entzug des Notariats, war als Anwalt bis zum allgemeinen Berufsverbot 1938 tätig. Emigration in die USA, lebte zuletzt in Philadelphia.
TK 33; *li; LAB, Liste 15.10.33; DJ, 36, S. 315; Liste 36; MRRAK; BArch, R 3001 PAK; BG; SSDI

Silberstein, Heinrich
10.12.1878 - 13.10.1936 Berlin
priv.: Weidenweg 35, O 34
Kanzlei: Weidenweg 35, O 34
RA und Notar; nach der Machtübernahme der Nationalsozialisten 1933 wieder zugelassen; Ende 1935 Entzug des Notariats; starb 1936 im Alter von 67 Jahren, er wurde auf dem Jüdischen Friedhof in Weißensee beigesetzt.
TK 33; *li; LAB, Liste 15.10.33; DJ 36, S. 315; Liste 36; BG

Silberstein, Hermann Dr., JR
18.7.1867 Neuruppin - 14.1.1942 Litzmannstadt/Lodz
priv.: Meierottostr. 4, W 15
Kanzlei: Meierottostr. 4, W 15
RA und Notar; nach der Machtübernahme der Nationalsozialisten 1933 Entzug des Notariats, war bis zum 15.1.1938 als Anwalt zugelassen. Deportation am 18.10.1941 nach Litzmannstadt/Lodz, dort Anfang 1942 ums Leben gekommen.
TK 33; JMBl. 33, S. 220; *li; LAB, Liste 15.10.33; Liste 36 (Henry S.); BG; GB II

Silberstein, Leopold, JR
17.8.1870 - 9.1.1934 Berlin
priv.: Fasanenstr. 60, W 15
Kanzlei: Fasanenstr. 60, W 15
S. stammte aus einfachen Verhältnissen; er hatte sich mit der Tochter seiner Vermieterin angefreundet, die 19 Jahre lang für ihn Hilfsarbeiten erledigte, bis er als Anwalt etabliert war und die beiden heiraten konnten. RA am LG I-III und Notar. Nach der Machtübernahme der Nationalsozialisten 1933 Entzug des Notariats. S. starb 1934 im Alter von 63 Jahren, als er auf einer Bank auf seine Frau wartete; während sie in einem Geschäft war, brach er tot zusammen. Er wurde auf dem Jüdischen Friedhof in Weißensee beigesetzt.
TK 33; JMBl. 33, S. 220; *li; LAB, Liste 15.10.33; BG; Ausk. E. Proskauer

Simon, Alfred Ferdinand Dr.
13.8.1875 Magdeburg - Deportation 1942
priv.: Kluckstr. 27, W 35
Kanzlei: Magdeburger Str. 24, W 35
RA am KG und Notar; nach der Machtübernahme der Nationalsozialisten 1933 wieder zugelassen, Ende 1935 Entzug des Notariats, war mindestens bis 1936 als Anwalt tätig; gehörte dem Reichsverband nichtarischer Christen an. Deportation am 2.4.1942 nach Warschau.
Br.B. 32; TK 33; *li; LAB, Liste 15.10.33; DJ 36, S. 315; Liste 36; Mitt.bl. Reichsverband nichtarischer Christen, 6.12.1934; BG; GB II

Simon, Erich Dr.
11.8.1881 Bromberg - keine Angaben
priv.: k.A.
Kanzlei: Königstr. 50, C 2
RA und Notar; nach der Machtübernahme der Nationalsozialisten 1933 Entzug des Notariats, war bis zum allgemeinen Berufsverbot 1938 als Anwalt tätig. Emigration nach Argentinien.
TK 33; JMBl. 33, S. 202; *li; LAB, Liste 15.10.33; Liste 36; BArch, R 3001 PAK

Simon, Erich Max
20.1.1885 Jüstrow - Februar 1974
priv.: k.A.
Kanzlei: Taubenstr. 35, W 8
RA und Notar; nach der Machtübernahme der Nationalsozialisten 1933 wieder zugelassen, Ende 1935 Entzug des Notariats, war bis zum allgemeinen Berufsverbot 1938 als Anwalt tätig, danach noch als „Konsulent" zugelassen. Emigration in die USA 1940 (oder am 26.3.1941); lebte 1949 in New York unter dem Namen Eric M. Simon.
TK 33; *li; LAB, Liste 15.10.33; DJ 36, S. 315; Liste 36; MRRAK; BArch, R 3001 PAK; Liste der Kons. v. 23.2.1939; BG; SSDI

Simon, Fritz Dr.
15.1.1884 Frankfurt/Oder - 22.3.1935 Berlin
priv.: Tauentzienstr. 13, W 50
Kanzlei: Tauentzienstr. 13, W 50
RA und Notar; nach der Machtübernahme der Nationalsozialisten 1933 wieder zugelassen; starb 1935 im Alter von 51 Jahren, er wurde auf dem Jüdischen Friedhof in Weißensee beigesetzt.
TK 33; *li; BArch, R 3001 PAK; BG

Simon, Heinrich Veit Dr.
1.8.1883 Berlin - 18.5.1942 Berlin
priv.: Hindenburgdamm 11, Steglitz
Kanzlei: Pariser Platz 6, NW 7; 1939: Viktoriastr. 10, W 35
Die Familie Veit Simon war in Berlin prominent: schon Hermann Veit Simon (1856 - 1914) war Jurist, veröffentlichte „Die Bilanzen der Aktiengesellschaft". Heinrich S. war RA am KG und Notar, daneben langjähriges Mitglied des Kuratoriums der Hochschule für die Wissenschaft des Judentums. Nach der Machtübernahme der Nationalsozialisten 1933 Entzug des Notariats, war bis zum allgemeinen Berufsverbot 1938 als Anwalt tätig, dann als „Konsulent" zugelassen. S.s Ehefrau galt als „arisch", das Paar hatte fünf Kinder. Als zwei der Kinder mit einem Kindertransport nach England geschickt werden sollten, versuchte S. sie materiell abzusichern. Wegen der Beschaffung von Devisen wurde er verhaftet, kam in die Untersuchungshaftanstalt Berlin-Mitte (Keibelstr.) und wurde ermordet. Seine taubstummen Schwestern sowie seine Mutter

wurden nach Auschwitz bzw. Theresienstadt deportiert und sind dort umgekommen.
TK 33; JMBl. 33, S. 220; *li; LAB, Liste 15.10.33; Liste 36; MRRAK; Liste d. Kons., 15.3.39; BG; Lowenthal, S. 232 (Veit-Simon); Ausk. RAin Erdmann

Simon, Herbert Dr.
1.1.1881 Bromberg - 26.1.1936
priv.: k.A.
Kanzlei: Joachimsthaler Str. 12, W 15
RA und Notar; nach der Machtübernahme der Nationalsozialisten 1933 wieder zugelassen; Ende 1935 Entzug des Notariats, bis zu seinem Tod Anfang 1936 als Anwalt zugelassen.
*li; LAB, Liste 15.10.33; DJ 36, S. 315; BArch, R 3001 PAK, PA

Simon, Herbert Heinrich Dr.
30.4.1897 Berlin - April 1969
priv.: Sodener Str. 34, Wilmersdorf
Kanzlei: Beuthstr. 7, SW 19
RA und Notar; nach der Machtübernahme der Nationalsozialisten 1933 wieder zugelassen; Ende 1935 Entzug des Notariats, war bis zum allgemeinen Berufsverbot 1938 als Anwalt tätig. Emigration, lebte 1947 in Kansas City, USA.
*li; Liste 36; LAB, Liste 15.10.33; DJ 1936, S. 315; MRRAK; BArch, R 3001 PAK; BG: LAB, OFP-Akte; SSDI

Simon, Manfred
10.6.1887 Seelow - Januar 1970
priv.: Eisenzahstr. 66, Halensee (1939)
Kanzlei: Prenzlauer Str. 26/27, C 25; später: Eisenzahnstr. 66, Halensee
Bekennender Jude; hatte am WK I teilgenommen; war verheiratet und hatte zwei Kinder (geb. ca. 1930 u. 1932); RA am LG I-III und Notar (ab 1924); 1929-1933 Vorst.-Mitgl. der RAK. Nach der Machtübernahme der Nationalsozialisten im Juli 1933 Entzug des Notariats, dann wieder zum Notar bestellt, bis zum allgemeinen Berufsverbot für jüdische Notare Ende 1935; als Anwalt bis zum allgemeinen Berufsverbot 1938 tätig, dann Zulassung als „Konsulent"; gab im Juli 1939 seine Tätigkeit auf. Emigration in die USA, lebte zuletzt in Seattle, starb 1970 im Alter von 82 Jahren.
TK 33; JMBl. 33, S. 220; *li; LAB, Liste 15.10.33; DJ 36, S. 315; Liste 36; MRRAK; BArch, R 3001 PAK, PA; BG; SSDI

Simon, Max Dr.
6.3.1881 Berlin - keine Angaben
priv.: k.A.

Kanzlei: Friedrichstr. 85, W 8
RA und Notar; nach der Machtübernahme der Nationalsozialisten 1933 wieder zugelassen; Ende 1935 Entzug des Notariats, als Anwalt bis zum allgemeinen Berufsverbot 1938 tätig. vermutlich 1939 emigriert.
TK 33; JMBl. 33, S. 220; *li; LAB, Liste 15.10.33; Liste 36; MRRAK; BArch, R 3001 PAK; Naatz-Album; BG

Simon, Paul Dr.
8.2.1876 Culm - keine Angaben
priv.: Tannenbergallee 10-12, Charlottenburg
Kanzlei: Königstr. 50, C 2
RA und Notar; nach der Machtübernahme der Nationalsozialisten 1933 Entzug des Notariats, war bis zum allgemeinen Berufsverbot 1938 als Anwalt zugelassen. Emigration nach Brasilien, Buenos Aires, am 28.7.1939; lebte 1946 in Buenos Aires.
TK 33; JMBl. 33, S. 220; *li; LAB, Liste 15.10.33; Liste 36; MRRAK; BG

Simon, Walter
17.10.1882 Berlin-Schöneberg - Deportation 1942
priv.: Brauner Weg 28, Friedrichshain
Kanzlei: Kantstr. 130, Charlottenburg
RA und Notar; nach der Machtübernahme der Nationalsozialisten 1933 Entzug des Notariats, war bis zum allgemeinen Berufsverbot 1938 als Anwalt tätig; arbeitete später bei der Palestine & Orient Lloyd, Meinekestr. 2, W 15. Deportation am 19.1.1942 nach Riga.
TK 33; JMBl. 33, S. 220; *li; LAB, Liste 15.10.33; Liste 36; MRRAK; BArch, R 3001 PAK; BG; BdE; GB II

Simon, Wilhelm Meno
24.2.1885 Straßburg - keine Angaben
priv.: k.A.
Kanzlei: Brunnenstr. 25, N 54
RA und Notar; nach der Machtübernahme der Nationalsozialisten 1933 wieder zugelassen; Ende 1935 Entzug des Notariats, war bis zum 2.10.1938 als Anwalt tätig.
TK 33; *li; LAB, Liste 15.10.33; DJ 36, S. 315; Liste 36; BArch, R 3001 PAK

Simoni, Erich Dr.
30.3.1896 Berlin - 18.12 1976
priv.: k.A.
Kanzlei: Köpenicker Str. 110, SO 16
RA (seit 1924) und Notar (seit 1932); vor 1933 Mitglied der SPD; nach der Machtübernahme der Nationalsozialisten 1933 wieder zugelassen. S., der einen jüdischen Vater hatte, galt als „Mischling 1. Grades" und durfte daher auch über das allgemeine Berufsverbot 1938 hinaus praktizieren, war 1941 noch als Anwalt und Notar tätig.
1944 im Rahmen der „Aktion Mitte" von der OT zur Zwangsarbeit herangezogen und als Bauarbeiter eingesetzt, dann nach Thüringen in ein Arbeitslager gebracht, wo er sich eine schwere Erkrankung zuzog. S. überlebte das NS-Regime und wurde nach 1945 wieder als Anwalt und Notar zugelassen. Erst jetzt konnte er seine Frau heiraten, da die Eheschließung vor 1945 nicht genehmigt worden war. 1949 wurde S. Mitglied des Präsidiums der Berliner Anwaltskammer. Er starb 1976 im Alter von 80 Jahren.
TK 33; *li; LAB, Liste 15.10.33; Liste Mschlg. 36; Tel.B. 41; Verz. zugel. Anw. 45; LAB, RAK, PA; BG

Simonsohn, Georg Dr.
13.8.1875 - 23.6.1933 Berlin
priv.: k.A.
Kanzlei: Keithstr. 21, W 62
S. war 1904 als Jurist im Dienst des Magistrats tätig, 1914 wurde er zum besoldeten Stadtrat gewählt. Während des Ersten Weltkriegs war er für die Zuteilung

von Brot zuständig, kümmerte sich um die gerechte Verteilung des rationierten Gutes, sorgte auch dafür, dass Juden während des Pessach-Festes mit Matzen versorgt wurden, Vegetarier mit Sonderrationen von Teigwaren. Er blieb auch nach der Revolution im Amt bis 1920 (zuletzt gewählt mit Stimmen der Liste der Linken). Ließ sich danach als Anwalt nieder, zugelassen am LG I-III. Nach der Machtübernahme der Nationalsozialisten wurde im April 1933 noch ein Vertretungsverbot gegen ihn verhängt; im Juni 1933 im Alter von 57 Jahren gestorben und auf dem Jüdischen Friedhof in Weißensee beigesetzt.
Br.B. 32; TK 33; Liste d. nichtzugel. RA, 25.4.33; JMBl. 28.7.33, S. 234; BG; Verfolgte Berl.Stadtverordn. u.Mag.mitgl., S.348

Simson, Robert von Dr., JR
13.7.1866 Frankfurt a. M. - 11.6.1938 Berlin
priv.: Graf-Spee-Str. (heute: Hiroshimastr.) 15, W 35
Kanzlei: Pariser Platz 1, W 8
RA und Notar; war, wie die Brüder > Wolff, ein Enkel des Reichsgerichtspräsidenten Eduard von Simson, Sozius und Onkel von Walther v. S., ebenfalls Onkel von Werner v. S.; war evangelischer Religion. Nach der Machtübernahme der Nationalsozialisten 1933 wieder zugelassen; galt als „Mischling", weil er zwei jüdische Großeltern hatte; die Kanzlei wurde noch vor 1938 vom Pariser Platz zum Matthaikirchplatz 4 verlegt. 1938 starb S. im Alter von 71 Jahren in Berlin.
TK 33; *li; LAB, Liste 15.10.33; Liste Mschlg. 36; Tel.B. 38, Ausk. Horst Rohmer, 21.2.2000

Simson, Walther von Dr.
18.3.1899 Charlottenburg - 1.3.1943 Berlin
priv.: Boeckelweg 7, Zehlendorf
Kanzlei: Pariser Platz 1, W 8
S. war der Neffe und Sozius von Robert v. S.; evangelischer Religion und verheiratet; RA am KG. Nach der Machtübernahme der Nationalsozialisten 1933 wieder zugelassen, galt als „Mischling 2. Grades", weil er ein Wiedereinstieg Großelternteil hatte, aus diesem Grund konnte er über das allgemeinen Berufsverbot 1938 hinaus praktizieren. Er kam am 1.3.1943 bei einem Luftangriff ums Leben.
TK 33; *li; LAB, Liste 15.10.33; Liste Mschlg. 36; Tel.B .41; Ausk. Horst Rohmer, 21.2.00

Simson, Werner von Dr.
21.2.1908 Kiel - 20.9.1996 Freiburg
priv.: Freiherr-von-Stein-Str. 12, Schöneberg

Kanzlei: Pariser Pl. 1, NW 7
War ein Neffe von Robert v. S.; galt ebenfalls als „Mischling", wurde aus diesem Grund noch nach 1933 zugelassen und durfte deshalb über 1938 hinaus als RA am Kammergericht tätig sein. Noch kurz vor der Besetzung Polens verließ er mit seiner Frau Deutschland und ging nach Großbritannien. Dort wurde er als „feindlicher Ausländer" 1940 auf der Isle of Man interniert. Nach seiner Freilassung zwei Jahre später ließ er sich in Birmingham als Rechtsberater einer Maschinenbaufirma nieder. Nach Kriegsende war er 1946-1948 Mitglied einer Entnazifizierungskommission der Alliierten. Als 1953 der Gerichtshof der Europäischen Gemeinschaft geschaffen wurde, bemühte er sich um den Wiedereinstieg in die juristische Praxis und ließ sich mit seiner Familie in Luxemburg nieder. Hier befasste er sich in der ersten Zeit vorrangig mit rechtlichen Fragen der Montanunion in der Kohle- und Stahlproduktion, später mit Menschenrechtsverfahren. 1965 Gastprofessor an der Universität Freiburg, später dort zum ordentlichen Professor für Öffentliches Recht berufen, 1976 emeritiert; erhielt in den 1980ern das Bundesverdienstkreuz.
LAB, Liste Mschlg. 36; TK 1936; Tel.B. 38; Ausk. Horst Rohmer, 21.2.00; Ausk. u. Konvolut John v. S., 21.3.2000

Singer, Harry
keine Angaben
priv.: k.A.
Kanzlei: Lützowstr. 83, W 35
Vermutlich um die Jahreswende 1932/33 zugelassen; nach der Machtübernahme der Nationalsozialisten Vertretungsverbot und vermutlich auch Berufsverbot im Frühjahr 1933.
LAB AG Köpenick A Rep 343 (Vertr.V.)

Singer, Herbert
6.3.1885 Kreuzburg - September 1964
priv.: Reichsstr. 106, Charlottenburg
Kanzlei: Taubenstr. 25, W 56; später: Friedrichstr. 71
RA und Notar; nach der Machtübernahme der Nationalsozialisten wieder zugelassen; Ende 1935 Entzug des Notariats, war bis zum allgemeinen Berufsverbot 1938 als Anwalt tätig, dann als „Konsulent" zugelassen. Emigration am 1.8.1939 in die USA, Cleveland, Ohio.
Br.B. 32; TK 33; *li; LAB, Liste 15.10.33; DJ 36, S. 315; Liste 36; MRRAK; BArch, R 3001, PAK; BG; SSDI

Sluzewski, Curt Dr.
9.12.1895 Berlin - keine Angaben
priv.: Am Erlenbusch 6, Dahlem
Kanzlei: Wallstr. 3, SW 19
RA am KG und Notar; nach der Machtübernahme der Nationalsozialisten 1933 wieder zugelassen; Ende 1935 Entzug des Notariats, war bis zum allgemeinen Berufsverbot 1938 als Anwalt tätig. Emigration nach Großbritannien, London.
TK 33; *li; LAB, Liste 15.10.33; DJ 36, S. 315; Liste 36; MRRAK; BArch, R 3001 PAK; BG

Smoschewer, Julius, JR
7.6.1862 Krotoschin - 29.1.1941
priv.: Passauer Str. 2, W 50
Kanzlei: Passauer Str. 2, W 50
RA am KG und Notar; nach der Machtübernahme der Nationalsozialisten 1933 wieder zugelassen; Ende 1935 Entzug des Notariats, war bis zum allgemeinen Berufsverbot 1938 als Anwalt tätig; starb Ende Januar 1941.
TK 33; *li; LAB, Liste 15.10.33; DJ 36, S. 315; Liste 36; MRRAK; BG; Ausk. E. Proskauer

Soelling, Erich
26.11.1882 Bromberg - Mai 1970 USA
priv.: k.A.
Kanzlei: Grolmanstr. 41, Charlottenburg
RA und Notar; nach der Machtübernahme der Nationalsozialisten Zulassung gelöscht. Emigration 1933 nach Frankreich, Paris, später in die USA. Gegen S. wurde ein Steuersteckbrief erlassen.
Br.B. 32; TK 33; BArch, R 3001 PAK; Wolf, BFS

Sokolowski, Julian (Julius) Dr.
17.9.1888 Wreschen/Posen - keine Angaben
priv.: Dahlmannstr. 28, Charlottenburg
Kanzlei: Alexanderstr. 37 a (1932)
S. war verheiratet und hatte zwei Kinder, hatte in Breslau Jura studiert, als Anwalt in Berlin zugelassen beim LG I-III. Nach der Machtübernahme der Nationalsozialisten Berufsverbot im Frühjahr 1933 (Zulassung im Juni 1933 entzogen, im Juli 1933 gelöscht). Emigration nach Großbritannien, London, am 25.7.1939.
TK 33; Liste d. nichtzugel. RA, 25.4.33; JMBl. 4.8.33, S. 253; BArch, R 3001 PAK, PA 76688; VZ 39; BG

Solon, Friedrich Dr.
7.7.1882 Berlin - keine Angaben
priv.: Wichmannstr. 25, Tiergarten
Kanzlei: Memhardstr. 4, C 25
S. besuchte das Luisenstädtische Gymnasium, Teilnahme am WK I. Nach dem Jurastudium ließ er sich als Anwalt in Berlin-Mitte nieder, zugelassen am KG; später auch Notar. Nach der Machtübernahme der Nationalsozialisten 1933 Vertretungsverbot, nach einigen Wochen Prüfung wurde sein Antrag auf Wiederzulassung genehmigt, er war als „Frontkämpfer" anerkannt worden. 1935 Entzug des Notariats; seine Kanzlei verlegte er daraufhin in seine Wohnung. Er war bis zum allgemeinen Berufsverbot 1938 als Anwalt tätig, anschließend noch als „Konsulent". Angesichts zunehmender Schikanen entschloss er sich mit seiner Familie 1939 zur Emigration nach Großbritannien, London.
Seine Erinnerungen hat er im Rahmen eines Preisausschreibens der Harvard-University, auf Initiative von Prof. Hartshore 1939 niedergeschrieben. In diesen Erinnerungen finden sich verschiedene sehr persönliche Gedichte, darunter das folgende:
Ausklang
Trotz der dumpfen, stumpfen Masse
Und zum Trotz auch allen Spöttern
Bleibe treu ich meinen Göttern,
Meiner Liebe, meinem Hasse.
TK 33; *li; LAB, Liste 15.10.33; DJ 36, S. 315; Liste 36; MRRAK; BArch, R 3001 PAK; LBI Memoirs, F. Solon, Erinnerungen; BG

Sommerfeld, Manfred
26.6.1882 Schneidemühl - 20.4.1942 Litzmannstadt/Lodz
priv.: Emser Str. 8, Wilmersdorf, Wielandstr. 22
Kanzlei: Weißenburger Str. 1
RA am KG; nach der Machtübernahme der Nationalsozialisten im Frühjahr 1933 in der Anwaltsliste gelöscht. Datum der Vermögenserklärung: 16.10.1941; Sammellager Levetzowstr. 7-8; Deportation mit dem Transport vom 27./29.10.1941 nach Litzmannstadt/Lodz, dort umgekommen.
Br.B. 32; TK 33; JMBl. 17.4.1933; BArch, R 3001 PAK; BG; GB II

Sommerfeld, Max Dr.
9.8.1895 Magdeburg - Deportation 1942
priv.: Rankestr. 27 a, W 50, Charlottenburg
Kanzlei: Kurfürstendamm 200, Charlottenburg, W 15
Nach der Machtübernahme der Nationalsozialisten Berufsverbot im Frühjahr 1933. Deportation am 9.12.1942 nach Auschwitz.
Br.B. 32; TK 33; Liste d. nichtzugel. RA, 25.4.33; JMBl. 4.8.33, S. 253; BArch, R 3001 PAK; BG; GB II

Sommerfeld, Werner Dr.
25.9.1904 Berlin-Schöneberg - keine Angaben
priv.: k.A.
Kanzlei: Uhlandstr. 27, W 15
RA am KG; nach der Machtübernahme der Nationalsozialisten Vertretungsverbot und am 19.5.1933 Berufsverbot, weil er „nichtarischer Abstammung ist" – den Bearbeiter beschäftigte die Schreibweise: mit Bleistift wurde das Wort „nichtarisch" getrennt.
Br.B. 32; TK 33; Liste d. nichtzugel. RA, 25.4.33; BArch, R 3001 PAK, PA

Sonnenfeld, Kurt Dr.
16.4.1892 Berlin - 17.10.1964 New York

priv.: Klopstockstr. 31, NW 23
Kanzlei: Berliner Str. 19, Pankow
Studium an der Friedrich-Wilhelms-Universität, Berlin, 1919 Promotion in Greifswald mit einer Dissertation unter dem Titel: „Der Schutz der weiblichen Arbeiter gegen gewerbliche Ausbeutung", 1924 Zulassung als Anwalt.
Nach der Machtübernahme der Nationalsozialisten Berufsverbot im Frühjahr 1933; seine Ehefrau galt als nicht-jüdisch, die Ehe als privilegiert, weil sie eine Tochter hatten, die am christlichen Religionsunterricht teilnahm; 1933-1938 Vertreter der Allianz und Stuttgarter Versicherung; 1937 Prüfung zum staatlich geprüften Masseur. Die Sorge um die weitere Entwicklung, insbesondere nach dem „Anschluss" von Österreich, veranlassten die Familie, Deutschland zu verlassen. Jede Bescheinigung musste teuer bezahlt werden, die Ausfuhrmöglichkeit von Gütern war ganz beschränkt. Am 15.5.1938 Emigration nach Holland, Den Haag; am 29.9.1938 weiter nach Panama, dort dreimonatiger Aufenthalt; am 11.1.1939 Ankunft in den USA. S. lebte mit seiner Frau in der Bronx in New York und ist dort 1964 verstorben.
Br.B. 32; TK 33; Liste d. nichtzugel. RA, 25.4.33; BArch, R 3001 PAK; Ausk. des Angehörigen Tobias Schell

Spier, Siegfried Dr.
keine Angaben
priv.: Uhlandstr. 28, W 15
Kanzlei: Behrenstr. 67
RA und Notar; nach der Machtübernahme der Nationalsozialisten Vertretungsverbot im Frühjahr 1933, Entzug des Notariats im Herbst 1933, als Anwalt wieder zugelassen bis 1936; vermutlich emigriert.
Br.B. 32; TK 33; Liste d. nichtzugel. RA, 25.4.33; Pr.J. 33, S. 443; Liste 36; BG

Spindel, Hermann
21.10.1902 Hannover - keine Angaben
priv.: k.A.
Kanzlei: Spandauer Str. 27, C 2
RA am LG I-III und AG Berlin-Mitte; nach der Machtübernahme der Nationalsozialisten Berufsverbot im Frühjahr 1933.
Br.B. 32; TK 33; Liste d. nichtzugel. RA, 25.4.33; JMBl. 21.8.33, S. 267; BArch, R 3001 PAK

Spiro, Erwin Dr.
1.8.1901 Düsseldorf - keine Angaben
priv.: k.A.
Kanzlei: Hohenstaufenstr. 37
1920-24 Jurastudium in Berlin; 1924 erstes Staatsexamen; 1925 Promotion in Breslau; 1927 zweites Staatsexamen; ab 1927 RA am KG. nach der Machtübernahme der Nationalsozialisten Berufsverbot zum 9.6.1933. Emigration nach Südafrika im September

1936; schlug sich bis 1940 mit Gelegenheitsarbeiten in Kapstadt durch; 1940-46 Militärdienst als Sanitäter; 1946-47 erneutes Jurastudium in Kapstadt; ab 1948 RA am Obersten Gerichtshof von Südafrika, ab 1962 zugleich Dozent für Jura an der Universität Kapstadt; lebte noch 1975 dort.
Br.B. 32; TK 33; Liste d. nichtzugel. RA, 25.4.33; BArch, R 3001 PAK; BG; BHdE Bd. 1, S. 716

Spitzer, Frida Fanny Dr., geb. Rosenthal
30.5.1900 Berlin - keine Angaben
priv.: Köpenicker Str. 58, SO 16 (1928)
Kanzlei: Monbijoupl. 4, N 42
S. wurde am 21.10.1932 als Rechtsanwältin beim LG III zugelassen, später auch bei den anderen LG und am AG Wedding. Am 20.6.1933 wurde ihre Zulassung gelöscht. S. war mit dem Zahnarzt Dr. Richard Spitzer verheiratet.
JMBl. 4.8.33. S. 253; BArch, R 3001 PAK, PA

Springer, Kurt Dr.
6.11.1899 Landsberg /W. - Auschwitz
priv.: k.A.
Kanzlei: Kantstr. 19, Charlottenburg
Nach der Machtübernahme der Nationalsozialisten Berufsverbot im Frühjahr 1933. Unter unbekannten Umständen nach Auschwitz deportiert; dort ermordet.
TK 33; Liste d. nichtzugel. RA, 25.4.33 (Nachtrag); JMBl. 4.8.33, S. 253; BG; GB II

Sprinz, Wilhelm Dr.
9.9.1877 Hohensalza - 29.10.1942 Riga
priv.: Niebuhrstr. 77, Charlottenburg.
Kanzlei: Frankfurter Allee 31, O 112
RA und Notar; nach der Machtübernahme der Nationalsozialisten 1933 wieder zugelassen; Ende 1935 Entzug des Notariats, war bis zum allgemeinen Berufsverbot 1938 als Anwalt tätig. Datum der Vermögenserklärung: 14.9.1942; Deportation am 26.10.1942 nach Riga, dort am Tag der Ankunft ermordet.
TK 33; *li; LAB, Liste 15.10.33; DJ 36, S. 315; Liste 36; MRRAK; BG; BdE; GB II

Stadthagen, Georg Dr.
10.6.1884 Berlin - keine Angaben
priv.: Brettschneiderstr. 11, Charlottenburg
Kanzlei: Kaiserdamm 9, Charlottenburg
RA und Notar; nach der Machtübernahme der Nationalsozialisten 1933 Entzug des Notariats, war bis ca. 1936 als Anwalt tätig. Emigration am 1.7.1938 nach Großbritannien, London, entsprechend wurde seine Zulassung gelöscht.
TK 33; JMBl. 33, S. 220; *li; LAB, Liste 15.10.33; Liste 36; BArch, R 3001 PAK; BG

Stadthagen, Kurt Philipp Dr.
24.6.1887 Berlin - 1943 Deportation
priv.: Sybelstr. 54, Charlottenburg
Kanzlei: Turmstr. 35
RA und Notar; nach der Machtübernahme der Nationalsozialisten 1933 Entzug des Notariats; als Anwalt bis zum allgemeinen Berufsverbot 1938 tätig. Wurde zur Zwangsarbeit herangezogen und zuletzt als Arbeiter eingesetzt; Datum der Vermögenserklärung: 28.2.1943; Deportation am 1.3.1943 nach Auschwitz.
TK 33; JMBl. 33, S. 220; *li; LAB, Liste 15.10.33; Liste 36; MRRAK; BArch, R 3001 PAK; BG; g; GB II

Starke, Arthur Dr.
13.10.1877 - 9.6.1937
priv.: Wilhelmstr. 128, SW 68
Kanzlei: Friedrichstr. 234, SW 68, zuletzt in der eigenen Wohnung
RA und Notar; nach der Machtübernahme der Nationalsozialisten 1933 Entzug des Notariats; mindestens bis 1936 als Anwalt zugelassen; starb 1937 im Alter von 59 Jahren und wurde auf dem Jüdischen Friedhof in Weißensee beigesetzt.
TK 33; JMBl. 33, S. 220; *li; LAB, Liste 15.10.33; Liste 36; BG

Staub, Friedrich Dr.
11.1.1889 Ratibor - 29.8.1942
priv.: Kurfürstendamm 90, Wilmersdorf
Kanzlei: Kurfürstendamm 90, Halensee
RA und Notar; nach der Machtübernahme der Nationalsozialisten Ende 1935 Entzug des Notariats; war bis zum allgemeinen Berufsverbot 1938 als Anwalt tätig, danach kurzzeitig noch als „Konsulent" zugelassen (Nestorstr.1). Beging am 29.8.1942 Suizid, vermutlich angesichts der drohenden Deportation, er wurde auf dem Jüdischen Friedhof in Weißensee beigesetzt.
TK 33; *li; LAB, Liste 15.10.33; DJ 36, S. 315; Liste 36; MRRAK; Liste d. Kons. v. 31.12.38; BArch, R 3001 PAK; BG; GB II

Staub, Hugo
18.11.1885 - keine Angaben
priv.: Mommsenstr. 23, Charlottenburg (1932)
Kanzlei: Friedrich-Ebert-Str. 4 (1932)
RA am KG und Notar; nach der Machtübernahme der Nationalsozialisten Berufsverbot im April 1933.
Jüd.Adr.B.; Br.B. 32; TK 33; JMBl. 28.4.33; BArch, R 3001 PAK, PA

Stein, Arthur Dr.
24.9.1890 Berlin - keine Angaben
priv.: Derfflinger Str. 8, W 35
Kanzlei: Behrenstr. 20, W 8
RA und Notar; nach der Machtübernahme der Nationalsozialisten 1933 wieder zugelassen; Ende 1935 Entzug des Notariats, war bis zum allgemeinen Berufsverbot 1938 als Anwalt tätig. Emigration nach Palästina, Tel Aviv, am 31.12.1938.
TK 33; *li; LAB, Liste 15.10.33; DJ 36, S. 315; Liste 36; MRRAK; BG: LAB, OFP-Akten

Stein, Hans Dr.
18.9.1895 Allenstein - 1980
priv.: k.A.
Kanzlei: Dorotheenstr. 53, NW 7
War evangelischer Religion; hatte am WK I teilgenommen; RA und Notar. Nach der Machtübernahme der Nationalsozialisten wurde S.s Antrag auf Wiederzulassung geprüft, er wurde als „Frontkämpfer" anerkannt und wieder zugelassen. Die bis dahin existierende Sozietät mit den Anwälten Dr. > Erwin und > Günther Loewenfeld sowie Karl Siebert in der Rathenower Str. 78 musste aufgelöst werden, weil sie sich aus „arischen und nicht arischen" Partnern zusammensetzte. S. ließ sich nun allein in der Dorotheenstr. 53 nieder. S. galt nach den NS-Maßstäben als „Mischling" (zwei jüdische Großelternteile), er durfte auch über das allgemeine Berufsverbot 1938 hinaus praktizieren. Er scheint seine Zulassung in Berlin nicht aufgegeben zu haben, obwohl er am 1.7.1939 in die Niederlande emigrierte. Dort versuchte er seine drei Söhne ohne nationalsozialistische Einflüsse aufzuziehen. Ein Sohn wurde ebenfalls Anwalt

– in den Niederlanden –, die beiden anderen Professoren an einer niederländischen Universität. S. selbst ging nach Kriegsende zurück nach Berlin und wurde Richter bei den Wiedergutmachungskammern.
Adr.B. 33; TK 33; *li; LAB, Liste 15.10.33; Liste Mschlg. 36; Tel.B. 41; Ausk. Prof. Stein, 2001; Ausk. R. Recknagel

Stein, Leon Dr.
20.10.1896 - keine Angaben
priv.: k.A.
Kanzlei: Bleibtreustr. 32, W 15
RA und Notar; nach der Machtübernahme der Nationalsozialisten 1933 wieder zugelassen; Ende 1935 Entzug des Notariats, war bis zum allgemeinen Berufsverbot 1938 als Anwalt tätig. Emigration nach Argentinien.
TK 33; *li; LAB, Liste 15.10.33; DJ 36, S. 315; Liste 36; MRRAK; BArch, R 3001 PAK

Stein, Ludwig Dr.
keine Angaben
priv.: k.A.
Kanzlei: Martin-Luther-Str. 113, W 30
RA am LG; nach der Machtübernahme der Nationalsozialisten 1933 wieder zugelassen, war noch bis 1935 als Anwalt tätig.
TK 33; *li; Adr.B. 35

Stein, Siegbert Dr.
3.9.1892 Berlin - 6. März 1973 Jerusalem
priv.: Offenbacher Str. 24, Wilmersdorf
Kanzlei: Schinkelplatz 1/2, W 8
S. bestand im August 1914 das erste Staatsexamen; nahm als Soldat von 1914-1918 am WK I teil, wurde schwer verwundet; ausgezeichnet mit dem EK II. Kl. und dem Verwundetenabzeichen; ab 1920 Referendariat; 1921 Promotion in Würzburg; 1922 zweites Staatsexamen (in der verkürzten Form wegen Kriegseinsatz), dann

als Gerichtsassessor mit gelegentlichen Beauftragungen; ab 1926 „ständiger Hilfsarbeiter" (Amtsrichter); ab 1927 RA in Berlin, mit Zulassung für LG I-III und AG Berlin-Mitte. Nach der Machtübernahme der Nationalsozialisten 1933 wurde S. wieder zugelassen, weil er als „Frontkämpfer" anerkannt wurde. 1937 Emigration nach Palästina, Tel Aviv, daher auf eigenen Antrag am 13.7.1937 in der Anwaltsliste gelöscht. Obwohl er ein überzeugter Bürger des Staates Israel wurde, blieb er sein Leben lang in der deutschen Kultur verwurzelt.
TK 33; *li; LAB, Liste 15.10.33; Liste 36; BArch, R 3001 PAK, PA

Steinberg, Erich
25.2.1892 - keine Angaben
priv.: Düsseldorfer Str. 41, W 15
Kanzlei: Frankfurter Allee 79, O 112
Nach der Machtübernahme der Nationalsozialisten 1933 wieder zugelassen, vor Herbst 1935 in den Anwaltslisten gelöscht. Emigration nach Großbritannien, London.
TK 33; *li; BArch, R 3001 PAK; BG

Steinberg, Wilhelm Dr.
6.7.1906 Bonn - keine Angaben
priv.: Kantstr. 47, Charlottenburg
Kanzlei: Tauentzienstr. 8, W 50

RA am KG; nach der Machtübernahme der Nationalsozialisten Berufsverbot im Frühjahr 1933. Emigration am 27.7.1939 über Holland nach Chile, Santiago.
Liste d. nichtzugel. RA, 25.4.33; JMBl. 33, S. 209; BG

Steiner, Ludwig, JR
26.2.1876 - 14.4.1935 Berlin
priv.: k.A.
Kanzlei: Unter den Linden 57/58, NW 7
RA und Notar; nach der Machtübernahme der Nationalsozialisten, als Anwalt wieder zugelassen; starb 1935 im Alter von 59 Jahren und wurde auf dem Jüdischen Friedhof in Weißensee beigesetzt.
TK 33; JMBl. 33, S. 220; *li; LAB, Liste 15.10.33; BG

Steinfeld, Ernst, JR
keine Angaben
priv.: k.A.
Kanzlei: Hildegardstr. 31, Wilmersdorf
RA am KG und Notar; nach der Machtübernahme der Nationalsozialisten 1933 wieder zugelassen; Ende 1935 Entzug des Notariats, war bis mindestens 1936 als Anwalt zugelassen.
Br.B. 32; *li; DJ 36, S. 315; Liste 36

Steinfeld, Kurt Dr.
22.4.1884 Berlin - Deportation 1942
priv.: Stromstr. 48, Tiergarten
Kanzlei: Uhlandstr. 90, Wilmersdorf
S. war evangelischen Glaubens; nach der Machtübernahme der Nationalsozialisten 1933 wieder zugelassen, war bis zum allgemeinen Berufsverbot 1938 als Anwalt tätig, dann als „Konsulent".
Datum der Vermögenserklärung: 27.8.1942; Sammellager Große Hamburger Str. 26; Deportation am 4.11.1942 nach Theresienstadt.
*li; Liste 36; MRRAK; Liste d. Kons. v. 31.12.38; VZ 39; BG; GB II

Steinfeld, Rudolf Dr.
21.11.1886 Berlin - keine Angaben
priv.: Xantener Str. 10, Wilmersdorf
Kanzlei: Dörnbergstr. 1, W 10
Nach der Machtübernahme der Nationalsozialisten 1933 wieder zugelassen, war bis zum allgemeinen Berufsverbot 1938 als Anwalt tätig. Emigration in die USA, „am 31.1.1939 nach New York abgemeldet".
*li; Liste 36; MRRAK; BArch, R 3001 PAK; BG

Steinhagen, Erich Dr.
17.4.1902 Berlin - keine Angaben
priv.: k.A.
Kanzlei: Gertraudenstr. 23, C 19
Nach der Machtübernahme der Nationalsozialisten Berufsverbot im Frühjahr 1933. Emigration nach Brasilien.
Br.B. 32; TK 33; Liste d. nichtzugel. RA, 25.4.33; JMBl. 33, S. 234; BArch, R 3001 PAK; Ausk. Werner Wolff, 22.9.1998

Steinitz, Hans, JR
keine Angaben
priv.: k.A.
Kanzlei: Badstr. 35/36, N 20
RA am LG I-III, am AG Berlin-Mitte und Notar; nach der Machtübernahme der Nationalsozialisten 1933 Entzug des Notariats, als RA wieder zugelassen, aber vor Herbst 1935 in den Listen gelöscht.
TK 33; JMBl. 33, S. 220; *li

Steinitz, Hermann Dr.
9.11.1882 Janowitz - Januar 1965
priv.: Augsburger Str. 70, W 50
Kanzlei: Kurfürstenstr. 113, W 62
RA am LG I-III und AG Berlin-Mitte; nach der Machtübernahme der Nationalsozialisten 1933 wieder zugelassen, war bis zum allgemeinen Berufsverbot 1938 als Anwalt tätig. Emigration am 18.7.1941 in die USA; lebte zuletzt in New York.
TK 33; *li; Liste 36; MRRAK; BG; SSDI

Steinitz, Kurt Dr.
18.12.1894 - keine Angaben
priv.: Fredericiastr. 5, Charlottenburg
Kanzlei: Jägerstr. 10, W
RA am LG I-III und AG Berlin-Mitte; nach der Machtübernahme der Nationalsozialisten Berufsverbot im Frühjahr 1933.
Br.B. 32; TK 33; Liste d. nichtzugel. RA, 25.4.33; JMBl. 4.8.33, S. 253; BArch, R 3001 PAK; BG

Steinitz, Max Dr.
23.8.1875 - 21.12.1938
priv.: k.A.
Kanzlei: Müllerstr. 177, N 65
RA und Notar; nach der Machtübernahme der Nationalsozialisten 1933 Entzug des Notariats, war bis zum allgemeinen Berufsverbot 1938 als Anwalt zugelassen; starb Ende Dezember 1938 im Alter von 63 Jahren, er wurde auf dem Jüdischen Friedhof in Weißensee beigesetzt.
TK 33; JMBl. 33, S. 220; *li; Liste 36; MRRAK; BG

Steinitz, Werner Dr.
27.3.1890 Berlin - 13. Januar 1988
priv. k.A.
Kanzlei: Alexanderstr. 21, O 27
S. hatte am WK I teilgenommen; er war evangelisch, wie seine Mutter und seine Geschwister; RA (seit 1920) und Notar (seit 1926); er war in zweiter Ehe verheiratet und hatte zwei Kinder (geb. 1925 und 1929). Nach der Machtübernahme der Nationalsozialisten wurde die weitere Zulassung S. eingehend geprüft, er wurde als „Frontkämpfer" eingestuft. Das Meldeamt hatte aber die RAK informiert, dass sich S. Ende April 1933 abgemeldet hatte. Daraufhin meldete die Kammer S. als zu löschenden RA an den Kammergerichtspräsidenten, der wiederum den Vorgang an das Justizministerium weiterleitete. Am 4. November 1933 wurde S. Zulassung gelöscht, weil er seinen Wohnsitz in Berlin angeblich aufgegeben hatte. 1938 meldete die Gestapo, dass sich S. („Mischling I. Grades") in Havanna aufhalte. Es wurde das Verfahren der Aberkennung der deutschen Staatsbürgerschaft eingeleitet, was sich auch auf die Familienangehörigen erstreckte. Eine Vermögensbeschlagnahme wurde nicht mitbeantragt. Fast alle Flüchtlinge, die nach Kuba kamen, wollten eigentlich in die USA einreisen. S. gelang es später, dorthin zu gelangen; er lebte zuletzt in Queens, New York.
BARch R 3001, PAK, PA; SSDI

Stern, Arthur Dr.
15.8.1895 Berlin - keine Angaben
priv.: Uhlandstr. 175, W 15
Kanzlei: Taubenstr. 35, W 8
RA und Notar; nach der Machtübernahme der Nationalsozialisten 1933 wieder zugelassen; Ende 1935 Entzug des Notariats, war mindestens bis Anfang 1936 als Anwalt zugelassen. Emigration in die USA im Oktober 1936.
TK 33; *li; DJ 1936, S. 315; Liste 36; BArch, R 3001 PAK; BG

Stern, Erich Heinrich Dr.
28.5.1896 Berlin - Deportation 1944
priv.: Mackensenstr. 7, Schöneberg
Kanzlei: Jägerstr. 62 a, W 8
RA und Notar; nach der Machtübernahme der Nationalsozialisten 1933 wieder zugelassen; Ende 1935 Entzug des Notariats; schon vor dem allgemeinen Berufsverbot 1938 in den Listen gelöscht. In die Niederlande emigriert; von Amsterdam am 21.4.1943 nach Theresienstadt deportiert, von dort am 29.9.1944 nach Auschwitz verschleppt.
TK 33; *li; DJ 36, S. 315; Liste 36; BArch, R 3001 PAK; BG; GB II

Stern, Erich Otto Dr.
26.5.1902 - Oktober 1958
priv.: k.A.
Kanzlei: Jägerstr. 10, W 8
RA seit 1929; nahm 1930 den zweiten Vornamen Otto an; nach der Machtübernahme der Nationalsozialisten beantragte St. 1933 seine Wiederzulassung, da er aber keinen der Ausnahmegründe für sich in Anspruch nehmen konnte, wurde gegen ihn ein Berufsverbot verhängt, „weil er nicht arischer Abstammung" war. Emigration in die USA, änderte den Vornamen in Eric, 1958 im Alter von 56 Jahren gestorben.
Liste d. nichtzugel. RA, 25.4.33; JMBl 33, S. 203; BArch, R 3001 PAK, PA; SSDI

Stern, Franz Dr.
16.8.1894 - keine Angaben
priv.: Waitzstr. 22, Charlottenburg
Kanzlei: Friedrichstr. 64, W 8
RA und Notar; nach der Machtübernahme der Nationalsozialisten 1933 wieder zugelassen; Ende 1935 Entzug des Notariats; bis mindestens 1936 als Anwalt tätig.
*li; DJ 36, S. 315; Liste 36; BArch, R 3001 PAK

Stern, Heinrich
1.11.1883 Berlin - 8.2.1951 London
priv.: Corneliusstr. 72, Lankwitz
Kanzlei: Potsdamer Str. 22 b, W 9
RA (seit 1910) und Notar (seit 1919), seit 1912 verheiratet, vier Kinder; hatte 1915/16 am WK I teilgenommen und bleibende gesundheitliche Schäden davongetragen. In der Folge war er vorzeitig zum Notar ernannt worden; zeitweise im Vorstand der RAK; Funktionär in der Jüdischen Gemeinde und in jüdischen Organisationen. Nach der Machtübernahme der Nationalsozialisten 1933 wieder zugelassen, weil er als „Altanwalt" und „Frontkämpfer" anerkannt wurde, verlegte seine Kanzlei von der Friedrichstraße in die Potsdamer Straße. Ende 1935 Entzug des Notariats; bis zum allgemeinen Berufsverbot 1938 als Anwalt zugelassen. 1938 Emigration nach Großbritannien, London; dort als Kaufmann tätig und weiterhin in jüdischen Organisationen engagiert; starb 1951 in London.
Jüd.Adr.B; *li; DJ 36, S. 315; Liste 36; MRRAK; BArch, R 3001 PAK, PA; BG; Göpp., S. 319; Walk, S: 354; Krach, S. 436; Lowenthal, S. 217

Stern, Heinrich Dr.
16.6.1882 Berlin - Juli 1950 London
priv.: Prager Str. 9, W 50
Kanzlei: Prager Str. 9, W 50
RA am LG I-III und Notar; 1933 Entzug des Notariats; bis zum allgemeinen Berufsverbot 1938 als Anwalt zugelassen, musste mehrfach die Kanzlei verlegen. Emigration nach Großbritannien; 1950 in London gestorben.
Jüd.Adr.B.; TK 33; JMBl. 33, S. 220; *li; Liste 36; MMRAK; Ausk. des Sohnes, 11.8.2004

Stern, Leo Dr.
6.7.1876 Königshütte - 15.4.1943 Auschwitz
priv.: Xantener Str. 2, Wilmersdorf
Kanzlei: Kurfürstenstr. 99 a, W 62
RA und Notar; nach der Machtübernahme der Nationalsozialisten 1933 Entzug des Notariats, war bis zum allgemeinen Berufsverbot 1938 als Anwalt zugelassen. S. und seine Frau wurden „am 3.2.1943 in das KL Auschwitz überführt". Die Ehefrau wurde am 22.2.1943 ermordet, S. am 15.4.1943.
TK 33; JMBl. 33, S. 220; *li; Liste 36; MRRAK; BG; GB II

Stern, Walter Dr.
keine Angaben
priv.: k.A.
Kanzlei: Friedrichstr. 166, W 8
RA und Notar; nach der Machtübernahme der Nationalsozia-

listen 1933 Entzug des Notariats, war mindestens bis 1936 als Anwalt zugelassen.
JMBl. 15.7.33, S. 220; *li; Liste 36; BArch, R 3001 PAK

Stern, Walter Hermann Dr.
4.1.1888 Berlin - 18.4.1940 Sachsenhausen
priv.: k.A.
Kanzlei: Berliner Str. 95, Charlottenburg
RA und Notar; Mitglied im Republikanischen Richterbund. Nach der Machtübernahme der Nationalsozialisten 1933 wieder zugelassen; Ende 1935 Entzug des Notariats, war bis mindestens 1936 als Anwalt zugelassen; zuletzt in Brandenburg wohnhaft. Am 23.6.1939 in das KZ Sachsenhausen verschleppt, dort am 18.4.1940 umgekommen.
TK 33; MvRRB; *li; DJ 36, S. 315; Liste 36; BArch, R 3001 PAK; BG; GB II

Sternberg, Franz Dr.
17.7 1883 - keine Angaben
priv.: k.A.
Kanzlei: Berliner Str. 30, Charlottenburg
Nach der Machtübernahme der Nationalsozialisten 1933 wieder zugelassen, war bis zum allgemeinen Berufsverbot 1938 als Anwalt tätig.
*li; Liste 36; MRRAK; BArch, R 3001 PAK

Sternberg, Fritz Dr.
27.7.1886 Berlin - ca.1959 USA
priv.: Lennéstr. 6 a, W 9
Kanzlei: Voßstr. 24/25, W 9
Nach der Machtübernahme der Nationalsozialisten 1933 wieder zugelassen, war bis zum allgemeinen Berufsverbot 1938 als Anwalt tätig. Emigration nach Großbritannien am 30.12.1938, 1942 in einem Internierungslager in Australien, später über Buenos Aires in die USA.
*li; Liste 36; MRRAK; BArch, R 3001 PAK; BG

Sternberg, Leo Dr.
2.11.1880 Ostrowo - 30.6.1961 Santiago de Chile
priv.: Bleibtreustr. 24, Charlottenburg
Kanzlei: Kalckreuthstr. 16, W 62
RA am KG und Notar, spezialisiert auf Grundbuch- und Notariatsrecht; war noch 1932 Vorst.-Mitgl. der RAK, des Ehrengerichts der RAK und des Großen Disziplinarhofs am Kammergericht. Nach der Machtübernahme der Nationalsozialisten 1933 wieder zugelassen; Ende 1935 Entzug des Notariats, war bis zum allgemeinen Berufsverbot 1938 als Anwalt, dann noch als „Konsulent" tätig. Emigration nach Chile, Santiago, am 31.3.1939; gründete dort eine Schuhfabrik, starb 1961 in Santiago.
TK 33; *li; DJ 36, S. 215; Liste 36; Philo-Lexikon, S. 604; MRRAK; Liste Kons. 39; BG; Göpp., S. 320; Walk, S. 356

Sternberg, Max Dr.
19.10.1873 Pasewalk - 10.11.1942 Theresienstadt
priv.: Niebuhrstr. 7, Charlottenburg
Kanzlei: An der Spandauer Brücke 9, C 2
RA und Notar; nach der Machtübernahme der Nationalsozialisten 1933 Entzug des Notariats, war bis zum allgemeinen Berufsverbot 1938 als Anwalt zugelassen. Deportation am 22.9.1942 nach Theresienstadt, dort nach wenigen Wochen umgekommen.
JMBl. 33, S. 220; *li; Liste 36; MRRAK; BG; ThG; GB II

Stettner, Emil Dr.
31.10.1879 Stuttgart - keine Angaben
priv.: Mommsenstr. 55, Charlottenburg
Kanzlei: Reinickendorfer Str. 6, N 65
RA und Notar; nach der Machtübernahme der Nationalsozialisten 1933 Entzug des Notariats, war bis zum allgemeinen Berufsverbot 1938 als Anwalt zugelassen. Die Ehefrau galt als nicht-jüdisch. Emigration nach Dänemark am 31.1.1941; lebte 1950 in Kopenhagen.
TK 33; JMBl. 33, S. 253; *li; Liste 36; MRRAK; BG

Stillschweig, Kurt Dr.
28.7.1905 Berlin - 15.8.1955 Stockholm
priv.: k.A.
Kanzlei: Grolmanstr. 30-31, Charlottenburg
1929 Promotion in Heidelberg; ab 1932 RA am LG I-III und AG Berlin-Mitte. Nach der Machtübernahme der Nationalsozialisten Berufsverbot im Frühjahr 1933; 1933-38 in jüdischen Institutionen tätig; 1938-39 Berater für Emigrationsfragen beim Hilfsverein und der Reichsvertretung; Emigration nach Schweden am 27.8.1939; 1939-50 Vorstandsmitglied der Jüdischen Gemeinde in Stockholm; 1948-50 Verwaltungsdirektor einer Wiedergutmachungsberatungsstelle; Mitarbeit 1950-55 in einer RA-Kanzlei; studierte erneut Jura und legte 1954 das Examen ab; 1955 im Alter von 50 Jahren gestorben.
TK 1933; Liste d. nichtzugel. RA; JMBl. 33, S. 203; BArch, R 3001 PAK; BG; BHdE Bd. 1, S. 735

Stock, Gustav, JR
23.12.1867 Züllichau - 16.6.1935
priv.: k.A.
Kanzlei: Berliner Allee 225, Weißensee
RA am LG I-III, am AG Weißensee und Notar. Nach der Machtübernahme der Nationalsozialisten 1933 wieder zugelassen; starb 1935 im Alter von 67 Jahren und wurde in Weißensee beigesetzt.
TK 1933; *li; BG; BHdE Bd. 1, S. 736 (Werner Stock)

Story, Fritz
30.11.1876 Glogau - keine Angaben
priv.: Ludwigkirchstr. 10, W 15; Uhlandstr. 162
Kanzlei: Potsdamer Str. 78, W 57
RA am KG und Notar; nach der Machtübernahme der Nationalsozialisten 1933 Entzug des Notariats, war bis zum allgemeinen Berufsverbot 1938 als Anwalt tätig. Emigration nach Großbritannien am 26.6.1939. Die Ehefrau galt als nicht-jüdisch.
TK 33; JMBl. 33, S. 220; *li; Liste 36; MRRAK; BG

Stranz, Martin
5.9.1890 Berlin - 15.5.1976 London
priv.: Berliner Allee 225, Weißensee
Kanzlei: Berliner Allee 225, Weißensee
RA und Notar; nach der Machtübernahme der Nationalsozialisten 1933 wieder zugelassen; Ende 1935 Entzug des Notariats, war bis zum allgemeinen Berufsverbot 1938 als Anwalt tätig. Nach dem Pogrom 1938 vom 12.11. bis zum 16.12. im KZ Sachsenhausen inhaftiert. Nach der Freilassung Emigration nach Großbritannien, London, am 6.4.1939; dort zunächst Monteur; 1953-1979 Rechtsberater der URO (United Restitution Office).
TK 33; *li; DJ 36, S. 315; Liste 36; MRRAK; BArch, R 3001 PAK; BG; Göpp., S. 320

Straßner, Alfred Dr.
3.4.1896 Berlin-Charlottenburg - Deportation 1943
priv.: Kleiststr. 62 oder 32, W 62; Uhlandstr. 1, Charlottenburg
Kanzlei: Unter den Linden 66, NW 7
RA am KG; nach der Machtübernahme der Nationalsozialisten 1933 wieder zugelassen, war bis zum allgemeinen Berufsverbot 1938 als Anwalt tätig. Deportation am 28.9.1943 nach Auschwitz.
TK 33; *li; Liste 36; MRRAK; BArch, R 3001 PAK; BG; GB II

Strauss, Fritz Dr.
23.4.1892 Geisenheim, Rheingau
- keine Angaben
priv.: Märkisches Ufer 24, SW 19
Kanzlei: Große Frankfurter
Str. 102, NO 18
War während des WK I am Kriegsgericht eingesetzt; RA (seit 1919) und Notar (seit 1928). Nach der Machtübernahme der Nationalsozialisten wurde er 1933 nicht wieder zugelassen, sein Einsatz im WK I wurde nicht als „Fronteinsatz" anerkannt, in der Folge Berufsverbot. Emigration am 30.11.1935.
Adr.B. 33; TK 33; JMBl. 33, S. 253; BG

Strauss, Fritz H. Dr.
5.9.1894 Berlin - keine Angaben
priv.: Duisburger Str. 14, W 15
Kanzlei: Schöneberger Ufer 42, W 35
Soldat im WK I, mit dem EK II. Kl. ausgezeichnet; RA (seit 1924) und Notar (seit 1930); Mitglied der SPD seit 1929. Nach der Machtübernahme der Nationalsozialisten im April 1933 mit Vertretungsverbot belegt, es wurde wieder aufgehoben, weil S. „Frontkämpfer" war; er beantragte die Wiederzulassung, doch wurde vor Entscheidung des Prüfverfahrens seine Zulassung auf eigenen Wunsch hin gelöscht. Emigration in die USA.
Adr.B. 33; TK 33; JMBl. 33, S. 282; BArch R 3001, PAK, PA; BG; Ausk. Rahel Millo, Konf. 6/1999

Strauss, Hans Dr.
19.10.1904 Marburg - Juli 1987 New York
priv.: Meinekestr. 22, Charlottenburg
Kanzlei: Mohrenstr. 50/52, W 8
Nach der Machtübernahme der Nationalsozialisten Berufsverbot im Frühjahr 1933. Emigration 1936 in die Tschechoslowakei, 1937 in die USA, New York. Gegen ihn wurde ein Steuersteckbrief erlassen.
TK 33; Liste d. nichtzugel. RA, 25.4.33; JMBl. 33, S. 209; BArch, R 3001 PAK; Wolf, BFS

Strauss, Max Dr.
26.4.1888 - keine Angaben
priv.: k.A.
Kanzlei: Kurfürstendamm 47, W 15
RA am KG und Notar; nach der Machtübernahme der Nationalsozialisten 1933 Berufsverbot.
Br.B. 32; TK 33; Liste d. nichtzugel. RA, 25.4.33; Pr.J. 33, S. 443; BArch, R 3001 PAK

Strauss, Sally
23.3.1901 Fulda - keine Angaben
priv.: k.A.
Kanzlei: Mohrenstr. 9, W 8
War nach eigenen Angaben „freireligiös"; ab 1929 als Anwalt zugelassen, zuletzt am Kammergericht; nach der Machtübernahme der Nationalsozialisten Berufsverbot zum 7.6.1933.
JMBl. 7.7.33; S. 209; BArch, R 3001 PAK, PA

Stulz, Günter Dr.
5.7.1904 Berlin - keine Angaben
priv.: Bismarckstr. 100, Charlottenburg 4
Kanzlei: Bismarckstr. 100, Charlottenburg 4
RA seit 1929; stellte nach der Machtübernahme keinen Antrag auf Wiederzulassung, in der Personalakte findet sich in dem Feld „Religion" ein Fragezeichen. Die Löschung erfolgte zum 30. September 1933 mit der Begründung: „weil Sie nicht arischer Abstammung sind".
Pr.J. 33, S. 532; BArch, R 3001 PAK, PA

Sturmthal, Leopold Dr.
21.6.1891 - keine Angaben
priv.: k.A.
Kanzlei: Lietzenburger Str. 4, W 15
RA am LG I-III und AG Berlin-Mitte. Nach der Machtübernahme der Nationalsozialisten 1933 wieder zugelassen, war noch bis mindestens 1936 als Anwalt tätig.
TK 33; *li; Liste 36; BArch, R 3001 PAK

Sulzberger, Paul Dr.
18.10.1891 Wiesbaden - 1945 Jerusalem
priv.: Landgrafenstr. 18 a, Wilmersdorf
Kanzlei: Landgrafenstr. 18 a, Wilmersdorf
Jurastudium in Marburg, München und Berlin; 1914-19 Kriegsteilnehmer; 1919-24 RA in Wiesbaden; ab 1924 in Berlin, RA am LG I-III und Notar; seit seiner Jugend überzeugter Zionist, engagierte sich in zionistischen und anderen jüdischen Organisationen, reiste mehrmals nach Palästina. Nach der Machtübernahme der Nationalsozialisten Vertretungsverbot im April 1933, dann wieder zugelassen; Ende 1935 Entzug des Notariats; bis mindestens 1936 als Anwalt zugelassen. Emigration am 4.3.1939 nach Palästina, Jerusalem; änderte den Vornamen in Paltiel; dort 1945 gestorben.
Br.B. 32; TK 33; *li; DJ 36, S. 315; Liste 36; BArch, R 3001 PAK; BG; BHdE, Bd. 1, S. 750 (Geburtsjahr 1892)

Süskind, Siegfried Dr.
23.12.1885 Herborn - keine Angaben
priv.: Matthäikirchplatz 5, W 35
Kanzlei: Mauerstr. 53, W 8
RA und Notar; nach der Machtübernahme der Nationalsozialisten 1933 Entzug des Notariats, war mindestens bis 1936 als Anwalt zugelassen. Emigration am 25.4.1938 nach Großbritannien, London.
TK 33; JMBl. 33, S. 220; *li; Liste 36; BArch, R 3001 PAK; BG

Sussmann, Edith Dr.
11.7.1892 Berlin - keine Angaben
priv.: Jenaer St. 6, Wilmersdorf
Kanzlei: Jenaer Str. 6, Wilmersdorf
RAin am LG I-III; nach der Machtübernahme der Nationalsozialisten Berufsverbot zum 20.6.1933. Emigration nach Brasilien, Buenos Aires.
Br.B. 32; TK 33; Liste d. nichtzugel. RA, 25.4.33; JMBl. 4.8.33, S. 253; BArch, R 3001 PAK, PA; BG

Süßmann, Georg Dr.
14.10.1887 Liegnitz - 14.4.1959 Jerusalem
priv.: Mauerstr. 81, W 8
Kanzlei: Mauerstr. 81, W 8
RA am LG I-III und Notar; nach der Machtübernahme der Nationalsozialisten 1933 wieder zugelassen; vor Herbst 1935 in den Anwaltslisten gelöscht. Emigration nach Palästina, Jerusalem.
TK 33; *li; BArch, R 3001 PAK; BG: LAB, OFP-Akten

Sußmann, Manfred Dr.
23.4.1892 Berlin - keine Angaben
priv.: k.A.
Kanzlei: Spandauer Chaussee 50/56, Charlottenburg

Nach der Machtübernahme der Nationalsozialisten 1933 wieder zugelassen, bis zum allgemeinen Berufsverbot 1938 als RA tätig.
TK 33; *li; Liste 36; MRRAK; BArch, R 3001 PAK; Naatz-Album

Szkolny, Felix Dr., JR
31.8.1870 Berlin - keine Angaben
priv.: Olivaer Platz 10, W 15
Kanzlei: Charlottenstr. 17, SW 68
RA und Notar; nach der Machtübernahme der Nationalsozialisten 1933 Entzug des Notariats, war bis zum allgemeinen Berufsverbot 1938 als Anwalt tätig; vermutlich Emigration (Aktenvermerk „abgemeldet").
TK 33; JMBl. 33, S. 220; Korr. Liste arische Anw., 15.10.33; Liste 36; MRRAK; Naatz-Album; BG

T

Talbot, Kurt Dr., Dipl.-Ing.
keine Angaben
priv.: k.A.
Kanzlei: Stresemannstr. 92/102 (Europahaus), SW 11
Nach der Machtübernahme der Nationalsozialisten 1933 wieder als Anwalt zugelassen; noch im Herbst 1935 in den Anwaltslisten verzeichnet, auch im Telefonbuch 1938 noch eingetragen, danach nicht mehr verzeichnet.
JMBl. 3.2.33, S. 17, 17.2.33, S. 27; *li; TK 36; Tel.B. 38

Tarnowski, Georg
31.7.1884 - keine Angaben
priv.: k.A.
Kanzlei: Tauentzienstr. 10, W 50
RA am KG und Notar; nach der Machtübernahme der Nationalsozialisten 1933 Entzug des Notariats, war bis zum allgemeinen Berufsverbot 1938 als Anwalt tätig.
Br.B. 32; TK 33; JMBl. 33, S. 220; *li; Liste 36; MRRAK; BArch, R 3001 PAK

Tarnowski, Hans Dr.
4.4.1900 - 11.8.1941
priv.: k.A.
Kanzlei: Nollendorfplatz 9, W 30
RA am KG; nach der Machtübernahme der Nationalsozialisten Berufsverbot im Frühjahr 1933; starb im Sommer 1941 im Alter von 41 Jahren und wurde auf dem Jüdischen Friedhof in Weißensee beigesetzt.
Br.B. 32; TK 33; Liste d. nichtzugel. RA, 25.4.33; JMBl. 33, S. 203; BArch, R 3001 PAK; BG

Tasse, Julius
6.6.1872 Barby - 13.1.1948 Berlin
priv.: Motzstr. 72
Kanzlei: Boddinstr. 66, Neukölln
Nahm am WK I teil; RA am LG I-III und AG Neukölln. Nach der Machtübernahme der Nationalsozialisten 1933 wieder zugelassen; Ende 1935 Entzug des Notariats; als Anwalt bis zum allgemeinen Berufsverbot 1938 zugelassen. T.s Ehefrau galt als nicht-jüdisch. T. war einer der Inhaftierten der Rosenstraße (27.2. - 7.3.1943), erwähnte das jedoch nur sehr beiläufig in seinem Lebenslauf. T. überlebte das NS-Regime und wurde erneut als Anwalt zugelassen; wohnte nach 1945 in Neukölln.
TK 33; *li; DJ 36, S. 315; Liste 36; MRRAK; BG; LAB, RAK, PA; Verz. zugel. Anw. 45

Tauber, Ernst Dr.
keine Angaben
priv.: k.A.
Kanzlei: Köthener Str. 28/29, W 9
RA und Notar; nach der Machtübernahme der Nationalsozialisten 1933 Entzug des Notariats, war bis mindestens 1936 als Anwalt tätig.
TK 33; JMBl. 33, S. 220; *li; Liste 36

Tell, Martin Dr.
21.11.1883 Berlin - 18.1.1941 Gurs
priv.: k.A.
Kanzlei: Uhlandstr. 165/166, W 15
RA (seit 1913) und Notar (seit 1924); nach der Machtübernahme der Nationalsozialisten 1933 hätte er als sog. „Altanwalt" zugelassen werden müssen, dennoch wurde ihm das Notariat entzogen, die Zulassung als Anwalt wurde im Zuge der Zusammenlegung der Landgerichte ebenfalls zurückgenommen, was ein Berufsverbot bedeutete. Emigration erst nach Spanien, wo er 1914 bereits für die Deutsche Botschaft tätig gewesen war, später offenkundig nach Frankreich, wo er nach der Besetzung interniert wurde und im Lager Gurs umgekommen ist.
Adr.B. 33; JMBl. 33, S. 220; Pr.J. 33, S. 868; BArch, R 3001 PAK, PA; BG; GB II

Themal, Ernst
15.1.1888 - keine Angaben
priv.: Kaiserallee 18, W 15
Kanzlei: Meinekestr. 11, W 15
RA am LG III und Notar; nach der Machtübernahme der Nationalsozialisten Berufsverbot im Frühjahr 1933; vermutlich emigriert.
Br.B. 32; TK 33; Liste d. nichtzugel. RA, 25.4.33; JMBl. 33, S. 209; BArch, R 3001 PAK; BG

Themal, Franz Jakob Dr.
4.4.1892 Berlin - keine Angaben
priv.: Knesebeckstr. 67, Charlottenburg
Kanzlei: Meinekestr. 11, W 15
RA am LG I-III; nach der Machtübernahme der Nationalsozialisten 1933 wieder zugelassen, war bis zum allgemeinen Berufsverbot 1938 als Anwalt tätig. Emigration nach Uruguay, Montevideo, am 17. 12. 1938; änderte seinen Namen in Francisco Themal; 1950 in Buenos Aires wohnhaft.
TK 33; *li; Liste 36; MRRAK; BArch, R 3001 PAK; BG

Tichauer, Theodor Dr.
18.2.1891 Berlin - 6.4.1942 Auschwitz
priv.: Kantstr. 137, Charlottenburg
Kanzlei: k.A.
RA und Notar; nach der Machtübernahme der Nationalsozialisten Berufsverbot 1933. Emigration nach Frankreich, Paris, am 26.7.1933. Deportation am 27.3.1942 aus Compiègne nach Auschwitz, dort am 6.4., wenige Tage nach der Ankunft, ermordet.
Br.B. 32; TK 33; JMBl. 33, S. 221; BArch, R 3001 PAK; BG; GB II

Tietz, Hugo Dr.
13.10.1889 Breslau - keine Angaben
priv.: k.A.
Kanzlei: Brunnenstr. 144, Wedding
T. war katholischen Glaubens, seine Mutter war jüdischer Herkunft; RA am LG I-III; nach der Machtübernahme der Nationalsozialisten Berufsverbot 1933. T. überlebte das NS-Regime und wurde 1947 als Anwalt wieder zugelassen, lebte und praktizierte im Wedding.
TK 33; BArch, R 3001 PAK, PA; BG; LAB, RAK, PA Werthauer

Tiktin, Peter Paul Dr.
10.2.1902 Berlin - keine Angaben
priv.: k.A.
Kanzlei: Werderscher Markt 4 a
T. war evangelischen Glaubens; RA am LG I-III; nach der Machtübernahme der Nationalsozialisten Berufsverbot im Sommer 1933. Emigrierte nach Uruguay.
Adr.B. 32; TK 33; Liste d. nichtzugel. RA, 25.4.33; JMBl. 33, S. 253; BArch, R 3001 PAK, PA

Tiktin, Robert Dr.
27.6.1897 Berlin - keine Angaben
priv.: Lietzenburger Str. 39, Wilmersdorf
Kanzlei: Französische Str. 57/58, W 8
RA am LG I-III und Notar; nach der Machtübernahme der Nationalsozialisten 1933 wieder zugelassen; Ende 1935 Entzug des Notariats, war als Anwalt bis zum allgemeinen Berufsverbot 1938 tätig, dann als „Konsulent" zugelassen. Emigration am 25.7.1940 nach Uruguay, Montevideo.
TK 33; *li; DJ 36, S. 315; MRRAK; Liste d. Kons., 15.3. 39; BArch, R 3001 PAK; Naatz-Album; BG

Tiktin, Willy Dr.
22.5.1877 Petersburg - keine Angaben
priv.: Pariser Str. 19, W 15
Kanzlei: Wilhelmstr. 9, SW 48
RA am LG I-III; nach der Machtübernahme der Nationalsozialisten 1933 wieder zugelassen, war bis zum allgemeinen Berufsverbot 1938 als Anwalt tätig. Emigration am 8.3.1939 in die USA, Brooklyn, New York.
TK 33; *li; LAB, Liste 15.4. 33; MRRAK; BG

Timendorfer, Walter
21.5 1897 - keine Angaben
priv.: k.A.
Kanzlei: Wielandstr. 25/26, W 15

Nach der Machtübernahme der Nationalsozialisten 1933 wieder zugelassen, war bis zum 20.11.1937 als Anwalt tätig.
TK 33; *li; LAB, Liste 15.10.33; Liste 36; BArch, R 3001 PAK; Naatz-Album

Tovote, Hans-Georg Dr.
12.9.1900 Berlin-Schöneberg - 17.4.1971
priv.: Kurfürstendamm 186, Charlottenburg
Kanzlei: Maaßenstr. 36, W 62
RA am LG I-III und AG Schöneberg. Nach der Machtübernahme der Nationalsozialisten 1933 wieder zugelassen; galt als „Mischling", konnte daher über das allgemeine Berufsverbot 1938 hinaus praktizieren; überlebte das NS-Regime und wurde am 4.7.1945 wieder zur Anwaltschaft zugelassen; starb 1971 im Alter von 70 Jahren.
TK 33; *li; LAB, List 15.10.33; Liste Mschlg. 36; Verz. zugel. Anw. 45; BG; Ausk. B. Dombek; RAK LAB PA (Foto)

Traube, Alfred Dr.
1.5.1895 Berlin - November 1972
priv.: Sächsische Str. 2, Wilmersdorf
Kanzlei: Mauerstr. 53, W 8; später: Fasanenstr. 73, W 15
RA am KG und Notar; nach der Machtübernahme der Nationalsozialisten 1933 wieder zugelassen; Entzug des Notariats Ende 1935, war bis zum allgemeinen Berufsverbot 1938 als Anwalt tätig, dann als „Konsulent" zugelassen. T. wurde im November 1938 nach der Pogromnacht verhaftet; musste sich, um freizukommen, zur Auswanderung in ein außereuropäisches Land verpflichten; Emigration in die USA, New York, am 20.1.1940.
TK 33; *li; LAB, Liste 15.10.33; DJ 36, S. 315; Liste 36; MRRAK; Liste Kons. 39; BArch, R 3001 PAK, PA; BG; SSDI; Ausk. A. Wertheim

Treftz, Arthur, JR
keine Angaben
priv.: Kyllmannstr. 10, Lichterfelde
Kanzlei: Kyllmannstr. 10, Lichterfelde
T. war evangelischer Religion; RA am LG I-III und AG Lichterfelde; nach der Machtübernahme der Nationalsozialisten 1933 wieder zugelassen, war bis mindestens 1936 zugelassen; galt als „Mischling I. Grades", scheint aber 1938 nicht mehr praktiziert zu haben.
TK 33; *li; LAB, Liste 15.10.33, Liste Mschlg. 36

Treitel, Erich Dr.
17.5.1892 Berlin - 28.8.1945 Buenos Aires
priv.: k.A.
Kanzlei: Tiergartenstr. 12 a/13, W 15
RA und Notar; nach der Machtübernahme der Nationalsozialisten Frühjahr 1933 Berufsverbot. 1934 Emigration nach Argentinien, Buenos Aires. Gegen T. wurde ein Steuersteckbrief erlassen.
Br.B. 32; TK 33; Liste d. nichtzugel. RA, 25.4.33; BArch, R 3001 PAK; Wolf, BFS; Ausk. E. Proskauer

Treitel, Richard Dr.
27.10.1879 Betsche - 13.2.1947
priv.: Giesebrechtstr. 15, Charlottenburg
Kanzlei: Unter den Linden 53
RA am LG I-III, am AG Berlin-Mitte und Notar (seit 1924); 1920 Mitglied der Bezirksverordnetenversammlung Kreuzberg, 1921 zum unbesoldeten Stadtrat im Berliner Magistrat gewählt; Sozietät mit Theodor T., seinem

Bruder. Nach der Machtübernahme der Nationalsozialisten 1933 Entzug des Notariats, war bis zum allgemeinen Berufsverbot 1938 als Anwalt zugelassen. Ehrenamtlicher Mitarbeiter der RV, Bezirksstelle Berlin; er wurde am 3.6.1943 verhaftet und am 29.6.1943 nach Theresienstadt deportiert. T. überlebte das Lager. Er starb im Februar 1947 in einem Lager für „Displaced Persons" in Deggendorf im Bayerischen Wald. Veröffentl. zu Film- und Bühnenrecht.
TK 33; JMBl. 33, S. 220; *li; LAB, Liste 15.10.33; Liste 36; MRRAK; BG; Liste der Theresienstadt-Überlebenden; Verfolgte Berl. Stadtverordnete u. Magistratsmitgl.; Vor die Tür gesetzt, S. 362

Treitel, Theodor Dr.
3.1.1885 Betsche - 1974 London
priv.: k.A.
Kanzlei: Unter den Linden 53
RA am LG I-III, am AG Berlin-Mitte und Notar; Sozietät mit seinem Bruder Richard T. Nach der Machtübernahme der Nationalsozialisten 1933 Entzug des Notariats, war bis zum allgemeinen Berufsverbot 1938 als Anwalt zugelassen. 1939 Emigration mit der Familie nach Großbritannien.
Br.B. 32; TK 33; JMBl. 33, 220; *li; LAB, Liste 15.10.33; Liste 36; MMRAK; BArch, R 3001 PAK; BG; BHdE Bd. 2,2, S. 1173 (Guenter Heinz Treitel)

Triebel, Walter Dr.
keine Angaben
priv.: k.A.
Kanzlei: Altonaer Str. 3, NW 87
RA am LG I-III und AG Berlin-Mitte; nach der Machtübernahme der Nationalsozialisten Berufsverbot im Frühjahr 1933.
Br.B. 32; TK 33; Liste d. nichtzugel. RA, 25.4.33; Pr.J. 33, S. 839

Trip, Heinrich
keine Angaben
priv.: Pariser Str. 3, W 15
Kanzlei: Fasanenstr. 41, W 15
RA am KG; nach der Machtübernahme der Nationalsozialisten im Frühjahr 1933 zeitweilig Vertretungsverbot, dann wieder zugelassen und bis mindestens 1936 als Anwalt tätig.
Br.B. 32; TK 33; Liste d. nichtzugel. RA, 25.4.33 (Nachtrag); *li; BArch, R 3001 PAK

Tuch, Georg
2.5.1880 - 14.6.1935
priv.: Grunewaldstr. 27, Schöneberg
Kanzlei: Grunewaldstr. 27, Schöneberg
RA und Notar; nach der Machtübernahme der Nationalsozialisten 1933 wieder zugelassen; 1935 im Alter von 55 Jahren gestorben und auf dem Jüdischen Friedhof in Weißensee beigesetzt.
TK 33; *li; LAB, Liste 15.10.33; BG

Türk, Hans Dr.
keine Angaben
priv.: k.A.
Kanzlei: Berliner Str. 158, Charlottenburg
RA am KG; nach der Machtübernahme der Nationalsozialisten Berufsverbot im Frühjahr 1933.
Br.B. 32; TK 33; Liste d. nichtzugel. RA, 25.4.33; JMBl. 33, S. 253; BArch, R 3001 PAK

U

Ullmann, Friedrich Dr.
16.3.1892 - keine Angaben
priv.: k.A.
Kanzlei: Charlottenstr. 56, W 8
U. war evangelischer Religion. Nach der Machtübernahme der Nationalsozialisten 1933 wieder zugelassen, war bis mindestens 1936 tätig, galt als „Mischling" (zwei jüdische Großeltern), gab seine Tätigkeit vor 1938 auf.
*li; LAB, Liste 15.10.33; Liste Mischlg. 36; BArch, R 3001 PAK

Unger, Hugo
keine Angaben
priv.: k.A.
Kanzlei: Chausseestr. 16
RA und Notar; nach der Machtübernahme der Nationalsozialisten 1933 Entzug des Notariats, war bis zum allgemeinen Berufsverbot 1938 als Anwalt tätig.
TK 33; JMBl. 33, S. 220; *li; LAB, Liste 15.10.33; Liste 36; MRRAK

Unger, Leopold, JR
keine Angaben - 30.9.1938
priv.: k.A.
Kanzlei: Dorotheenstr. 27, NW 7
RA am LG I-III und Notar; nach der Machtübernahme der Nationalsozialisten 1933 als Notar entlassen, aber wieder bestellt, Ende 1935 dann endgültig Entzug des Notariats; war mindestens bis 1936 als Anwalt zugelassen, vermutlich bis zu seinem Tod 1938.
TK 33; JMBl. 33, S. 220; *li; DJ 36, S. 315; Liste 36

Ury, Ludwig Dr., JR
12.6.1870 Berlin - keine Angaben
priv.: Kaiserdamm 24, Charlottenburg
Kanzlei: Alexanderplatz 1, C 25
RA und Notar; nach der Machtübernahme der Nationalsozialisten 1933 Entzug des Notariats; mindestens bis 1936 als Anwalt tätig. Emigration nach Großbritannien, London, am 3.2.1939.
TK 33; JMBl. 33, S. 220; *li; LAB, Liste 15.10.33; Liste 36; BG

V

W

Victor, Hugo
2.12.1874 Berlin - 5.3.1942
priv.: Xantener Str. 23 (bis März 1935), Wilmersdorf
Kanzlei: Potsdamer Str.118, W 35
RA am KG und Notar; nach der Machtübernahme der Nationalsozialisten 1933 Entzug des Notariats, war bis zum allgemeinen Berufsverbot 1938 als Anwalt tätig. V.s Ehefrau galt als nichtjüdisch. V. starb 1942 im Alter von 67 Jahren und wurde auf dem Jüdischen Friedhof in Weißensee beigesetzt.
TK 33; JMBl. 33, S. 220; *li; LAB, Liste 15.10.33; Liste 36; MRRAK; BG

Wachsmann, Oskar Dr.
29.12.1878 Breslau - keine Angaben
priv.: Brandenburgische Str. 16
Kanzlei: Friedrichstr. 66, W 8
RA und Notar; nach der Machtübernahme der Nationalsozialisten 1933 als Notar entlassen, war bis zum allgemeinen Berufsverbot 1938 als Anwalt tätig; war u.a. Mandant von > Anita Eisner. Emigration nach Belgien, Brüssel, am 29.3.1939; lebte dort 1952.
TK 33; JMBl. 33, S. 220; *li; Liste 36; MRRAK; BG; Ausk. Flechtmann 07/00

Wachsner, Ernst Dr.
21.7.1888 Berlin - Deportation 1943
priv.: Sybelstr. 42, Charlottenburg
Kanzlei: k.A.
RA am KG und Notar; nach der Machtübernahme der Nationalsozialisten 1933 Berufsverbot. Wurde zur Zwangsarbeit herangezogen; Datum der Vermögenserklärung: 25.6.1943; Sammellager Große Hamburger Str. 26; Deportation am 28.6.1943 nach Auschwitz.
Br.B. 32; TK 33; Liste d. nichtzugel. RA, 25.4.33; JMBl. 33, S. 203; BArch, R 3001 PAK; BG; GB II

Wachsner, Fritz Dr.
9.10.1893 - keine Angaben
priv.: k.A.
Kanzlei: Chausseestr. 95, N 65
Nach der Machtübernahme der Nationalsozialisten Berufsverbot im Frühjahr 1933.
TK 33; Liste d. nichtzugel. RA, 25.4.33 (Nachtrag); JMBl. 33, S. 234; BArch, R 3001 PAK

Wachsner, Josef Dr.
21.4.1862 - 12.1.1939 Berlin
priv.: Starnberger Str. 1, Schöneberg
Kanzlei: Motzstr. 53, W 30
RA und Notar; nach der Machtübernahme der Nationalsozialisten 1933 Entzug des Notariats; vor Herbst 1935 in den Anwaltslisten gelöscht; starb 1939 im Alter von 76 Jahren und wurde auf dem Jüdischen Friedhof in Weißensee beigesetzt.
TK 33; JMBl. 33, S. 220; *li; BG

Wachsner, Lothar
14.6.1894 - April 1966
priv.: k.A.
Kanzlei: Innsbrucker Str. 54, Schöneberg
RA und Notar; nach der Machtübernahme der Nationalsozialisten 1933 wieder zugelassen; Ende 1935 Entzug des Notariats, war bis zum allgemeinen Berufsverbot 1938 als Anwalt tätig. Emigration in die USA, lebte zuletzt in New York.
TK 33; *li; DJ 36, S. 315; Liste 36; MRRAK; BArch, R 3001 PAK; SSDI

Wadler, Arnold Dr.
keine Angaben
priv.: Nestorstr. 6, Halensee (1931)
Kanzlei: Straße 3, Zehlendorf
W. war erst 1933 in Preußen eingebürgert worden, hatte aber schon länger in Berlin gelebt. Die RAK meldete ihn an das Preußische Justizministerium, weil er „Mitglied der Räterepublik in Bayern" gewesen und „nicht-arisch" sei; im Frühjahr 1933 wurde er mit Berufsverbot belegt.
Jüd.Adr.B.; Adr.B. 33; TK 33; GHStA, Rep. 84a, Nr. 20363; JMBl. 33, S. 267

Wagener, Wilhelm Dr.
15.1.1888 - keine Angaben
priv.: Schlüterstr. 36/ Cramerstr. 15, Charlottenburg
Kanzlei: Hardenbergstr. 24, Charlottenburg
RA am KG und Notar; nach der Machtübernahme der Nationalsozialisten Kanzlei und Notariat im Frühsommer 1933 aufgegeben. Emigration in die Niederlande, Amsterdam.
Br.B. 32; TK 33; JMBl. 33, S. 203; BArch, R 3001 PAK; BG

Waldeck, Hugo Dr.
21.3.1876 Berlin - keine Angaben
priv.: Lützowufer 5 a, W 35
Kanzlei: Lützowufer 5 a, W 35
RA und Notar; nach der Machtübernahme der Nationalsozialisten Notariat 1933 entzogen, war bis zum allgemeinen Berufsverbot 1938 als Anwalt tätig. Emigration nach Frankreich, Paris, am 1.11.1938.
TK 33; JMBl. 33, S. 220; *li; Liste 36; MRRAK; BG

Wallach, Alfred Dr.
keine Angaben
priv.: k.A.
Kanzlei: Rankestr. 23, W 50

Nach der Machtübernahme der Nationalsozialisten 1933 wieder zugelassen, war bis mindestens 1936 als Anwalt tätig.
TK 33; *li; Liste 36; Naatz-Album

Wallbach, Werner Dr.
keine Angaben
priv.: k.A.
Kanzlei: Markgrafenstr. 61, SW 68
Nach der Machtübernahme der Nationalsozialisten im Frühjahr 1933 Berufsverbot.
Br.B. 32; TK 33; Liste d. nichtzugel. RA, 25.4.33; JMBl. 4.8.33, S. 253; BArch, R 3001 PAK

Waller, Alfred Dr.
13.9.1881 Köln - Deportation 1944
priv.: Bleibtreustr. 10/Mommsenstr. 67, Charlottenburg, Landgrafenstr. 12
Kanzlei: Landgrafenstr. 12
W. war evangelischer Religion; RA am LG I-III und Notar; nach der Machtübernahme der Nationalsozialisten 1933 wieder zugelassen; Ende 1935 Entzug des Notariats, war bis 1938 als Anwalt tätig. Datum der Vermögenserklärung: 21.7.1942; Sammellager Große Hamburger Str. 26; Deportation am 22.7.1942 nach Theresienstadt; von dort am 23.10.1944 nach Auschwitz verschleppt.
TK 33; *li; DJ 36, S. 315; Liste 36; MRRAK; BArch, R 3001 PA H. Simon; BG; GB II

Walter, Benno Dr.
25.11.1878 Czarnikau - Deportation 1942
priv.: Levetzowstr. 11 a, NW 87
Kanzlei: Zimmerstr. 92/93, SW 68
RA und Notar; nach der Machtübernahme der Nationalsozialisten 1933 Entzug des Notariats, war bis zum allgemeinen Berufsverbot 1938 als Anwalt tätig. Zuletzt Helfer bei der JKV, Abt. Fürsorge; Datum der Vermögenserklärung: 24.11.1942; Deportation am 19.11.1942 nach Auschwitz.
TK 33; JMBl. 33, S. 220; *li; Liste 36; MRRAK; BG; GB II

Warschauer, Felix Dr.
14.5.1879 Posen - Deportation 1941
priv.: Brandenburgische Str. 42, Wilmersdorf
Kanzlei: Kurfürstendamm 16, W 50
RA am KG und Notar; RA am LG I-III und Notar; nach der Machtübernahme der Nationalsozialisten 1933 wieder zugelassen, war bis mindestens 1936 als Anwalt tätig. Datum der Vermögenserklärung: 10.11.1941; Sammellager Levetzowstr. 7-8; Deportation am 14.11.1941 nach Minsk.
TK 33; JMBl. 33, S. 220; *li; Liste 36; BG; g; GB II

Wedell, Siegmund Dr.
17.12.1875 Stargard - Deportation 1943
priv.: Sybelstr. 57, Charlottenburg
Kanzlei: Mommsenstr. 21, Charlottenburg
RA am KG und Notar; nach der Machtübernahme der Nationalsozialisten 1933 wieder zugelassen; Ende 1935 Entzug des Notariats, war bis zum allgemeinen Berufsverbot 1938 als Anwalt tätig. Am 12.1.1943 nach Auschwitz deportiert.
TK 33; *li; DJ 36, S. 315; Liste 36; MRRAK; BG; GB II

Wehlau, Ismar Dr.
1.5.1885 - keine Angaben
priv.: k.A.
Kanzlei: Lindenstr. 7, SW 68
RA und Notar; nach der Machtübernahme der Nationalsozialisten 1933 Entzug des Notariats, als Anwalt wieder zugelassen; vor September 1935 in den Anwaltslisten gelöscht.
TK 33; JMBl. 33, S. 220; *li; BArch, R 3001 PAK

Weichmann, Alfred Dr.
5.12.1882 Eichenau - keine Angaben
priv.: Schillerstr. 3, Charlottenburg
Kanzlei: Schillerstr. 3, Charlottenburg
RA und Notar; nach der Machtübernahme der Nationalsozialisten im Herbst 1933 in den Anwaltslisten gelöscht. Emigration nach Großbritannien, London, am 31.3.1934; änderte seinen Namen in Wykeman, lebte 1952 in London.
TK 33; Pr.J. 33, S. 679; *li; BG

Weigert, Hans Werner Dr.
28.4.1902 - 18.10.1983 München
priv.: Wangenheimstr. 30, Grunewald
Kanzlei: Hohenzollernstr. 13, W 10
Nach der Machtübernahme der Nationalsozialisten im Frühjahr 1933 Berufsverbot. Emigration 1938 in die USA; lehrte ab 1939 an Colleges und an der Universität Chicago, 1947-1951 bei der US-Militärregierung und dem Hohen Kommissar in Deutschland; dann Professor für Politische Wissenschaften an der Georgetown University, starb 1983 in München.
TK 33; Liste d. nichtzugel. RA, 25.4.33; JMBl. 4.8.33, S. 253; BArch, R 3001 PAK; BG; Göpp., S. 322

Weigert, Julius B. Dr.
1.3.1885 Berlin - keine Angaben
priv.: k.A.
Kanzlei: Potsdamer Str. 71
RA (seit 1911) am KG und Notar (1924), gab für die Verbeamtung als Notar seine amerikanische Staatsbürgerschaft auf. Nach der Machtübernahme der Nationalsozialisten 1933 Entzug des Notariats; Aufgabe der Kanzlei. Emigration 1933 nach Frankreich, Paris, später nach Italien. Gegen ihn wurde ein Steuersteckbrief erlassen. Ging 1939 in die USA, New York; beantragte dort ohne Erfolg ein Stipendium des Am. Com. for the Guidance of the Professionel Personnel; lebte im März 1950 noch in New York.
TK 33; JMBl. 33, S. 220; *li; BArch, R 3001 PAK; NY Publ. Lib.(Am. Com.) Weigert; Wolf, BFS

Weil, Bruno Dr.
4.4.1883 Saarlouis - 11.11.1961 New York
priv.: k.A.
Kanzlei: Landgrafenstr. 1, W 62

Der deutsche Elsässer ließ sich 1910 als Anwalt in Straßburg nieder; nahm am WK I teil; Ausweisung als Deutscher, nachdem das Elsass wieder französisch geworden war. 1920 Niederlassung als Anwalt in Berlin, zugelassen am KG; später auch Notar, seit 1922 mit > Ernest J. Gans assoziiert, Rechtsberater der britischen und französischen Botschaft; politisch aktiv in der DDP und als Geschäftsführer des CV; Vertreter der Deutschen Staatspartei im Reichstag; schriftstellerisch tätig, u.a. ein Buch über den Dreyfus-Prozess, das mit den Worten endet: „Es gibt keine Freiheit ohne Gerechtigkeit!"
Nach der Machtübernahme der Nationalsozialisten 1933 wieder zugelassen, weil er als „Frontkämpfer" und „Altanwalt" anerkannt wurde; 1935 Entlassung als Notar; 1937 Aufgabe des Anwaltsberufs und Flucht aus Deutschland. 1939 Erwerb der argentinischen Staatsbürgerschaft. W. und seine Frau reisten durch die ganze Welt, bei einem Aufenthalt in Paris wurden sie 1939

festgenommen und interniert. Er kam in das Lager Le Vernet in den Pyrenéen, Flucht in die USA 1940, dort wieder mit seiner Frau vereint. Unermüdlich reiste das Paar durch die USA, um Hilfe für europäische Flüchtlinge zu organisieren. Nach Kriegsende setzte sich W. für die Restitution und die Stärkung der Demokratie in Deutschland ein. Er starb 1961 im Alter von 78 Jahren. Bei seiner Beerdigung drückte ein Sprecher die Empfindungen vieler aus: „Sein Leben war erfüllt. Mögen wir uns mit dem Gedanken trösten, dass er es genossen hat." (Lowenthal in seiner Traueransprache) Veröffentl.: Glück und Elend des General Boulanger, Berlin 1931; Baracke 37 – Stillgestanden!, Buenos Aires 1941.
TK 33; *li; DJ 36, S. 315; Liste 36; BArch, R 3001 PAK, PA; Bruno Weil Collection LBI; Krach, S. 437; Göpp., S. 323

Weinberg, Fritz Dr.
23.7.1889 (?) - 1943 Palästina
priv.: Lietzenburger Str. 32, Wilmersdorf
Kanzlei: Königstr. 22-24, C 2
RA und Notar, war assoziiert mit RA > Dr. Emil Löwenstein und seinem ältesten Sohn; nach der Machtübernahme der Nationalsozialisten 1933 Entzug des Notariats, Aufgabe der Kanzlei. Emigration nach Frankreich, Paris, noch im April 1933; 1935 nach Palästina, dort 1943 gestorben.
Br.B. 32; TK 33; JMBl. 33, S. 234; BG; Korr. Lilo Bonwitt; Ausk. E. Proskauer

Weinberg, Hans Dr.
15.4.1905 Berlin - Juni 1978
priv.: Hohenzollerndamm 156, Wilmersdorf
Kanzlei: Königstr. 22-24
RA am KG, assoziiert mit seinem Vater Fritz W.; nach der Machtübernahme der Nationalsozialisten Berufsverbot 1933. Emigration am 5.4.1934 nach Spanien; ging später in die USA, lebte zuletzt in Queens, New York.
Jüd.Adr.B.; Br.B. 32; JMBl. 30.6.33, S. 203; BG: LAB, OFP-Akten (Berufsang.: Kaufmann); BArch, R 3001 PAK; SSDI

Weinberg, Herbert
9.5.1901 Neumark - Deportation 1943
priv.: Planufer, 26, SW 61
Kanzlei: Hasenheide 63, S 59
Nach der Machtübernahme der Nationalsozialisten Berufsverbot im Frühjahr 1933. Deportation am 3.3.1943 nach Auschwitz.
Br.B. 32; TK 33; Liste d. nichtzugel. RA, 25.4.33; JMBl. 33, S. 220; BArch, R 3001 PAK; BG; GB II

Weinberg, Hugo Dr.
7.2.1878 Herford - 25.11.1941 Kowno
priv.: Kaiserallee 104, Schöneberg-Friedenau
Kanzlei: Berliner Allee 241, Weißensee
RA am LG I-III und AG Weißensee; nach der Machtübernahme der Nationalsozialisten 1933 als Notar entlassen und wieder zum Notar bestellt; Ende 1935 Entzug des Notariats, war bis zum allgemeinen Berufsverbot 1938 als Anwalt zugelassen; zuletzt als juristischer Hilfsarbeiter tätig, stand in enger Verbindung mit > Julius Fliess. Sammellager Levetzowstr. 7-8; Datum der Vermögenserklärung: 13.11.1941; Deportation am 17.11.1941 nach Kowno, dort wenige Tage nach der Ankunft ermordet.
Br.B. 32; TK 33; JMBl. 33, S. 220; *li; DJ 36, S. 315; Liste 36; MRRAK; BG; BdE; GB II (Dan W.)

Weiskam, Godehard Gerhard Dr.
12.12.1879 Berlin - 5.7.1965
priv.: Lutherstr. 21, W 62
Kanzlei: Lutherstr. 33, W 62
W. nahm am WK I teil. RA am KG und Notar; wählte im März 1933 die SPD. Nach der Machtübernahme der Nationalsozialisten 1933 wieder zugelassen; galt als „Mischling 1. Grades" (die Mutter war Jüdin), konnte daher auch über das allgemeine Berufsverbot 1938 hinaus praktizieren. 1943 meldete ihn, wie auch andere, der Präsident des Kammergerichts dem Arbeitsamt als für die Anwaltschaft nicht kriegswichtig. W. wurde daraufhin bei der Teco GmbH eingesetzt, arbeitete nebenbei noch als Anwalt. Während des Krieges war W. Luftschutzwart für das Haus, in dem er wohnte. Nach 1945 wurde er wieder als Anwalt und Notar zugelassen.
TK 33; *li; LAB, Liste Mschlg. 36; Tel.B.41; Verz. zugel. Anw. 45; LAB, RAK, PA; BG

Weiss, Bernhard Dr.
30.7.1880 Berlin - 29.7.1951 London
priv.: k.A.
Kanzlei: Sophie-Charlotte-Platz 1, Charlottenburg
Von 1927 bis 1932 Polizeivizepräsident in Berlin; war ständig von NS-Mitgliedern beleidigt und angegriffen worden, besonders von Goebbels (der ihn „Isidor" nannte). Nach der Machtübernahme der Nationalsozialisten im Frühjahr 1933 Berufsverbot als Anwalt. Emigration nach England; wurde 1933 ausgebürgert; betätigte sich als Druckerei-Vertreter in London.
Liste d. nichtzugel. RA, 25.4.33; JMBl. 4.8.33, S. 253; BArch, R 3001 PAK; Göpp., S. 323

Weißenberg, Curt Dr.
25.4.1892 Berlin - Deportation 1941
priv.: Rosenheimer Str. 29 a, Schöneberg
Kanzlei: Nettelbeckstr. 7/8, W 62
RA am KG und Notar; nach der Machtübernahme der Nationalsozialisten 1933 wieder zugelassen; Ende 1935 Entzug des Notariats, war bis zum allgemeinen Berufsverbot 1938 als Anwalt tätig. Datum der Vermögenserklärung: 26.10.1941; Sammellager Levetzowstr. 7-8; Deportation am 14.11.1941 nach Minsk.
TK 33; *li; Liste 36; MRRAK; BArch, R 3001 PAK; BG; g; GB II

Weitzenkorn, Leo Dr.
9.2.1898 - keine Angaben
priv.: k.A.
Kanzlei: Große Frankfurter Str. 73, NO 18; später Alexanderstr. 21, C 25
Nach der Machtübernahme der Nationalsozialisten 1933 wieder zugelassen, war noch bis zum allgemeinen Berufsverbot 1938 als Anwalt tätig, anschließend noch als „Konsulent" zugelassen.
*li; Liste 36; MRRAK; Liste d. Kons., 31.12.38; BArch, R 3001 PAK

Weltmann, Martin Dr.
6.10.1883 - keine Angaben
priv.: k.A.
Kanzlei: Rosenthaler Str. 26, C 54
RA und Notar; nach der Machtübernahme der Nationalsozialisten 1933 wieder zugelassen; 1935 Entzug des Notariats, war noch bis zum allgemeinen Berufsverbot 1938 als Anwalt tätig.
*li; DJ 36, S. 315; Liste 36; BArch, R 3001 PAK

Weltzien, Julius von Dr.
10.8.1881 Berlin - 3.11.1955
priv.: Prinz-Handjery-Str. 3, Zehlendorf
Kanzlei: Freiherr-von-Stein-Str. 14 a, Schöneberg
W. hatte am WK I teilgenommen, ausgezeichnet mit dem EK 1. und II. Kl.; er war evangelischer Religion, während des Studiums Korpsstudent. Nach Abschluss des Studiums hatte W. für verschiedene Firmen gearbeitet, u.a. für eine Getreidehandelsgesellschaft. Nach der Machtübernahme der Nationalsozialisten

musste er 1933 seinen Posten aufgeben, konnte sich im gleichen Jahr noch als Anwalt niederlassen; er galt als „Mischling II. Grades". Seine Einnahmen waren gering. 1936 nahm er eine Stellung als Syndikus bei der Vereinigung deutscher Eisenofenfabrikanten e.V. an; in dieser Funktion ging er nach Kassel, kehrte für den Aufbau einer Zweigstelle 1943 wieder nach Berlin zurück, wo er bis 1945 lebte. Nach Ende des Nationalsozialismus bemühte sich W. um die Wiederzulassung als Anwalt, die ihm jedoch zunächst, ohne nähere Begründung, versagt wurde. 1948 wurde W. dann doch wieder zugelassen; politisch engagierte sich W. in der neu gegründeten CDU.
*li; Adr.B.35; LAB, Liste Mschlg. 36; Verz. zugel. Anw.45; LAB, RAK, PA

Werner, Hans Helmut
20.12.1904 Berlin - Deportation 1942
priv.: k.A.
Kanzlei: Reinickendorfer Str. 6, N 39
RA am KG; nach der Machtübernahme der Nationalsozialisten Berufsverbot im Frühjahr 1933. Deportation am 12.8.1942 aus Frankreich nach Auschwitz.
Liste d. nichtzugel. RA, 25.4.33; JMBl. 33, S. 203; BArch, R 3001 PAK, BG; GB II

Werner, Isidor, JR
11.10.1871 - 13.9.1939
priv.: Altonaer Str. 4, Tiergarten
Kanzlei: Nürnberger Str. 24 a, W 50
RA und Notar; nach der Machtübernahme der Nationalsozialisten 1933 wieder zugelassen; 1935 Entzug des Notariats, war noch bis 1936 als Anwalt tätig; starb 1939 im Alter von 77 Jahren und wurde in auf dem Jüdischen Friedhof in Weißensee begraben.
*li; DJ 36, S. 315; Liste 36; BG: Friedh.W.Sterbereg.

Werner, Ludwig Dr.
22.12.1873 Breslau - 5.12.1942 Theresienstadt
priv.: Konstanzer Str. 56, Wilmersdorf
Kanzlei: Fasanenstr. 69, W 15
RA und Notar; nach der Machtübernahme der Nationalsozialisten 1933 Entzug des Notariats, war noch bis 1938 als Anwalt tätig. Datum der Vermögenserklärung: 18.11.1942; am 19.11.1942 nach Theresienstadt deportiert, dort wenig später umgekommen.
JMBl. 33, S. 220; *li; Liste 36; DJ 38, S. 1705; BG; ThG; GB II

Werthauer, Heinrich Dr.
20.4.1894 - keine Angaben
priv.: k.A.
Kanzlei: Brandenburgische Str. 24, Wilmersdorf
Nach der Machtübernahme der Nationalsozialisten Berufsverbot 1933.
Liste d. nichtzugel. RA, 25.4.33 (Nachtrag); JMBl. 33, S. 282; BArch, R 3001 PAK

Werthauer, Johannes, JR
20.1.1866 Kassel - 31.1.1938 Paris
priv.: Kaiserdamm 77, Charlottenburg
Kanzlei: Unter den Linden 66, NW 7
W. galt als prominenter Verteidiger und Strafjustizkritiker; daneben war er Autor der Weltbühne (1926). Er verteidigte Kurt Tucholsky in einem Prozess, den Reichswehrminister Noske und der Chef der Heeresleitung Reinhardt wegen des Gedichts „Unser Militär" (1919) angestrengt hatten. Tucholsky hatte es unter dem Pseudonym Kaspar Hauser veröffentlicht. Zugleich engagierte sich W. für das Wissenschaftlich-Humanistische Komitee, das sich um den Sexualwissenschaftler Magnus Hirschfeld etabliert hatte.
Als die Nationalsozialisten 1933 an die Macht kamen, befand sich W. auf einer Reise in Paris. Er kehrte nicht mehr zurück. Im August 1933 wurde ihm das Notariat entzogen, im Oktober 1933 wurde er ausgebürgert, seine Zulassung als Anwalt gelöscht. Oswald Freisler, der Bruder des späteren Vorsitzenden des „Volksgerichtshofs" Roland Freisler soll die Kanzlei übernommen haben. Gegen W. wurde noch ein Steuersteckbrief erlassen. Er erhielt eine Professur an der Sorbonne in Paris, wo er im Januar 1938 gestorben ist.
Br.B. 32; Krach, S. 437; Göpp., S. 371; Ausk. H. Bergemann; BG; Wolf, BFS; Foto BPK; Ausk. Flechtmann 7/2000; Pariser Tageblatt (Tageszeitung)

Werthauer, Kurt Dr.
13.11.1890 Berlin - 24.8.1965
priv.: Grolmanstr. 41, Charlottenburg
Kanzlei: Grolmanstr. 41, Charlottenburg

RA und Notar; hatte als Frontkämpfer am WK I teilgenommen, mehrfach hoch dekoriert; vor 1933 Mitglied der DDP. Nach der Machtübernahme der Nationalsozialisten wurde W. 1933 wieder zugelassen; 1935 Entzug des Notariats, war bis zum allgemeinen Berufsverbot 1938 als Anwalt tätig, dann noch als „Konsulent" zugelassen, verlegte mehrfach die Kanzleiräume. W.s Ehefrau galt als nicht-jüdisch; W. überlebte und wurde nach 1945 wieder als Anwalt und Notar zugelassen. Er gehörte bis zu seiner Zulassung als Anwalt beim Bundesgerichtshof dem Vorstand der Berliner Rechtsanwaltskammer an. Später wurde er in den Vorstand der Kammer der Bundesgerichtshofsanwälte gewählt. W. wurde mit dem Großen Bundesverdienstkreuz ausgezeichnet.
*li; DJ 36, S. 315; Liste 36; MRRAK; Liste d. Kons. v. 15.3.39; Verz. zugel. Anw. 45; LAB, RAK, PA; BG; Göpp., S. 367

Wertheim, Bruno
25.10.1883 Berlin - keine Angaben
priv.: Hiddenseer Str. 3, Prenzlauer Berg
Kanzlei: Alexanderstr. 24, C 25
RA und Notar, war evangelischer Religion; nach der Machtübernahme der Nationalsozialisten 1933 wieder zugelassen, blieb im Amt als Notar auch über 1935 hinaus, weil er als „Mischling" galt (zwei jüdische Großeltern); praktizierte auch 1941 noch als Anwalt und Notar. Er überlebte und wurde umgehend nach Kriegsende wieder zugelassen.
TK 33; *li; LAB, Liste Mschlg. 36; BArch, R 3001 PAK; RAK; Tel.B. 41; Verz. zugel. Anw. 45; BG

Wertheim, Fritz
28.1.1893 - September 1979
priv.: k.A.
Kanzlei: Hewaldstr. 10, Schöneberg
Nach der Machtübernahme der Nationalsozialisten 1933 wieder zugelassen; war noch bis mindestens 1936 als Anwalt tätig. Emigration in die USA, lebte zuletzt in New York, starb 1979 im Alter von 86 Jahren.
TK 33; *li; TK 36; Liste 36; BArch, R 3001 PAK; SSDI

Wertheim, John Dr.
13.12.1884 Rostock - 10.10.1948 in Sao Paulo, Brasilien
priv.: Suarezstr. 29, Charlottenburg
Kanzlei: Kaiserallee 22, W 15
Nach der Machtübernahme der Nationalsozialisten 1933 wieder zugelassen, war noch bis mindestens 1936 als Anwalt tätig. Emigration nach Brasilien, gegen ihn wurde noch ein Steuersteckbrief erlassen.
*li; Liste 36; BArch, R 3001 PAK; BG: LAB, OFP-Akten; Wolf, BFS
(Joel gen. John W.)

Wertheim, Julius
19.3.1886 - 8.2.1950 New York
priv.: k.A.
Kanzlei: Jüdenstr. 53, C 2

RA und Notar; nach der Machtübernahme der Nationalsozialisten 1933 wieder zugelassen; 1935 Entzug des Notariats, war noch bis mindestens 1936 als Anwalt tätig. Ging 1937 nach Karlsbad, Tschechoslowakei, später nach Frankreich, dort verhaftet, zeitweilig im französischen Lager interniert, nach der Freilassung 1940 Emigration in die USA; gegen ihn wurde ein Steuersteckbrief erlassen; lebte zuletzt in New York.
*li; Liste 36; BArch, R 3001 PAK; Naatz-Album; Wolf, BFS

Wertheimer, Ernst Dr.
9.4.1893 Bruchsal - keine Angaben
priv.: Gustav-Meyer-Str. 8, Zehlendorf
Kanzlei: Taubenstr. 35, W 8
RA am KG; nach der Machtübernahme der Nationalsozialisten 1933 wieder zugelassen, war noch bis mindestens 1936 als Anwalt tätig. Emigration nach GB, London.
Br.B. 32; *li; Liste 36; BArch, R 3001, PAK; TK 36; BG

Wieluner, Fritz Dr.
3.2.1890 Liegnitz - Mai 1944 Theresienstadt
priv.: Landshuter Str. 35, W 30
Kanzlei: Zimmerstr. 21, SW 68
RA und Notar; nach der Machtübernahme der Nationalsozialisten 1933 wieder zugelassen; 1935 Entzug des Notariats, war noch bis zum allgemeinen Berufsverbot 1938 als Anwalt tätig. Zuletzt als Sachbearbeiter bei der Reichsvereinigung beschäftigt; Datum der Vermögenserklärung: 10.5.1943; Deportation am 18.5.1943 nach Theresienstadt, dort ein Jahr später umgekommen.
*li; Liste 36; BArch, R 3001 PAK; BG; ThG; GB II

Wiener, Alfred Dr.
5.11.1890 Schneidemühl - keine Angaben
priv.: k.A.
Kanzlei: Oranienburger Str. 16, N 24
RA am KG (seit 1918) und Notar (seit 1928); nach der Machtübernahme der Nationalsozialisten zum 30. 6.1933 Berufsverbot.
Liste d. nichtzugel. RA, 25.4.33; JMBl. 33, S. 253; BArch, R 3001 PAK

Wiener, August Dr.
24.9.1885 - ca.1939
priv.: k.A.
Kanzlei: Keithstr. 3, W 62
Nach der Machtübernahme der Nationalsozialisten Berufsverbot im Frühjahr 1933. In der Folge des Pogroms vom November 1938 verhaftet, vom 10.11. - 20.12.1938 im KZ inhaftiert, soll kurz nach der Freilassung gestorben sein.
Liste d. nichtzugel. RA, 25.4.33; JMBl. 33, S. 220; BArch, R 3001 PAK; BG

Wiener, Hans Dr.
16.1.1899 - keine Angaben
priv.: k.A.
Kanzlei: Spichernstr. 19, W 50
RA am KG; Mitglied im Republikanischen Richterbund; nach der Machtübernahme der Nationalsozialisten Berufsverbot 1933. Emigration 1938 nach Schweden, Stockholm.
Br.B. 32; TK 33; MvRRB; Liste d. nichtzugel. RA, 25.4.33; Pr.J. 33, S. 773; BArch, R 3001 PAK; BG

Wilk, Gerhard Dr.
1.9.1902 - 31.8.1990
priv.: k.A.
Kanzlei: Leipziger Str. 123 a
RA seit 1929; als er sich nach der Machtübernahme der Nationalsozialisten 1933 in der Folge des Reichstagsbrandes für einen verhafteten Kollegen einsetzte, riet ihm der zuständige Staatsanwalt, das Mandat aufzugeben und sich selbst in Sicherheit zu bringen. Im Frühjahr 1933 wurde er mit Berufsverbot belegt. Die RAK hatte W. an das Preußische Justizministerium gemeldet, demnach sei er durch „Propaganda und Verteidigung für die Rote Hilfe" aufgefallen, zugleich wurde betont, dass er „nicht-arisch" sei. W. fühlte sich anfänglich nicht bedroht, doch nachdem er erfahren hatte, dass auch „einige Kollegen, die unpolitisch waren, im Columbia-Haus [sog. wildes KZ] zusammengeschlagen" worden waren, ging er über Jugoslawien in die USA. Er sollte nie wieder als Anwalt arbeiten, brachte aber seine Verbundenheit mit Deutschland in dem Roman „Mulleken" zum Ausdruck. W., der seinen Vornamen in Gerard geändert hatte, lebte zuletzt in Queens, New York, er starb einen Tag vor seinem 88. Geburtstag.
Veröffentl.: Mulleken, 1988
GHStA, Rep. 84a, Nr. 20363; JMBl. 7.7.33, S.209; BArch, R 3001 PAK, PA; SSDI; Ausk. G. Jungfer; Interview durch Tillmann Krach

Wimpfheimer, Heinrich Prof. Dr.
keine Angaben
priv.: Viktoriastr. 8, W 35
Kanzlei: Viktoriastr. 8, W 35
RA am KG und Notar; nach der Machtübernahme der Nationalsozialisten 1933 Entzug des Notariats, als Anwalt wieder zugelassen, hat vermutlich die Kanzlei vor 1936 aufgegeben, da er in keinem Verzeichnis mehr aufgeführt ist.
Adr.B. 33; TK 33, *li

Windscheid, Werner Dr.
21.2.1903 Essen - 16.1.1976 Berlin
priv.: Fasanenstr. 68, W 15
Kanzlei: Regentenstr. 14
W. wurde 1928 als Anwalt zugelassen, er vertrat eine deutschnationale Haltung, gehörte der evangelischen Kirche an. Nach der Machtübernahme der Nationalsozialisten galt W. als „Mischling", zwar wurde er 1933

überprüft, doch durfte er danach wegen seines Status' weiter praktizieren; er übernahm weiterhin die Vertretung der Wittkowitzer Eisenwerke und ihrer zwei Tochtergesellschaften (Hoffmann La Roche), sodass er auch nach 1940 Einkünfte über RM 25 000,- p.a. verzeichnen konnte. 1944 wurde ihm die Zulassung entzogen; er wurde „auf Veranlassung der Anwaltskammer" vor dem Volksgerichtshof wegen „Wehrkraftzersetzung und Feindbegünstigung" angeklagt, kam ab 1.8.1944 bis zur Befreiung am 3.5.1945 in Untersuchungshaft (ab 12.4.1945 in Dreibergen /Meckl.). 1945 wurde er wieder als Anwalt und Notar zugelassen.
*li; LAB, Liste Mschl.36; BArch, R 3001 PAK; Verz. zugel. Anw. 45; LAB, RAK, PA; BG

Wisloch, Justus Dr.
keine Angaben
priv.: k.A.
Kanzlei: Dorotheenstr. 79, NW 7
RA und Notar; nach der Machtübernahme der Nationalsozialisten 1933 wieder zugelassen, war noch bis zum allgemeinen Berufsverbot 1938 als Anwalt tätig.
*li; LAB, Liste 15.10.33; DJ 36, S. 315; Liste 36; MRRAK

Witkowski, Richard
13.2.1883 - 22.10.1938
priv.: Speyerer Str. 9, W 30
Kanzlei: Landshuter Str. 18, W 30
RA und Notar; nach der Machtübernahme der Nationalsozialisten 1933 Entzug des Notariats, als Anwalt wieder zugelassen; starb 1938 im Alter von 65 Jahren, kurz vor Inkrafttreten des allgemeinen Berufsverbots für jüdische Anwälte. Er wurde auf dem Jüdischen Friedhof in Weißensee beigesetzt.
Adr.B. 33; TK 33; JMBl. 33, S. 220; *li; LAB, Liste 15.10.33; Liste 36; BArch, R 3001 PAK; DJ 38, S. 1811; MRRAK; BG: Friedh.W.Sterbereg.

Wittenberg, Moritz Dr.
16.8.1890 Rawitsch - keine Angaben
priv.: Kurfürstendamm 216, W 15
Kanzlei: Jägerstr. 6, W 8
RA und Notar; nach der Machtübernahme der Nationalsozialisten 1933 wieder zugelassen; 1935 Entzug des Notariats, war noch bis zum allgemeinen Berufsverbot 1938 als Anwalt tätig, anschließend als „Konsulent" zugelassen. Emigration nach Palästina, Tel Aviv.
*li; LAB, Liste 15.10.33; DJ 36, S. 315; Liste 36; MRRAK; Liste d. Kons. v. 31.12.38; BArch, R 3001 PAK; BG: LAB, OFP-Akten

Wittenberg, Paul
7.6.1882 Kulmsee - keine Angaben

priv.: Rosenheimer Str. 27, W 30
Kanzlei: Oranienburger Str. 38, N 24
RA und Notar; nach der Machtübernahme der Nationalsozialisten 1933 Entzug des Notariats, als Anwalt wieder zugelassen, war noch bis zum allgemeinen Berufsverbot 1938 tätig. Emigration nach Großbritannien od. Chile im Juni 1939.
JMBl. 33, S. 220; *li; LAB, Liste 15.10.33; Liste 36; MRRAK; Naatz-Album; BG

Wittenberg, Victor
16.11.1877 Berlin - 6.5.1943 Theresienstadt
priv.: Helmstedter Str. 24, Wilmersdorf
Kanzlei: Charlottenstr. 57, W 8
RA und Notar; nach der Machtübernahme der Nationalsozialisten 1933 Entzug des Notariats, war als Anwalt bis zum allgemeinen Berufsverbot 1938 zugelassen, anschließend noch als „Konsulent". Deportation am 28.10.1942 nach Theresienstadt, dort ein halbes Jahr später umgekommen.
*li; Liste 36; LAB, Liste 15.10.33; BG; ThG; GB II

Wittgensteiner, Arno Dr.
6.12.1883 Krefeld - keine Angaben
priv.: Podbielskiallee 65, Dahlem
Kanzlei: Kronenstr. 64, W 8
RA und Notar; nach der Machtübernahme der Nationalsozialisten 1933 Entzug des Notariats, gab daraufhin die Zulassung als Anwalt ebenfalls auf, obwohl er wieder zugelassen worden war. Emigration über Italien nach Sydney, Australien.
Br.B. 32; JMBl. 33, S. 220; *li; Pr.J. 33, S. 701; BArch, R 3001 PAK; BG

Wittkowski, Richard Dr.
27.8.1877 Berlin - keine Angaben
priv.: Jerusalemer Str. 10, SW 68
Kanzlei: Wallstr. 3, C 19
RA und Notar; nach der Machtübernahme der Nationalsozialisten 1933 Entzug des Notariats; W. galt als „Mischling" (hatte zwei jüdische Großelternteile), war evangelischen Glaubens, lebte in einer „privilegierten Mischehe"; konnte weiter praktizieren, scheint aber 1940 nicht mehr tätig gewesen zu sein. W. überlebte und wurde nach 1945 wieder zugelassen.
JMBl. 33, S. 220; *li; LAB, Liste 15.10.33; Mitt.bl. Reichsverband nichtarischer Christen, 6.12.1934; LAB, Liste Mschlg. 36; Liste 36; Verz. zugel. Anw. 45; BG

Wittkowsky, Paul Dr., JR
keine Angaben - 16.10.1934
priv.: k.A.
Kanzlei: Von-der-Heydt-Str. 7, W 10
RA und Notar; nach der Machtübernahme der Nationalsozialisten 1933 Entzug des Notariats. W. starb 1934.
JMBl. 33, S. 220; *li; LAB, Liste 15.10.33

Wohl, Bruno Dr.
24.3.1891 Magdeburg - Deportation 1942
priv.: k.A.
Kanzlei: Spandauer Str. 4. Charlottenburg
Nach der Machtübernahme der Nationalsozialisten Berufsverbot im Frühjahr 1933. Wurde am 24./26.9.1942 aus Frankfurt a. M. über Berlin nach Raasiku bei Reval/Tallinn deportiert.
Br.B. 32; Liste d. nichtzugel. RA, 25.4.33; JMBl. 33, S. 221; BArch, R 3001 PAK, BG; BdE; GB II

Wohl, Erich Dr.
4.3.1893 Berlin - 16.8.1942 Auschwitz
priv.: Tile-Wardenberg-Str. 26 a, NW 87
Kanzlei: Linkstr. 18, W 9
W. war verheiratet, hatte zwei Kinder. Am 30.5.1922 wurde er Freimaurer in der Loge „Friedrich-Ludwig-Schröder", im Maurerjahr

1931/32 bekleidete er das Amt des 1. Aufsehers. Nach der Machtübernahme der Nationalsozialisten 1933 im Frühjahr mit Berufsverbot belegt. Am 1.7.1933 wurde ihm die Genehmigung zum Erwerb von französischen Franken im Wert von RM 1.000,- für die Emigration nach Frankreich erteilt. Geplant waren Studium und Existenzgründung in Frankreich. Die Ehefrau und die beiden Söhne sollten vorerst bei den Schwiegereltern (Dr. Süßbach in Rosenberg, Oberschlesien) bleiben, bis eine Unterbringung in Frankreich möglich sein sollte. Offensichtlich sind sie W. später gefolgt. W. wurde aus Pithiviers, Frankreich, am 31.7.1942 nach Auschwitz deportiert und wenige Tage nach der Ankunft ermordet; seine Söhne wurden ebenfalls nach Auschwitz verschleppt und dort ermordet: Frank, geb. 1927, am 3.8.1942 von Pithiviers, Ernst (Erneste), geb. 1930, am 26.8.1942 von Drancy aus. Über das weitere Schicksal der Ehefrau Erna liegen keine Informationen vor.
Br.B. 32; Liste d. nichtzugel. RA, 25.4.33; JMBl. 4.8.33, S. 253; BArch, R 3001, PAK; BG; Naatz-Album; Ausk. Knoll (Friedrich-Ludwig-Schröder-Loge); GB II

Wolff, Bernhard
1.9.1886 Berlin - 25.9.1966 Karlsruhe
priv.: k.A.
Kanzlei: Pariser Platz 1, W 8
RA und Notar; Enkel des Reichstagspräsidenten und ersten Reichsgerichtspräsidenten Eduard von Simson; in der Weimarer Republik Leiter des Steuerbüros der Darmstädter Bank bzw. Chefsyndikus der Darmstädter und Nationalbank, Berlin (DANAT-Bank), die einen tiefen Einbruch in der Weltwirtschaftskrise erlitt. Im Mai 1932 wieder als Anwalt niedergelassen in Sozietät mit seinem Bruder Ernst W.

Nach der Machtübernahme der Nationalsozialisten 1933 wurde er wieder zugelassen; 1935 Entzug des Notariats, war bis zum allgemeinen Berufsverbot 1938 als Anwalt tätig. Der reichsweite Pogrom im November 1938 veranlasste ihn zur Emigration, W. ging am 15.12.1938 nach Großbritannien; war dort am Epson College tätig; Internierung von Mai 1940 bis März 1941; Rückkehr nach Deutschland am 26.5.1946; ab 29.5.1946 Leiter der Rechtsabteilung des Zentralamtes für Wirtschaften in der britischen Zone, ab 1.4.1947 außerdem beim Verwaltungsamt für Wirtschaft des amerikanischen und britischen Besatzungsgebiets tätig. 26.2.1948 - 20.10.1950 Rechtsabteilung der Britischen Kontrollkommission; 21.10.1950 - 6.9.1951 Bundesfinanzrichter, 7.9.1951 - 31.8.1956 Bundesverfassungsrichter (Mitgl. des 2. Senats); 1966 kurz nach seinem 80. Geburtstag, gestorben.
*li; LAB, Liste 15.10.33; DJ 36, S. 315; Liste 36; BArch, R 3001 PAK; MRRAK; Göpp., S. 367; Ausk. von J. von Simson

Wolff, Erich Dr.
2.1.1903 Bromberg - 26.2.1996
priv.: Kurfürstendamm 35, Charlottenburg
Kanzlei: Stuttgarter Platz 1, Charlottenburg
Nach der Machtübernahme der Nationalsozialisten Berufsverbot im Frühjahr 1933. Emigration am 4.6.1938 in die USA, New York, lebte dort bis zu seinem Tod im Alter von 93 Jahren.
Liste d. nichtzugel. RA, 25.4.33; JMBl. 33, S. 253; BG; SSDI

Wolff, Ernst Dr.
20.11.1877 Berlin - 11.1.1959 Tübingen
priv.: Böckelweg 9, Zehlendorf
Kanzlei: Pariser Platz 1, W 8
W. war ein Enkel des Reichstagspräsidenten und späteren ersten

Reichsgerichtspräsidenten Eduard von Simson und Bruder von Bernhard W. Schon seine Eltern und Großeltern waren getauft. Nach Studium, Militärdienst und Referendarzeit wurde W. 1904 als Anwalt am LG I zugelassen, ab 1905 auch am LG II und III. 1914 nahm er an der Marneschlacht teil und wurde schwer verwundet. Das Lazarett, in dem er sich befand, wurde erobert und W. geriet in französische Kriegsgefangenschaft. Im Zuge eines Austauschs wurde er als Internierter der deutschen Gesandtschaft in Bern zugeteilt. Diese von Termin- und Arbeitsdruck freie Zeit rechnete er immer zu der schönsten seines Lebens.
Nach seiner Rückkehr nach Berlin ging W. wieder in die Kanzlei seines Onkels, > August von Simson, die vorwiegend zivilrechtlich ausgerichtet war. 1919 Zulassung als Notar. Durch Veröffentlichungen zum deutsch-französischen Verhältnis versuchte er die bilateralen Beziehungen zu versachlichen; allgemein bemühte er sich um eine bessere Verständigung zwischen den Völkern. 1932 war er Vorsitzender der RAK und der Vereinigung der Vorstände der Deutschen Anwaltskammern, außerdem Mitglied der Ständigen Deputation des Deutschen Juristentages e.V.

Nach der Machtübernahme der Nationalsozialisten 1933 wurde er als „Frontkämpfer" und „Altanwalt" anerkannt und wieder zugelassen; 1935 Entzug des Notariats, war bis zum allgemeinen Berufsverbot 1938 als Anwalt tätig. Am 16.2.1939 Emigration nach Großbritannien, London, mit seiner Frau Richardis, die bei einem deutschen Bombenangriff auf London ums Leben kam. 1948 Rückkehr nach Deutschland, bis 1950 Präsident des Obersten Gerichtshofes für die Britische Zone, 1952-1958 Professor an der Universität Köln; W. starb 1959 im Alter von 81 Jahren.
Veröffentl. (Auswahl): Privatrechtliche Beziehungen zwischen früheren Feinden nach dem Friedensvertrag, 1921; Schuldverschreibungen auf Reichs- und Goldmark mit unechter Valutaklausel, 1935; The Problem of Pre-War Contracts in Peace Treaties, 1946.
*li; DJ 36, S. 315; Liste 36; BArch, R 3001 PAK, PA; MRRAK; BG; Krach, S. 437; Göpp., S: 367/68; Maier-Reimer, Georg: Ernst Wolff, in: Heinrichs u.a., S. 643 ff; Ausk. Rohmer, Horst; Foto und Ausk. von John v. Simson

Wolff, Ernst Ludwig
19.1.1884 Berlin - Deportation 1944
priv.: Ludwigkirchstr. 11 a; Wilmersdorf
Kanzlei: Charlottenstr. 55, W 8
RA (seit 1911) und Notar (seit 1919); Soldat im WK I von 1914-1916, zuletzt als Vizefeldwebel, war Mitglied der Freimaurerloge „Odd Fellow", die sich im Frühjahr 1933 freiwillig auflöste. Nach der Machtübernahme der Nationalsozialisten 1933 wieder zugelassen; 1935 Entzug des Notariats, war bis zum allgemeinen Berufsverbot 1938 als Anwalt tätig. War zuletzt in der Verwaltung der JKV beschäftigt; Datum der Vermögenserklä-

rung: 26.8.1942; Deportation am 6. 11.1942 nach Theresienstadt, von dort am 9.10.1944 nach Auschwitz verschleppt.
*li; LAB, Liste 15.10.33; Liste 36; BArch, R 3001 PAK, PA; Naatz-Album; BG; GB II

Wolff, Eugen Dr., JR
14.10.1856 Berlin - Theresienstadt
priv.: Pariser Str. 32; W 15
Kanzlei: Fasanenstr. 60
RA am KG und Notar; nach der Machtübernahme der Nationalsozialisten 1933 wieder zugelassen; 1935 Entzug des Notariats, war bis zum allgemeinen Berufsverbot 1938 als Anwalt tätig. Datum der Vermögenserklärung: 9.1.1943; am 29.1.1943 nach Theresienstadt deportiert und dort umgekommen; weder das Todesdatum noch die Umstände des Todes sind bekannt.
TK 33; *li; LAB, Liste 15.10.33; DJ 36, S. 315; Liste 36; MRRAK; BG; ThG; GB II

Wolff, Felix Dr.
15.10.1877 Köthen - 5.2.1942 Litzmannstadt/Lodz
priv.: Hewaldstr. 6, Schöneberg
Kanzlei: Kaiser-Wilhelm-Str. 60, C 2
RA und Notar; nach der Machtübernahme der Nationalsozialisten 1933 Entzug des Notariats, war noch bis zum allgemeinen Berufsverbot 1938 als Anwalt tätig. Deportation am 18.10.1941 nach Litzmannstadt/Lodz, dort Anfang Februar 1942 umgekommen.
Br.B. 32; JMBl. 33, S. 253; *li; LAB, Liste 15.10.33; Liste 36; BG; GB II

Wolff, Fritz Dr.
19.12.1884 - 13.7.1936 Berlin
priv.: Joachimsthaler Str. 13, W 15
Kanzlei: Joachimsthaler Str. 13, W 15
RA und Notar; nach der Machtübernahme der Nationalsozialisten 1933 Entzug des Notariats, Vertretungsverbot im April, anschließend wieder zugelassen und in Prozessen vertretungsberechtigt. W. starb 1936 im Alter von 51 Jahren und wurde auf dem Jüdischen Friedhof in Weißensee beigesetzt.
JMBl. 33, S. 220; *li; Liste 36; LAB, Liste 15.10.33; BArch, R 3001 PAK; BG: Friedh.W.Sterbereg.

Wolff, Hans Alexis
9.3.1885 Berlin - 14.5.1943 Sobibor
priv.: k.A.
Kanzlei: Rankestr. 22, W 50
RA seit 1919; wurde im Frühjahr 1933 mit Berufsverbot belegt, sein Antrag auf Wiederzulassung wurde verworfen, weil er keinen der Ausnahmegründe für sich in Anspruch nehmen konnte. Vermutlich nach Holland emigriert; ab Westerbork am 11.5.1943 nach Sobibor deportiert und dort nach der Ankunft ermordet.
Liste d. nichtzugel. RA, 25.4.33 (W., Hans); BArch, R 3001 PAK, PA; BG; GB II

Wolff, Harri Dr.
keine Angaben
priv.: Potsdamer Str. 138, W 9
Kanzlei: Potsdamer Str. 138, W 9
RA und Notar; nach der Machtübernahme der Nationalsozialisten 1933 Entzug des Notariats, war noch bis zum allgemeinen Berufsverbot 1938 als Anwalt zugelassen.
JMBl. 33, S. 220; *li; LAB, Liste 15.10.33; Liste 36; MRRAK; BG

Wolff, Otto Dr.
27.7.1887 Greifenberg - keine Angaben
priv.: Xantener Str. 16, Wilmersdorf
Kanzlei: Sybelstr. 40, Charlottenburg
RA und Notar; sein Zwillingsbruder Rudolf W. war zugleich sein Sozius. Nach der Machtübernahme der Nationalsozialisten 1933 wieder zugelassen; 1935 Entzug des Notariats, war noch bis zum allgemeinen Berufsverbot 1938 als Anwalt tätig. W. wurde noch als Fabrikarbeiter dienstverpflichtet. Datum der Vermögenserklärung 10.7.1942; Deportation am 11.7.1942 nach Auschwitz, überlebte das Konzentrationslager nach Angaben der Datei des Berliner Gedenkbuches und wohnte im Dezember 1951 in Berlin-Charlottenburg, Schlüterstr. 30.
*li; LAB, Liste 15.10.33; DJ 36, S. 315; BArch, R 3001 PAK; BG

Wolff, Reinhold Dr.
31.1.1899 Grünberg - 15.7.1997
priv.: Emser Str. 16, Wilmersdorf
Kanzlei: Emser Str. 16, Wilmersdorf
RA am KG; W. war evangelischer Religion; nach der Machtübernahme der Nationalsozialisten 1933 wieder zugelassen, galt als „Mischling" (ersten Grades), war mit einer Jüdin verheiratet, wurde deshalb als „Geltungsjude" angesehen; war 1935 noch als Anwalt tätig. Emigration in die USA 1936, lebte zuletzt in Miami, Florida, starb im Alter von 98 Jahren.
*li; TK 36; LAB, Liste Mschlg. 36; BArch, R 3001 PAK; BG; SSDI

Wolff, Rudolf Dr.
27.7.1887 Greifenberg - Deportation 1942
priv.: Schlüterstr. 50, Charlottenburg (seit 1937)
Kanzlei: Sybelstr. 40, Charlottenburg
RA und Notar; in einer Sozietät mit seinem Zwillingsbruder Otto W. Nach der Machtübernahme der Nationalsozialisten 1933 wieder zugelassen; 1935 Entzug des Notariats, war noch bis zum allgemeinen Berufsverbot 1938 als Anwalt tätig. W. war zuletzt als Fabrikarbeiter dienstverpflichtet; Datum der Vermögenserklärung: 10.7.1942; Deportation am 11.7.1942 vermutlich nach Auschwitz.
*li; DJ 36, S. 315; Liste 36; LAB, Liste 15.10.33; BArch, R 3001 PAK; MRRAK; BG; GB II

Wolff, Werner
2.3.1905 Danzig
priv.: k.A.

Kanzlei: Behrenstr. 49, W 8
W. kam 1913 aus Bamberg nach Berlin; zum Abschluss des Studiums in Berlin ging er zu Repetitor Springer, war Mitglied der Verbindung Sprevia; nach dem zweiten Staatsexamen wurde er 1932 an den drei Landgerichten zugelassen; bildete mit RA > Kurt Rathe

eine Sozietät, Hauptmandant war die Commerzbank, außerdem hatten sie den Auftrag, die Iduna zu sanieren. Nach der Machtübernahme der Nationalsozialisten wurde gegen W. im April 1933 ein Berufsverbot verhängt. Ab Juni 1933 besuchte er den Umschulungsbetrieb Landwerk Neuendorf bei Finsterwalde als Praktikant, um sich auf die Auswanderung nach Palästina vorzubereiten. 1934 Emigration nach Palästina, hat später für die URO gearbeitet. In dieser Funktion ist er nach Deutschland und Berlin zurückgekehrt. Er lebte 2002 in Frankfurt a. M.
TK 33; Liste d. nichtzugel. RA, 25.4.33; JMBl. 4.8.33, S. 253; BArch, R 3001 PAK; Ausk. Werner Wolff 1998, 2000, 2002

Wolff, Wilhelm
9.2.1885 - keine Angaben
priv.: k.A.
Kanzlei: Kurfürstendamm 103/104, Halensee
RA und Notar; nach der Machtübernahme der Nationalsozialisten 1933 Entzug des Notariats, war noch bis zum allgemeinen Berufsverbot 1938 als Anwalt tätig.
Br.B. 32; JMBl. 33, S. 220; *li; Liste 36; BArch, R 3001 PAK; MRRAK

Wolff, Willy Dr.
21.3.1884 Berlin - Deportation 1943
priv.: Mommsenstr. 55, Charlottenb.
Kanzlei: Grolmanstr. 30/31, Charlottenburg
RA und Notar; nach der Machtübernahme der Nationalsozialisten 1933 Entzug des Notariats, war noch bis zum allgemeinen Berufsverbot 1938 als Anwalt tätig. Zuletzt als Arbeiter im Siemens-Wernerwerk dienstverpflichtet. Datum der Vermögenserklärung: 24.7.1943; Sammellager Große Hamburger Str. 26; Deportation am 4.8.1943 nach Auschwitz.
JMBl. 33, S. 220; *li; Liste 36; MRRAK; BG; GB II

Wolffenstein, Emil Dr.
17.10.1875 Dömnitz - keine Angaben
priv.: Kurfürstenstr. 43, Tiergarten
Kanzlei: Kurfürstendamm 43, W 35
RA am LG I-III und AG Berlin Mitte; nach der Machtübernahme der Nationalsozialisten im Juli 1933 Entzug des Notariats, war noch bis zum allgemeinen Berufsverbot 1938 als Anwalt tätig. Datum der Vermögenserklärung: 18.12.1941, Deportation am 13.1.1942 nach Riga.
JMBl. 17.2.33, S. 27, 15.7.33, S. 220; *li; LAB, Liste 15.10.33; Liste 36; MRRAK; BG; BdE; GB II

Wolffenstein, Siegfried Dr.
5.12.1883 - 22.1.1936
priv.: Bayerische Str. 25, Wilmersdorf
Kanzlei: Dörnbergstr. 1, W 35
RA und Notar; nach der Machtübernahme der Nationalsozialisten 1933 Entzug des Notariats, als Anwalt bis zu seinem Tod 1936 tätig; W. starb im Alter von 62 Jahren und wurde auf dem Jüdischen Friedhof in Weißensee beigesetzt.
JMBl. 33, S. 220; *li; LAB, Liste 15.10.33; BArch, R 3001 PAK; BG.

Wolffram, Ernst Georg
14.3.1878 Königsberg - Deportation 1942
priv.: Brandenburgische Str. 10, Wilmersdorf
Kanzlei: Am Karlsbad 24, W 35
RA und Notar; nach der Machtübernahme der Nationalsozialisten 1933 wieder zugelassen; 1935 Entzug des Notariats, war noch bis zum allgemeinen Berufsverbot 1938 als Anwalt tätig. Deportation am 19.10.1942 nach Riga.
*li; LAB, Liste 15.10.33; DJ 36, S. 315; Liste 36; MRRAK; BG; BdE; GB II

Wolfsohn, John Dr.
7.2.1889 Berlin - 26.1.1936 Jerusalem
priv.: Steglitzer Str. 30/31, W 30
Kanzlei: Wilmersdorfer Str. 15, Charlottenburg
W. war Soldat im WK I; hatte 1911 promoviert; war als RA (seit 1919) und Notar (seit 1931) zugelassen; Spezialist für französisches und italienisches Recht; in der Personalakte wird als Religion „mosaisch" angegeben, er war Witwer mit zwei Kinder (geb. ca. 1922 u. 1926). Nach der Machtübernahme der Nationalsozialisten wurde im Juli 1933 die Zulassung zurückgenommen, im Oktober 1933 wurde W. wieder als RA und Notar zugelassen, weil er als „Frontkämpfer" anerkannt wurde. Am 2.7.1934 wurde auf eigenen Antrag hin die Zulassung gelöscht. Emigration 1934 nach Palästina, W. heiratete noch einmal, Geburt einer Tochter 1935. Wurde als Anwalt im Mandatsgebiet zugelassen, starb 1936 im Alter von 46 Jahren an einem Magenleiden.
Jüd.Adr.B.; JMBl. 4.8.33; BArch, R 3001 PAK, PA; Unterlagen der Tochter

Wolfsohn, Martin
14.11.1890 - August 1982
priv.: Neue Königstr. 70 (1932)
Kanzlei: Neue Königstr. 70 (1932)
RA und Notar; nach der Machtübernahme der Nationalsozialisten 1933 Berufsverbot. Emigration in die USA, lebte zuletzt in New York, starb 1982 im Alter von 81 Jahren.
Jüd.Adr.B.; Br.B. 32; JMBl. 4.8.33, S. 253; BArch, R 3001 PAK, PA; SSDI

Wollmann, Ernst Dr.
8.10.1891 Berlin - 11.2.1967 Berlin
priv.: Freiwaldauer Weg 31, Lichterfelde
Kanzlei: Köthener Str. 38, W 9
W. hatte in Breslau und Freiburg studiert und war 1920 als Anwalt in Berlin zugelassen worden. Nach der Machtübernahme der Nationalsozialisten 1933 galt W. als „Halbjude", da zwei seiner Großelternteile jüdisch waren; er selbst war evangelischen Glaubens, die Ehefrau galt als nicht-jüdisch, die Ehe als „privilegiert", weil sie Kinder hatten. Aufgrund dieser Gegebenheiten durfte W. auch über das allgemeine Berufsverbot 1938 hinaus praktizieren. Im April 1944 kam die Ehefrau mit der Tochter und einer Hausangestellten bei einem Bombenangriff ums Leben. W. wurde mehrfach zur Gestapo bestellt; zum Dezember 1944 erhielt

er eine erneute Vorladung; konnte diese auf Januar 1945 verschieben. Als er dort erschien, wurde er, für ihn völlig unerwartet, wieder freigelassen. Seine wehrverpflichteten (nicht jüdischen) Soziien hatten sich – im eigenen Interesse – für die Aufrechterhaltung der Kanzlei ausgesprochen, die inzwischen mehrfach ausgebrannt und verlegt worden war. Von 1944 bis Kriegsende praktizierte W. in seiner Wohnung. Er konnte sich rechtzeitig einer Einziehung zum Volkssturm entziehen und überlebte. Nach Kriegsende war er einer der ersten wieder zugelassenen Rechtsanwälte in Berlin.
*li; LAB, Liste 15.10.33, Liste Mschlg. 36; Verz. zugel. Anw. 45; LAB, RAK, PA; BG

Wollstein, Heinz
22.8.1905 - keine Angaben
priv.: k.A.
Kanzlei: Friedrichstr. 23, SW 48
Nach der Machtübernahme der Nationalsozialisten Berufsverbot im Frühjahr 1933.
Liste d. nichtzugel. RA, 25.4.33; JMBl. 4.8.33, S. 253; BArch, R 3001 PAK, PA

Wolpe, Iwan Dr.
22.1.1898 - keine Angaben
priv.: Xantener Str. 9, Wilmersdorf
Kanzlei: Schellingstr. 2, W 9
Nach der Machtübernahme der Nationalsozialisten 1933 wieder zugelassen, war bis zum allgemeinen Berufsverbot 1938 als Anwalt tätig, anschließend noch als „Konsulent" zugelassen.
Adr.B. 33; *li; LAB, Liste 15.10.33; Liste 36; Liste d. Kons. v. 31.12.38; BArch, R 3001 PAK; BG

Wronker, Curt
8.5.1903 Berlin-Wilmersdorf - keine Angaben
Kanzlei: Freisinger Str. 13, W 30
RA seit 1930; nach der Machtübernahme der Nationalsozialisten Berufsverbot im Juni 1933.
Adr.B. 33; TK 33; Liste d nichtzugel. RA, 25.4.33 (Nachtrag); JMBl. 4.8.33, S. 253; BArch, R 3001 PAK, PA

Wronker, Kurt Werner Dr.
24.5.1893 - keine Angaben
priv.: Uhlandstr. 173-174, W 15
Kanzlei: Kurfürstendamm 212, W 15
RA am KG und Notar; 1932 in einer Kanzlei mit Max W., vermutlich dem Vater. Nach der Machtübernahme der Nationalsozialisten 1933 Vertretungsverbot, scheint aber wieder zugelassen worden zu sein, denn er praktizierte 1935 noch unter der alten Kanzleianschrift; anschließend ist er nicht mehr verzeichnet. Emigration nach England, London.
Adr.B. 33; TK 33; Liste d nichtzugel. RA, 25.4.33; Adr.B. 36; BG: LAB, OFP-Akten; BArch, R 3001 PAK

Wronker, Max, JR
22.7.1853 - 16.12.1935
priv.: Kurfürstendamm 212, W 15
Kanzlei: Kurfürstendamm 212, W 15
Bekannter Strafrechtler, RA und Notar; 1932 in einer Kanzlei mit Kurt Werner W., vermutlich dem Sohn; nach der Machtübernahme der Nationalsozialisten 1933 wieder zugelassen, starb im Alter von 82 Jahren kurz nach dem Inkrafttreten des Berufsverbots für jüdische Notare Ende 1935; er wurde auf dem Jüdischen Friedhof in Weißensee beigesetzt.
Adr.B. 33; TK 33; *li; LAB, Liste 15.10.33; DJ 36, S. 106; Philo-Lexikon, S. 604; BG: Friedh. W.Sterbereg.

Wrzeszinski, Richard Dr.
keine Angaben - Ende 1933/Anfang 1934
priv.: Charlottenstr. 55, W 8
Kanzlei: Charlottenstr. 55, W 8
W. war noch 1932 Vorstandsmitglied der RAK. Nach der Machtübernahme der Nationalsozialisten 1933 Entzug des Notariats, als Anwalt wieder zugelassen; er soll Ende 1933/Anfang 1934 gestorben sein.
JMBl. 33, S. 220; *li; Naatz-Album; BG: BLHA, Pr.Br. Rep. 36 A, Dev. st., Nr. A 3267

Wulff, Ernst Dr.
4.2.1897 Görlitz - keine Angaben
priv.: Schützenstr. 68, SW 68
Kanzlei: Schützenstr. 72, SW 68
RA und Notar; nach der Machtübernahme der Nationalsozialisten 1933 wieder zugelassen; 1935 Entzug des Notariats, war noch bis zum allgemeinen Berufsverbot 1938 tätig. Emigration nach Palästina am 2.9.1938.
*li; LAB, Liste 15.10.33; DJ 36, S. 315; Liste 36; MRRAK; BArch, R 3001 PAK; BG

Wulff, Paul, JR
keine Angaben - 1934
priv.: k.A.
Kanzlei: Prinzenstr. 48, SW 19
Nach der Machtübernahme der Nationalsozialisten 1933 wieder zugelassen; W. soll 1934 gestorben sein.
*li; LAB, Liste 15.10.33; Adr.B. 34

Wunderlich, Georg Dr.
2.2.1883 - keine Angaben
priv.: k.A.
Kanzlei: Linkstr. 13, W 9
W. war noch 1932 Schriftführer im Vorstand der RAK; RA und Notar; nach der Machtübernahme der Nationalsozialisten 1933 wieder zugelassen; 1935 Entzug des Notariats, war bis März 1936 als Anwalt tätig.
*li; LAB, Liste 15.10.33; DJ 36, S. 315; Liste 36; BArch, R 3001 PAK

Wunderlich, Hans
14.11.1888 Berlin - Deportation 1942
priv.: Sächsische Str. 40 a, Wilmersdorf
Kanzlei: Konstanzer Str. 9, Wilmersdorf
Nach der Machtübernahme der Nationalsozialisten 1933 Berufsverbot. Deportation am 28.3.1942 nach Piaski.
JMBl. 7.7.33, S. 209; BArch, R 3001 PAK; BG; GB II

Wunsch, Joseph, JR
6.4.1864 Schubin - 31.10.1942 Theresienstadt
priv.: Bleibtreustr. 33, W 15, Charlottenburg
Kanzlei: Bleibtreustr. 33, W 15, Charlottenburg
RA und Notar; nach der Machtübernahme der Nationalsozialisten 1933 wieder zugelassen; 1935 Entzug des Notariats, war noch bis zum allgemeinen Berufsverbot 1938 als Anwalt tätig. Deportation am 3.10.1942 nach Theresienstadt, dort nach wenigen Wochen umgekommen.
*li; LAB, Liste 15.10.33; DJ 36, S. 315; Liste 36; MRRAK (Josef W.); BG; ThG; GB II

Wurzel, Fritz Isidor Dr.
5.3.1899 - keine Angaben
priv.: k.A.
Kanzlei: Taubenstr. 32, W 8
RA und Notar; nach der Machtübernahme der Nationalsozialisten

1933 Entzug des Notariats, war noch bis zum allgemeinen Berufsverbot 1938 als Anwalt tätig.
Br.B. 32; JMBl. 33, S. 220 (Isidor W.); *li; LAB, Liste 15.10.33; Liste 36; BArch, R 3001 PAK (Friedrich W.)

Wurzel, Harold Dr.
19.9.1901 - März 1974
priv.: k.A.
Kanzlei: Kurfürstendamm 188/189, W 15
Nach der Machtübernahme der Nationalsozialisten 1933 Berufsverbot im Frühjahr 1933. Emigration in die USA, lebte zuletzt in New York.
Liste d. nichtzugel. RA, 25.4.33; JMBl. 33, S. 220; BArch, R 3001 PAK; SSDI

Wygodzinski, Benno
28.12.1879 Waldenburg - 18.8.1942 Riga
priv.: Sybelstr. 58, Charlottenburg
Kanzlei: Bismarckstr. 84, Charlottenburg
RA und Notar; nach der Machtübernahme der Nationalsozialisten 1933 Entzug des Notariats, war noch bis zum allgemeinen Berufsverbot 1938 als Anwalt tätig. Deportation am 15.8.1942 nach Riga, dort am Tag der Ankunft ermordet.
JMBl. 33, S. 253; *li; Liste 36; LAB, Liste 15.10.33; BG; BdE; GB II

Z

Zacharias, James
13.8.1890 - keine Angaben
priv.: Innsbrucker Str. 57, Schöneberg
Kanzlei: Wallstr. 76-79, SW 19
RA und Notar; nach der Machtübernahme der Nationalsozialisten wurden Z. die Zulassungen als Anwalt und als Notar entzogen, offensichtlich konnte er aber doch Ausnahmegründe vortragen und wurde dann Ende 1933 wieder zugelassen; 1935 wurde das Notariat endgültig entzogen. Er war noch bis zum allgemeinen Berufsverbot 1938 als Anwalt tätig.
Pr.J. 33, S. 502; DJ 36, S. 315; Liste 36; BArch, R 3001 PAK; MRRAK; BG

Zander, Walter Dr.
8.6.1898 - keine Angaben
priv.: k.A.
Kanzlei: Potsdamer Str. 117, W 35
RA und Notar; nach der Machtübernahme der Nationalsozialisten 1933 Entzug des Notariats, als Anwalt wieder zugelassen; war noch 1936 als Anwalt tätig.
*li; Br.B. 32; TK 33; LAB, Liste 15.10.33; Liste 36; BArch, R 3001 PAK

Zarinzansky, Kurt Dr.
28.1.1890 Berlin - 11.3.1945 Mauthausen
priv.: Ansbacher Str. 8 a, W 50
Kanzlei: Ansbacher Str. 8 a, W 50
RA und Notar; er war katholischer Religion; nach der Machtübernahme der Nationalsozialisten 1933 wieder zugelassen; 1935 Entzug des Notariats, war noch bis zum allgemeinen Berufsverbot 1938 als Anwalt tätig. Arbeitete zuletzt als Testamentsvollstrecker. Datum der Vermögenserklärung: 1.3.1943; Deportation am 3.3.1943 nach Auschwitz; Z. ist im März 1945 in Mauthausen umgekommen.
*li; Liste 36; LAB, Liste 15.10.33; BArch, R 3001 PAK, PA; BG; GB II

Zellner, Martin Dr.
13.12.1893 Berlin - 13.1.1951 Berlin
priv.: Grunewaldstr. 10, Steglitz
Kanzlei: Potsdamer Str. 103a, W 35
War Soldat im WK I; RA (seit 1920) am KG und Notar (seit 1930; Mitglied der SPD; war evangelischen Glaubens. Nach der Machtübernahme der Nationalsozialisten 1933 wieder zugelassen; 1935 Entzug des Notariats, war noch bis zum allgemeinen Berufsverbot 1938 als Anwalt tätig. Bis 1933 erzielte er ein Einkommen von ca. RM 20000,- p.a., nach 1938 reduziert auf die Hälfte. Seine wichtigsten Mandanten vor dem Berufsverbot waren der Deutsche Glasschutz-Verein, Berlin (Syndikus bis 1938), der Grundbesitzerverein Schönhauser Tor (Syndikus bis 1938) sowie die Deutsche Auto-Liga, Berlin (jur. Fachmitglied bis 1933). Nach der Pogromnacht im November 1938 wurde Z. verhaftet, vom 11.11.-16.12.1938 im KZ Sachsenhausen inhaftiert. Er kam wieder frei, war anschließend Bauhilfsarbeiter; lebte in einer „privilegierten Mischehe". Dem Sohn gelang 1938 die Emigration in die USA. Z. überlebte das NS-Regime; er wohnte nach 1945 in Tempelhof und erhielt wieder die Zulassung als RA.
TK 33; *li; DJ 36, S. 315; Liste 36; MRRAK; BArch, R 3001 PAK; BG; LAB, RAK, PA

Zerba, Fritz Dr.
9.4.1891 Charlottenburg
priv.: k.A.
Kanzlei: Roonstr. 13, NW 40
RA seit 1926; nach der Machtübernahme der Nationalsozialisten im Frühjahr 1933 Berufsverbot.
Pr.J. 33, S. 565; BArch, R 3001 PAK, PA

Zerkowski, Erich Dr.
29.6.1890 Berlin - keine Angaben
priv.: k.A.
Kanzlei: Budapester Str. 11, W 50
Nach der Machtübernahme wurde der Status geprüft, Z. galt als „nicht arisch", die Zulassung wurde am 24.11.1933 gelöscht.
Pr.J. 33, S. 839; BArch, R 3001 PAK, PA

Ziegler, Max Dr.
9.3.1889 Breslau - 29.10.1942 Riga
priv.: Wiesener Str.33, Tempelhof
Kanzlei: Rosenthaler Str. 34/35, N 54
RA und Notar; nach der Machtübernahme der Nationalsozialisten 1933 wieder zugelassen; 1935 Entzug des Notariats, war noch bis mindestens 1936 als Anwalt tätig. Datum der Vermögenserklärung: 24.10.1942; Deportation am 26.10.1942 nach Riga, dort nach der Ankunft ermordet.
*li; DJ 36, S. 315; Liste 36; BArch, R 3001, PAK; BG; BdE; GB II

Zielenziger, Rudolf Dr.
24.7.1905 - Januar 1963 New York
priv.: k.A.
Kanzlei: Sybelstr. 66. Charlottenburg
Nach der Machtübernahme der Nationalsozialisten 1933 Berufsverbot im Frühjahr 1933. Emigration in die USA, Z. starb 1963 in New York.
Liste d. nichtzugel. RA, 25.4.33; JMBl. 33, S. 221; BArch, R 3001 PAK; Ausk. Weißleder

Zielinski, Gustav Dr.
25.7.1894 - keine Angaben
priv.: k.A.
Kanzlei: Ansbacher Str. 34, W 50
RA am KG; Mitglied im Republikanischen Richterbund; nach der Machtübernahme der Nationalsozialisten Berufsverbot im Frühjahr 1933.
Br.B. 32; TK 33; MvRRB; Liste d. nichtzugel. RA, 25.4.33; JMBl. 33, S. 266

Ziffer, Konrad Dr.
15.11.1897 Berlin - keine Angaben
priv.: Cunostr. 49, Schmargendorf
Kanzlei: Königstr. 34/36, C 2
RA am KG und Notar; nach der Machtübernahme der Nationalsozialisten 1933 wieder zugelassen; 1935 Entzug des Notariats, bis zum allgemeinen Berufsverbot 1938 als Anwalt, dann als „Konsulent" tätig. Emigration am 6.1.1940 nach Argentinien, Buenos Aires.
TK 33; *li; DJ, 36, S. 315; Liste 36; MRRAK; Liste d. Kons. v. 31.12.38; BG

Zimmt, Kurt
24.9.1900 - keine Angaben
priv.: k.A.
Kanzlei: Friedrichstr. 23, SW 68
Nach der Machtübernahme der Nationalsozialisten 1933 wieder zugelassen, war noch bis 1936 als Anwalt tätig. 1936 Emigration nach Sao Paulo, Brasilien; gegen Z. wurde ein Steuersteckbrief erlassen.
*li; Liste 36; BArch, R 3001 PAK; Wolf, BFS

Zippert, Hugo
keine Angaben
priv.: Hektorstr. 4, Wilmersdorf
Kanzlei: Grünstr. 4, Köpenick
RA und Notar; nach der Machtübernahme der Nationalsozialisten 1933 wieder zugelassen; 1935 Entzug des Notariats, bis mindestens 1936 als RA tätig.
*li; Liste 36; BG; Lüdersdorf, Gerd: Es war ihr Zuhause. Bln, o.J. , S. 56

Zippert, Siegbert
6.9.1875 - 8.1.1939 Berlin
priv.: Prenzlauer Str. 28, C 25
Kanzlei: Prenzlauer Str. 38, C 25
RA und Notar; nach der Machtübernahme der Nationalsozialisten 1933 Entzug des Notariats, war noch bis zum allgemeinen Berufsverbot 1938 als Anwalt tätig; starb im Januar 1939 im Alter von 63 Jahren und wurde auf dem Jüdischen Friedhof in Weißensee beigesetzt.
JMBl. 33, S. 220; *li; Liste 36; MRRAK; BG: Friedh.W.Sterbereg.

Zirker, Max Dr.
26.9.1876 Birnbaum - keine Angaben
priv.: Immelmannstr. 45, Schöneberg
Kanzlei: Leipziger Str. 110, W 8
RA und Notar; nach der Machtübernahme der Nationalsozialisten 1933 wieder zugelassen; 1935 Entzug des Notariats. Emigration nach Palästina, Haifa, im Januar 1936, die Zulassung wurde zeitgleich gelöscht.
*li; DJ 36, S. 315; DJ 36, S. 454; BG

Zolki, Hans Dr.
23.9.1902 Königsberg - April 1962
priv.: k.A.
Kanzlei: Potsdamer Platz 1 (Columbushaus), W 9
Nach der Machtübernahme der Nationalsozialisten im Juni 1933 Berufsverbot, dem war eine Denunziation vorangegangen. Z. stellte keinen Antrag auf Wiederzulassung. Emigration in die USA, änderte seinen Vornamen in Henry; starb 1962 im Alter von 59 Jahren.
JMBl. 15.7.33, S. 220; BArch, R 3001 PAK, PA; BG; SSDI

Zolkowitz, Alexander Dr.
5.6.1903 - keine Angaben
priv.: k.A.
Kanzlei: Leipziger Str. 119, W 8
Nach der Machtübernahme der Nationalsozialisten Berufsverbot im Frühjahr 1933.
Liste d. nichtzugel. RA, 25.4.33; JMBl. 4.8.33, S. 253; BArch, R 3001 PAK

Zucker, Ludwig Dr.
2.1.1882 - keine Angaben
priv.: Klopstockstr. 9, NW 87
Kanzlei: Reinickendorfer Str. 2, N 39
Vorstandsmitglied des Israelitischen Religionsvereins der Oranienburger Vorstadt, der die Aufgabe verfolgte, Gottesdienste nach orthodoxem Ritus zu pflegen. Nach der Machtübernahme der Nationalsozialisten 1933 wieder als Anwalt zugelassen. Emigration nach Palästina, Jerusalem.
Jüd.Adr.B.; *li; BG: LAB, OFP-Akten

Zuckermann, Erich Dr.
7.1.1894 Forst - keine Angaben
priv.: Soorstr. 28, Charlottenburg
Kanzlei: Kurfürstenstr. 105, W 62
RA und Notar; Mitglied im Republikanischen Richterbund. Nach der Machtübernahme der Nationalsozialisten 1933 wieder zugelassen; 1935 Entzug des Notariats. war bis zum allgemeinen Berufsverbot 1938 als Anwalt zugelassen; Emigration aber bereits am 11.8.1938 nach Bolivien, Bogota.
TK 33; MvRRB; *li; DJ 36, S. 315; Liste 36; MRRAK; BArch, R 3001 PAK; BG

Zwirn, Arthur
28.12.1882 Obornik - Deportation 1943
priv.: Bergstr. 6, Neukölln
Kanzlei: Bergstr. 6, Neukölln
RA und Notar; nach der Machtübernahme der Nationalsozialisten 1933 Entzug des Notariats, war noch bis zum allgemeinen Berufsverbot 1938 als Anwalt tätig. Datum der Vermögenserklärung: 3.3.1943, Deportation am 4.3.1943 nach Auschwitz.
JMBl. 33, S. 253; *li; Liste 36; MRRAK; BG; GB II

Abkürzungen

Adr.B....	Berliner Adressbuch (mit dem jeweiligen Jahrgang)
AG	Amtsgericht
Am.Com.	American Committee for the Guidance of the Professional Personnel
AoR, Ausst	Wanderausstellung der Bundesrechtsanwaltskammer und des Deutschen Juristentages „Anwalt ohne Recht – Schicksale jüdischer Anwälte nach 1933"
Aufbau	Zeitung der deutschsprachigen jüdischen Emigration, New York
Ausk.	Auskunft
AV	Ausführungsvorschrift
BArch	Bundesarchiv
BAP	Bundesarchiv, die frühere Abt. Potsdam, seit 1996 aufgelöst
Ball-Kaduri	Ball-Kaduri, Kurt-Jakob: Das Leben der Juden in Deutschland im Jahre 1933.
BArch, PAK	Personalkartei des Reichsjustizministeriums im Bestand des Bundesarchiv, R 3001
BArch, PA	Personalakte des Reichsjustizministeriums, R 3001
BdE	Buch der Erinnerung
BDM	Bund Deutscher Mädel
Bendix	Bendix, Reinhard: Von Berlin nach Berkeley
BFS	Biographische Forschungen und Sozialgeschichte e.V., s. Wolf, Kerstin und Frank
BG	Gesamtdatei des Gedenkbuchs Berlins, erarbeitet vom Zentralinstitut für sozialwissenschaftliche Forschung der Freien Universität Berlin (aktualisiert)
BHdE	Biographisches Handbuch der deutschsprachigen Emigration nach 1933
Bl.	Blatt
Blau, Bruno	Vierzehn Jahre Schrecken und Not, unveröffentl. MS aus dem Jahre 1952, New York
BLHA	Brandenburgisches Landeshauptarchiv
BNSDJ	Bund Nationalsozialistischer Deutscher Juristen
Br.B.	Anhang des Berliner Adressbuchs, Handel- und Gewerbetreibende, Rubrik Rechtsanwälte und Notare
CJ	Stiftung „Neue Synagoge - Centrum Judaicum Berlin"
CV	Centralverein deutscher Staatsbürger jüdischen Glaubens
DAV	Deutscher Anwaltverein
Dev.Stelle	Devisenstelle
DJ	Deutsche Justiz (Amtsblatt d. RJM nach 1935)
Dok.	Dokument
EK I/II	Eisernes Kreuz I./II. Klasse
Emigr.- u. Sterbedatei	Emigrations- und Sterbedatei, zitiert nach Datei des Gedenkbuchs Berlins
Entsch.akte	Entschädigungsakte
Entschädigungsbeh.	Entschädigungsbehörde
Friedh.W. Sterbereg.	Jüdischer Friedhof Weißensee, Sterberegister
g	Gedenkbuch Berlins der jüdischen Opfer des Nationalsozialismus. „Ihre Namen mögen nie vergessen werden!", hg. vom Zentralinstitut für sozialwissenschaftliche Forschung der Freien Universität Berlin im Auftrag des Senators für kulturelle Angelegenheiten, 1995
GB	Gedenkbuch – Opfer der Verfolgung der Juden unter der nationalsozialistischen Gewaltherrschaft in Deutschland, 1933-1945, hg. vom Bundesarchiv Koblenz, 1986
GB II	Gedenkbuch – Bundesarchiv Koblenz, 2. Aufl. 2006
Göpp.	Göppinger, Horst: Juristen jüdischer Abstammung im „Dritten Reich". Entrechtung und Verfolgung
GStA	Geheimes Staatsarchiv
HJ	Hitlerjugend
IfZ	Institut für Zeitgeschichte
IMT	Internationales Militärtribunal Nürnberg
ITS-Transportlisten	Transportlisten der Gestapo, zitiert nach Datei des Gedenkbuchs Berlins

Jewish Immigrants ... in the U.S.A., Oral History Strauss, Herbert A.:	Schriftliche Aufzeichnungen von Interviews mit Jüdischen Einwanderern in die USA	Liste d. nichtzugel. RA, 25.4.33	Liste der nichtzugelassenen Rechtsanwälte vom 25.4.1933, (früherer Bestand Anwaltszimmer Amtsgericht Tempelhof-Kreuzberg)
Jg.	Jahrgang	Liste d. nichtzugel. RA, 25.4.33 (Nachtrag)	Nachtrag zur Liste der nichtzugelassenen Rechtsanwälte vom 25.4.1933
JKV	Jüdische Kultusvereinigung		
JMBl.	Justiz-Ministerialblatt		
JR	Justizrat	Liste der Theresienstadt-Überlebenden	Unterlagen des Gedenkbuchprojekts Theresienstadt, weitgehend aufgenommen in Theresienstädter Gedenkbuch
Jüd.Adr.B.	Jüdisches Adressbuch für Gross-Berlin, Ausgabe 1931 (Faks.)		
Juristinnen	s. Röwekamp, Marion	LAB, RAK, PA	Personalakten der Rechtsanwaltskammer Berlin (nach 1945)
k.A.	keine Angabe		
Kartei d. schulpfl. Kinder	Kartei der schulpflichtigen Kinder, BArch, zitiert nach Datei des Gedenkbuchs Berlins	Liste 36	Verzeichnis der jüdischen Rechtsanwälte vom 26. 2. 1936
KG	Kammergericht	Liste Mschlg. 36	Liste der „Mischlinge" vom 26.2.1936,
KJ	Kritische Justiz	Lodz-TL	Eingangsliste des Ghettos Lodz, zitiert nach Datei des Gedenkbuchs Berlins
KK	Kennkarte		
Korr.	Korrespondenz	Lowenthal	Lowenthal, Ernst: Juden in Preußen
Korr. Liste d. arischen Anw.,15.10.33	Korrektur des vom BNSDJ herausgegebenen Verzeichnisses der arischen Anwälte vom 5.10.1933	ME	Memoirs
		Mitt.bl. Reichsverband nichtarischer Christen	Mitteilungsblatt des Reichsverbands der nichtarischen Christen e.V.
Krach	Krach, Tilmann: Jüdische Rechtsanwälte in Preußen, s. Literaturverzeichnis	MS	Manuskript
LAB	Landesarchiv Berlin	MRRAK	Mitteilungen der Reichs-Rechtsanwaltskammer
LAB, Liste 15.10.33	Bearbeitete Liste (vermutlich von Willi Naatz) der zugelassenen Anwälte vom Oktober 15.10.1933	MvRRB	Mitgliederverzeichnis des Republikanischen Richterbundes
		NJW	Neue Juristische Wochenschrift
LBI	Leo Baeck Institute, New York	NL	Nachlass
LG	Landgericht	NSKK	Nationalsozialistisches Kraftfahr-Korps
*li	Verzeichnis der im Bezirk der Anwaltskammer zu Berlin zugelassenen Rechtsanwälte vom 15. 10. 1933 („Nur für Behörden")	NSRB	Nationalsozialistischer Rechtswahrerbund
		NSV	NS-Volkswohlfahrt e.V.
Liste d. Kons.	Liste der Konsulenten, die in verschiedenen Fassungen herausgebracht worden ist: für die endgültig zugelassenen Konsulenten, Stand 15.4.1939	NY Publ.Lib.	New York Public Library, Dep. of Rare Books and Manuscripts: American Committee for the Guidance of the Professional Personnel
	– für die endgültig zugelassenen Konsulenten, Stand 15.3.1939	o.D.	ohne Datum
	– für die befristet zugel. Konsulenten, Stand 31.12.1938 - 31.1.1939	OFP	Oberfinanzpräsident Berlin
		OKH	Oberkommando des Heeres

OSI	Otto-Suhr-Institut Politikwissenschaft am Fachbereich Politik- und Sozialwissenschaften der Freien Universität Berlin
OT	Organisation Todt
Pr.J.	Preußische Justiz, Amtsblatt ab September 1933
PrMJ	Preußisches Ministerium der Justiz
RA	Rechtsanwalt
RAG	Rechtsanwaltsgesetz – Gesetz über die Zulassung zur Rechtsanwaltschaft
RAK	Rechtsanwaltskammer Berlin
RAO	Rechtsanwaltsordnung
RGBl.	Reichsgesetzblatt
RjF	Reichsbund jüdischer Frontsoldaten
RJM	Reichsjustizministerium
RRAK	Reichs-Rechtsanwaltskammer
RSA	Reichssippenamt
RV	Reichsvereinigung der Juden in Deutschland
RzW	Rechtsprechung zum Wiedergutmachungsrecht (Zeitschrift)
SBZ	Sowjetisch-besetzte Zone
Schneider, Schwarz, Schwarz	Schneider u.a.: Die Rechtsanwälte der Roten Hilfe
SenJustArch	Archiv der Senatsverwaltung für Justiz Berlin
SL	Sammellager
SLW	Simone Ladwig-Winters
SSDI	Social Security Death Index, frei zugängliche Datenbank von Bürgern der USA
Tel.B. 41	Telefonbuch der Stadt Berlin 1941. 1941 war das letzte Jahr, in dem Juden noch einen Telefonanschluss besitzen durften
ThG	Theresienstädter Gedenkbuch
TK	Terminkalender für Preußische Justizbeamte
TL	Transportliste
Trial of A.Eichmann	Eichmann-Prozess-Documentation Vol. VI,
ULAP	Universal Landesausstellungspark Berlin
URO	United Restitution Office (später Organization)
VB	Völkischer Beobachter
Verfolgte Berl....	Vor die Tür gesetzt. Im Nationalsozialismus verfolgte Berliner Stadtverordnete und Magistratsmitglieder, s. Quellenverzeichnis
Vertr.V.	Vertretungsverbot
Verz.	Verzeichnis der arischen Rechtsanwälte für den Bezirk des Kammergerichts Berlin, hg. vom Bund Nationalsozialistischer Juristen Deutschlands (BNJSD)
Verz.zugel. Anw. 45	Verzeichnis der 1945 wieder zugelassenen Rechtsanwälte
VO	Verordnung
Vorst.Mitgl.	Vorstandsmitglied
VZ 39	Volkszählung, 17.5.1939
Walk	Walk, Joseph: Kurzbiographien zur Geschichte der Juden 1918-1945, s. Quellenverzeichnis
Wissenschaftl. Hum.Kom.	Wissenschaftlich-Humanitäres Komitee
WJC	World Jewish Congress
WK I	Erster Weltkrieg
Wolf, BFS	Wolf, Biographische Forschung und Sozialgeschichte e.V.
WZB	Wissenschaftszentrum Berlin
WZO	World Zionist Organization
Yad Vashem	Nationale Gedenkstätte des Staates Israel, Yad Vashem, Archiv, Benno Cohn Collection

Anmerkungen

1. Sofern die internationalen Ergänzungen in New York, Los Angeles und Kanada auch Schicksale Berliner Anwälte betrafen, wurden die neu gewonnenen Erkenntnisse im biografischen Verzeichnis in die Kurzbiografien integriert.
   – Die ergänzende Forschung in Deutschland ist in folgenden Publikationen veröffentlicht:
   Angelika Königseder: Recht und nationalsozialistische Herrschaft. Berliner Anwälte 1933-1945 (Forschungsprojekt des Berliner Anwaltsvereins), Bonn 2001;
   Anwalt- und Notarverein Bochum e.V.: „Zeit ohne Recht". Justiz in Bochum nach 1933, Bochum 2002;
   Hans Bergemann/Simone Ladwig-Winters: „Für ihn brach die Welt, wie er sie kannte, zusammen ...". Juristen jüdischer Herkunft im Landgerichtsbezirk Potsdam, Köln 2002;
   Tillmann Krach (Hrsg.): Paul Simon (1884-1977), Meine Erinnerungen - Das Leben des jüdischen Deutschen Paul Simon, Rechtsanwalt in Mainz, Sonderheft der Mainzer Geschichtsblätter, Mainz 2003;
   Simone Ladwig-Winters: Gebrochene Karrieren und Lebenswege. Zum Schicksal jüdischer Anwälte nach 1933, BRAK-Mitteilungen 2003, S. 102;
   Heinz-Jürgen Schneider/Erika Schwarz/Josef Schwarz: Die Rechtsanwälte der Roten Hilfe. Politische Strafverteidiger in der Weimarer Republik. Bonn 2002;
   Heiko Morisse: Jüdische Rechtsanwälte in Hamburg – Ausgrenzung und Verfolgung im NS-Staat, Hamburg 2003;
   Barbara Dölemeyer: „Dem deutschen Volksgenossen der deutsche Rechtswahrer! Dem Juden der jüdische Konsulent!", und Simone Ladwig-Winters: Anwalt ohne Recht (Frankfurt), beide in: Broschüre zur Festveranstaltung zum 125-jährigen Bestehen der RAK und des OLG Frankfurt am Main am 1. Oktober 2004;
   Edgar Isermann/Michael Schlüter (Hg.): Justiz und Anwaltschaft in Braunschweig 1879-2004, Braunschweig 2004;
   Peter Landau/Rolf Rieß (Hg.): Recht und Politik in Bayern zwischen Prinzregentenzeit und Nationalsozialismus. Die Erinnerungen von Philipp Loewenfeld, Ebelsbach 2004; Peter Landau: Justiz und Rechtsanwaltschaft in der nationalsozialistischen Diktatur, BRAK-Mitteilungen 2003, S. 110;
   Hubert Lang: „Der Führer wünscht keine besonderen Maßnahmen." Das Ende eines deutschen Rechtsanwalts, BRAK-Mitteilungen 2003, S. 113;
   Klaus Luig: „.... weil er nicht arischer Abstammung ist." Jüdische Juristen in Köln während der NS-Zeit, Köln 2004;
   Diemut Majer: Stufen der Entrechtung jüdischer und politisch missliebiger Anwälte in Deutschland 1933-1945 in: Jahrbuch der Juristischen Zeitgeschichte, Band 5 (2003/2004), hrsg. von Thomas Vormbaum, Berlin 2004, S. 711 ff.;
   Hinrich Rüping: Rechtsanwälte im Bezirk Celle während des Nationalsozialismus (Zwischenbericht zum Projekt der Rechtsanwaltskammer Celle), in: Mitteilungen der RAK Celle Mai 2004, gekürzt in AnwBl 2004, S. 300;
   Rechtsanwaltskammer Köln (Hg.): Juristen ohne Recht – Schicksale jüdischer Juristen in Köln, Bonn und Aachen in der NS-Zeit (Ausstellungskatalog), Köln o.J.;
   Marion Röwekamp: Juristinnen. Lexikon zu Leben und Werk. Baden-Baden 2005;
   Martina Schröder-Teppe: Wenn Unrecht zu Recht wird … Das Schicksal jüdischer Rechtsanwälte im Bezirk der Rechtsanwaltskammer Kassel nach 1933, Gudensberg-Gleichen 2006;
   Reinhard Weber: Das Schicksal der jüdischen Rechtsanwälte in Bayern nach 1933, München 2006. – An dieser Stelle sei auch die vertiefende Forschung zum Schicksal jüdischer Richter und Staatsanwälte erwähnt, die in einigen Punkten Rückschlüsse auf die Situation der Anwälte zuließ:
   Hans Bergemann/Simone Ladwig-Winters: Richter und Staatsanwälte jüdischer Herkunft in Preußen im Nationalsozialismus. Eine Dokumentation. Köln 2004.

2. Die ergänzenden Informationen, die sich aus den Gesprächen am Rande der Konferenz ergaben, sind in den Kurzbiografien mit „Konf. 99" gekennzeichnet.

3. Lediglich in drei Einzelfällen gelang es Bewerbern, trotz der entgegenstehenden gesetzlichen Regelungen noch als Anwalt zugelassen zu werden. Diese drei Fälle sind mit aufgenommen worden, weil hier die Einstufung als „nicht arisch" immer bekannt war.

4. Simone Ladwig-Winters: „Wer hier photographiert, kommt in Haft ....", in: Janos Frecot (Hg.), Erich Salomon, „Mit Frack und Linse durch Politik und Gesellschaft", Photographien 1928-1938, München 2004.

5. Dies gilt insbesondere für die neuesten Gedenkbücher: Kárny, Miroslav/Blodigová, Alexandra (Hg.): Theresienstädter Gedenkbuch. Die Opfer der Judentransporte aus Deutschland nach Theresienstadt 1942-1945, Prag 2000; Scheffler, Wolfgang/ Schulle, Diana: Buch der Erinnerung. Die ins Baltikum deportierten deutschen, österreichischen und tschechoslowakischen Juden; hrsg. vom Volksbund Deutsche Kriegsgräberfürsorge e.V./Riga-Komitee der deutschen Städte gemeinsam mit der Stiftung Neue Synagoge Berlin – Centrum Judaicum/Gedenkstätte Haus der Wannsee-Konferenz. München 2003; Bundesarchiv Koblenz: Gedenkbuch. Opfer der Verfolgung der Juden unter der nationalsozialistischen Gewaltherrschaft in Deutschland 1933-1945. 2. erw. Aufl., Berlin 2006.

6. Hessisches Staatsarchiv, G 21 A 1098/2, Vorläufige Aufstellung über die Anwälte Preußens, o.D., Kammergerichtsbezirk: Anwälte insgesamt: 3890, „Arier": 1892, „Juden": 1998.

7. Göppinger (1990), Fußnote 169, bezugnehmend auf Güstrow, Dietrich: Tödlicher Alltag, Berlin 1981, S. 9. Dieser

	Umstand erschwerte die Recherche erheblich, da z.B. im Branchenbuch diese Anwälte oftmals nicht aufgeführt waren.
8	Diese Zahl kann jedoch als nicht gesichert erachtet werden, sondern nur als Annäherungswert. Die Prüfung der Unterlagen zur Abstammung nahm einen langen Zeitraum in Anspruch, ohne dass in allen Einzelfällen eine eindeutige Einordnung hätte vorgenommen werden können. Auch im Falle der 1933 verstorbenen Anwälte kann nicht von allen mit Sicherheit gesagt werden, ob sie als jüdisch oder als nicht-jüdisch anzusehen waren.
9	Bericht des Vorstandes der Anwaltskammer in Berlin über das Geschäftsjahr 1932, S. 6.
10	Von den deutschen Großstädten wies lediglich Frankfurt a. Main mit 45,8 % einen vergleichbar hohen Anteil auf, s. Dölemeyer (2004), S. 129.
11	Richarz, Monika (1982), S. 17. Demnach war die Berliner Jüdische Gemeinde die bei Weitem größte in ganz Deutschland. Betrachtet man die anderen Großstädte im Deutschen Reich, so folgten die Frankfurter Gemeinde mit 26 158 und die Breslauer mit 20 202 Mitgliedern. Gleichwohl rangierte Berlin mit einem prozentualen Anteil der jüdischen Minderheit an der gesamten Bevölkerung von 3,8% hinter Frankfurt mit einem Anteil von 4,7%.
12	Hierzu ausführlich Grab, Walter (1991), S. 9 ff.
13	Strenge (1996), S. 151 ff.
14	Der damalige Ausbildungsgang unterschied sich von dem später festgelegten zweistufigen Ausbildungsgang (Studium bis zum ersten Staatsexamen, Referendariat bis zum zweiten Staatsexamen; nach Bestehen Befähigung zum Richteramt).
15	Strenge, S.155; ergänzend hierzu: Fraenkel, Ernst: Zur Soziologie der Klassenjustiz, Berlin 1927.
16	„Im Zeitalter des religiösen Antisemitismus galt Taufe als Voraussetzung für Gleichberechtigung und Aufstieg." So hieß es noch 1936 zum Stichwort „Taufe" im Philo-Lexikon. Handbuch des Jüdischen Wissens, Berlin 1936, S. 747.
17	Wobei regionale Unterschiede, z.B. im Vergleich zu Breslau oder Kassel, wo die örtliche Gauleitung eine ungleich stärkere Rolle einnahm, nicht ignoriert werden sollen. In Berlin besaß die Gauleitung, aufgrund des Status' der Stadt als Reichshauptstadt und ihrer Größe, 1933 eine nicht im gleichen Maße machtvolle Stellung. Gleichwohl verstärkten die demografischen Besonderheiten die Sonderstellung. So konnten die zentralen Leitlinien zur Ausgrenzung schon angesichts der Menge integrierter jüdischer Einwohner nicht sofort umgesetzt werden.
18	Der Bezirk der Anwaltskammer in Berlin ging damals über die Grenzen der Stadtgemeinde Berlin hinaus. Er umfasste auch Teile der Kreise Beeskow-Storkow, Jüterbog, Luckenwalde, Niederbarnim, Oberbarnim, Osthavelland, Westhavelland und Teltow. Die Amtsgerichtsbezirke außerhalb der Stadtgemeinde Berlin waren: Alt-Landsberg, Bernau, Kalkberge, Königs Wusterhausen, Liebenwalde, Mittenwalde, Nauen, Oranienburg, Strausberg, Trebbin und Zossen. Die hier niedergelassenen Anwälte jüdischer Herkunft wurden in die Dokumentation nicht aufgenommen.
19	Die Schreibweisen der Begrifflichkeiten „nicht-jüdisch" und „nichtarisch" variierten innerhalb der zwölf Jahre des Nationalsozialismus. Im Folgenden passt sich die Darstellung den chronologisch unterschiedlichen Schreibweisen an.
20	Reichsgesetzblatt, 1933, Teil I, S. 195.
21	Ein Teil der Unterlagen der Anwaltskammer, die ihren Sitz am Schöneberger Ufer 36 (heute Nr. 67) hatte, ist bei Bombenangriffen 1943 zerstört worden. Vgl. hierzu: Sammelakten OLG Darmstadt, betr. Anwaltskammern, Az. 3171 E 3, Hess. StA Darmstadt G 28 H Nr. 976. Der noch erhalten gebliebene bzw. wieder zusammengestellte Teil wurde kurz vor Kriegsende in eine Kirche ausgelagert. Die Kirche ist in den letzten Kriegstagen abgebrannt.
22	Im biografischen Teil jeweils angeführt: Listen der Vertretungsverbote vom 25.4.1933 mit diversen Nachträgen; die in dieser Zeit wöchentlich veröffentlichten „Justiz-Ministerialblätter", die ab September 1933 dann unter „Preußische Justiz" und später unter „Deutsche Justiz" firmierten, des weiteren die sogenannte Liste vom 15.10.1933 (Nur für Behörden), im Folgenden angegeben mit: „li", Brandenburgisches Landeshauptarchiv; Liste 36: eine Liste, die alle als jüdisch geltenden Anwälte aufführte (mit diversen Bearbeitungsvermerken); Landesarchiv Berlin; Liste Mischl.36: eine 1936 erstellte Liste der „Mischlinge" mit genauen Angaben zu ihren Familienverhältnissen, ihrer Religionszugehörigkeit und ihrem Einsatz im Ersten Weltkrieg, ebenfalls Landesarchiv Berlin, sowie verschiedene Konsulentenlisten und die Listen derjenigen, die nach 1945 wieder als Anwalt und Notar zugelassen wurden.
23	Bundesarchiv, Abt. Lichterfelde (BArch); diese umfangreiche Kartei umfasst die Karteikarten von früheren Mitarbeitern des Reichsjustizministeriums. Da alle Anwälte während ihrer Ausbildung eine Station in einer staatlichen Dienststelle absolvierten und ihre spätere Niederlassung auch vom Justizministerium zur Kenntnis genommen werden musste, sind diese Hinweise auf Personalunterlagen hier überliefert.
24	Vertretungsverbot gem. § 91 b Abs. 2-3 RAO, auf der Grundlage des § 5 Abs. I der Ausführungsvorschrift vom 25.4.1933, JMBl. 33, S. 127.
25	Der Informationsgehalt der Karteikarten ist sehr unterschiedlich. Auf manchen findet sich lediglich der Name, die Angabe, ob allein als Anwalt oder als Rechtsanwalt

25 und Notar zugelassen, manchmal ohne Hinweis auf die Stadt; in anderen Fällen gibt die Karte Aufschluss über das Geburtsdatum und sogar die Religionszugehörigkeit. In den Personalakten des Reichsministeriums der Justiz enthält das Stammblatt in der Regel Informationen über das Geburtsdatum und den -ort, das Datum der etwaigen Promotion, Militärzeiten, Daten über die Examina und gegebenenfalls über die Löschung. Doch sind nicht zu allen Personen Personalakten überliefert.

26 Lediglich bei mehrfach vorkommenden Namen an einem Gericht wurde der Vorname in Klammern nachgestellt.

27 Wolf, Kerstin/Wolf, Frank: Biographische Forschungen und Sozialgeschichte e.V., inzwischen auch im Internet zugänglich, www.reichsfluchtsteuer.de.

28 Hierbei handelte es sich um ein vom Senator für kulturelle Angelegenheiten beauftragtes Projekt der FU Berlin, dessen Ziel es war, alle in Berlin nach 1933 antisemitisch Verfolgten zu erfassen. Die Namen der Ermordeten wurden veröffentlicht: Gedenkbuch Berlins der jüdischen Opfer des Nationalsozialismus. „Ihre Namen mögen nie vergessen werden!" hg. vom Zentralinstitut für sozialwissenschaftliche Forschung der Freien Universität Berlin im Auftrag des Senators für kulturelle Angelegenheiten (1995). Die Gesamtdatei, die im Rahmen der Recherche an dem Gedenkbuch entstanden ist, umfasst Angaben zu rund 170 000 Personen, die als Juden definiert und verfolgt worden sind. Diese Datei beruht auf der Auswertung zahlreicher Überlieferungen z.B. der des Reichssippenamtes, den Devisenunterlagen und anderen Beständen des Oberfinanzpräsidenten. Ein Exemplar der Datei befindet sich im Landesarchiv (LAB), ein weiteres im Centrum Judaicum. Die Gesamtdatei wird im Folgenden mit BG bezeichnet.

29 Der größte Teil dieser Memoiren war im Zusammenhang mit einem Preisausschreiben der Harvard University im Jahre 1940 entstanden, das maßgeblich von Prof. Hartshore initiiert worden war. So aufschlussreich die Darstellungen bis zu diesem Zeitpunkt waren, so endgültig erscheinen sie meist: Sie gaben keine Informationen über den Lebensweg der betreffenden Personen nach 1939. – Als weitere Quelle: Prof. Ernest H. Stiefel, NY, früherer Mannheimer Rechtsanwalt, mittlerweile verstorben, Adjunct Professor of Law an der New York Law School. Stiefel hat sich mehrfach mit den Schicksalen jüdisch-deutscher Juristen beschäftigt, s. u.a. ders./Mecklenburg, Frank (1991). Stiefel ist ein Porträt von Otto Sandrock gewidmet, s. Juristen im Porträt: Verlag und Autoren in 4 Jahrzehnten. Festschrift zum 225jährigen Jubiläum des Verlages C.H.Beck. München 1988, S. 683-686.

30 So in Jerusalem, wo der frühere Berliner Anwalt Yaakov Rosenthal bis zum September 1997 lebte.

31 Für die Überlassung dreier Alben mit Schreiben und Fotos danke ich Herrn Rechtsanwalt und Notar Jürgen Naatz, dem Enkel von Willy Naatz, ganz herzlich. Die Fotos sind im biografischen Verzeichnis bei den betreffenden Personen wiedergegeben.

32 Der Kurier, 1.4.1953.

33 Güstrow (1981), S. 12/13.

34 Klemperer (1947).

35 Gespräch mit Jürgen X., 23.8.1997, Berlin.

36 „Zachor! – Erinnere Dich!" Titel einer Studie über Gedächtnis und Geschichtsschreibung von Yerushalmi, Yosef Hayim (1988).

37 Der Tagesspiegel, 26.8.1997, in einem Artikel bezogen auf Alfred Kerr.

38 Dabei kann offen bleiben, ob Berlin im Vergleich zu anderen europäischen Hauptstädten als Metropole bezeichnet werden kann, zu dieser Diskussion sei auf andere Autoren verwiesen: s. u.a. Alter (1993).

39 Fritz Oliven (10.5.1874 Breslau - 30.6.1956 Porto Alegre, Brasilien), hatte auf Druck seiner Familie Jura studiert, soll schon 1895 in Leipzig promoviert haben, schrieb aber leidenschaftlich in Reimen. Auf diesem Wege wurde er ein bekannter Autor, veröffentlichte z.B. die „Willi"-Bücher, aber auch das Operettenlibretto zu „Der Vetter aus Dingsda" und Texte für die Haller-Revue; von Oliven stammt der Spruch: „Berlin bleibt doch Berlin"; 1926 wurde er Präsident des Bundes deutscher Liedermacher, im gleichen Jahr Vorstandsmitglied der GEMA. Nach der Machtübernahme der Nationalsozialisten verlor er den Posten in der GEMA, seine Wiederzulassung als Anwalt scheint er nicht beantragt zu haben. Mit Verschärfung der Judenverfolgung entschloss sich Oliven mit seiner Familie, Deutschland zu verlassen. 1939 reiste die Familie nach Paris, später nach Porto Alegre, wo sie am 2.3.1939 landete. 1951 veröffentlichte Oliven noch seine Autobiografie „Ein heiteres Leben". Er starb 1956 in Porto Alegre im Alter von 82 Jahren. Inzwischen scheint es unstrittig, dass O. vor 1933 seine Zulassung als Anwalt zurückgegeben hat, er wird daher nicht mehr im biografischen Verzeichnis aufgeführt.

40 Schild (1988), S. 125, der auf eine Äußerung von Emil Julius Gumbel aus dem Jahre 1922 Bezug nimmt; vermutlich in: Die Justiz.

41 Bereits in den 1920er Jahren hat Emil Julius Gumbel zahlreiche Verfahren ausgewertet: Vom Fememord zur Reichskanzlei, Neuauflage Heidelberg 1962, S. 46.

42 Heiber (1996), S. 111.

43 Friedensburg (1946), S. 253.

44 Hannover u.a. (1977), 124 ff. zu Scheidemann; S.112 ff. zu

Rathenau; in gewissem Gegensatz in der Bewertung der Strafverfolgung: Sabrow (1994) sowie Katalog der Ausstellung „Die Extreme berühren sich" Walther Rathenau 1867-1922, ders., S. 221-235.

45 Heiber (1996), S. 70 ff. und 113.
46 Siehe jeweils im biografischen Verzeichnis.
47 Bosl u.a. (1973).
48 Interview mit dem Sohn eines früheren Anwalts, 1998.
49 Frey (1960).
50 Sling (Paul Schlesinger) (1969), S. 21 ff.
51 Der Schüler Krantz studierte nach dem Abitur Germanistik, Soziologie und Pädagogik und schloss sich kommunistischen Zirkeln an. 1931 veröffentlichte er seinen Roman „Die Mietskaserne"; 1933 verließ er Deutschland und ging nach Frankreich, von dort gelang ihm 1939 noch die Flucht in die USA. Neben seiner journalistischen Tätigkeit für die NBC betätigte er sich von 1949-1963 als Professor für Literatur in Oklahoma und Milwaukee. 1971 kehrte er nach Deutschland zurück, er starb 1983. Nach dem Prozess hatte er den Namen Ernst Erich Noth angenommen. – Der Schülermord-Prozess diente als Vorlage für den Film „Was nützt die Liebe in Gedanken" (2003).
52 Frey (1960), S. 352.
53 Frey (1960), S. 381.
54 Siehe das eingehende Porträt von Jungfer (1988): Max Alsberg. Verteidigung als ethische Mission; in: Kritische Justiz (Hg.)(1988), S. 141-152. Inzwischen wurde an Alsbergs früherem Wohnhaus im Grunewald eine Gedenktafel angebracht.
55 Frey (1960), S. 267; wobei der Tenor nicht eindeutig zu bestimmen ist, schließlich wurde dieses Plädoyer in einem Gerichtssaal gehalten und Alsbergs wissenschaftliche Anerkennung wird ihm sicherlich auch Neid eingetragen haben.
56 Die Liste der Veröffentlichungen ist sehr lang, wichtige Arbeiten waren: Justizirrtum und Wiederaufnahme (1913); Die Untersuchungshaft, Kommentar mit Adolf Lobe (1927); Die Philosophie des Verteidigers (1930); Der Beweisantrag im Strafprozeß (1930).
57 Apfel (1931), 2. Hj., S. 758.
58 Apfel zitiert nach Krach (1991), S. 110.
59 Die Weltbühne, 1929, 1. Bd., S. 407.
60 Krach (1991), S. 136/138 ff.
61 Krach (1991), S. 136.
62 Apfel (1934), S. 166.
63 Gosewinkel (1991), S. 43.
64 Vossische Zeitung, 5.12.1930: „George Grosz freigesprochen" (Inquit).
65 Grab (1983), S. 189.
66 So war z.B. das Ehrengericht 1932 u.a. besetzt mit dem Vorsitzenden RA Ferdinand Samoje, RA Dr. Paul Marcuse und RA Ernst Maass, die alle im nachfolgenden biografischen Verzeichnis aufgeführt sind; s. Personalakte von RA Walter Paust, BArch R 3001/ 70431.
67 Gronemann: Tohuwabohu, 2.Aufl. Leipzig 2001, S. 129.
68 Toury (1966).
69 Krach (1991), S. 42.
70 Krach (1991), S. 43.
71 Krach (1991), S. 43/44.
72 Ernst Fraenkel: Chronik, 9.1.1933, in: Gesammelte Schriften, Bd.1, hg. von Hubertus Buchstein, Baden-Baden 1999, S. 606 ff.
73 Da diese Angaben nicht systematisch erfasst werden konnten, sind sie, wenn sie den Unterlagen zu entnehmen waren, angeführt worden, sofern sie auffallend gut waren.
74 Die Weimarer Verfassung, Art. 109 RV, legte fest, dass keine derartigen Titel mehr verliehen werden sollten. Das galt selbstredend auch für Preußen; s. Ostler (1971), S. 195 f.; zur allgemeinen Entwicklung des Anwaltnotariats s. Wiedemann, Wolfgang: Preußische Justizreform und die Entwicklung zum Anwaltsnotariat in Altpreußen (1700-1849), Köln 2003.
75 In der ersten Auflage dieses Buches ist die Zahl der jüdischen Anwältinnen noch höher angegeben worden. Dabei war auf persönliche Angaben vertraut worden, die sich jedoch nicht durch die Quellen belegen ließen. Bei diesen nicht mehr berücksichtigten Frauen handelte es sich um Juristinnen, die in der Kanzlei ihrer Ehemänner mitarbeiteten, ohne selbst als Anwältin zugelassen zu sein.
76 Siehe Kurzbiografie im nachfolgenden biografischen Verzeichnis.
77 Siehe Schneider, Schwarz, Schwarz (2002), S. 238/9.
78 „Assimilation" ist begrifflich in der Literatur nicht ganz unumstritten, sie wird häufig durch den Begriff der Akkulturation als eine Entwicklungsvorstufe ergänzt. Mit dieser Problematik hat sich eingehend Herbert A. Strauß beschäftigt, aber auch Shulamit Volkov (1983), S. 331-348.
79 So Julius Seligsohn in seiner Personakte, s. biografisches Verzeichnis.
80 S. hierzu: Simone Ladwig-Winters: Freiheit und Bindung. Zur Geschichte der Jüdischen Reformgemeinde zu Berlin, Berlin 2004.
81 Siehe Biografisches Verzeichnis.

82 Dawidowicz (1979), S. 161.

83 Krach (1991), S. 166.

84 Der Bericht Fritz Balls findet sich in einer Veröffentlichung seines Bruders Kurt, der ebenfalls Anwalt war und sich später Kurt-Jacob Ball-Kaduri nannte: Das Leben der Juden in Deutschland im Jahre 1933. Ein Zeitbericht. Frankfurt/M. 1963; zitiert nach Schilde u.a. (1996), S. 56 ff.

85 Warum die vier Männer der „Brigade Ehrhardt" festgenommen worden waren, ist nicht bekannt. Die Brigade Ehrhardt hatte sich aus Überzeugung auf die Seite der „nationalen Erhebung" gestellt. Erst 1934 überwarf sich Ehrhardt mit Hitler und flüchtete in die Schweiz.

86 Die Löschung der Zulassung Günther Joachims ist im JMBl. 33, S. 281, bekannt gemacht.

87 Hierzu ausführlich: Müller (1988), S. 180 ff, hier 189/190.

88 Knobloch (1993), S. 29/30.

89 Hanns Kerrl (1887–14.12.1941).

90 In der Sekundärliteratur in Auszügen oft zitiert. In Gänze abgedruckt in der NS-Publikation von Sievert Lorenzen: Juden und die Justiz, bearb. im Auftrage des Reichsministers der Justiz, Berlin, Hamburg, 2., zum Teil erw. Aufl. 1943, S. 175-177.

91 Knobloch (1993), S. 31/32.

92 Blau (1952), S. 19/20; in den nachfolgend wiedergegebenen Zitaten wurden, anders als im Original, die Umlaute der deutschen Schreibweise angepasst.

93 Handakte Erich Meyer: Schreiben Kerrl, übermittelt vom Kammergerichtspräsidenten, 6.4.1933.

94 Auf der Grundlage des Erlasses des RJM vom 5.4.1933, I 6557.

95 Personalakte, s. BArch R 3001/68065, Bl. 10/11 vom 8.4.1933

96 Blau hat, wie die Fotos belegen, die Vorgänge treffend wiedergegeben. Die geschilderten Abläufe bei der Beantragung der Wiederzulassung werden sich erst nach dem 6. April 1933 ereignet haben, denn erst danach waren die Anforderungen, die die Einzelnen zu erfüllen hatten, bekannt gemacht worden. Zudem deuten die Quellenhinweise auf den Bilddokumenten (Süddeutscher Verlag) nicht auf den 1. April 1933 hin, da dies ansonsten wahrscheinlich ausdrücklich vermerkt worden wäre.

97 Siehe hierzu Krach (1991), S. 205 ff.

98 Minuth (1983), Dok. 93, Pkt. 8, S. 323.

99 Minuth (1983), Fußnote 42.

100 Hubatsch (1966), S. 375 (Dok. 109).

101 Reichsgesetzblatt, 1933, Teil I, S. 195.

102 Handakte Erich Meyer: Abschrift der Verlautbarung Freislers vom 11.4.1933.

103 Personakte, s. BArch R 3001, PA 56082, Bl. 11.

104 Im biografischen Verzeichnis wird daher begrifflich der Umstand, dass jemand das Prüfverfahren für die Wiederzulassung erfolgreich durchlaufen hatte, mit „wieder zugelassen" gefasst.

105 JMBl. 1933, S. 127.

106 Handakte Erich Meyer: Telefonnotiz, 29.4.1933.

107 Diese Zahl ist nur als Anhaltspunkt zu verstehen, da die Listen, die gefunden wurden, einmal aus dem Bestand des AG Köpenick, LAB AG Köpenick A Rep 343 sowie aus dem Bestand des AG –Tempelhof-Kreuzberg, s. Konvolut Jungfer, deutlich von einander abweichen. Heute lassen sich nicht mehr alle Fälle bestimmen, in denen ein Vertretungsverbot ausgesprochen worden ist.

108 In diesen Fällen direkt an das Ministerium oder die Kammer gerichtet.

109 Ein derartiger Ausweis fand sich im Nachlass von Ernst Fraenkel; Kopie im Besitz der Autorin.

110 Krach (1991), Tab. 4, S. 418.

111 So z.B. die Brüder Ball, nachdem ein Bruder aus dem „wilden" KZ in der General-Pape-Str. freigekommen war, s. zum einen die persönlichen Angaben im biografischen Verzeichnis, zum anderen Schilde u.a. (1996), S. 55-71. Gleiches gilt für den bereits ermordeten Anwalt Günther Joachim.

112 Seine Erinnerungen sind mit kommentierenden Erläuterungen des Sohnes von diesem herausgegeben worden: Bendix (1983).

113 Bendix (1983), a.a.O.

114 Bendix (1983), S. 192.

115 Bendix (1983), S. 195.

116 Bendix (1983), S. 193.

117 Steinitz hatte einen Antrag auf Wiederzulassung gestellt, konnte auch die Ausnahmeregelung für „Frontkämpfer" für sich beanspruchen, doch hatte das Meldeamt die Rechtsanwaltskammer über seine Abwesenheit informiert. Die Kammer wiederum teilte dies dem Kammergerichtspräsidenten mit, der die Information an das Preußische Justizministerium weitergab, mit der Konsequenz, dass die Zulassung nicht wieder erteilt wurde.

118 Krach (1991), S. 216.

119 Krach (1991), S. 81 unter Bezugnahme auf einen Artikel der BZ am Mittag vom 16.1.1933.

120 GStA Rep. 84a 20155, Bl. 89 ff.

121 Göppinger (1990), S. 59; ebenfalls: Jungfer, Gerhard/König, Stefan (für die Rechtsanwaltskammer Berlin als Herausgeberin): 125 Jahre Rechtsanwaltskammer Berlin – Jubiläumsschrift, Berlin 2006, S. 187 ff sowie S. 224 ff.

122 Krach (1991), S.223

123 Krach (1991), S. 200 ff.

124 Krach (1991), S. 201/202, mit dem Begriff des „Mitmachens" nimmt er Bezug auf Oppenhoff, Walter: Erfahrungen eines Kölner Anwalts; in: 100 Jahre Kölner Anwaltverein, Festschrift , hg. von O. Bussenius, M. Hüttemann, G. Schwend, (1987), S. 188.

125 Laut Interview mit seiner Tochter am 4.5.1998, Berlin.

126 Personalakte, BArch R 3001/ 55127.

127 Personalakte, BArch R 3001/ 50119.

128 Siehe biografisches Verzeichnis.

129 Gespräch mit Erna Proskauer, April 1997.

130 Im Folgenden als *li abgekürzt.

131 Uhlig (1956), S. 115 ff.; Ladwig-Winters (1997/I), S. 97 ff.

132 Hierzu mag die scharfsinnige Analyse Ernst Fraenkels als Nachweis herangezogen werden, der von dem Entstehen eines „Normen-" und eines „Maßnahmenstaates" spricht: In Der Doppelstaat (1984 -1940 im US-amerikanischen Exil entstanden unter dem Titel „The Dual State"). Dieses Werk legt als zeitgenössische Arbeit mit enormer analytischer Präzision die Strukturen und Wirkungsmechanismen des Nationalsozialismus offen.

133 Broszat/Frei (1996), S. 88 ff.

134 Siehe Mitteilungen über arbeitsrechtliche Entscheidungen in den verschiedenen Ausgaben der Zeitung des Central-Vereins (C.V.).

135 Die Problematik der Ehrengerichtsverfahren harrt noch einer näheren Untersuchung.

136 Hierzu Krach (1991), S. 374 ff.

137 LAB, Rep. 68 Acc. 3017, Lenk.

138 LAB, Rep. 68 Acc. 3017, Goldberg.

139 Überliefert in den Erinnerungen Solons im Leo-Baeck- Institute, NY, Memoirs ME 607.

140 Siehe Bergemann/Ladwig-Winters (2004) sowie Doehring (1988), S. 343, 346.

141 So durch die Schaffung von Referendarausbildungslagern, wie das „Hanns-Kerrl-Lager" bei Jüterbog.

142 Schmitt, Carl: Staat, Bewegung, Volk, 1933, S. 46; zitiert nach: Müller (1987), S. 80.

143 Doehring (1988), S. 341-349.

144 Doehring (1988), S. 343, 346.

145 Diederichsen (1988), S. 495-510.

146 Göppinger (1990), S. 92.

147 Blau (1952), S. 27/28; hierzu auch Göppinger (1990), S. 92.

148 Neumann, Siegfried, New York. Es gibt keine näheren Angaben zum Geburtsdatum von Neumann, er erwähnt, dass er Teilnehmer des Ersten Weltkrieges (Kriegsfreiwilliger) und mit dem Eisernen Kreuz I. Klasse ausgezeichnet worden war. 1939 musste er nach Shanghai flüchten.

149 Neumann, Siegfried (1978), S. 89.

150 Broszat/Frei (1996), S. 225.

151 BArch RWM 31.01 P 13862, Dok. 497, Einladung zur Besprechung am 20.8.1935; entsprechend: Hilberg (1982), S. 31/32.

152 Dokumentiert u.a. in der Ausstellung der Deutschen Bibliothek Frankfurt in Zusammenarbeit mit dem Leo Baeck Institute, New York: Die jüdische Emigration aus Deutschland (1985), Katalog, S. 68.

153 Hilberg (1982), S. 56 ff.

154 Lösener wird heute sogar günstig bewertet, s. Süddeutsche Zeitung, 27.6.1998.

155 Die sehr fein differenzierten Unterschiede sind erläutert bei: Meyer, Beate (1999), S. 96 ff.

156 Die „rassischen" Definitionen bezogen auf die Religionszugehörigkeit der Großelterngeneration waren also nicht am „Blut" orientiert wie in den allgemeinen Grundsätzen immer vertreten: siehe Frei, in: Broszat u.a. (1996). S. 124-137, hier: S. 128. Die Unlogik der Prinzipien sollte der Kommentar von Stuckart-Globke (Globke wurde später Staatssekretär in Adenauers Kanzleramt) praktikabel machen, was aber nicht in jedem Fall gelingen konnte, führte doch die Konstruktion zu „mysteriösen rasssischen Mutationen" (Friedländer): „Wenn eine zur jüdischen Religion konvertierte Ehefrau als Witwe rekonvertierte und in zweiter Ehe mit einem „Arier" Kinder bekomme, hätten diese eine jüdische Vorfahrin im Stammbaum", siehe Meyer (199), S. 101.

157 Fraenkel (1984), S. 63.

158 Das Gesetz besitzt, wenn auch in modifizierter Form, noch heute Geltung, s. Schorn, Hubert: Rechtberatungsmißbrauchsgesetz, Darmstadt, Nürnberg 1957.

159 Reifner (1979), S. 33.

160 Krach (1991), S. 336.

161 Göppinger (1990), S. 126/127; Mitglieder der sogenannten Rechtsfront waren neben Rechtsanwälten knapp 15 000 Richter und Staatsanwälte, 5 800 Notare, über 10 000 Verwaltungsjuristen, knapp 400 Hochschullehrer und über 80.000 Einzelmitglieder.

162 Bendix (1985), S. 197 ff.

163 Bendix (1985), S. 203.

164 Göppinger (1991), S. 127.

165 Die 2. Verordnung (VO) zum Reichsbürgergesetz vom 20.12.1935 (RGBl. I, 1524) sowie der Erlass des RMdInnern vom gleichen Tag (DJ 1936, S. 98) regelten das Ausscheiden jüdischer Beamten aus dem Amt; dabei wurden Notare in der formalen Begründung für das Ausscheiden nicht als Beamte, sondern als Träger eines öffentlichen Amtes eingestuft; siehe hierzu Krach, S. 384 ff.

166 Blau (1952), S. 35.

167 In der Reichsnotarordnung vom 13.2.1937 (RGBl. I, 191) wurde festgelegt, dass ein Beamter zu entlassen sei, wenn er nicht „deutschen oder artverwandten Blutes ist"; den jüdischen Notaren war zu diesem Zeitpunkt die Zulassung bereits entzogen worden.

168 Haase, Berthold, Erinnerungen, Leo Baeck Institute, New York, Memoirs.

169 Ostler (1983), S. 55.

170 Bericht des Enkels, Prof. Grenville, Februar 1997, Jerusalem.

171 Bericht des Sohnes, Prof. Coper, September 1997, Berlin.

172 Blau (1952), S. 30.

173 In der Entscheidung des Reichsgerichts vom 27. Juni 1936 wird dies erstmals festgestellt; dokumentiert bei Hofer (1960), S. 287-289, unter Bezug auf J.A. Seufferts Archiv für Entscheidungen der obersten Gerichte in den deutschen Staaten. (1937) S.65 ff. Ernst Fraenkel würdigte diese Entscheidung bereits 1941 in „Der Doppelstaat", S. 126.

174 Broszat u.a.(1996), S. 237.

175 Barkai (1986), S. 126.

176 Göppinger (1990), S. 94/95, Fußnote 186.

177 Laut offizieller Nennung in den Mitteilungen der Reichs-Rechtsanwaltskammer vom 1.12.1938, S. 218 f.; Göppinger (1990), S. 95, Fußnote 187, nennt unter Bezugnahme auf Ostler nur 671.

178 Neumann, Siegfried, Memoirs, Leo Baeck Institute, S. 64.

179 Hilberg (1982), S. 94.

180 Broszat u.a. (1996), S. 247, Scheffler (1960), S. 30.

181 Broszat u.a. (1996), S. 251.

182 Ein Teil des Protokolls dieser Konferenz ist überliefert und wurde als Beweismittel bei dem Internationalen Militärtribunal (IMT) in Nürnberg herangezogen; s. IMT PS -1816.

183 Blasius (1991), S. 121-137, hier: 122 mit umfassenden Quellen- und Literaturverweisen.

184 Handakte Erich Meyer, Schreiben vom 20.3.1936, Präsident der RAK an jeden Anwalt.

185 Allgemeine Angaben hierzu s. Gruchmann (1988), S. 188/189.

186 Puhlmann hatte 1932 seine Kanzlei am Kaiserplatz 7 (dem heutigen Bundesplatz) in Berlin-Wilmersdorf (lt. Eintragung im Branchenteil des Adressbuchs 1933).

187 Jochheim (1993).

188 Mitteilung Erna Proskauer an die Autorin, 3.8.1997.

189 Rumpf (1926), S. 84.

190 AV d. RJM v. 17.10.1938, DJ 38, S. 1665, I, Nr. 1.

191 Die Unterlagen für die Zulassung als „Konsulent" sind nicht Teil der Personalakte des RJM. Sie müssen an anderer Stelle geführt worden sein, und sind anscheinend verloren gegangen.

192 Morisse, Heiko (2003), S. 58.

193 BArch R 3001, PA Manfred Simon, 76569, Bl. 57.

194 AV d. RJM vom 17.10.1938, DJ 38, S. 1666, III, s. auch Gruchmann (1988), S. 182.

195 Es ist kein einziges dieser Schilder für Berlin überliefert.

196 Die Liste der Zwangsnamen wurde vom Reichsinnenministerium vorgegeben, siehe AusführungsVO zur 2. VO zur Durchführung des Gesetzes über die Änderung von Familiennamen und Vornamen vom 17. 8.1938 (RGBl. I, 1044). Zur Problematik des sich schon lange in der Namensgebung widerspiegelnden Antisemitismus siehe Bering (1992).

197 Solon, LBI, New York, Memoirs, S. 99/100.

198 Durchführungsbestimmungen zu §§ 5 und 14 der 5. VO zum Reichsbürgergesetz, AV d. RJM v. 13.10.1938, DJ 38, S. 1665.

199 In einzelnen Personalakten der Anwaltskammer derjenigen, die überlebt haben, finden sich einige Anhaltspunkte. So gab Dr. Hans Friedeberg an, 1933 zwischen 18.000,- und 22.000,- RM p.a. verdient zu haben; Bis 1939 hatte sich das auf 2.100,- RM p.a. reduziert, dabei spielte auch eine Rolle, dass Friedeberg im Rahmen der „November-Aktion" 1938 verhaftet und nach Sachsenhausen gebracht worden war und schon aus diesem Grund Einnahmeeinbußen erlitten hatte. Nach der Freilassung soll es ihm gelungen sein, als „Konsulent" wieder mehr zu erwirtschaften, sodass er für das Jahr 1944 Einnahmen in Höhe von 12.000,- RM zu verzeichnen hatte. Inwieweit diese Selbstauskünfte jedoch zutreffend waren, muss offen bleiben, denn Friedeberg ist 1939 nicht auf den überlieferten Listen der „Konsulenten" zu finden. Zuverlässig scheint aber in jedem Fall der angegebene dramatische finanzielle Einbruch im Jahr 1939; siehe. Personalakte Dr. Hans Friedeberg, LAB RAK Berlin.

200 Ausführungsvorschrift d. RJM v. 17.10.1938, DJ 38, S. 1666, III, Nr. 1-6.

201 Dr. Katz hatte ihren Namen in Hannacha Katz umgewandelt, damit der Namenszusatz „Sara" unterblieb.

202 LAB, Rep 68 Acc. 3209, lfd. Nr. 68.

203 BLHA, OFP-Akten Günther Wertheim, O 5210 -P II, das letzte hier überlieferte Schreiben stammt vom 4.2.1942.

204 Ob die Vergütung der Leistungen der „Konsulenten-Hilfsarbeiter" in Berlin nicht in die Aufwendungen der Kanzleikosten einzubeziehen war, ist den vorliegenden Unterlagen nicht zu entnehmen. In Hamburg wurde dies so gehandhabt, siehe Morisse (2003), S. 62 und Fußnote 133 unter Bezugnahme auf eine unveröffentlichte Magisterarbeit von Andreas Fritzsche: Vom Rechtsanwalt zum „jüdischen Konsulenten". Die institutionalisierte Entrechtung jüdischer Rechtsanwälte im Nationalsozialismus, dargestellt am Beispiel des Oberlandesgerichtsbezirks Hamburg, Universität Hamburg 1997.

205 Siehe biografisches Verzeichnis.

206 Das muss auch für Dr. Kurt Jacobsohn gelten, von dem Bruno Blau in seinen Erinnerungen schreibt, dass dieser, ebenfalls „Konsulent", sich habe als Spitzel von der Gestapo benutzen lassen. Die Bedrohung des eigenen Lebens, mit der sich Jacobsohn vermutlich – so die Beschuldigung zutreffend ist – zu diesen Diensten hatte pressen lassen, war konkret: Er wurde in Auschwitz umgebracht. S. Blau (1952), S. 70.

207 Interview mit dem Sohn, Prof. Coper, 9.9.1997, Berlin.

208 Interview mit dem Sohn, Prof. Coper, 9.9.1997, Berlin.

209 Für diese Informationen danke ich Prof. Coper, der mir auch eine Abschrift des Gedichts, das im Original 83 Strophen umfasst, zur Verfügung gestellt hat.

210 Zur grundsätzlichen Problematik: Meyer, Beate (1999)

211 LAB, Rep 68 Acc 3209, („Liste Mschlg.36"), hierbei handelt es sich um eine mit Stand vom 26.2.1936 erstellte Liste, die alle als Rechtsanwälte tätigen „Mischlinge" erfasst sowie Angaben zu ihren Großeltern, ihrem Fronteinsatz, ihrer Religion und ihrem Familienstand.

212 Meyhöfer (1996), S. 238.

213 Anders sah es für Kinder und Jugendliche aus, die als „Mischlinge" galten, sie wurden in den Schulen ebenso ausgegrenzt wie die „Volljuden".

214 Gruner (1996), S. 74.

215 Hilberg (1982), S. 294 ff.

216 Hilberg (1982), S. 302.

217 Dieses Amt bedeutete die Leitung der untersten Dienststelle des Reichsluftschutzbundes, umgangssprachlich wurde er mit dem „Blockleiter", einer NS-Funktion, gleichgesetzt, welche der Überwachung und Kontrolle innerhalb eines Wohnblocks diente. Häufig wurden beide Ämter zugleich bekleidet (Kammer/ Bartsch(1992), S. 38). Wie es sich im vorliegenden Fall verhielt, ist unbekannt. Es wird in den Personalakten lediglich der Begriff „Blockwart" erwähnt.

218 Wistrich (1983), s. Todt.

219 LAB, RAK PA Georg Graul.

220 Auskunft Dr. Y. Arndt, Mai 1998.

221 LAB, RAK PA Scheer.

222 Die zahlreichen Regelungen sind dargestellt bei: Blau (1958); Walk (1981); Gruner (1996).

223 Bezogen auf 1 404 Personen, zu denen nähere Angaben vorliegen.

224 Die inzwischen fortgeschrittene Forschung ermöglicht diesen höheren Erkenntnisstand, war doch ein Todesdatum zum Zeitpunkt der ersten Auflage dieses Buches nur von 78 dieser Personen bekannt.

225 S.o. die Angaben zu den einschlägigen Gedenkbüchern.

226 In einigen Fällen gab es mehrfache Deportationen, z.B. von Berlin nach Theresienstadt und von dort nach Auschwitz. Es wurde in diesen Fällen das erste Datum verwendet. – Mit diesen Angaben wird die Darstellung des Gedenkbuchs, hg. vom Bundesarchiv übernommen. Der bis dahin gebrauchte problematische Begriff „verschollen" wird damit nicht mehr verwendet.

227 Scheffler (1960), S. 93/94.

228 Ein Beispiel einer Vermögenserklärung findet sich in Heinz Knoblochs Buch „Meine liebste Mathilde", 1986, S. 193 ff. Die Vermögenserklärungen des Bestandes des Oberfinanzpräsidenten Berlin sind im Brandenburgischen Landeshauptarchiv überliefert .

229 Siehe biografisches Verzeichnis mit weiterem Quellennachweis.

230 Hammerschmidt (1996), S. 155.

231 Siehe biografisches Verzeichnis mit weiterem Quellennachweis.

232 Diese Postkarte fand die Autorin im Nachlass von Willy Naatz.

233 Siehe biografisches Verzeichnis.

234 Siehe biografisches Verzeichnis.

235 Siehe biografisches Verzeichnis.

236 Litten (1947), S. 13.

237 Litten, (1947) S. 253 ff. Der größte Teil von Littens Nachlass

238 Biografie Georg Hamburgers von Hartmut Ludwig, in: „'Ihr Ende schaut an...'" Evangelische Märtyrer des 20. Jahrhunderts, hg. v. Harald Schultze/ Andreas Kurschat, Leipzig 2006.

239 Interview mit Erna Proskauer am 10.4.1997, Berlin.

240 Interview mit Prof. John A.S. Grenville, heute u.a. Leiter der englischen Dependence des Leo Baeck Institutes im Februar 1997, Jerusalem.

241 Göppinger (1990), S. 226.

242 Zu einer differenzierteren Bewertung gelangt Wolf Gruner (1995), S. 229-266, hier: S. 253.

243 Gruner (1996), S. 14.

244 LAB, RAK, PA Werner Windscheid.

245 Auskunft Frau Inge Cohn-Lempert, 11.5.1998, Berlin.

246 Hans Globke war ehemals im Reichsinnenministerium für Internationales Recht zuständig und maßgeblich für die Einführung von Zwangsnamen für Juden (1938) verantwortlich, nach 1945 erst Stadtkämmerer in Aachen, dann Ministerialdirigent im Bundeskanzleramt und ab 1953 dort Staatssekretär unter Adenauer; s. Hilberg, S. 53, 740; Auskunft Frau Inge Cohn-Lempert, 11.5.1998, Berlin.

247 LAB, RAK, PA Anita Eisner.

248 Für die Vermittlung der Briefe Anita Eisners an Frau Hugel, die deren Sohn in Riquewihr aufbewahrt hat, danke ich Frank Flechtmann.

249 Siehe hierzu u.a. Michael Traub (1936).

250 Blau (1952) ,S. 17.

251 Dieser Generationsaspekt gewinnt in der Literatur zu Fragen der jüdischen Assimilation zunehmend an Beachtung, siehe u.a.: Die Extreme berühren sich (1994); hier der Beitrag von Shulamit Volkov: Ich bin ein Deutscher jüdischen Stammes, S. 129-138.

252 Neumann, Siegfried, Leo Baeck Institute, New York, Memoirs, S. 82; er selbst ist übrigens am 29.3.1939 nach Shanghai geflüchtet.

253 Diese Konferenz fand vom 6.-15.7.1938 in Evian am Genfer See statt; Deutschland nahm nicht teil. Das Klima der Konferenz war geprägt von einem abweisenden Umgang den jüdischen Organisationen gegenüber; siehe Die jüdische Emigration aus Deutschland 1933-1941, (1985), S. 205.

254 Solon, Memoirs, Leo Baeck Institute, New York.

255 Unter dem Druck der Nationalsozialisten zustande gekommene Vereinigung aller deutschen Juden, die im Laufe der Zeit diverse Namensumbenennungen erleben sollte; s. u.a. Hilberg (1982), S. 133.

256 Strauß (1980); S. 313 f., auch S. 320.

257 Nach Australien wurde beispielsweise auch der Ehemann von Rechtsanwältin Chodziesner gebracht. Der Sohn von Rechtsanwalt Kallmann wurde nach Kanada transportiert.

258 Ladwig-Winters (1997, I), S. 446; hier beantragte einer der früheren Mitinhaber und Geschäftsführer von Hermann Tietz eine Aufenthaltsgenehmigung für die Schweiz und die Niederlande. Es kam für ihn nur ein Land in Frage, „von dem aus man nach Deutschland gucken konnte."

259 Das widerfuhr auch Bruno Blau, der in Prag verhaftet wurde. Letztendlich überlebte Blau, weil bei ihm eine schwere Krankheit diagnostiziert wurde und er deshalb in das Jüdische Krankenhaus in Berlin kam. – Insgesamt elf ins Ausland gegangene Anwälte sind in der hier vorgenommen Auswertung den „Umgekommenen" zugeordnet worden, weil sie teilweise in den örtlichen Lagern, teilweise in einem der bekannten Konzentrationslager zu Tode gekommen sind.

260 Meyer (1993).

261 Gespräch mit der Tochter Ruth Arons, 18.11.1997, Frankfurt a.M.

262 Auskunft Ernest Stiefel, Dezember 1996, New York.

263 New York Public Library, Dep. of Rare Books and Manuscripts; den Hinweis verdanke ich Dr. Frank Mecklenburg vom Leo Baeck Institute, New York.

264 Dieses Bewertungskriterium floss offensichtlich in die Beurteilung ein, wie man den internen Korrespondenzen entnehmen kann.

265 Am. Com. File Werner Meyer.

266 Am. Com. File Fred Levy.

267 1941 unter dem Titel „The Dual State" in New York erschienen; 1949 in deutscher Fassung.

268 Kontrollratsgesetz Nr. 46 vom 25.2.1947.

269 Diesen Eindruck teilt auch der Sohn von Dr. Coper, der von vielen Flüchtlingen berichtet, die in ihrer Heimatstadt nicht mehr heimisch werden konnten. Prof. Coper meint, daß „diesen Leuten das eigene Erleben fehlt." (Interview 9.9.1997, Berlin)

270 Davidowicz (1979), S. 161.

271 Am 28.8.1933 zwischen der Jewish Agency und dem Reichswirtschaftsministerium (RWM) geschlossenes Abkommen zur Regelung der Auswanderervermögen. Es sah vor, dass ein Auswanderungswilliger für RM 50.000,- von einer übergeordneten Organisation, z.B. der Hanotea, ein Haus oder eine Zitruspflanzung erwarb und dann ein Vorzeigegeld in Höhe von RM 15.000,- ausführen durfte. Die Jewish Agency verpflichtete sich, im Gegenzug deutsche Waren im Wert der Einzahlungsbeträge abzunehmen; siehe Katalog zur

Ausstellung: Die jüdische Emigration, S. 164.

272 Dazu die eindringliche Schilderung von Erna Proskauer (1996), S. 55 ff.

273 Gespräch mit Herrn RA Shimon Ullmann, Februar 1997, Jerusalem.

274 LAB, RAK, PA Gottfried Samter.

275 Grundsätzlich hierzu: Kühne, NJW 1996, S. 2968 ff.

276 Felix Rosenblüth, 1887 - 1953; R. ist im folgenden biographischen Verzeichnis nicht aufgeführt, da er bereits 1931 nach Palästina ging, s. Walk (1988), S. 314.

277 Auskünfte Shimon Ullmann, Februar 1997, Jerusalem.

278 Sopade (1980), S. 938-940.

279 Mit dem Thema haben sich 1997 eine Ausstellung des Jüdischen Museums im Martin-Gropius-Bau und eine Tagung im Haus der Wannsee-Konferenz beschäftigt, bei diesen Gelegenheiten wurden eingehend die Bedingungen des Asyls in Shanghai dargestellt.

280 Mit den Aspekten des Exils in Südamerika hat sich Irmtrud Wojak 1995 am Beispiel von Uruguay auseinandergesetzt.

281 Alterthum, Willy, Leo Baeck Institute, New York, Memoirs.

282 Blasius (1991), S. 121.

283 So z.B. beim Verband Deutscher Waren- und Kaufhäuser e.V., siehe Ladwig-Winters (1997,I), S. 116.

284 Neumann, Leo Baeck Institute, New York, Memoirs, S. 63.

285 Eckert (1993), S. 34-50.

286 Hoven (1990).

287 Vogel (1995), S. 15-31, S. 27.

288 Arndt (1965), S. 176-196; S. 176.

Quellenverzeichnis

Archivmaterialien

Bundesarchiv
R 3001, Reichsjustizministerium Personalakten
R 3001, Reichsjustizministerium, Personalkartei
Volkszählungsunterlagen, vom 17.5.1939

Brandenburgisches Landeshauptarchiv, Bornim
Pr Br Rep. 36 A Oberfinanzpräsident Berlin-Brandenburg 4510, auch Devisenstelle

Geheimes Staatsarchiv Berlin
Rep. 84 a, Rep. 84a 20155

Hessisches Staatsarchiv Darmstadt
Sammelakten OLG Darmstadt, betr. Anwaltskammern, Az. 3171 E 3, G 28 H Nr. 976

Jüdisches Museum Berlin
LBI, Bruno Weil, Dok. 93/3/44; Dok. Julius Fliess

Landesarchiv Berlin
Gesamtdatei zum Berliner Gedenkbuch mit ausgewerteten Quellen der Eingangslisten des Ghettos Lodz, der Kartei der schulpflichtigen Kinder, der Transportlisten der Gestapo,
B Rep. 68 – Bestand Anwaltskammer Berlin
Rep. 68 Acc. 3017
Rep. 68 Acc. 3209
A Rep. 343, AG Köpenick, Vertr.V. (Vertretungsverbote)
Wiedergutmachungsakten der früheren Wiedergutmachungsämter von Berlin

Leo Baeck Institute, New York
Alterthum, Willy, Collection; Haase, Berthold, Erinnerungen; Neumann, Siegfried, Memoirs, Solon; Bruno Weil Collection

New York Public Library
American Committee for the Guidance of Personnel Professionel

Senatsverwaltung für Justiz, Berlin (Archiv)
Personalakten

Gedruckte Quellen

Adressbücher
Berliner Adressbuch 1926, 1933, 1934, 1936, 1938, 1939, 1941 (mit den jeweiligen Anhängen, Branchenteil)
Jüdisches Adressbuch für Gross-Berlin, Ausgabe 1931. Reprint, Berlin 1994.

Personal- und Mitgliederverzeichnisse
Terminkalender für Preußische Justizbeamte 1933, 2.Teil, Berlin.
Kalender für Reichsjustizbeamte für das Jahr 1936, 2. Teil, Berlin.
Mitgliederverzeichnis des Republikanischen Richterbundes

Gesetz- und Verordnungsblätter
Justiz-Ministerialblatt für die preußische Gesetzgebung 1933
Preußische Justiz, ab September 1933
Deutsche Justiz 1935,1936, 1938
Reichsgesetzblatt, 1933, 1934, 1935, 1936, 1938, 1939

Gedenkbücher, Lexika, Verzeichnisse
Benz, Wolfgang/Graml, Hermann (Hg.): Biographisches Lexikon zur Weimarer Republik. München 1988.
Biographisches Handbuch der deutschsprachigen Emigration, bearb. von Werner Röder und Herbert A. Strauß, Bd. 1: Politik, Wirtschaft, Öffentliches Leben, München 1980; Bd. 2: The Arts, Sciences and Literature, München 1983; Bd. 3: Gesamtregister, München 1983.
Bundesarchiv Koblenz (Hg.): Gedenkbuch – Opfer der Verfolgung der Juden unter der nationalsozialistischen Gewaltherrschaft in Deutschland, 1933-1945. 1986.
Bundesarchiv Koblenz (Hg.): Gedenkbuch. Opfer der Verfolgung der Juden unter der nationalsozialistischen Gewaltherrschaft in Deutschland 1933-1945. 2. erw. Aufl. Berlin 2006.
Kárny, Miroslav/Blodigová, Alexandra (Hg.): Theresienstädter Gedenkbuch. Die Opfer der Judentransporte aus Deutschland nach Theresienstadt 1942-1945. Prag 2000.
Lowenthal, Ernst G.: Juden in Preußen. Berlin 1981.
Philo-Lexikon. Handbuch des jüdischen Wissens. Berlin 1936.
Scheffler, Wolfgang/Schulle, Diana: Buch der Erinnerung. Die ins Baltikum deportierten deutschen, österreichischen und tschechoslowakischen Juden; hg. vom Volksbund Deutsche Kriegsgräberfürsorge e.V. / Riga-Komitee der deutschen Städte gemeinsam mit der Stiftung Neue Synagoge Berlin - Centrum Judaicum/Gedenkstätte Haus der Wannsee-Konferenz. München 2003.
Schultze, Harald/Kurschat, Andreas (Hg.): „Ihr Ende schaut an..." Evangelische Märtyrer des 20. Jahrhunderts. Leipzig 2006.
Schumacher, Martin: M.d.R. Die Reichstagsabgeordneten der Weimarer

Republik in der Zeit des Nationalsozialismus. Politische Verfolgung, Emigration und Ausbürgerung 1933-1945. Düsseldorf 1991.
Stockhorst, Erich: 5000 Köpfe. Wer war wer im 3. Reich. 2. Aufl. Kiel 1985.
Vor die Tür gesetzt. Im Nationalsozialismus verfolgte Berliner Stadtverordnete und Magistratsmitglieder 1933-1945. Katalog zur gleichnamigen Ausstellung, 30.9.-30.11.2005. Berlin 2006.
Walk, Joseph: Kurzbiographien zur Geschichte der Juden 1918-1945. München/New York 1988.
Wistrich, Robert: Wer war wer im Dritten Reich? München 1983.

Sonstige gedruckte Quellen
Die Ausbürgerung deutscher Staatsangehöriger 1933-45 nach den im Reichsanzeigerveröffentlichten Listen, hg. von Michael Hepp, Bd. 1-3, München 1985.
Barbara Dölemeyer: „Dem deutschen Volksgenossen der deutsche Rechtswahrer! Dem Juden der jüdische Konsulent!"; Simone Ladwig-Winters: Anwalt ohne Recht (Frankfurt a.M.), beide in: Broschüre zur Festveranstaltung zum 125-jährigen Bestehen der RAK und des OLG Frankfurt am Main am 1. Oktober 2004.
Internationales Militär Tribunal, Nürnberg. PS -1816.
Konrad Redeker: Ansprache anlässlich der Eröffnung der Ausstellung „Anwalt ohne Recht". S. U 1-9; in: Deutscher Juristentag: Verhandlungen des 63. Deutschen Juristentages. Leipzig 2000, Band II/1.
J.A. Seufferts Archiv für Entscheidungen der obersten Gerichte in den deutschen Staaten. München/Berlin 1937, Bd. 91
Strauss, Herbert A. (Hg.): Jewish Immigrants of the Nazi Period in the U.S.A. An Oral History Record. München/London/New York/Paris 1986.

Reden, Zeitschriften, Zeitungsartikel
Die Ausbürgerung deutscher Staatsangehöriger 1933-45 nach den im Reichsanzeiger veröffentlichten Listen, hg. von Michael Hepp, Bd. 1-3, München 1985.
Bericht des Vorstandes der Anwaltskammer in Berlin über das Geschäftsjahr 1932. Berlin 1933.
Comité des Délégations Juives (Hg.): Das Schwarzbuch. Paris 1934.Eichmann-Prozess-Documentation Vol. VI, Yad Vashem Archives.
Rechtsanwaltskammer Köln (Hg.): Juristen ohne Recht – Schicksale jüdischer Juristen in Köln, Bonn und Aachen in der NS-Zeit (Ausstellungskatalog). Köln o.J.
Schmitt, Carl: Staat, Bewegung, Volk. Hamburg 1933.
Sozialdemokratische Partei Deutschlands - SoPaDe (Hg.): Deutschland-Berichte 1939. Nachdruck Nördlingen 1980.
Traub, Michael: Die jüdische Auswanderung aus Deutschland. Berlin 1936.

Sonstige Quellen
Blau, Bruno: Vierzehn Jahre Not und Schrecken. MS. 120 S. New York 1952, YIVO.
Nachlass Willy Naatz

Sonstige Materialien
Handakte Erich Meyer, Bugge, Oslo
Konvolut RA Gerhard Jungfer, Berlin
Konvolut RA Joel Levi, Tel Aviv

Interviews /Auskünfte (sofern sie nicht Einzelpersonen betreffen)
Rita Meyhöfer (verst.), frühere Mitarbeiterin des Berliner Gedenkbuchs, September 1996; Kerstin und Frank Wolf, Biographische Forschung und Sozialgeschichte e.V. (BFS), August 1998; RA Abesser, Berlin 1996; RA Achelis, Berlin 1997; Dr. Y. Arndt(verst.), Berlin 1998; Ruth Arons; Frankfurt a. M. 1997; Steinar Bugge, Oslo,1999; Inge Cohn-Lempert; Berlin 1998; Prof. Coper; Berlin 1997; RAin Erdmann, Berlin; Frank Flechtmann, 2000/2002; Frau Dorothee Fliess, Schweiz, 1998; Herr Gorski; Prof. Grenvile; Jerusalem 1997; Frau Anne Halle; Berlin 1998; Frau Maria Haendcke-Hoppe-Arndt, 1998; André Hugel, Riquewihr 2001; Prof. Dr. Helmut Jäckel, Berlin 1998; Heinz Knobloch, Berlin 1997 (verst.); RAin Susanne Kossack, Berlin; RA Tillmann Krach, Mainz; Herr Krumeder, München; RA Hubert Lang, Leipzig; RA Joel Levi, Tel Aviv, Berlin, 1998 – 2007; Andreas Liedtke, Berlin, 1998/1999/2007; Dr. Lomski, Berlin 1998/2000/2004; Simon May, London 2007; Prof. Christoph Müller, Hugo-Preuß-Gesellschaft; Erna Proskauer (verst.), Berlin 1997; Herr Rohmer; RA Shimon Ullmann; Jerusalem 1997; E.W. (verst.); Berlin 1998; Dr. Wolfgang Weißleder, Babelsberg; Werner Wolff, Frankfurt/Main 1998/2000/2001; RA Grischa Worner, 20.11.2000; Jürgen X., 23.8.1997, Berlin.

Literaturverzeichnis

1933 – Wege zur Diktatur, Beiträge der Vortragsreihe zur Ausstellung gleichen Titels. Berlin 1983.

ALTER, Peter (Hg.): Im Banne der Metropolen. Berlin und London in den zwanziger Jahren. Göttingen/Zürich 1993.

ANWALT- UND NOTARVEREIN BOCHUM E.V.: „Zeit ohne Recht". Justiz in Bochum nach 1933, Bochum 2002.

APFEL, Alfred: Les dessous de la justice allemande. Paris 1934.

BADINTER, Robert: Un antisémitisme ordinaire. Vichy et les avocats juifs (1940-1944). Paris 1997.

BALL-KADURI, Kurt-Jacob: Das Leben der Juden in Deutschland im Jahre 1933. Ein Zeitbericht. Frankfurt a.M. 1963.

BARKAI, Avraham: Vom Boykott zur „Entjudung". Der wirtschaftliche Existenzkampf der Juden im Dritten Reich 1933-1943. Frankfurt a.M. 1986.

BAUMGARTNER, Gabriele/HEBIG, Dieter, (Hg.): Biografisches Handbuch der SBZ und der DDR. Bd. 1 u. 2, München 1996/97.

BENDIX, Reinhold: Von Berlin nach Berkeley: Deutsch-jüdische Identitäten. Frankfurt a. M. 1985.

BERGEMANN, Hans/LADWIG-WINTERS, Simone: Richter und Staatsanwälte jüdischer Herkunft in Preußen im Nationalsozialismus. Eine Dokumentation. Köln 2004.

BERGEMANN, Hans/LADWIG-WINTERS, Simone: „Für ihn brach die Welt, wie er sie kannte, zusammen ..." Juristen jüdischer Herkunft im Landgerichtsbezirk Potsdam, Köln 2002.

BERING, Dietz: Der Name als Stigma. Antisemitismus im Deutschen Alltag 1812-1933. Stuttgart 1992.

BETH HATEFUSOTH, The Nahum Goldmann Museum of the Jewish Diaspora (Hg.): Die Musiktradition der jüdischen Reformgemeinde zu Berlin, Tel Aviv 1998.

BLASIUS, Dirk/DINER, Dan (Hg.): Zerbrochene Geschichte. Leben und Selbstverständnis der Juden in Deutschland. Frankfurt a. M. 1991.

BLASIUS, Dirk: Zwischen Rechtsvertrauen und Rechtsstörung; in: BLASIUS, Dirk/DINER, Dan (Hg.): Zerbrochene Geschichte, S. 121-137.

BLAU, Bruno: Das Ausnahmerecht für die Juden in Deutschland 1933-1945. 2. Aufl. Düsseldorf 1954.

BOSL, Karl/FRANZ, Günther/HOFMANN, Hans Hubert: Biographisches Wörterbuch zur Deutschen Geschichte. 2. Aufl. München 1973, Bd.1.

BROSZAT, Martin/FREI, Norbert (Hg.): Das Dritte Reich im Überblick. Chronik, Ereignisse, Zusammenhänge. 5. Aufl. München 1996.

BUSSENIUS, O./HÜTTEMANN, M./SCHWEND, G: Erfahrungen eines Kölner Anwalts; in: 100 Jahre Kölner Anwaltverein, Festschrift. Köln 1987.

C.H.BECK VERLAG (Hg.): Juristen im Porträt. Verlag und Autoren in 4 Jahrzehnten, zum 225-jährigen Verlagsjubiläum. München 1988.

DAWIDOWICZ, Lucy: Der Krieg gegen die Juden 1933-1945. München 1979.

DIE EXTREME BERÜHREN SICH. Walther Rathenau 1867-1922. Katalog zur Ausstellung des Deutschen Historischen Museums in Zusammenarbeit mit dem Leo-Baeck-Institute, New York, Berlin 1994.

DIE JÜDISCHE EMIGRATION AUS DEUTSCHLAND. Katalog der Ausstellung der Deutschen Bibliothek Frankfurt a.M. in Zusammenarbeit mit dem Leo-Baeck-Institute., New York, Frankfurt a.M. 1985.

DIEDERICHSEN, Uwe: Karl Larenz, in: C.H.Beck Verlag (1988). S. 495-510.

DOEHRING, Karl: Ernst Forsthoff, in: C.H.Beck Verlag (1988). S. 341-350.

DOUMA, Eva: Deutsche Anwälte zwischen Demokratie und Diktatur 1930-1955. Frankfurt a.M. 1998.

EBEL, Friedrich/ RANDELZHOFER, Albrecht (Hg.): Rechtsentwicklungen in Berlin . Berlin, New York 1988.

ENGELMANN, Bernt: Die unfreiwilligen Reisen des Putti Eichelbaum. Göttingen 1996.

ECKERT, Joachim/TENS, Antonia: Hitler und die Juristen. Äußerungen und tatsächliche Politik; in: Recht und Politik 1/1993, S. 34-50.

FRAENKEL, Ernst: Gesammelte Schriften. Bd. 1-4, Baden-Baden 1999-2004.

FRAENKEL, Ernst: Der Doppelstaat (Deutsche Ausgabe der Originalausgabe "The Dual State"). Frankfurt a.M. 1984.

FRAENKEL, Ernst: Zur Soziologie der Klassenjustiz. Berlin 1927.

FREY, Erich: Ich beantrage Freispruch. Hamburg 1960.

FRIEDENSBURG, Ferdinand: Die Weimarer Republik. Berlin 1946.

GALL, Lothar/FELDMAN, Gerald D./JAMES, Harold/HOLTFRETERICH, Carl-Ludwig/BÜSCHGEN, Hans E.: Die Deutsche Bank: 1870-1995. München 1995.

GÖPPINGER, Horst: Juristen jüdischer Abstammung im „Dritten Reich". Entrechtung und Verfolgung. 2. Aufl. München 1990.

GOSEWINKEL, Dieter: Adolf Arndt. Wiederbegründung des Rechtsstaates aus dem Geist der Sozialdemokratie (1945-1961). Bonn 1991.

GRAB, Walter: Der Deutsche Weg der Judenemanzipation. München 1991.

GRAB, Walter: Reflexionen zum Scheitern der Judenemanzipation in Deutschland; in: 1933 – Wege zur Diktatur. (1983), S. 179-190.

GRONEMANN, Sammy: Tohuwabohu. 2. Aufl. Leipzig 2001.

GRUCHMANN, Lothar: Justiz im Dritten Reich 1933-1940. Anpassung und Unterwerfung in der Ära Gürtner. München 1988.

GRUNER, Wolf: Die Reichshauptstadt und die Verfolgung der Berliner Juden 1933-1945; in: Topographie des Terrors (1995), S. 229-266.

GRUNER, Wolf: Judenverfolgung in Berlin 1933-1945. Eine Chronologie der Behördenmaßnahmen in der Reichshauptstadt. Berlin 1996.

GUMBEL, Emil Julius: Vom Fememord zur Reichskanzlei. Heidelberg 1962.

HAMMERSCHMIDT, Wolfgang: Spurensuche. Zur Geschichte der jüdischen Familie Hammerschmidt in Cottbus. Gießen 1996.

HANNOVER, Heinrich/HANNOVER-DRÜCK, Elisabeth: Politische Justiz 1918-1933. Hamburg 1977.

HEIBER, Helmut: Die Republik von Weimar. 22. Aufl. Nördlingen 1996.

HEINRICHS, Helmut/FRANZKI, Harald/SCHMALZ, Klaus/STOLLEIS, Michael (Hg.): Deutsche Juristen jüdischer Herkunft. München 1993.

HILBERG, Raul: Die Vernichtung der europäischen Juden. Die Gesamtgeschichte des Holocaust. Frankfurt a.M. 1982.

HOFER, Walther (Hg.): Der Nationalsozialismus. Dokumente 1933-1945. Frankfurt a.M. 1960.

HOVEN, Herbert (Hg.): Der unaufhaltsame Selbstmord des Botho Laserstein, Frankfurt a.M.1990

HUBATSCH, Walter: Hindenburg und der Staat. Göttingen 1966.

ISAY, Rudolf: Aus meinem Leben. Weinheim 1960.

ISERMANN, Edgar/SCHLÜTER, Michael (Hg.): Justiz und Anwaltschaft in Braunschweig 1879-2004, Braunschweig 2004.

JOCHHEIM, Gernot: Frauenprotest in der Rosenstraße. „Gebt uns unsere Männer wieder". Berlin 1993.

JUNGFER, Gerhard: Julius Magnus. Mentor und Mahner der freien Advokatur; in: HEINRICHS (1993), S. 517-530.

JUNGFER, Gerhard: Max Alsberg. Verteidigung als ethische Mission; in: Kritische Justiz (1988). S. 141-152.

JUNGFER, Gerhard/KÖNIG, Stefan: 125 Jahre Rechtsanwaltskammer Berlin, Jubiläumsschrift, hg. von der Rechtsanwaltskammer Berlin. Berlin 2006.

KAMMER, Hilde/BARTSCH, Elisabeth: Nationalsozialismus. Begriffe aus der Zeit der Gewaltherrschaft 1933-1945. Reinbek 1992.

KERR, Judith: Warten bis der Frieden kommt. Ravensburg 1975.

KLARSFELD, Serge: Vichy, Auschwitz, le rôle de Vichy dans la solution finale de la question juive en France, Paris 1985.

KLEIN, Adolf/RENNEN, Günter (Hg.): Justitia Coloniensis. Landgericht und Amtsgericht Köln erzählen ihre Geschichte(n). Köln 1981.

KLEMPERER, Victor: LTI. Notizbuch eines Philologen. Berlin 1947.

KNOBEL, M.: L' élimination des juristes juifs en Europe à partir de 1933. Cahiers Bernard Lazare, 1990, numéros 125-126.

KNOBLOCH, Heinz: Der beherzte Reviervorsteher. 2. Aufl. Berlin 1993.

KNOBLOCH, Heinz: „Meine liebste Mathilde". Das unauffällige Leben der Mathilde Jacob. 2. Aufl. Berlin 1986.

KÖNIG, Stefan: Vom Dienst am Recht. Rechtsanwälte als Strafverteidiger im Nationalsozialismus. Berlin 1987.

KÖNIGSEDER, Angelika: Recht und nationalsozialistische Herrschaft. Berliner Anwälte 1933-1945. Bonn 2001.

KRACH, Tillmann: Jüdische Rechtsanwälte in Preußen. Bedeutung der freien Advokatur und ihre Zerstörung durch den Nationalsozialismus. München 1991.

KRACH, Tillmann (Hg.): Paul Simon (1884-1977), Meine Erinnerungen – Das Leben des jüdischen Deutschen Paul Simon, Rechtsanwalt in Mainz, . Sonderheft der Mainzer Geschichtsblätter. Mainz 2003.

KRITISCHE JUSTIZ(Hg.): Streitbare Juristen. Eine andere Tradition. Baden-Baden 1988.

LADWIG-WINTERS, Simone I: Wertheim – ein Warenhausunternehmen und seine Eigentümer. Ein Beispiel der Entwicklung der Berliner Warenhäuser bis zur „Arisierung". Münster 1997.

LADWIG-WINTERS, Simone II: Wertheim. Geschichte eines Warenhauses. Berlin 1997.

LADWIG-WINTERS, Simone: Freiheit und Bindung. Zur Geschichte der Jüdischen Reformgemeinde zu Berlin von den Anfängen bis zu ihrem Ende 1939 ; hg. von Peter Galliner. Berlin 2004.

LANDAU, Peter/RIESS, Rolf (Hg.): Recht und Politik in Bayern zwischen Prinzregentenzeit und Nationalsozialismus. Die Erinnerungen von Philipp Loewenfeld. Ebelsbach 2004.

LITTEN, Irmgard: Eine Mutter kämpft. Rudolstadt vermutl. 1947.

LUIG, Klaus: „... weil er nicht arischer Abstammung ist." Jüdische Juristen in Köln während der NS-Zeit. Köln 2004.

MARX, Alfred: Das Schicksal der jüdischen Juristen in Württemberg und Hohenzollern. 1965, Sonderdruck des Amtsblatts des bad.-württ. Justizministeriums, Die Justiz, 1965.

MECKLENBURG, Frank/STIEFEL, Ernest: Deutsche Juristen im amerikanischen Exil. Tübingen 1991.

MEYER, Winfried: Unternehmen Sieben. Eine Rettungsaktion für vom Holocaust Bedrohte aus dem Amt Ausland/Abwehr im Oberkommando der Wehrmacht Frankfurt a.M. 1993.

MEYHÖFER, Rita: Gäste in Berlin? Jüdisches Schülerleben in der Weimarer Republik und im Nationalsozialismus. Hamburg 1996.

MINUTH, Karl-Heinz: Die Regierung Hitler. Bd.1., Boppard a.Rh. 1983.

MORISSE, Heiko: Jüdische Rechtsanwälte in Hamburg – Ausgrenzung und Verfolgung im NS-Staat. Hamburg 2003.

MÜLLER, Ingo: Furchtbare Juristen. Die unbewältigte Vergangenheit unserer Justiz. München 1987.

MÜLLER, Ingo: Rudolf Olden (1885-1940), Journalist und Anwalt der Republik; in: Kritische Justiz (1988), S. 180 ff.

NEUMANN, Franz: Behemoth. Struktur und Praxis des Nationalsozialismus 1933-1944; Frankfurt a.M. 1993 (im Original 1944 in den USA erschienen).

OSTLER, Fritz: Die deutschen Rechtsanwälte 1871-1971. Essen 1971.

PROSKAUER, Erna: Wege und Umwege. Erinnerungen einer Berliner Rechtsanwältin. Frankfurt a.M. 1996.

RASEHORN, Theo: Der Untergang der deutschen linksbürgerlichen Kultur - beschrieben nach den Lebensläufen jüdischer Juristen. Baden-Baden 1988.

RICHARZ, Monika: Jüdisches Leben in Deutschland. Selbstzeugnisse zur Sozialgeschichte 1918-1945. Stuttgart 1982.

RÖWEKAMP, Marion: Juristinnen. Lexikon zu Leben und Werk. Baden-Baden 2005.

RUMPF, Max: Anwalt und Anwaltstand. Eine rechtswissenschaftliche und rechtssoziologische Untersuchung; hg. vom Deutschen Anwaltverein. Leipzig 1926.

RÜRUP, Reinhard: Die Emanzipation der Juden und die verzögerte Öffnung der juristischen Berufe; in: HEINRICHS (1993), S. 1-25.

RÜRUP, Reinhard (Hg.): Topographie des Terrors. Gestapo, SS und Reichssicherheitshauptamt auf dem „Prinz-Albrecht-Gelände". Eine Dokumentation. Berlin 1987.

SABROW, Martin: Der Rathenaumord. Rekonstruktion einer Verschwörung gegen die Republik von Weimar. München 1994.

SCHEFFLER, Wolfgang: Judenverfolgung im Dritten Reich 1933-1945. Berlin 1960.

SCHILD, Wolfgang: Berühmte Berliner Kriminalprozesse der Zwanziger Jahre; in: EBEL, Friedrich/RANDELZHOFER, Albrecht (Hg.): Rechtsentwicklungen in Berlin. Berlin, New York (1988), S. 121-191.

SCHILDE, Kurt/SCHULTZ, Rolf/WALLECZECK, Silvia: SA-Gefängnis Papestraße. Spuren und Zeugnisse. Berlin 1996.

SCHORN, Hubert: Rechtberatungsmissbrauchsgesetz. Darmstadt, Nürnberg 1957.

SCHNEIDER, Heinz-Jürger/SCHWARZ, Erika/SCHWARZ, Josef: Die Rechtsanwälte der Roten Hilfe. Politische Strafverteidiger in der Weimarer Republik. Bonn 2002.

SCHRÖDER-TEPPE, Martina: Wenn Unrecht zu Recht wird ... Das Schicksal jüdischer Rechtsanwälte im Bezirk der Rechtsanwaltskammer Kassel nach 1933. Gudensberg-Gleichen 2006.

SLING (Pseudonym für Paul Schlesinger): Richter und Gerichte. München 1969.

STRAUSS, Herbert A.: Jewish Emigration from Germany. Nazi Policies and Jewish Responses (I); in: Yearbook Leo Baeck Institute 1980.

STRENGE, Barbara: Juden im Preußischen Justizdienst 1812-1918. Der Zugang zu den juristischen Berufen als Indikator der gesellschaftlichen Emanzipation. München/New Providence/London/Paris 1996.

TERGIT, Gabriele: Blüten der Zwanziger Jahre. Berlin 1984.

TOPOGRAPHIE DES TERRORS (Hg.): Jüdische Geschichte in Berlin. Essays und Studien. Berlin 1995.

TOURY, Jacob: Die politischen Orientierungen der Juden in Deutschland von Jena bis Weimar. Tübingen 1966.

UHLIG, Heinrich: Die Warenhäuser im Dritten Reich. Köln/Opladen 1956.

VOLKOV, Shulamit: Ich bin ein Deutscher jüdischen Stammes; in: Die Extreme berühren sich. Walther Rathenau 1867-1922. Katalog. zur Ausstellung im Jahr 1994, hg. vom Deutschen Historischen Museum. Berlin 1994, S. 129-138.

WALK, Joseph (Hg.): Das Sonderrecht für die Juden im NS-Staat. Eine Sammlung der gesetzlichen Maßnahmen und Richtlinien – Inhalt und Bedeutung. Heidelberg/Karlsruhe 1981.

WEBER, Reinhard: Das Schicksal der jüdischen Rechtsanwälte in Bayern nach 1933. München 2006.

WEISS, Hermann/HOSER, Paul: Einleitung zur Edition: Die Deutschnationalen und die Zerstörung der Weimarer Republik. Aus dem Tagebuch von Reinhold Quaatz 1928-1933. München 1989.

WOLF, Kerstin/WOLF, Frank: Reichsfluchtsteuer und Steuersteckbriefe 1932-1942; hg. von Biographische Forschungen und Sozialgeschichte e.V. Berlin 1997.

YERUSHALMI, Yosef Hayim: Zachor! – Erinnere Dich! Berlin 1988.

Bildnachweis

Archiv der Autorin: S. 21, 30, 31, 40, 63, 64, 67, 102, 231, 285
Archiv für Kunst und Geschichte: S. 36
Archiv Gedenkstätte Sachsenhausen: S. 81
Archiv Pisarek: S. 130, 135, 196, 257, 263
Berlinische Galerie: Titel Hintergrund
Bildarchiv Preußischer Kulturbesitz: S. 84
Bundesarchiv: S. 52/53, 213
Deutsches Literaturarchiv Marbach: S. 98, 119, 134
Forschungsstelle für Zeitgeschichte, Hamburg: S. 37
Jüdisches Museum Berlin: S. 151, 279
Konvolut Bugge: S. 224
Landesarchiv Berlin, Landesbildstelle/Wiedergutmachungsakten/Akten RAK Berlin: S. 11, 29, 43, 75, 88, 106, 121, 123, 131, 145, 161, 164, 176, 191, 192, 193, 194, 199, 225, 233, 236, 237, 238, 240, 244, 245, 249, 250, 256, 257, 276, 281, 286
Naatz-Album: S. 17, 79, 83, 120, 124, 130, 131, 135, 136, 137, 139, 142, 143, 148, 150, 157, 159, 162, 164, 170, 175, 179, 181, 184, 188, 192, 200, 201, 203, 208, 209, 211, 215, 216, 221, 224, 234, 235, 237, 243, 249, 250, 251, 253, 257, 262, 265, 267, 274, 275, 276, 278, 282, 283, 285, 287
Neue Justiz, 1959: S. 195
Privatbesitz Arndt: S. 77, 109
Privatbesitz Arons: S. 110
Privatbesitz Bendix: S. 54, 118
Privatbesitz Bileski: S. 124
Privatbesitz Cohn-Lempert: S. 88, 138
Privatbesitz Coper: S. 74, 139
Privatbesitz Dobler: S. 151
Privatbesitz Eger: S. 143
Privatbesitz Engelmann: S. 144
Privatbesitz Fliess: S. 151
Privatbesitz Fontheim: S. 151
Privatbesitz Friedlaender: S. 156
Privatbesitz Galliner: S. 158
Privatbesitz Goldsmith: S. 93
Privatbesitz Grossmann: S. 166
Privatbesitz Grunfeld: S. 136, 271
Privatbesitz Haas: S. 139
Privatbesitz Hammersmith: S. 82
Privatbesitz Hepner: S.173
Privatbesitz Kallmann: S. 190
Privatbesitz Kuhlmann: S. 146
Privatbesitz Levi: S. 208
Privatbesitz Lomski: S. 96
Privatbesitz Manasse: S. 216 (Foto Loewy)
Privatbesitz May: S. 212
Privatbesitz Müller: S. 95
Privatbesitz Meyer: S. 225
Privatbesitz Numann: S. 206
Privatbesitz Proskauer: S. 102, 111
Privatbesitz Schale: S. 196
Privatbesitz Schlesinger: S. 258
Privatbesitz Schlör: S. 166
Privatbesitz Sholeq: S. 166
Privatbesitz von Simson: S. 284
Privatbesitz Sonnenfeld: S. 269
Privatbesitz Stein: S. 270
Privatbesitz Simon: S. 186
Privatbesitz Thaler: S. 89
Privatbesitz Wattenberg: S. 189
Privatbesitz Wolfsohn: S. 286
Stiftung Akademie der Künste: S. 14
SV-Bilderdienst: S. 35, 44, 46, 47
Tramer, Hans (Hg.): In Zwei Welten. Tel Aviv 1962: S.229
Ullstein Bild: S. 22, 25, 40, 41, 107
Verfolgte Berliner Stadtverordnete: S. 106

Danksagung

Das biografische Verzeichnis wäre ohne die Unterstützung zahlreicher Personen und Institutionen nicht zustande gekommen; die Informationen von Einzelpersonen zu einzelnen Schicksalen, aber auch zu weiterführenden Quellen waren eine unschätzbare Hilfe. Besonders herausheben möchte ich die Unterstützung der Rechtsanwältinnen und Rechtsanwälte Dr. Krach, Mainz; Erdmann, Kossack, Jungfer und Naatz, Berlin; Joel Levi, Tel Aviv. Durch die besondere Unterstützung der immer kooperativen Archivare konnte diese Auflage erheblich erweitert werden, namentlich Andreas Grunwald, BArch, und Prof. Dr. Dettmer und Bianca Welzing, LAB, waren über die Jahre zuverlässige Partner. Damit möchte ich meinen Dank an folgende Personen nicht schmälern:

Prof. Barkai, Israel; Prof. Atina Grossmann, Dr. Frank Mecklenburg, Prof. Stiefel (verst.) und Prof. Haac (verst.), New York; Mr. Friedlaender, New York; Dir. Peter Galliner, (verst.), Berlin; Prof. Grenville, Großbritannien; Rechtsanwalt Shimon Ullmann, Jerusalem; Inge Cohn-Lempert, Berlin; Prof. Dr. Coper, Berlin; Dr. Gabriele Meyer, Hamburg; Ruth Recknagel, Direktorin der Wiedergutmachungsämter Berlin a.D.; Dr. Hermann Simon, Centrum Judaicum, Berlin; die Berliner Rechtsanwälte/innen Dr. Dombek, Proskauer (verst.), Setsevits, Achelis, Abesser und Lüth; Prof. Dr. Rottleuthner, Fachbereich Rechtswissenschaften, FU Berlin; Verein Biographische Forschungen und Sozialgeschichte mit seinen Mitarbeitern Wolf und Friedrich; sowie Gabriele Dietz, Marga Richter, Edith Winner, Anna Winters, Laura Winters und Fabian Winters – und ganz besonders Hans Bergemann.

Alle Ausstellungen von Aachen bis Toronto in einem weiteren umfassenden Band mit Fotos und Dokumenten

„Dass ein Mann von Ehre den Beruf eines Rechtsanwalts nicht mehr ausüben konnte, wenn es kein Recht mehr gab, war mir klar."
    Dr. Max Hirschberg, Rechtsanwalt in München, 1939

19.208 Rechtsanwälte waren 1933 im Deutschen Reich zugelassen, etwa 5.000 von ihnen galten nach der Machtergreifung der Nationalsozialisten als „nichtarisch" und sollten aus dem Berufsstand ausgegrenzt werden. Dieses Buch schildert die politischen und gesetzlichen Maßnahmen bis hin zum 1938 verhängten allgemeinen Berufsverbot. Es dokumentiert Diskriminierung und Verfolgung der jüdischen Anwälte und legt Zeugnis ab davon, welchen Verlust an intellektueller Größe und menschlicher Vielfalt Aussonderung und Vertreibung zur Folge gehabt haben.

420 Seiten, über 1.000 teils farbige Abbildungen,
Gebunden mit Schutzumschlag 29,90 €
ISBN 978-3-89809-074-2

www.bebraverlag.de